OEUVRES

COMPLÈTES

DE BOSSUET

PUBLIÉES

D'APRÈS LES IMPRIMÉS ET LES MANUSCRITS ORIGINAUX

PURGÉES DES INTERPOLATIONS ET RENDUES A LEUR INTÉGRITÉ

PAR F. LACHAT

ÉDITION

RENFERMANT TOUS LES OUVRAGES ÉDITÉS ET PLUSIEURS INÉDITS

VOLUME VI

PARIS

LIBRAIRIE DE LOUIS VIVÈS, ÉDITEUR

RUE DELAMBRE, 5

1862

ŒUVRES COMPLÈTES

DE BOSSUET.

Besançon. Imprimerie d'Outhenin-Chalandre fils.

OEUVRES

COMPLÈTES

DE BOSSUET

PUBLIÉES

D'APRÈS LES IMPRIMÉS ET LES MANUSCRITS ORIGINAUX

PURGÉES DES INTERPOLATIONS ET RENDUES A LEUR INTÉGRITÉ

PAR F. LACHAT

ÉDITION

RENFERMANT TOUS LES OUVRAGES ÉDITÉS ET PLUSIEURS INÉDITS

VOLUME VI

PARIS

LIBRAIRIE DE LOUIS VIVÈS, ÉDITEUR

RUE DELAMBRE, 5

1862

LES MÉDITATIONS.

REMARQUES HISTORIQUES.

I.

Ceux qui voient toujours Bossuet pour ainsi dire sur le mont Sinaï, lançant la foudre et des éclairs, ne le connoissent pas tout entier : si, d'un côté, la force et la véhémence, la grandeur et l'élévation, le sublime et l'éclat sont les traits caractéristiques de son esprit ; d'une autre part la bonté, la douceur, l'indulgence, la compassion vivifiée par le zèle charitable et l'affectueuse piété, forment le fond de son cœur.

En effet, à côté du grand orateur qui subjugue les ames et de l'invincible docteur qui terrasse les hérésies, on rencontre toujours, dans ce saint évêque, le bon pasteur qui pait ses ouailles fidèles dans les gras pâturages et ramène la brebis égarée dans le bercail du Seigneur. A peine vient-il d'étonner les princes et les rois par la sublimité de ses accens dans les Oraisons funèbres ; et déjà nous le voyons, tantôt dans une conférence ecclésiastique instruisant ses prêtres avec la simplicité d'un Vincent de Paul, tantôt dans son séminaire préparant comme un autre Borromée les jeunes lévites aux combats de la foi, tantôt dans une humble église de campagne bégayant en quelque sorte la céleste parole au milieu des laboureurs et des enfans.

Il affectionnoit particulièrement, parce qu'elle étoit la plus sainte, la portion de son troupeau que les vœux de la perfection chrétienne consacroient à Dieu sans réserve. Lorsqu'il avoit déjà supporté le poids du jour au milieu des travaux de la science et de l'épiscopat, il alloit dans un monastère expliquer familièrement, comme il avoit fait au Val-de-Grace, soit un psaume, soit un passage de l'Evangile. Malgré la distance des lieux, il savoit porter partout, comme à travers l'espace, les bienfaits de la sollicitude pastorale ; ses lettres de direction alloient trouver partout, dans son diocèse, les ames pieuses, craintives, affligées, qui avoient besoin de lumières, d'encouragemens, de consolations.

Tout cela ne contentoit pas son cœur d'évêque : il voulut se trouver en tout temps et en tout lieu, si l'on peut parler de la sorte, dans les asiles de la prière et de la ferveur chrétienne : il composa les *Elévations sur les mystères* et les *Méditations sur l'Evangile*.

Si l'on veut montrer ici-bas la vérité divine avec ses ravissantes splendeurs, qu'on la fasse ressortir dans sa simplicité majestueuse, pure des vains ornemens du langage humain, telle que la dévoilent à nos yeux les célestes oracles interprétés par l'Eglise. Déjà Bossuet avoit exposé pour l'instruction du dauphin, au milieu du faste et des bruits de la Cour, les principaux dogmes de la foi ; dans les *Elécations sur les mystéres*, il entoura ces dogmes d'un nouvel éclat, en les exposant sur un plan plus large à la lumière des Ecritures. Partant du sein de l'éternité pour arriver à la plénitude des temps, il suit les âges progressifs de la religion, depuis son origine jusqu'à la prédication du Sauveur ; la fécondité du Père, la génération du Fils et la procession du Saint-Esprit ; la catastrophe des anges rebelles, la déchéance de l'homme et la promesse de sa réhabilitation ; la vie des patriarches, les prodiges de Moïse et les prédictions des prophètes ; Jésus né d'une Vierge mère, vivant caché en Dieu et soumis à ses parens : voilà les sujets qu'il traite avec la hauteur de la foi, voilà les mystères auxquels il nous élève dans les *Elévations*. — Lorsque Jésus-Christ se fut préparé à sa mission libératrice, il prêcha l'Evangile, et c'est ici que commencent les *Méditations*. Comme on le verra dans l'*Avertissement* de l'auteur, le divin Maître nous a donné ses principaux enseignemens, d'abord dans le discours sur la montagne, ensuite dans les paroles si touchantes qu'il a prononcées vers la fin de sa vie, depuis son entrée triomphante à Jérusalem jusqu'à sa mort. De là, comme deux parties : dans la première, le grand écrivain, suivant la marche du texte sacré, développe les vérités méconnues ou altérées par la philosophie profane, les principes du vrai bonheur ; dans la seconde, il dévoile l'œuvre de la rédemption, les moyens du salut, les merveilles de la grace, l'union de l'homme avec Dieu.

Les *Elévations* se distinguent par la grandeur de la pensée et par l'éclat du style. Lorsque Bossuet aborde l'éternelle génération du Verbe, il fend les airs et s'élève dans son vol rapide à la hauteur de l'aigle des évangélistes, de Jean, « enfant du tonnerre, qui ne parle point un langage humain, qui tonne, qui étourdit, qui abat tout esprit créé sous l'esprit de la foi ; » il s'écrie : « Où vais-je donc me perdre ? dans quelle profondeur, dans quel abîme ? » Partout il plane, au-dessus des nuages et des séraphins, dans les régions de l'infini, contemplant l'Etre immense, distinct dans son unité substantielle par la fécondité de la pensée, la filiation de la parole et la procession de la volonté aimante ; exaltant les Personnes adorables dans la création qui tire l'univers du néant, dans la diffusion de la vérité qui produit un nouveau monde intellectuel, et dans la justification qui dépose au sein de la nature corrompue le germe de la glorification. — Le style des *Méditations* est moins élevé, mais non moins touchant. Dans cet ouvrage, ce n'est plus le Dieu de gloire et de majesté, semant les astres à travers l'espace et tenant le monde en sa main, qui abat nos esprits interdits; c'est le Dieu fait homme, doux, charitable et miséricordieux, pardonnant aux pécheurs et ne déployant sa puissance que pour soulager toutes les infortunes, portant lui-même la croix sur ses épaules et nous donnant jusqu'à la dernière goutte de son sang, c'est le Dieu sauveur qui parle au fond des cœurs et fait naître les plus nobles et les plus tendres sentimens. Ainsi le sage et pieux pontife conduit, par les voies de la spiritualité la plus sûre et la plus profonde, l'ame fidèle à l'école de Jésus et de Jésus crucifié, pour lui apprendre la reconnoissance et l'amour, la pénitence et la mortification, la prière et la vie en Dieu. La Harpe, qui s'étoit avisé de juger le grand homme et de le trouver médiocre dans les sermons, disoit, avec vérité cette fois : « Ceux qui n'ont pas lu les *Méditations* ne connoissent pas Bossuet. »

Le lecteur l'a remarqué sans doute, les *Elévations* et les *Méditations* ne forment qu'un seul tout, et voilà pourquoi je parle ici de ces deux ouvrages en même temps. On trouve dans le premier les principales vérités du dogme chrétien, et l'on apprend dans le second les préceptes les plus importans de la morale. Toutefois l'auteur n'a pas voulu faire, selon les procédés didactiques de l'Ecole, un traité de théologie scientifique : « Vous croyez que j'irai, nous dit-il, résoudre tous les doutes et contenter vos désirs curieux; vous vous trompez : je n'ai pas pris la plume pour vous apprendre les pensées des hommes. » Qu'est-ce donc qu'il va nous apprendre? Les pensées de la Sagesse éternelle, les inventions du Verbe incarné, les merveilles de la grace, et cela sans raisonnement purement humain, sans discussion contentieuse, en dehors de tout système préconçu.

Ainsi les *Elévations* et les *Méditations* traitent des vérités les plus touchantes et les plus élevées du christianisme, et ces deux ouvrages doivent le jour au zèle épiscopal pour la sanctification des ames : mais à quelle époque ont-ils été composés? L'abbé Ledieu dit dans ses *Mémoires* écrits en 1704 : « Bossuet composa, il y a dix ou douze ans, une explication de toute la religion; » il la composa dans sa retraite de Germigny, à deux lieues de Meaux, pour se reposer en Dieu des nouveaux travaux qu'il venoit d'entreprendre pour la défense de l'Eglise, au commencement de la lutte qu'il soutint si glorieusement contre la plus dangereuse des hérésies, contre le quiétisme. D'après les dates qu'on vient de lire, il faut fixer l'origine de nos deux chefs-d'œuvre entre 1694 et 1696; et voici une indication plus précise encore.

En envoyant les *Méditations* aux religieuses de la Visitation de Meaux, Bossuet leur fit tenir la lettre suivante :

« Je vous adresse, mes Filles, ces *Réflexions sur l'Evangile,* comme à celles en qui j'espère qu'elles porteront les fruits les plus abondans. C'est pour quelques-unes de vous qu'elles ont été commencées; et vous les avez reçues avec tant de joie, que ce m'a été une marque qu'elles étoient pour vous toutes. Recevez-les donc comme un témoignage de la sainte affection qui m'unit à vous, comme étant d'humbles et véritables filles de saint François de Sales, qui est l'honneur de l'épiscopat et la lumière de notre siècle. — Je suis dans le saint amour de Notre-Seigneur, mes Filles, votre très-affectionné serviteur. † J. Bénigne, évêque de Meaux. — A Meaux, ce 6 juillet 1695. »

Les *Méditations* étoient donc terminées dans le milieu de l'année 1695, et les *Elévations* le furent bientôt après.

Dans la maladie qui le ravit aux lettres, à la science, à l'Eglise, pendant quinze mois de souffrances, il lit sans cesse, non-seulement les Livres divins [1], mais aussi les *Elévations* et les *Méditations*; il corrigeoit avec soin ces deux ouvrages, vérifiant les interprétations des Ecritures et la concordance des faits évangéliques, mêlant aux considérations de la science les plus ardentes effusions de la prière et de la piété, ajoutant quelquefois et le plus souvent effaçant [2]. « Ce fut là, dit un témoin de sa ferveur; ce fut là sa consolation et sa joie dans les souffrances; il y trouva un avant-goût du bonheur éternel. »

II.

Malgré cette vive sollicitude, Bossuet ne publia lui-même ni les *Elévations* ni les *Méditations*; il chargea de ce soin, par disposition testamentaire, l'abbé Bossuet, son neveu, qu'il institua son légataire universel.

Le légataire universel n'attendit point la mort du donateur pour s'emparer des manuscrits; sitôt qu'on eut perdu l'espoir de conserver l'illustre malade, il mit en sûreté, lui et son frère, les *Elévations* et les *Méditations*, de même que la *Politique sacrée* et la *Connoissance de Dieu et de soi-même* [3]. Pourquoi tant d'empressement? vouloit-il imprimer?

[1] Le prêtre qui l'assista pendant ces jours cruels, dit dans la *Relation de sa mort :* « Lorsqu'il se sentoit soulagé, sa principale occupation étoit la lecture de l'Ecriture sainte; et ceux qui l'approchoient aussi bien que moi, savent que nous lui lûmes presque tout le Nouveau Testament et plus de soixante fois tout l'évangile de saint Jean, particulièrement le xviie chapitre et tous les endroits qui excitent la confiance, parce que c'étoit la voie par où Dieu le conduisoit. » — [2] *Journal* de l'abbé Ledieu, 11 novembre 1703; 9 décembre, même année; 13 décembre, même année; 28 janvier 1704, et *passim*. L'historiographe dit au dernier endroit indiqué : « Il vouloit essayer de faire des *Elévations* et des *Méditations* un ouvrage digne du public. » — [3] *Ibid.,* 8 septembre 1703.

Non : déjà il s'étoit emparé secrètement des honoraires de son oncle [1] :
« Il étoit fort attentif, dit l'abbé Ledieu, et portoit sa prévoyance sur
l'argent et sur ce qui pouvoit donner de l'argent [2]. »

Enfin, le voilà maitre de la succession : il enlève de la bibliothèque
épiscopale les plus beaux livres [3], et fait estimer par un tapissier venu
de Paris les meubles de Meaux et ceux de Germigny. Le compte fait
d'après barème, il demanda vingt et un mille livres pour ces meubles;
le successeur de son oncle, M. de Byssi, offre vingt mille livres, en se
réservant quelques orangers comme cadeau; le tapissier de Paris
promet vingt mille huit cents livres, sans rien exiger « par-dessus le
marché [4]. » A la suite de nombreuses ambassades, après d'intermi-
nables débats qui retiennent pendant longtemps le nouvel évêque loin
de son diocèse, les négociations sont rompues. L'exécuteur testamentaire fait alors une nouvelle visite à l'évêché : « il emporte, non-seulement les bons meubles, mais même tous les gros et de vil prix;...
tous les livres absolument sont ôtés de la bibliothèque, et tous les
ornemens avec leurs armoiries emportés de la sacristie, même les
livres à l'usage de l'église cathédrale [5]. Tout bien préparé, il vend ce
mobilier à la criée publique, et répète à Germigny la même opération [6] : coup de maitre, spéculation heureuse, car la piété s'empresse
d'acquérir les ornemens sacrés du saint évêque, et l'admiration paie
cher les plumes, les porte-feuilles, les secrétaires du sublime écrivain.
En même temps l'habile et zélé représentant de Bossuet soutenoit à la
fois, debout sur la brèche, deux procès, l'un contre le chapitre et
l'autre contre l'évêque, pour les réparations de la cathédrale et de
l'évêché. Au milieu de tout cela, comment s'occuper de travaux scien-
tifiques et littéraires?

Et ce n'est pas tout. Les habitudes qui l'avoient trahi dans son
voyage à Rome, et dont le bruit vint jusqu'à Meaux [7], interdisoient à
ce « petit neveu d'un grand homme, » pour l'appeler comme Joseph
de Maistre, toute occupation sérieuse. Il en faut dire autant de l'ambition; dans l'espoir d'avancer ses projets de grandeur, en politique
industrieux « qui n'épargne ni dépense ni bon accueil pour s'attirer
les gens, » il tenoit table ouverte dans plusieurs résidences [8]. Les visites
et les promenades n'étoient pas moins de son goût; lorsqu'il n'attendoit pas *debout sur ses membres* dans une antichambre, on le voyoit sur
toutes les routes « marchant comme le vent dans sa berline avec six

[1] *Journal* de l'abbé Ledieu, 6 septembre 1703 : « Depuis dix ou douze jours, M. l'abbé Bossuet
s'est saisi des quittances de M. de Meaux, pour recevoir au trésor royal ses appointemens de
précepteur et de conseiller d'Etat, qui montent à 17,000 francs; et en les prenant, il recom
manda bien à M. l'abbé Janel, qui avoit sollicité et obtenu les ordonnances, de n'en rien dire. »
— [2] *Ibid.*, 8 septembre 1703. — [3] *Ibid.*, 10 avril 1705. — [4] *Ibid.*, 2 mai 1705. — [5] *Ibid.*,
et 2 mai 1705. — [6] *Ibid.*, 9 et 11 juillet 1705. — [7] *Ibid.*, 28 décembre 1704. — [8] *Ibid.*,
9 avril 1705.

bons chevaux [1]. Faudra-t-il dire que ses connoissances étoient mé-
diocres? Ce Jacques-Bénigne Bossuet d'une nouvelle sorte ignoroit les
choses les plus élémentaires; les signes de la correction typographique
furent toujours pour lui lettre close [2]; et dans la crainte de compro-
mettre sa dignité, il repoussoit les conseils et le secours d'autrui [3].
Aussi l'abbé de Beaufort, l'abbé Fleury, tout le monde disoit qu'on
ne pouvoit attendre de lui rien de bon pour les œuvres posthumes [4].
Et comment auroit-il pu les publier? Il avoit rarement sous la main
les manuscrits qui lui avoient été confiés; les *Méditations* et les *Elévations* se trouvoient tantôt chez Mme de Maintenon ou le duc de Bour-
gogne, tantôt sur le secrétaire du Dr Pirot ou de l'évêque de Mire-
poix [5]; « faisant sa cour par toute sorte de *treloques*, » dit toujours
notre historiographe [6], » il distribuoit partout les lettres, les sermons,
les écrits qu'il devoit publier, et c'est ainsi qu'il en a perdu plusieurs.

Cependant il pria l'abbé Ledieu de corriger les *Elévations* et les *Méditations;* de corriger ces chefs-d'œuvre, dis-je, car ils blessoient en
plusieurs choses la rigidité de ses principes et la délicatesse de son
goût; on vouloit dans son conseil en faire disparoître les fautes de
langage et les inexactitudes de doctrine; « le style passionné » de
l'auteur, « sa tendresse spirituelle, sa manière de dire dans les choses
de piété » faisoit naître des inquiétudes d'esprit et des scrupules de
conscience; on étoit fort embarrassé de plusieurs expressions que le
grand évêque avoit souvent écrites et prononcées plus souvent encore;
par exemple on ne savoit que faire de cette phrase : *Dans l'Eucharistie,
Jésus-Christ s'unit à l'homme esprit à esprit, cœur à cœur, corps à corps,*
« par où des libertins pouvoient entendre à la lettre *ipsa copula* [7]. »
Avant que ces doutes fussent résolus, pour endormir l'impatience du
public, il adopta des mesures qui annonçoient une publication prochaine : il fit successivement, avec les libraires Dezallier et Cot, deux
traités d'impression qu'il laissa tomber; il prit aussi, l'un après l'autre,
deux priviléges qu'il laissa périmer [8].

Enfin les ouvrages si longtemps attendus, si vivement désirés pa-
rurent, quand? Les *Elévations* en 1727 et les *Méditations* en 1731, par
conséquent 23 et 27 ans après la mort de l'auteur. Comme l'éditeur
avait été revêtu pendant la régence de la dignité épiscopale qu'il avoit
courue vainement sous Louis XIV, dans l'instruction pastorale qui annonçoit sa publication, il dit que « son oncle lui avoit commandé de
faire imprimer les *Elévations* et les *Méditations*, comme des monumens

---

[1] *Journal* de l'abbé Ledieu, 6 juin 1705.— [2] *Ibid.*, 19 mars 1708.— [3] *Ibid.*, 16 novembre 1706.
— [4] *Ibid.*, 23 juin 1705, et ailleurs. — [5] *Ibid.*, 5 janvier 1705; 10 avril, même année; 13 novembre, même année. — [6] *Ibid.*, 17 mars 1708. — [7] *Ibid*, 17 novembre 1705. — [8] *Ibid.*,
1er juillet 1705; 31 janvier 1708. Dans le premier de ces traités, l'abbé Bossuet se réservoit
comme honoraires deux cents exemplaires sur mille; dans le second, il s'en assuroit trois cents,
dont soixante reliés en maroquin.

de son amour pour l'Eglise, et de son zèle pour le salut des fidèles, et pour la perfection des saints; » il ajoute qu'il s'empresse, dans sa sollicitude épiscopale, de les donner à ses chers diocésains [1]. Empressement tardif, en vérité!

III.

Les maîtres de Bossuet vouloient donc retoucher les *Elévations* et les *Méditations;* qu'ont-ils corrigé? D'abord le titre du dernier de ces ouvrages. Comme on l'a vu plus haut dans sa lettre aux religieuses de la Visitation, l'auteur l'intitule, non pas *Méditations*, mais *Réflexions sur l'Evangile;* et ce titre se trouve dans le manuscrit et dans les anciennes copies, dans celle de Jouarre ainsi que dans celle de Meaux. Néanmoins, comme le public est habitué au mot *Méditations*, pour ne pas jeter la confusion dans les idées, on l'a conservé dans la nouvelle édition.

Après cela les critiques ont mis des titres aux divisions des deux ouvrages, c'est-à-dire au commencement de chaque élévation et de chaque méditation. Si l'auteur n'avait pas été prévenu par la mort, il n'auroit pas manqué d'écrire ces indications sommaires : voilà pourquoi on les a maintenues pareillement, en avertissant une fois pour toutes qu'elles sont, non pas de Bossuet, mais de l'abbé Ledieu.

Ensuite les correcteurs ont modifié, d'après la Vulgate, plusieurs textes bibliques que l'auteur cite d'après d'autres versions plus exactes et non moins authentiques : on a rejeté sans scrupule ces prétendues rectifications.

En outre ils ont intercalé, dans les *Méditations*, trois longs passages que ne renferment ni le manuscrit, ni les anciennes copies : on les a repoussés comme apocryphes, avec la seule réserve de les mentionner en lieu convenable.

Disons enfin que les savans éditeurs ont changé des termes, des phrases, des passages entiers. Il faudroit un volume pour relever toutes ces corrections, ou plutôt toutes ces altérations présomptueuses; qu'il nous suffise d'en signaler quelques-unes.

Dans la IIe Elévation de la XIe semaine, Bossuet montre en saint Jean-Baptiste quatre choses qui nous préparent à Jésus-Christ. La deuxième est « sa vie étonnante dans le désert, dit le manuscrit; mais l'édition de l'évêque de Troyes porte, ainsi que toutes les autres : « Sa vie éton-

---

[1] Seconde instruction, jointe aux *Méditations*, édition de 1731. Bien qu'il eût mis la dernière main aux Oraisons funèbres, Bossuet refusa longtemps de les donner au public; mais il ordonna de publier les *Elévations* et les *Méditations*, quoiqu'il trouvât ces ouvrages fort imparfaits. Pourquoi cette différence de volonté? Parce que les *Elévations* et les *Méditations* traitent des sujets pieux.

nante dans le désert dès son enfance [1]. » — Les deux textes contiennent trois lignes plus bas :

Les éditions.	*Le manuscrit.*
Quatre mémorables circonstances de l'histoire de saint Jean-Baptiste, que nous remarquons chacune à sa place, pour nous préparer à voir la gloire du Sauveur. Suivons donc le saint précurseur, et voyons-le devancer en tout et partout le Fils de Dieu, tant dans sa vie que dans sa mort. Il va être conçu [2].....	Quatre mémorables circonstances de l'histoire de saint Jean-Baptiste, pour nous préparer à voir la gloire du Sauveur : suivons pas à pas le saint précurseur, et voyons-le devancer en tout et partout le Fils de Dieu. Il va être conçu.....

Ces deux colonnes reproduisent avec la plus grande exactitude, non-seulement les termes et les phrases, mais les alinéa et la ponctuation.

Dans les Élévations suivantes, les éditions disent : « Après avoir accompli le ministère sacré [3]; » pour, après cette sainte fonction : « c'est son humilité qui la jeta [4]; » pour, son humilité la jeta : « même après que l'ange lui eut déclaré quel fils elle devroit concevoir [5]; » pour, quoi que l'ange lui eût dit du fils qu'elle devoit concevoir : « j'ai résolu de tout temps [6]; » pour, j'ai résolu : « celui qui écoute la parole de Dieu et fait sa volonté [7]; » pour, celui qui écoute la parole de Dieu : « il entonne son Evangile par ces mots, » pour, il entonne par ces mots [8] : « remontez. Elevez-vous avant tous les jours [9]; » pour, remontez avant tous les jours : « un temple, un palais, qui ne sont qu'un amas de bois et de pierres..., ont quelque chose de vivant dans l'idée et dans le dessein de l'architecte [10]; » pour, un temple, un palais, qui n'est qu'un amas de bois et de pierres..., est quelque chose de vivant dans l'idée et dans le dessein de son architecte. — On voit que nos censeurs sont loin d'être heureux dans leurs corrections; mais citons des passages qui présentent une certaine étendue.

Les éditions.	*Le manuscrit.*
Le monde me méprisera, ou ne m'honorera pas autant que mon orgueil le désire. Je le méprise à mon tour ; je m'en dégoûte. Ce dégoût est le précurseur de l'attrait céleste qui	Le monde me méprisera, ou ne m'honorera pas autant que ma vanité le désire : je le méprise, je m'en dégoûte : ce degoût est le précurseur de l'attrait céleste qui m'unit à Dieu. Cette

[1] Edition de Versailles, tome VIII, p. 264. Je cite l'édition de Versailles, parce qu'elle est tout ensemble et la fidèle copie de celles qui l'ont précédée, et pour ainsi dire la matrice de celles qui l'out suivie. — [2] *Ubi supra.* — [3] *Ibid.*, p. 267. — [4] *Ibid.*, 276. — [5] *Ibid.*, 279 [6] *Ibid.* — [7] *Ibid.*, 285. — [8] *Ibid.*, 286. — [9] *Ibid.*, 289. — [10] *Ibid.*, 295.

m'unit à Dieu. Cette profonde mélancolie où je suis jeté, je ne sais comment, dans les détresses de cette vie, est un précurseur qui me prépare à la lumière.. Les terreurs des jugemens de Dieu, qui ne me laissent de repos ni nuit ni jour, sont un autre précurseur [1]...

profonde mélancolie où je suis jeté je ne sais comment, est un précurseur qui me prépare à la lumière... Les terreurs des jugemens de Dieu, qui me persécutent nuit et jour, sont un autre précurseur...

Les additions des correcteurs n'affaiblissent-elles pas plutôt la pensée qu'elles ne la fortifient? Un peu plus loin :

Les éditions.

Nous disons du Verbe, qu'il étoit Verbe, qu'il étoit Fils unique, qu'il étoit Dieu ; et ensuite nous considérons ce qu'il a été fait. Il étoit Dieu dans l'éternité, il a été fait homme dans le temps. Et même saint Pierre dit [2]...

Le manuscrit.

Nous disons du Verbe qu'il étoit Verbe, qu'il étoit Fils unique, qu'il étoit Dieu et qu'il a été fait : Dieu dans l'éternité, homme dans le temps. Et ensuite saint Pierre dit...

Ici les éditeurs défigurent par leurs explications maladroites, non-seulement le texte, mais le sens de l'auteur. — Ils poursuivent ainsi :

Les éditions.

Il étoit naturellement plus que Jean : et c'est pourquoi il lui a été préféré. Cette préférence, pour ainsi parler, est une chose qui a été faite; mais qui n'auroit point été faite, si en effet Jésus-Christ, selon sa divinité, n'étoit plus grand que Jean [3].

Le manuscrit.

Il étoit naturellement plus grand que Jean, et c'est pourquoi il lui a été préféré : ce qui est une chose qui a été faite; mais qui n'auroit point été faite, si en effet Jésus-Christ selon sa divinité n'étoit plus que Jean.

Toujours des intercalations explicatives qui n'expliquent rien. — A la même page :

Les éditions.

Et quand le même disciple bien-aimé dit dès les premiers mots de sa première Épître : *Ce qui fut au commencement* : où le *ce* doit être entendu substantivement, comme qui diroit : Ce qui étoit par sa nature et par sa substance, n'est-ce pas la même chose que ce qu'il a dit [4]?...

Le manuscrit.

Et le même disciple bien-aimé : « Ce qui fut au commencement, » ce expliqué substantivement et *ce qui étoit par nature et par substance*, n'est-ce pas la même chose que ce qu'il a dit?...

[1] Edition de Versailles, tome VIII, p. 298. — [2] *Ibid.*, p. 306. — [3] *Ibid.*, p. 307. — [4] *Ibid,*

Que cela suffise pour les *Elévations*. Les *Méditations* n'ont pas été reproduites plus fidèlement. Le manuscrit de la première partie, renfermant l'explication du discours sur la montagne, se dérobe depuis longtemps à toutes les recherches; il fut probablement arrêté, par une main peu délicate, dans les pérégrinations que la complaisance intéressée du propriétaire lui faisoit faire de portefeuilles en portefeuilles. L'abbé Ledieu dit qu'il avoit une copie plus complète que le manuscrit de l'abbé Bossuet [1]; cette copie n'auroit-elle pas servi de source et de type à l'édition *princeps*, donnée en 1731 par l'évêque de Troyes? Dans ces conjonctures, que devoit-on faire pour la nouvelle édition de Bossuet? Comme toutes les copies renferment toute sorte d'inexactitudes, à défaut du manuscrit, on a consulté, pour la première partie des *Méditations*, l'édition de 1731, et aussi celle de 1752, qui au reste ne diffère pas de celle-là; pour la seconde partie qui forme presque tout l'ouvrage, on a suivi le manuscrit; et le collationnement a révélé dans les éditions des fautes innombrables, des altérations de tout genre, des interpolations de toute espèce.

Ici l'on ne mettra point en regard, dans des extraits comparatifs, le texte des éditeurs et celui du manuscrit : voici un fait qui peut remplacer toutes les citations. En 1772, les bénédictins des Blancs-Manteaux publièrent sous la direction de Déforis, l'aigle de la congrégation janséniste, les deux œuvres posthumes d'après les premières éditions et quelques copies. Lorsque leur travail fut imprimé, ils retrouvèrent, disent-ils, les manuscrits qui à la vérité n'avoient jamais été perdus, et la confrontation leur fit découvrir qu'ils avoient commis des milliers d'altérations; l'*errata* remplit, pour les *Elévations* seulement, 17 pages in-4°, imprimées sur deux larges colonnes avec des caractères très-serrés; et les éditeurs se gardèrent bien de porter en ligne de compte les changemens de termes, les interversions de phrases, en un mot toutes les corrections que le caprice et la présomption leur avoient commandé de faire dans le texte de Bossuet. On me dispensera maintenant, je l'espère, de confronter ici les *Méditations* sur le manuscrit.

Au reste, si l'on veut savoir comment les premiers éditeurs ont arrangé, manipulé les œuvres posthumes, on trouvera dans les *Remarques historiques* du VIII° volume de nombreux échantillons de leur savoir-faire.

Encore deux courtes remarques. Bossuet n'a pas suivi, dans tous ses ouvrages, le même système de ponctuation. Dans la dernière période de sa mission comme écrivain, lorsqu'il eut quitté la chaire apostolique, les périodes prirent plus d'ampleur et plus de développement sous sa plume que dans les époques précédentes : de là, la

---

[1] *Journal* de l'abbé Ledieu, dimanche 8 août 1706.

nécessité d'une ponctuation plus variée, par cela même l'emploi plus fréquent des deux points. — Le lecteur attentif de Bossuet ne blâmera point cette minutie. Minutie ? Il n'y en a point dans le métier d'éditeur littéraire.

Ensuite, dans la distribution des matières, il ne falloit ni mettre les *Méditations* dans deux volumes différens, ni séparer ce livre des *Eléva-tions* par d'autres œuvres. Pour éviter ce double inconvénient, il ne s'offroit qu'un moyen, c'étoit de donner les *Méditations* dans un premier volume, puis les *Elévations* avec les opuscules dans un second. Voilà ce qu'on a fait.

AVERTISSEMENT.

De tous les sermons de Jésus-Christ, les plus remarquables par les circonstances du temps sont : premièrement, celui qu'il a fait sur la montagne au commencement de sa prédication, où sont compris les principaux préceptes de la loi nouvelle et où l'on voit quel en est l'esprit; secondement, ceux qu'il a faits sur la fin de sa vie, depuis son entrée triomphante en Jérusalem jusqu'à sa mort, dont le plus remarquable est encore celui qu'il fit au temps de la Cène, et depuis jusqu'à la nuit de son agonie dans le jardin des Oliviers.

Nous allons distribuer par journées la lecture du sermon de Notre-Seigneur sur la montagne et de ceux dont nous venons de parler : en sorte qu'à chaque jour on puisse employer, à de pieuses méditations, un quart d'heure le matin et autant le soir.

A chaque vérité qui sera proposée, il faut s'arrêter un peu en faisant un acte de foi : « Je crois, cela est vrai, celui qui le dit est la vérité même. »

Il faut aussi regarder cette vérité particulière qu'il a révélée, comme une parcelle de la vérité qui est Jésus-Christ même; c'est-à-dire qui est Dieu même, mais Dieu s'approchant de nous, se communiquant et s'unissant à nous. Car voilà ce que c'est que Jésus-Christ.

Il faut donc considérer cette vérité particulière qu'il a révélée de sa propre bouche, s'y attacher par le cœur, l'aimer, parce qu'elle nous unit à Dieu par Jésus-Christ qui nous l'a enseignée, et qui nous a dit qu'il étoit « la voie, la vérité et la vie [1]. »

[1] *Joan.*, XIV, 6.

MÉDITATIONS

SUR L'ÉVANGILE.

SERMON

DE NOTRE-SEIGNEUR SUR LA MONTAGNE.

Matth., chap. V, VI, VII.

PREMIÈRE JOURNÉE.

Abrégé du sermon. La félicité éternelle proposée sous divers noms
dans les huit béatitudes. Matth., v, 1, 12.

Tout le but de l'homme est d'être heureux. Jésus-Christ n'est
venu que pour nous en donner le moyen. Mettre le bonheur où
il faut, c'est la source de tout le bien ; et la source de tout mal,
est de le mettre où il ne faut pas. Disons donc : Je veux être heureux. Voyons comment : voyons la fin où consiste le bonheur :
voyons les moyens pour y parvenir.

La fin est à chacune des huit béatitudes ; car c'est partout la
félicité éternelle sous divers noms. A la première béatitude,
comme royaume. A la seconde, comme la terre promise. A la
troisième, comme la véritable et parfaite consolation. A la quatrième, comme le rassasiement de tous nos désirs. A la cinquième,
comme la dernière miséricorde qui ôtera tous les maux, et donnera tous les biens. A la sixième, sous son propre nom, qui est
la vue de Dieu. A la septième, comme la perfection de notre adoption. A la huitième, encore une fois, comme le royaume des
cieux. Voilà donc la fin partout ; mais comme il y a plusieurs
moyens, chaque béatitude en propose un ; et tous ensemble rendent l'homme heureux.

Si le sermon sur la montagne est l'abrégé de toute la doctrine chrétienne, les huit béatitudes sont l'abrégé de tout le sermon sur la montagne.

Si Jésus-Christ nous apprend que notre justice doit surpasser celle des scribes et des pharisiens, cela est compris dans cette parole : *Bienheureux ceux qui ont faim et soif de la justice.* Car s'ils la désirent comme leur véritable nourriture, s'ils en sont véritablement affamés, avec quelle abondance la recevront-ils, puisqu'elle se présente de tous côtés pour nous remplir ? Alors aussi nous garderons jusqu'aux moindres des préceptes, comme des hommes affamés qui ne laissent rien et pas même, pour ainsi parler, une miette de leur pain.

Si l'on vous recommande de ne pas maltraiter votre prochain de parole, c'est un effet de la douceur et de cet esprit pacifique à qui est promis le royaume et la qualité d'enfant de Dieu.

Vous ne regarderez pas une femme avec un mauvais désir : *Bienheureux ceux qui ont le cœur pur :* et vous l'aurez parfaitement pur, lorsque vous l'aurez purifié de tous les désirs sensuels.

Ceux-là sont heureux, qui passent leur vie plutôt dans le deuil et dans une tristesse salutaire, que dans les plaisirs qui les enivrent.

« Ne jurez point ; dites : Cela est, cela n'est pas. » C'est encore un effet de la douceur : qui est doux est humble : il n'est point trop attaché à son sens, ce qui rend l'homme trop affirmatif : il dit simplement ce qu'il pense, en esprit de sincérité et de douceur.

On pardonne aisément toutes les injures, si l'on est rempli de cet esprit de miséricorde, qui nous attire une miséricorde bien plus abondante.

On ne résiste pas à la violence, on se laisse même engager à plus qu'on n'a promis, parce qu'on est doux et pacifique.

On aime ses amis et ses ennemis, non-seulement à cause qu'on est doux, miséricordieux, pacifique ; mais encore parce qu'on est affamé de la justice, et qu'on la veut faire abonder en soi-même, plus qu'elle n'est dans les pharisiens et dans les gentils.

Cette faim qu'on a pour la justice, fait aussi qu'on la veut avoir pour le besoin, et non pour l'ostentation.

On aime le jeûne, quand on trouve sa principale nourriture dans la vérité et dans la justice.

Par le jeûne, on a le cœur pur et on se purifie des désirs des sens.

On a le cœur pur, quand on réserve aux yeux de Dieu ce qu'on fait de bien : qu'on se contente d'être vu de lui ; et qu'on ne fait pas servir la vertu comme d'un fard pour tromper le monde, et s'attirer les regards et l'amour de la créature.

Quand on a le cœur pur, on a l'œil lumineux et l'intention droite.

On évite l'avarice et la recherche des biens, quand on est vraiment pauvre d'esprit.

On ne juge pas, quand on est doux et pacifique, parce que cette douceur bannit l'orgueil.

La pureté de cœur fait qu'on se rend digne de l'Eucharistie, et qu'on ne prend pas comme un chien ce pain céleste.

On prie, on demande, on frappe, quand on a faim et soif de la justice : on demande à Dieu les vrais biens et on les attend de lui, quand on n'aspire qu'à son royaume et à la terre des vivans.

On entre volontiers par la porte étroite, quand on s'estime heureux dans la pauvreté, dans les pleurs, dans les afflictions qu'on souffre pour la justice.

Quand on a faim de la justice, on ne se contente pas de dire de bouche : « Seigneur, Seigneur, » et on se nourrit au dedans de sa vérité.

Alors on bâtit sur le roc, et on trouve le solide pour affermir dessus tout son édifice.

Les béatitudes sont donc l'abrégé de tout le sermon : mais un abrégé agréable, parce que la récompense est jointe au précepte ; le royaume des cieux, sous plusieurs noms admirables, à la justice ; la félicité, à la pratique.

II° JOURNÉE.

Première béatitude : être pauvres d'esprit. Matth., v, 3.

Pour venir au détail, Jésus-Christ commence en cette sorte :
« Bienheureux sont les pauvres d'esprit : » c'est-à-dire non-seulement ces pauvres volontaires, qui ont tout quitté pour le suivre,
et à qui il a promis le centuple dans cette vie et dans la vie future
la vie éternelle ; mais encore tous ceux qui ont l'esprit détaché
des biens de la terre ; ceux qui sont effectivement dans la pauvreté sans murmure et sans impatience ; qui n'ont pas l'esprit
des richesses, le faste, l'orgueil, l'injustice, l'avidité insatiable de
tout tirer à soi. La félicité éternelle leur appartient sous le titre
majestueux de royaume. Parce que le mal de la pauvreté sur la
terre, c'est de rendre méprisable, foible, impuissant, la félicité
leur est donnée comme un remède à cette bassesse, sous le titre
le plus auguste, qui est celui de royaume.

A ce mot : *Bienheureux,* le cœur se dilate et se remplit de joie.
Il se resserre à celui de la pauvreté ; mais il se dilate de nouveau
à celui de royaume, et de royaume des cieux. Car que ne vou-
droit-on pas souffrir pour un royaume, et encore pour un
royaume dans le ciel : un royaume avec Dieu, et inséparable du
sien, éternel, spirituel, abondant en tout, d'où tout malheur est
banni ?

O Seigneur, je vous donne tout : j'abandonne tout pour avoir
part à ce royaume ! Puis-je être assez dépouillé de tout pour une
telle espérance ! Je me dépouille de cœur et en esprit : et quand
il vous plaira de me dépouiller en effet, je m'y soumets.

C'est à quoi sont obligés tous les chrétiens. Mais l'humble religieuse se réjouit d'être actuellement dessaisie, dépouillée, morte
aux biens du monde, incapable de les posséder. Heureux dépouillement, qui donne Dieu !

III° JOURNÉE.

Seconde béatitude : être doux. Matth., v, 4.

« Bienheureux ceux qui sont doux. Apprenez de moi que je suis doux [1] : » sans aigreur, sans enflure, sans dédain, sans prendre avantage sur personne, sans insulter au malheureux, sans même choquer le superbe; mais tâchant de le gagner par douceur : doux même à ceux qui sont aigres : n'opposant point l'humeur à l'humeur, la violence à la violence : mais corrigeant les excès d'autrui par des paroles vraiment douces.

Il y a de feintes douceurs, des douceurs dédaigneuses, pleines d'une fierté cachée : ostentation et affectation de douceur, plus désobligeante, plus insultante que l'aigreur déclarée.

Mais considérons la douceur de Jésus-Christ, dont le Saint-Esprit parle ainsi dans Isaïe : Mon fils, « mon serviteur que j'ai élu, mon bien-aimé où j'ai mis ma complaisance : je mettrai en lui mon esprit, et il annoncera la justice aux nations. Il ne sera point contentieux : il ne criera point : et on n'entendra point sa voix dans les places publiques : il ne brisera pas le roseau cassé, et n'éteindra pas la mèche qui fume encore [2]. » C'est ce qu'Isaïe en a vu en esprit; c'est ce que saint Matthieu a trouvé si beau, si remarquable, si digne de Jésus-Christ, qu'il prend soin de le relever [3].

Il est doux envers les plus foibles : quoiqu'un roseau déjà foible soit rendu encore plus foible en le brisant, loin de prendre aucun avantage sur cette foiblesse, il se détournera pour ne pas appuyer le pied dessus. Faites-en autant à votre prochain infirme. Loin de chercher l'occasion de lui nuire, prenez garde que par mégarde, et comme en passant, vous ne marchiez sur lui et n'acheviez de le rompre. Mais quel est ce prochain infirme, si ce n'est le prochain en colère et le prochain qui s'emporte? Il est brisé par sa

---

[1] *Matth.,* XI, 29. — [2] *Isa.,* XLII, 1-3. — [3] *Matth.,* XII, 18-20.

propre colère, et ce foible roseau s'est cassé en frappant; n'achevez pas de le rompre en le foulant encore aux pieds. C'est encore ce que veut dire « la mèche fumante. » Elle brûle; c'est la colère dans le cœur : elle fume; c'est quelque injure, que le prochain irrité profère contre vous. Gardez-vous bien de l'éteindre avec violence. Ecoutez ce que dit saint Paul : « Ne vous vengez point, ne vous défendez point, mes bien-aimés; mais donnez lieu à la colère. [1] » Laissez - la fumer un peu, et s'éteindre comme toute seule. Si elle fume, c'est qu'elle s'éteint : ne l'éteignez pas avec force : mais laissez cette fumée s'exhaler et se perdre inutilement au milieu de l'air, sans vous blesser ni vous atteindre.

C'est ce que fait le Sauveur, lorsqu'il souffre tant d'injures sans s'aigrir. « Vous êtes possédé du malin esprit, » lui dit-on. « Qui est-ce qui songe à vous faire mourir [2]? » Et il répond sans s'émouvoir : « Je ne suis point possédé du malin esprit; mais je rends honneur à mon Père, et vous, vous me déshonorez [3]. » Et encore en un autre endroit, lorsqu'on lui fait le même reproche : « Vous vous fâchez contre moi, parce que j'ai fait un miracle le jour du sabbat, pour guérir un homme [4]. » Vous le voyez; il n'éteint pas la mèche fumante, mais il la laisse s'évaporer, pour voir si ces malheureux lassés d'accabler d'injures un homme si humble et si doux, ne reviendront point en leur bon sens.

Telle a été en général la conduite du Fils de Dieu; en particulier dans sa passion. « Quand on le maudit, il ne maudit pas : quand on le frappe, il ne se plaint pas [5]. »

« Si j'ai mal parlé, » dit-il à celui qui lui donnoit un soufflet, « faites-le-moi connoître : si j'ai bien dit, pourquoi me frappez-vous [6]? » Il lui appartient de dire : « Apprenez de moi que je suis doux [7]. » Il est comparé à un agneau, le plus doux des animaux, qui se laisse non-seulement « tondre, » mais encore « mener à la boucherie sans se plaindre [8]. »

On est bienheureux dans sa douceur, « et on possède la terre. » La terre sainte promise à Abraham est appelée « une terre cou-

---

[1] *Rom.*, XII, 19. — [2] *Joan.*, VII, 20. — [3] *Ibid.*, VIII, 49. — [4] *Ibid.*, VII, 23. — [5] I *Petr.*, II, 23. — [6] *Joan.*, XVIII, 23. — [7] *Matth.*, XI, 29. — [8] *Isa.*, LIII, 7.

lante de lait et de miel [1]. » Toute douceur y abonde : c'est la
figure du ciel et de l'Eglise. Ce qui rend l'esprit aigre, c'est qu'on
répand sur les autres le venin et l'amertume qu'on a en soi-même.
Lorsqu'on a l'esprit tranquille par la jouissance du vrai bien et
par la joie d'une bonne conscience, comme on n'a rien d'amer en
soi, on n'a que douceur pour les autres : la vraie marque de l'innocence, ou conservée, ou recouvrée, c'est la douceur.

L'homme est si porté à l'aigreur, qu'il s'aigrit très-souvent
contre ceux qui lui font du bien. Un malade, combien s'aigrit-il
contre ceux qui le soulagent? Presque tout le monde est malade
de cette maladie-là : c'est pourquoi on s'aigrit contre ceux qui
nous conseillent pour notre bien, et encore plus contre ceux qui
le font avec autorité que contre les autres. Ce fond d'orgueil qu'on
porte en soi en est la cause. « Bienheureux donc ceux qui sont
doux, ils posséderont la terre, » où abonde toute douceur, parce
que la joie y est parfaite.

<hr>

IVe JOURNÉE.

Troisième béatitude : être dans les pleurs. Matth., v, 5.

« Bienheureux ceux qui pleurent [2], » soit qu'ils pleurent leurs
misères, soit qu'ils pleurent leurs péchés : ils sont heureux, et ils
recevront la consolation véritable, qui est celle de l'autre vie, « où
toute affliction cesse, où toutes les larmes sont essuyées [3]. »

Abraham disoit au mauvais riche : « Tu as reçu tes biens en
ce monde; et Lazare a reçu ses maux : c'est pourquoi il est consolé, et tu es dans les tourmens [4]. » Il est heureux, car il a souffert
avec patience : son état pénible le forçoit souvent à pleurer des
maux extrêmes, et il n'avoit point de consolation du côté des
hommes. Le riche impitoyable ne daignoit pas le regarder; mais
parce qu'il a souffert avec patience, il est consolé : Dieu l'a reçu
dans le lieu où il n'y a point de douleur et de peine.

[1] *Exod.*, III, 8 et alibi.— [2] *Matth.*, v, 5.— [3] *Apoc.*, XXI, 4.—[4] *Luc.*, XVI, 25.

« Le monde se réjouira, et vous serez affligés : mais votre tristesse sera changée en joie [1]. » C'est la promesse du Sauveur à ses disciples. La tristesse et la joie viennent tour à tour : qui s'est réjoui sera affligé : qui s'est affligé sera réjoui : « Bienheureux donc ceux qui pleurent, car ils seront consolés. »

Mais parmi tous ceux qui pleurent, il n'y en a point qui soient plus tôt consolés que ceux qui pleurent leurs péchés. Partout ailleurs la douleur, loin d'être un remède au mal, est un autre mal qui l'augmente : le péché est le seul mal qu'on guérit en le pleurant. Pleurons sans fin, pécheurs, tous tant que nous sommes : que nos yeux soient changés en sources intarissables, dont le cours perpétuel creuse nos joues, comme parle le Psalmiste. La rémission des péchés est le fruit de ces pieuses larmes. Ah! mille et mille fois heureux ceux qui pleurent leurs péchés : car ils seront consolés.

Mais ceux qui pleurent d'amour et de tendresse, qu'en dirons-nous? Heureux, mille fois heureux! Leur cœur se fond en eux-mêmes, comme parle l'Ecriture, et semble vouloir s'écouler par leurs yeux. Qui me dira la cause de ces larmes? qui me la dira? Ceux qui les ont expérimentées, souvent ne la peuvent dire, ni expliquer ce qui les touche. C'est tantôt la bonté d'un père : c'est tantôt la condescendance d'un roi : c'est tantôt l'absence d'un époux : tantôt l'obscurité qu'il laisse dans l'ame lorsqu'il s'éloigne : et tantôt sa tendre voix, lorsqu'il se rapproche et qu'il appelle sa fidèle épouse : mais le plus souvent, c'est je ne sais quoi qu'on ne peut dire.

V° JOURNÉE.

Quatrième béatitude : avoir faim et soif de la justice. Matth., v, 6.

« Bienheureux ceux qui ont faim et soif de la justice, car ils seront rassasiés. » Faim et soif, c'est une ardeur vive, un désir avide et pressant, qui vient d'un besoin extrême.

[1] *Joan.*, XVI, 20.

« Cherchez le royaume de Dieu et sa justice [1]. » La justice règne dans les cieux : elle doit aussi régner dans l'Eglise, qui est souvent appelée le royaume des cieux. Elle règne lorsqu'on rend à Dieu ce qu'on lui doit : car alors on rend aussi pour l'amour de Dieu tout ce qu'on doit à la créature qu'on regarde en lui. On se rend ce qu'on se doit à soi-même : car on s'est donné tout le bien dont on est capable, quand on s'est rempli de Dieu. Alors on a accompli toute justice, comme Jésus-Christ disoit à saint Jean. L'ame alors n'a plus de faim, n'a plus de soif : elle a sa véritable nourriture : « Ma nourriture est de faire la volonté de mon Père, » disoit le Sauveur, « et d'accomplir son œuvre [2]. » C'est aussi là ce que le Sauveur appelle toute justice, d'accomplir en tout la volonté toute juste du Père céleste, et d'en faire la règle de la nôtre. Mais quand nous faisons la volonté de Dieu, il fait la nôtre. Le Psalmiste a chanté : « Il fera la volonté de ceux qui le craignent [3], » et ainsi il rassasiera tous leurs désirs. Bienheureux ceux qui désirent la justice avec le même empressement qu'on désire manger et boire, lorsqu'on est travaillé de la faim et de la soif; car alors on sera rassasié. De quoi sera-t-on rassasié, si ce n'est de la justice ? On le sera dès cette vie : car le juste se rendra plus juste, et le saint se rendra plus saint pour contenter son avidité. Mais le parfait rassasiement sera dans le ciel, où la justice éternelle nous sera donnée avec la plénitude de l'amour de Dieu. « Je serai rassasié, » disoit le Psalmiste, « lorsque votre gloire m'apparoîtra [4]. »

Doit-on toujours avoir soif de la justice? Puisque le Sauveur a dit à la Samaritaine : « Celui qui boit de cette eau, » c'est-à-dire des plaisirs du monde, « a encore soif; mais celui qui boira de l'eau dont je lui donnerai, n'aura jamais soif; mais l'eau que je lui donnerai deviendra en lui une fontaine jaillissante pour la vie éternelle [5]. » Il n'aura donc point de soif! Il n'en aura point en effet, parce qu'il ne désirera plus d'autre plaisir, d'autre joie, d'autre bien, que celui qu'il goûte en Jésus-Christ. Il aura pourtant toujours soif : car il ne cessera point de désirer ce bien su-

___

[1] *Matth.*, vi, 33. — [2] *Joan.*, iv, 34. — [3] *Psal.* cxliv, 19. — [4] *Psal.* xvi, 15. — [5] *Joan.*, iv, 13, 14.

prême, et voudra le posséder de plus en plus. Le voilà donc qui a toujours soif : mais toujours aussi il se désaltère, parce qu'il a en lui la fontaine éternellement jaillissante. Il n'aura point cette soif fatigante et insatiable de ceux qui cherchent les plaisirs des sens. Il aura toujours soif de la justice; mais la bouche toujours attachée à la source qu'il a en lui-même, sa soif ne le fatiguera, ni ne l'affoiblira jamais : « Celui qui croit en moi, » dit le Fils de Dieu, « des fleuves d'eau vive couleront éternellement de ses entrailles : qu'il vienne donc, et qu'il boive [1]. » Venez, ames saintes, venez à Jésus : désirez, buvez, engloutissez : ne craignez point que cette eau céleste vous manque : la fontaine est au-dessus de votre soif : son abondance est plus grande que votre besoin : *Fons vincit sitientem,* disoit saint Augustin.

VIe JOURNÉE.

Cinquième béatitude : être miséricordieux. Matth., v, 7.

« Bienheureux les miséricordieux, car ils obtiendront miséricorde [2]. » Le pl s bel effet de la charité, c'est d'être touché des maux d'autrui. « Il est plus heureux de donner que de recevoir [3], » disoit Jésus-Christ. Cette parole n'avoit pas été rapportée par les évangélistes : mais Dieu a voulu donner à saint Paul la gloire de la recueillir : « Souvenez-vous, » dit cet apôtre, « de cette parole du Seigneur Jésus : Il est plus heureux de donner que de recevoir [4]. » Bienheureux donc ceux qui donnent, et qui aiment mieux donner que de recevoir. Bienheureux, encore un coup, celui qui appelle à son festin, non point les riches qui peuvent lui rendre le festin qu'il leur aura fait; mais les pauvres, les estropiés, les boiteux et les aveugles. « Alors, » dit le Sauveur, « vous serez heureux, car ils n'ont rien à vous rendre : et il vous sera rendu à la résurrection des justes [5]. » Bienheureux donc les misé-

___
[1] *Joan.,* VII, 37, 38. — [2] *Matth.,* v, 7. — [3] *Act.,* XX, 35. — [4] *Ibid.* — [5] *Luc.,* XIV, 12-14.

ricordieux qui donnent sans espérance de rien recevoir de ceux
sur qui ils exercent la miséricorde : car ils obtiendront de Dieu
une miséricorde infinie.

Ainsi ceux qui sont inflexibles, insensibles, sans tendresse, sans
pitié, sont dignes de trouver sur eux un ciel d'airain, qui n'ait ni
pluie ni rosée. Au contraire, ceux qui sont tendres à la misère
d'autrui auront part aux graces de Dieu et à sa miséricorde : il
leur « sera pardonné comme ils auront pardonné aux autres : »
il leur « sera donné comme ils auront donné aux autres : »
ils « recevront selon la mesure dont ils se seront servis envers
leurs frères [1]; » c'est Jésus-Christ qui le dit; et autant qu'ils auront eu de compassion, autant Dieu en aura-t-il pour eux.

Il faut exercer la miséricorde envers tous ceux qu'on voit souffrir : envers les malades, envers les affligés; adoucir leurs maux
par des paroles de consolation et par de sages conseils, si on ne
peut autrement : leur aider à les porter, les partager avec eux
autant qu'on peut. C'est le plus beau de tous les sacrifices : « J'aime
mieux la miséricorde que le sacrifice [2], » comme il l'a dit lui-
même.

VII° JOURNÉE.

Sixième béatitude : avoir le cœur pur. Matth., v, 8.

« Bienheureux ceux qui ont le cœur pur. » Qui pourroit dire
la beauté d'un cœur pur? Une glace parfaitement nette, un or
parfaitement affiné, un diamant sans aucune tache, une fontaine
parfaitement claire, n'égalent pas la beauté et la netteté d'un cœur
pur. Il faut en ôter toute ordure, et celles principalement qui
viennent des plaisirs des sens : car une goutte de ces plaisirs
trouble cette belle fontaine. Qu'elle est belle, qu'elle est ravissante
cette fontaine incorruptible d'un cœur pur! Dieu se plait à s'y
voir lui-même comme dans un beau miroir : il s'y imprime lui-
même dans toute sa beauté. Ce beau miroir devient un soleil par

[1] *Luc.*, VI, 37, 38. — [2] *Matth.*, IX, 13.

les rayons qui le pénètrent : il est tout resplendissant. La pureté de Dieu se joint à la nôtre, qu'il a lui-même opérée en nous; et nos regards épurés le verront briller en nous-mêmes et y luire d'une éternelle lumière. « Bienheureux » donc « ceux qui ont le cœur pur; car ils verront Dieu [1]. »

Aimons la chasteté plus que toutes les autres vertus : c'est elle qui rend le cœur pur.

A chaque objet qui nous touche, craignons toujours en l'aimant de ternir la pureté de notre cœur; ou de l'enfoncer davantage dans l'ordure, d'où il falloit le retirer.

« Bienheureux le cœur pur; il verra Dieu : » il ne faut que ces deux mots pour nourrir l'ame tout un jour. Il verra Dieu : il verra toute beauté, toute bonté, toute perfection, le bien, la source de tout bien, tout le bien uni, comme il disoit à Moïse : « Je te montrerai tout le bien [2], » lorsqu'il se montra lui-même. Voir un objet si parfait et l'aimer, c'est la même chose. Il verra donc et il aimera : mais s'il aime, il sera aimé : il chantera les louanges de Dieu, qu'il verra et qu'il aimera sans fin. Il sera rassasié de l'abondance de sa maison, et enivré du torrent de ses délices. Heureuse créature! mais pour cela il faut avoir le cœur pur. Bienheureux donc celui qui a le cœur pur ! Que celui qui est pur ne cesse de se purifier davantage. Que celui qui n'est pas pur, se tire de l'ordure où il croupit : qu'il lave la saleté qui le déshonore et le défigure.

<hr>

VIIIe JOURNÉE.

Septième béatitude : être pacifiques. Matth., v, 9.

« Bienheureux les pacifiques; car ils seront appelés enfans de Dieu [3]. » Dieu est appelé « le Dieu de paix [4] : Il fait habiter dans sa maison ceux qui sont de même esprit et de même cœur : » *Inhabitare facit unius moris (unanimes) in domo [5]*, dit le Psal-

---

[1] *Matth.*, v, 8. — [2] *Exod.*, XXXIII, 19. — [3] *Matth.*, v, 9. — [4] *I Cor.*, XIV, 33. — [5] *Psal.* LXVII, 7.

miste. Sa bonté concilie tout. Il a composé cet univers des natures et des qualités les plus discordantes : il fait concourir ensemble la nuit et le jour, l'hiver et l'été, le froid et le chaud, et ainsi du reste, pour la bonne constitution de l'univers et pour la conservation du genre humain. Il reçoit ses ennemis en sa paix ; et « il faut, » dit Jésus-Christ, qu'à son exemple, « vous aimiez vos ennemis, et que vous fassiez du bien à ceux qui vous haïssent [1]. » Il faut « que vous le priiez pour ceux qui vous persécutent, afin que vous soyez les enfans de votre Père céleste, qui fait lever son soleil sur les bons et sur les mauvais, et qui pleut sur les justes et sur les injustes [2], » comme nous verrons dans la suite. « Bienheureux » donc « les pacifiques : » ceux qui aiment la paix et qui la procurent : « Ils seront appelés enfans de Dieu, » parce qu'ils porteront le caractère d'un si bon Père.

Le soleil n'en est pas plus nébuleux dans les pays où Dieu n'est pas connu : la pluie n'en arrose pas moins abondamment les champs et les pâturages, et n'y est pas moins rafraîchissante, ni moins féconde. Ainsi, comme disoit saint Paul, « Dieu ne se laisse point sans témoignage [3]. » Le soleil, quand il se lève nous avertit de son immense bonté, puisqu'il ne se lève pas plus tard ni avec des couleurs moins vives pour les ennemis de Dieu que pour ses amis. Adorez donc, quand il se lève, la bonté de Dieu qui pardonne, et ne témoignez pas à votre frère un visage chagrin; pendant que le ciel et Dieu même, si l'on peut parler de la sorte, lui en montre un si serein et si doux.

Jésus-Christ, le Fils unique du Père céleste est le grand pacificateur : « Qui a annoncé la paix à ceux qui étoient de loin, et à ceux qui étoient de près, faisant mourir en lui-même toutes les inimitiés [4], » et « pacifiant par le sang qu'il a répandu sur la croix, tout ce qui est dans le ciel et dans la terre [5], » comme dit saint Paul.

A l'exemple du Fils unique, les enfans d'adoption doivent prendre le caractère de leur père, et se montrer vrais enfans de Dieu par l'amour de la paix.

<hr>

[1] [Matth., v, 44, [2] — Ibid. 45. — [3] Act., xiv, 16. — [4] Ephes., ii, 14-17. — [5] Coloss., i, 20.

Cette grace d'être enfans de Dieu se consomme dans la vie future, selon ce que dit le Sauveur : « Ils seront vrais enfans de Dieu, parce qu'ils seront des enfans » nouvellement engendrés « par la résurrection [1]. »

Soyons donc vraiment pacifiques, ayant toujours des paroles de réconciliation et de paix, pour adoucir l'amertume que nos frères témoigneront contre nous ou contre les autres : cherchant toujours à adoucir les mauvais rapports ; à prévenir les inimitiés, les froideurs, les indifférences ; enfin à réconcilier ceux qui seront divisés. C'est faire l'œuvre de Dieu et se montrer ses enfans, en imitant sa bonté.

Combien sont éloignés de cet esprit ceux qui se plaisent à brouiller les autres qui, par de mauvais rapports souvent faux dans le tout, souvent augmentés dans leurs circonstances, en disant ce qu'il falloit taire, en réveillant le souvenir de ce qu'il falloit laisser oublier, ou par des paroles piquantes et dédaigneuses, aigrissent leurs frères et leurs sœurs déjà émus et infirmes par leur colère !

IXᵉ JOURNÉE.

Huitième et dernière béatitude : souffrir pour la justice. Matth., v, 10.

« Bienheureux ceux qui souffrent persécution pour la justice, parce que le royaume des cieux leur appartient [2]. » Tous ceux qui souffrent pour avoir bien fait, pour avoir donné bon exemple, pour avoir obéi simplement, et avoir confondu par leur exemple ceux qui ne vivent pas assez régulièrement ; en sorte qu'on se prend à eux des reproches qu'on fait aux autres, souffrent persécution pour la justice. Ceux qui portent leur croix tous les jours, et persécutent persévéramment en eux-mêmes leurs mauvais désirs, souffrent persécution pour la justice.

C'est ici la dernière et la plus parfaite de toutes les béatitudes,

____
[1] *Luc.*, xx, 36. — [2] *Matth.*, v, 10.

parce que c'est elle qui porte le plus vivement en elle-même l'empreinte et le caractère du Fils de Dieu.

C'est pourquoi il s'arrête sur celle-ci : non content d'en avoir parlé comme des autres, il reprend encore le discours, en disant : « Vous serez heureux, quand vous serez maudits et persécutés, et qu'on dira de vous pour l'amour de moi toute sorte de mal : réjouissez-vous, et soyez remplis de joie, » ravis, transportés, « parce qu'ils ont persécuté de la même sorte les prophètes qui ont été avant vous [1] : » et non-seulement les prophètes, mais encore le Messie lui-même.

On revient donc ici au commencement, et au royaume des cieux, qui avoit paru dès la première béatitude. La pauvreté et la persécution pour la justice attirent également le royaume des cieux.

X° JOURNÉE.

Vrai caractère du chrétien dans les huit béatitudes avec les caractères opposés. Matth., v, 3, 12; Luc., vi, 20, 27.

Que la semaine s'est heureusement écoulée, en parcourant huit béatitudes! La belle octave, où l'on tâche d'imprimer en soi-même huit caractères du chrétien, qui enferment un abrégé de la philosophie chrétienne! La pauvreté, la douceur, les larmes ou le dégoût de la vie présente, la miséricorde, l'amour de la justice, la pureté de cœur, l'amour de la paix, la souffrance pour la justice.

Trois de ces caractères paroissent assez semblables; la douceur, la miséricorde, l'amour de la paix; néanmoins ils ont chacun leur propriété. C'est autre chose d'être pacifique, et de savoir finir toutes les querelles qu'on nous fait et qu'on fait aux autres : autre chose, d'être doux sans jamais offenser ni aigrir personne : autre chose, d'être bienfaisant et miséricordieux.

Les caractères opposés aux huit qu'on vient de voir sont : l'esprit de propriété ou de richesses, l'aigreur, l'amour du plaisir,

[1] *Matth.*, v, 11, 12.

l'injustice, la dureté, la corruption du cœur, l'esprit de querelle et de brouillerie, l'impatience dans les afflictions et la crainte qui fait abandonner la règle de la vérité et de la justice.

: Nous trouverons dans saint Luc [1] l'abrégé des béatitudes réduites à quatre : d'être pauvre, d'être affamé, de pleurer, d'être haï et persécuté pour l'amour du Fils de Dieu. A ces quatre béatitudes, Jésus-Christ joint quatre malédictions contre les hommes du monde : « Malheur à vous, riches; car vous avez votre consolation. Malheur à vous qui êtes contens et rassasiés des biens de la terre, parce que viendra le temps que vous aurez faim, et que vous manquerez de tout. Malheur à vous qui riez, et qui vous laissez emporter aux joies du siècle; car vos joies seront changées en pleurs. Malheur à vous, lorsque les hommes vous applaudissent; c'est ainsi qu'on faisoit aux faux prophètes [2]. » Craignons donc d'avoir notre consolation sur la terre : craignons de la chercher : craignons de la recevoir : craignons les louanges et les applaudissemens du monde. Aimons cet enchaînement de béatitudes, qui de l'amour de la pauvreté nous pousse jusqu'à celui des souffrances; et par celui des souffrances nous ramène jusqu'à celui de la pauvreté, et nous fait trouver le même royaume des cieux dans l'un et dans l'autre.

Pour conclusion, la doctrine des béatitudes est renfermée dans ces trois mots, que je vous laisse à peser.

· Toute la doctrine des mœurs tend uniquement à nous rendre heureux. Le Maître céleste commence par là. Apprenons donc de lui le chemin du vrai et éternel bonheur.

XIe JOURNÉE.

Quatre caractères du chrétien. Matth., v, 13, 20.

· Après cet abrégé du christianisme, Jésus-Christ nous marque trois caractères éminens de ses disciples : « D'être le sel de la

______
[1] *Luc.*, VI, 20-23. — [2] *Ibid.*, 24, etc.

terre : d'être la lumière du monde : d'être d'une extrême exactitude à observer ses commandemens [1]. » Il en ajoute après un quatrième, qui est l'éminence et la perfection : « Si votre justice n'abonde : » et voilà l'idée entière de la justice chrétienne.

Le sel assaisonne les viandes; il en relève le goût; il en empêche la fadeur; il en prévient la corruption. Ainsi la conversation du vrai chrétien doit ranimer dans les autres le goût de la piété. C'est ce qui fait dire à saint Paul : « Que votre discours soit plein de grace, et assaisonné de sel [2]. » Et c'est de quoi sont bien éloignés ceux qui n'ont que de la langueur et de la mollesse dans toute leur conduite. Il faut dans les paroles du chrétien une sainte vivacité; il faut reprendre avec force et quelquefois piquer jusqu'au vif, comme un grain de sel. Mais ne mettez point trop de sel ensemble : au lieu de piquer la langue pour réveiller l'appétit, vous mettriez en feu toute la bouche.

Etre la lumière du monde, est un degré encore au-dessus du précédent : car il emporte l'exemple qui édifie et qui éclaire la maison de Dieu. C'est ce que nous nous devons les uns aux autres. Et au contraire, si nous nous sommes à scandale les uns aux autres, cette malédiction du Sauveur tombera sur nous : « Malheur au monde à cause des scandales, » qui arriveront. « Il est impossible qu'il n'arrive des scandales; mais malheur à celui par qui ils arrivent : il vaudroit mieux pour lui qu'on le jetât dans la mer avec une meule de moulin autour du col [3]. » Pesez, pesez ces paroles, chrétiens, qui ne craignez pas de scandaliser les infirmes et les petits de l'Eglise.

« Vous êtes la lumière du monde : » cela s'entend, non-seulement des pasteurs, mais encore de tous les chrétiens. Saint Paul le dit ainsi : « Vous devez luire au milieu d'une nation mauvaise et corrompue, comme étant les luminaires dont le monde doit être éclairé [4]. Si quelqu'un parle, » comme dit saint Pierre, « que ce soit comme des discours de Dieu [5] : » comme si Dieu parloit par sa bouche. Saint Mathias disoit, ainsi que le rapporte saint Clément d'Alexandrie, que lorsque quelqu'un faisoit mal dans le voisinage

---

[1] *Matth.*, v, 13-20. — [2] *Coloss.*, IV, 6. — [3] *Matth.*, XVIII; *Marc.*, IX, 41. *Luc.*, XVII, 1. — [4] *Philipp.*, II, 15. — [5] I *Petr.*, IV, 11.

d'un chrétien, il falloit s'en prendre à ce voisin, qui ne lui donnoit pas assez bon exemple.

Enfin la vie chrétienne demande une extrême exactitude. Il faut prendre garde aux moindres préceptes, et n'en mépriser aucun. Le relâchement commence par les petites choses, et de là on tombe dans les plus grands maux. « Qui méprise les petites choses, tombe peu à peu[1]. »

Pour établir cette exactitude de la justice chrétienne, Jésus-Christ pose un beau principe, que « la parole de Dieu est inviolable, et s'accomplira jusqu'au moindre trait. »

Il regarde ici en particulier ce qui avoit été prédit de lui dans la loi et dans les prophètes; et c'est pourquoi il dit : « Je viens tout accomplir. » Dans ce qui a été prédit dans la loi, il y a les grands traits : la naissance de Jésus-Christ, sorti d'une vierge, ses souffrances, sa croix, sa résurrection, la conversion du monde et des gentils, avec la réprobation et le juste châtiment des Juifs. Voilà les grands traits; mais ce n'est pas tout. Il y a l'*iota*, et les moindres traits qui doivent aussi s'accomplir. Il faut qu'on divise ses vêtemens : il faut qu'on joue sa tunique sans couture. Voyez quelle précision dans une distinction si subtile et si exacte : c'est l'*iota*, c'est le petit trait. Il sera vendu; ce peut être un grand trait : mais ce sera trente deniers; mais on achètera le champ d'un potier : c'est l'*iot*, c'est le petit trait, qui ne doit point échapper non plus que les autres. C'est ainsi qu'il faut qu'il soit abreuvé de vinaigre. Il souffrira : voilà le grand trait; mais ce sera hors la porte de la ville : voilà l'*iota*. Il sera immolé comme l'agneau pascal; mais ses os ne seront pas brisés sur la croix, non plus que ceux de cet agneau : voilà l'*iota*, et ainsi du reste. Jésus-Christ veut dire encore plus généralement que tout ce qui est dit en figure et en ombre dans la loi, sera accompli en vérité dans l'Evangile, jusqu'aux moindres circonstances. Tout jusqu'aux moindres choses, est significatif dans la loi : tout jusqu'aux moindres choses, sera accompli dans l'Evangile. « Vous ne lierez pas la bouche au bœuf qui foule le grain[2]. » Saint Paul l'applique aux prédicateurs[3]. Il en est ainsi de ces autres traits : « Vous ne ferez point cuire

<hr>

[1] *Eccli.*, XIX, 1. — [2] *Deut.*, XXV, 4. — [3] I *Tim.*, V, 18.

l'agneau dans le lait de sa mère. Quand vous prendrez la mère dans le nid, vous la laisserez aller en gardant ses petits [1]. Que vos habits ne soient point tissus de laine et de lin. Ayez des bordures et des franges dans vos habits [2]. Tous ces petits traits ont de grandes significations pour inspirer aux chrétiens la douceur, la modération, la simplicité, la droiture, et toutes les autres vertus.

Et ce que Jésus-Christ conclut de là, c'est qu'il ne faut pas oublier les moindres préceptes : car si tout ce que Dieu dit pour son Fils doit être accompli jusqu'au moindre trait et qu'il n'en doive échapper aucun, il faut aussi accomplir tout ce qu'il a dit pour nous.

Et voyez jusqu'à quel point : « Le ciel et la terre passeront, mais mes paroles ne passeront pas [3]. » Si le soleil tout d'un coup alloit disparoître, et que ce flambeau du monde s'éteignît au milieu du jour; si le ciel se mettoit en pièces, ou se retiroit comme un rouleau qui se renveloppe en lui-même; si la terre manquoit sous nos pieds, et qu'un fondement si solide fût tout d'un coup réduit en poudre, quel malheur, tout seroit perdu pour nous! Le malheur est bien plus grand et tout est perdu bien davantage, si le moindre des commandemens de Jésus-Christ n'est pas observé.

Que si on ne les observe pas, Jésus-Christ qui a dit qu'ils seroient inviolablement observés, sera-t-il menteur? A Dieu ne plaise! Car il y a une condition, que si on manque à les observer on sera puni. Donc si vous faites la faute et que vous évitiez le châtiment, Jésus-Christ se sera trompé : mais si vous ne faites pas la moindre faute, dont il ne soit parlé au jugement et qu'il y faille rendre raison, non-seulement des paroles d'injustice et de médisances, mais encore des inutiles, la vérité de Jésus-Christ demeure ferme.

La peine rectifie le désordre : qu'on pèche, c'est un désordre; mais qu'on soit puni quand on pèche, c'est la règle. Vous revenez donc par la peine dans l'ordre que vous éloigniez par la faute. Mais que l'on pèche impunément, c'est le comble du désordre : ce seroit le désordre, non de l'homme qui pèche, mais de Dieu qui ne

---

[1] *Deut.*, XIV, 21. — [2] *Ibid.*, XXII, 6, 7, 11, 12. — [3] *Matth.*, XXIX, 23.

punit pas. Ce désordre ne sera jamais, parce que Dieu ne peut être déréglé en rien, lui qui est la règle.

Comme cette règle est parfaite, droite parfaitement et nullement courbe, tout ce qui n'y convient pas, y est brisé, et sentira l'effort de l'invincible et immuable rectitude de la règle.

Mais si les menaces sont accomplies, les promesses le seront aussi. Viens, chrétien, à ton crucifix : regardes-y toutes les prédictions accomplies jusqu'aux plus petites. Dis donc en toi-même : Tout s'accomplira, et le bonheur qui m'est promis ne me manquera pas. Je verrai Dieu, je l'aimerai et je le louerai durant les siècles des siècles : et tous mes désirs seront rassasiés, toutes mes espérances accomplies : Amen, amen.

XIIe JOURNÉE.

Excellence de la justice chrétienne au-dessus de celle des païens et des Juifs. Matth., v, 20, 47.

Jésus-Christ, qui jusqu'ici n'a donné qu'en général la forme et les caractères de la vie chrétienne, commence ici les préceptes particuliers : et il donne pour fondement cette belle règle [1], que la « justice » chrétienne doit « surpasser celle des » plus parfaits d'entre les Juifs. Prenons donc garde ici à bien entendre la perfection de la loi évangélique que nous avons juré d'observer ; nous l'avons juré dans notre baptême.

Pour nous y obliger, Jésus-Christ a pris soin de nous élever à la perfection de la justice chrétienne par trois degrés.

Premièrement il faut s'élever au-dessus des plus sages des païens. C'est pour cela qu'il a dit : « Les païens ne le font-ils pas [2] ? » voulant dire : Vous devez donc faire davantage. On vous parle de mépriser les richesses : les sages païens ne l'ont-ils pas fait ? D'être fidèle à vos amis : les païens ne l'ont-ils pas été ? D'éviter les fraudes et les tromperies : les païens ne les ont-ils pas détestées ?

[1] *Matth.*, v, 20. — [2] *Ibid.*, 47.

De fuir l'adultère : les païens les plus licencieux n'en ont-ils pas eu honte ?

Le second degré est de s'élever au-dessus de la justice de la loi, et de ceux qui connoissoient Dieu. Et cela encore par trois degrés, en évitant trois défauts de la justice judaïque. Le premier, c'est qu'elle n'étoit qu'extérieure : « Vous autres pharisiens, vous êtes soigneux de laver l'extérieur du vaisseau : » et c'est pourquoi il les appeloit « des sépulcres blanchis [1]. » Vous voyez la justice de ce pharisien dans saint Luc : « Je ne suis pas, » disoit-il, « comme le reste des hommes. » Et en quoi excellez-vous donc ? « Je jeûne deux fois la semaine : je paie la dîme de tout ce que j'ai de bien [2]. » Il ne vante que l'extérieur : et ceux-là lui ressemblent, qui ne s'attachent qu'aux choses extérieures. Dire son bréviaire, aller à l'église, assister au sacrifice, à matines, à l'oraison, prendre de l'eau bénite, se mettre à genoux, sans prendre l'esprit de tout cela : c'est une justice pharisaïque qui semble avoir quelque exactitude, mais qui s'attire de Jésus-Christ ce juste reproche : « Ce peuple m'honore des lèvres; mais son cœur est loin de moi [3]. » C'est une fausse justice. Mais que dirons-nous de ceux qui n'ont pas même cette justice et cette exactitude extérieure, si ce n'est qu'ils sont pires que les pharisiens et que les Juifs ?

Le second défaut de la justice judaïque, c'est comme dit saint Paul, qu'en « ignorant la justice » par laquelle « Dieu » nous fait justes « et cherchant à établir leur propre justice, » se croyant justes par eux-mêmes, « ils ne sont point soumis à la justice de Dieu [4], » parce qu'ils ont cru faire le bien par eux-mêmes, au lieu de reconnoître que c'est Dieu qui l'opère en eux.

Saint Paul avoit eu cette justice; mais voyez comment il en parle [5] : « Ma conduite étoit sans reproche selon la justice de la loi. » Remarquez ces paroles : « Sans reproche : » on ne pouvoit ce semble, porter la perfection plus loin; et cependant il ajoute aussitôt après : « Mais ce qui m'étoit un gain » selon la loi, « je l'ai estimé une perte à cause de la connoissance éminente que j'avois de Jésus-Christ, pour qui tout m'a été une perte et comme du

<hr>

[1] *Matth.*, XXIII, 25, 27. — [2] *Luc.*, XVIII, 11, 12. — [3] *Matth.*, XV, 8. — [4] *Rom.*, X, 3. — [5] *Philipp.*, III, 6.

fumier et de l'ordure, afin de gagner Jésus-Christ et avoir en lui, non pas ma propre justice qui vient de la loi, mais la justice qui vient de la foi en Jésus-Christ; justice qui vient de Dieu par la foi. [1] »

Voilà donc le second défaut de la justice judaïque : c'est qu'on se croyoit juste par soi-même : ce qui fait que cette justice est impure et n'est qu'ordure selon saint Paul, parce qu'elle n'est qu'orgueil. Etudions-nous donc à l'éviter, en rapportant humblement à Dieu le peu de bien que nous faisons.

Mais le troisième défaut de la justice des Juifs, c'est que les œuvres en étoient fort imparfaites, en comparaison de la perfection où l'homme est élevé par l'Evangile. On y est obligé à une plus grande perfection que ceux qui faisoient bien. Et pourquoi ? « A cause de la connoissance éminente » qu'on a « de Jésus-Christ, » disoit saint Paul; et c'est une des vérités que Jésus-Christ renferme dans cette parole : « Si votre justice n'est plus abondante que celle des docteurs de la loi et des pharisiens [2], etc. »

Voilà donc la justice chrétienne élevée de deux degrés au-dessus de la justice des sages païens, au-dessus de la justice des Juifs. C'est pourquoi et les païens et les Juifs s'élèveront contre nous, les Ninivites, la reine de Saba, Sodome et Gomorrhe, dont nous aurons surpassé les iniquités, nous qui devions surpasser la justice des plus sages. C'est ainsi qu'il se faut former une grande idée de la justice chrétienne.

Mais voici encore quelque chose de plus excellent, et c'est le troisième degré et la perfection. C'est que la justice chrétienne se doit élever au-dessus d'elle-même : « Non, mes frères, » disoit saint Paul, « je ne crois pas encore avoir atteint la justice où je tends, ni que je sois parfait : je poursuis ma course, » comme un homme qui ne croit pas avoir obtenu ce qu'il souhaite : » *Unum autem ;* mais tout ce que je fais, tout mon but, toute ma pensée : « C'est qu'oubliant ce qui est derrière moi : » voyez : tout le progrès qu'il a fait ne lui est rien : il ne s'y arrête pas, il ne s'y repose pas : « Je m'étends à ce qui est devant [3]. » Entendez ce mot, il « s'étend : » il fait effort : il sort en quelque manière de lui-même :

' [1] *Philipp.* 7-9. — [2] *Matth.*, V, 20. — [3] *Philipp.*, III, 12, 13.

il s'allonge lui-même en quelque sorte par l'effort qu'il fait pour s'avancer.

Voilà donc le vrai chrétien, le vrai juste. Il croit n'avoir rien fait : car s'il croit être suffisamment juste, il ne l'est point du tout. Il faut donc toujours avancer et sortir continuellement de son état. « Soyez parfaits comme votre Père céleste [1]. » Ayez-en du moins la volonté : car c'est renoncer à la justice que de se reposer dans celle qu'on a; comme si on étoit assuré qu'elle fût suffisante; d'autant plus que si vous n'avancez, vous reculez. « Vous regardez en arrière, » contre le précepte de l'Evangile. Et que décide le Sauveur? que vous « n'êtes pas propre au royaume de Dieu [2]. »

Voilà pourquoi il disoit, qu'il falloit « avoir faim et soif de la justice. » Ce n'est pas un désir ordinaire; c'est un désir comme celui qui nous porte à nous nourrir, et à vivre : désir ardent et invincible, que vous devez sans cesse exciter. En quelque état que vous soyez, vous devez toujours avoir cette faim et cette soif : parce que la capacité de votre intérieur est infinie, comme l'est aussi la justice que vous cherchez.

Sur ce fondement de la perfection de la justice chrétienne, Jésus-Christ bâtit tout l'édifice, c'est-à-dire, tous les préceptes de son Evangile, pour nous élever au-dessus des païens, des Juifs, et de nous-mêmes. Ce qu'il a compris dans cette parole : « Soyez parfaits comme votre Père céleste : » et ce que son Apôtre a exprimé de la manière que nous avons vue.

<hr>

XIII° JOURNÉE.

Après cette belle préparation, après cette belle idée de la justice chrétienne, Jésus-Christ commence à régler ce qu'on doit au prochain, et il nous apprend jusqu'où l'on doit éviter de lui nuire.

[1] *Matth.*, v, 48. — [2] *Luc.*, IX, 62.

Saint Jean dit que « celui qui hait son frère est un meurtrier [1]. »
Jésus-Christ le répute tel. C'est pourquoi il dit que ce n'est pas
seulement en le tuant « qu'on se rend digne d'être puni par le
jugement, » mais encore « si on se fache contre lui. » Et que « si
on témoigne son indignation par quelque parole de colère ou de
mépris, on mérite d'être condamné par le conseil, » on est digne
d'une plus grande peine; « mais que si on s'emporte jusqu'à l'appeler insensé, on n'évitera pas le feu éternel [2]. »

Il faut ici peser ces trois degrés, se mettre en colère, témoigner
sa colère par quelque parole d'emportement, dire des injures
atroces et traiter son frère de fou; et les comparer avec les trois
peines : le jugement, le conseil, le feu.

Le jugement emportoit la peine capitale, puisqu'il est attribué,
selon les anciens, au meurtre, que la loi punissoit de mort irré-
missiblement. Mais Jésus-Christ, pour faire voir combien la justice
humaine étoit foible en comparaison de la divine qu'il venoit déclarer aux hommes, met le jugement, c'est-à-dire, la peine capitale des jugemens humains, pour le plus foible degré, qui est
la colère. Il veut donc dire que se mettre en colère contre son frère,
est un péché digne de mort devant Dieu. Et ainsi il ne faut pas
douter qu'on ne commette un péché mortel, lorsqu'on demeure
volontairement aliéné de son frère : ce qui arrive lorsqu'on demeure fâché contre lui, parce qu'alors la colère s'est tournée en
haine. En cet état rien n'excuse de péché mortel, que la résistance
qu'on apporte à une disposition si mauvaise : car lorsqu'elle domine dans le cœur, la charité s'y éteint.

Le second degré de supplice est le conseil; ce qui se dit par rapport à la police des Juifs. Au-dessus du jugement où l'on punissoit les crimes particuliers jusqu'à la mort, il y avoit le sanhédrin
ou le conseil suprême de la nation [3], d'autant plus sévère qu'on y
jugeoit les crimes publics, qui regardoient l'état du peuple de
Dieu dans la religion et dans le gouvernement, sans aucun appel.
Pour exprimer le juste supplice de celui qui s'emporteroit au
second degré de colère, c'est-à-dire jusqu'à témoigner sa haine
par quelque parole de fureur ou de mépris, Jésus-Christ le soumet

<hr>

[1] I *Joan.*, III, 15. — [2] *Matth.*, V, 21, 22. — [3] Joseph., *Antiq. Judaic.*, XIV, 17

à ce qu'il y a de plus rigoureux et de plus inévitable parmi les hommes, qui est la rigueur extrême du souverain conseil de la nation.

Le dernier degré suit après cela, qui est de dire des injures atroces, comme d'appeler son frère fou : et pour exprimer la vengeance qui en sera faite, il n'y a plus rien parmi les hommes qu'une vallée auprès de Jérusalem, qu'on réputoit abominable et qu'on appeloit la vallée des cadavres et des cendres, parce que c'étoit celle où, du temps des idolâtries du peuple de Dieu, les Israélites brûloient leurs enfans en l'honneur de l'infâme idole de Moloch, et où on jetoit leurs cendres et leurs cadavres à demi brûlés.

La tradition enseignoit encore que les cadavres des soldats de Sennachérib y avoient été jetés à tas ; de sorte qu'elle fourmilloit de vers qui sortoient de ces cadavres : les marques du feu étoient dans les cendres et dans les cadavres à demi brûlés [1]. Cette vallée s'appeloit la vallée du fils d'Ennom, Ben-Ennom [2] et changeant le B en G, Gehennom, Gehenna, Gehenne. Par où l'on exprima ensuite l'enfer, le feu dont les damnés y sont dévorés et les vers qui les y rongent, dont le Sauveur dit : « Leur ver ne meurt point et leur feu ne s'éteint jamais [3]. »

C'est donc à cette vallée des cadavres, qu'on appeloit aussi la vallée de la mort, que Jésus-Christ compare le supplice affreux de ceux qui traitent leurs frères d'insensés et de fols. Que s'il ordonne ce supplice pour les injures, combien seront tourmentés ceux qui frappent, ceux qui tuent ? Le Fils de Dieu n'en parle pas, comme ne voulant pas supposer que cela puisse arriver parmi les siens ; et laissant assez entendre combien les actions violentes seront punies, si les paroles le sont avec une si terrible rigueur.

Pesons donc toutes nos paroles, puisqu'elles sont pesées avec une telle rigueur dans le souverain jugement de Dieu.

[1] *Jos.*, XV, 8 et XVIII, 16. — [2] IV *Reg.*, XXIII, 10 ; II *Paral.*, XXVIII, 3. — [3] *Marc.*, IX, 47.

XIVᵉ JOURNÉE.

Réconciliation. Matth., v, 23, 26.

C'est encore un beau et grand précepte, et par lequel nous pouvons entendre combien Dieu aime la paix, de nous ordonner comme il fait de nous réconcilier avec notre frère avant que d'approcher de l'autel. Il ne veut point de l'oblation qui lui est offerte avec un cœur plein de ressentiment et avec des mains portées à la vengeance.

On doit encore beaucoup remarquer cette parole : « Si votre frère a quelque chose contre vous [1], » et non-seulement si vous lui en avez donné sujet, mais encore s'il l'a pris mal à propos : il faut s'éclaircir charitablement avec lui, de peur que vous ne veniez à le haïr, lorsque vous saurez qu'il vous hait. Le premier présent qu'il faut offrir à Dieu, c'est un cœur pur de toute froideur et de toute inimitié avec son frère.

N'attendez pas même le jour de la communion : celui d'entendre la messe où l'on se trouve plusieurs ensemble, même quand on assisteroit seul au saint sacrifice, ce jour doit être précédé de la réconciliation.

Il faut encore porter plus loin l'amour de la paix; et saint Paul dit : « Que le soleil ne se couche point sur votre colère [2]. » Les ténèbres augmenteroient notre chagrin; notre colère nous reviendroit en nous éveillant et deviendroit plus aigre. Les passions tristes et sombres, du nombre desquelles sont la vengeance, la jalousie, s'aigrissent pendant la nuit, ainsi que les plaies, les fluxions, les maladies.

Dans les querelles, dans les procès, dans toutes les dissensions, on se « livre » l'un l'autre « au juge, » parce qu'on s'offense mutuellement : on doit donc craindre « la prison, d'où l'on ne sort qu'après avoir tout payé » dans la dernière rigueur : et il faut

---

[1] *Matth.*, v, 23. — [2] *Ephes.*, iv, 28.

s'accorder volontairement l'un avec l'autre, plutôt que d'en venir à un jugement qui augmenteroit l'aigreur. C'est ce qu'il faut bien considérer.

Saint Augustin dit que cet « ennemi avec lequel il se faut réconcilier, pendant qu'on est dans la voie [1], » c'est la vérité qui nous condamne dans cette vie et nous « livre » en l'autre « à l'exécuteur, qui nous oblige à payer jusqu'au dernier sol; » c'est-à-dire à demeurer éternellement dans cette affreuse prison, puisque nous ne pouvons jamais satisfaire pour nos crimes.

XVᵉ JOURNÉE.

Délicatesse de la chasteté : s'arracher l'œil : se couper la main indissolubilité du mariage. Matth., v, 27, 32.

En ce qui regarde la chasteté, il faut craindre jusqu'à un regard : c'est par là qu'entre le poison. « Prenez garde, » disoit Moïse, « de ne point laisser aller vos yeux et vos pensées, en vous souillant dans les objets qui vous environnent [2]. » Job disoit aussi dans cette vue : « J'ai fait un pacte avec mes yeux [3], » que je les tiendrois toujours modestes, jamais vagues ni dissipés. Le voile des vierges sacrées est la marque et l'instrument de cette retenue; leur vie est une retraite d'où il faut que les yeux profanes soient bannis : elles ne doivent ni voir ni être vues. C'est le premier enseignement de Jésus-Christ sur cette matière.

Le second est de renoncer aux liaisons non-seulement les plus agréables, mais encore les plus nécessaires, plutôt que de mettre son salut en péril. Le secret est de fuir, d'éviter les occasions prochaines, c'est-à-dire celles où l'on a déjà fait naufrage; craindre même les plus éloignées, se précautionner de toutes parts, couper jusqu'à sa main droite et jusqu'à son pied, arracher jusqu'à ses yeux; tout doit être violent dans cette matière. Car il faut, autant qu'il se peut, éviter même d'avoir à combattre, parce qu'on

---

[1] *Matth.*, v, 25, 26. — [2] *Num.*, xv, 39. — [3] *Job.*, xxxi, 1.

n'est pas longtemps courageux, ni ferme contre soi-même.

« Si votre œil ..... si votre main droite vous scandalise [1], » c'est-à-dire si ces personnes qui vous sont si chères, vous sont une occasion de tomber, séparez-vous-en. Ajoutez : Si elles vous font « scandaliser » votre frère ; car tout ce qui le fait tomber est aussi pour vous une chute semblable à celle d'un homme qu'on « jette-roit dans la mer une meule au col [2]. »

Le troisième enseignement sur cette matière regarde le mariage et son indissolubilité. Mais on peut encore porter plus loin ses pensées. Car comme cet indissoluble lien du mariage signifie l'in-séparable union de Jésus-Christ avec son Eglise, les ames qui sont entrées dans ce bienheureux contrat doivent garder la foi à Jésus-Christ, et ne faire jamais divorce avec lui.

Pour cela il faut éviter jusqu'aux moindres choses qui déplaisent à l'Epoux céleste. Ce ne sont pas seulement les ruptures qui sont à craindre dans les mariages, mais encore les moindres froideurs. Tout va au divorce, si on n'y prend garde; et il faut prompte-ment réparer les moindres négligences : la délicatesse de l'Epoux en est blessée : l'amour refroidi s'éteint bientôt.

Veille donc, ame chrétienne; veille sur les moindres choses : rien ne plaît plus à celui qui aime que l'attention à le contenter en tout : au contraire, il n'y a rien de plus terrible que cette pa-role célèbre du Fils de Dieu : « Je voudrois que vous fussiez froid ou chaud. » On vous pourroit tourner au bien et vous seriez ca-pable de quelque action; « mais parce que vous êtes tiède » et sans efficace, on ne peut rien faire de vous, « et je vous vomirai de ma bouche [3]. »

XVIᵉ JOURNÉE.

Ne jurer point : simplicité chrétienne. Matth., v, 33, 37.

Je trouve cet endroit un des plus touchans de la doctrine chré-tienne, parce que le Fils de Dieu y établit la plus aimable de toutes

---

[1] *Matth.*, v, 29, 30. — [2] *Matth.*, XVIII, 6. — [3] *Apoc.*, III, 15, 16.

les vertus, qui est la sincérité. Le chrétien ne ment jamais; il dit :
« Cela est, cela n'est pas [1] : » et cette parole tient lieu de tout serment. Car au lieu de jurer ou par le ciel, ou par la terre, ou par
la sainte cité, ou par sa tête, ou en quelque autre manière que ce
soit, on lui ordonne pour toute réponse : « Cela est, cela n'est pas :
oui » et « non. » Le mensonge ne trouve point de place dans une
expression si simple : elle ne souffre point non plus de déguisement : car sans détour ni embarras, on répond : « Cela est, cela
n'est pas : » et la sincérité d'un chrétien doit être si parfaite et si
connue, qu'on s'en tienne à sa simple parole, comme s'il avoit
fait mille sermens de toutes les sortes.

Cette parole est bien forte : « Tout ce qui est au delà vient du
malin [2] : » ou du mal. Tout ce qu'on dit de plus, que « cela est,
cela n'est pas, » c'est la dureté des cœurs, c'est la malice et la
fourberie, c'est le démon en un mot qui l'a introduit. Revenons
donc à l'origine : rendons-nous si croyables par notre sincérité,
qu'on se fie à nous à cette simple parole : « Cela est, cela n'est pas :
oui » et « non. »

Ne soyez pas si décisif, si affirmatif, n'exagérez pas : « Ne jurez
pas [3] : » c'est une partie de cette douceur dont il est dit : « Bienheureux ceux qui sont doux [4]. Ce que vous direz de plus fort que
la simple affirmation ou négation ne seroit pas nécessaire, si les
cœurs étoient bien disposés. Soyez de votre côté dans cette disposition : et s'il faut aller au delà, que ce soit uniquement pour les
autres qui ont besoin d'être poussés plus fortement.

Renouvelez-vous : « quittez le vieux levain [5]. » Le méchant est
menteur, parce qu'il a intérêt de cacher et de déguiser ce qu'il
fait. « Revêtez-vous de l'homme nouveau, qui est Jésus-Christ,
qui est créé selon Dieu, en justice et dans la sainteté de la vérité [6]. » Ainsi quittant le mensonge, qui ne convient qu'au mauvais qui veut se cacher : « Dites-vous la vérité les uns aux autres,
parce que vous êtes membres d'un même corps [7]. » La main ne
veut pas tromper la tête, lorsqu'elle la prend pour guide parmi
les ténèbres; l'œil ne veut pas tromper les pieds, ni les pieds

____

[1] *Matth.*, v, 37. — [2] *Ibid.* — [3] *Ibid.* — [4] *Ibid.*, 4. — [5] I *Cor.*, v, 7. — [6] *Ephes.*,
iv, 24. — [7] *Ibid.*, 25.

cacher leur marche aux yeux et à la tête. Si ces membres se pouvoient parler et interroger l'un l'autre, ils se diroient simplement la vérité en toutes choses : Oui et non : cela est, cela n'est pas. Vivez ainsi, chrétien : ne faites point le mystérieux ni l'important. Taisez-vous par modération et par prudence, et non pas en faisant l'homme sage et l'homme grave. N'ayez point de dissimulation ; surtout ne faites rien de mal, de douteux, ni de suspect, afin que vous n'ayez rien à déguiser. Si vous péchez, car qui ne pèche point? et qu'il vous faille découvrir votre péché à un confesseur, comme la plaie à son médecin, dites : Cela est, cela n'est pas, sans chercher de vaines excuses à votre faute, ni de longues circonlocutions pour l'envelopper. L'humilité vous fera sincère : vous guérirez infailliblement, pourvu que vous gardiez la sincérité.

On jure par le nom de Dieu et on le prend à témoin, afin que notre parole, foible par elle-même, devienne ferme et inviolable par l'interposition du nom de Dieu. Mais si nous sommes remplis de Dieu et revêtus de Jésus-Christ, la vérité est en nous ; et nos discours étant fermes par le mérite de la source d'où ils sont partis, ne demandent pas d'être appuyés par la religion du serment.

Il y en avoit qui croyoient qu'on ne juroit pas, à moins d'interposer le nom de Dieu. Ils ne prenoient pas pour serment de dire : Par le ciel, ou par la terre, ou par la sainte cité, et ainsi du reste. Mais Jésus-Christ décide qu'il y a dans tout cela quelque chose qui, ayant rapport à Dieu, doit être regardé avec une espèce de religion, sans qu'il soit permis à l'homme de le profaner.

Cette parole est remarquable : « Ne jurez point par votre tête ; car vous ne pouvez faire blanc ou noir un de vos cheveux [1]. » De tout ce que vous appelez vôtre, il n'y a rien dont vous puissiez disposer, pas même de la couleur de vos cheveux. Ne dites donc pas : Je jure par ma tête, c'est-à-dire : je me dévoue ou, comme on parle, je dévoue ma tête à telle et à telle peine : car loin d'avoir pouvoir sur votre tête, vous n'en avez pas même sur vos cheveux pour les faire venir ou croître, ni pour en changer la

----

[1] *Matth.*, v, 36.

couleur. Soyez donc soumis à Dieu, et ne parlez jamais comme pouvant disposer de la moindre chose.

XVIIe JOURNÉE.

Charité fraternelle : étendue de la perfection chrétienne. Matth., v, 38, 43.

Jésus-Christ revient encore à la charité fraternelle, dont il avoit déjà dit que, loin qu'il fût permis de tuer ou de frapper, il ne falloit pas même se fâcher contre son frère, ni lui marquer de l'aigreur par aucune injure; que si on avoit quelque démêlé, il falloit être facile à se raccommoder; n'employer point de juge, s'il se peut, pour terminer nos différends, ni même de médiateur pour concilier les esprits aliénés. Nous avons un médiateur naturel de notre réconciliation mutuelle, qui est Jésus-Christ et l'esprit de charité et de grace qui nous anime. Il faut donc se rendre traitables et se raccommoder de gré à gré avec son frère. Il a dit que si nous sentions quelque aigreur dans le cœur de notre frère, il falloit le prévenir pour le calmer, et préférer la réconciliation au sacrifice. Maintenant il pousse plus loin l'obligation, et il exclut tout à fait l'esprit de vengeance.

« Œil pour œil et dent pour dent [1] : » c'est ce qu'on permettoit aux anciens : il paroissoit là une espèce de justice : mais Jésus-Christ ne permet pas au chrétien de se la faire à lui-même, ni de la rechercher. Si la justice publique réprime les violences, le chrétien ne l'empêche pas et il respecte les ordres publics : mais pour lui, loin de se venger de celui qui lui donne un soufflet, il tendra plutôt l'autre joue : il abandonnera plutôt son manteau à celui qui lui dispute sa tunique que d'entreprendre un procès pour peu de chose, et entrer dans un esprit de chicane et de ressentiment [2]. Il accordera plutôt de son bon gré deux mille pas à celui qui l'aura forcé à en faire mille, qu'il ne se fera justice à lui-même, ou qu'il ne songera à se venger de la violence qu'on lui aura faite.

[1] *Exod.*, XXI, 4. — [2] *Matth.*, v, 39 et seq.

La tranquillité de son cœur lui est plus chère que la possession de tout ce qu'on lui peut ravir avec injustice ; et s'il faut manquer à la charité pour recouvrer les biens dont on l'a privé, il n'en veut point à ce prix. O Evangile, que tu es pur ! ô doctrine chrétienne, que tu es aimable ! Mais, ô chrétiens, que vous y répondez mal et que vous êtes peu dignes d'un si beau nom !

« Donnez à qui vous demande. Ne fuyez pas, » comme on fait ordinairement, « celui qui vous emprunte dans son besoin [1]. » Faites ce que vous pourrez pour le soulager : soyez libéral et bienfaisant. Toutes les richesses de l'univers n'égalent pas le prix de ces deux vertus, ni la récompense qu'elles nous attirent.

Voici donc trois degrés de charité envers ses ennemis : les aimer, leur faire du bien, prier pour eux. Le premier est la source du second : si on aime, on donne. Le dernier est celui qu'on croit pouvoir faire le plus aisément, mais c'est pourtant le plus difficile, parce que c'est celui qu'on fait par rapport à Dieu. Rien ne doit être plus sincère, ni plus cordial, ni plus véritable que ce qu'on présente à celui qui voit tout jusqu'au fond du cœur.

XVIIIe JOURNÉE.

Etendue de la perfection chrétienne. Matth., v, 46-48.

Examinez-vous sur ces trois degrés : aimer, faire du bien, prier. « Qu'est-ce qu'aimer ceux qui nous aiment? Les publicains le font bien. Qu'est-ce que saluer ceux qui vous saluent? Les païens le font bien. » Ce n'est pas pour rien qu'on vous propose un héritage éternel et une immuable félicité : ce n'est pas pour vous laisser demeurer à l'égal, ou même au-dessous des païens. Dites-vous la même chose, ô chrétien ! dans tout le reste de votre conduite ! Quelle récompense méritez-vous, femmes chrétiennes, si vous méprisez les vaines parures? Les païennes l'ont bien fait. Quelle sera votre gloire, si vous méprisez les richesses? Les philosophes

[1] *Matth.,* v, 42.

l'ont bien fait. Dites-vous la même chose sur la chasteté : les vestales l'ont bien gardée; sur la cordialité : les païens, les sages du monde en ont fait gloire. Portez donc plus haut vos pensées, « et soyez parfaits [1]. » Mais comme qui? Comme les philosophes, comme les païens, comme les Juifs, ou comme les pharisiens et les docteurs de la loi, qui étoient les plus parfaits d'entre les Juifs? Non : Jésus-Christ vous a dit que « vous n'aurez point de part à son royaume, si votre justice ne surpasse la leur [2]. Soyez parfaits comme votre Père céleste est parfait [3]. » Et comme vous ne pouvez jamais l'égaler, croissez toujours pour vous approcher de cette perfection. L'entreprise est grande; mais le secours est égal au travail : Dieu qui vous appelle si haut vous tend la main : son Fils, qui lui est égal, descend à vous pour vous porter. Dites donc avec saint Paul : Courage, mon ame : « je puis tout avec celui qui me fortifie [4]. »

O chrétien, qui es si loin de la perfection de ton état, quand commenceras-tu à surmonter ta nonchalance?

Que chacun se dise à soi-même dans le fond du cœur : Çà! je veux apprendre à être chrétien. « On a dit aux anciens : Et moi je vous dis. » Qui est celui qui nous a donné cette loi nouvelle? Jésus-Christ, le Fils de Dieu en personne, la lumière et la vérité éternelle, le Maître qui nous est envoyé du ciel pour nous enseigner; mais en même temps le Sauveur qui nous aide et qui, comme on vient de voir, mesure ses graces au travail qu'il nous impose. Disons donc avec saint Paul : « Si la loi qui a été donnée aux anciens Juifs par le ministère des anges est demeurée ferme, et que toute transgression et désobéissance contre cette loi ait reçu un juste châtiment, comment l'éviterons-nous, si nous négligeons une doctrine aussi salutaire que celle qui nous est enseignée par Jésus-Christ, qui ayant pris son commencement par l'explication qu'il en a faite lui-même, nous a été confirmée par ceux qui l'ont ouïe de sa propre bouche : Dieu y rendant témoignage par tant de signes, par tant de miracles, par tant de prodiges, et enfin par l'effusion manifeste de son Saint-Esprit [5]? » Et

---

[1] *Matth.*, v, 48. — [2] *Ibid.*, 20. — [3] *Ibid.*, 48. — [4] *Philipp.*, iv, 13. — [5] *Hebr.*, ii, 2-4.

encore avec le même saint Paul : « Si, lorsqu'on avoit violé la loi
de Moïse, » qui n'étoit que le serviteur, « on périssoit sans miséricorde sur la déposition de deux ou de trois témoins, quel supplice
mériteront ceux qui ont foulé aux pieds le Fils de Dieu; qui ont
tenu pour profane le sang de l'alliance par lequel ils ont été sanctifiés, et qui auront fait outrage à l'esprit de la grace? Car nous
savons combien puissant est celui qui dit : A moi appartient la
vengeance et je la saurai bien faire. Et encore : Le Seigneur jugera son peuple. Il est horrible de tomber entre les mains du Dieu
vivant [1]. »

XIXe JOURNÉE.

Rechutes. Luc., xi, 21, 26; S. Paul., *Hebr.*, vi, 4, 9;
II Petr., ii, 20-22.

Pour nous affermir contre les rechutes, appuyons sur ce qui est
dit dans saint Luc du « fort armé [2]. »

« Le fort armé, » c'est le démon. Considérez ces paroles : « Ce
qu'il possède est en paix. » Songez à la malheureuse paix dont
jouissent les pécheurs. La conscience assoupie, on se voit périr
de sang-froid et sans s'émouvoir : les sens nous enchantent et le
démon règne tranquillement. Jésus-Christ a chassé ce fort armé,
quand il a ébranlé ce cœur endurci, et qu'on a fait pénitence. Mais
ce n'est pas tout, et il ne quitte pas prise : il revient avec sept démons plus méchans que lui. Pesez tout : ces esprits immondes
souillent de nouveau la maison que la pénitence a nettoyée, et ils
y établissent leur demeure : « Et le dernier état de cet homme est
pire que le premier [3]. » Si toujours à chaque rechute, l'état devient pire, si le joug du démon s'affermit, si l'on s'enfonce de
plus en plus dans le mal, si les forces se diminuent sans cesse, où
en sera-t-on à la fin, et comment sortir de cet abîme? Dieu peut
nous en tirer, je le sais : mais s'il n'y a rien à désespérer, tout est
à craindre.

[1] *Hebr.,* x, 28-31. — [2] *Luc.,* xi, 21 et seq. — [3] *Ibid.,* 26.

« Il est impossible » à l'homme, dit saint Paul, selon le cours ordinaire des choses humaines, et il n'y a que Dieu qui le puisse faire par un effort, pour ainsi parler, de sa toute-puissance : « Il est impossible, dis-je, que ceux qui ont été une fois illuminés par la grace du baptême; qui ont goûté le don céleste et ont été faits participans du Saint-Esprit, et qui ensuite sont déchus, soient renouvelés [1]. » Si saint Paul parle ainsi de ceux qui ont violé la sainteté du baptême, que doivent craindre ceux qui ont ajouté à cette profanation celle de la pénitence si souvent réitérée et si souvent méprisée? « La terre qui boit souvent la pluie qui tombe sur elle, et qui ne produit que des épines et des chardons, est à la veille d'être maudite, et enfin on y met le feu [2]. »

Ces paroles sont capables de vous remplir de frayeur; mais relevez votre espérance par les suivantes, et croyez que toute l'Eglise vous dit avec saint Paul : « Nous espérons de vous de meilleures choses [3]. »

Après avoir ouï saint Paul, écoutons encore saint Pierre : « Il vaudroit mieux n'avoir pas connu le chemin de la justice que de retourner en arrière comme un chien qui ravale ce qu'il a vomi et comme un pourceau qui se vautre de nouveau dans la boue [4]. » Cela fait horreur seulement à entendre; et ces expressions soulèvent le cœur : mais ce qu'on voit faire à ces animaux est au-dessous de ce qui arrive au pénitent qui retombe.

XX· JOURNÉE.

Vaine gloire dans les bonnes œuvres. Matth., vi, 1, 4.

Après avoir porté la justice chrétienne au souverain degré de perfection et jusqu'à prendre pour modèle la perfection de Dieu même, Jésus-Christ voit que l'homme enclin à la vanité voudroit tirer de la gloire des pratiques extérieures d'une justice si parfaite; et c'est ce qui donne lieu à ce précepte [5] : « Prenez garde à ne pas

[1] *Hebr.*, vi, 4 et seq. — [2] *Ibid.*, 7, 8. — [3] *Ibid.*, 9. — [4] II *Petr.*, n. 21, 22. — [5] *Matth.*, vi, 1 et seq.

faire votre justice devant les hommes, pour en être regardé. » Il ne défend pas de pratiquer la justice chrétienne en toute rencontre pour édifier le prochain; au contraire, il a dit : « Que votre lumière luise devant les hommes, afin que votre Père céleste soit glorifié » dans vos bonnes œuvres : mais « Prenez garde de ne les pas faire pour être regardés des hommes : autrement vous perdez votre récompense [1]. » Demandez-la aux hommes pour qui vous agissez : mais n'attendez de Dieu que la punition qu'il a réservée aux hypocrites.

Toutes les fois qu'on vous loue, craignez cette parole du Sauveur : « En vérité, je vous le dis, vous avez reçu votre récompense [2]. » Parole si importante, que Jésus-Christ la répète à chaque action qu'il marque en particulier dans ce chapitre.

Souvenez-vous de ce qu'il a dit du mauvais riche : « Il a reçu ses biens en cette vie. » Et ailleurs dans la parabole du festin : « On vous a rendu ce qu'on a reçu de vous [3]. »

Heureux donc ceux dont « la vie est cachée en Dieu [4], » comme dit saint Paul; que le monde ne connoît pas, qui vivent dans le secret de Dieu, qui se contentent de ses yeux : car quelle erreur et quelle folie de ne se pas contenter d'un tel spectateur? « Ils sont comme inconnus [5], » dit le même saint Paul : car ils ne sont point dans les vains discours des hommes : « Mais ils sont connus : » Dieu les regarde d'autant plus que personne ne songe à eux, et qu'ils sont comme n'étant pas sur la terre. Heureux : heureux ! « Si je plaisois encore aux hommes, » dit saint Paul, « je ne serois pas serviteur de Jésus-Christ [6]. »

Il faut bien prendre garde ici à une certaine nonchalance qui fait négliger les actions du dehors qui édifient le prochain. On dit : Que m'importe de ce qu'il pense? Comme qui diroit : Que m'importe de le scandaliser? A Dieu ne plaise! Dans les actions du dehors édifiez le prochain, et que tout soit réglé en vous jusqu'à un clin d'œil; mais que tout cela se fasse naturellement et simplement, et que la gloire en retourne à Dieu.

Gardez-vous bien aussi de vous contenter de vous régler à l'ex-

[1] *Matth.*, V, 16. — [2] *Matth.*, VI, 2, 5. — [3] *Luc.*, XVI, 25; XIV, 12. — [4] *Coloss.*, III, 3. — [5] II *Cor.*, VI, 8. — [6] *Galat.*, I, 20.

térieur : il faut à Dieu son spectacle, c'est-à-dire, dans le secret un cœur qui le cherche.

« Que votre gauche ne sache pas ce que fait la droite [1]. » Cachez votre aumône à vos plus intimes amis : « Cachez-la dans le sein du pauvre [2], » dit le Sage; que le pauvre même, s'il se peut, ne vous connoisse point. Il faudroit, s'il se pouvoit, vous pouvoir cacher à vous-même le bien que vous faites : cachez-en du moins le mérite à vos yeux : croyez toujours que vous faites peu, que vous ne faites rien, que vous êtes un serviteur inutile : craignez toujours dans vos bonnes œuvres que votre intention ne soit pas assez pure, assez dégagée des vues du monde : laissez connoître à Dieu seul le mérite de vos actions : faites bien sans retour sur vous-même : occupez-vous tellement de la bonne œuvre en elle-même, que vous ne songiez jamais à ce qui vous en reviendra : laissez tout au jugement de Dieu : ainsi il vous verra seul : vous vous cacherez à vous-même.

« Ne sonnez pas de la trompette devant vous [3], » comme ceux qui parlent sans cesse de ce qu'ils font et de ce qu'ils disent. Ils sont eux-mêmes leur trompette, tant ils craignent de n'être pas vus.

<hr>

XXIe JOURNÉE.

Prière et présence de Dieu dans le secret. Matth., VI, 5-8.

« Entrez dans votre cabinet, » dans le plus intime de la maison; mais entrez dans le plus intime de votre cœur. Soyez dans un parfait recueillement : « Fermez la porte sur vous; » fermez tous vos sens : ne donnez accès à aucune pensée étrangère : « Priez en secret : » épanchez votre cœur devant Dieu seul : qu'il soit le dépositaire de vos secrètes peines.

« Ne parlez pas beaucoup. » Il n'est pas ici question d'apprendre à Dieu par un long discours vos besoins secrets : « Il sait tout avant que vous parliez. » Dites intérieurement ce qui peut vous

<hr>

[1] *Matth.*, VI, 3, 4. — [2] *Eccli.*, XXIX, 15. — [3] *Matth.*, VI, 2.

profiter à vous-même, vous exciter, vous recueillir en Dieu. Les prières des païens qui ne connoissent pas Dieu, ne sont qu'une surabondance de paroles inconsidérées. Parlez peu de la bouche et beaucoup du cœur. Ne multipliez pas vos pensées : car c'est ainsi qu'on s'étourdit et qu'on se dissipe soi-même. Arrêtez vos regards sur quelque importante vérité qui aura saisi votre esprit et votre cœur. Considérez : pesez : goûtez : ruminez : jouissez. La vérité est le pain de l'ame. Il ne faut pas engloutir d'abord, pour ainsi parler, chaque morceau : il ne faut pas sans cesse passer d'une pensée à une autre, d'une vérité à une autre : tenez-en une : serrez-la jusqu'à vous l'incorporer : attachez-y votre cœur plutôt que votre esprit : tirez-en pour ainsi dire tout le suc à force de la presser par votre attention.

 « Dieu vous voit dans le secret. » Songez qu'il vous voit jusque dans le fond, infiniment plus que vous-même. Faites un acte de foi simple et vif sur sa présence. Ame chrétienne, mettez-vous sous ses yeux tout entière. Il est intime, il est présent : car il donne l'être et le mouvement à tout. Ne vous arrêtez pas néanmoins à cette présence, dont toutes les créatures animées et inanimées sont également capables. Croyez par une foi vive qu'il vous est présent, comme vous donnant au dedans toutes les bonnes pensées, comme tenant en sa main la source d'où elles sortent : et non-seulement les bonnes pensées, mais encore les bons désirs, les bonnes résolutions et toutes les bonnes volontés, depuis le premier principe qui les fait naître jusqu'à la dernière perfection. Croyez encore qu'il est dans les justes et qu'il y fait sa demeure, selon cette parole du Seigneur : « Nous viendrons à lui et nous ferons notre demeure en lui [1]. » Il y est d'une manière stable et permanente : il y établit sa demeure. Souhaitez qu'il soit en vous de cette sorte : offrez-lui votre intérieur, afin qu'il y soit et qu'il en fasse son temple. Sortez quelquefois de vous-même; et avec la même foi qui vous le fait voir dans vous-même, regardez-le dans le ciel, où il se manifeste à ses bien-aimés. C'est là qu'il vous attend. Courez : volez : rompez vos liens : rompez toutes ces attaches qui vous lient à la chair et au sang. O Dieu, quand vous

[1] *Joan.*, XIV, 23.

verrai-je? Quand aurai-je ce « cœur pur, qui fait qu'on » vous
« voit » en soi-même, hors de soi-même, partout? O lumière qui
éclairez tout! ô vie qui animez tout! ô vérité qui nourrissez tout!
ô bien qui rassasiez tout! ô amour qui unissez tout! je vous loue,
mon Père céleste, qui me voyez dans le secret.

XXII° JOURNÉE.

Oraison Dominicale : Notre Père. Matth., VI, 9.

Regardez : dans toutes les demandes un exercice d'amour.

« Notre Père : » dès ce premier mot de l'Oraison Dominicale, le
cœur se fond en amour. Dieu veut être notre Père par une adoption particulière. Il a un Fils unique qui lui est égal, en qui il a
mis sa complaisance : il adopte les pécheurs! Les hommes n'a-
doptent des enfans que lorsqu'ils n'en ont point : Dieu qui avoit un
tel Fils nous adopte encore. L'adoption est un effet de l'amour ; car
on choisit celui qu'on adopte : la nature donne les autres enfans :
l'amour seul fait les adoptifs. Dieu qui aime son Fils unique de
tout son amour et jusqu'à l'infini, étend sur nous l'amour qu'il a
pour lui. C'est ce que dit Jésus-Christ dans cette admirable prière
qu'il fait à son Père pour nous : « Que l'amour dont vous m'aimez soit en eux, et moi je suis en eux [1]. » Aimons donc un tel
Père. Disons mille et mille fois : Notre Père, notre Père, notre
Père, ne vous aimerons-nous jamais? Ne serons-nous jamais de
vrais enfans pénétrés de vos tendresses paternelles ?

Encore une fois, notre Père. Qu'est-ce qui nous fait dire : Notre
Père? Apprenons-le de saint Paul : « Parce que vous êtes enfans,
Dieu envoie en vous l'Esprit de son Fils, qui crie en vous : Père,
Père [2]. » C'est donc le Saint-Esprit qui est en nous : c'est lui qui
forme en nous ce cri intime de notre cœur par lequel nous invo-
quons Dieu comme un Père toujours prêt à nous entendre.

Le même saint Paul dit ailleurs : « Ceux qui sont mus, qui

[1] *Joan.*, XVII, 26. — [2] *Galat.*, IV, 6.

sont conduits par l'Esprit de Dieu, sont les enfans de Dieu..., et »
Dieu nous envoie « l'Esprit d'adoption, par lequel nous crions :
Père, Père [1]. » C'est donc encore une fois le Saint-Esprit qui nous
donne ce cri filial par lequel nous recourons à Dieu comme à
notre Père.

Pourquoi l'appelle-t-il un cri? Un grand besoin fait crier. Un
enfant ne crie que lorsqu'il souffre ou qu'il a besoin. Mais à qui
est-ce qu'il crie dans son besoin, sinon à son père, à sa mère, à sa
nourrice, à tous ceux dans qui la nature lui fait sentir quelque
chose de paternel? Crions donc, car nos besoins sont extrêmes.
Nous défaillons : le péché nous gagne : le plaisir des sens nous entraîne. Crions, nous n'en pouvons plus; mais crions à notre Père.
Qu'est-ce qui nous porte à crier? Le Saint-Esprit, le Dieu-Amour,
l'amour du Père et du Fils : « Celui qui répand l'amour dans nos
cœurs [2]. » Crions, crions donc avec ardeur, et que tous nos os
crient : O Dieu, vous êtes notre Père !

« Abraham » et les autres pères, dont nous venons selon la
chair, « nous ont ignorés; et Isaac ne nous a pas connus. Mais
vous, ô Dieu notre vrai Père, » vous nous connoissez; et c'est
vous qui nous envoyez du sein intime de votre cœur et de la
source infinie qui est votre amour, cet Esprit qui nous fait crier
à vous comme à notre Père.

« Cet esprit, » ajoute saint Paul, « rend témoignage à notre
esprit que nous sommes enfans de Dieu [3]. » O Dieu, qui entendra ce
témoignage du Saint-Esprit, qui nous dit intérieurement que
nous sommes enfans de Dieu? Quelle voix, lorsque dans la paix
d'une bonne conscience et d'un cœur qui n'a rien à se reprocher
qui le sépare de Dieu, je ne sais quoi nous dit secrètement et dans
l'intime silence de notre cœur : Dieu est ton Père : tu es son enfant! Passons : cette voix est trop intime : trop peu de personnes
l'entendent. Passons : un autre fois nous l'entendrons mieux : il
faut être plus affermi, plus enraciné dans le bien. Le Saint-Esprit
ne rend pas à tous ce témoignage secret. Quant à lui, il voudroit
le rendre à tous; mais tous n'en sont pas dignes. O Dieu, faites-
nous-en dignes ! C'est bien fait de le demander à Dieu; car en effet

____
[1] _Rom.,_ VIII, 14, 15. — [2] _Rom.,_ V, 5. — [3] _Rom.,_ VIII, 16.

c'est lui qui le donne : mais il nous répond : Agis avec moi : travaille de ton côté : ouvre-moi ton cœur : fais taire les créatures : dis-moi souvent dans le secret : Notre Père, notre Père.

XXIIIᵉ JOURNÉE.

Notre Père, qui êtes aux cieux. Matth. vi, 9.

Encore un coup : « Notre Père : » mais ajoutons à cette fois : « Notre Père qui êtes dans les cieux. » Vous êtes partout : mais vous êtes dans les cieux comme dans le lieu où vous rassemblez vos enfans, où vous vous montrez à eux, où vous leur manifestez votre gloire, où vous leur avez assigné leur héritage.

Saint Paul nous disoit : « L'Esprit rend témoignage à notre esprit que nous sommes enfans de Dieu. » Mais écoutons ce qu'il ajoute : « Que si nous sommes enfans, nous sommes aussi héritiers. » Ce n'est pas tout : concevons le comble de notre bonheur : « Héritiers de Dieu et cohéritiers de Jésus-Christ [1], » nous aurons le même héritage, le même royaume : nous serons assis dans son trône : nous aurons part à sa gloire : nous serons heureux en lui, par lui, avec lui : et c'est pourquoi nous crions : « Notre Père qui êtes dans les cieux, » afin de bien concevoir où il nous appelle.

Aimons celui qui nous fait ses héritiers et les cohéritiers de son cher Fils Jésus-Christ. Qui pourroit ne l'aimer pas? Qui pourroit ne pas désirer ce bel héritage? Il n'est donné qu'à ceux qui l'aiment. Notre héritage, c'est Dieu même : il est notre bien : il est lui seul notre récompense. « Je suis, » dit-il, « ton protecteur et ta trop grande récompense [2] : » trop grande pour tes mérites, mais proportionnée à l'immense bonté de ton Dieu.

---

[1] *Rom.*, viii, 16, 17. — [2] *Genes.*, xv, 1.

XXIVe JOURNÉE.

Votre nom soit sanctifié. Matth., ·vi, 9, 10.

« Votre nom soit sanctifié : votre règne arrive : votre volonté soit faite en la terre comme au ciel. » C'est la perpétuelle continuation de l'exercice d'aimer. Sanctifier le nom de Dieu, c'est le glorifier en tout et ne respirer que sa gloire. Désirer son règne, c'est vouloir lui être soumis de tout son cœur et vouloir qu'il règne sur nous, et non-seulement sur nous, mais encore sur toutes les créatures. Son règne est dans le ciel : son règne éclatera sur toute la terre dans le dernier jugement. Mettons-nous donc en état de désirer ce glorieux jour : puissions-nous être de ceux dont Jésus-Christ dit : « Quand ces choses commenceront à se faire, » quand les signes avant-coureurs du dernier jugement paroîtront ; aux approches de ce grand jour, pendant que le reste des hommes séchera de crainte, « regardez et levez la tête, parce que votre rédemption approche [1]. »

Jésus-Christ arrive pour chacun de nous, quand notre vie finit. Alors donc, aux approches de ce dernier jour, quand Jésus-Christ frappe à la porte pour nous appeler, il faudroit être en état de le recevoir avec joie et de lui dire : « Que votre règne arrive ; » car je désire que « ce qu'il y a » en moi « de mortel soit englouti par la vie [2]. »

Mais qui de nous désire le règne de Dieu ? Qui de nous dit de bon cœur : « Que votre royaume nous arrive ? » C'est néanmoins où nous préparoit cette parole : « Notre Père qui êtes dans les cieux. » C'est là notre maison ; c'est notre demeure, puisque c'est là qu'est celle de notre Père.

Nous ne sommes donc pas de bonne foi, quand nous disons : « Que votre règne arrive ; » ou, ce qui est dans le fond la même chose : « Que votre royaume nous arrive. » Ce qui étouffe en nous

[1] *Luc.*, xxi, 28. — [2] II *Cor.*, v, 4.

ce désir qui devroit être si naturel aux chrétiens, c'est que nous aimons le monde et ses plaisirs : nous aimons cette vie pleine de toutes sortes de maux, et ce qui est pis, pleine de péché, qui est le plus grand de tous les maux.

Rompons ces liens, et disons : « Votre volonté soit faite. » C'est le vrai et parfait exercice de l'amour, de conformer sa volonté à celle de Dieu. O notre Père qui êtes dans les cieux! on vous y aime, et c'est pourquoi on y fait son bonheur de votre volonté. Que ce qui se fait dans le ciel se fasse sur la terre! Que ce qui s'achève là se commence ici !

Cette vie ne doit pas être aimée, mais supportée, dit saint Augustin : *Non amanda, sed toleranda :* c'est le lieu de pèlerinage, le lieu d'exil, le lieu de gémissemens et de pleurs.

Donc, ô notre Père céleste, que votre règne arrive : que votre volonté soit faite.

XXVe JOURNÉE.

Donnez-nous aujourd'hui notre pain de chaque jour. Matth., vi, 11.

« Donnez-nous aujourd'hui notre pain de chaque jour. » C'est ici le vrai discours d'un enfant qui demande en confiance à son père tous ses besoins, jusqu'aux moindres. O notre Père, vous nous avez donné un corps mortel : vous ne l'avez pas fait tel d'abord; mais nous vous avons désobéi, et la mort est devenue notre partage. Ce corps infirme et mortel a besoin tous les jours de nourriture; ou il tombe en défaillance, ou il périt. Donnez-la-nous; donnez-la-nous simple : donnez-la-nous autant qu'elle est nécessaire. Que nous apprenions en la demandant que c'est vous qui nous la donnez jour à jour. Vous donnez à vos enfans, à vos serviteurs, à vos soldats, si on veut qu'ils combattent sous vos étendards; vous leur donnez chaque jour leur pain. Que nous le demandions avec confiance ! que nous le recevions comme de votre main avec action de graces !

Mais si vous trouvez à propos de nous refuser, ô Dieu notre bon Père ! cela est rare que ceux qui vous servent manquent de pain. Vous refusez souvent ce qui nourrit les convoitises et les appétits déréglés ; car ils sont mauvais, et il est plus digne de vous de les modérer que de les contenter. Mais pour le nécessaire de la vie, vous ne le refusez guère à ceux qui vous craignent et qui vous le demandent avec humilité. Vous avez chargé les riches de la subsistance des pauvres ; et vous avez tant attaché de biens à l'aumône, que la source n'en peut point tarir dans votre Eglise. Mais enfin, s'il vous plaît, ô notre Père, que nous manquions de ce pain ou de quelqu'autre chose nécessaire, que dirons-nous ? Il en faudra revenir à la demande précédente : « Votre volonté soit faite ; «car,» ma vraie viande, «disoit Jésus-Christ,» c'est de faire la volonté de celui qui m'a envoyé [1]. »

Une autre version porte : « Donnez-nous notre pain qui est au-dessus de toute substance ; » par où l'on entend le pain de l'Eucharistie. O Dieu, donnez-le-nous aujourd'hui : donnez-le-nous tous les jours. Fussions-nous dignes de communier toutes les fois que nous assistons à votre sacrifice ! La table est prête : les convives manquent : mais, ô Jésus, vous les appelez. Désirons ce pain de vie, désirons-le avec ardeur et avidité. Ceux qui ont faim et soif de la justice le désirent ; car toute grace y abonde : et le parfait exercice de l'amour, c'est de désirer sans cesse de recevoir Jésus-Christ.

XXVIe JOURNÉE.

Pardonnez-nous comme nous pardonnons. Matth., vi, 12, 14, 15.

« Pardonnez-nous comme nous pardonnons. » C'est une chose admirable comment Dieu fait dépendre le pardon que nous attendons de lui, de celui qu'il nous ordonne d'accorder à ceux qui nous ont offensés. Non content d'avoir partout inculqué cette obligation, il nous la met à nous-mêmes à la bouche dans la prière

[1] *Joan.*, iv, 34.

journalière, afin que si nous manquons à pardonner, il nous dise comme à ce mauvais serviteur : « Je te juge par ta propre bouche, mauvais serviteur[1]. » Tu m'as demandé pardon à condition de pardonner : tu as prononcé ta sentence, lorsque tu as refusé de pardonner à ton frère. Va-t'en au lieu malheureux, où il n'y a plus ni pardon ni miséricorde.

C'est ce que Jésus-Christ appuie en cet endroit ; et c'est ce qu'il explique encore d'une manière terrible dans la parabole du serviteur rigoureux.

XXVIIe JOURNÉE.

Ne nous induisez point en tentation : mais délivrez-nous du mal.
Matth., vi, 13.

« Ne nous induisez point en tentation. » On ne prie pas seulement pour s'empêcher de succomber à la tentation, mais pour la prévenir, conformément à cette parole : « Veillez et priez, de peur que vous n'entriez en tentation[2]. » Non-seulement de peur que vous n'y succombiez, mais de peur que vous n'y entriez.

Il faut entendre par ces paroles la nécessité de prier en tout temps, et quand le besoin presse, et avant qu'il presse. N'attendez pas la tentation ; car alors le trouble et l'agitation de votre esprit vous empêchera de prier. Priez avant la tentation et prévenez l'ennemi.

« Dieu ne tente personne[3], » dit saint Jacques. Ainsi lorsque nous lui disons : « Ne nous induisez point en tentation, » visiblement il faut entendre : Ne permettez pas que nous y entrions. C'est aussi comme parle saint Paul : « Dieu est fidèle en ses promesses, et il ne souffrira pas que vous soyez tentés par-dessus vos forces[4] ; » mais nos forces consistent principalement dans nos prières.

« Délivrez-nous du mal. » L'Eglise explique : Délivrez-nous de tout mal, passé, présent et à venir. Le mal passé, mais qui laisse

[1] *Luc.*, xix, 22. — [2] *Matth.*, xxvi, 41. — [3] *Jacob.*, i, 13. — [4] I *Cor.*, x, 13.

de mauvais restes, c'est le péché commis ; le mal présent, c'est le péché où nous sommes encore, le mal à venir est le péché que nous avons à craindre. Tous les autres maux ne sont rien qu'autant qu'ils nous portent au péché par le murmure et l'impatience. C'est principalement en cette vue que nous demandons d'être délivrés des autres maux.

« Délivrez-nous du mal. » Délivrez-nous du péché et de toutes les suites du péché : par conséquent de la maladie, de la douleur, de la mort, afin que nous soyons parfaitement libres. Alors aussi nous serons souverainement heureux.

Une autre version porte : « Délivrez-nous du mauvais, » c'est-à-dire, du démon notre ennemi et de toutes ses tentations.

Quand nous demandons des forces contre la tentation, ce n'est pas seulement contre le démon, c'est encore contre nous-mêmes, selon ce que dit saint Jacques : «Chacun est tenté par sa propre concupiscence, qui l'attire et qui l'emporte[1] : » c'est la grande tentation, et le démon même ne nous peut prendre que par celle-là. Quelle est donc notre foiblesse, puisque nous sommes nous-mêmes nos plus grands ennemis! Et nous ne craignons pas! et nous dormons! et nous négligeons notre salut! et nous ne concevons pas la nécessité de prier !

XXVIII⁰ JOURNÉE.

Du jeûne. Matth., vi, 16-18.

Jésus-Christ joint ici la doctrine du jeûne à celle de l'oraison et de l'aumône. Ce sont trois sacrifices qui vont ensemble, selon cette sentence de Tobie : « L'oraison est bonne avec le jeûne et l'aumône[2]. » Par l'aumône on sacrifie ses biens : par le jeûne on immole son corps : par l'oraison on offre à Dieu les affections et pour ainsi dire le plus pur encens de son esprit.

Ce qui est dit ici du jeûne, est semblable à ce qui est dit de

[1] *Jacob.*, I, 14. — [2] *Tob.*, XII, 8.

l'oraison et de l'aumône ; qu'il ne faut le faire que pour Dieu seul
et à ses yeux, sans aucune vue des hommes. Lors pourtant qu'on
a mal édifié l'Eglise en négligeant ce qu'on devoit observer, il
est bon de l'édifier en l'observant plus sévèrement. Mais cela demande beaucoup de précaution ; et il y faut éviter l'ostentation,
comme la peste des bonnes œuvres.

Par le jeûne il faut entendre toutes les autres austérités par où
l'on mortifie son corps. Il les faut soigneusement cacher, « et n'a-
voir pas un air triste comme les hypocrites, mais oindre sa tête
et laver sa face, » témoigner à tout le monde de la douceur et de
la joie ; n'être pas comme ceux qui portant impatiemment les
austérités, semblent s'en prendre à tous ceux à qui ils parlent,
en les traitant durement et leur devenant fâcheux. L'austérité
qu'on a pour soi-même doit rendre plus doux, plus traitable ;
corriger, et non exciter la mauvaise humeur. C'est ce que signifie
cette onction de la tête et ce visage lavé : c'est la douceur et la joie.

XXIXe JOURNÉE.

Trésor dans le ciel : œil simple : impossibilité de servir deux maîtres.
Matth., vi, 19, 20, 24.

Jésus-Christ déracine l'avarice, et empêche de craindre jamais
la pauvreté. « Avoir son trésor dans le ciel [1], » c'est y mettre son
affection et son espérance : avoir son trésor dans le ciel, c'est y
envoyer ses richesses par les mains des pauvres.

« Où est votre trésor, là est votre cœur [2]. » Cette parole est
grande. De quoi êtes-vous rempli ? Où se tournent naturellement
vos pensées, c'est là votre trésor : c'est là qu'est votre cœur. Si
c'est Dieu, vous êtes heureux : si c'est quelque chose de mortel
que la rouille, que la corruption, que la mortalité consume sans
cesse, votre trésor vous échappe et votre cœur demeure pauvre
et épuisé.

[1] *Matth.*, vi, 20. — [2] *Ibid.*, 21.

Cet « œil simple [1], » c'est la pureté d'intention. L'œil est simple, quand l'intention est droite : et l'intention est droite, quand le cœur ne se partage pas. C'est ce qu'on appelle simplicité et droiture. L'intention, c'est le regard de l'ame. L'œil ne regarde jamais fixement qu'un seul objet ; et l'ame ne peut s'arrêter qu'à un seul bien. Lorsque les regards sont vagues et dissipés, on voit tout, et on ne voit rien. Ainsi quand l'ame se dissipe en vagues désirs, elle ne sait ce qu'elle veut et elle tombe dans la nonchalance. Dieu veut un regard arrêté et fixe.

Cela se confirme par les paroles suivantes : « On ne peut servir deux maîtres [2], » ni aimer deux choses à la fois. Quand on ne sait ce qu'on aime, et qu'on se partage entre Dieu et la créature, Dieu refuse ce qu'on lui offre et la créature a tout. Il faut donc se déterminer, s'appliquer, agir avec efficace dans la voie de la piété.

La bonne intention sanctifie toutes les actions de l'ame, comme le regard arrêté assure et éclaire tous les pas du corps.

C'est cette bonne intention qu'il faut renouveler souvent pendant le jour, et continuellement prier Dieu de la fortifier. Il faut sans cesse se redresser et se réduire tout entier à un regard simple.

« Vous ne pouvez servir Dieu et les richesses [3]. » Selon saint Paul, « l'avarice est un culte des idoles [4]. » Ceux qui aiment la bonne chère ont « leur ventre pour leur Dieu [5]. » Selon le même Apôtre, nous faisons un Dieu de tous les objets de notre amour. Tout attachement vicieux est une idolâtrie. Qui est-ce qui voudroit servir une idole, transporter la gloire de Dieu à une fausse divinité? Cela fait horreur. C'est néanmoins ce que font tous ceux qui aiment quelque chose plus que Dieu. Les pensées, les affections, le plus pur encens du cœur, toute son adoration va là. Hélas ! qu'on est misérable ! Une créature raisonnable se peut-elle donner elle-même? se peut-elle sacrifier à un autre qu'à Dieu?

Déracinez l'avarice, déracinez l'ambition, déracinez l'amour du bien sensible et tout amour de la créature : c'est autant d'idoles

____

[1] *Matth.*, VI, 22. — [2] *Ibid.*, 24. — [3] *Ibid.* — [4] *Coloss.*, III, 5. — [5] *Philipp.*, III, 19.

que vous abattez dans votre cœur. Que la créature, loin d'avoir tout le cœur, n'en occupe pas la moindre partie. Donnez tout à Dieu : fouillez jusqu'au fond, et videz votre cœur pour Dieu : il saura bien l'occuper et le remplir.

Se remplir de la créature, c'est se remplir de ces viandes qui chargent et qui gonflent sans nourrir; et qui aussitôt vous affament, parce qu'elles n'ont aucun suc, et que rien ne s'en tourne en votre substance. Qu'on est vide, quand on n'est plein que de cette sorte !

XXX° JOURNÉE.

Ne se point inquiéter pour cette vie : se confier en la Providence.
Matth., vi, 25, 26 et suiv.

« Ne vous inquiétez point. » Cela n'exclut pas une prévoyance modérée ni un travail réglé, mais seulement l'inquiétude et l'agitation de l'esprit.

« La vie est plus que la nourriture et le corps est plus que l'habit[1]. » Dieu qui vous a donné la vie et qui a formé votre corps avant que vous puissiez (a) en prendre aucun soin, vous donnera tout le reste. Qui a fait le plus, ne dédaignera pas de faire le moins.

« Ils ne sèment, ni ne moissonnent, ni ne recueillent; ils ne travaillent ni ne filent : et votre Père céleste les nourrit et les habille[2]. Heureux ces petits animaux, heureuses les fleurs, heureuses mille et mille fois toutes ces petites créatures, si elles pouvoient sentir leur bonheur! Heureuses des soins paternels que Dieu prend d'elles! Heureuses de tout recevoir de sa main ! Pour nous, notre péché nous assujettit à mille travaux : mais ne les poussons pas jusqu'à l'agitation. Travaillons : c'est là la plus juste peine que Dieu ait imposée à notre péché : travaillons en esprit de pénitence; mais abandonnons à Dieu le succès de notre travail.

[1] *Matth.*, vi, 25. — [2] *Ibid.*, 26, 28, 30.
(a) Les éditions récentes disent : *Pussiez.*

« Gens de petite foi, votre Père sait que vous avez besoin de ces choses [1]. » Doutez-vous qu'il ne sache ce qui vous est nécessaire? Il vous a faits : doutez-vous qu'il veuille pourvoir à vos besoins? Il vous l'a promis. Lui qui vous a prévenus en tout, et qui vous a donné l'être qu'il ne vous avoit pas promis, vous refusera-t-il ce qu'il vous a promis, après vous avoir faits? « Ne vous inquiétez donc pas. »

Voyez comment vous croissez : comment votre corps se nourrit. Pourriez-vous « ajouter une coudée à votre taille [2]? » Pendant que vous dormiez, Dieu vous faisoit croître; et d'enfant il vous a fait homme. Croyez qu'il fera ainsi tout ce qui convient à votre corps : reposez-vous sur sa puissance et sur sa bonté.

A ces mots : « Ne vous inquiétez pas, » que saint Matthieu a rapportés, saint Luc joint ceux-ci : « Ne soyez point comme suspendus en l'air [3] : » comme en péril de tomber et toujours dans l'agitation : car c'est l'effet de l'inquiétude. Soyez donc non pas comme suspendus, mais solidement appuyés sur la divine providence.

XXXIe JOURNÉE.

Ne ressembler pas les païens. Matth., vi, 32.

« Les païens recherchent ces choses [4]. » Voyez toujours comment Jésus-Christ nous élève au-dessus des vices des païens, et même au-dessus de leurs vertus. « Les publicains le font bien, les gentils le pratiquent bien [5], » nous disoit-il tout à l'heure : songeons en quoi nous les surpassons. Ce n'est pas sans raison que Jésus-Christ dit que « les Ninivites et tous les païens s'élèveront contre nous au jour du jugement [6]. » A quoi nous sert le christianisme, si nous menons une vie païenne? Hélas! hélas! que de paganisme au milieu des fidèles! Combien de chrétiens vivent

---

[1] *Matth.*, vi, 30, 32. — [2] *Ibid.*, 27. — [3] *Luc.*, xii, 29. — [4] *Matth.*, vi, 32. — [5] *Matth.*, v, 46, 47. — [6] *Matth.*, xii, 4.

comme s'ils ne connoissoient pas Dieu ! Il n'y a point en effet de Dieu pour eux. Hélas ! où trouverons-nous assez de larmes pour déplorer notre aveuglement !

XXXIIe JOURNÉE.

Chercher Dieu et sa justice, et comment. **Matth., VI, 33, 34.**

« Cherchez donc le royaume de Dieu et sa justice, et le reste vous sera donné par surcroît [1]. »

Le royaume Dieu et sa justice : non pas une justice simplement morale à la manière des païens; mais la justice chrétienne, fondée sur l'exemple de Jésus-Christ et sur les règles de l'Evangile, que vous venez de voir : une justice qui vous fasse vivre autrement que ceux qui ne connoissoient pas Dieu, autrement qu'on ne vivoit avant que Jésus-Christ eût paru : une justice conforme à votre vocation, à votre état, et aux graces que vous avez reçues : car c'est là ce qui s'appelle « le royaume de Dieu et sa justice. »

« Cherchez : » dans tout le reste dont il a parlé il n'a point dit ce mot : « Cherchez : » car il suppose que Dieu par sa bonté nous peut tout donner et le fait sans que nous en prenions aucun soin. Cela arrive souvent à l'égard des biens de la terre; mais pour le royaume de Dieu, cherchez : « Opérez votre salut avec crainte et tremblement, » comme dit saint Paul [2]. C'est la seule chose qui mérite vos inquiétudes.

Et toutefois, je l'oserai dire, il faut encore bannir l'agitation et l'inquiétude de cette recherche. Car comme ajoute le même saint Paul [3] : « Dieu opère en vous le vouloir et le faire, selon sa bonne volonté. » Tremblez donc en opérant votre salut : et toutefois ne vous défiez pas trop de vos forces, car Dieu travaille avec vous : c'est lui-même qui fait avec vous tout ce que vous faites. Espérez donc en son secours : abandonnez-vous entre ses bras. Il est bon : il aura pitié de votre foiblesse : il opérera en vous par sa bonne

[1] *Matth.,* VI, 33. — [2] *Philipp.,* II, 12. — [3] *Ibid.,* 13.

volonté ce qu'il faut aussi que vous opériez. Opérez donc votre salut : travaillez-y avec soin et même avec tremblement : mais travaillez-y toutefois avec une espèce de repos, comme celui qui attend tout secours d'un Dieu tout-puissant et tout bon.

« Ne vous inquiétez pas du lendemain : le lendemain sera inquiet pour lui-même : à chaque jour suffit son mal [1]. » Ce précepte si important pour tous les soins de la vie, l'est encore plus pour les affaires du salut. Il y en a qui se tourmentent en disant : Voilà qui est bien : je me suis confessé : j'ai commencé à me convertir : mais que de peines viendront dans la suite, que de tentations, que d'ennuis! Je n'y pourrai résister : la vie est longue : je succomberai sous tant de travaux. Allez, mon fils, allez, ma fille; surmontez les difficultés de ce jour : ne vous inquiétez pas de celles de demain : les unes après les autres vous les vaincrez toutes. « A chaque jour suffit son mal. » Celui qui vous a aidé aujourd'hui, ne vous abandonnera pas demain : trop de prévoyance et d'inquiétude vous perd.

<hr>

XXXIIIe JOURNÉE.

Encore de l'avarice et des richesses. Ne mettre pas sa confiance
en ce qu'on possède. Luc., xii, 15, 16 et suiv.

Joignons ici ce qui est dit dans saint Luc : « Donnez-vous de garde de toute avarice [2]. » Déracinez un si grand mal tout entier et jusqu'à la moindre fibre : n'en souffrez pas en vous le plus petit sentiment.

Quelque riche que vous soyez, il vous manque toujours quelque chose, ou dans les biens, ou dans la santé, ou dans la fortune et dans la grandeur. Réjouissez-vous de ce manquement : acceptez avec joie et consolation cette partie de la pauvreté qui vous est échue. Aimez-la comme un caractère du christianisme, comme une imitation de Jésus-Christ. Aimez votre pauvreté, votre dépouillement. Renoncez à tout esprit de propriété, si vous êtes Re-

<hr>

[1] *Matth.*, vi, 34. — [2] *Luc.*, xii, 15.

ligieux : réjouissez-vous en Notre-Seigneur de ce que non-seulement vous ne possédez aucun bien, mais encore de ce que vous êtes par choix et par état incapable d'en posséder.

« En quelque abondance qu'on soit, la vie ne consiste pas en ce qu'on possède [1]. » Vous avez beau dire : J'ai de quoi vivre : vous n'en vivrez pas davantage. Vous avez beau dire : Je n'ai rien à craindre; j'ai tout avec abondance. « Insensé! vous mourrez cette nuit. » Mais comment? « On vous redemandera votre ame [2] : » elle n'est pas à vous, vous n'avez la vie que par emprunt. On vous la redemandera : on vous en demandera compte. Et quand? « Cette nuit. » On vous trouvera demain mort dans votre lit, sans que tout ce grand bien que vous vantiez vous ait pu procurer le moindre secours, ni prolonger votre vie d'un moment.

« Que ferai-je, » dit cet homme riche [3], dans une si grande abondance de toutes sortes de biens? Voilà le premier effet des grandes richesses : l'inquiétude. Que ferai-je? Où les mettrai-je? Comment les garder? « Mes greniers n'y suffisent pas : j'en ferai d'autres, et je dirai à mon ame : Réjouis-toi : fais grande (a) chère [4] : » ne refuse rien à tes sens : « bois, mange, repose-toi » dans ton abondance. Et pendant que tu t'imagines pouvoir te reposer dans tes richesses, on t'ôte, non pas ces richesses, mais cette ame même que tu invitois à la jouissance. « Et à qui sera ce grand bien que tu avois acquis [5]? » Qui est-ce qui en jouira pour toi, quand tu n'y seras plus pour en jouir?

« Ainsi est celui qui amasse des trésors sur la terre, et qui n'est pas riche en Dieu [6], » qui ne met pas en lui toutes ses richesses. Telle est son aventure : tel est son état : telle est la fin de sa vie : c'est à cela qu'aboutissent toutes ses richesses.

Après toutes ces réflexions, revenez encore aux paroles du Fils de Dieu : relisez-les : savourez-les encore une fois : vous les trouverez sans comparaison plus fortes par elles-mêmes que tout ce que nous avons pu dire ou penser, pour vous en faire sentir la vertu.

[1] *Luc.*, XII, 15. — [2] *Ibid.*, 20. — [3] *Ibid.*, 17. — [4] *Ibid.*, 18. — [5] *Ibid.*, 20. — [6] *Ibid.*, 21.

(a) Les éditions récentes disent : *Grand'chère.*

XXXIVe JOURNÉE.

*Considérer ce que Dieu fait pour le commun des plantes et des animaux :
se regarder comme son troupeau favori. Luc., XII, 22, 24, 29 et suiv.*

« C'est pour cela que je vous dis : Ne soyez point en inquiétude :
considérez les corbeaux [1]. »

Dans saint Matthieu il est dit en général : « Les oiseaux du
ciel [2]. » Dans saint Luc on lit *les corbeaux*, animal des plus vo-
races, et néanmoins sans greniers ni provision : qui sans semer
et sans labourer, trouve de quoi se nourrir. Dieu lui fournit ce
qu'il lui faut, à lui « et à ses petits qui l'invoquent, » dit le Psalmiste [3]. Dieu écoute leurs cris, quoique rudes et désagréables : et
il les nourrit aussi bien que les rossignols et les autres, dont la
voix est la plus mélodieuse et la plus douce.

Jésus-Christ nous apprend dans ce sermon admirable à considérer la nature, les fleurs, les oiseaux, les animaux, notre corps,
notre ame, notre accroissement insensible, afin d'en prendre occasion de nous élever à Dieu. Il nous fait voir toute la nature
d'une manière plus relevée, d'un œil plus perçant, comme l'image
de Dieu. Le ciel est son trône : la terre est l'escabeau de ses pieds :
la capitale du royaume est le siége de son empire : son soleil se
lève, la pluie se répand pour vous assurer de sa bonté. Tout vous
en parle : il ne s'est pas laissé sans témoignage.

Nous avons déjà remarqué que, pour signifier l'inquiétude,
Jésus-Christ se sert de ce mot dans saint Luc : « Ne demeurez pas
comme suspendus en l'air [4], » comme quand on ne sait ni comment ni sur quoi on est soutenu, et qu'on se croit toujours prêt
à tomber. Ne soyez point dans cette terrible inquiétude, mais
croyez que Dieu vous soutient.

Mais de toutes les paroles qui sont particulières à saint Luc
dans ce discours du Fils de Dieu, les plus capables de nous in-

[1] *Luc.*, XII, 22, 24. — [2] *Matth.*, VI, 26. — [3] *Psal.* CXLVI, 9. — [4] *Luc.*, XII, 29.

spirer du courage parmi nos misères et nos foiblesses sont celles-
ci : « Ne craignez point, petit troupeau, parce qu'il a plu à votre
Père céleste de vous donner son royaume [1]. » Dans tout ce qui précède, on nous apprend à ne pas craindre de manquer de nourriture : car Dieu y pourvoit, et sa conduite ordinaire est de ne pas
laisser manquer du nécessaire ceux qui se fient en lui. Mais ici,
il nous élève plus haut. Car après tout, quand vous viendriez
à manquer de pain, qu'en seroit-il? Vous auriez encore « un
royaume. » Et quel royaume? Celui de Dieu. « Ne craignez pas,
petit troupeau, car Dieu vous donne son royaume. » Ce royaume
n'est pas pour les grands du monde : c'est pour les petits, c'est pour
les humbles, c'est pour ce petit troupeau que le monde compte
pour rien, mais que le Père regarde : qui en effet semble n'être
rien en comparaison de la multitude immense et de l'éclat des
impies. Mais c'est pour ce petit troupeau que Dieu conserve le
reste des hommes.

Que craignez-vous donc? De mourir de faim? Combien de martyrs en sont morts dans les prisons? Cette mort les a-t-elle em-
pêchés de recevoir la couronne du martyre? Au contraire, c'est
par elle qu'elle a été mise sur leur tête. « Ne craignez donc rien,
petit troupeau : vendez tout : donnez tout aux pauvres, et faites-
vous un trésor qu'on ne puisse ni voler ni diminuer [2] : » c'est celui
des bonnes œuvres.

XXXVe JOURNÉE.

Le même sujet. Se garder de toute avarice. Luc., xii, 15, 21.

On ne sauroit trop méditer cet admirable discours de Notre-
Seigneur : « Donnez-vous garde de toute avarice [3]. » Il y a plusieurs sortes d'avarice. Il y en a une triste et sordide, qui amasse
sans fin et sans jouir : « qui n'ose toucher à ses richesses et qui
semble, comme dit le Sage, ne s'être réservé sur elles aucun droit

[1] Luc., xii, 32. — [2] Ibid., 33. — [3] Ibid., 15.

que celui de les regarder et de dire : Je les ai [1]. » Mais il y a
une autre avarice plus gaie et plus libérale, qui veut amasser
sans fin comme l'autre, mais pour jouir, pour se satisfaire ; et
telle étoit l'avarice de l'homme qui nous est dépeint dans cet
évangile.

Un tel avare a beaucoup de dédain pour cette sorte d'avarice
où l'on se plaint tout à soi-même au milieu de l'abondance. Il
s'imagine être bien plus sage, parce qu'il jouit : mais cependant
Dieu l'appelle « insensé [2]. »

L'un est fol par trop d'épargne, et parce qu'il s'imagine pouvoir être heureux par un bien dont il ne fait aucun usage : mais
l'autre est fol pour trop jouir, et parce qu'il s'imagine un repos
solide dans un bien qu'il va perdre la nuit suivante. « Donnez-
vous donc de garde de toute avarice, » et autant de celle qui jouit,
que de celle qui se refuse tout. Soyez « riche en Dieu : » faites de
Dieu et de sa bonté tout votre trésor. C'est ce trésor-là dont on ne
peut trop jouir : c'est ce trésor-là où il n'y a jamais rien à épargner, parce que plus on l'emploie plus il s'augmente.

XXXVIᵉ JOURNÉE.

Ne point juger. Matth., vii, 1, 2 et suiv.

« Ne jugez pas [3]. » Il y a un Juge au-dessus de vous : un Juge
qui jugera vos jugemens, qui vous en demandera compte : qui
par un juste jugement vous punira d'avoir jugé sans pouvoir et
sans connoissance, qui sont les plus grands défauts d'un jugement.

Sans pouvoir. « Qui êtes-vous pour juger le serviteur d'autrui ?
S'il tombe, ou s'il demeure ferme, cela regarde son maître [4] : »
c'est à lui de le juger. Ne jugez donc pas celui dont vous n'êtes
pas le juge.

Ce que saint Paul ajoute, juge téméraire, vous ferme encore

[1] *Eccle.*, v, 9, 10. — [2] *Luc.*, xii, 20. — [3] *Matth.*, vii, 1. — [4] *Rom.*, xiv, 4.

plus la bouche. Vous prononcez sur l'état du serviteur d'autrui, et vous, vous dites ou qu'il tombe ou qu'il va tomber. « Mais il ne tombera pas, dit saint Paul : Dieu est assez puissant pour l'affermir [1]. » Ne jugez donc pas qu'il va tomber.

Saint Paul continue : « Pourquoi jugez-vous votre frère, ou pourquoi méprisez-vous votre frère [2]? » C'est votre frère, c'est votre égal : il ne vous appartient pas de le juger. Vous êtes tous deux justiciables du grand Juge, devant qui tous les hommes ont à comparoître : « Nous avons tous à comparoître devant le tribunal de Jésus-Christ; chacun y rendra compte pour lui-même [3]. Ne songez donc point à juger les autres : songez au compte qu'il vous faudra rendre de vous-même.

Saint Jacques n'est pas moins fort : « Il n'y a, dit-il, qu'un législateur et qu'un juge, qui peut perdre un homme ou le délivrer [4]. » D'où il conclut : « Qui êtes-vous donc, vous qui jugez votre frère. » Ce qu'il tire de ce beau principe : « Celui qui juge son frère ou qui médit de son frère, juge la loi et médit de la loi [5]. » Car la loi vous a interdit ce jugement que vous usurpez : « Mais, poursuit ce grand Apôtre, si vous jugez la loi, vous ne voulez donc pas vous en rendre l'observateur, mais le juge [6]. » Vous vous élevez au-dessus de votre règle : la loi retombera bientôt sur vous de tout son poids, et vous en serez accablé. Voyez en deux versets de cet Apôtre quelle force et quelle lumière de la vérité contre vos jugemens téméraires.

Vous voyez que vous jugez sans pouvoir : mais vous jugez encore sans connoissance. Vous ne connoissez pas celui que vous jugez : vous n'en voyez pas l'intérieur : vous ne savez pas son intention, qui peut-être le justifie; ou si son crime est manifeste, vous ne savez pas s'il ne s'en est pas repenti, ou s'il n'est pas déjà ou ne sera pas bientôt de ceux dont la conversion réjouira le ciel. « Ne jugez donc pas. »

« La charité n'est point soupçonneuse : elle ne pense pas le mal : elle est douce : elle est patiente : elle souffre tout : elle croit tout : elle espère tout : elle ne se réjouit pas du mal d'autrui;

---

[1] *Rom.*, XIV, 4. — [2] *Ibid.*, 10. — [3] *Ibid.*, 10, 12. — [4] *Jacob.*, IV, 12. — [5] *Ibid.*, 11 — [6] *Ibid.*

mais elle se réjouit » quand tout le monde fait bien « en vérité[1]. »
Ainsi elle ne se plaît pas à juger, d'autant plus qu'en jugeant les
autres, elle se jugeroit et se condamneroit elle-même. « Vous êtes
inexcusable, ô tout homme qui jugez, parce qu'en ce que vous
jugez les autres vous vous condamnez vous-même, puisque vous
faites les mêmes choses que vous condamnez[2]. » Vous êtes jugé
par votre propre bouche, mauvais serviteur, et vous-même
vous prononcez votre sentence. « En telle forme que vous jugerez,
vous serez jugé : et la mesure que vous aurez faite aux autres,
sera votre règle[3]. »

Quelle joie à un criminel d'entendre de la propre bouche de son
juge : « Vous ne serez pas jugé[4] ! » Mais pour cela il faut qu'il ne
juge pas.

XXXVIIe JOURNÉE.

Voir les moindres fautes d'autrui, et ne voir pas en soi les plus grandes.
Matth., VII, 3, 4, 5.

Voici une autre raison de ne juger pas : votre crime est plus
grand que celui que vous condamnez. « Pourquoi voyez-vous un
fétu? Une poutre vous crève les yeux et vous ne la voyez pas[5]. »

« Hypocrite ! » La plus mauvaise hypocrisie, c'est de condamner
tout le monde. On fait par là le vertueux : on prétend faire admirer la régularité de ses mœurs, la sévérité de sa doctrine : c'est
un homme incorruptible, qui ne flatte et qui n'épargne personne :
mais l'hypocrite qu'il est, il ne songe pas seulement à se corriger.
Il épilogue sans cesse sur les défauts les plus légers des autres : et
il ne songe pas seulement aux vices énormes qui l'accablent. Il
n'y a point d'hommes plus indulgens pour eux-mêmes que ces
impitoyables censeurs de la vie des autres.

[1] I *Cor.*, XIII, 4-7.— [2] *Rom.*, II, 1.— [3] *Matth.*, VII, 2.— [4] *Ibid.*, 1.— [5] *Ibid.*, 3.

XXXVIIIe JOURNÉE.

La chose sainte : discernement dans la prédication de l'Evangile.
Matth., vii, 6.

« La chose sainte, » c'est le corps de Jésus-Christ : « Il ne le faut pas donner aux chiens [1], » aux impurs, aux impudens, à ceux qui jappent indifféremment contre tout le monde ; à ceux qui retombent dans leurs péchés, et que saint Pierre nous a figurés sous l'image « d'un chien qui retourne à son vomissement et d'un pourceau qui s'étant lavé, se vautre de nouveau dans la boue [2]. » Nous en avons parlé dans les méditations précédentes, à l'occasion d'un passage de saint Pierre.

En général la chose sainte signifie tous les mystères que les pasteurs de l'Eglise sont avertis de donner avec beaucoup de discernement, et de ne les pas donner à profaner aux indignes.

« Les perles devant les pourceaux, » sont les saints discours devant ceux qui sont incapables de les goûter, et qui pour cette raison se tournent avec une espèce de fureur contre ceux qui leur présentent une chose si peu convenable à leur nature.

Considère, chrétien, à quoi tu te réduis par ton péché. Dieu qui t'avoit fait à son image et qui avoit mis ton ame renouvelée par la grace au rang de ses épouses, te met au rang « des chiens et des pourceaux. » Aie pitié de ton état et songe à t'en retirer, ayant recours à la prière, dont il va être parlé ci-après.

[1] *Matth.*, vii, 6. — [2] II *Petr.*, ii, 21, 22.

XXXIX° JOURNÉE.

Prier avec foi : demander : chercher : frapper. Matth., VII, 7.

Après avoir fait voir au pécheur l'état déplorable et honteux où il tombe, Notre-Seigneur lui montre dans la prière le moyen d'en sortir.

« Demandez : cherchez : frappez [1]. » Ce sont trois degrés et comme trois instances qu'il faut faire persévéramment et coup sur coup. Mais que faut-il demander à Dieu, pour sortir de cet état plus que bestial où le péché nous avoit mis? Il faut l'apprendre de ces paroles de saint Jacques [2] : « Si quelqu'un manque de sagesse, qu'il la demande à Dieu, qui donne abondamment à tous, sans jamais reprocher ses bienfaits : mais il la faut demander avec foi et sans hésiter. »

C'est ce que Notre-Seigneur nous apprend lui-même : « En vérité, je vous le dis : Si vous avez la foi et que vous n'hésitiez pas, vous obtiendrez tout, jusqu'à précipiter les montagnes dans la mer. Et je vous le dis encore un coup : Tout ce que vous demanderez dans votre prière, croyez que vous le recevrez et il vous arrivera [3]. »

Regardez donc où vous en êtes par votre péché, et demandez avec foi votre conversion. Ne dites pas qu'elle est impossible : quand vos péchés seroient d'un poids aussi accablant que celui d'une montagne, priez et il cédera à la prière : « Croyez fermement que vous obtiendrez ce que vous demanderez, et il vous sera donné. » Jésus-Christ se sert exprès de ces comparaisons si extraordinaires, pour montrer que tout est possible à celui qui prie.

Animez votre courage, chrétien, et ne désespérez jamais de votre salut.

[1] *Matth.*, VII, 7. — [2] *Jacob.*, I, 5, 6. — [3] *Matth.*, XXI, 21, 22; *Marc.*, XI, 23, 24.

XL⁰ JOURNÉE.

Persévérance et humilité dans la prière. Matth., vii, 7, 8;
Luc., xi, 5, 6 et seq.

« Frappez : » Persévérez à frapper, jusqu'à vous rendre importun s'il se pouvoit. Il y a une manière de forcer Dieu et de lui arracher ses graces, et cette manière est de demander sans relàche avec une ferme foi. D'où il faut conclure avec l'Evangile : « Demandez, et on vous donnera : cherchez, et vous trouverez : frappez, et il vous sera ouvert[1]. » Ce qu'il répète encore une fois, en disant : « Car quiconque demande reçoit; et quiconque cherche trouve; et on ouvre à quiconque frappe. » Il faut donc prier pendant le jour, prier pendant la nuit et tout autant de fois qu'on s'éveille. Et quoique Dieu semble ou n'écouter pas, ou même nous rebuter, il faut frapper toujours, attendre tout de Dieu, et néanmoins agir aussi. Car il ne faut pas demander comme si Dieu devoit tout faire lui tout seul; mais encore chercher de son côté et faire agir sa volonté avec la grace : car tout se fait par ce concours. Mais il ne faut jamais oublier que c'est toujours Dieu qui prévient : car c'est là le fondement de l'humilité.

XLI⁰ JOURNÉE.

Prière perpétuelle. Luc., xviii, 1, 8.

« Il faut prier toujours, et ne cesser jamais[2]. » Cette prière perpétuelle ne consiste pas en une perpétuelle tension de l'esprit, qui ne feroit qu'épuiser les forces et dont on ne viendroit peut-être pas à bout. Cette prière perpétuelle se fait, lorsqu'ayant prié

[1] *Luc.*, xi, 9, 10. — [2] *Luc.*, xviii, 1.

à ses heures, on recueille de sa prière et de sa lecture quelque
vérité ou quelque mot qu'on conserve dans son cœur et qu'on rappelle sans effort de temps en temps, en se tenant le plus qu'on
peut dans un état de dépendance envers Dieu, en lui exposant son
besoin, c'est-à-dire en l'y remettant devant les yeux sans rien
dire. Alors comme la terre entr'ouverte et desséchée semble demander la pluie seulement en exposant au ciel sa sécheresse, ainsi
l'ame, en exposant ses besoins à Dieu. Et c'est ce que dit David :
« Mon âme, ô Seigneur, est devant vous comme une terre desséchée [1]. » Seigneur, je n'ai pas besoin de vous prier : mon besoin
vous prie : mon indigence vous prie : ma nécessité vous prie.
Tant que cette disposition dure, on prie sans prier : tant qu'on
demeure attentif à éviter ce qui nous met en péril, on prie sans
prier : et Dieu entend ce langage. O Seigneur, devant qui je suis
et à qui ma misère paroît tout entière, ayez-en pitié ; et toutes
les fois qu'elle paroîtra à vos yeux, ô Dieu très-bon, qu'elle solli-
cite pour moi vos miséricordes ! Voilà une des manières de prier
toujours, et peut-être la plus efficace.

XLIIe JOURNÉE.

Importuner Dieu par des cris vifs et redoublés. Luc., xviii, 4, 5, 7.

L'importunité dont il faut se servir envers Dieu, c'est cette manière pressante dont il a été parlé ci-devant.

Songez à ce cri des élus, qui s'élève nuit et jour devant Dieu,
Il faut être persuadé que nos injustices, nos scandales, tout ce que
nous faisons qui édifie mal les saints et qui les fait souffrir, crie
vengeance nuit et jour contre nous, et que nous ne pouvons
apaiser ce cri que par un cri continuel de pénitence. Miséricorde,
mon Dieu, miséricorde. C'est ce qu'il faut crier nuit et jour ; c'est
ce que notre besoin crie sans cesse.

Songez au triste état de ce juge, « qui ne se soucie ni de Dieu

[1] *Psal.* cxlii, 6.

ni des hommes [1]. » Quand rien ne retient, il n'y a plus d'espérance : quand on a quelque frein et qu'en ne craignant point Dieu, on est du moins un peu retenu par la erainte des hommes, on peut espérer et les passions souffrent quelque sorte de modération.

XLIII° JOURNÉE.

Motifs d'espérance dans la prière. Matth., VII, 11.

Le fondement que Jésus-Christ établit pour prier et pour obtenir, c'est de bien comprendre que Dieu est un père. Combien plutôt, dit-il, « votre Père céleste sera-t-il libéral envers vous [2] ! »

« Si vous donnez, vous qui êtes mauvais [3], » combien plus Dieu qui est la bonté même? Si vous donnez ce qui vous a été donné et que vous n'avez que par emprunt, combien plutôt Dieu donnera-t-il, lui qui est la source du bien, et dont la nature est pour ainsi parler de donner?

« Si vous qui êtes mauvais. » Mais est-on mauvais « même à ses enfans? » Le Fils de Dieu nous veut faire entendre que l'homme est mauvais, même à ses enfans. L'expérience ne le fait que trop voir, et qu'on se regarde soi-même plutôt qu'eux dans les biens qu'on leur procure. Il n'y a que Dieu qui étant la bonté et le bien par essence, ne peut donner que du bien à ceux qui ont recours à lui.

Disons-nous toujours à nous-mêmes : On peut tout espérer d'un père. Disons encore avec Jésus-Christ : Qu'est-ce qu'un corbeau? Notre Père céleste le nourrit. Qui nourrit les serviteurs, laissera-t-il les enfans sans secours? Mais qui nourrit les animaux, sera-t-il insensible au besoin de ses enfans? On peut donc tout demander, et on doit espérer de tout obtenir dès qu'on demande à un père.

[1] *Luc.*, XVIII, 4. — [2] *Matth.*, VII, 11. — [3] *Ibid.*

XLIV° JOURNÉE.

Demander par Jésus-Christ. Qualités d'une parfaite prière.
Joan., xvi, 23, 37.

Il faut apprendre à demander par Jésus-Christ. Demander par Jésus-Christ, c'est demander ce qu'il commande ; c'est demander sa gloire, c'est interposer le nom du Sauveur ; c'est mettre sa confiance en ses bontés et aux mérites infinis de son sang. Ce qu'on demande par le Sauveur doit regarder principalement le salut, et le reste comme un accessoire. En demandant en un tel nom, auquel le père ne peut rien refuser, on est assuré d'obtenir : car Jésus-Christ l'a promis ; et douter, c'est faire Jésus-Christ menteur. « En vérité, en vérité je vous le dis : Si vous demandez quelque chose à mon Père en mon nom, il vous le donnera[1]. »

Quand donc on n'obtient pas, il faut tenir pour assuré qu'on a mal prié, selon ce que dit saint Jacques : « Vous demandez et n'obtenez pas, parce que vous demandez mal, pour avoir de quoi satisfaire vos mauvais désirs[2]. »

Demander mal, c'est demander sans foi, comme dit le même saint Jacques : « Si vous avez besoin de la sagesse, demandez-la ; mais demandez-la avec foi sans hésiter[3] : » sans craindre, en croyant certainement que vous obtiendrez si vous demandez bien, si vous demandez avec foi, si vous demandez avec persévérance.

Le Sauveur ne nous donne pas ce que nous demandons contre notre salut. Demandons notre conversion : attachons-nous à cela : nous l'obtiendrons.

Ame religieuse, le fruit de la doctrine de Jésus-Christ sur la prière doit être principalement d'être fidèle aux heures qu'on y consacre. Fussiez-vous distraite au dedans, si vous gémissez de l'être, si vous souhaitez seulement de ne l'être pas et que vous demeuriez fidèle, humble et recueillie au dehors, l'obéissance que

---

[1] *Joan.*, xvi, 23. — [2] *Jacob.*, iv, 3. — [3] *Jacob.*, i, 5, 6.

vous y rendez à Dieu, à l'Eglise et à la règle, en conservant les génuflexions, les inclinations et tout le reste de l'extérieur de la piété, conserve l'esprit de prière. On prie alors par état, par disposition, par volonté, mais surtout si on s'humilie de ses sécheresses et de ses distractions. O que cette prière est agréable à Dieu! Qu'elle mortifie le corps et l'ame! Qu'elle obtient de graces et qu'elle expie de péchés !

XLV° JOURNÉE.

Abrégé de la morale chrétienne, et à quoi elle se termine.
Matth., vii, 12, 20.

« Faites comme vous voulez qu'on vous fasse. » Rien de plus simple que ce principe : rien de plus étendu dans la pratique : toute la société humaine y est renfermée. La nature même nous enseigne cette règle. Mais Jésus-Christ l'élève, en ajoutant : « C'est ici la loi et les prophètes [1]. » C'en est le précis et l'abrégé de toute justice. La racine en est dans ce précepte : « Vous aimerez votre prochain comme vous-même [2]. »

« Efforcez-vous [3]. » Le salut ne doit pas être entrepris avec mollesse. « La porte est étroite : » par la mortification, la pauvreté et la pénitence. « Le chemin est large » dans la licence. Le grand nombre, le petit nombre : sujet infini de méditer et inépuisable consolation pour les humbles.

« Un bon arbre porte de bons fruits : un mauvais arbre en porte de mauvais [4] : » c'est ce qui fait discerner la bonne pénitence d'avec la mauvaise.

Etrange état d'une créature raisonnable, qui, faute de porter de bons fruits, n'est plus propre que pour le feu.

« Vous connoîtrez les bons arbres par leurs fruits [5], » et non par leurs feuilles; c'est-à-dire par leurs œuvres, non par leurs paroles.

---

[1] *Matth.*, vii, 12. — [2] *Matth.*, xxii, 39. — [3] *Matth.*, vii, 13, 14. — [4] *Ibid.*, 17-19. — [5] *Ibid.*, 20.

Le figuier que Jésus-Christ maudit avoit des feuilles : mais parce qu'il n'avoit pas de fruits, Jésus-Christ le rendit sec. « Que jamais fruit ne naisse de toi [1] ! » Par punition d'être infructueux, il le devient encore davantage. Si on ne produit des fruits dans le temps et lorsque le maître en attend, il vient un temps qu'on n'en peut plus produire aucun.

Un sage confesseur doit demander à son pénitent du fruit, et non des feuilles, ni des fruits commencés dans la fleur. Il faut de vrais fruits : autrement il a raison de douter que la pénitence soit sincère.

XLVIᵉ JOURNÉE.

En quoi consiste la vraie vertu. Matth., VII, 21.

Jésus-Christ vient de parler des arbres qui n'ont point de fruits : en voici une mauvaise espèce. C'est le chrétien qui n'a que l'apparence du bien et qui en effet ne porte rien de bon, celui qui parle beaucoup et ne fait rien : « Seigneur, Seigneur, » dit-il : il vaudroit bien mieux ne pas tant répéter qu'il est le Seigneur, et faire ce qu'il dit.

Il y en a qui ne résistent à rien; tout ce que vous leur proposez, ils l'entreprennent : — Oui je le ferai, je parlerai, je prierai, j'assisterai à tout; — mais quand il faut venir à l'exécution, tout demeure. Les Juifs étoient de ceux qui disent beaucoup; et Jésus leur dit : « Les femmes de mauvaise vie et les publicains font mieux que vous [2]. » Votre piété tout extérieure vous entretient dans une fausse opinion de vertu. Ceux qui sont manifestement mauvais ont honte d'eux-mêmes et se convertiront à la fin plutôt que vous.

Considérez ces deux jeunes hommes de la parabole [3]. L'un a honte de désobéir ouvertement à son père, en lui disant, Je ne veux pas; et après lui avoir dit : « Je le veux, » il suit pourtant son penchant, et « il ne fait rien. » L'autre dit ouvertement : « Je n'en ferai rien; » et il a honte de son insolence, et « il obéit. »

---

[1] *Matth.*, XXI, 19, 20. — [2] *Matth.*, XX, 31, 32. — [3] *Matth.*, XXI, 28-30.

L'un a la présomption de vouloir passer pour vertueux et il ne l'est qu'en paroles, c'est pourquoi il tombe; l'autre a horreur de sa témérité, et il s'en repent.

Il ne faut donc ni trop déférer aux discours présomptueux de ceux qui promettent tout, ni désespérer de ceux qui semblent tout refuser. Les grands crimes mènent plutôt à la pénitence que la fade et inefficace pudeur, qui fait tout promettre sans avoir un véritable désir de l'exécution; ou que la fausse piété, qui ne consiste qu'en paroles, où l'on croit tout faire quand on parle bien de la loi et de la vertu, comme les Juifs.

Ame fidèle, évertuez-vous. Avez-vous promis quelque chose, quelque grande qu'elle soit, faites plus encore; avez-vous refusé, ayez-en honte; et faites ce que vous aviez dit que vous ne vouliez ou vous ne pouviez pas.

Celui qui écoute et qui fait, en qui la vertu se tourne en habitude par la pratique, « c'est l'homme sage qui bâtit sur la pierre [1]. » Les tentations viennent, les maladies accablent, les afflictions fondent sur cette ame; elle se soutient. Ceux qui ne font qu'écouter, qui se délectent de la beauté ou de la vérité de la sainte parole, sans en venir aux effets ou qui n'y viennent qu'imparfaitement, « ont bâti sur le sable : ils tombent à la première occasion, et leur ruine est grande. »

XLVII° JOURNÉE.

Admirables effets et invincible puissance de la doctrine de Jésus-Christ.
Matth., VII, 28, 29.

Considérez la doctrine de Jésus-Christ : elle est si belle et si solide, qu'elle cause de l'admiration à tout le peuple. Car qui n'en admireroit la pureté, la sublimité, l'efficace? Elle a converti le monde : elle a peuplé les déserts : elle a fait prodiguer à des millions de martyrs de toute condition, de tout âge et de tout sexe,

[1] *Matth.*, VII, 24-27.

jusqu'à leur sang. Elle a rendu les richesses et les plaisirs mépri-
sables : les honneurs du monde ont perdu tout leur éclat. L'homme
est devenu un ange; et il s'est porté à se proposer pour modèle
Dieu même. Qui ne l'admireroit donc cette belle, cette ravissante
doctrine? Mais ce n'est pas tout de l'admirer. « Jésus enseigne
comme ayant puissance : » il faut que tout cède et que tout orgueil humain baisse la tête.

Dieu vous préserve d'un docteur timide, qui n'ose vous dire
vos vérités ou qui vous flatte dans vos défauts à la manière des
scribes et des pharisiens, qui ne songeoient qu'à s'attacher le
peuple, et non à le corriger. Demandez à Dieu un docteur qui
vous parle avec efficace et avec puissance, sans vous épargner
dans vos vices. C'est à celui-là que votre conversion est réservée.
Amen, amen.

PRÉPARATION

A LA DERNIÈRE SEMAINE DU SAUVEUR.

Les sermons de Notre-Seigneur dans sa dernière semaine sont des plus dignes d'être médités par la circonstance de sa mort prochaine. Pour les lire avec ordre et avec fruit, il est bon de les partager par journées, comme on a fait le sermon sur la montagne.

Avant que d'en venir à cette semaine si pleine d'instructions et de mystères, pour en prendre l'esprit il faut remonter un peu plus haut; et c'est à quoi nous donnerons huit jours.

PREMIERE JOURNÉE.

Le mystère de la croix prédit par Jésus-Christ, et non compris par les apôtres : combien on craint de suivre Jésus à la croix. Matth., xx, 17 jusqu'au 29 ; Marc., x, 32 jusqu'au 46 ; Luc., xviii, 31 jusqu'au 35.

L'heure de Jésus approchant, il va volontairement à Jérusalem, où il savoit qu'il devoit mourir ; et il le déclare à ses apôtres.

Saint Paul disoit aux disciples : « Et maintenant étant lié par le Saint-Esprit, » doucement contraint par son impulsion particulière, « je m'en vais à Jérusalem, ne sachant ce qui m'y doit arriver[1] : » mais Jésus va à Jérusalem, sachant très-bien ce qu'il y doit souffrir, et le dénonçant aux apôtres : « Voilà, dit-il, que nous allons à Jérusalem ; et le Fils de l'homme sera livré entre les mains des méchans[2]. » « Je ne sais, disoit saint Paul, ce qui me doit arriver à Jérusalem, si ce n'est que dans toutes les villes où

[1] *Act.,* xx, 22. — [2] *Matth.,* xxii, 18.

je passe, le Saint-Esprit me fait témoigner par les prophètes qui
y sont, que des chaînes et des afflictions m'y sont préparées [1]. »
Mais au lieu qu'on ne montroit les choses qu'en confusion à saint
Paul, Jésus explique tout distinctement à ses apôtres, comme la
seule lecture le fera connoître.

A ces mots, saint Luc observe que « les disciples n'entendirent
rien de ce que Jésus leur disoit, » quoique Jésus leur parlât sans
aucune ambiguïté; que « cette parole leur étoit cachée, et qu'ils
n'entendoient point ce qu'on leur disoit [2]. » Cet évangéliste fait
voir par le soin qu'il prend de nous faire observer cette ignorance
des apôtres, combien le mystère de la croix a peine à entrer dans
les esprits.

Jésus s'étant expliqué ailleurs de ce mystère en termes moins
clairs, le même saint Luc fait cette remarque : « Les apôtres n'entendirent point cette parole, et elle étoit comme voilée devant eux,
en sorte qu'ils n'en sentoient point la force, et ils craignoient de
l'interroger sur cette parole [3]. » Ils n'entendoient pas, parce qu'ils
ne vouloient pas entendre : ils virent bien qu'il faudroit suivre
leur maître, et ils ne vouloient pas savoir les souffrances où il
alloit, dans la crainte d'avoir un sort semblable. C'est pourquoi
Jésus leur disoit : « Mettez bien ceci dans vos cœurs, que le Fils
de l'homme sera livré entre les mains des hommes [4] : » ce qu'il
avoit soin de leur inculquer dans le temps que tout le monde étoit
en admiration des prodiges qu'il faisoit; c'est que, flattés par sa
gloire, ils avoient le cœur bouché à ce qu'il leur enseignoit sur
l'opprobre qu'il avoit à souffrir, sans vouloir en entendre parler.
Mais c'étoit là néanmoins ce que Jésus vouloit qu'ils sussent. Car
il avoit mis notre salut dans ses souffrances et dans l'obligation
de le suivre, et de porter sa croix après lui : « Mettez bien cela
dans vos cœurs, » leur disoit-il.

Songez ici comme l'homme se trompe lui-même, comme il fait
le sourd quand on lui veut dire ce qui choque ses passions et ses
sens : comme, quelque clair qu'on lui parle, il détourne l'oreille;
il ne fait pas semblant d'entendre, et craint d'approfondir la matière. Quitte ce commerce, renonce à ce plaisir, renonce à ta

____

[1] *Act.*, XX, 23. — [2] *Luc.*, XVIII, 34. — [3] *Luc.*, IX, 45. — [4] *Ibid.*, 44.

propre volonté : il n'entend pas ; il ne veut pas entendre, ni savoir, ni interroger celui qui lui parle. C'est pour la même raison que saint Marc raconte la même chose en ces termes : « Comme ils montoient à Jérusalem, Jésus marchoit devant eux, et ils en étoient étonnés et ils craignoient en le suivant; et appelant les douze, il leur dit : Nous allons à Jérusalem[1], » pour y souffrir tout ce qu'il leur marque.

Le sujet de leur étonnement étoit qu'ils savoient que les pharisiens et les docteurs de la loi le cherchoient pour le faire mourir; et ils ne pouvoient comprendre qu'il allât se mettre en leurs mains; et ils le suivoient en tremblant. On craint de suivre Jésus à la croix.

Mais pour nous encourager il va devant; et saint Luc remarque qu'il « affermit son visage pour aller à Jérusalem[2], » voyant son heure venue. La nature craignoit, comme il parut dans son agonie au jardin. Car il a voulu porter nos foiblesses jusqu'à ce point, afin de nous apprendre à les vaincre. Suivons-le donc, et à son exemple affermissons notre visage, lorsqu'il faut aller à la pénitence, à la mortification et à la croix.

Ce fut en cette occasion que ses disciples lui dirent : « Maître, il n'y a qu'un peu de temps que les Juifs vous cherchoient pour vous lapider; vous allez vous mettre encore entre leurs mains[3] ! » Ils vouloient le détourner de ce voyage; et il n'y eut que Thomas qui entendit le mystère, lorsqu'il dit courageusement : « Allons, allons aussi, et mourons avec lui[4]. » Belle parole, si elle eût été suivie de l'effet! Mais Thomas s'enfuit comme les autres, et fut le dernier à croire sa résurrection. Voilà l'homme : celui qui parle le plus hardiment, le plus souvent est le plus foible lorsque Dieu l'abandonne à lui-même. Entends, chrétien, combien il est difficile d'aller à la croix avec Jésus, et combien on a besoin de sa grace.

[1] *Marc.*, x, 32, 33. — [2] *Luc.*, ix, 51. — [3] *Joan.*, xi, 8. — [4] *Ibid.*, 16.

IIe JOURNÉE.

Demande ambitieuse des enfans de Zébédée : calice et croix avant la gloire.
Matth., xx, 20 et suiv.; Marc., x, 35 et suiv.

La même lecture, et appuyez en particulier sur la demande de
la mère des enfans de Zébédée. Saint Marc dit distinctement que
ce ne fut pas seulement leur mère, mais les deux frères eux-
mêmes, c'est-à-dire saint Jacques et saint Jean qui firent cette
demande. Ce qui nous montre que leur mère agissoit à l'instigation de ses enfans : et peut-être même que dans la suite ils se joi-
gnirent eux-mêmes ouvertement à la demande; c'est pourquoi
aussi le Sauveur leur adresse sa réponse : « Vous ne savez ce que
vous demandez ; pouvez-vous boire mon calice [1] ? »

Il n'y a rien qui fasse sentir combien on a de peine à entendre
la parole de la croix. Jésus venoit d'en parler aussi clairement
qu'on a vu ; et loin de l'entendre, saint Jacques et saint Jean,
qui étoient des premiers entre les apôtres, lui viennent parler de
sa gloire et de la distinction où ils y vouloient paroître.

Pesez ces paroles de Jésus : « Vous ne savez ce que vous demandez : » vous parlez de gloire : et vous ne songez pas ce qu'il
faut souffrir pour y parvenir. Là il leur explique ces souffrances
par deux similitudes : par celle d'un calice amer qu'il faut avaler,
et par celle d'un baptême sanglant où il faut être p'ongé. Avaler
toute sorte d'amertume ; être dans les souffrances jusqu'à y avoir
tout le corps plongé, comme on l'a dans le baptême : la gloire est
à ce prix.

Les apôtres ambitieux s'offrirent à tout ; mais Jésus, qui voyoit
bien qu'ils ne s'offroient à souffrir que par ambition, ne voulut pas
les satisfaire. Il accepta leur parole pour la croix ; mais pour la
gloire, il les renvoya aux décrets éternels de son Père et à ses
secrets conseils.

Il auroit bien pu leur dire ce qu'il dit dans la suite à tous les

[1] *Matth.*, xx, 22; *Marc.*, x, 38.

apôtres : « Je dispose de mon royaume en votre faveur, comme
mon Père en a disposé en la mienne [1]. » Mais des gens qui ne vouloient souffrir que par ambition, n'étoient pas dignes encore d'entendre cette promesse ; et pour les attacher à la croix dont ils
n'entendoient pas encore la vertu, il remet à son Père ce qui regarde la gloire, et ne se réserve en ce lieu qu'à prédire et à distribuer les afflictions.

Tout cela se faisoit par cette profonde économie si souvent pra-
tiquée dans l'Evangile et dans toute l'Ecriture ; où, pour certaines
raisons et convenances, des choses diverses sont attribuées au
Père et au Fils : mais il faut toujours se souvenir dans le fond
de cette parole, que le Sauveur adresse à son Père : « Tout ce
qui est à vous est à moi, et tout ce qui est à moi est à vous [2]. »

« Tous les apôtres furent indignés [3] » de la demande des deux
frères. Aveugles, qui ne songeoient pas qu'ils étoient tous dans
les sentimens qu'ils reprenoient dans les autres, puisqu'un peu
auparavant et un peu après, Jésus-Christ les surprit pensant en
eux-mêmes et se disputant « qui d'entre eux seroit le premier [4]. »
C'est ainsi qu'on ne peut souffrir dans les autres le vice qu'on a
en soi-même : éclairé pour reprendre ; aveugle à se corriger et à
se connoître.

Remarquez le changement admirable que les instructions du
Sauveur, et l'effusion du Saint-Esprit fit dans les apôtres. Ces gens
qui ne cessoient de disputer entre eux de la primauté, la cèdent
sans peine à saint Pierre. Ils lui cèdent la parole partout : il pré-
side à tous leurs conciles et à toutes leurs assemblées. Saint Jean,
un des deux enfans de Zébédée, qui venoit de demander la première place avec son frère saint Jacques, attend saint Pierre au
tombeau du Sauveur, afin qu'il y entre le premier ; et l'empressement de voir les marques de la résurrection de son maître, ne
l'empêcha pas de rendre l'honneur qu'il devoit au prince des
apôtres.

Appuyez encore sur ces paroles de saint Matthieu, xx, 25 ;
Marc, x, 42, où il rabat toute ambition par son exemple. Ne sois

―――――――――

[1] *Luc.*, XXII, 29. — [2] *Joan.*, XVII, 10. — [3] *Matth.*, XX, 24. — [4] *Luc.*, IX, 46, 47 ;
XXII, 24, 25.

point ambitieux, ô chrétien, et ne désire point le commandement, ni aucun avantage parmi les hommes, puisque tu es le disciple de celui qui étant le Seigneur de tous, s'en est rendu le serviteur, et a mis sa gloire à racheter ses élus par la perte de sa vie. Racheté par l'humilité et la croix de ton Sauveur, ne songe point à t'élever ni à enfler toi-même ton cœur.

Considérons combien nos passions et surtout l'ambition nous aveuglent ; et crions à l'exemple de ces deux aveugles et de Bartimée fils de Timée : « O Seigneur, rendez-nous la vue [1] ; » faites-nous connoître nos défauts.

Que nul reproche des hommes ne nous empêche de crier à Jésus pour en implorer le secours de sa grace : quittons nos habits : courons à lui : ouvrons les yeux : glorifions Dieu : cessons de nous méconnoître et de nous glorifier nous-mêmes.

IIIe JOURNÉE.

Victoire et puissance de Jésus-Christ contre la mort dans la résurrection de Lazare. Joan., xi, 1 jusqu'au 46.

Jésus approche de Jérusalem : il est déjà à Béthanie, bourgade qui en étoit à peine à six-vingts pas, à la racine de la montagne des Oliviers. Sa mort approche en même temps ; et ce qu'il va faire à cette approche, et pour nous y préparer, est admirable.

La première chose c'est la résurrection de Lazare. Il alloit mourir, et il sembloit que l'empire de la mort alloit s'affermir plus que jamais, après qu'il y auroit été assujetti lui-même. Mais il fait ce grand miracle de la résurrection de Lazare, afin de nous faire voir qu'il est le maître de la mort.

Elle paroît ici dans tout ce qu'elle a de plus affreux : Lazare est mort, enseveli, enterré, déjà pourri et puant. On craint de lever la pierre de son tombeau, de peur d'infecter le lieu et la personne de Jésus par cette insupportable odeur. Voilà un spectacle horrible : Jésus en frémit : Jésus en pleure : dans la mort de Lazare,

[1] *Matth.*, xx, 30; *Marc.*, x, 46, 51; *Luc.*, xviii, 42.

son ami, il déplore le commun supplice de tous les hommes : il
regarde la nature humaine comme créée dans l'immortalité et
comme condamnée à mort pour son péché : il est l'ami de tout le
genre humain : il vient le rétablir : il commence par en pleurer
le désastre : par en frémir : par se troubler lui-même à la vue de
son supplice. Ce qui lui paroît si horrible dans la mort, c'est principalement qu'elle est causée par le péché; et c'est plutôt le péché
que la mort qui lui cause ce frémissement, ce trouble, ces pleurs.
Il est saisi d'un nouveau frémissement à mesure qu'il approche
du tombeau. En voyant cette affreuse caverne, où le mort étoit
gisant, on diroit qu'il n'y a point de remède à un si grand mal :
« Celui, dit-on, qui a éclairé l'aveugle-né, ne pouvoit-il pas empêcher que son ami ne mourût [1] ? » On ne dit pas : Ne le pourroit-
il pas ressusciter? C'est à quoi on ne songeoit seulement pas : on
croit que son pouvoir n'alloit pas plus loin que de l'empêcher de
mourir : mais le tirer de la mort, quoiqu'il en eût déjà donné des
exemples, on ne vouloit ni s'en souvenir, ni le croire. On croit
qu'il n'a que des larmes et cette frémissante horreur à donner à
un tel mal. Voilà tout le genre humain dans la mort; il n'y a qu'à
pleurer son sort; mais il n'y voit aucune ressource. C'est le commencement de l'histoire et comme la première partie de ce tableau :
tout y est rempli d'horreur.

Mais voici la seconde, où tout est plein au contraire de consolation. Il n'y paroît que puissance contre la mort, et que victoire
remportée sur elle.

Jésus dit : « Cette maladie n'est pas pour la mort, mais pour la
gloire de Dieu [2]. » Lazare en mourut pourtant : mais le Sauveur
vouloit dire que la mort seroit vaincue et le Fils de Dieu glorifié
pa cette victoire.

Il poursuit : « Lazare dort, mais je le vais réveiller [3] : » appelant la mort un sommeil plutôt qu'une mort, et montrant qu'il
lui est aussi facile de ressusciter un mort que de réveiller un en-
dormi.

A mesure qu'il avance, il paroît de plus en plus le vainqueur
de la mort. « Si vous aviez été ici, mon frère ne seroit pas mort ;

[1] *Joan.*, XI, 37. — [2] *Ibid.*, 4. — [3] *Ibid.*, 11, 22.

mais je sais que Dieu vous accordera tout ce que vous lui demanderez. » Vous avez tout pouvoir, non-seulement pour prévenir la
mort, mais encore pour lui enlever la proie qu'elle a déjà entre
ses mains.

« Votre frère ressuscitera [1]. Je le sais, dit Marthe, au dernier
jour. » Elle ne doute pas que Jésus ne puisse le ressusciter avant
ce temps : mais elle ne se juge pas digne de cette grace.

Goûtons ces paroles du Sauveur, après lesquelles la mort n'a
plus rien d'affreux : « Je suis la résurrection et la vie : celui qui
croit en moi, quand il seroit mort, il vivra : celui qui vit et qui
croit en moi, ne mourra point éternellement [2]. » Il ne mourra
point pour jamais : la mort ne sera pour lui qu'un passage : il n'y
demeurera pas : et il viendra à un état où il ne mourra jamais.

La foi de Marthe est grande. Les Juifs disoient de Jésus : « Ne
pouvoit-il pas faire que Lazare ne mourût pas? » Celle-ci dit, non-
seulement qu'il le pouvoit faire, mais qu'il l'auroit fait, et qu'il
pouvoit encore le ressusciter s'il vouloit. Elle voit en esprit la résurrection générale, et confesse Jésus-Christ comme celui qui,
étant au ciel et dans le sein de son Père, est venu au monde. Jésus,
Fils du Dieu vivant, est vivant de la même vie que son Père :
« Comme le Père, dit-il, a la vie en soi, ainsi a-t-il donné au Fils
d'avoir la vie en soi [3]. » Il a donc raison de nous dire « qu'il est
« la résurrection et la vie [4]; » et encore : « Je suis la vie; » et encore : « Comme le Père ressuscite et vivifie, ainsi le Fils vivifie qui
il lui plaît [5]. » Il est une source de vie, il est la vie même comme
le Père. La vie est venue à nous, quand il s'est fait homme : « Nous
vous annonçons la vie éternelle qui.étoit dans le Père, et qui nous
est apparue [6] » pour se répandre sur nous, disoit saint Jean.

Les larmes mêmes de Jésus nous remplissent d'espérance. Si le
médecin tout-puissant est touché de nos maux, s'il les pleure, s'il
en frémit, il les guérira.

« Otez la pierre [7] : » ouvrez le tombeau : enlevez la porte de
cette éternelle prison : c'est sans doute pour en délivrer ceux qui
y sont détenus.

[1] *Joan.*, XI, 23. — [2] *Ibid.*, 25, 26. — [3] *Joan.*, X, 26. — [4] *Joan.*, XI, 25. — [5] *Joan.*,
V, 21. — [6] I *Joan.*, I, 2. — [7] *Joan.*, XI, 39.

« Père, je sais que vous m'écoutez toujours [1]. » Nous sommes donc délivrés, puisqu'un tel intercesseur parle pour nous.

« Lazare, sortez, paroissez. » Les prophètes avoient ressuscité quelques morts ; mais on n'avoit point encore traité la mort d'une manière si impérieuse. C'est que « le temps devoit venir, et déjà il étoit venu, disoit le Sauveur, que ceux qui sont dans le tombeau entendront la voix du Fils de Dieu, et ceux qui l'entendront recevront la vie [2]. » Ce qui se fait maintenant pour le seul Lazare, se fera un jour pour tous les hommes.

« Lazare sortit à l'instant, » quoique « lié de bandelettes, » à peu près comme un enfant dans le berceau, « le visage enveloppé d'un linge [3] : » un homme vivant ne pourroit se remuer en cet état : cependant un mort se lève, et paroît : tant il y a d'efficace dans la parole du Sauveur.

Il importe de bien méditer toutes ces choses, afin de nous affermir contre la crainte de la mort, qui est si extrême dans les hommes, qu'elle est capable de leur faire perdre l'esprit, quand on leur annonce qu'il faut mourir, comme l'expérience le fait voir. On a grand besoin de se munir contre cette crainte : ce qui se fait principalement, en méditant les promesses de l'Evangile contre la mort, et s'attachant par une vive foi à la vie que nous attendons. On a besoin d'une grande grace contre une si vive terreur. On ne la sent pas, tant qu'on a de la santé et de l'espérance : mais quand il n'y en a plus, le coup est terrible. Il est foible pourtant, si nous croyons bien que Jésus a vaincu la mort.

Il l'a encore vaincue dans une jeune fille de douze ans, qui ne faisoit que d'expirer et qui étoit encore dans son lit [4]. Il l'a encore vaincue dans un jeune homme qu'on portoit en terre [5]. Enfin il l'a vaincue dans le tombeau et au milieu de la pourriture en la personne du Lazare [6]. Il restoit qu'il empêchât même la corruption. Il avoit vaincu la mort en des personnes qui étoient mortes naturellement : il falloit encore la vaincre lorsqu'elle seroit venue par violence. Ceux à qui il avoit rendu la vie, demeuroient mortels ; il restoit qu'avec la mort, il vainquît même la mortalité. C'étoit

1 *Ibid.*, 42. — 2 *Joan.*, v, 25. — 3 *Joan.*, xi, 44. — 4 *Matth.*, ix, 18, 25 ; *Marc.*, v, 35, 40, 42. — 5 *Luc.*, vii, 12, 14, 15. — 6 *Joan.*, xi, 41-44.

en sa personne qu'il devoit faire voir une victoire si complète.
Après qu'on l'eut fait mourir, il ressuscite pour ne mourir plus,
sans même avoir jamais vu la corruption, comme avoit chanté le
Psalmiste : « Vous ne permettrez pas que votre Saint voie la corruption [1]. » Ce qui s'est fait dans le chef s'accomplira dans les
membres. L'immortalité nous est assurée en Jésus-Christ à meilleur titre qu'elle ne nous avoit d'abord été donnée en Adam. Notre
première immortalité étoit de pouvoir ne mourir pas : notre dernière immortalité sera de ne pouvoir plus mourir.

IVᵉ JOURNÉE.

*Même sujet. Les trois morts ressuscités par Notre-Seigneur, figures des
trois états du pécheur. Joan., xi, 1 et suiv.; Matth., ix, 18, 25.; Marc.,
v, 35, 42 ; Luc., vii, 12, 15.*

La vraie mort de l'homme c'est le péché, parce que c'est la
mort de l'ame. Dans les trois morts que le Sauveur a ressuscités,
les saints ont considéré le péché vaincu en trois états : dans son
commencement en la personne de cette jeune fille : dans son progrès en la personne de celui qu'on portoit en terre : dans sa consommation et dans l'état d'endurcissement et d'habitude invétérée
en la personne de Lazare. La corruption dans un mort de quatre
jours, fait voir un homme qui croupit et pourrit, pour ainsi parler, dans son péché. La mauvaise odeur, c'est le scandale et la
diffamation qui suit cet état. La caverne où le mort est enterré,
fait voir l'abîme où le pécheur s'est enfoncé. La pierre sur le tombeau, c'est la dureté dans le cœur. Les bandes dont le mort est
lié, sont les liens du péché qu'il ne peut rompre. Il ne paroît plus
de ressource : les gens de bien même n'espèrent plus rien :
« Maître, disoit Marthe, il sent mauvais et il y a quatre jours qu'il
est mort [2]. »

C'est ce qui cause dans Jésus ce frémissement réitéré par deux
fois avec ces larmes amères ; ce qui signifie l'effort et comme le

----

[1] *Psal.* xv, 10, 11; *Act.*, ii, 27. — [2] *Joan.*, xi, 39.

travail de l'Eglise pour enfanter de nouveau ce mort tout pourri. Le grand cri de Jésus montre encore la même chose : ressusciter un tel mort, c'est quelque chose de plus miraculeux que la résurrection de Lazare.

Ame malheureuse, ne fais point pleurer Jésus, ne le fais point tant crier, ni tant frémir ; empêche-toi de tomber dans ce péché d'habitude. Mais si tu y es, ne perds pas toute espérance : il te reste une ressource infaillible dans les cris et dans les larmes de Jésus.

« Déliez-le [1], » dit le Sauveur : ôtez-lui ces bandelettes dont il est serré. C'est le ministère des apôtres : mais il faut auparavant que Jésus ait parlé ; que le mort ait ouï sa voix ; qu'il se soit déjà réveillé de son profond assoupissement, et qu'il commence à vivre en recevant l'inspiration qui l'appelle à la pénitence. Les apôtres peuvent alors user du pouvoir qui leur est donné de délier : mais si le pécheur n'a déjà reçu aucun principe de vie, en un mot s'il n'est déjà sérieusement converti, c'est en vain qu'on le délieroit : il est tout mort au dedans et les sacremens ne peuvent rien pour lui. Convertissez-vous donc, ô pécheurs, et vivez.

Ve JOURNÉE.

Amitié de Jésus modèle de la nôtre. Excellente manière de prier.
Joan., xi, 1 et suiv.

Voilà les grands mystères de cet Evangile. Mais à ne rien regarder que l'histoire, elle est ravissante.

« Lazare notre ami [2], » dit Jésus. Quel bonheur à des mortels de pouvoir avoir Jésus pour ami ! « Notre ami : » Lazare aimoit et lui et sa compagnie : ses disciples avoient part à son amitié.

« Jésus aimoit Marthe, et Marie sa sœur, et Lazare [3] » qui étoit malade. Voilà les amis de Jésus ; leur maison étoit toujours ouverte à lui et aux siens ; ce sont ses hôtes et ses amis.

Puisque Jésus n'a pas dédaigné d'avoir des amis sur la terre,

[1] *Joan.,* XI, 44. — [2] *Ibid.,* 11. — [3] *Ibid.,* 5.

suivons ce modèle dans nos amitiés : aimons ceux qui sont charitables et qui exercent volontiers l'hospitalité : car en la personne de leurs hôtes, c'est Jésus-Christ qu'ils reçoivent. Aimons une Marthe si zélée pour servir Jésus, qu'elle passe jusqu'à un empressement excessif, et jusqu'à une inquiétude dont elle est reprise. Si nos amis ont des défauts, que ce soit des défauts fondés sur le bien. Mais aimons surtout une Marie qui est toujours aux pieds de Jésus, toujours attentive à sa parole, et à « la bonne part qui ne pouvoit lui être ôtée [1]. » Voilà ceux que Jésus-Christ honoroit d'une amitié particulière.

« Celui que vous aimez est malade [2] : » c'est ce que mandent à Jésus les sœurs de Lazare. Excellente manière de prier : sans rien demander, on expose à celui qui aime le besoin de son ami. Prions ainsi : soyons persuadés que Jésus nous aime : présentons-nous à lui comme des malades, sans rien dire, sans rien demander. Prions ainsi pour nous-mêmes, prions ainsi pour les autres : c'est une manière de prier des plus excellentes.

Souvent on dit à Jésus dans son Evangile : Venez, Seigneur, et guérissez : imposez vos mains : touchez le malade : ici on dit simplement : « Celui que vous aimez est malade. » Jésus entend la voix du besoin, d'autant plus que cette manière de le prier a quelque chose, non-seulement de plus respectueux et de plus soumis, mais encore de plus tendre. Qu'elle est aimable cette prière ! Pratiquons-la principalement pour les maladies de l'ame.

Marthe et Marie conservent toujours leur caractère : Marthe est toujours la plus empressée : elle parle plus, elle agit plus : Marie arrive : d'abord « elle tombe aux pieds de Jésus [3] : » elle ne dit qu'un mot : et c'est assez.

« Le Maître vous demande [4], » lui disoit Marthe. Jésus étoit content de la foi de Marthe : mais pour achever d'être touché, il vouloit voir les pleurs, la tendresse intime et la douceur de Marie toujours attachée du fond de son cœur à sa parole.

« Jésus pleura. [5] » Où sont ces faux sages qui veulent qu'on soit insensible ? Ce n'est pas là la sagesse de Jésus.

« Voyez comment il l'aimoit [6]. » Soyez loué, ô Seigneur Jésus !

[1] *Luc.*, x, 39, 40, 42. — [2] *Joan.*, xi, 3. — [3] *Ibid.*, 32. — [4] *Ib.*, 28. — [5] *Ib.*, 35. — [6] *Ib.*, 36.

d'avoir bien voulu qu'on pût remarquer la tendresse que vous
avez pour vos amis : qu'il nous soit permis de l'imiter et d'aimer
à votre exemple : les cœurs durs et insensibles ne sont pas ceux
qui vous plaisent : mais réglez nos amitiés et soyez-en le modèle :
ne flattons point nos amis : corrigeons-en, comme vous, les em-
pressemens inconsidérés : aimons dans nos amis le bon et le solide comme vous.

O Seigneur, que je sois du nombre de ceux à qui vous dites :
« Vous êtes mes amis [1]; » et encore : « Je vous dirai à vous qui
êtes mes amis [2] : » O bon et parfait ami, qui, pour exercer envers
eux l'amour que vous avez dit vous-même être le plus grand de
tous, avez donné votre vie pour eux : je ne veux d'ami que vous
ou qu'en vous. O bon ami, ressuscitez-moi : je suis plus mort que
Lazare.

« Marthe appelle Marie en secret. Le Maître, dit-elle, vous demande [3]. » Il y a un certain secret entre Jésus-Christ et les ames
intérieures qui sont figurées par Marie; il faut entrer dans ce secret
et ne le pas troubler en y mêlant le monde. Entends, chrétien, ce
doux secret : ce secret entre le Verbe et l'ame détachée des sens,
qui l'écoute au dedans et qui ne connoît que sa voix.

« A l'instant Marie se lève et vient à Jésus [4] : » quand il appelle,
on ne peut y apporter trop de promptitude. Les Juifs la voyant
partir si vite, disoient : « Elle va pleurer au tombeau » : on connoissoit son bon naturel et son cœur tendre : mais Jésus avoit
réglé ses tendresses, dont le principal objet étoit sa parole.

« Déliez-le, et laissez-le aller [5]. » On n'a point dit ni où il alla,
ni ce qu'il fit, ni ce qu'il dit, ni ce qu'on lui dit, ni où il avoit été,
ni comment il se trouvoit : toutes questions superflues : Dieu
qui, dès le moment de sa mort, savoit ce qu'il en vouloit faire,
avoit tout réglé : il savoit par où nous devoient venir les vérités de l'autre vie : Jésus notre docteur savoit tout et avoit tout
vu dans la source. La simplicité du narré nous apprend ce qu'on
doit considérer dans les grandes choses, et comme il y faut
mépriser les minuties.

----

[1] *Joan.*, XV, 14, 15. — [2] *Luc.*, XII, 4. — [3] *Joan.*, XI, 28. — [4] *Ibid.*, 29, 31. —
[5] *Ibid.*, 44.

VIe JOURNÉE.

Jésus-Christ mis en signe de contradiction : incrédulité des Juifs après la résurrection de Lazare. Joan., xi, 46 et suiv.

Ce qui fut dit du Sauveur à sa bienheureuse Mère par le saint vieillard Siméon est bien vrai : « Celui-ci est posé en ruine et en résurrection à plusieurs en Israël et en signe de contradiction, afin que les pensées de leurs cœurs soient découvertes [1]. » On n'avoit point encore vu la profonde malice du cœur de l'homme, ni jusqu'à quel point il est capable de résister à Dieu.

Après un si grand miracle, il semble qu'il ne faut pas s'étonner que plusieurs crussent. La résurrection de Lazare étoit arrivée en présence de tout le monde, à la porte de Jérusalem, avec le concours qu'attire un deuil dans les maisons considérables : « Plusieurs crurent, » dit l'évangéliste. C'étoit là l'effet naturel d'un si grand miracle [2]. Mais d'autres qui savoient la haine des pontifes et des pharisiens contre Jésus et qui y entroient, leur allèrent dire ce qu'ils avoient vu. Sur cela on assembla le conseil, et la résolution en fut étrange.

« Cet homme fait beaucoup de miracles [3]. » Ils ne nient point le fait, il est trop constant. « Que ferons-nous ? » La réponse paroît aisée : Croyez en lui. Mais leur avarice, leur faux zèle, leur hypocrisie, leur ambition, leur domination tyrannique sur les consciences, que Jésus découvroit, encore qu'ils la cachassent sous le masque du zèle de la religion, les aveugloit. En cet état, « ils ne peuvent croire [4], » comme nous verrons bientôt ; et ils aiment mieux résister à Dieu que de renoncer à leur empire.

Ailleurs ils disent encore : « Que ferons-nous à ces hommes ? car le miracle qu'ils viennent de faire est public : tout Jérusalem en est témoin et nous ne saurions le nier [5]. » La réponse naturelle étoit : Il y faut croire : mais si nous y croyons, nous ne

---

[1] *Luc.*, ii, 34, 35. — [2] *Joan.*, xi, 45. — [3] *Ibid.*, 47. — [4] *Joan.*, xii, 37-39. — [5] *Act.*, iv, 16.

serons plus rien, et c'est à quoi ils ne pouvoient se résoudre.

Les incrédules s'écrient : Comment tout le monde n'a-t-il pas cru, s'il y a eu tant et de si grands miracles? Ils n'entendent pas le profond attachement du cœur humain à ses sens et aux affaires qui les flattent : d'où suit une indifférence prodigieuse pour le salut : ce qui fait qu'on ne daigne s'appliquer à ce qui se passe qui y a rapport, ni s'en enquérir, et que ceux qui l'ont vu s'étourdissent eux-mêmes pour n'y pas croire; de peur d'être forcés en y croyant de renoncer à tout ce qu'ils aiment, et d'embrasser une vie qui leur paroît si insupportable et si triste.

Il faut donc entendre qu'outre les miracles du dehors il en falloit un au dedans, pour y changer la mauvaise disposition des cœurs, et c'est là l'effet de la grace. De là vient que si peu de gens ont cru, encore qu'on ait vu tant de prodiges, et qu'ils eussent été écrits dès le commencement avec des circonstances si particulières, qu'il n'y avoit rien de plus aisé que d'en découvrir la vérité; comme il n'y eût rien eu de plus impudent, ni de plus capable de détromper les plus crédules que de leur avancer tant de faits positifs, dont le contraire eût été si constant. Il n'y a eu que ceux qui ont assez aimé leur salut et la vérité, pour prendre soin ou de s'enquérir des choses qui se passoient en Judée à la vue de tout le monde, ou d'y faire, s'ils les voyoient, les réflexions nécessaires, afin de les voir d'un autre œil que le vulgaire attaché aux sens et aux préventions.

Ce qu'il y a ici de plus étonnant, c'est que ceux qui ne voient pas la volonté de Dieu dans les miracles qui la déclaroient si évidemment, sont les plus savans du peuple, les pontifes, les pharisiens et les docteurs de la loi; parce que des hypocrites comme eux, qui n'employoient le nom de Dieu qu'à tromper le monde des avares, des orgueilleux, qui faisoient servir la religion à leurs intérêts, devoient être naturellement les plus opposés à la vérité et les plus incapables de ses secrets. C'est donc ainsi que les pensées de plusieurs furent découvertes, parce qu'on devoit voir jusqu'à quel point l'intérêt devoit animer les hommes les plus sages en apparence, comme les plus considérables du peuple, contre Dieu et la vérité.

Loin de profiter du miracle de la résurrection de Lazare, « ils résolurent, non-seulement de tuer Jésus, » qui étoit l'auteur du miracle, « mais encore Lazare [1] » même, en qui il s'étoit accompli. Trop de monde le venoit voir, et c'étoit un témoin trop vivant contre eux. Ils voulurent donc le tuer, croyant obscurcir par là le miracle de sa résurrection, en montrant du moins que le Sauveur n'avoit pas pu le faire vivre longtemps. Ils songèrent donc à le tuer, comme si par cette sorte de mort ils pouvoient lier les mains à Dieu. Et il falloit encore que la gloire de Jésus-Christ révélât au monde ce prodige de malignité et de folie.

Il ne faut donc plus s'étonner de l'aveuglement des Juifs. Celui des impies et des hérétiques est à peu près de même genre : les secrètes dispositions de tous ces gens-là devoient être découvertes. C'est que l'effort qu'il faut faire contre ses sens et contre soi-même, pour se donner tout entier à la vérité et à Dieu, est si grand, que plutôt que de le faire, ils aiment mieux étouffer la grace et l'inspiration qui les y porte et s'aveugler eux-mêmes.

Nous sommes aussi de ceux pour qui Jésus-Christ est un signe de contradiction; et une de ces pensées du cœur humain, que Jésus-Christ venu au monde devoit découvrir, c'est la prodigieuse insensibilité de ceux qui élevés dans la foi, et au milieu des lumières, préfèrent encore leurs sens et les plaisirs qui les enchantent, à la vérité qui luit dans leur cœur; et ne craignent pas de vivre comme les impies et les infidèles.

<hr>

VIIe JOURNÉE.

Fausse et aveugle politique des Juifs dans la mort de Jésus-Christ, figure de la politique du siècle. Joan., xi, 48 et suiv.

« Les Romains viendront et ils détruiront notre ville, notre temple et toute notre nation [2]. » C'est le prétexte dont ils couvroient leur intérêt caché et leur ambition. Le bien public impose aux hommes; et peut-être que les pontifes et les pharisiens en

[1] *Joan.*, xi, 50, 53; xii, 10, 11. — [2] *Ibid.*, 48.

étoient véritablement touchés ; car la politique mal entendue est le moyen le plus sûr pour jeter les hommes dans l'aveuglement, et les faire résister à Dieu.

On voit ici tous les caractères de la fausse politique et une imitation de la bonne, mais à contre-sens.

La véritable politique est prévoyante, et par là se montre sage. Ceux-ci font aussi les sages et les prévoyans : « Les Romains viendront : » ils viendront, il est vrai, non pas comme vous pensez, parce qu'on aura reconnu le Sauveur ; mais au contraire parce qu'on aura manqué de le reconnoître. « La nation périra : » vous l'avez bien prévu ; elle périra en effet, mais ce sera par les moyens dont vous prétendiez vous servir pour la sauver : tant est aveugle votre politique et votre prévoyance.

La politique est habile et capable : ceux-ci font les capables : voyez avec quel air de capacité Caïphe disoit : « Vous n'y entendez rien : » il n'y entendoit rien lui-même : « Il faut qu'un homme meure pour le peuple[2] : » il disoit vrai ; mais c'étoit d'une autre façon qu'il ne l'entendoit.

La politique sacrifie le bien particulier au bien public, et cela est juste jusqu'à un certain point : « Il faut qu'un homme meure pour le peuple : » il entendoit qu'on pouvoit condamner un innocent au dernier supplice sous prétexte du bien public : ce qui n'est jamais permis. Car au contraire le sang innocent crie vengeance contre ceux qui le répandent.

La grande habileté des politiques, c'est de donner de beaux prétextes à leurs mauvais desseins. Il n'y a point de prétexte plus spécieux que le bien public, que les pontifes et leurs adhérens font semblant de se proposer. Mais Dieu les confondit ; et leur politique ruina le temple, la ville, la nation qu'ils faisoient semblant de vouloir sauver. Et Jésus-Christ leur dit à eux-mêmes : « Vos maisons seront abandonnées, vous et vos enfans porteront votre iniquité[1] ; » et tout périra par les Romains que vous faites semblant de vouloir ménager.

Sans être dans les affaires publiques, chacun peut ici considérer ce que c'est que la fausse prudence ou la prudence de la chair : ses

---

[1] *Joan.*, XI, 49, 50. — [2] *Matth.*, XXIII, 38 ; *Luc.*, XIX, 43, 44 ; XXI, 20, 23, 24.

artifices pour cacher aux autres et souvent à elle-même ses mauvais desseins : les vains prétextes dont elle se sert pour cela : sa présomption à faire l'habile, pendant qu'en effet elle est dans la souveraine ignorance : ses fausses maximes pour décider de ce qu'on appelle cas de conscience, et l'abus qu'elle fait des bonnes : l'abus qu'elle fait aussi de son autorité, lorsqu'elle en a ; et même quelquefois de la grace de son ministère, comme fit Caïphe « de la prophétie[1] » en quelque sorte annexée au pontificat, comme saint Jean le remarque. Tout cela peut découvrir à chacun les fautes qu'il fait dans la conduite de sa famille, de sa communauté, de soi-même en particulier : comme on s'entête du bien des communautés à qui souvent on sacrifie des particuliers innocens : encore « croit-on rendre service à Dieu[2], » comme Jésus-Christ le dit distinctement des pontifes et des autres ennemis de la vérité.

Pour venir à quelque chose de plus tendre, unissez-vous en esprit à « tous ces enfans de Dieu dispersés par tout l'univers, » que la mort du Sauveur devoit « recueillir[3]. »

Le ℣. 53 nous fait voir le résultat du conseil, et la mort du Fils de Dieu résolue : ce qui l'obligea à se cacher jusqu'au temps qu'il avoit résolu.

Cependant la pâque approchoit, vers le temps de laquelle il devoit mourir : tout se préparoit à cette pâque, et en même temps à la mort du Sauveur : puisque déjà l'ordre étoit donné à tous ceux qui sauroient où il étoit, de le déclarer afin qu'on le prît.

Demeurez en attente de ce qui doit arriver à Jésus : et en voyant comment on venoit plusieurs jours devant la pâque pour s'y disposer, considérez la disposition que vous devez apporter à la pâque véritable, qui est la communion.

[1] *Joan.*, XI, 51. — [2] *Joan.*, XVI, 2. — [3] *Joan.*, XI, 52 et seq.

VIIIᵉ JOURNÉE.

Profusion des parfums sur la tête et les pieds de Jésus en différens temps.
Joau., XII, 1, 12.

Comme le temps approchoit, Jésus sort de sa retraite autour d'Ephrem [1], et revient à Béthanie, c'est-à-dire, comme on a vu, aux portes de Jérusalem, six jours devant Pâques.

Ce qui s'y passa d'abord de plus remarquable, fut un festin où Lazare étoit à table avec lui dans sa maison : Marthe gardoit son caractère et servoit : Marie aussi, pour garder le sien, se mit selon sa coutume « aux pieds de Jésus, qu'elle oignit d'un parfum exquis et les essuya de ses cheveux [2]. » Il est arrivé trois fois au Sauveur d'être oint par de pieuses femmes : ce qui paroît outre ce chapitre, par le VIIᵉ de saint Luc, verset 36, et par les XXIVᵉ et XIVᵉ de saint Matthieu et de saint Marc, versets 6 et 3.

En saint Luc la femme n'est pas nommée, et il paroît seulement que c'étoit une pécheresse pénitente. Ses larmes dont elle arrosoit les pieds de Jésus, sont le caractère de sa pénitence ; et Jésus-Christ lui ayant donné expressément la rémission de ses péchés, confirme ce caractère. C'en est aussi une belle confirmation, d'avoir expliqué comme il a fait, la nature et les devoirs de l'amour pénitent, et de montrer jusqu'où le porte la reconnoissance.

Ce caractère d'amour pénitent ne se trouve pas dans ce chapitre de saint Jean, où il est dit seulement que Marie répandit son parfum sur les pieds et les essuya de ses cheveux : mais sans y parler de larmes ni des doux et pieux baisers de la pénitente. En saint Matthieu et en saint Marc, le parfum est répandu sur la tête, pendant que Jésus étoit à table : ce qui étoit très-facile en ces temps où les conviés étoient à table couchés. Il est dit dans ces deux derniers endroits, que « la maison fut toute remplie de la bonne odeur du parfum [3]. » Les lieux comme les temps de ces onctions sont marqués : la pécheresse pénitente fit son onction longtemps avant la dernière pâque, dans la maison de Simon le

---

[1] *Joan.*, XI, 54. — [2] *Joan.*, XII, 3. — [3] *Ibid.*, 3.

pharisien [1] : la seconde onction qui est clairement attribuée à Marie, sœur de Lazare et de Marthe, se fit à Béthanie, six jours devant Pâques, dans la maison de Lazare et de ses sœurs [2]. Et la troisième encore à Béthanie, mais chez Simon le lépreux, et seulement deux jours avant Pâques ou un peu après, comme le marquent saint Matthieu et saint Marc [3]. Dans la première et dans la troisième onction, la femme n'est pas nommée : dans la seconde il est porté expressément dans saint Jean que celle qui la fit fut Marie, sœur de Lazare. Et soit que les trois différentes onctions aient été faites par différentes personnes, selon l'opinion de quelques-uns, ou par la même, selon quelques autres, en divers temps et avec différentes circonstances, il faut profiter de chaque caractère qui nous y paroît.

Il faut aussi remarquer que ces profusions de parfums scandalisèrent deux fois les hypocrites, et même les disciples qui n'en savoient pas le mystère; et que Jésus aussi prit deux fois la défense de ces pieuses profusions.

Parfumer Jésus, c'est lui donner des louanges. Parfumer la tête de Jésus, c'est louer et adorer sa divinité : car « la tête de Jésus-Christ, comme parle saint Paul, c'est Dieu [4]. » Parfumer ses pieds, c'est adorer son humanité et ses foiblesses. Essuyer les pieds de Jésus avec ses cheveux, c'est mettre à ses pieds sacrés son ornement et sa tête même, avec toutes les vanités et la parure du siècle. Tout est sacrifié à Jésus : on ne veut plaire qu'à lui : des cheveux qui ont touché les pieds de Jésus, pourront-ils jamais servir à la vanité ? C'est ainsi que Jésus veut être aimé : il est digne d'un tel amour et de tels hommages.

On ne répand pas seulement ces riches parfums sur Jésus : « on rompt la boîte d'albâtre » où ils étoient renfermés, afin qu'il ait tout : *Fracto alabastro* [5], dit saint Marc. Sa tête et ses pieds ruisselèrent donc de ces admirables parfums, et toute la maison en fut embaumée. L'exemple de la piété de ces saintes femmes a rempli toute l'Eglise de sa bonne odeur.

Quand la pécheresse approcha des pieds de Jésus, on disoit :

[1] *Luc.*, VII, 36-40. — [2] *Joan.*, XII, 4. — [3] *Matth.*, XXVI, 8; *Marc.*, XIV, 8. — [4] I *Cor.*, XI, 3. — [5] *Marc.*, XIV, 3.

« S'il étoit prophète, il » ne se laisseroit pas « toucher par cette » pécheresse[1]. Ici on ne lui reproche rien contre celles qui le touchent, soit qu'elles n'eussent jamais été pécheresses, soit qu'il y eût déjà si longtemps, que la mémoire en fût effacée par leur pénitence : on leur fit ici un autre reproche, et c'est celui de leur profusion : « On pouvoit vendre ces parfums trois cents deniers et plus : » tant ils étoient précieux : tant l'effusion en fut abondante : « et les donner aux pauvres[2]. » L'amour des pauvres fut le prétexte dont on se servit, pour condamner la piété de ces femmes qu'on appeloit indiscrète; et pour couvrir l'envie qu'on avoit contre Jésus, et des honneurs qu'on lui faisoit : et Judas se signala parmi ces faux charitables et ces faux dévots. Les plus méchans sont les plus sévères censeurs de la conduite des autres; soit par le déréglement de leur esprit, soit par leur hypocrisie ou par un faux zèle. Judas avoit encore une autre raison, c'est qu'il gardoit et voloit ce qu'on donnoit au Sauveur; et il croyoit qu'on ôtoit à son avarice ce qu'on ne mettoit pas entre ses mains. Que l'avarice parle haut, quand elle peut se couvrir du prétexte de la charité !

Ses insolens discours n'attaquoient pas seulement les femmes dont il accusoit la profusion, mais encore Jésus-Christ qui la souffroit; mais il prit en main leur défense, en disant qu'elles « l'avoient fait pour l'ensevelir[3], » se considérant comme mort à cause que l'heure approchoit et qu'il s'étoit mis dans l'esprit et dans l'état de victime.

Il vouloit en même temps nous faire considérer de quel honneur étoit digne ce corps virginal, formé par le Saint-Esprit et où la divinité habitoit par lequel la mort devoit être vaincue et le règne du péché aboli : quels parfums assez exquis pouvoient en marquer assez la pureté !

Il vouloit aussi que les parfums qui servoient à la mollesse et au luxe, servissent à cette fois à la piété, et que la vanité fût sacrifiée à la vérité.

« Vous aurez toujours des pauvres avec vous; et quand vous voudrez, vous leur pouvez faire du bien[4]. »

[1] *Luc.*, VII, 39. — [2] *Joan.*, XII, 5; *Marc.*, XIV, 5. — [3] *Marc.*, XIV, 8; *Joan.*, XII, 7. — [4] *Marc.*, XIV, 7.

Les onctions étoient salutaires au corps : on s'en servoit non-seulement par délicatesse, mais encore par précaution et par remède. On faisoit nager les corps morts dans le baume et dans les parfums pour les conserver et en prévenir la corruption même après la mort : et c'étoit tout le bien dont le corps étoit capable alors. On pouvoit toujours faire ces sortes de biens aux pauvres, disoit le Sauveur : « mais pour lui, on n'auroit pas toujours son corps présent » pour lui faire ce bien : il falloit donc le lui faire pendant qu'on l'avoit, et quand on ne l'auroit plus, se consoler en le faisant aux pauvres, dont il imputoit le soulagement et le bien comme fait à sa personne. Combien donc les pauvres nous doivent-ils être chers, puisqu'ils nous tiennent la place de Jésus-Christ ! Baisons leurs pieds : prenons part à leurs humiliations et à leurs foiblesses : versons des larmes sur leurs pieds : pleurons leur misère : compatissons à leurs souffrances : répandons des parfums sur leurs pieds, des consolations sur leurs peines et sur leurs infirmités, un baume adoucissant sur leurs douleurs : essuyons-les de nos cheveux : donnons-leur notre superflu et privons-nous des vains ornemens pour les soulager.

En même temps parfumons Jésus : laissons exhaler de nos cœurs de tendres désirs, un amour chaste, une douce espérance, de continuelles louanges : et si nous voulons l'aimer et le louer dignement, louons-le par toute notre vie, gardons sa parole.

Disons-lui dans l'épanchement de nos cœurs ce que lui disoit saint Paul[1], « qu'il nous est justice, sainteté, sagesse, rédemption et toutes choses : » comme il est dit aux Corinthiens. Disons-lui tout ce que lui dit le même saint Paul aux Colossiens[2]. Chantons-lui tous les doux cantiques que lui chante dans l'*Apocalypse* tout le peuple racheté : « L'Agneau qui a été immolé pour nous est digne de recevoir la vertu, la divinité, les richesses, la sagesse, la force, la gloire, la bénédiction[3]. » C'est ce que lui doit chanter toute créature : c'est là le parfum que nous répandons sur lui dans l'épanchement de nos cœurs.

[1] I *Cor.*, ɪ, 30. — [2] *Coloss.*, ɪ, 12, 13 et seq. — [3] *Apoc.*, v, 12, 13 ; vɪɪ, 10-12.

LA DERNIÈRE SEMAINE
DU SAUVEUR.

Huit jours se sont passés à considérer les approches de Jésus vers Jérusalem. Nous voilà enfin parvenus à cette dernière semaine, que nous nous sommes proposé de considérer.

Nous en partagerons les discours en deux. Premièrement nous lirons ceux qui ont été faits depuis le dimanche des Rameaux jusqu'à la Cène. Secondement nous lirons ceux que Jésus a faits à ce jour, qui est le plus remarquable, puisque ç'a été la veille de sa passion.

SERMONS
OU DISCOURS DE NOTRE-SEIGNEUR,
DEPUIS LE DIMANCHE DES RAMEAUX JUSQU'À LA CÈNE.

PREMIÈRE JOURNÉE.

Entrée triomphante de Notre-Seigneur dans Jérusalem : il y est reconnu roi, fils de David, et le Messie. Joan., xii, 12-20 ; Matth., xxi, 1-17 ; Marc., xi, 1-17 ; Luc., xix, 28-48.

Toutes ces lectures nous apprendront l'entrée de Jésus dans Jérusalem, ce qu'il y fit et ce qu'il y dit. La tradition de l'Eglise met cette entrée au premier jour de la semaine, qui est un dimanche qu'on appelle pour cette raison le dimanche des Rameaux : *Dominica in ramis Palmarum.*

: Quoique le premier avénement de Jésus-Christ contre l'attente des Juifs dût se passer en humilité, il ne devoit pas être destitué de cette gloire et de cet éclat que les Juifs attendoient. Cet éclat étoit nécessaire pour leur faire voir que tout humble qu'étoit le Sauveur et tout méprisable qu'il paroissoit selon le monde, il y avoit dans ses actions et dans sa personne de quoi lui attirer la plus grande gloire que les hommes puissent donner sur la terre, et jusqu'à le faire roi, si l'ingratitude des Juifs et une secrète dispensation de la sagesse de Dieu ne l'eût empêché.

C'est donc ce qui parut à cette entrée, la plus éclatante et la plus belle qui fut jamais parmi les hommes, puisqu'on y voit un homme qui paroissoit le dernier de tous les hommes en considération et en puissance, recevoir tout d'un coup de tout le peuple, dans la ville royale et dans le temple, des honneurs plus grands que n'en avoient jamais reçus les plus grands rois. Voilà donc cet éclat dont nous parlons : mais le caractère d'humiliation et d'infirmité inséparable de l'état du Fils de Dieu sur la terre n'y devoit pas être oublié ; et nous l'y verrons aussi après que nous aurons auparavant considéré le caractère de gloire et de grandeur.

Il faut donc savoir que le Fils de Dieu, quoiqu'il parût à l'extérieur le dernier des hommes, étoit né pour être roi de la manière du monde la plus admirable et la plus auguste, puisque c'étoit par l'admiration que causoient ses exemples, sa sainte vie, sa sainte doctrine, ses grands ouvrages, et ses miracles, sans aucun autre secours. Le Sauveur avoit paru par ces merveilles si secourable au genre humain, que les troupes oublioient tout pour le suivre avec leurs femmes et leurs enfans, jusqu'aux déserts les plus éloignés, sans songer à aucun besoin ; « et Jésus en ayant nourri avec cinq pains d'orge et deux poissons jusqu'à cinq mille, sans compter les femmes et les enfans, » ils furent tellement ravis, qu'ils « vouloient venir » en foule « pour le faire roi » et le reconnoître pour le Christ. On eût donc vu dès lors quelque chose de l'éclat qui a paru aujourd'hui, si Jésus qui avoit ses temps réglés pour toutes choses, ne « se fût retiré » bien avant « dans le désert [1] » pour l'empêcher. Mais au jour des Rameaux, il lui plut de laisser éclater l'admiration que les peuples avoient pour lui :

[1] *Matth.*, XIV, 13, 21 ; *Joan.*, VI, 14, 15.

c'est pourquoi ils accoururent au-devant de lui avec des palmes à la main, criant hautement qu'il étoit leur roi, le vrai fils de David qui devoit venir, et enfin le Messie qu'ils attendoient. Les enfans se joignoient à ces cris de joie; et le témoignage sincère de cet âge innocent faisoit voir combien ces transports étoient véritables. Jamais peuples n'en avoient tant fait à aucun roi : ils jetoient leurs habits par terre sur son passage ; ils coupoient à l'envi des rameaux verts pour en couvrir les chemins; et tout jusqu'aux arbres sembloit vouloir s'incliner et s'abattre devant lui. Les plus riches tapisseries qu'on ait jamais tendues à l'entrée des rois, n'égalent pas ces ornemens simples et naturels. Tous les arbres ébranchés pour l'usage qu'on vient de voir : tout un peuple qui se dépouille pour parer en cette manière le chemin où passoit son roi, fait un spectacle ravissant. Dans les autres entrées on ordonne aux peuples de parer les rues et la joie pour ainsi dire est commandée. Ici tout se fait par le seul ravissement du peuple. Rien au dehors ne frappoit les yeux. Ce roi pauvre et doux étoit monté sur un ânon, humble et paisible monture ; ce n'étoit point ces chevaux fougueux attelés à un chariot dont la fierté attiroit les regards. On ne voyoit ni satellites, ni gardes, ni l'image des villes vaincues, ni leurs dépouilles, ou leurs rois captifs. Les palmes qu'on portoit devant lui marquoient d'autres victoires. Tout l'appareil des triomphes ordinaires étoit banni de celui-ci. Mais on voyoit à la place les malades qu'il avoit guéris, et les morts qu'il avoit ressuscités. La personne du roi et le souvenir de ses miracles faisoient toute la recommandation de cette fête. Tout ce que l'art et la flatterie ont inventé pour honorer les conquérans dans leurs plus beaux jours, cède à la simplicité et à la vérité qui paroissent dans celui-ci. On conduit le Sauveur avec cette pompe sacrée par le milieu de Jérusalem jusqu'à la montagne du temple. Il y paroît comme le seigneur et comme le maître : comme le fils de la maison : le Fils du Dieu qu'on y sert, ainsi que nous verrons. Ni Salomon qui en fut le fondateur, ni les pontifes qui y officioient avec tant d'éclat, n'y avoient jamais reçu de pareils honneurs.

Arrêtons-nous ici, et donnons le loisir de considérer le détail de ce grand spectacle.

IIe JOURNÉE.

Le règne de Jésus-Christ sur les esprits et sur les cœurs, par ses miracles, par ses bienfaits et par sa parole. Joan., xii, 12-19; Matth., xxi, 1-17; Marc., xi, 1-18; Luc., xix, 28-48.

Ce qui attira au Sauveur toute cette gloire, ce fut le bruit de ses miracles et en particulier celui de Lazare ressuscité, qui venoit d'être fait à la porte de Jérusalem. « Car toute la troupe qui étoit avec lui lorsqu'il le fit sortir du tombeau, » où il pourrissoit, « lui rendoit témoignage; et c'est pour cela que la troupe » de ceux qui étoient venus à Jérusalem pour y célébrer la fête de Pâque, « accourut au-devant de lui, parce qu'ils avoient appris qu'il avoit fait ce miracle [1]. » On célébroit aussi ses autres miracles, dont la réputation avoit rempli toute la Judée : « Et pendant qu'il descendoit la montagne des Olives, les troupes de ses disciples saisies d'une joie subite, se mirent à louer Dieu » de toutes les guérisons « et de toutes les merveilles qu'ils avoient vues [2]. »

Sa doctrine demeuroit aussi confirmée par ses miracles : car il les avoit faits expressément en témoignage de sa mission et de la vérité qu'il annonçoit : « Mon Père, avoit-il dit en ressuscitant Lazare, je sais que vous m'écoutez toujours : mais je parle ainsi devant tout ce peuple, afin qu'ils croient que vous m'avez envoyé [3]. » Et dès le commencement de sa prédication, il avoit dit aux docteurs de la loi : « Lequel est plus facile de dire à un paralytique : Tes péchés te sont remis, ou de lui dire : Lève-toi, prends ton lit sur tes épaules et marche ? Or, afin que vous sachiez que le Fils de l'homme a le pouvoir sur la terre de remettre les péchés : Lève-toi, mon fils, dit-il au paralytique, et va-t'en en ta maison [4]. » C'est pourquoi il joignoit ensemble la prédication de l'Evangile et la guérison des maladies. « Il alloit par toute la Galilée, enseignant dans leurs synagogues et prêchant l'Evangile du royaume, et guérissant toute maladie et toute infirmité parmi

[1] *Joan.*, xii, 17, 18. — [2] *Luc.*, xix, 37. — [3] *Joan.*, xi, 41, 42. — [4] *Matth.*, ix, 5;. *Marc.*, ii, 9-11; *Luc.*, v, 23, 24.

le peuple [1]. » C'est aussi ce qui lui attiroit cette grande réputation, et amassoit tout le monde autour de lui. Car, ajoute le même évangéliste, « sa réputation se répandit dans toute la Syrie, et plusieurs troupes le suivoient de la Galilée et de la Décapole et de Jérusalem et de la Judée et du pays d'au delà du Jourdain [2]. » Ce furent donc ces troupes qui le suivoient qui commencèrent ces cris de joie, auxquels tout Jérusalem et tout le reste du peuple applaudit.

Sa doctrine ainsi confirmée lui attiroit cette admiration, et la réputation d'un grand prophète ; et il y avoit aussi dans ce qu'il disoit un caractère d'autorité et une efficace qu'on n'avoit pas encore vue parmi les hommes. « Car il les enseignoit comme ayant autorité et puissance, et non comme leurs docteurs et les pharisiens [3]. » Tout le monde l'appeloit « Seigneur et Rabbi [4], c'est-à-dire maître, quoiqu'il n'eût étudié sous aucun docteur de la loi et qu'il n'eût fait aucune des choses qui donnoient ce titre parmi les Juifs. « Tout le peuple étoit suspendu, et ravi en admiration en l'écoutant [5] ; et on ne pouvoit douter qu'il ne fût celui à qui le Psalmiste avoit chanté : « O le plus beau des enfans des hommes ! la grace est répandue sur vos lèvres [6]. » On quittoit tout pour l'entendre, tant le charme de sa parole étoit puissant, et tant on étoit non-seulement touché, « mais ravi de l'agrément de ses discours, et des paroles de grace qui sortoient de sa bouche. Car tout le monde lui rendoit ce témoignage [7] : » et ce n'étoit pas seulement ses disciples qui lui disoient : « Maître, à qui irons-nous ? Vous avez les paroles de vie éternelle [8] : » mais encore ceux qui venoient avec ordre et dans le dessein de le prendre « étoient pris eux-mêmes par ses discours, et n'osoient mettre la main sur lui [9] : » en sorte que les pontifes et les pharisiens qui les avoient envoyés, leur demandant : « Pourquoi ne l'avez-vous pas amené? ils leur répondirent : Jamais homme n'a parlé comme cet homme [10] : » ce qui fit que les pharisiens étonnés leur demandoient : « Ne voulez-vous pas aussi vous laisser séduire comme

____

[1] *Matth.*, IV, 23. — [2] *Ibid.*, 24, 25. — [3] *Matth.*, VII, 29. — [4] *Joan.* 2, III,. — [5] *Luc.*, XIX, 48. — [6] *Psal.* XLIV, 3. — [7] *Luc.*, IV, 22. — [8] *Joan.*, VI, 69. — [9] *Joan.*, VII, 44. — [10] *Ibid.*, 45, 46.

les autres [1] ? » Mais ces docteurs et ces pharisiens eux-mêmes, qui méprisoient tant ceux qui croyoient en lui et ne lui parloient que pour le surprendre, ne savoient eux-mêmes que lui répondre. Car il leur fermoit la bouche par des réponses précises et décisives, « et ils n'osoient plus l'interroger [2]. »

Voilà donc ce règne admirable prédit dans le Psaume ; et tous les peuples gagnés au Sauveur par le charme de sa parole et par la grace répandue sur ses lèvres. Le prophète y ajoutoit celle « de la vérité » qu'il annonçoit, « de la justice » dont il étoit le parfait modèle, « de la douceur [3] » et de la bonté avec laquelle il guérissoit tous les malades, ne faisant servir sa puissance que pour le soulagement des malheureux et de tout le genre humain.

Qui jamais avoit régné de cette sorte? Mais c'est ainsi que Jésus régna. Ainsi sa doctrine et ses miracles firent tout l'effet extérieur qu'ils devoient faire naturellement sur tous les esprits : on le suivoit, on l'admiroit, on lui applaudissoit, on le recevoit avec des cris de joie : il n'y avoit que ces envieux qui frémissoient et qui néanmoins n'osoient parler. Mais d'où vient donc qu'il eut si peu de véritables disciples? D'où vient que les cris qui l'envoyoient à la croix : « Crucifiez-le, crucifiez-le [4], » suivirent de si près ceux qui le célébroient comme le fils de David? et que l'on compte à peine six-vingts hommes parmi les frères, c'est-à-dire parmi les disciples qui se renfermèrent dans le cénacle pour recevoir le Saint-Esprit? C'est que les disciples de Jésus-Christ ne sont pas ceux qui l'admirent, qui le louent, qui le célèbrent, qui le suivent même à l'extérieur, et jusqu'à un certain point : mais ceux qui le suivent au dedans et partout : qui observent tous ces préceptes : qui portent sa croix : qui se renoncent eux-mêmes : et le nombre en est petit : et il faut outre les attraits de la parole et des miracles, une parole intérieure que tout le monde ne veut pas entendre et un miracle qui change les cœurs, dont notre orgueil et notre mollesse empêchent l'effet. Soyons donc de vrais disciples de Jésus : « Si vous demeurez dans ma parole, vous serez vraiment mes disciples, et vous connoîtrez la vérité, et la

[1] *Joan.*, VII, 47. — [2] *Matth.*, XXII, 45. — [3] *Psal.* XLIV, 5, 8. — [4] *Joan.*, XIX, 6.

vérité vous affranchira [1]. » Et encore : « Mon Père sera glorifié, en ce que vous rapporterez beaucoup de fruit, et que vous serez mes vrais disciples [2] : » des disciples dignes de ce nom. Et enfin : « Celui qui m'aime, dit-il, est celui qui garde mes commande-mens [3] : » les autres peuvent me louer, m'admirer, me suivre au dehors, et se glorifier d'être mes disciples : car on se fait toujours beaucoup d'honneur d'avoir un tel maître ; mais ils ne m'aiment pas, et je ne les connois point, ni je ne les mets au rang des miens.

III° JOURNÉE.

Entrée triomphante de Notre-Seigneur. Tout en avoit été prédit jusqu'aux moindres circonstances. Ibid.

Considérons ce que fit Jésus pour préparer son entrée. Comme il étoit en Bethphagé, proche de Béthanie, dans le penchant du mont des Olives, presque à la porte de Jérusalem, comme on a vu, il envoya deux de ses disciples avec ordre de lui amener une ânesse et son ânon, qu'ils trouveroient dans un certain château, qu'il leur montroit vis-à-vis d'eux. Si le maître y apportoit quelque obstacle, il n'y avoit qu'à lui dire : Le Seigneur en a besoin : et aussitôt on les devoit laisser aller. Tout se fit comme Jésus l'avoit dit. Ils étendirent leurs manteaux sur ces paisibles animaux et ils mirent Jésus sur l'ânon, que personne n'avoit jamais monté. Là commencèrent tout d'un coup ces cris de joie dont nous avons parlé : « Ses disciples ne savoient pas le mystère de ce qu'ils fai-soient : mais après que Jésus fut glorifié, ils se ressouvinrent que toutes ces choses avoient été écrites de lui et qu'ils les avoient ac-complies [4] » sans y penser. Car il étoit écrit dans Zacharie : « Ne crains point, fille de Sion : ton Roi doux et pauvre, juste et sau-veur, vient à toi monté sur une ânesse et sur son ânon [5]. »

Jésus avoit tout prévu ; et sachant les prophéties, il les accom-plissoit toutes avec connoissance. C'est ce qu'il fit jusqu'à la mort;

____

[1] *Joan.*, VIII, 31, 32. — [2] *Joan.*, XV, 8. — [3] *Joan.*, XVI, 21. — [4] *Joan.*, XII, 15, 16. — [5] *Zachar.*, IX, 9; *Matth.*, XXI, 5.

et c'est pourquoi jusque sur la croix « voyant que tout s'accomplissoit » et qu'il ne lui restoit plus rien à accomplir durant sa vie que cette prophétie de David : « Ils m'ont donné du fiel à boire : et dans ma soif ils m'ont abreuvé avec du vinaigre [1] : » il dit : « J'ai soif. » On lui présenta le breuvage qui lui avoit été prédestiné : « il en goûta » autant qu'il falloit pour accomplir la prophétie : après il dit : « Tout est accompli : » il n'y a plus qu'à rendre l'ame : à l'instant « il baissa la tête » et se mit volontairement en la posture d'un homme mourant, « et il expira [2]. »

Jésus donc savoit ce qu'il vouloit, qui étoit l'accomplissement des prophéties : mais une vertu cachée exécutoit tout le reste. Il se trouva précisément un vaisseau où il y avoit du vinaigre : il se trouva une éponge dans laquelle on lui pouvoit présenter à la croix le vinaigre où on la trempa : on l'attacha au bout d'une lance et on la lui mit sur la bouche : la haine implacable de ses ennemis que le démon animoit, mais que Dieu gouvernoit secrètement, fit tout le préparatif nécessaire à l'accomplissement de la prophétie. Ainsi, dans cette occasion l'ânesse et l'ânon se trouvèrent à point nommé près du lieu où se devoit faire la célèbre entrée : le maître les laisse aller : on met Jésus dessus sans savoir ce qu'on fait : une soudaine joie saisit les peuples : les cris s'en ensuivent : et Dieu agit secrètement, non pas sur deux ou sur quatre, ce qu'on pourroit attribuer à quelque concert; mais sur toute la multitude et jusque sur les enfans, parce qu'il étoit encore ainsi prédit. Si les plus petites choses s'accomplissent, si tout jusqu'à l'ânon et l'ânesse, et jusqu'au vinaigre : que crains-tu, chrétien, et peux-tu douter des magnifiques promesses qui t'ont été faites ? Jésus a tout vu, tout prévu, pensé à tout, tout préparé : marche en confiance et ne crains rien.

Les saints Pères disent que l'ânon, que nul autre que Jésus n'avoit monté, représentoit les gentils, indomptables et indociles animaux que nul autre avant Jésus n'avoit subjugués. Venez, ames indisciplinées, venez vous soumettre à Jésus : abaissez-vous et laissez-vous conduire au lien qu'il vous met au col.

Admirez encore une fois le triste et pauvre équipage de ce roi,

[1] *Psal.* LXVIII, 22. — [2] *Joan.*, XIX, 28, 30.

mais aussi étoit-ce un roi pauvre : qui n'étoit riche qu'en graces. « Voici, dit Zacharie, ton roi pauvre, juste et sauveur [1] : » mais écoute la suite de la prophétie : avec ce foible équipage, « je mettrai en fuite les chariots d'Ephraïm attelés à quatre chevaux, et les fiers coursiers de Jérusalem : et tous les arcs tendus pour le combat seront rompus : et il annoncera la paix aux gentils; et sa puissance s'étendra d'une mer à l'autre, et depuis les fleuves » sur lesquels il prêchera et où il donnera le nouveau baptême, « jusqu'aux extrémités de la terre. Et vous, » ô Sauveur victorieux, « vous avez avec le sang de votre alliance, tiré vos prisonniers du lac où il n'y a point d'eau [2], » et du cachot ténébreux d'une prison. Voilà toutes les nations les plus belliqueuses et les plus fières, vaincues, rachetées, délivrées, par ce roi monté sur un âne.

IVe JOURNÉE.

Jérusalem, figure de l'ame livrée au péché. Notre-Seigneur prédit ses malheurs.

Suivons Jésus, et apprenons de saint Luc ce qu'il fit en descendant vers Jérusalem et approchant de ses portes. Lisez Luc, XIX, 29; et appuyez sur le verset 41 et la suite jusqu'au 45.

Dans les malheurs de Jérusalem, nous voyons ceux des ames qui périssent : « Il viendra, dit Jésus, un temps malheureux pour toi, où tes ennemis t'environneront de tranchées ; ils t'enfermeront et te serreront de toutes parts [3]. » Ainsi arriva-t-il à Jérusalem de point en point : on sait les effroyables travaux que firent les Romains, et cette muraille qu'ils élevèrent autour de cette ville malheureuse qui la serroit tous les jours de plus en plus : ce qui causa l'horrible famine que tout le monde sait, où les mères mangeoient leurs enfans. Ainsi arrivera-t-il à l'ame pécheresse : serrée de tous côtés par ses mauvaises habitudes, la grace ni le pain de vie n'y pourront plus trouver d'entrée : elle périra de faim, elle sera accablée de ses péchés et il n'y restera plus pierre sur pierre.

[1] *Zachar.*, IX, 9. — [2] *Ibid.*, 10, 11. — [3] *Luc.*, XIX, 45.

Etrange état de cette ame! renversement universel de tout l'édifice intérieur! plus de raison ni de partie haute : tout est abruti : tout est corps : tout est sens : tout est abattu et entièrement à terre. Qu'est devenue cette belle architecture qui marquoit la main de Dieu? il n'y a plus rien : il n'y a plus pierre sur pierre, ni suite ni liaison dans cette ame : nulle pièce ne tient à une autre et le désordre y est universel. Pourquoi? le principe en est ôté : Dieu, sa crainte, la conscience, ces premières impressions qui font sentir à la créature raisonnable qu'elle a un souverain : ce fondement renversé, que peut-il rester en son entier?

A ce triste spectacle Jésus ne peut retenir ses larmes : « Si tu savois ! » ô ame, « si tu savois ! » Il n'achève pas : les sanglots interrompent son discours : sa langue ne peut exprimer l'aveuglement de cette ame : « Si tu savois, du moins en ce jour qui t'est encore donné » et où Dieu te visite par sa grace. Il y a un jour que Dieu sait, après lequel il n'y a plus pour l'ame aucune ressource : « parce que, dit Jésus, tu n'as pas connu le temps où Dieu te visitoit [1]. » Quand une lumière intérieure te montre tes crimes; quand tu es invitée à donner gloire à Dieu et que tout crie en toi qu'il fau droit se donner à lui, comme en ce jour de la visite de Jérusalem, tout le monde et jusqu'aux enfans crioient au fils de David : si tu n'écoutes, le moment se passe : cette grace si vive et si forte ne reviendra plus.

« Tout ceci est caché à tes yeux [2]. » Ton cœur est appesanti : tes yeux sont fermés et obscurcis : tes passions t'aveuglent : un voile obscur est sur tes paupières : un affreux assoupissement les appesantit. O ame, Jésus en pleure et tu ne te pleures pas toi-même! Pleure, pleure, ô spirituelle Jérusalem; pleure ta perte, du moins en ce jour que le Seigneur te visite d'une manière si admirable. Si jusqu'ici tu as été insensible à ta propre perte, pleure aujourd'hui et tu vivras. Ne perds aucun moment de grace parce que tu ne sais jamais si ce ne sera pas le dernier qui te sera donné.

[1] *Luc.*, XIX, 42, 44. — [2] *Ibid.*, 42.

V° JOURNÉE.

Dernier séjour de Jésus-Christ en Jérusalem, plus digne de remarque.
Lisez Matth., xxi, 10-15; Marc., xi, 11-18; Luc., xix, 45, jusqu'à la fin.

« Toute la ville est émue » pendant que Jésus la traverse en triomphe : « Qui est celui-là ? Et les peuples qui accompagnoient le nouveau roi, répondoient : C'est Jésus le prophète de Nazareth de Galilée [1]. »

Jésus-Christ avoit commencé sa prédication en Galilée, à Capharnaüm et aux environs, conformément à la prophétie d'Isaïe, rapportée en saint Matthieu [2]. Nazareth étoit la demeure de ses parens et la sienne : depuis sa prédication il s'établit avec les siens à Capharnaüm. Cette ville avec les villes et contrées voisines virent la plupart de ses miracles et ouïrent la plus grande partie de ses instructions. C'étoit même dans la Galilée qu'il avoit choisi ses apôtres : la troupe de ses disciples étoit presque toute de ce pays : et en entrant avec lui dans Jérusalem, ils faisoient honneur à leur patrie du nom d'un si grand prophète.

Cependant le nom du Sauveur n'étoit pas moins célèbre dans Jérusalem, où le bruit de ses miracles s'étoit porté de toutes parts : en sorte que dans le temps qu'il prêchoit en Galilée, « une grande troupe venue de Jérusalem et de la Judée le suivoit [3]. »

Il ne manquoit point de venir à Pâques, selon l'ordonnance de la loi, dans cette ville et au temple; et il y venoit aussi à d'autres solennités principales. Il y faisoit éclater sa doctrine et ses miracles d'une manière admirable, et autant ou plus qu'en aucun autre endroit de la terre sainte, comme dans la ville royale, où Dieu avoit établi son nom, et qui étoit le siége et le chef de la religion. La résurrection du Lazare avoit été faite à la porte de Jérusalem en Béthanie. La troupe qui l'accompagnoit au célèbre jour de son entrée, étoit grossie par les habitans de Jérusalem, qui avoient vu cette étonnante résurrection, comme il est aisé de le conclure de saint Jean [4].

[1] *Matth.*, xxi, 10, 11. — [2] *Isa.*, ix, 1, 2; *Matth.*, iv, 13-16. — [3] *Matth.*, iv, 25. — [4] *Joan.*, xi, 18, 20; xii, 17, 18.

. Ce qui obligeoit le Sauveur à demeurer ordinairement en Galilée, c'étoit que les Pontifes et les autres qui machinoient sa mort,
n'avoient pas le même pouvoir, ni les mêmes moyens d'exécuter
ce noir dessein en ce pays-là que dans Jérusalem et aux environs.
C'est aussi ce qui donna lieu à l'accomplissement de la prophétie
d'Isaïe qu'on vient de voir : et tout se faisoit convenablement,
puisque Jésus devoit passer toute sa vie dans la persécution, dans
les périls, avec des précautions et, pour ainsi dire, dans une fuite
continuelle à cause de la haine des Juifs : et néanmoins quand il
falloit, et dans les temps les plus solennels, il paroissoit dans
Jérusalem, afin que la lumière de l'Evangile se répandît de là
dans tout le pays, comme du chef sur les membres.

. Admirons les douces voies de la sagesse de Dieu, qui ne veut
point que son Fils fasse tout par miracle et par puissance : premièrement pour accomplir les mystères de son humiliation, et secondement pour apprendre par son exemple à ses disciples les
précautions et la prudence avec laquelle ils doivent agir en toutes
choses.

Suivons Jésus à Jérusalem, où il va paroître pour la dernière
fois, et où aussi il va donner les instructions et accomplir les
mystères les plus essentiels. C'est aussi pour cette raison qu'il y
entre à cette fois avec plus d'éclat que jamais, pour rendre les
peuples et de ce temps et de tous les siècles plus attentifs à tout
ce qu'il y alloit dire et faire : voyons donc avant toutes choses ce
qu'il fera dans le temple : car c'est là qu'il va descendre.

VIe JOURNÉE.

*Caractère d'autorité dans le triomphe de Jésus-Christ. Son zèle
pour la sainteté du temple. Ibid.*

Jésus va descendre au temple comme les triomphateurs le pratiquoient ordinairement même parmi les peuples idolâtres. Car il
y avoit une notion dans tout le genre humain, qu'il falloit rapporter à la divinité toute la gloire : que ce qu'il y avoit de plus

élevé parmi les hommes devoit s'abaisser à ses pieds et qu'à vrai dire, c'étoit à Dieu seul qu'appartenoit le triomphe. C'est pourquoi il est appelé « le Triomphateur d'Israël [1]. » Allez donc, ô Sauveur ; portez à votre Père dans son temple la gloire du plus beau triomphe qu'on ait jamais vu parmi les hommes, et la figure de tous les autres que vous devez remporter dans le ciel, sur toute la terre et sur les enfers.

. Jésus-Christ devoit paroître dans le temple, non-seulement pour y rendre à Dieu le culte suprême, mais encore comme son fils, « comme le fils de la maison [2] » pour y ordonner ce què son Père, qui l'y envoyoit, lui avoit prescrit.

Ainsi, d'abord qu'il y entre, « il regarde tout, et de tous côtés, » selon la remarque de saint Marc : *Circumspectis omnibus* [3].

· Comme il étoit tard, il se retire pour ce jour : mais il y revient le lendemain. Il en chasse avec autorité les vendeurs et les acheteurs : il renverse leurs bureaux, leurs tables, leurs chaises, leurs marchandises, leur argent ; il n'épargne pas les personnes qu'il chassa du saint lieu : apparemment à grands coups de fouet et avec des cordes ramassées, comme il avoit fait autrefois et en leur disant : « Otez tout celà d'ici et ne faites pas une maison de trafic de la maison de mon Père [4]. » Il parle donc et il agit encore un coup, comme le fils de la maison et avec une pleine autorité, sans que personne le contredise.

: En même temps pour montrer cette autorité, il fait dans le temple ses guérisons ordinaires : « il y guérit les aveugles et les estropiés qui se présentèrent [5]. » Il confirme ce qu'il avoit fait par l'Ecriture : « Il est écrit, dit-il, Ma maison est une maison de prières [6] : » c'est ce que Dieu avoit dit par la bouche d'Isaïe. Il y ajoute le reproche : « Et vous, dit-il, vous en faites une caverne de voleurs [7] : » ainsi que Jérémie l'avoit prédit.

Alors donc fut accompli cet oracle de David : « Et moi j'ai été établi de Dieu comme roi sur Sion sa sainte montagne, annonçant et prêchant ses préceptes [8]. » On vit dans son temple « le Domina-

---

[1] *1 Reg.*, XV, 29. — [2] *Hebr.*, III, 6. — [3] *Marc.*, XI, 11. — [4] *Joan.*, II, 15, 16. — [5] *Matth.*, XXI, 14. — [6] *Isa.*, LVI, 7. — [7] *Matth.*, XXI, 13; *Jerem.*, VII, 11. — [8] *Psal.* II, 6.

teur et l'Ange du testament[1], » que Malachie avoit prédit. Jésus-Christ y exerce de plein droit toute l'autorité de son Père : « Il ne souffroit pas, dit saint Marc, qu'on passât avec un vaisseau par le temple [2], » ni qu'on fît servir de chemin public un lieu si saint. L'Evangile ne dit pas qu'il le défendoit : mais qu'il ne le souffroit pas : et c'est-à-dire, à en juger par le reste de ses actions, qu'il les repoussoit et les chassoit : du moins qu'il les reprenoit avec menaces. S'il n'avoit fait qu'ordonner, ce seroit un acte d'autorité : mais il agit, il renverse, il frappe, ce qui est encore un acte de zèle : ce qui fait aussi que saint Jean et tous ses disciples appliquèrent à cette action cette parole de David : « Le zèle de votre maison m'a dévoré[3]. »

Le zèle est une ferveur de l'amour de Dieu, trop vif pour attendre le secours d'autrui, ni pour s'astreindre aux formes ordinaires ; mais agissant par lui-même et au-dessus de ses forces, avec une espèce d'excès, par une absolue confiance en la puissance de Dieu : c'est ce qui paroît dans cette action du Sauveur.

Remarquez ces paroles : « Une caverne de voleurs : » qui doit faire trembler tous ceux qui trafiquent, puisqu'elle leur fait sentir que dans l'usage commun et si l'on n'y prend garde, le trafic n'est qu'un tissu de mensonge, de tromperie et de vol.

Remarquez aussi avec tous les interprètes que ce qu'on vendoit dans le temple étoit des bœufs, des brebis, des colombes ; toutes choses qui servoient aux sacrifices : et néanmoins Jésus chasse tout, non que ces ventes fussent mauvaises, mais parce que ce n'étoit pas le lieu de les faire. Que feroit-il des discours, des irrévérences, et de tant de choses infâmes qu'on fait dans le temple ?

Remarquez encore qu'il parle en particulier à ceux qui vendent des colombes. Ce que les saints ont entendu des simoniaques qui vendent le Saint-Esprit et ses graces ; qui entrent par d'indignes commerces dans les emplois ecclésiastiques et spirituels et qui en quelque façon que ce soit négocient pour avoir les voix de ceux qui les donnent. « Otez, ôtez tout cela, » dit le Sauveur.

Le temple alloit périr et Jésus qui le va prédire, comme nous

<hr>

[1] *Malach.*, III, 1. — [2] *Marc.*, XI, 16. — [3] *Psal.* LXVIII, 10 ; *Joan.*, II, 17.

verrons, ne l'ignoroit pas : et cependant il en défend avec tant de zèle et d'autorité la sainteté, pendant qu'il subsiste : c'est donc pour apprendre aux chrétiens ce qu'ils doivent aux nouveaux temples, dont le temple de Jérusalem n'étoit qu'une foible et imparfaite figure, et infiniment au-dessous des mystères des chrétiens, dont Jésus-Christ fait le fond, et où se trouve son saint corps et son sang précieux. Tremblons, tremblons à la seule vue et à l'approche de ce sanctuaire.

Mais « nous avons toujours un temple[1] : notre ame en est un : nos corps en sont un : respectons ce temple si saintement consacré et inséparable de nous-mêmes : n'y laissons entrer, ni même passer rien d'impur ni de profane : gardons-nous bien de le faire servir à aucun indigne trafic : respectons « ce temple et le Saint-Esprit qui y habite [2]. »

VIIe JOURNÉE.

Caractère d'humiliation dans le triomphe du Sauveur. Jalousie des pharisiens. Joan., xii, 18 et suiv.; Matth., xxi, 15; Luc., xix, 39-40.

Le règne du Sauveur devoit être glorieux et éclatant, quoique d'une autre gloire et d'un autre éclat que celui que les Juifs charnels s'étoient imaginé. Nous avons même vu que Jésus satisfaisoit en quelque façon même à cette attente grossière d'une royauté sur la terre, par la pompe de ce jour ; et leur montroit que rien ne lui étoit plus aisé que de se faire reconnoître pour roi par tous les peuples, et qu'il y avoit à cela des dispositions merveilleuses. Mais afin de ne point sortir de ce caractère d'humiliation et de persécution qui devoit le suivre partout jusqu'au dernier jour, il falloit qu'il y eût de la contradiction dans son triomphe, et ce caractère y paroît dans la jalousie des pontifes, des pharisiens, et des docteurs de la loi. Cette jalousie nous est expliquée par cette parole de saint Jean : Pendant que tout le monde alloit au-devant du Sauveur et lui applaudissoit, les pharisiens se disoient les uns aux autres : « Que ferons-nous ? tout le monde court après lui[1]. »

______

[1] *I Cor.*, iii, 16, 17. — [2] *Ibid.*, vi, 19. — [3] *Joan.*, xii, 19.

C'est ce qu'ils ne pouvoient souffrir, et c'est ce qui leur fit dire deux paroles qui sont marquées dans les Evangiles.

La jalousie les dévoroit ; et pendant que jusqu'aux enfans tout crioit qu'il étoit le fils de David, ils lui disoient : « Maître, réprimez vos disciples. » Il leur répondit deux choses : l'une, « N'avez-vous jamais lu ce qui est écrit : Vous avez tiré la louange la plus parfaite de la bouche des petits enfans et de ceux qui sont à la mamelle [1] ? » Vous devez-vous donc étonner si dans un âge plus avancé les enfans rendent à Dieu en ma personne des louanges et un témoignage plus éclatant ? Si vous aviez la simplicité et la sincère disposition d'un âge innocent, vous loueriez Dieu comme eux : comme eux vous honoreriez celui qu'il envoie : mais votre envie, votre fausse gloire, votre hypocrisie et votre fausse politique vous en empêchent. Dépouillons-nous de tous ces vices : et revêtons-nous de l'innocence et de la simplicité des enfans, pour chanter sincèrement et purement les louanges de Jésus-Christ.

L'autre réponse du Sauveur sur ce reproche des pontifes et des docteurs de la loi . « Si ceux-ci se taisent, leur dit-il, les pierres mêmes crieront [2]. » « Dieu est assez puissant, disoit saint Jean, pour faire naître même de ces pierres les enfans d'Abraham [3], » et des cœurs les plus endurcis en faire de vrais fidèles. Le temps devoit venir, et il étoit venu, que la gloire de Jésus-Christ retentiroit si hautement par toute la terre, que les gentils s'assembleroient à cette voix ; et que Dieu seroit adoré par un peuple qui jusqu'alors ne le connoissoit pas, et qui dormoit endurci dans son péché. O pierres, ô cœurs endurcis , éveillez-vous, attendrissez-vous à cette parole du Sauveur.

<hr>

VIIIᵉ JOURNÉE.

Le même sujet. Ibid.

Pendant que les peuples applaudissoient au Sauveur et en portoient les louanges jusqu'au ciel, ses ennemis, non contens de faire

---

[1] *Luc.*, XIX, 39 ; *Matth.*, XXI, 15, 16 ; *Psal.* VIII, 3. — [2] *Luc.*, XIX, 40. — [3] *Matth.*, III, 9.

paroître dans leurs paroles leur envie qu'ils ne pouvoient retenir, faisoient de secrètes menées pour le perdre : et y étoient même animés par la gloire d'un si beau jour. C'étoit encore un effet de ce caractère de persécution qui le devoit suivre et qui le suivit en effet jusqu'à la fin.

Contemplons ici les effets de la jalousie. C'est une des plus grandes plaies de notre nature. Jésus-Christ, qui étoit venu pour la guérir, en devoit sentir toute la malignité, et les souffrances que l'envie lui devoit causer devoient servir de remède à son venin. L'envie, c'est le noir et secret effet d'un orgueil foible : qui se sent ou diminuer, ou effacer par le moindre éclat des autres et qui ne peut soutenir la moindre lumière : c'est le plus dangereux venin de l'amour-propre, qui commence par consumer celui qui le vomit sur les autres, et le porte aux attentats les plus noirs. Car l'orgueil naturellement est entreprenant et veut éclater. Mais l'envie se cache sous toute sorte de prétextes et se plaît aux plus secrètes et aux plus noires menées : les médisances déguisées, les calomnies, les trahisons, tous les mauvais artifices en sont l'œuvre et le partage. Quand par ces tristes et sombres artifices elle a gagné le dessus, elle éclate et joint ensemble contre le juste dont la gloire la confond, l'insulte et la moquerie, avec toute l'amertume de la haine et les derniers excès de la cruauté. O Sauveur! ô Juste! ô le Saint des saints! c'est ce qui devoit s'accomplir en votre personne.

Déracinons l'envie; et dans le moindre de ses effets que nous ressentirons dans notre cœur, concevons toute la malignité et toute l'horreur d'un tel poison.

IXe JOURNÉE.

Jésus donne lui-même à son triomphe le caractère d'humiliation et de mort qu'il devoit avoir. Effets différens que fait le triomphe de Jésus-Christ dans les Juifs et dans les gentils. Joan., xii, 19-27.

Saint Jean nous fait remarquer deux effets bien différens du triomphe de notre Sauveur. Dans les pharisiens il excita les sen-

timens de la jalousie et les noirs complots que nous avons vus.
« Les pharisiens se disoient les uns aux autres : Que ferons-nous?
tout le monde court après lui [1]. » Mais en même temps et durant
ces criminelles menées des enfans d'Abraham contre le Christ qui
leur étoit promis, les gentils qui n'étoient pas de cette race bénie et
qui aussi étoient étrangers de cette sainte alliance, furent touchés
d'une sainte admiration pour l'auteur de tant de merveilles :
« Quelques gentils, » dit saint Jean [2], qui connoissoient Dieu, quoiqu'ils ne fussent pas Juifs, « puisqu'ils venoient adorer à la fête,
s'adressèrent à Philippe, » un de ses apôtres, « et lui dirent avec
respect : « Seigneur, nous souhaitons de voir Jésus. » Ce n'étoit
pas simplement le voir : car tout le monde l'avoit assez vu dans
cette journée, et tout le monde le voyoit quand il prêchoit; mais ils
le vouloient voir en particulier et jouir de son entretien, qui est
proprement ce qu'on appelle venir voir un homme.

A cette approche des gentils qui vouloient le voir, Jésus arrête
aussitôt sa pensée sur la vocation des gentils, qui devoit être le
fruit de sa mort. Ces grandes prophéties où les nations lui sont
données comme son héritage et sa possession, lui sont présentes :
dans le petit il voit le grand : ce que les Mages avoient commencé
dès sa naissance, qui étoit la conversion des gentils en leurs personnes, ceux-ci le continuent et le figurent encore vers le temps
de sa mort : et le Sauveur voyant concourir dans les gentils le
désir de le voir avec celui de le perdre dans les Juifs, voit en
même temps dans cet essai commencer le grand mystère de la
vocation des uns par l'aveuglement et la réprobation des autres.
C'est ce qui lui fait dire : « L'heure est venue, que le Fils de
l'homme va être glorifié [3]. » Les gentils vont venir, et son royaume
va s'étendre par toute la terre.

Il voit plus loin; et il voit selon les anciennes prophéties que
c'étoit par sa mort qu'il devoit acquérir ce nouveau peuple et
cette nombreuse postérité qui lui étoit promise. C'est après avoir
dit : « Ils ont percé mes pieds et mes mains, » que David avoit
ajouté : « Toutes les contrées de la terre se ressouviendront et
se convertiront au Seigneur [4]. » C'est après qu'il auroit livré son

[1] *Joan.*, XII, 19. — [2] *Ibid.*, 20. — [3] *Ibid.*, 23. — [4] *Psal.* XXI, 17, 28.

ame à la mort, qu'Isaïe lui promettoit « qu'il verroit une longue suite d'enfans [1]. » Et encore : « Qui racontera sa génération? qui pourra compter sa postérité, parce qu'il a été retranché de la terre des vivans? Je l'ai frappé pour les péchés de mon peuple [2]; » et encore : « Je lui donnerai la dépouille des forts, et il en partagera le butin, parce qu'il a donné son ame à la mort [3]. » Il voyoit donc que c'étoit à ce prix qu'il devoit acheter ce nouveau peuple : il lui en devoit coûter la vie : plein de cette vérité après avoir dit : « L'heure est venue, que le Fils de l'homme va être glorifié, il ajoute : « Si le grain de froment ne tombe et ne meurt, il demeure seul; mais s'il meurt, il se multiplie [4]. »

C'est ainsi que, dans les paroles de Jésus, nous voyons le vrai commentaire et la vraie explication des prophéties. Mais il nous en doit à notre manière arriver autant qu'à lui. Nous sommes le grain de froment, et nous avons un germe de vie caché en nous-mêmes. C'est par là que, comme Jésus, nous devons porter beaucoup de fruit et du fruit pour la vie éternelle. Mais il faut que tout meure en nous : il faut que ce germe de vie se dégage et se débarrasse de tout ce qui l'enveloppe : la fécondité de ce grain ne paroîtra qu'à ce prix : tombons : cachons-nous en terre : humilions-nous : laissons périr tout l'homme extérieur : la vie des sens, la vie du plaisir, la vie de l'honneur, la vie du corps, la curiosité, la concupiscence, tout ce qu'il y a de sensible en nous : alors cette fécondité intérieure développera toute sa vertu et nous porterons beaucoup de fruit.

X° JOURNÉE.

Jésus-Christ est le grain de froment. Les membres doivent mourir comme le chef. Joan., xii, 25.

Pour entendre la nécessité qui étoit imposée à tous les membres de mourir pour fructifier, il suffisoit d'avoir aperçu cette vérité dans le chef. Mais de peur que nous ne vissions pas assez tôt cette

[1] *Isa.*, LIII, 10. — [2] *Ibid.*, 8. — [3] *Isa.*, LIII, 12. — [4] *Joan.*, XII, 23, 24.

conséquence, Jésus-Christ nous la découvre lui-même : « Qui aime son ame, dit-il, la perd [1]. » C'est la perdre que de l'aimer : c'est la perdre que de chercher à la satisfaire : il faut qu'elle perde tout et qu'elle se perde elle-même : qu'elle se haïsse : qu'elle se refuse tout, si elle veut se garder pour la vie éternelle. Toutes les fois que quelque chose de flatteur se présente à nous, songeons à ces paroles : « Qui aime son ame la perd : » toutes les fois que quelque chose de dur se présente, songeons aussitôt : « Haïr son ame, c'est la sauver : » périsse donc tout ce qui nous plaît : qu'il s'en aille en son lieu en pure perte pour nous.

« Haïr son ame : » peut-on haïr son ame sans haïr tous ses avantages et tous ses talens naturels : et peut-on s'en glorifier quand on les hait? Mais peut-on ne les pas haïr, quand on considère qu'ils ne servent qu'à nous perdre dans l'état d'aveuglement ou de foiblesse où nous sommes? Gloire, fortune, réputation, santé, beauté, esprit, savoir, adresse, habileté, tout nous perd : le goût même de notre vertu : il nous perd plus que tout le reste.

Il n'y a rien que Jésus ait tant répété et tant inculqué que ce précepte : « Qui trouve son ame la perd : qui perd son ame la trouve [2]. » C'est ce qu'il recommande encore en un autre endroit du même Evangile. « Qui cherche à sauver son ame la perdra, dit-il ailleurs : qui la perdra lui donnera la vie [3]. » Il se sert encore ailleurs du mot de *haïr :* « Il faut, dit-il, tout haïr, si on veut être mon disciple, père, mère, frères, sœurs, femme et enfans et sa propre ame [4]. »

Entendons la force de ce mot *haïr*. Si les choses de la terre et de cette vie n'étoient que viles et de nul prix, il suffiroit de les mépriser. Si elles n'étoient qu'inutiles, il suffiroit de les laisser là. S'il suffisoit de donner la préférence au Sauveur, il se seroit contenté de dire comme il fait ailleurs : « Si on aime ces choses plus que moi, on n'est pas digne de moi [5]. » Mais pour nous montrer qu'elles sont nuisibles, il se sert du mot de *haine*. De ce côté-là il faut tout haïr, en tant qu'il peut s'opposer à notre salut.

Entendons encore le courage que demande le christianisme.

[1] *Joan.*, XII, 25. — [2] *Matth.*, X, 39; XVI, 25. — [3] *Luc.*, XVII, 33. — [4] *Ibid.*, XIV, 16. — [5] *Matth.*, X, 37.

Tout perdre, jeter tout là : cette vie est une tempête; il faut soulager le vaisseau quoi qu'il en coûte. Car que sert de tout sauver, si soi-même il faut périr? Voyez ce marchand, qui dispute s'il jettera dans la mer ces riches ballots. Aveugle, tu les vas perdre, et te perdre encore toi-même par-dessus.

XIᵉ JOURNÉE.

Suivre Jésus à l'humiliation, à la mort. Joan., XII, 26.

« Celui qui me veut servir, qu'il me suive [1]; » qu'il m'imite : qu'il soit avec moi : qu'il passe par les mêmes voies : « mon Père l'honorera » à ce prix, comme il m'a honoré moi-même : il a fallu tout perdre, tout abandonner, tout prodiguer, tout haïr : marche après moi, chrétien, si tu veux arriver où j'arrive. Marchez, Jésus : je vous suis. En aurai-je le courage? Hélas! vous me dites comme à Pierre : « Tu ne peux pas encore me suivre : mais tu me suivras dans la suite [2]. » O Sauveur, je ne dirai pas que je vous suivrai partout : je n'ose le dire : je sens ma foiblesse, j'en ai le désir : aidez ma volonté foible : inspirez-moi une volonté forte et courageuse.

Voyez comme Jésus donne lui-même à son entrée triomphante le caractère de mort. C'étoit sa coutume. Dans la gloire, il rappeloit toujours la mort. Ainsi dans le Thabor même, où il fut enlevé et transfiguré d'une manière si admirable, Moïse et Elie qui étoient venus l'honorer en cet état et s'entrenoient avec lui, ne « lui parloient que de la manière dont il devoit sortir de ce monde dans Jérusalem [3], » en accomplissant toutes les anciennes prophéties et toutes les figures de la loi. Et en sortant de cette gloire, il n'est plein que de sa mort, et il défend à ses disciples « de parler de ce qu'ils avoient vu, jusqu'à ce qu'il fût ressuscité des morts [4]. » Il falloit donc mourir; et c'est ce qu'il vouloit que l'on comprît bien, afin qu'on vît le chemin qu'on avoit à suivre après lui pour arriver à la résurrection et à la gloire.

[1] *Joan.,* XII, 26. — [2] *Joan.,* XIII, 36. — [3] *Luc.,* IX, 31. — [4] *Matth.,* XVII, 9.

Accoutumons-nous, à l'exemple de Jésus, dans tout ce qui nous flatte, de rappeler toujours en notre esprit le plus vivement que nous pourrons, la pensée de la mort : mais accoutumons-nous à joindre toujours ces deux idées : gloire et plaisir de la terre, éternelle confusion : et encore ces deux-ci : croix et mortification, gloire et félicité éternelle. C'est à force d'y penser souvent, qu'on joint ensemble des idées qui semblent si éloignées l'une de l'autre : mais plutôt c'est à force d'entrer dans cette pratique. Il faut faire autant qu'on peut violence aux sens, de peur qu'ils ne prévalent et ne nous séduisent.

XIIᵉ JOURNÉE.

Caractère d'humiliation et de mort dans le triomphe de Jésus. Le trouble de son ame est notre instruction et notre remède. Ibid., 27, 28.

Jésus continue à donner à son entrée glorieuse le caractère d'humiliation et de souffrance. « Maintenant mon ame est troublée [1] : » quoi! troublée de votre gloire, dont vous venez de dire : « L'heure est venue que le Fils de l'homme va être glorifié [2]. » Pourquoi? sinon parce qu'il voyoit, comme on vient de dire, sa gloire unie à son supplice : supplice si rigoureux et si plein d'opprobre, qu'il dit lui-même à son approche : « Maintenant mon ame est troublée. » Voici le commencement de son agonie; de cette agonie qu'il devoit souffrir dans le jardin des Olives : de ce combat intérieur où il devoit combattre contre son supplice, contre son Père en quelque façon et contre lui-même. « Mon Père, si vous voulez, s'il se peut : non ma volonté, mais la vôtre [3] : » voilà donc à ce coup une volonté dans le Fils, opposée en quelque façon à la volonté de son Père : elle lui cède, il est vrai; mais elle est : elle se fait sentir au Sauveur : elle se déclare jusqu'aux yeux du Père céleste.

O Jésus, mon ame est troublée de votre trouble! A qui sera notre recours, si vous êtes troublé vous-même, vous que nous

<hr>

[1] *Joan.*, XII, 27. — [2] *Ibid.*, 23. — [3] *Matth.*, XXVI, 39.

réclamons dans notre infirmité? C'est le mystère : il nous porte en soi : il transporte sur lui-même notre trouble et le porte dans sa sainte ame. Notre infirmité est passée à lui et c'est ainsi qu'il nous fortifie : premièrement, par l'exemple qu'il nous donne ; secondement, par la force qu'il nous mérite.

Par l'exemple : car s'il n'avoit senti cette répugnance naturelle à la mort et cette horreur naturelle de la douleur et du supplice, nous n'apprendrions pas de lui à dire dans nos douleurs : « Votre volonté soit faite, et non la mienne. » Cette instruction nous manqueroit.

Par le mérite : s'il ne souffroit pas, il n'offriroit point de sacrifice, ou le sacrifice ne lui coûteroit rien et ainsi il ne seroit pas un vrai sacrifice.

O mon Sauveur, par le trouble de votre sainte ame, guérissez le trouble de la mienne. Votre trouble, ni ne venoit du péché, ni ne portoit au péché : c'étoit un trouble volontaire et mystérieux : vous portiez en vous le mystère de la « puissance perfectionnée dans l'infirmité [1] : » c'est le grand mystère de la grace chrétienne, qui se commence dans le chef et s'accomplit dans les membres.

XIIIe JOURNÉE.

Trouble de Jésus. Combat et victoire, notre modèle. Ibid.

« Maintenant mon ame est troublée. Et que dirai-je [2]? Voilà le trouble : l'esprit flotte comme incertain de lui-même : « Et que dirai-je? » Voilà, mon Sauveur, mes incertitudes et mes agitations, que vous portez. « Mon Père, sauvez-moi de cette heure. » Dirai-je cela à mon Père? lui demanderai-je absolument de me délivrer de cette heure, de cette ignominie, de ces peines si affreuses à la nature? « Mais je suis venu pour cette heure. » Voilà l'homme foible qui s'excite, qui s'encourage lui-même : « Je suis venu pour cette heure : Je suis venu » allumer « un feu » par ma passion : « que désiré-je, sinon qu'il prenne bien vite? J'ai un

[1] II *Cor.*, XII, 9. — [2] *Joan.*, XII, 27, 23.

baptême où il me faut être plongé : ah ! combien suis-je pressé en moi-même jusqu'à ce que je l'accomplisse [1] ! » Voilà ce que dit Jésus dans sa force. Mais Jésus dans sa foiblesse dit : « Que ferai-je ? » à quoi me résoudrai-je ? Demanderai-je à Dieu ma délivrance particulière, ou celle du genre humain ? Ecouterai-je la nature infirme par elle-même, ou la gloire de mon Père dans le salut des hommes perdus ? « Mon Père, » votre gloire l'emporte : « glorifiez votre nom : » votre nom de Père, glorifiez-le en glorifiant votre Fils : « Non ma volonté, mais la vôtre [2] : » non mon repos, mais votre gloire et la rédemption du peuple par qui vous voulez être glorifié. Voilà le combat, voilà la victoire. Jésus a affermi son ame invincible : ou plutôt parce qu'elle étoit absolument invincible et n'avoit à combattre que pour nous, il nous a appris et à combattre et à vaincre : et voilà encore dans la victoire de l'ame de Jésus, l'image de nos combats et le caractère d'humiliation qui devoit accompagner le Sauveur.

XIVe JOURNÉE.

Voix du ciel rend témoignage à la gloire de Jésus dans son triomphe.
Joan., XII, 28, 30.

Afin que rien ne manque à la gloire du Sauveur dans son entrée, le ciel se joint avec la terre pour l'honorer ; et à cette parole du Sauveur : « Mon Père, glorifiez votre nom, » une voix aussi éclatante que le tonnerre vint du ciel : « Je l'ai glorifié et je le glorifierai encore [3]. »

Trois voix sont venues du ciel et de la part du Père céleste, pour honorer le Fils de Dieu : le jour de son baptême, devant qu'il commençât son ministère, le Père le fit connoître et lui donna, pour ainsi parler, sa mission par cette voix : « Celui-ci est mon Fils bien-aimé, dans lequel j'ai mis ma complaisance [4] : » ou comme le rapporte saint Luc : « Vous êtes mon Fils bien-aimé, j'ai mis ma complaisance en vous [5]. »

---

[1] *Luc.*, XII, 49, 50. — [2] *Luc.*, XXII, 42. — [3] *Joan.*, XII, 28. — [4] *Matth.*, III — [5] *Luc.*, III, 22.

La même voix fut ouïe encore à la transfiguration et pendant que Moïse et Elie entroient dans une nuée lumineuse qui les environna, cette voix sortit de la nuée : « Celui-ci est mon Fils bien-aimé, dans lequel j'ai mis ma complaisance : écoutez-le [1]. » Cette parole, « écoutez-le, » fut ajoutée à ce qui avoit été ouï dans le baptême.

La troisième voix est celle que nous lisons aujourd'hui dans saint Jean : « Je l'ai glorifié et je le glorifierai encore [2] : » j'ai glorifié mon nom de Père, en honorant mon Fils unique : le l'ai glorifié dans l'éternité : je le glorifierai dans le temps : je l'ai glorifié lorsque j'ai fait éclater tant de merveilles dans sa naissance, dans son baptême, dans le cours de son ministère ; maintenant même en inspirant tant d'admiration pour lui aux Juifs et aux gentils, qui commencent déjà à le vouloir voir : et je le glorifierai encore lorsque je lui donnerai après sa résurrection la gloire dont il a joui dans mon sein avant que le monde fût ; et que l'exaltant comme Dieu au-dessus des cieux, je remplirai toute la terre de son nom.

La seconde de ces trois voix, à la transfiguration, n'a été ouïe que de trois disciples choisis ; mais nous devoit être rapportée par eux après sa résurrection, comme l'a fait en effet l'apôtre saint Pierre [3].

Pour les deux autres, elles sont venues dans des occasions très-importantes : la première pour préparer les esprits à la prédication du Sauveur dès le commencement de son ministère : la seconde à la veille de sa mort pour soutenir la foi contre l'ignominie de la croix.

L'Evangile ne marque pas ce qu'opérèrent ces voix ; et pour en juger par l'événement, leur grand effet ne s'est fait paroître qu'après la résurrection. Pour celle de ce jour, saint Jean remarque qu'elle causa de la dissension parmi ceux qui l'ouïrent, la troupe disant : « C'est le tonnerre ; les autres disoient : Un ange lui a parlé [4]. » Il semble qu'ils ne voulurent point croire que Dieu se fût déclaré par cette voix. « C'est un tonnerre, » c'est un bruit

[1] *Matth.*, XVII, 5. — [2] *Joan.*, XII, 28. — [3] II *Petr.*, I, 16-18. — [4] *Joan.*, XII, 28, 29.

confus qui ne signifie rien : et pour ceux qui disoient le mieux :
« C'est un ange, disoient-ils, qui lui a parlé : » soit qu'ils ne vou-
lussent pas remonter plus haut par un esprit d'incrédulité, soit
qu'ils crussent de bonne foi que Dieu lui avoit parlé par un ange,
comme il avoit fait aux patriarches et à tout le peuple sous Moïse.
Quoi qu'il en soit, Jésus leur dit : « Cette voix n'est pas pour moi,
mais pour vous [1]. » Et il leur en expliqua le mystère. Appliquons-
nous à l'entendre et en attendant, puisque Jésus-Christ nous déclare que cette voix est pour nous, prenons-la donc pour nous et
glorifions Jésus en nous-mêmes. Il est lui-même la voix ou plutôt
le Verbe qui nous parle. N'écoutons point sa voix comme un tonnerre, comme un bruit confus : entendons qu'on nous a parlé
très-distinctement de sa gloire et de la nôtre, et que la vérité nous
a été très-clairement annoncée. Ne disons point qu'un ange a
parlé pour nous au Sauveur, puisque Dieu, « qui parloit autrefois par les anges, parle maintenant par son Fils [2]. » Ecoutez-le,
nous dit-on : réglez vos actions et toute votre conduite par sa
doctrine. Rendons grace au Père céleste de ce qu'il a glorifié son
saint Fils Jésus, puisque sa gloire rejaillit sur nous et qu'il a dit
lui-même : « Je leur ai donné la gloire que vous m'avez donnée [3]. »
Mais entendons toujours en quelle conjoncture on lui promet cette
gloire : c'est lorsqu'il va mourir : passons donc à la société de sa
gloire par celle de ses souffrances et de ses opprobres.

XVe JOURNÉE.

Mystère de la voix céleste : Le monde va être jugé en jugeant Jésus-Christ.
Joan., xii, 31-34.

Jésus-Christ nous va expliquer le mystère de cette voix céleste.
« C'est maintenant que le monde va être jugé [4] : » comment ? En
exerçant son jugement sur Jésus-Christ, dont il jugera si mal,
que son jugement et ses maximes demeureront à jamais con-
damnés. Qui peut juger avec le monde que les biens de la terre

[1] *Joan.*, xii, 30. — [2] *Hebr.*, ii, 2, 3. — [3] *Joan.*, xvii, 22. — [4] *Joan.*, xii, 31.

sont les seuls qu'il faut désirer, et que les maux de la terre sont les seuls qu'il faut craindre, si Jésus, privé de tous les biens et chargé de tous les maux de la terre par le jugement du monde, demeure toujours la vérité même et le bienheureux Fils de Dieu? Qui osera, encore un coup, juger avec le monde qu'il faut soutenir ses intérêts, sa domination, sa gloire propre, au préjudice de tout, si à la fin Jésus-Christ se trouve condamné par ses maximes? Le monde est donc jugé par le jugement qu'il a porté de Jésus-Christ. Le Sauveur a jugé le monde en se laissant juger par le monde, et l'iniquité de ce jugement anéantit tous les autres à jamais.

Le monde, à vrai dire, ne sera jugé qu'à la fin des siècles : mais saint Augustin distingue ici deux sortes de jugemens : celui de condamnation à la fin des siècles : celui de discernement dans celui-ci. Il applique au dernier cette parole du Psalmiste : « Jugez-moi, Seigneur, et discernez ma cause de celle de la nation qui n'est pas sainte [1]. » Ce discernement se fait clairement, par bien entendre le jugement que le monde a porté de Jésus-Christ. Le monde veut être flatté, le monde ne veut pas qu'on lui déclare ses vices, le monde ne veut pas qu'on condamne ses maximes, le monde ne veut pas qu'on ne vive pas comme le monde, parce que par là on le condamne. Tout cela a fait que le monde a condamné Jésus-Christ. Quiconque suit les maximes par lesquelles on a condamné le juste, ne se discerne pas du monde et il est jugé avec le monde. Sois attentif, chrétien; et discerne-toi de la nation qui n'est pas sainte, en condamnant en toi-même de bonne foi toutes ses maximes.

XVIe JOURNÉE.

Vertu de la croix. Jésus tire tout par la croix. Le suivre jusqu'à la croix. Ibid.

« Le prince de ce monde, » le démon qui en est le maître par l'idolâtrie, « va être chassé [2] » et les fausses divinités abandonnées.

[1] *Psal.* XLII, 1. — [2] *Joan.*, XII, 31.

Mais ce n'est pas assez de chasser le démon, il faut rendre l'empire à Dieu par Jésus-Christ. « Et moi, dit-il, après que j'aurai été élevé de terre sur la croix, je tirerai tout à moi [1] : » j'entraînerai à moi toutes choses. Il y a dans la vertu de la croix de quoi attirer tous les hommes, il y aura des hommes de toutes les sortes, et non-seulement de tout sexe, mais encore de toute nation, de tout génie, de toute profession, de tout état, qui seront si puissamment attirés, qu'ils viendront en foule à Jésus. Et de cette bienheureuse totalité, que Dieu a unie par son éternelle et miséricordieuse élection, aucun ne demeurera. L'action du crucifiement semble avoir élevé Jésus pour être l'objet de tout le monde : il est en butte à toute contradiction d'un côté, et de l'autre il est l'objet de l'espérance du monde. « Il falloit qu'il fût élevé comme le serpent dans le désert, » afin que tout le monde pût tourner les yeux vers lui, comme il dit lui-même [2]. La guérison de l'univers a été le fruit de cette cruelle et mystérieuse exaltation. Allez au pied de la croix, et dites-y au Sauveur avec l'Epouse : « Tirez-moi : nous courrons après vous [3] : » la miséricorde qui vous fait subir le supplice de la croix, l'amour qui vous fait mourir et qui sort par toutes vos plaies, est le doux parfum qui s'exhale pour attirer tous les cœurs : tirez-moi de cette puissante et douce manière dont vous avez dit que « votre Père tire à vous tous ceux qui viennent [4] : tirez-moi de cette manière toute-puissante qui ne me permette pas de demeurer en chemin : que j'aille jusqu'à vous, jusqu'à votre croix : que j'y sois uni : percé de vos clous : crucifié avec vous, en sorte que je ne vive plus pour le monde, mais pour vous seul. Qand dirai-je avec votre Apôtre : « Je vis, non plus moi, mais Jésus-Christ en moi; » et encore : « Je vis en la foi du Fils de Dieu qui m'a aimé et s'est livré pour moi [5]; » et encore : « Je suis attaché à la croix avec Jésus-Christ; » et encore : « La charité de Jésus-Christ nous presse; estimant ceci, que si *Un* est mort pour tous, tous aussi sont morts en un seul. Jésus-Christ est mort pour tous, afin que ceux qui vivent ne vivent plus à eux-mêmes, mais à celui qui est mort et ressuscité pour

[1] *Joan.*, XI, 32. — [2] *Joan.*, III, 14, 15. — [3] *Cant.*, I, 3. — [4] *Joan.*, VI, 44. — [5] *Galat.*, II, 19, 20.

eux [1]. » C'est ainsi que Jésus-Christ nous attire : il falloit, comme il vient de dire, que « ce grain de froment tombât à terre pour se multiplier [2] : il falloit qu'il se sacrifiât lui-même, pour nous faire tous en lui-même une offrande agréable à Dieu : le nouveau peuple devoit naître de sa mort.

Le Sauveur avoit déjà dit : « Il faut que le Fils de l'homme soit exalté comme le serpent [3]. » Il avoit dit : « Quand vous aurez élevé le Fils de l'homme, vous connoîtrez qui je suis [4]. » La connoissance de la vérité étoit attachée à la croix.

« Je tirerai : j'entraînerai : » considérez avec quelle douceur, mais ensemble avec quelle force se fait cette opération : il nous tire, comme on vient de voir, par la manifestation de la vérité : il nous tire par le charme d'un plaisir céleste : par ces douceurs cachées que personne ne sait que ceux qui les ont expérimentées : il nous tire par notre propre volonté qu'il opère si doucement en nous-mêmes, qu'on le suit sans s'apercevoir de la main qui nous remue, ni de l'impression qu'elle fait en nous. Suivons, suivons : mais suivons jusqu'à la croix : car comme c'est de là qu'il tire, c'est jusque-là qu'il le faut suivre : il le faut suivre jusqu'à expirer avec lui : jusqu'à répandre tout le sang de l'ame : toute sa vivacité naturelle et se reposer dans le seul Jésus : car c'est se reposer dans la vérité, dans la justice, dans la sagesse, dans la source du pur et chaste amour. O Jésus, que tout est vil à qui vous trouve, à qui est tiré jusqu'à vous : jusqu'à votre croix ! O Jésus, quelle vertu vous avez cachée dans cette croix ! faites-la sentir à mon cœur. « Quand je serai élevé de terre : » je ne veux d'autre élévation que celle-là : c'est la vôtre, que ce soit la mienne.

Songez que tout ceci se dit à l'occasion de l'entrée de Notre-Seigneur, et peut-être le propre jour ou le lendemain qu'elle se fit. Admirez, encore un coup, comme il conserve à ce beau triomphe le caractère de croix et de mort.

[1] II *Cor.*, v, 14, 15. — [2] *Joan.*, xii, 24. — [3] *Joan.*, iii, 14. — [4] *Joan.*, viii, 28.

XVIIe JOURNÉE.

Les incrédules n'ouvrent point les yeux à la lumière : ils marchent dans les ténèbres. Joan., xii, 34-37.

« Comment dites-vous qu'il faut que le Fils de l'homme soit élevé [1] » de terre ? Il avoit parlé si souvent de cette exaltation mystérieuse ; il avoit d'ailleurs si souvent parlé de la croix et de la nécessité de porter sa croix pour le suivre, qu'à la fin le peuple s'étoit accoutumé à l'entendre. C'est ce qui cause cette parole : « Nous avons appris par la loi que le Christ demeure éternellement. Et comment donc dites-vous que le Fils de l'homme doit être élevé, » c'est-à-dire crucifié ? « Qui est ce Fils de l'homme [2] ? » Il y avoit de la vérité et de l'erreur dans ce discours. Ils avoient raison de dire que le Christ devoit demeurer et régner éternellement : mais ils ne vouloient pas entendre par où il lui falloit passer pour arriver à son règne. Le maître étoit au milieu d'eux, et il n'y avoit qu'à le consulter, après que Dieu avoit attesté sa mission par tant de miracles. Et c'est pourquoi Jésus leur dit : « La lumière est encore au milieu de vous pour un peu de temps [3]. » Je m'en vais; et cette lumière ne sera plus guère avec vous. Servez-vous-en pendant que vous l'avez : « Marchez à la faveur de cette lumière, de peur que les ténèbres ne vous environnent, » ne vous surprennent, ne vous enveloppent : « et lorsqu'on est dans les ténèbres, on ne sait où l'on va : » on se heurte à toutes les pierres : on tombe dans tous les abîmes et non-seulement le pied manque, mais la tête ne se peut défendre.

Jésus est la lumière à ceux qui ouvrent les yeux pour le voir : mais à ceux qui les ferment, il est une pierre où l'on se heurte et on se brise. Faute d'avoir voulu apprendre de lui le mystère de son infirmité, ils s'y sont heurtés et brisés, et ils ne le connoissent pas ; et ils demandent : Qui est ce Fils de l'homme, qui doit être crucifié, et par là tirer toutes choses ? Est-ce vous que nous

----

[1] *Joan.*, xii, 34. — [2] *Ibid.* — [3] *Ibid.*, 35.

voyons si foible ? Comment tirerez-vous à vous-même tout le monde, dont vous allez être le rebut par votre croix ? Aveugle, ne voyez-vous pas à la majesté de son entrée qu'il ne tiendroit qu'à lui d'avoir de la gloire ? qu'il ne la perd donc pas par foiblesse, mais qu'il en diffère par sagesse le grand éclat ? Il vous diroit cette vérité, si vous la lui demandiez humblement. Mais vous laissez échapper la lumière ; et celui qui étoit venu pour vous éclairer, vous sera à scandale : « scandale aux Juifs, dit saint Paul, et folie aux gentils [1]. »

Pesons ces paroles : « La lumière n'est plus avec vous que pour un peu de temps [2]. » Concevons un certain état de l'ame où il semble que la lumière se retire : à force de la mépriser, on cesse de la sentir : un nuage épais nous la couvre : nos passions, que nous laissons croître, nous la vont entièrement dérober : marchons tant qu'il nous en reste une petite étincelle. Quelle horreur d'être enveloppé dans les ténèbres, au milieu de tant de précipices ! C'est ton état, ô ame, si tu laisses éteindre ce reste de lumière qui te luit encore pour un moment.

« Qui marche dans les ténèbres ne sait où il va [3]. » Etrange état : on va : car il faut aller ; et notre ame ne peut pas demeurer sans mouvement : on va donc, et on ne sait où l'on va. On croit aller à la gloire, aux plaisirs, à la vie, au bonheur ; on va à la perdition et à la mort. On ne sait où l'on va, ni jusqu'à quel point on s'égare. On s'éloigne jusqu'à l'infini de la droite voie, et on ne voit plus la moindre trace ni la moindre route par où l'on y puisse être ramené. Etat trop ordinaire dans la vie des hommes. Hélas ! hélas ! c'est tout ce qu'on en peut dire. C'est par des cris, c'est par des gémissemens et par des larmes, et non point par des paroles qu'il faut déplorer cet état.

« Il ne sait où il va. » Aveugle, où allez-vous ? Quelle malheureuse route enfilez-vous ? Hélas ! hélas ! revenez pendant que vous voyez encore le chemin. Il avance : ah ! quel labyrinthe et combien de fallacieux et inévitables détours va-t-il rencontrer ! Il est perdu ; je ne le vois plus : il ne se connoît plus lui-même, et ne sait où il est : il marche pourtant toujours, entraîné par une es-

----

[1] I *Cor.*, I, 23. — [2] *Joan.*, XII, 35. — [3] *Ibid*,

pèce de fatalité malheureuse et poussé par des passions qu'il a rendues indomptables. Revenez : il ne peut plus : il faut qu'il avance : quel abîme lui est réservé ! quel précipice l'attend ! de quelle bête sera-t-il la proie ! Sans secours, sans guide, que deviendra-t-il ? Hélas ! hélas !

XVIIIe JOURNÉE.

Etat de ceux de qui la lumière se retire. Jésus se cache d'eux.
Merveilles de cette journée de triomphe. Ibid.

« Jésus dit ces choses, et il se retira et se cacha d'eux[1]. » Quel état, quand non-seulement on se retire de la lumière : mais qu'à son tour par un juste jugement la lumière se retire ; et non-seulement se retire, mais se cache ! C'est l'état de ceux « dont l'entendement est enveloppé et obscurci de ténèbres par l'ignorance qui est en eux, à cause de l'aveuglement de leur cœur : qui désespérant de leur retour, se livrent à toute impureté et à toutes actions impudiques, » comme à l'envi et à qui pis fera. « Ah ! ce n'est pas ainsi que Jésus-Christ vous avoit enseigné, si toutefois vous l'avez ouï[2], » si sa voix est parvenue jusqu'à vous.

Ce verset 36 de saint Jean semble répondre à celui de saint Matthieu, où il est porté, que Jésus, après avoir répondu aux reproches que les pharisiens lui faisoient sur son entrée, « les laissa là, et sortit de la ville pour se retirer en Béthanie[3], » où il demeuroit. C'est ce que saint Jean appelle s'en aller et se cacher d'eux. Sa retraite étoit donc à Béthanie : c'est là qu'il se cachoit chez quelques-uns de ses amis et de ses disciples ; et apparemment dans la maison de Lazare, de Marie et de Marthe, ou chez quelque autre. De là on peut conclure que tout ceci s'est passé au jour de l'entrée du Sauveur : que c'est à ce jour que le Père fit entendre du ciel cette voix que nous avons ouïe : que c'est alors que Jésus développa tout le mystère de son exaltation et de la propagation de sa doctrine, et de sa gloire après sa mort. Que

____
[1] *Joan.*, XII, 36. — [2] *Ephes.*, IV, 18-20. — [3] *Matth.*, XXI, 17.

cette journée est magnifique! Quel concours de merveilles! que
de douces consolations! que d'étonnantes menaces! Quel recueillement, quelle frayeur, quel doux étonnement, quelle attention,
quel mélange de crainte et d'amour ne doit pas inspirer cette
journée! Que si l'on veut différer jusqu'au lendemain une partie
de ces choses, comme il pourroit y en avoir quelque raison,
c'étoit toujours une suite du triomphe de Jésus, puisque ce fut à
ce jour qu'il purgea le temple avec tant d'autorité et de zèle des
voleurs qui en faisoient leur caverne.

O jour admirable! je n'avois pas encore vu toutes vos lumières,
ni compris toutes les merveilles dont vous êtes plein.

XIXᵉ JOURNÉE.

*Réflexions sur les merveilles de la première journée. Il faut continuer
sans relâche l'œuvre de Dieu à l'exemple de Jésus-Christ.*

Tous ces passages font voir qu'à cette dernière semaine et dès
le jour qu'il fit son entrée, le Sauveur sortoit tous les soirs de
Jérusalem et se cachoit à Béthanie, d'où il revenoit tous les matins
faire ses fonctions dans le temple, où tout le peuple s'assembloit
aussi dès le matin pour l'entendre. Le jour ses ennemis étoient
retenus par la crainte d'émouvoir le peuple si on le prenoit en
plein jour : « Car ils craignoient, dit saint Marc, parce que tout
le peuple qui l'écoutoit étoit ràvi de sa doctrine[1]. » Ou, comme
le rapporte saint Luc : « Ils ne savoient que lui faire ; parce que
tout le peuple qui l'écoutoit, étoit ravi et hors de soi[2]. » Ainsi
dans le jour il demeuroit, et dans la nuit, où ses ennemis eussent
trouvé plus d'occasions de le perdre, il sortoit de la ville, et se
retiroit à Béthanie parmi ses disciples, afin d'achever sa semaine
et le temps qui lui étoit prescrit pour nous instruire; continuant
à se servir des voies douces, si naturelles à la sagesse divine, des
précautions nécessaires et des moyens ordinaires de se conserver
jusqu'à la nuit où il devoit être pris. Voyons donc, soit qu'il se

____
[1] *Marc.*, XI, 18. — [2] *Luc.*, XIX, 48.

conserve, soit qu'il se livre, qu'il fait tout pour l'amour de nous. Il se conserve pour achever ses instructions, sans que nous perdions une seule de ses paroles; et il se livre pour consommer son sacrifice. O Jésus, je vous adore dans ces deux états et je vous suivrai tous les matins de cette dernière semaine, pour écouter votre parole, plus touchante encore en ces derniers temps que dans tous les autres.

Ramassons toutes les merveilles que nous avons vues accomplies en ce sacré jour du triomphe de Jésus-Christ, toutes les marques de grandeur, d'autorité, de puissance, que le ciel et la terre donnent à Jésus : et en même temps tous ces caractères d'infirmité, de persécution et de fuite qu'il conserve. Adorons ce sacré mélange. Si nous sommes calomniés, maltraités, persécutés par nos ennemis jusqu'à être contraints de fuir et de nous cacher devant eux, ne nous en affligeons pas : c'est le caractère de Jésus-Christ, qu'on doit au contraire être ravi de porter : continuons toujours à son exemple l'œuvre de Dieu, s'il nous en a commis quelqu'un, quelque petit qu'il soit, sans nous relâcher jamais, et accomplissons la volonté de Dieu.

XXe JOURNÉE.

Figuier desséché : figure de l'ame stérile et sans bonnes œuvres.
Matth., xxi, 18, 24; Marc., xi, 12, 28.

Le lendemain de son entrée, « en arrivant de Béthanie à Jérusalem du matin, il eut faim ayant vu de loin un figuier, il s'en approcha pour voir s'il y trouveroit du fruit; mais n'y trouvant que des feuilles parce que ce n'étoit pas le temps des fruits, il le maudit [1], » comme on sait. C'est une parabole de choses, semblable à celles de paroles que l'on trouve en saint Luc, xiii, 6. Il ne faut donc point demander ce qu'avoit fait ce figuier, ni ce qu'il avoit mérité : car qui ne sait qu'un arbre ne mérite rien? ni regarder cette malédiction du Sauveur par rapport au figuier, qui

[1] *Matth.*, xxi, 18.

n'étoit que la matière de la parabole : il faut voir ce qu'il représentoit : c'est-à-dire la créature raisonnable qui doit toujours des fruits à son créateur, en quelque temps qu'il lui en demande : et lorsqu'il ne trouve que des feuilles, un dehors apparent, et rien de solide, il la maudit.

« Que jamais il ne sorte de fruit de toi [1]. Etrange malédiction sur l'ame dont Dieu se retire : jamais il n'en sort de bonnes œuvres. Qu'est-ce qu'un figuier sans fruit, et un homme sans bonnes œuvres ?

Quand on se sent desséché et stérile, qu'on doit craindre alors que Jésus n'ait lâché le mot fatal ! Dieu a son heure où il attend le fruit désiré : l'heure passée, si on lui manque, il laisse partir la triste sentence; et l'arbre, sans être coupé, est desséché jusqu'à la racine. C'est la damnation avant la mort. On voit un arbre sur pied : mais il a la mort dans le sein. « Vous avez le nom de vivant, mais vous êtes mort [2]. » Soyons donc fidèles et prêts à donner du fruit à notre Sauveur, toutes les fois qu'il en demandera.

« Jésus eut faim : » selon la lettre, il jeûnoit beaucoup : selon le mystère, il avoit faim et soif quand il falloit : il a toujours faim et soif de notre salut.

Jésus-Christ continua son voyage, et revint à Béthanie selon sa coutume : et la matinée d'après, ses disciples s'arrêtèrent au figuier, qu'ils trouvèrent desséché depuis la racine : et Pierre dit au Sauveur : « Maître, le figuier que vous avez maudit est séché [3]. » Jésus-Christ ne vouloit pas sortir de ce monde, sans faire voir des effets sensibles de sa malédiction, voulant faire sentir ce qu'elle pouvoit; mais par un effet admirable de sa bonté, il frappe l'arbre et épargne l'homme. Ainsi quand il voulut faire sentir combien les démons étoient malfaisans et jusqu'où alloit leur puissance lorsqu'il leur lâchoit la main, il le fit paroître sur un troupeau de pourceaux que les démons précipitèrent dans la mer [4]. Qu'il est bon et qu'il a de peine à frapper l'homme ! Ne contraignons pas le Sauveur contre son inclination à étaler sur nous-mêmes l'effet de sa colère vengeresse.

[1] *Matth.*, XXI, 19. — [2] *Apoc.*, III, 1. — [3] *Marc.*, XI, 21. — [4] *Matth.*, VIII, 32.

XXIe JOURNÉE.

Le prodige des prodiges : l'homme revêtu de la puissance de Dieu par la foi et par la prière. Matth., XXI, 21, 22 ; Marc., XI, 22, 24.

Les apôtres étant étonnés de l'effet soudain de la parole de Jésus-Christ sur le figuier, le furent beaucoup davantage, lorsqu'il leur dit qu'ils en pouvoient faire autant, et même beaucoup plus, pourvu qu'ils eussent la foi. « Si vous l'avez, leur dit-il, vous ne pourrez pas seulement dessécher un figuier : mais vous direz à une montagne : Déracinez-vous et jetez-vous dans la mer [1]. »

Voici le prodige des prodiges : l'homme revêtu de la toute-puissance de Dieu.

« Allez, disoit le Sauveur, guérissez les malades, ressuscitez les morts, purifiez les lépreux, chassez les démons [2]. » Qui fit jamais un pareil commandement ?

« Il les envoya prêcher et guérir les malades [3]. » Qui jamais envoya ses ministres avec de tels ordres ? « Allez, dit-il, entrez dans cette maison et guérissez tous les malades que vous y trouverez. » Tout est plein de pareils commandemens. Mais ici il pousse la chose encore plus loin : « Tout ce que vous demanderez, vous l'obtiendrez [4]. »

Vous pourrez tout ce que je puis : vous ferez tout ce que vous m'avez vu faire de plus grand : « et vous ferez même de plus grandes choses. » En effet si on est guéri en touchant le bord de la robe de Jésus-Christ pendant qu'elle étoit sur lui, ne se fait-il pas quelque chose de plus dans saint Paul, lorsque « les linges qui avoient seulement touché son corps guérissoient les malades à qui on les portoit [5] ? » Et non-seulement les linges qui avoient touché les corps des apôtres avoient cette vertu : mais « leur ombre même : » l'ombre qui n'est rien, « quand elle passoit sur les malades, ils étoient guéris [6]. »

Voici donc le grand miracle de Jésus-Christ. C'est que non-

---

[1] *Matth.*, XXI, 21. — [2] *Matth.*, X, 8. — [3] *Luc.*, IX, 2 ; X, 3, 9. — [4] *Joan.*, XIV, 12, 13. — [5] *Act.*, XIX, 12. — [6] *Act.*, V, 15.

seulement il est tout-puissant, mais il rend encore l'homme tout-puissant, et, s'il se peut, plus puissant que lui : faisant du moins constamment de plus grands miracles : et tout cela par la foi et par la prière : « Tout ce que vous demanderez, en croyant sans hésiter qu'il vous sera donné, il vous arrivera[1]. » La foi donc et la prière sont toute-puissantes, et revêtent l'homme de la toute-puissance de Dieu. « Si vous pouvez croire, disoit le Sauveur, tout est possible à celui qui croit[2]. »

· La difficulté n'est donc pas de faire des miracles : la difficulté est de croire : « Si vous pouvez croire : » c'est là le miracle des miracles, de croire parfaitement et sans hésiter : « Je crois, Seigneur, aidez mon incrédulité[3], » disoit cet homme à qui Jésus dit : « Si vous pouvez croire. Seigneur, augmentez-nous la foi, » disoient les apôtres[4]. Nous n'avons besoin que de la foi, car avec elle nous pouvons tout : « Oh! si vous en aviez, dit le Seigneur, comme un grain de sénevé, » le plus petit de tous les grains, « vous diriez à ce mûrier : Déracine-toi, et te va planter dans la mer, et il vous obéiroit[5] : » et il trouveroit un fond sur les flots pour y étendre ses racines.

Ainsi le grand miracle de Jésus-Christ n'est pas de nous faire des hommes tout-puissans; c'est de nous faire de courageux et de fidèles croyans, qui osent tout espérer de Dieu quand il s'agit de sa gloire.

Il faut donc entendre que cette foi qui peut tout nous est inspirée : pour oser faire cet acte de foi qui peut tout, il faut que Dieu nous en donne le mouvement. Et le fruit de ces préceptes de l'Evangile, que nous lisons aujourd'hui, c'est de nous abandonner à ce mouvement divin, qui nous fait sentir que Dieu veut de nous quelque chose : quelque grand qu'il soit, il faut oser et n'hésiter pas un seul moment.

Lorsqu'il s'agit de demander à Dieu les choses nécessaires pour le salut, nous n'avons pas besoin de ce mouvement particulier de Dieu, qui nous apprend ce qu'il veut que nous obtenions de sa puissance : nous savons très-clairement par l'Evangile que Dieu

---

[1] *Matth.*, XXI, 22; *Marc.*, XI, 24. — [2] *Marc.*, IX, 22. — [3] *Ibid.*, 23. — [4] *Luc.*, XVII, 5. — [5] *Ibid.*, 6.

veut que nous lui demandions notre salut et notre conversion. Demandons-la donc sans hésiter; assurés si nous le faisons avec la persévérance qu'il faut, que tout nous sera possible : quand nos mauvaises habitudes auroient jeté dans nos ames de plus profondes racines que les arbres ne font sur la terre, nous leur pouvons dire : Déracine-toi. Quand nous serions plus mobiles et plus inconstans que des flots, nous dirons à un arbre : Va te planter là; et à notre esprit : Fixe-toi là, et il y trouvera du fond. Quand notre orgueil s'élèveroit à l'égal des plus hautes montagnes, nous leur pourrions ordonner de se jeter dans la mer, et de s'y abîmer, tellement qu'on ne voie plus aucune marque de leur première hauteur. Osons donc tout pour de tels miracles, puisque ce sont ceux que nous savons très-certainement que Dieu veut que nous entreprenions. Osons tout, et pour petite que soit notre foi, ne craignons rien; car il n'en faut qu'un petit grain gros comme du sénevé, pour tout entreprendre. La grandeur n'y fait rien, dit le Sauveur : je ne demande que la vérité et la sincérité : car s'il faut que ce petit grain croisse, Dieu qui l'a donné le fera croître. Agissez donc avec peu, et il vous sera donné beaucoup : « et ce grain de sénevé, » cette foi naissante, « deviendra une grande plante et les oiseaux du ciel se reposeront dessus [1] : » les plus sublimes vertus n'y viendront pas seulement, mais y feront leur demeure.

XXIIᵉ JOURNÉE.

La prière persévérante; elle tient de la plénitude de la foi. Ibid.

Pesez les qualités de la foi et de la prière : qu'on le fasse sans hésiter, pour peu que ce soit avec une pleine persuasion : c'est ce que saint Paul appelle « plénitude de persuasion : » que la Vulgate a traduit simplement, *in plenitudine multà :* « avec une grande plénitude [2] : » ce que le même saint Paul appelle ailleurs « plénitude d'intelligence [3]; » et ailleurs en termes formels « pléni-

[1] *Matth.,* XIII, 31, 32. — [2] *I Thessal.,* I, 5. — [3] *Coloss.,* II, 2.

tude de l'espérance, et plénitude de la foi [1]. » C'est donc à dire qu'il faut avoir une foi si pleine, qu'elle ne se démente par aucun endroit et qu'on n'ait nulle défiance du côté de Dieu, comme le même saint Paul le dit d'Abraham, « qu'il n'hésita point par défiance, mais se fortifia dans la foi, donnant gloire à Dieu, pleinement persuadé et convaincu qu'il est puissant pour accomplir tout ce qu'il promet [2]. » Voilà donc la foi qui obtient tout « et la foi qui nous justifie [3], » selon le même saint Paul dans le même endroit. Telle est donc la première condition de la prière marquée dans notre évangile, qu'elle se fasse avec une pleine foi. La seconde y est encore marquée au verset 25 : « Qu'on pardonne sincèrement à son frère, si on a quelque chose contre lui [4]. » On obtient donc tout ce qu'on demande, si on le demande avec un cœur plein de foi en Dieu et en paix avec tous les hommes. Voilà ce que Dieu demande : un cœur sans aigreur et sans défiance : on a tout de lui à ce prix.

Mais peut-on ne se pas défier, et ne doit-on pas le faire? Oui, de soi, puisqu'on est si foible et qu'on ne sait même si on a une foi vive, encore moins si on y persévérera : mais avec toute cette incertitude, j'ose dire qu'il ne faut pas s'en inquiéter et sans tant de retour sur soi-même, il faut dans le temps que la prière s'allume, oser tout attendre et tout demander et être si plein de Dieu, qu'on ne songe plus à soi-même.

Est-ce là cette téméraire confiance que les hérétiques prêchent? Point du tout : mais sans éteindre les réflexions qu'on peut faire sur sa foiblesse, c'est dans la ferveur de la prière s'oublier tellement soi-même, qu'on ne demeure occupé que de ce que Dieu peut et de l'immense bonté avec laquelle il a tout promis à la prière persévérante.

[1] *Hebr.*, VI, 11 ; X, 22. — [2] *Rom.*, IV, 20, 21. — [3] *Ibid.*, 22. — [4] *Marc.*, XI, 24, 25.

XXIIIe JOURNÉE.

Distinction des jours de la dernière semaine du Sauveur. Matière de ses derniers discours. Marc., XI, 11-33 ; Matth., XXI, 23-32 ; Luc., XX, 1-8.

En comptant avec saint Marc , c'est ici le quatrième jour de la dernière semaine de notre Sauveur. Le premier est celui de son entrée, qui est le cinquième avant Pâques. Le second jour de cette semaine, fut le lendemain matin , lorsque Jésus-Christ venant de Béthanie à la ville , eut faim , desséchant le figuier et nettoya le temple de voleurs, comme il les appelle. Le troisième est celui où repassant sur le matin devant le figuier , on le vit flétri et séché , et c'est celui où nous avons entendu tant de merveilles sur la foi. Le quatrième est celui dont saint Marc dit, après tout ce que nous venons de voir : « Jésus vint encore une autre fois à Jérusalem [1] ; » et c'est celui où il objecta aux Juifs le baptême de saint Jean , comme on va voir.

Après cela je ne vois plus de distinction de jours. Nous apprenons seulement de saint Luc que « Jésus-Christ venoit tous les jours au temple pour y enseigner, et que le peuple l'y venoit entendre dès le matin [2]. » En sorte qu'il faut partager ce qui reste de ses discours entre le mercredi et le jeudi durant le jour : car il fut pris la nuit et fut crucifié le lendemain.

Plus nous approchons de la fin de Jésus , plus nous devons être attentifs à ses discours. Hier, qui fut le mardi, il nous fit voir dans la foi le fondement de la prière et de toute la vie chrétienne. Il n'y avoit rien de plus essentiel à la piété : mais dans la suite il va établir la foi , et autoriser sa mission d'une manière admirable : premièrement par le témoignage de saint Jean-Baptiste, et ensuite par celui de David , et par beaucoup d'autres choses que nous allons voir les unes après les autres ; fermant la bouche à tous les contredisans et laissant ce témoignage au monde, que sa doctrine étoit absolument irrépréhensible , puisque ses plus grands ennemis demeuroient muets devant lui.

[1] *Marc.*, XI, 27. — [2] *Luc.*, XXI, 37, 38.

Méditons cette vérité : considérons de quelle sorte Jésus-Christ répond à ceux qui l'interrogeoient avec un esprit de contradiction, et apprenons comment il faut consulter la vérité éternelle.

XXIVe JOURNÉE.

Jésus refuse de répondre aux questions des Juifs superbes et incrédules ; et répond aux esprits humbles et dociles. Matth., xxi, 27 ; Marc., xi, 33 ; Luc., xxi, 1, 2, 8.

Comme il enseignoit dans le temple, « les princes des prêtres et les docteurs de la loi, et les sénateurs du peuple s'assemblèrent, et lui firent cette demande : En quelle puissance faites-vous ces choses [1] ? » Il paroît que cette demande regardoit principalement la puissance qu'il se donnoit d'enseigner : car ils vinrent à lui comme il enseignoit ; mais la demande s'étend aussi à tout le reste que venoit de faire Jésus : et c'est comme si on lui eût demandé : En quelle puissance êtes-vous entré si solennellement dans le temple? en quelle puissance y enseignez-vous? en quelle puissance en chassez-vous les vendeurs et les acheteurs, et y exercez-vous tant d'autorité? Ce seroit à nous à vous donner cette puissance : nous ne vous l'avons point donnée : d'où vous vient-elle? Voilà une demande faite dans les formes par l'assemblée et par les personnes qui sembloient avoir le plus de droit de la faire. Et néanmoins Jésus ne leur donne sur ce sujet aucune instruction : « Je ne vous dirai pas non plus en quelle puissance j'agis [2] : » mais se contente de les confondre devant le peuple de mauvaise foi et d'hypocrisie, comme on va voir.

Jésus se communique si facilement aux esprits dociles et humbles. La Samaritaine, une pécheresse, lui parle bonnement du Christ : « Je le suis, moi qui parle à vous [3], » lui dit-il sans circuit. « Croyez-vous au Fils de Dieu, » dit-il à l'aveugle-né? « Qui est-il, Seigneur, afin que j'y croie? Vous l'avez vu, et c'est celui qui vous parle. J'y crois, Seigneur, et il l'adora [4]. » Ainsi en d'autres endroits. Quand donc il ne répond pas de cette manière

[1] *Luc.*, xx, 1, 2. — [2] *Ibid.*, 8. — [3] *Joan.*, iv, 26. — [4] *Joan.*, ix, 35-38.

simple, si digne de lui, c'est que les hommes ne sont pas dignes qu'il se manifeste à eux en cette sorte.

« En quelle puissance faites-vous ces choses [1]? » Il leur avoit déjà répondu sur un cas semblable, ou plus fort, en présence de tout le peuple. Car ayant dit à un paralytique qu'on lui présentoit pour le guérir : « Homme, tes péchés te sont remis [2] : » ce qui dans le fond étoit beaucoup plus grand que tout ce qu'il avoit jamais fait : comme les docteurs de la loi le trouvoient étrange, il leur parla en cette sorte : « Lequel des deux est le plus facile, ou de dire : Je vous remets vos péchés; ou de dire à un paralytique : Levez-vous et marchez? Or, afin que vous sachiez que le Fils de l'homme a pouvoir de remettre les péchés : Homme, » c'est à toi que je parle, « lève-toi et marche [3]. » Il avoit donc clairement établi le pouvoir qu'il avoit de remettre les péchés, qui étoit le plus grand qui pût être donné à un homme : il n'y avoit plus à l'interroger sur le reste, il n'y avoit autre chose à faire qu'à se soumettre. Comme ils ne pouvoient s'y résoudre, ils viennent encore lui demander : « De quelle puissance faites-vous ces choses [4]? » Comme s'ils eussent dit : De quelle puissance guérissez-vous tous les malades? de quelle puissance rendez-vous la vue aux aveugles? de quelle puissance ressuscitez-vous les morts? Il étoit trop clair que c'étoit par la puissance divine, et ils ne l'interrogeoient sur une chose si claire que par un mauvais esprit.

Ailleurs on lui demande dans le même esprit : « Jusqu'à quand nous tiendrez-vous en suspens; et nous arracherez-vous l'ame? Si vous êtes le Christ, dites-le-nous franchement [5]? » A les entendre parler avec cette force, on diroit qu'ils veulent savoir de bonne foi la vérité : mais la réponse de Jésus fait voir le contraire : Vous demandez que je vous dise ouvertement qui je suis : « je vous le dis, et vous ne me croyez pas : cependant les œuvres que je fais au nom de mon Père, parlent assez et me rendent un assez grand témoignage [6]. » Ils avoient donc deux témoignages : celui de sa parole et ce qui étoit encore plus fort, celui de ses miracles.

---

[1] *Matth.*, XXI, 23. — [2] *Matth.*, IX, 2. — [3] *Ibid.*, 5, 6. — [4] *Luc.*, XX, 2. — [5] *Joan.*, X, 24. — [6] *Ibid.*, 25.

S'ils consultoient après cela, au lieu de croire, un mauvais esprit les poussoit. La vérité éternelle, qu'ils consultent mal, n'a rien à leur répondre et n'a plus qu'à les confondre devant tout le peuple. Ainsi nous arrivera-t-il, quand nous la consulterons contre notre propre conscience sur des choses déjà résolues : nous ne cherchons qu'à tromper le monde ou à nous tromper nous-mêmes : cessons de nous flatter : cessons de chercher des expédiens pour nous perdre : rompons ce commerce dangereux et scandaleux : rendons ce bien mal acquis : soyons fidèles aux devoirs de notre profession : ne reculons point en arrière contre le précepte de l'Evangile : ne cherchons point à nous relâcher et à tout perdre.

XXVᵉ JOURNÉE.

Aveuglement des hommes, plus disposés à croire saint Jean que Jésus-Christ même. Matth., xxi, 23, 25 ; Marc., xi, 27 ; Luc., xx, 1-8.

« De qui est le baptême de Jean [1] ? » Est-il possible que le Sauveur doive tirer son témoignage de saint Jean-Baptiste qui n'étoit que son précurseur, qui n'étoit pas l'Epoux, mais l'ami de l'Epoux, comme il l'avoit dit : qui n'étoit pas le Christ, mais celui qui lui devoit préparer la voie : qui, pour tout dire en un mot, n'étoit pas digne de lui délier les cordons de ses souliers ? Voilà ce qu'étoit Jean-Baptiste, et néanmoins Jésus-Christ se sert de son témoignage pour convaincre ceux qui ne vouloient pas croire au Christ lui-même. Cependant Jean n'avoit fait aucun miracle ; et Jésus en avoit rempli toute la Judée : Jean parloit comme le serviteur, et Jésus-Christ comme le Fils disoit ce qu'il avoit vu dans le sein du Père. « Telle est la foiblesse de nos yeux, dit saint Augustin, un flambeau nous accommode mieux que le soleil : nous cherchons le soleil avec un flambeau. » Jésus l'entendoit bien ainsi, et il avoit dit : « J'ai un témoignage plus grand que celui de Jean [2]. » Quand donc il se servoit de ce témoignage, c'est qu'il approchoit aux yeux malades une lumière plus proportionnée à leur foiblesse :

---

[1] *Matth.*, xxi, 25. — [2] *Joan.*, v, 63.

et c'est ce qu'il fait encore en cette occasion. Profond aveuglement des hommes, plus disposés à croire saint Jean que Jésus-Christ même! O Dieu, qui ne trembleroit? Mais qui ne vous demanderoit en tremblant, d'où vient dans le cœur des Juifs une si étrange disposition? Ne se trouvera-t-il pas quelque chose de semblable en nous? Nous le pourrons chercher une autre fois : nous frapperons à la porte pour entendre ce secret, et peut-être nous sera-t-elle ouverte : continuons cependant notre lecture.

<hr>

XXVIe JOURNÉE.

Les Juifs incrédules confondus par le témoignage de saint Jean.
Ibid., *et* Joan., v, 33, 36.

« Si nous disons que le baptême de Jean est du ciel, il nous dira : Pourquoi ne l'avez-vous pas cru [1]? » Il le leur avoit déjà dit, et ils n'avoient su que répondre : « Vous avez envoyé à Jean, et il a rendu témoignage à la vérité [2]. » S'ils avoient donc avoué la mission céleste de saint Jean-Baptiste, il leur auroit fermé la bouche par son témoignage. Que dire donc? « Que le baptême de Jean ne venoit pas de Dieu? Ils n'osoient le dire devant le peuple qui le tenoit pour un prophète. Nous n'en savons rien, disent-ils : Et moi, dit-il, je ne vous dis pas non plus en quelle puissance j'agis [3]. » Gens de mauvaise foi, qui n'osez ni avouer ni nier la mission de saint Jean-Baptiste, vous ne méritez pas que je vous réponde. Avouez, niez, pensez ce que vous voudrez; vous êtes confondus; et il n'y a de parti pour vous que de vous taire. Il y en auroit un autre; ce seroit de croire en Jésus : mais vous ne pouvez pour les raisons et à la manière que nous verrons en son lieu.

Lisez ici le passage entier de saint Jean, v, 33 : « Vous avez envoyé à Jean, et il a rendu témoignage à la vérité. Pour moi, je ne reçois pas mon témoignage de l'homme : mais je parle ainsi, » je vous allègue Jean à qui vous croyez, « afin que vous soyez

---

[1] *Matth.*, XXI, 25. — [2] *Joan.*, v, 33. — [3] *Matth.*, XXI, 26, 27.

sauvés. Jean étoit un flambeau ardent et luisant, et vous avez
voulu vous réjouir pour un peu de temps à sa lumière. Pour moi,
j'ai un témoignage plus grand que celui de Jean : les œuvres que
mon Père m'a donné le pouvoir de faire, rendent assez témoignage
que c'est lui qui m'a envoyé [1]. »

C'est ainsi qu'il se servoit du témoignage de saint Jean-Baptiste :
« Afin, dit-il, que vous soyez sauvés » et pour vous convaincre
par vous-mêmes. Voilà donc l'orgueil et l'hypocrisie de ces inter-
rogateurs de mauvaise foi, confondus : ils ne méritoient pas que
le Sauveur leur dît davantage ce qu'il leur avoit dit cent fois, et
que cent fois ils n'avoient pas voulu croire.

Que sera-ce au dernier jour, lorsque la vérité manifestée dans
toute sa force, nous confondra éternellement devant tout l'univers? Où irons-nous? hélas! où nous cacherons-nous? Mais
voyons comme Jésus confond les docteurs et les pontifes.

XXVIIe JOURNÉE.

*Parabole des deux fils désobéissans. Application aux chrétiens lâches
et tièdes et aux faux dévots.* Matth., xxi, 28-31.

« Que vous semble de ceci : Un homme avoit deux fils [2]. » Cette
parabole va convaincre les pontifes et les sénateurs d'une hypocrisie manifeste. Le Fils de Dieu nous y marque deux caractères :
l'un est celui d'une désobéissance manifeste; l'autre est celui d'une
obéissance imparfaite et plus apparente que solide, et il se trouve
que ce dernier est le plus mauvais.

Il y a des gens qui promettent tout, ou par foiblesse parce qu'ils
n'ont pas la hardiesse de résister en face, ou par légèreté ou par
tromperie. Ils n'osent vous dire qu'ils ne veulent pas se corriger,
et quoique peu résolus à vous obéir, ils vous disent : « Seigneur,
je m'en vais : » *Eo, Domine :* ils vous appellent, Seigneur : ils ont
un certain respect : ils sont en apparence prompts à obéir; ils ne
disent pas : J'irai : mais : Je vais : vous diriez qu'il va marcher et

____
[1] *Joan.*, v, 33-36. — [2] *Matth.*, xxi, 28-31.

que tout est fait. Cependant il n'obéit pas, il ne bouge de sa place, ou parce qu'il vous veut tromper, ou, ce qui est pis, parce qu'il se trompe lui-même, et se croit plus de volonté et plus de courage qu'il n'en a.

Il paroît que ce caractère est manifestement le plus mauvais : ces foibles résolutions et cet extérieur de piété font qu'on s'imagine avoir de la religion; et on n'a point cette horreur de soi-même et de son état qui fait qu'on le change. Mais pour celui qui tranche le mot : « Je ne veux pas : » *Nolo :* comme il résiste à Dieu par une manifeste désobéissance, et ne peut se flatter d'aucun bien, à la fin il a honte de soi-même et réveillé par son propre excès, il s'en repent : *Pœnitentiâ motus abiit :* « Touché de repentir, il obéit. »

Notre-Seigneur fait voir aux pontifes que ce dernier caractère est le leur. Nourris dans la piété, ils ne parlent que de Dieu, que de religion, que de l'obéissance qu'on doit à la loi; et parce qu'ils en parlent souvent, ils se croient assez gens de bien et ne se corrigent jamais. C'est pourquoi Jésus-Christ leur parle de cette manière terrible : « Les publicains et les femmes de mauvaise vie arriveront plutôt que vous dans le royaume de Dieu [1], » parce que confus de leurs excès, ils en ont fait pénitence à la voix de Jean : et vous qui par vos lumières et la dignité de vos charges deviez donner l'exemple aux autres, non-seulement vous n'êtes pas venus les premiers, comme on avoit raison de l'attendre, mais vous n'avez pas même su profiter de l'exemple des autres. Plus endurcis dans le crime que les publicains et les femmes de mauvaise vie, vous les avez vus se convertir sans en être touchés : double enfoncement dans le crime : premier, ne faire pas mieux que de telles gens et ne leur point donner l'exemple : second, ne profiter pas même du leur.

« Jean est venu dans la voie de la justice, » sans autre marque de sa mission que sa vie sainte et austère : « et » néanmoins « les publicains mêmes et les femmes de mauvaise vie [2] » en ont été touchés : et vous qui avez vu Jésus-Christ, qui non-seulement marchoit comme Jean dans la voie de la justice, puisqu'il a dit,

[1] *Matth.*, XXI, 31 ,32. — [2] *Ibid.*, 32.

non dans le désert, mais dans le milieu du monde : « Qui me reprendra de péché [1] ? » mais qui a fait de si grands miracles, qu'il y avoit de quoi émouvoir les plus insensibles : vous, dis-je, qui l'avez vu et qui avez ouï sa voix, « vous n'avez pas cru : » quelle est votre honte et quel sera votre supplice !

Vous, ô prêtres, religieux et religieuses, dont la vie ne répond pas à votre état; et vous tous, ô gens de bien en apparence, dévots de profession, appliquez-vous cette parabole : ne vous lasserez-vous jamais de n'avoir qu'un vain titre de piété, à l'exemple des pharisiens, des pontifes et des sénateurs des Juifs? Rougissez, rougissez une bonne fois : humiliez-vous, confessez vos foiblesses et les corrigez. C'est à vous que Jésus parle dans ce discours.

XXVIIIe JOURNÉE.

Parabole des vignerons, prise de David et d'Isaïe. Juste punition des Juifs : leur héritage transféré aux gentils. Matth., xxi, 33-46; Marc., xii, 1-9; Luc., xx, 9-19.

« Ecoutez encore cette parabole [2] : » Dans la précédente parabole, Jésus avoit fait sentir aux sénateurs, aux docteurs et aux pontifes leur iniquité : il leur va faire avouer ici le supplice qu'ils méritent : car il les convaincra si puissamment, qu'ils seront eux-mêmes contraints de prononcer leur sentence.

« Ecoutez encore cette parabole : » c'est à nous qu'il parle aussi bien qu'aux Juifs : écoutons donc et voyons sous la plus claire et sous la plus simple figure. qui fut jamais, toute l'histoire de l'Eglise.

« Un père de famille a planté une vigne. » C'est ce que David avoit chanté : « Vous avez transplanté la vigne que vous aviez en Egypte : vous avez chassé les gentils » de la terre de Chanaan « et vous l'y avez plantée : elle a pris racine et a rempli la terre : son ombre a couvert les montagnes et ses branches se sont étendues sur les plus hauts cèdres : elle a provigné jusqu'à la mer et

______

[1] *Joan.*, VIII, 46. — [2] *Matth.*, XXI, 33.

jusqu'à l'Euphrate [1]. » Mais voici quelque chose de plus clair en Isaïe : « Une vigne a été plantée pour mon bien-aimé, » pour le Fils qui a été oint, pour le Christ : « il l'a faite du meilleur plant : il a élevé une tour au milieu » pour y loger ceux qui la gardoient : « il a bâti un pressoir [2] : » voilà les propres paroles de notre Sauveur.

« Il a loué cette vigne à des vignerons [3] : » il en a commis la culture aux pontifes, enfans d'Aaron, et aux docteurs de la loi.

« Il a envoyé ses serviteurs pour en recueillir les fruits [4] : J'ai envoyé, dit le Seigneur, mes serviteurs les prophètes le soir et le matin, pour avertir [5] » et les princes et les pontifes et le peuple, qu'ils eussent à donner à Dieu le fruit qu'il attendoit de la culture qu'il avoit donnée à sa vigne par la loi et par les saintes Ecritures. Au lieu d'écouter les prophètes, « ils les ont persécutés, ils les ont massacrés [6] : » « Lequel des prophètes vos pères n'ont-ils point persécuté, leur dit saint Etienne ? Ils ont massacré ceux qui nous annonçoient l'arrivée du Juste, dont vous avez été les traîtres et les meurtriers [7]. » C'est justement ce que Jésus-Christ leur reproche dans la parabole. Après tous les prophètes, « il a envoyé son Fils, » Jésus-Christ lui-même : « Ils respecteront mon Fils. » Il avoit de quoi se faire respecter par sa doctrine admirable et par ses miracles. Mais cependant ils l'ont traîné hors de la vigne : hors de Jérusalem, sur le Calvaire, et ils l'ont inhumainement tué par les mains de Ponce-Pilate et des gentils. Admirez combien vivement Jésus les presse : comme il leur découvre ce qu'ils machinoient : ce qu'ils alloient accomplir dans deux jours : ne devoient-ils pas être attendris ? D'autant plus que le Sauveur leur mit leur crime si évidemment devant les yeux, que leur ayant demandé ce que le père de famille feroit en cette occasion, ils avoient été contraints de répondre : « Il punira ces méchans selon leur méchanceté, et il louera sa vigne à d'autres vignerons [8] ; » ou, comme il l'explique après : « Le royaume de Dieu vous sera ôté, et sera donné à un peuple qui en rapportera les

---

[1] *Psal.* LXXIX, 9-12. — [2] *Isa.*, V, 1-2. — [3] *Matth.*, XXI, 33. — [4] *Ibid.*, 34. — [5] *Jerem.*, XXXV, 15; XXV, 3, 4. — [6] *Matth.*, XXIII, 34, 37; *Luc.*, XIII, 34. — [7] *Act.*, VII, 52. — [8] *Matth.*, XXI, 41.

fruits [1]. » C'est ce qui devoit arriver bientôt, lorsque les apôtres leur dirent : « Il vous falloit premièrement annoncer la parole de Dieu : mais puisque vous la rejetez et que vous vous jugez indignes de la vie éternelle, nous passons aux gentils : car c'est ainsi que le Seigneur nous l'a ordonné : Je t'ai établi pour éclairer les gentils [2]. »

Voilà donc l'accomplissement de la parabole du Sauveur : le royaume de Dieu est ôté aux Juifs et il est donné à un peuple qui en devoit porter les fruits. Car « les gentils entendant » la déclaration que les apôtres firent aux Juifs si hautement, « se réjouirent et glorifioient la parole » de Dieu, « et tous ceux qui étoient préordonnés à la vie éternelle crurent [3]. » Ainsi les gentils portèrent les fruits que Dieu avoit attendus des Juifs, comme dit l'apôtre saint Paul : « Le prépuce est imputé à circoncision aux gentils qui gardent la loi : et il jugera les circoncis qui en sont prévaricateurs [4]. »

Ne trompons point l'attente du Sauveur ; et puisque nous sommes cette nation qu'il a choisie pour porter les fruits de sa parole, fructifions en bonnes œuvres : « Les fruits de l'esprit sont la charité, la joie, la paix, la patience, la bénignité, la bonté, la douceur, la foi, la modestie, la chasteté, la tempérance [5]. » Voilà les fruits qu'il nous faut porter, et non pas les œuvres de la chair qui fructifient à la mort : « qui sont les impuretés, les impudicités, les querelles, les jalousies, les ivrogneries, les débauches [6], » et les autres que saint Paul raconte dans le même lieu. Autrement le royaume de Dieu nous sera ôté comme aux Juifs, et « un autre recevra notre couronne [7]. Car si Dieu n'a pas pardonné aux Juifs, qui étoient les branches naturelles de son olivier, il vous pardonnera encore moins [8]. » Ce sera là la grande douleur des Juifs, de voir entre les mains des gentils la couronne qui leur étoit destinée ; « lorsque, comme dit le Sauveur, ils verront venir les élus d'Orient et d'Occident, pour s'asseoir avec Abraham, Isaac et Jacob, dans le royaume des cieux, et que les enfans du royaume seront chassés dans les ténèbres extérieures : là sera

<hr>

[1] *Matth.*, XXI, 43. — [2] *Act.*, XIII, 46, 47. — [3] *Ibid.*, 48. — [4] *Rom.*, II, 25-27. — [5] *Galat.*, V, 22. — [6] *Ibid.*, 19-21. — [7] *Apoc.*, III, 11. — [8] *Rom.*, XI, 21.

pleur et grincement de dents[1]. » Car on verra la place qu'on devoit avoir : la couronne qu'on devoit porter sur la tête : si réelle
qu'on verra actuellement cette place remplie par d'autres, et cette
couronne sur une autre tête. Alors on pleurera sans fruit, et la
rage sera poussée jusqu'au grincement de dents. Ecoute, écoute,
chrétien ! Lis ta destinée dans celle des Juifs : mais lis et écoute
dans le cœur, et ne laisse pas tomber à terre une parabole si claire
et si clairement expliquée.

O mon Dieu, vous me destinez cette couronne : que je l'arrache
promptement de vos mains : elle ne périra pas : car vous savez
à qui la donner : vous connoissez vos élus et le nombre en sera
complet : mettez-moi au nombre de ceux qui ne perdent point
leur couronne.

XXIXe JOURNÉE.

Ce que c'est que rendre des fruits en son temps, et cette parole : L'héritage
sera à nous. *Matth.*, xxi, 41 ; *Marc.*, xii, 7.

Pesons en particulier cette parole : « Qui rendront le fruit dans
le temps[2] : » autre est le fruit de l'enfance, autre est celui de la
jeunesse et de l'âge plus avancé : autre est le fruit d'un qui commence, autre le fruit de celui qui est consommé dans la piété :
autre le fruit d'une novice, autre celui d'une religieuse ; autre le
fruit de la cléricature, autre celui du sacerdoce, autre celui de
l'épiscopat : songez non-seulement au fruit, mais encore à la ma-
turité qu'il doit avoir : autrement le père de famille ne le recevra
pas.

Pesons encore ceci : « L'héritage sera à nous[3] : » c'est l'indépendance qu'on cherche. Le prodigue veut qu'on lui donne son
partage en pleine possession : il se lasse d'être en tutelle sous la
conduite d'un bon père. En faisant mourir Jésus-Christ, les pontifes s'imaginèrent qu'ils secoueroient un joug importun, et se
déferoient d'une censure incommode. Qui désormais oseroit trou-

---

[1] *Matth.*, viii, 11, 12. — [2] *Matth.*, xi, 41. — [3] *Marc.*, xii, 7.

bler la domination qu'ils exerçoient sur les consciences, et les pillages qu'ils faisoient sur ces prétextes? Mais la prudence de la chair est confondue même sur la terre; et ils perdirent non-seulement les fruits, mais jusqu'au fonds de l'héritage qu'ils vouloient avoir. Leur puissance leur fut ôtée; leur ville, leur temple furent renversés; et les voilà l'opprobre éternel des nations.

XXXe JOURNÉE.

Aveuglement des Juifs de méconnoître le Christ, qui est la pierre de l'angle qu'ils ont rejetée. Luc., xx, 15-20.

« A Dieu ne plaise ! » dirent-ils. Ils avoient en horreur ce qu'ils faisoient. Ils étoient ceux qui, après avoir tué les prophètes, vouloient encore tuer le fils; et néanmoins quand on leur dit qu'ils le vouloient faire, ils s'écrient : « A Dieu ne plaise [1] ! » ne se connoissant pas eux-mêmes et ne voulant pas croire que celui qu'ils feroient mourir pût être le Christ, ni que sa mort pût attirer la réprobation de la nation. Car ils ne connoissoient pas que la contradiction et la souffrance étoit un des caractères du Messie dans son premier avénement. Mais le Sauveur leur ouvroit les yeux par deux prophéties : « La pierre qu'ils ont rejetée en bâtissant, est devenue la pierre de l'angle [2], » la pierre principale, le nœud et le fondement de tout l'édifice. Cette pierre principale étoit sans doute le Christ. Or cette pierre devoit être rejetée. Le Christ devoit donc être rejeté; par qui, sinon par ceux à qui il venoit? Il n'y eût rien eu de merveilleux qu'il ne fût pas écouté ni reçu de ceux à qui il ne parloit pas, tels qu'étoient les gentils. Mais les Juifs, qui devoient bâtir l'édifice spirituel, réprouvèrent cette pierre, qui devint par ce moyen la pierre de l'angle, qui unit dans un seul bâtiment les Juifs et les gentils : « Et c'est ce qui nous a paru merveilleux et un ouvrage que Dieu seul pouvoit accomplir [3]. »

Voici encore un passage d'un autre prophète, ou plutôt deux

[1] *Luc.,* xx, 16. — [2] *Psal.* cxvii, 12. — [3] *Ibid.,* 23.

passages prononcés par le même esprit et pour cela unis en un :
« Je poserai dans les fondemens de Sion une pierre; une pierre
choisie et éprouvée, une pierre angulaire, précieuse, fondée sur
le fondement [1], » sur Dieu même. Et cette pierre si précieuse et
si importante pour construire l'édifice, n'y sera pas mise sans
contradiction : car pour vous, ô enfans de Dieu, tirés des gentils
selon les conseils de sa prédestination éternelle, ce vous sera une
pierre de sanctification, semblable à celle sur laquelle Jacob avoit
dormi de ce sommeil mystérieux, et « qu'il sacra avec de l'huile
pour être un monument de la gloire de Dieu [2]. » Mais ce sera une
pierre contre laquelle on se heurtera; « et une pierre de scandale
aux deux maisons d'Israël, et qui les fera tomber : un piége et
une ruine aux habitans de Jérusalem : plusieurs s'y heurteront et
seront brisés, et ils tomberont, et ils seront pris dans le piége, et
ils y seront enlacés [3]. » Le Christ devoit être cette pierre unique et
fondamentale : et néanmoins en même temps il devoit être un
scandale à Jérusalem : « scandale aux Juifs [4], disoit saint Paul.
Celui qui se heurtera contre cette pierre ou qui tombera dessus,
sera brisé : et celui sur qui elle tombera sera écrasé de son poids,
et mis en poudre, » dit le Sauveur [5].

Jésus-Christ est notre règle et notre juge. On tombe sur cette
pierre et on se heurte contre cette règle, quand on pèche : elle
tombe sur nous quand il nous punit. L'un suit de l'autre : le pécheur qui s'est brisé et a perdu toute sa force en transgressant la
loi de Jésus-Christ, est écrasé par sa juste et éternelle vengeance.
Mais on peut s'unir à cette pierre d'une manière plus heureuse et
plus convenable. « Approchez-vous, dit saint Pierre, de cette
pierre vivante, réprouvée des hommes, mais honorée de Dieu, et
établissez-vous sur cette pierre, et entrez dans la structure de ce
bâtiment comme des pierres vivantes, et devenez la maison de
Dieu [6]; » étant unis par la foi à la pierre fondamentale, qui est
Jésus-Christ, et à tout le corps des fidèles qui sont les pierres dont
est composé ce saint édifice. « Prenez donc garde, continue
l'apôtre, que Jésus-Christ ne vous soit comme aux infidèles une

____

[1] *Isa.*, XXVIII, 16. — [2] *Genes.*, XXVIII, 11, 17, 18. — [3] *Isa.*, VIII, 14, 15. —
[4] 1 *Cor.*, I, 23. — [5] *Luc.*, XX, 18. — [6] I *Petr.*, II, 4-8.

pierre contre laquelle on se brisera, en se heurtant contre sa parole. »

Si le fondement est solide, bâtissez dessus sans crainte : mettez-y votre appui : ne craignez pas : n'hésitez pas : la pierre est ferme : ferme à ceux qui s'y appuient pour les soutenir, ferme à ceux qui se heurtent contre pour les mettre en pièces.

XXXIe JOURNÉE.

Parabole du festin des noces. Les Juifs sont les conviés qui refusent d'y venir. Matth., xxii, 1-15; Luc., xiv, 16-20.

On voit avec quelle convenance la sagesse éternelle arrange les choses. Rien n'étoit plus convenable dans le temps qu'on machinoit la mort du Sauveur, que de parler comme il a fait aux chefs d'une si noire conspiration, en leur faisant voir quels en seroient les effets, et combien funeste à eux-mêmes et à toute la nation. Il étoit bon aussi de prévenir le scandale de la croix et faire voir que si le Sauveur étoit rejeté, s'il devenoit un scandale aux Juifs, il n'en seroit pas moins, suivant les anciennes prophéties, la pierre de l'angle, le fondement de tout l'édifice et l'espérance du monde. Le Fils de Dieu enseigne toutes ces vérités deux jours avant celui de sa mort : rien n'étoit plus capable ni de corriger la malice de ses ennemis, ni de prévenir le scandale de ses disciples. Ce qu'il va encore ajouter n'est pas moins à propos.

« Et Jésus répondant leur dit [1] : ce mot de *répondre* pourroit marquer qu'il continuoit son discours. Le Fils de Dieu, qui voyoit le fond des cœurs, répondoit souvent aux pensées secrètes de ceux qui l'écoutoient, comme il paroît par plusieurs endroits de l'Evangile. Après avoir ouï qu'il se choisiroit un autre peuple, il n'y avoit rien de plus naturel que de rechercher en soi-même les causes les plus générales qui feroient abandonner les Juifs, et les moyens qu'il auroit pour remplir sa maison. C'est ce qu'il explique par la parabole suivante.

[1] *Matth.*, xxii, 2.

« Le royaume des cieux est semblable à un roi, qui fait à son fils un festin de noces [1]. » Jésus-Christ étoit l'Epoux de cette noce : « Celui qui a l'épouse est l'époux [2], » disoit saint Jean-Baptiste, en parlant de lui : c'est lui qui étoit venu pour épouser son Eglise, la recueillir par son sang, la doter de son royaume, la faire entrer en société de sa gloire. Il fait un grand festin quand il donne sa sainte parole pour être la nourriture des ames, et qu'il se donne lui-même à tout son peuple comme le pain de vie éternelle.

Ceux qui étoient invités et qui refusoient de venir, étoient les Juifs, qu'il avertit par lui-même et qu'il fit avertir par ses apôtres que l'heure du festin étoit venue; qu'ils vinssent promptement, ou qu'il en appelleroit d'autres. Cela regardoit les Juifs; mais cela nous regarde aussi : nous sommes à présent les invités, et nous devons apprendre ce qui empêche les hommes de venir à ce céleste festin.

La cause la plus générale, c'est l'occupation et, pour ainsi parler, l'enchantement des affaires du monde. Jésus ne rapporte pas les affaires extraordinaires qui surviennent dans la vie : c'est le train commun des affaires qui occupe et qui enchante les hommes, de manière qu'ils ne se donnent pas le loisir de penser à leur vocation, ni d'écouter Jésus-Christ qui les appelle à son festin. « Tous négligeoient sa parole; l'un alloit à sa métairie, l'autre à son négoce, » et personne ne l'écoutoit : « quelques-uns prirent ses serviteurs; et après leur avoir fait toute sorte de mauvais traitemens, ils les tuèrent [3]. » C'est en effet ce qui arriva au Sauveur : les uns ont résisté ouvertement à la prédication de son évangile : mais la cause la plus générale de le rejeter, fut la négligence, *neglexerunt,* causée par l'occupation des affaires de la vie. Jésus-Christ avoit déjà fait cette parabole en une autre occasion; et saint Luc, qui nous la rapporte, nous rapporte en même temps les vaines excuses de ceux qui ne venoient pas au festin. « Les uns disoient : J'ai acheté une métairie; les autres : J'ai acheté des bœufs pour le labourage; les autres : Je me suis marié [4]. » Ceux-là ne mépri-

____

[1] *Matth.,* XXI, 2. — [2] *Joan.,* III, 29. — [3] *Matth.,* XXII, 5, 6. — [4] *Luc.,* XIV, 16, 18-20.

soient pas ouvertement la parole ; mais occupés des soins du monde, ils alloient et venojent sans songer à rien qu'à leurs affaires. Ils ne disoient pas : Je n'ai que faire de vous ni de votre festin : ils s'excusoient avec une espèce de respect : « Je vous prie, disoient-ils, excusez-moi » pour cette fois. C'étoit plutôt un délai qu'un refus : telle est la vie. On venoit dire aux Juifs, aux Romains, à tout le monde : Une grande chose est arrivée à Jérusalem : la vérité s'y est manifestée et la voie a été ouverte pour le bonheur de la vie future. Que m'importe? chacun passoit son chemin et alloit à ses affaires : l'un à la ville, l'autre à la campagne : chacun avoit son plaisir ou son petit intérêt : combien plus étoient enchantés ceux qui n'étoient pas seulement occupés de leur domestique comme les particuliers, mais qui attachés à ce qu'on appelle les grandes affaires du monde ne disoient pas seulement : « J'ai acheté une métairie, » ou « J'ai pris une femme ; » mais : J'ai une province, j'ai une armée, j'ai une importante négociation, j'ai l'empire entier à conduire. Qui se soucioit en cet état de ce qu'avoit dit Jésus-Christ? ou qui se mettoit en peine de s'en informer ?

« Il en est ainsi arrivé aux jours de Noé : ils mangeoient, ils buvoient, ils se marioient, ou ils marioient leurs enfans les uns aux autres. Et le déluge vint tout à coup, » lorsqu'on y pensoit le moins : « et ils y périrent tous. Ainsi aux jours de Lot dans Sodome : ils mangeoient, ils buvoient, ils achetoient, ils vendoient, ils plantoient, et ils bâtissoient; et tout d'un coup » un autre déluge, « un déluge de soufre et de feu tomba du ciel et ils périrent tous. Ainsi en sera-t-il dans les jours du Fils de l'homme[1].» Il ne dit pas : Ils tuoient, ils pilloient, ils commettoient des adultères: l'occupation des affaires les plus innocentes suffit pour nous assourdir, pour nous aveugler, pour nous enchanter. Il n'allègue pas non plus les grandes affaires, les grands emplois, les grandes charges : les soins les plus ordinaires suffisent pour nous étourdir et nous ôter tout le loisir de penser à nous; et la mort vient toujours imprévue : et pendant qu'à la manière de ces oiseaux niais, nous nous repaissons de ce qu'on présente pour nous amuser, le

[1] *Luc.*, XVII, 26-30.

lacet vient tout à coup, nous sommes pris et il n'y a plus moyen d'échapper. O pauvre nature humaine ! ne faut-il qu'un si foible appât pour t'amuser? Ne faut-il qu'un charme si foible pour t'endormir? une si foible occupation pour t'aveugler, et t'ôter le souvenir de Dieu et de ses terribles jugemens? « Aucun de ceux qui sont invités ne goûtera de mon repas[1]; » c'est la sentence du juge. Si peu de chose les a détournés et déçus! Où trouverons-nous des larmes pour déplorer notre aveuglement et notre foiblesse?

Telle est la parabole que Jésus-Christ avoit faite, et qu'il trouva à propos de répéter peu de jours avant sa mort. Il y ajouta pour les Juifs l'endroit qui les regardoit et les noires machinations qu'ils faisoient entre eux pour le perdre. « Quelques-uns firent mourir ses serviteurs qui les appeloient au festin : le roi en colère envoya ses armées et perdit ces meurtriers, et mit le feu à leur ville qui fut réduite en cendres[2]. » Encore un coup, appliquons-nous tout. Qui conspire contre la justice, en quelque manière que ce soit, conspire contre Jésus-Christ. Qui opprime le pauvre, l'attaque. Qui n'est pas avec lui, est contre lui. Qui néglige ses commandemens et les foule aux pieds, le crucifie et tient son sang pour impur. Lisez : vous en trouverez la sentence, *aux Hébreux,* VI, 6; X, 29.

·

~~~~~~

XXXIIe JOURNÉE.

Les pauvres et les infirmes sont les conviés au festin. Forcez-les d'entrer.
Matth., XXII, 8, 9; Luc., XIV, 21, 23.

« Le festin est prêt : mais ceux qui y étoient invités n'en ont pas été jugés dignes : » où trouvera-t-on des convives? « Allez dans les coins des rues et amenez-moi tous ceux que vous trouverez[3], les pauvres, les estropiés, les aveugles et les boiteux[4] : Je ne suis pas venu appeler les justes, mais les pécheurs[5]. » Les pha-

----

[1] *Luc.,* XIV, 24. — [2] *Matth.,* XXII, 6, 7. — [3] *Matth.,* XXII, 8, 9. — [4] *Luc.,* XIV, 21. — [5] *Matth.,* IX, 13.
~~~~~~

risiens et les docteurs de la loi, qui présumoient de leur justice, ont été exclus : « car ils se sont heurtés contre la pierre, et ils ont trébuché [1], » en venant à moi « non point par la foi, mais comme par leurs œuvres [2] » et par leurs propres mérites : en recherchant non point un médecin qui les guérît et un Sauveur qui les délivrât, mais un flatteur qui applaudît à leur fausse vertu. Je n'en veux point : ils s'en iront vides ceux qui viennent à moi comme pleins et comme riches par eux-mêmes : *divites dimisit inanes,* comme chante la sainte Vierge [3]. Amenez-moi les premiers venus : s'ils sont vides, je les remplirai ; s'ils sont pauvres, je leur ferai part de mes richesses ; je les redresserai, s'ils sont boiteux ; je les éclairerai, s'ils sont aveugles ; je leur ouvrirai l'oreille, s'ils sont sourds. C'est pour cela que je suis venu. Lisez-le dans saint Matthieu : « Je suis venu, afin que ceux qui ne voient pas soient éclairés, et que ces » superbes « clairvoyans » qui s'imaginent tout voir par eux-mêmes et sans ma lumière, « soient aveuglés [4]. » Venez, foibles ; venez pécheurs : ne rougissez pas d'apporter ici vos pieds engourdis et vos membres tors : la grace de Jésus-Christ vous redressera.

Les pharisiens ne se laissoient approcher que de ceux qu'ils croyoient justes : ils disoient : Ne me touchez pas, ne m'approchez pas : « Si celui-ci étoit un prophète, il sauroit que cette femme qui l'approche et qui lui baise les pieds, est pécheresse [5]. » Mais il n'en étoit pas ainsi de Jésus-Christ et des apôtres : ils amenoient au festin tous ceux qu'ils trouvoient, bons et mauvais ; les bons pour les confirmer, les mauvais pour les convertir : et c'est ainsi qu'ils remplirent la maison de Dieu.

« Forcez-les d'entrer [6]. » S'il n'y avoit pas dans la grace une espèce de violence, Jésus-Christ ne diroit pas : « Personne ne vient à moi que mon Père ne le tire [7] ; » et encore : « Quand j'aurai été enlevé de terre, je tirerai tout à moi [8]. »

Les prédicateurs de l'Évangile doivent user au dehors d'une espèce de force : « Pressez : priez : reprenez : corrigez, non-seulement avec toute patience et toute doctrine, mais encore avec

---

[1] *Matth.* XXI, 24.— [2] *Rom.*, IX, 32, 33. — [3] *Luc.*, I, 53.— [4] *Matth.*, XI, 5, 15; XV, 30, 31; *Luc.*, IV, 18; *Joan.*, IX, 39. — [5] *Luc.*, VII, 39. — [6] *Luc.*, XIV, 23. — [7] *Joan.*, VI, 44. — [8] *Joan.*, XII, 32.

tout empire : parlez à propos et hors de propos : ne souffrez pas qu'on vous méprise [1]. » Cette force est salutaire et la foiblesse humaine en a besoin.

Les fidèles, grands et petits, se doivent servir du pouvoir qu'ils ont, avec prudence toutefois et modération, pour réprimer les scandales et abattre le règne de l'iniquité. Les hommes veulent quelquefois être forcés, et une douce violence prépare les esprits à écouter.

Enfin forcez-vous vous-même : n'agissez point mollement : employez tout pour dompter votre corps rebelle, et vous engager dans la voie étroite ; en sorte, s'il se peut, que vous ne puissiez reculer.

XXXIIIe JOURNÉE.

Robe nuptiale, le festin est prêt : préparation à la sainte Eucharistie : noces spirituelles.

Prenez garde, *Matth.* xxii, aux ŷ. 11, 12, 13, 14. N'y a-t-il donc qu'à entrer dans le festin dès qu'on y est appelé, et la vocation fait-elle tout ? Gardez-vous bien de le croire : le roi va entrer dans la salle du banquet, et celui qui n'aura pas l'habit nuptial sera honteusement chassé. On appeloit anciennement l'*habit nuptial* une sorte de parure que devoient avoir ceux qui accompagnoient l'époux et l'épouse, lorsque celle-ci passoit de la maison paternelle en celle de l'époux. Il falloit, pour honorer la solennité, être paré d'une certaine manière, et on portoit cet habit magnifique dans le festin nuptial. De là vient que le Fils de Dieu, qui prend ses comparaisons des usages les plus solennels et les plus connus de la vie humaine, allègue ici l'habit nuptial pour expliquer les ornemens intérieurs qu'il faut apporter à son banquet.

Ces ornemens sont, premièrement l'innocence et la sainteté baptismale. On donnoit autrefois l'Eucharistie incontinent après le baptême : il falloit toujours en conserver la grace ; et il ne faut point douter que la sainteté baptismale ne soit la disposition, et

[1] II *Timoth.*, iv, 2 ; *Tit.*, ii, 15.

pour ainsi dire, la parure naturelle qu'il falloit toujours apporter au festin de l'Epoux. Mais la parabole du Prodigue nous fait voir que les grands pécheurs, qui ont été assez malheureux pour déchoir de leur innocence et souiller cette robe blanche qu'on leur avoit donnée dans le baptême, ne laissent pas d'être admis au banquet du père de famille, après qu'il leur a fait rendre leur première robe : « Apportez, dit-il, sa première robe et l'en revêtez [1] : » rendez-lui la grace qu'il a perdue « et mettez-lui un anneau au doigt, et des souliers à ses pieds : et amenez le veau gras et le tuez : mangeons et faisons bonne chère. » Venez donc, ames innocentes ; venez du baptême à la sainte table : venez, vous êtes lavées ; le festin nuptial vous est préparé : et non-seulement le festin, mais encore le lit nuptial : car toute ame lavée de cette sorte est épouse et le fils du roi s'unit à elle. Mais je ne vous bannis pas de ce festin, ô pécheurs : ô épouses infidèles, qui avez manqué à la foi donnée : revenez, revenez, et je vous recevrai, dit le Seigneur : vous rentrerez au festin ; mais pourvu que vous ayez repris votre première robe, et que vous portiez dans l'anneau qu'on vous met au doigt, la marque de l'union où le Verbe divin entre avec vous.

Apportons donc l'innocence et la sainteté à la table de l'Epoux : c'est l'immortelle parure que nous demande celui qui est en même temps l'époux, le convive et la victime immolée, qu'on nous donne à manger dans le festin. Autrement nous serions ces pourceaux devant qui on jetteroit des perles et des pierreries.

Les riches habits sont une marque de joie ; et il est juste de se réjouir à la table du roi, lorsqu'il célèbre les noces de son fils avec les ames saintes ; lorsqu'il leur en donne le corps pour en jouir, et qu'elles deviennent un même corps et un même esprit avec lui par la communion. Car ce qui s'appelle ici le festin nuptial est aussi en un autre sens la consommation du mariage sacré où l'Eglise et toute ame sainte s'unit à l'Epoux corps à corps, cœur à cœur, esprit à esprit ; et où s'accomplit cette parole : « Qui me mange vivra pour moi [2]. » Venez donc avec vos habits les plus riches : venez avec toutes les vertus : venez avec une joie digne

[1] *Luc.*, XV, 22, 23. — [2] *Joan.*, VI, 58.

du festin qu'on vous fait et de la viande immortelle qu'on vous donne : « Ce pain est le pain du ciel : ce pain est un pain vivant qui donne la vie au monde[1] : venez, mes amis, mangez et buvez ; enivrez-vous, mes très-chers, de ce vin[2] » qui transporte l'ame et lui fait goûter par avance les plaisirs des anges.

Si nous étions toujours avec l'Epoux, il n'y auroit pour nous que de la joie. Mais écoutons ce qu'il dit lui-même : « Les amis de l'Epoux : » les enfans des noces, comme on les appeloit dans la langue sainte ; ceux qui sont conviés au banquet nuptial, « ne peuvent pas jeûner et s'affliger pendant que l'Epoux est avec eux. Le temps viendra que l'Epoux leur sera ôté, ils s'affligeront et ils jeûneront dans ces jours[3]. » Nous sommes maintenant dans ces jours. Nous ne sommes point dans ces jours où l'on entendoit sur la terre la voix de l'Epoux céleste, qui faisoit dire à saint Jean-Baptiste : « L'ami de l'Epoux se réjouit d'une grande joie à cause de la voix de l'Epoux qu'il entend. Cette joie, poursuit-il, s'accomplit en moi[4]. » Nous ne sommes plus dans ce temps : Jésus est retourné à celui qui l'a envoyé et l'Epoux ne paroît plus parmi nous. Nous ne voyons plus ce jour qu'Abraham et tous les prophètes avoient désiré ; l'Epoux a disparu : la nuée nous l'a enlevé : et il ne nous reste plus qu'à crier nuit et jour avec l'épouse : « Revenez, revenez, mon bien-aimé[5]. » Nous devons donc apporter au festin royal une joie mêlée de tristesse. L'habit nuptial riche et magnifique par la grace de la sainteté ou conservée ou rendue, doit tenir quelque chose du deuil. Il faut jeûner, il faut s'affliger dans le festin nuptial en la forme où nous avons à le célébrer. Car le festin que nous célébrons est la commémoration de la mort de l'Epoux. Revêtons-nous donc d'un deuil spirituel à ce festin : apportons-y le jeûne et la mortification des sens : c'est ce que nous signifie le jeûne du carême, par lequel nous nous préparons au festin pascal.

L'Eglise jeûnoit autrefois toutes les semaines deux ou trois fois, en mémoire de la douleur que la retraite de l'Epoux lui avoit causée. Le vendredi qui étoit le jour de sa mort, le samedi qui

---

[1] *Joan.*, VI, 32, 33, 41, 51. — [2] *Cantic.*, V, 1. — [3] *Matth.*, IX, 15. — [4] *Joan.*, III, 29. — [5] *Cantic.*, II, 17.

étoit le jour de sa sépulture, étoient de ces jours consacrés au
jeûne : l'abstinence nous en reste, pour marque de l'abstinence
où nous devons vivre durant l'absence de l'Epoux, en renonçant
à la joie et annonçant sa mort jusqu'à ce qu'il vienne. C'est peut-
être une des raisons qui nous oblige à ne manger pas avant la
communion. C'est une espèce de jeûne que nous célébrons par ce
moyen ; et il faut entendre par là qu'il se faut préparer au pain
de vie, en nous refusant toute autre nourriture, et en cessant de
vivre selon les sens. Ainsi la mortification des sens doit faire une
des parties de notre habit nuptial, et il faut se mortifier pour célébrer la mort du Sauveur.

XXXIV° JOURNÉE.

*Entrer au festin des noces sans l'habit nuptial. Beaucoup d'appelés
et peu d'élus. Petit troupeau chéri de Dieu. Matth., xxii, 11-14.*

« Mon ami » par la vocation, qui devenez mon ennemi en la
méprisant, « comment êtes-vous entré ici sans avoir l'habit nuptial ? Et il n'eut rien à répondre[1]. » Car que répondre au Sauveur
qui nous reproche par la bouche de son Apôtre, « de n'avoir pas
su discerner son corps, et de nous en rendre coupables[2] ? Liez-
lui les pieds et les mains : » ôtez-lui la liberté dont il a fait un si
mauvais usage : « jetez-le dans les ténèbres extérieures[3] : » il a
voulu entrer dans l'intérieur de la maison avec des dispositions
funestes : chassez-le : plus il a voulu entrer au dedans, plus il le
faut pousser dehors. Mais qu'y trouvera-t-il, le malheureux ! Loin
de la maison de Dieu, où la lumière réside, où la vérité se manifeste, où Jésus-Christ luit éternellement, où les saints sont comme
des astres : qu'y trouvera-t-il, sinon « les ténèbres » d'un éternel
cachot ? Voilà ces ténèbres extérieures dont Jésus-Christ parle si
souvent. « Là sera pleur et grincement de dents. » Au lieu des
chastes délices de la sainte table, il y aura un pleur éternel. La
rage contre soi-même, contre sa témérité, contre les lâches confesseurs qui nous auront trop facilement introduits au banquet

[1] *Matth.*, XXII, 12. — [2] *I Cor.*, XI, 27, 29. — [3] *Matth.*, XXII, 13.

sacré, sera poussée jusqu'au grincement de dents. Avoir été appelé et mis au nombre des amis par le Sauveur, fera la partie la plus cruelle et la plus vive de notre supplice : la voix de l'époux et de l'épouse cessera : toute la joie sera bannie de ce triste lieu : la désolation sera éternelle.

« Il y a beaucoup d'appelés et peu d'élus [1] : » Jésus-Christ nous en a souvent avertis, et il avoit déjà dit la même parole, *Matth.*, xx, 16.

Cela est vrai, premièrement parmi les Juifs : « Je suis venu, dit le Sauveur, pour les brebis perdues de la maison d'Israël [2] : » Jésus-Christ a prêché, et a fait éclater ses miracles par toute la Judée : « il a passé en bien faisant et guérissant tous les oppressés [3]. » Les apôtres ont aussi rendu témoignage à sa résurrection devant tout le peuple, comme il leur avoit été ordonné [4] : et néanmoins dans ce nombre immense des Juifs, il n'y a eu que le résidu, c'est-à-dire un très-petit reste du peuple qui ait été sauvé. Ainsi « Israël n'a pas trouvé ce qu'il cherchoit, » c'est-à-dire le Christ et son royaume : « mais les élus en très-petit nombre l'ont trouvé : et les autres, » dont la multitude étoit immense, « ont été aveuglés [5] » pour leurs péchés par un juste jugement de Dieu : et voilà manifestement la parole de Jésus-Christ vérifiée sur les Juifs.

Mais le Sauveur ne parle pas seulement des Juifs à l'endroit que nous lisons de la parabole : car c'est après nous avoir fait voir les gentils appelés en la personne de ces aveugles et de ces boiteux qui sont invités à son festin, qu'il conclut « qu'il y a beaucoup d'appelés et peu d'élus. Efforçons-nous » donc « d'entrer par la petite porte qui mène à la vie : car la voie qui mène à la mort est très-spacieuse et plusieurs y entrent : qu'il y en a peu, » poursuit le Sauveur, » qui entrent par la voie étroite [6] ! » il y en a donc beaucoup d'appelés et peu d'élus. Mais la condition de ces appelés, qui ne persévèrent pas dans leur vocation, est plus terrible que celle des autres. Car ils sont ces serviteurs « qui ont connu la volonté de leur maître, qui seront les plus punis : » Tyr et Sidon et les

<hr>

[1] *Matth.*, xxii, 14. — [2] *Matth.*, xv, 24. — [3] *Act.*, x, 38. — [4] *Act.*, ii, 22 ; iv, 19, 33 ; v, 29, 32. — [5] *Rom.*, xi, 3, 4, 7. — [6] *Matth.*, vii, 13, 14.

Ninivites s'élèveront contre eux : et « le jugement de ces villes ingrates sera léger [1], » à comparaison de celui que doivent attendre les chrétiens infidèles à la grace qu'ils auront reçue. O Jésus, ô Jésus, « sauvez-moi de l'iniquité du peuple pervers [2] : » sauvez-moi ; car l'iniquité s'est multipliée parmi les enfans des hommes, « et on ne voit point de saint. [3] » Tout est plein de ces appelés qui ne veulent pas seulement penser à leur vocation, ni se souvenir qu'ils sont chrétiens.

Ne vivons pas comme la plupart ; car il y a longtemps qu'il est écrit : « Il n'y en a pas un qui fasse le bien, il n'y en a pas un seul [4]. » Ne disons pas : Tels et tels font ainsi, à qui on le souffre : et ne nous excusons pas sur la multitude ; car la multitude elle-même est inexcusable : si Dieu eût craint la multitude, il n'auroit pas consumé ces villes abominables par le feu, ni noyé tout l'univers dans le déluge : n'alléguons point la coutume ; car Jésus-Christ a dit : « Je suis la Vérité [5] : » on ne prescrit pas contre Dieu : « Chacun portera son fardeau [6], » et on ne nous jugera pas par les autres. Rangeons-nous avec ce petit nombre d'élus que le monde ne connoît pas, mais dont « les noms sont écrits dans le ciel ; » à qui le Sauveur a dit : « Petit troupeau , ne craignez pas [7] : » petit en nombre, petit en éclat, et la balayure du monde : qui est caché avec Jésus-Christ, mais aussi qui paroîtra avec lui. O petit nombre, quel que tu sois et en quelque coin de l'Eglise que tu te caches, je me joins à toi en esprit, et je veux vivre à ton ombre !

XXXV° JOURNÉE.

Consultation frauduleuse, et décision pleine de merveille et de vérité. Rendez à César ce qui est à César, et à Dieu ce qui est à Dieu. Matth., xxii, 15-22 ; Marc., xii, 13-17 ; Luc., xx, 20-26.

Considérons avant toutes choses le caractère de ceux qui viennent consulter le Sauveur : saint Luc les appelle des « hommes artifi-

---

[1] *Luc.*, xii, 45-47 ; x, 13 ; xi, 32. — [2] *Psal.* LVIII, 3. — [3] *Psal.* XIII, 1, 2. — [4] *Psal.* xi, 2. — [5] *Joan.*, XIV, 6. — [6] *Galat.*, vi, 5. — [7] *Luc.*, x, 20 ; xii, 32.

cieux, » propres à dresser des embûches : *insidiatores*, selon le grec et selon le latin, et il ajoute : « qui contrefaisoient les gens de bien [1] : » tout homme qui consulte, fait l'homme de bien; car il fait semblant de chercher la vérité : mais sous ce bel extérieur on cache souvent beaucoup d'artifice : on tend des piéges aux autres, comme ici on en tendoit au Sauveur : on en tend jusqu'à soi-même ; et il n'y a rien qui soit plus mêlé de fraude que les consultations, parce que chacun veut qu'on lui réponde selon sa passion.

Ceux que saint Luc a désignés par ce caractère général étoient, selon saint Matthieu et selon saint Marc, les pharisiens, dont la malice et l'hypocrisie est bien connue, et les hérodiens. Ces derniers étoient des politiques, qui faisoient profession d'honorer la mémoire du grand Hérode, ce politique raffiné, qui, pour avoir rebâti le temple avec une magnificence presque semblable à celle de Salomon, et pour avoir rétabli en quelque manière le royaume de Judée fort foible et fort appauvri devant lui, avoit paru si grand aux Juifs, dont il professoit la religion, que quelques-uns voulurent le prendre pour le Messie. Les politiques et les hypocrites s'entendent fort bien ensemble, et les voilà qui « conspirent pour surprendre le Sauveur. »

Ils commencent par la flatterie : car c'est par là que l'on commence toujours, lorsqu'on veut tromper quelqu'un : « Maître, nous savons que vous êtes véritable et que vous enseignez la voie de Dieu en toute sincérité, sans vous mettre en peine de qui que ce soit : car vous ne prenez pas garde à la personne des hommes [2]. » C'est ainsi qu'on pique d'honneur les hommes vains, pour les faire parler hardiment et sans mesure, et leur faire des ennemis. La matière étoit délicate, puisqu'il s'agissoit du gouvernement ; et c'est l'endroit où l'on a toujours tendu le plus de piéges aux serviteurs de Dieu, qui, parce qu'ils sont simples et sans ambition, sont réputés par les gens du monde avoir moins d'égard pour les puissances. Mais Jésus-Christ leur fait bien voir que, sans prétendre aux emplois publics, on sait connoître l'endroit par où il les faut respecter.

« Est-il permis de payer le tribut à César [3] ? » Le peuple juif s'é-

---

[1] *Luc.*, XX, 20. — [2] *Matth.*, XXII, 16. — [3] *Ibid.*, 7.

toit nourri dans cette pensée qu'il ne pouvoit pas être assujetti à des infidèles. Les Romains avoient occupé la Judée, et avoient même réuni à leur empire une grande partie du royaume qu'ils avoient donné autrefois à Hérode et à sa famille. Jérusalem étoit elle-même dans cette sujétion; et il y avoit un gouverneur qui commandoit au nom de César, et faisoit payer les tributs qu'on lui devoit. Si Jésus eût décidé contre le tribut, « ils le livroient aussitôt, comme dit saint Luc, entre les mains du gouverneur [1] : » et s'il disoit qu'il falloit payer, ils le décrieroient parmi le peuple comme un flatteur des gentils et de l'empire infidèle. Mais il leur ferme la bouche : premièrement, en leur faisant voir qu'il connoissoit leur malice : secondement, par une réponse qui ne laisse aucune réplique.

« Hypocrites, pourquoi me tentez-vous ? Hypocrites [2] : » vous faites paroître un faux zèle pour la liberté du peuple de Dieu contre l'empire infidèle, et vous couvrez de ce beau prétexte le dessein de perdre un innocent : mais « donnez-moi la pièce d'argent dont on paie le tribut [3] : » je ne veux que cela pour vous confondre.

« De qui est cette image et cette inscription ? — De César [4]. » — Vous voilà donc convaincus de la possession où étoit César de la puissance publique, et de votre propre acquiescement, et de celui de tout le peuple. Qu'avez-vous donc à répondre ? Si vous reconnoissez César pour votre prince; si vous vous servez de sa monnoie, et que son image intervienne dans tous vos contrats, en sorte qu'il soit constant que vous faites sous son autorité tout le commerce de la vie humaine, pouvez-vous vous exempter des charges publiques, et refuser à César la reconnoissance qu'on doit naturellement à la puissance légitime pour la protection qu'on en reçoit? « Rendez donc à César ce qui est à César [5] : » reconnoissez son empreinte : payez-lui ce qui lui est dû : payez-le, dis-je, par cette monnoie à qui lui seul donne cours : ou renoncez au commerce et en même temps au repos public, ou reconnoissez celui par qui vous en jouissez.

<hr>

[1] *Luc.*, XX, 20. — [2] *Matth.*, XXII, 18. — [3] *Ibid.*, 19. — [4] *Ibid.*, 20, 21. — [5] *Ibid.*, 21.

« Et à Dieu ce qui est à Dieu. » Par cette parole il fait deux choses : la première, c'est qu'il décide que se soumettre aux ordres publics, c'est se soumettre à l'ordre de Dieu qui établit les empires ; la seconde, c'est qu'il renferme les ordres publics dans leurs bornes légitimes. « A César ce qui est à César : » car Dieu même l'ordonne ainsi pour le bien des choses humaines : mais en même temps, « à Dieu ce qui est à Dieu : » son culte et l'obéissance à la loi qu'il vous a donnée. Car voilà ce qu'il se réserve, et il a laissé tout le reste à la dispensation du gouvernement public.

Il épuise la difficulté par cette réponse ; et non-seulement il répond au cas qu'ils lui proposoient par un principe certain dont ils ne pouvoient disconvenir, mais encore il prévient l'objection secrète qu'on lui pouvoit faire : Si vous ordonnez d'obéir sans bornes à un prince ennemi de la vérité, que deviendra la religion? Mais cette difficulté ne subsiste plus, puisqu'en rendant à César ce que Dieu a mis sous son ressort, en même temps il réserve à Dieu ce que Dieu s'est réservé, c'est-à-dire la religion et la conscience. « Et ils s'en allèrent confus : et ils admirèrent sa réponse [1], » où il régloit tout ensemble et les peuples et les Césars, sans que personne pût se plaindre.

XXXVIe JOURNÉE.

Injustice des Juifs envers Jésus-Christ. Jésus calomnié, opprimé par la puissance publique, en maintient l'autorité. Ibid.

Un peu de réflexion sur l'injustice des hommes. Ils admirèrent Jésus, et sentirent bien qu'ils ne pouvoient l'accuser ni devant le gouverneur, ni devant le peuple [2]. Mais se convertissent-ils et cessent-ils de le vouloir perdre? Au contraire, plus ils sont convaincus et moins ils ont de raison à lui opposer, plus ils lui opposent de fureur.

En apparence ils font les zélés pour la liberté du peuple de Dieu et contre l'empire infidèle, puisqu'ils osent même demander avis

---

[1] *Matth.*, XXII, 22. — [2] *Luc.*, XX, 26.

sur le tribut qu'on lui doit. Mais ceux-là même qui font paroître ce faux zèle, dans trois jours crieront à Pilate : « Si vous sauvez cet homme, vous n'êtes pas ami de César [1]. » Bien plus, voici un des chefs de l'accusation : « Nous avons trouvé cet homme qui empêchoit de payer le tribut à César [2]. » C'étoit précisément tout le contraire, comme on vient de voir par sa réponse. Qui peut empêcher la calomnie, si une réponse si nette ne l'a pu faire? Il ne reste qu'à la souffrir si Dieu la permet, et à savoir se contenter de son innocence.

Mais cavons (a) encore plus avant dans le cœur humain, et apprenons à en bien connoître l'injustice. Ceux qui font ici les zélés contre l'empire infidèle, y vont avoir recours contre Jésus-Christ et ils en useront de même contre ses disciples. S'agit-il de flatter le peuple, César ne peut rien. S'agit-il de faire mourir leurs ennemis, César peut tout. Les hommes ne trouvent juste que leurs passions : tout est bon pour les satisfaire; et on veut même y faire servir la puissance publique, qui est établie pour les réprimer.

Au reste, jamais réponse ne vint plus à propos que celle de Jésus-Christ; jamais instruction ne fut plus nécessaire au peuple juif dans la conjoncture et la disposition où il étoit. Ce peuple s'entretenoit dans un esprit de révolte qui éclata bientôt après, et en causa la ruine : les pharisiens et les faux zélés fomentoient secrètement ces mauvaises dispositions : mais Jésus-Christ, toujours plein de vérité et de grace, ne veut point partir de ce monde, sans les avoir bien instruits sur ce qu'ils devoient au prince et sans prévenir la rébellion dans laquelle toute la nation devoit périr.

Il savoit aussi que ses fidèles devoient être persécutés par les Césars, dont même l'autorité et le nom devoit dans deux jours intervenir dans le supplice qu'on lui préparoit : Jésus ne l'ignoroit pas, puisque même il l'avoit prédit; et qu'une des choses qu'il avoit marquées en prédisant son supplice, c'est qu'il seroit livré aux gentils. « Le Fils de l'homme, dit-il, sera livré aux gentils pour en être outragé, flagellé, crucifié [3]. » Il savoit aussi qu'on feroit le même traitement à ses apôtres, et que les Juifs « les li-

---

[1] *Joan.*, XIX, 12. — [2] *Luc.*, XXIII, 2. — [3] *Matth.*, XX, 18, 19.
(a) Creusons.

vreroient aux gentils » aussi bien que lui, « les traînant devant tous les princes et devant tous les tribunaux [1] » en haine de son Evangile. Mais quoiqu'il sût toutes ces choses, il fait justice aux princes ses persécuteurs : il maintient leur autorité dont il devoit être opprimé, lui et son Eglise : et il apprend en même temps à ses disciples de demeurer comme lui sans aigreur et en toute soumission envers les puissances, « en se livrant » à son exemple, comme dit saint Pierre, « à celui qui le jugeoit iniquement [2]. »

Ne nous plaignons donc jamais du gouvernement ni de la justice, quand même nous croirions en être opprimés injustement : mais imitons le Sauveur ; et conservant à Dieu ce qui est à lui, c'est-à-dire la pureté de nos consciences, rendons de bon cœur à tous les hommes, et même aux juges iniques, si le cas y échoit, et à nos plus grands ennemis ce qui leur est dû. C'est ce qu'il faudroit faire quand ils auroient tort : à plus forte raison quand ils ne l'ont pas, et que notre seule passion excite nos plaintes.

<div style="text-align:center">~~~~~~</div>

XXXVIIe JOURNÉE.

Réflexions sur ces paroles: De qui est cette image? *Le chrétien est l'image de Dieu. Il doit vivre de la vie de Dieu.* Matth., xxii, 20.

« De qui est cette image et cette inscription [3]? » Quittons la monnoie publique et l'image de César : chrétien, tourne tes yeux sur toi-même : De qui es-tu l'image et de qui portes-tu le nom ? O Dieu, vous nous avez faits à votre image et ressemblance. « Vous êtes en nous, ô Seigneur, » comme dans votre temple, « et votre saint nom a été invoqué sur nous [4]. » O Père, Fils et Saint-Esprit, nous avons été baptisés en votre nom : votre empreinte est sur nous : votre image que vous aviez mise au dedans de nous en nous créant, y a été réparée par le baptême. Ame raisonnable, faite à l'image de Dieu, chrétien renouvelé par sa grace, reconnois ton auteur, et à l'image que tu portes apprends à qui tu es.

Connoître Dieu, aimer Dieu, s'estimer heureux par là, c'est ce

[1] *Matth.,* x, 17, 18. — [2] 1 *Petr.,* ii, 23. — [3] *Matth.,* xxii, 20. — [4] *Jerem.,* xiv, 9.

qui s'appelle dans saint Paul « la vie de Dieu, dont les gentils étoient éloignés dans leur ignorance, et l'aveuglement de leur cœur[1]. Car c'est par là que nous entendons que Dieu même est heureux, parce qu'il se connoît et aime lui-même : et lorsque nous l'imitons, en nous estimant heureux par sa connoissance et son amour, nous vivons de « la vie de Dieu. »

Que la connoissance de Dieu ne soit pas en nous une simple curiosité, ni une sèche méditation de ses perfections : qu'elle tende à établir en nous son amour : nous vivrons de la vie de Dieu et nous rétablirons en nous son image.

Unissons-nous à la vie de Dieu, à la connoissance et à l'amour qu'il a pour lui-même : lui seul se connoît et s'aime dignement. Unissons-nous autant que nous pouvons à l'incompréhensible connoissance qu'il a de lui-même ; et consentons de tout notre cœur aux louanges dont il est digne, que lui seul connoît : nous vivrons de sa vie et son image sera parfaite en nous.

Tout ce que nous connoissons de Dieu, transportons-le en nous. Nous connoissons sa miséricorde : ce n'est pas assez : imprimons ce trait en nous-mêmes : « Et soyons miséricordieux comme notre Père céleste est miséricordieux[2]. » Nous admirons sa perfection : ce n'est pas assez : imitons-la : « Soyez parfaits, dit le Sauveur, comme votre Père céleste est parfait[3]. »

Pour se faire connoître à nous d'une manière sensible et proportionnée à notre nature, Dieu nous a envoyé son Fils, dont l'exemple est notre règle. Imitons-le donc : « Apprenons de lui qu'il est doux et qu'il est humble[4] ; » rendons-nous semblables à lui, et nous serons semblables à Dieu, et nous vivrons de sa vie, et son image sera rétablie en nous ; et nous parviendrons à la vie « où nous lui serons tout à fait semblables, parce que nous le verrons tel qu'il est[5]. »

Rendons-nous donc de vrais enfans de Dieu, en portant l'image et en faisant les œuvres de notre Père. Ne faisons donc point les œuvres du diable de peur que nous n'entendions la dure sentence que Jésus-Christ prononça aux Juifs : « Vous êtes les en-

____

[1] *Ephes.*, IV, 18. — [2] *Luc.*, VI, 36. — [3] *Matth.*, V, 48. — [4] *Ibid.*, XI, 29. — [5] I *Joan.*, III, 2.

fans du diable et vous voulez faire ses œuvres : il est malin, envieux, calomniateur, menteur et père du mensonge, cruel et homicide dès le commencement [1]. » Il inspire la sensualité, il enflamme la concupiscence, afin de faire servir l'esprit à la chair, et effacer en nous l'image de Dieu.

XXXVIIIe JOURNÉE.

Sur ces paroles : A Dieu ce qui est à Dieu. *Ibid.*

« A Dieu ce qui est à Dieu [2]. » Si une image pouvoit sentir, s'il lui venoit un esprit de vie et d'intelligence, elle ne cesseroit de se rapporter elle-même à son original : trait à trait, partie à partie, membre à membre, elle iroit sans cesse se réunissant à lui : si elle pouvoit connoître qu'il lui manquât quelque trait, elle iroit, pour ainsi parler, continuellement l'emprunter : s'il s'en effaçoit quelqu'un, elle n'auroit point de repos jusqu'à ce qu'il fût rétabli ; et si elle y pouvoit contribuer, ce seroit là toute son étude et tout son travail. Nuit et jour elle ne seroit occupée que du désir de lui ressembler : car c'est là son être : elle n'auroit point d'autre gloire que celle de le faire connoître : elle ne pourroit souffrir qu'on terminât son amour en elle, mais elle feroit tout passer à son original : surtout si son original étoit en même temps son auteur, parce qu'elle lui devroit l'être en deux manières : elle le devroit à sa main et à son art qui l'auroit formée : elle le devroit à sa forme primitive et originale, dont toute sa ressemblance seroit dérivée et ne subsisteroit que par ce double emprunt.

Si les portraits de nos peintres étoient animés, ils seroient étrangement partagés entre le peintre qui est leur auteur et le Roi ou quelque autre objet qui est leur modèle et qu'ils ont à représenter. Car à qui aller? Je suis toute à celui qui m'a fait, et il n'y a trait que je ne lui doive : je suis toute à celui que je représente, et il n'y a trait que je ne lui doive d'une autre manière. La pauvre

[1] *Joan.*, VIII, 44. — [2] *Matth.*, XXII, 21.

image, pour ainsi dire, se mettroit en pièces et ne sauroit à qui se donner, étant attirée des deux côtés avec une égale force. Mais en nous les deux forces concourent ensemble : celui qui nous a faits nous a faits à sa ressemblance : il est notre original et notre principe. Quel effort ne devons-nous donc pas faire pour nous réunir à lui?

Qui peut représenter Dieu, si ce n'est lui-même? Lui seul se connoît. C'est lui qui nous a faits, ce n'est pas un autre : il nous a faits à sa ressemblance, et nous lui devons doublement tout ce que nous sommes jusqu'au moindre trait. Nous ne pouvons donc ni nous reposer, ni nous glorifier en nous-mêmes : « A Dieu ce qui est à Dieu : » c'est notre gloire, c'est notre enseigne, c'est notre vie : notre étude et notre travail est de lui ressembler de plus en plus, de faire tout pour lui et de lui rapporter sans cesse tout ce que nous sommes.

Voyez le Fils de Dieu : il est la parfaite image du Père, son Verbe, son intelligence, sa sagesse, « le caractère de sa substance et le rejaillissement de sa gloire [1]. » Mais que fait-il sur la terre ? « Rien, dit-il, que ce qu'il voit faire à son Père : » rien de lui-même, rien pour lui-même : « il ne fait que ce que son Père lui découvre : et tout ce que le Père fait, non-seulement le Fils le fait aussi, mais encore il le fait semblablement [2], » avec la même dignité et la même perfection que lui : parce qu'il est le Fils unique, Dieu de Dieu, parfait du parfait. Tel est le devoir, ou plutôt telle est la nature de l'image. Nous qui ne sommes pas l'image et la ressemblance même, mais qui sommes faits à l'image et ressemblance, c'est-à-dire qui ne sommes pas l'image engendrée du sein et de la substance du Père, mais un ouvrage tiré du néant où il a gravé son image, nous devons à notre manière imparfaite et foible imiter notre modèle qui est Jésus-Christ; et toujours attentifs à son exemple, faire ce que Dieu nous montrera, ne nous étudier à autre chose qu'à y conformer nos désirs. « A Dieu ce qui est à Dieu : » c'est la vérité : venons à la pratique.

[1] *Hebr.*, I, 3. — [2] *Joan.*, V, 19 et seq.

XXXIXe JOURNÉE.

Terrible punition des corrupteurs de l'image de Dieu. Ibid.

Cette image, qui est notre ame et toute créature raisonnable, repassera un jour par les mains et devant les yeux de Jésus-Christ. Il dira encore une fois en nous regardant : « De qui est cette image et cette inscription [1] ? » Et notre fond lui répondra : « De Dieu. » C'est pour lui que nous étions faits : nous devions porter son empreinte : le baptême la devoit avoir réparée et c'étoit là son effet et son caractère. Mais que sont devenus ces divins traits que nous devions porter? L'image de Dieu devoit être dans ta raison : toi, tu l'as noyée dans le vin : toi, tu as trouvé cette ivresse indigne et grossière, mais tu t'es enivrée d'une autre sorte encore plus dangereuse et plus longue, lorsque tu t'es plongée dans l'amour des plaisirs : toi, tu l'as livrée à l'ambition : toi, tu l'as rendue captive de l'or, « ce qui étoit une idolâtrie [2] : » toi, tu l'as sacrifiée à ton « ventre, » dont tu as « fait ton Dieu [3]. » Parlons avec confiance quand nous parlons avec l'Ecriture : toi, tu lui as fait une idole de la vaine gloire : au lieu de louer et de bénir Dieu nuit et jour, nuit et jour elle s'est louée et admirée elle-même. « En vérité, en vérité, » dira le Sauveur, « je ne vous connois pas [4] : » vous n'êtes pas mon ouvrage, et je ne vois plus en vous ce que j'y ai mis : vous avez voulu vous faire vous-mêmes à votre mode : vous êtes l'ouvrage du plaisir et de l'ambition : vous êtes l'ouvrage du diable dont vous avez fait les œuvres, que vous avez fait votre père en l'imitant : allez avec celui qui vous connoît et dont vous avez suivi les suggestions : « Allez au feu éternel qui lui a été préparé [5]. » O Dieu! juste Juge! où en serai-je? Me connoîtrai-je moi-même, après que mon Créateur m'aura méconnu?

[1] *Matth.*, XXII, 20. — [2] *Ephes.*, V, 2. — [3] *Philipp.*, III, 19. — [4] *Matth.*, XXV, 41. — [5] *Ibid.*

XL° JOURNÉE.

Question des sadducéens sur la femme qui a eu sept maris l'un après l'autre. Jésus-Christ détache le chrétien de tout le sensible. Lisez Matth., **xxii**, 23, 24; Marc., **xii**, 18, 19 : et plus particulièrement Luc., **xx**, 27, jusqu'au 40, où tout est expliqué plus au long.

Voici le jour des interrogations; mais le jour des résolutions les plus admirables que la sagesse incarnée ait données aux hommes.

« Moïse nous a commandé : » voyez comme ceux qui errent cherchent toujours à s'appuyer sur les Ecritures, et font semblant de vouloir obéir à la loi.

« De qui des sept sera-t-elle femme? car elle l'a été de tous : » il faut encore ajouter, selon saint Marc et selon saint Luc, « qu'elle n'a point laissé d'enfans au septième, non plus qu'aux autres : » de sorte qu'il n'y a rien qui détermine en sa faveur.

« De qui sera-t-elle femme? » Admirez combien les hommes sont charnels : ils ne peuvent comprendre une vie ni une félicité sans les objets qui flattent les sens et sans les choses corporelles auxquelles ils sont accoutumés. Ainsi ils n'entendent pas comment les saints sont heureux : toute cette vie incorporelle leur paroît un songe, une vision des spéculatifs, une oisiveté impossible à soutenir. Si on ne va, si on ne vient, comme en cette vie; si on n'y contente les sens à l'ordinaire, ils ne savent ce qu'on peut faire et ne croient pas qu'on puisse vivre. C'est pourquoi une telle vie ne les touche pas; et la croyant impossible, ils croient que tout meurt avec le corps. Tels étoient parmi les païens les disciples d'Epicure : tels étoient les sadducéens dans le peuple de Dieu : tels sont encore parmi nous les impies et les libertins qui ne connoissent que la vie des sens. Ils sont pires que les sadducéens; car ceux-ci se piquoient d'être zélateurs de la loi, et nos impies n'ont aucun principe.

« Vous vous trompez [1]. » C'est ainsi qu'il faut parler à ces gens

[1] *Matth.,* **xxii**, 29.

qui mesurent tout à leurs sens charnels et grossiers. « Vous vous
trompez. » Quelle erreur plus grande que de suivre toujours les
sens, sans songer qu'il y a en nous un homme intérieur et une
ame que Dieu a faite à son image? C'est pourquoi Jésus-Christ
leur dit encore à la fin, selon saint Marc : « Vous vous trompez
donc beaucoup[1] . »

« Vous vous trompez, faute d'entendre les Ecritures et la puissance de Dieu [2]. » C'est la source de toutes les erreurs : on ne veut
point entendre que Dieu puisse faire des choses au-dessus du sens
et du raisonnement humain, ni autre chose que ce qu'on voit. C'est
pourquoi on n'entend pas les Ecritures, parce que, pour ne vouloir pas étendre ses vues sur l'immensité de la puissance de Dieu,
on abaisse les Ecritures à des sens proportionnés à notre foiblesse :
on ne veut croire ni incarnation, ni Eucharistie, ni résurrection,
ni rien de ce que Dieu peut et de ce qu'il veut bien faire pour
l'amour de ses serviteurs. Ainsi les sadducéens ne vouloient pas
croire, ni qu'il pût conserver l'ame sans le corps, ni qu'il pût
l'y réunir de nouveau, ni qu'il le lui pût rendre avec de plus
nobles qualités qu'en cette vie, ni enfin donner à l'homme
d'autres plaisirs que ceux qu'il a coutume de sentir.

« Dans ce siècle, les hommes prennent des femmes et les femmes
prennent des maris : mais dans la résurrection, » ou comme il est
porté dans saint Luc, « parmi ceux qui seront jugés dignes du
siècle à venir et de ressusciter des morts; ni les hommes ne prendront des femmes, ni les femmes des maris : et ils seront immor-
tels, égaux aux anges de Dieu dans le ciel[3]. » Ainsi pour conserver
un tel peuple, il ne faudra ni de génération ni de mariage : et on
n'en aura non plus besoin pour les hommes que pour les anges.
Tout ce qui est établi pour soutenir la mortalité cessera : l'homme
sera renouvelé dans son corps et dans son ame : nous serons
« enfans de Dieu, » parce que nous serons « enfans de résurrection [4] : » ce ne sera plus de la chair et du sang que nous naîtrons
comme en cette vie : il n'y aura plus rien de corruptible : avec
une nouvelle naissance Dieu donnera à nos corps de nouvelles
qualités : et nous serons, non enfans des hommes, mais enfans de

[1] Marc., XII, 27. — [2] Matth., XXII, 29. — [3] Luc., XX, 34, 35. — [4] Ibid., 36.

Dieu et égaux aux anges, parce que nous serons enfans de résurrection.

« Le corps est maintenant conçu et semé dans la corruption, il ressuscitera dans l'incorruptibilité. Il est conçu dans la difformité, il ressuscitera dans la gloire : il est conçu dans la foiblesse, il ressuscitera dans la force : il est conçu pour une vie animale, il ressuscitera pour une vie spirituelle [1]. » Ne vous étonnez donc pas s'il n'y aura point alors de mariage, comme il n'y aura point de festins : on sera comme les anges, sans aucune infirmité des sens et sans avoir besoin de les satisfaire : « Et Dieu sera tout en tous [2]. » On n'aura besoin que de lui.

Commençons donc dès cette vie ce que nous ferons dans toute l'éternité : commençons à nous détacher des sens et à vivre selon cette partie divine et immortelle qui est en nous. Nous qui vivons dans le célibat, puisque nous voulons dès à présent imiter les anges, soyons purs comme eux. Ne vivons que pour Dieu, comme saint Paul nous l'ordonne : « Car l'homme qui a une femme et la femme qui a un mari, ont le cœur partagé : qui est seul ne pense qu'à Dieu [3]. » Ceux qui mènent une vie commune, ne laissent pas d'être obligés dans le fond au même détachement; et c'est à eux que le même Apôtre adresse cette parole : « Au reste, mes frères, le temps est court : ainsi que ceux qui ont des femmes soient comme n'en ayant pas, » et n'y soient point attachés : « que ceux qui pleurent et qui sont affligés soient comme s'ils ne l'étoient pas [4], » et qu'ils conçoivent que leurs larmes seront bientôt essuyées : que ceux qui se réjouissent conçoivent la fragilité et l'illusion de leur joie, et ne s'y abandonnent pas : « que ceux qui achètent soient comme ne possédant point, » et qu'ils cessent de s'imaginer que ce qui tient si peu à eux soit véritablement en leur puissance : « enfin que ceux qui usent des biens de ce monde soient comme s'ils n'en usoient point : car la figure de ce monde passe. Considérons ce qu'on ne voit pas, et non pas ce qu'on voit, parce que ce qu'on voit passe et ce qu'on ne voit pas est éternel [5]. » Passons donc et prenons tout comme en passant, sans

---

[1] I *Cor.*, xv, 42-44. — [2] *Ibid.*, 28. — [3] *Ibid.*, vii, 32-34. — [4] *Ibid.*, 29-31. — [5] II *Cor.*, iv, 18.

y attacher notre cœur lorsqu'on le possède, ni se troubler quand on le perd. Car le temps de jouir des biens de la terre est court : ce n'est qu'un moment, et ce n'est pas la peine de s'y arrêter. S'y arrêter, c'est renoncer au christianisme et à l'espérance du siècle à venir.

Mais si nous sommes chrétiens pour nous détacher des choses même permises, combien est grand notre crime si nous demeurons attachés à celles qui ne doivent pas même être nommées parmi les chrétiens, selon ce que dit saint Paul : « Que l'impureté et l'avarice ne soient pas même nommées parmi vous, ainsi qu'il est convenable parmi les saints. » Et encore : « Ce qu'ils font dans le secret est honteux même à dire [1]. »

XLIe JOURNÉE.

Immortalité de l'ame; résurrection des corps. Luc., xx, 37, 38.

« Or que les morts ressuscitent, Moïse même vous l'a dit [2] : » il va à la source, et il leur allègue les paroles du législateur et le fondement de l'alliance : « Je serai ton Dieu, » dit Dieu à Abraham [3] : et c'est sur cela que l'alliance est fondée : et depuis il s'est toujours appelé « le Dieu d'Abraham, le Dieu d'Isaac, le Dieu de Jacob : » et c'est ainsi qu'il se qualifia, quand il apparut à Moïse pour l'envoyer à son peuple : « Je suis le Dieu de ton père, le Dieu d'Abraham, le Dieu d'Isaac, le Dieu de Jacob. » Et après : « Va, dit-il, et dis aux enfans d'Israël : Le Seigneur Dieu de vos pères : le Dieu d'Abraham, le Dieu d'Isaac, le Dieu de Jacob : c'est là mon nom à jamais, et c'est là mon mémorial et le titre sous lequel je veux être connu de génération en génération [4]. Or Dieu n'est pas le Dieu des morts [5], » ni le Dieu de ce qui n'est plus : « les morts, » à les regarder comme morts, « dorment dans le sépulcre : le Seigneur ne s'en souvient plus, et ils ne sont plus sous sa main [6]. » Mais il n'en est pas ainsi des ames saintes, des ames des amis de Dieu : car s'ils sont morts à l'égard de

<hr>

[1] *Ephes.*, v, 3, 12. — [2] *Luc.*, xx, 37. — [3] *Genes.*, XVII, 7, 8. — [4] *Exod.*, III, 6 15. — [5] *Luc.*, xx, 38. — [6] *Psal.* LXXXVII, 6.

l'homme, « ils sont vivans pour Dieu. Ils sont vivans sous ses yeux et devant lui; » et encore : « Ils sont vivans pour lui [1]. » S'ils ont perdu le rapport qu'ils avoient à leurs corps et aux autres hommes, ils avoient un autre rapport à Dieu, qui les a faits à son image et pour en être loué. Ce rapport ne se perd pas : car si le corps se dissout et n'est plus animé de l'ame, Dieu pour qui l'ame a été faite et qui porte son empreinte, demeure toujours. Ainsi les amis de Dieu subsistent toujours par le rapport qu'ils ont à Dieu. Et c'est pourquoi il se dit leur Dieu, non-seulement durant leur vie, mais encore après leur mort : car leur vie a été trop courte pour donner à Dieu une dénomination éternelle : or le titre de Dieu d'Abraham, d'Isaac et de Jacob est éternel. Dieu donc se dit leur Dieu, parce qu'ils vivent toujours devant lui et qu'il les tient sous sa face; et comme dit l'apôtre saint Paul : « Dieu ne rougit pas de s'appeler leur Dieu, parce qu'il leur a bâti une ville permanente et qui avoit des fondemens éternels [2]. » Autrement, comment n'auroit-il pas honte de s'appeler leur Dieu, s'il les avoit abandonnés et ne leur eût laissé pour demeure qu'un tombeau ? Ils sont donc vivans devant lui : et ce qui leur convient convient à tous les enfans de Dieu : car c'est le fondement de l'alliance à laquelle par conséquent tout le monde a part. Car ce même Dieu qui se dit le Dieu d'Abraham, se dit en même temps le Dieu de nos pères : et en disant à Abraham : « Je serai ton Dieu, » il a ajouté : « et de ta postérité après toi [3]. » Il leur a donc également destiné cette demeure éternelle.

On dira que Jésus ne prouve que l'immortalité des ames, et non pas la résurrection des corps. Mais la coutume de l'Ecriture est de regarder une de ces choses comme la suite de l'autre. Car si on revient à l'origine, Dieu avant que de créer l'ame, lui a préparé un corps. Il n'a répandu sur nous ce souffle de vie, c'est-à-dire l'ame faite à son image, qu'après qu'il a donné à la boue qu'il manioit si artistement avec ses doigts tout-puissans, la forme du corps humain. Si donc il a fait l'ame pour la mettre dans un corps, il ne veut pas qu'elle en soit éternellement séparée. Aussi voulut-il d'abord qu'elle y fût unie éternellement, puisqu'il avoit

____

[1] *Luc.*, XX, 38. — [2] *Hebr.*, XI, 10, 16. — [3] *Genes.*, XVII, 7.

fait l'homme immortel et que c'est par le péché que la mort a été introduite sur la terre. Mais le péché ne peut pas détruire à jamais l'œuvre de Dieu : car le péché et son règne doit être lui-même détruit : alors donc l'homme sera rétabli dans son premier état : la mort mourra et l'ame sera réunie à son corps pour ne le perdre jamais. Car le péché qui en a causé la désunion ne sera plus. Il a donc prouvé aux sadducéens plus qu'ils ne vouloient, puisqu'il leur a prouvé non-seulement la résurrection des corps, mais encore la subsistance éternelle des ames, qui est la racine et la cause fondamentale de la résurrection des corps, puisque l'ame à la fin doit attirer après elle le corps, qu'on lui a donné dès son origine pour son éternel compagnon.

Que reste-t-il donc après cela, sinon de nous réjouir avec les pharisiens « de ce que Jésus a fermé la bouche aux sadducéens[1], » qui ne vouloient croire ni la résurrection, ni la subsistance des ames après la mort ? Le Sauveur les a confondus : il est allé d'abord à la source de l'erreur, en leur prouvant l'immortalité des ames. Joignons-nous donc à ces docteurs de la loi, qui, ravis de ce qu'il venoit de dire, s'écrièrent avec une espèce de transport : « Maître, vous avez bien dit[2]. » Mais ce n'est pas de vains applaudissemens que Jésus cherche. S'il a bien dit, profitons de sa doctrine : vivons comme devant éternellement vivre : ne vivons pas comme devant mourir pour terminer tous nos soins à cette vie : songeons à cette vie qui nous est réservée éternellement devant Dieu et pour Dieu. Commençons donc dès à présent à vivre pour lui, puisque c'est pour lui que nous devons vivre dans l'éternité. Vivons pour lui : aimons-le de tout notre cœur : c'est ce qu'il nous va enseigner dans la lecture suivante.

XLIIᵉ JOURNÉE.

Le grand commandement de la loi, l'amour de Dieu et du prochain.
Matth., xxii, 34, 36; Marc., xii, 28, 30; Luc., x, 27.

« Quel est le grand commandement dans la loi[3] ? » On ne sait

[1] *Matth.*, xxii, 34. — [2] *Luc.*, xx, 39. — [3] *Matth.*, xxii, 36.

si c'est encore pour le tenter qu'on lui fit cette demande en *saint Matthieu* et en *saint Marc,* ou si c'est de bonne foi pour être instruit. Car nous voyons en *saint Luc,* dans une autre occasion, qu'un des docteurs de la loi lui fit une demande approchante « pour le tenter[1] : » et qu'après avoir ouï de la bouche du Sauveur la même réponse qu'il fait aujourd'hui, il continua son discours, en « voulant se justifier lui-même. »

Je ne sais s'il en est de même en cette occasion : car le docteur de la loi qui l'avoit interrogé, paroît si satisfait de sa réponse, qu'il mérita de recevoir cet éloge du Sauveur : « Vous n'êtes pas loin du royaume de Dieu[2]. » Par où, s'il lui montroit qu'il n'y étoit pas encore arrivé, il lui faisoit voir en même temps qu'il étoit dans le chemin, comme la suite le fera peut-être mieux paroître.

Il semble aussi que les pharisiens qui firent faire cette demande au Fils de Dieu[3], furent bien aises qu'il eût confondu les sadducéens; et que, reconnoissant en lui par ses admirables réponses une doctrine supérieure à tout ce qu'ils avoient jamais entendu, ils furent bien aises d'apprendre sa résolution sur la plus importante question qu'on pût faire sur la loi : « Quel est le grand commandement de la loi[4]? » ou comme saint Marc le rapporte : « Quel est le premier de tous les commandemens[5]? »

Jésus, qui étoit la vérité même, alloit toujours et d'abord au premier principe : il étoit clair que le plus grand commandement devoit regarder Dieu. C'est pourquoi il choisit un lieu de la loi qui portoit ainsi : « Ecoute, Israël : le Seigneur ton Dieu est le seul Dieu, le seul Seigneur[6] : » par là la grandeur de Dieu étoit établie dans sa parfaite unité : de là il s'ensuivoit encore qu'il lui falloit consacrer celui de nos sentimens qui le faisoit le plus régner dans nos cœurs et réunissoit davantage en lui toutes nos affections, qui étoit l'amour. Ce qui montroit encore que l'amour qu'il falloit donner à un être si parfait devoit aussi être parfait : c'est ce qui fait choisir au Sauveur l'endroit de toute l'Ecriture où la perfection de l'amour de Dieu et la parfaite réunion de tous nos dé-

____

[1] *Luc.,* x, 25, 29. — [2] *Marc.,* xii, 32, 34. — [3] *Matth.,* xxii, 34. — [4] *Ibid.,* 36. — [5] *Marc.,* xii, 28. — [6] *Deuter.,* vi, 4; *Marc.,* xii, 29.

sirs en lui seul, étoit expliquée. Mais de peur que quelque igno rant ne soupçonnât qu'en réunissant en Dieu tout son amour, il n'en restât plus pour le prochain, il ajoute au premier précepte le second qui lui est semblable [1] : et il porte l'amour du prochain à sa perfection, en montrant encore dans la loi qu'il faut « aimer son prochain comme soi-même; » où il met le mot de *prochain* au lieu de celui *d'ami*, qui est dans la loi [2], parce que le nom « d'ami » eût semblé restreindre l'amour à ceux avec qui on avoit des liaisons et une confiance particulière : au lieu que le mot de *prochain*, plus général, l'étendoit sur tous ceux qui nous touchoient par la nature qui nous est commune , ainsi que le Fils de Dieu l'avoit déjà expliqué [3].

Voilà donc toute la loi rappelée à ses deux principes généraux : et l'homme est parfaitement instruit de tous ses devoirs, puisqu'il voit en un clin d'œil ce qu'il doit à Dieu son créateur, et ce qu'il doit aux hommes ses semblables. Là est compris tout le Décalogue, puisque dans le précepte d'aimer Dieu, toute la première table est comprise, et dans celui d'aimer le prochain est renfermée toute la seconde. Et non-seulement tout le Décalogue est compris dans ces deux préceptes, mais encore « toute la loi et tous les prophètes [4], » puisque tout aboutit à être disposé comme il faut envers Dieu et envers les hommes; et que Dieu nous apprend ici non-seulement les devoirs extérieurs, mais encore le principe intime qui nous doit faire agir, qui est l'amour. Car qui aime ne manque à rien envers ce qu'il aime. Nous voyons donc la facilité que Jésus-Christ apporte aujourd'hui à notre instruction, puisque sans nous obliger à lire et à pénétrer toute la loi, ce que les foibles et les ignorans ne pourroient pas faire, il réduit toute la loi à six lignes : et que pour ne point dissiper notre attention s'il nous falloit parcourir en particulier tous nos devoirs, il les renferme tous, et envers Dieu et envers les hommes , dans le seul principe d'un amour sincère, en disant qu'il « faut aimer Dieu de tout son cœur et son prochain comme soi-même : de ces deux préceptes, dit-il, dépendent toute la loi et tous les prophètes [5]. »

---

[1] *Matth.*, XXII, 39. — [2] *Levit.*, XIX, 18. — [3] *Luc.*, X, 29, 37. — [4] *Matth.*, XXII, 40. — [5] *Ibid.*, 37-39.

Adorons la vérité éternelle dans cet admirable abrégé de toute la loi. Que je vous suis redevable, ô Seigneur, d'avoir tout ramassé en un, en sorte que sans avoir toujours à me fatiguer dans une immense lecture, je tiens en sept ou huit mots toute la substance de la loi : et lorsque, pour donner à mon esprit un exercice convenable, je lirai avec affection et attention le reste de votre Ecriture, vous m'avez mis en main dans ces deux préceptes, le fil qui me conduira dans toutes les difficultés que je trouverai dans une lecture si profonde; ou plutôt la résolution et le dénouement de toutes les difficultés, puisque je suis assuré qu'en entendant ces deux préceptes, je n'ignore rien de ce qui m'est nécessaire. O Dieu, je vous loue : ô Jésus, soyez béni : ô Jésus, je vais m'appliquer à méditer cet admirable abrégé de la doctrine céleste : je me veux parler à moi-même sans paroles de ces paroles si pleines de lumières : c'est-à-dire je veux tâcher de les pénétrer plutôt par l'affection que par le discours : j'en contemplerai la vérité, afin d'en sentir la force et de m'en remplir tout entier au dedans et au dehors. O Jésus, donnez-m'en la grace : ô Jésus, répandez dans mon ame votre Saint-Esprit, qui est l'amour éternel et subsistant de votre Père et de vous, afin qu'il m'apprenne à vous aimer tous deux, et à aimer avec vous comme un seul et même Dieu l'Esprit qui procède de l'un et de l'autre.

« Et personne n'osoit plus l'interroger[1]. » Cette réflexion de saint Marc fait soupçonner que ceux qui lui firent faire cette dernière demande, ou du moins quelques-uns d'eux, ne le consultoient que pour le tenter. Car s'ils eussent consulté pour s'instruire de bonne foi un maître dont la doctrine étoit si remplie de vérité et de grace, il y avoit à l'interroger jusqu'à la fin. Mais comme ils l'interrogeoient dans le dessein de le surprendre et pour voir s'il répondroit mal, ou s'il demeureroit court dans quelque question, ils cessent de le consulter aussitôt qu'ils sentent qu'ils n'ont aucun avantage à tirer contre lui de ses réponses.

Apprenons de ceux qui consultent mal la vérité éternelle, comment il la faut consulter : c'est-à-dire non pour la tenter ou la contredire, ou même pour satisfaire une vaine curiosité : mais

____
[1] *Marc.*, XII, 34.

pour se nourrir de sa substance, y conformer tous nos sentimens, et vivre de la véritable vie, selon cette réponse du Sauveur : « Faites ceci, et vous vivrez [1] : faites ceci : » aimez Dieu de tout votre cœur et votre prochain comme vous-même : « Faites ceci : » ne vous contentez pas de discourir et de faire une matière de spéculation de ce qui est la règle de votre pratique : « Faites ceci, et vous vivrez : » vous vivrez de la véritable vie : vous vivrez de la vie qui ne meurt jamais : « car les prophéties s'évanouissent dans le ciel : les énigmes se dissipent par la manifestation de la vérité : » la foi se change en claire vue et l'espérance en possession. « Il n'y a que la charité » qui consiste en ces deux préceptes, « il n'y a, dis-je, que la charité qui ne finit pas et ne se perdra jamais [2], » comme dit saint Paul. Commençons donc de bon cœur à entendre et à pratiquer ce que nous pratiquerons éternellement. Amen. Amen.

XLIIIe JOURNÉE.

Réflexion sur le même commandement dans la Loi. Deuter., VI, 4, 5, 10.

« Ecoute, Israël : le Seigneur ton Dieu est le seul Dieu, le seul Seigneur : Tu aimeras le Seigneur ton Dieu de tout ton cœur et de toute ton ame, et de toute ta force [3] : c'est ainsi que nous lisons dans la Loi ; et l'Evangile interprète : « de tout ton esprit, de toute ton intelligence, de toute ta pensée, de toute ta puissance [4]. » Il ne se faut pas tourmenter l'esprit à distinguer la vertu de chacune de ces paroles, ni à distinguer par exemple le cœur d'avec l'ame, ni l'un ni l'autre d'avec l'esprit et l'intelligence, ni tout cela d'avec la force de l'ame, ni la force d'avec la puissance : encore que tout cela se trouve expliqué par des paroles expresses et distinguées : mais il faut seulement entendre que le langage humain étant trop foible pour expliquer l'obligation d'aimer Dieu, le Saint-Esprit a ramassé tout ce qu'il y a de

---

[1] *Luc.*, X, 28. — [2] *I Cor.*, XIII, 8, 12. — [3] *Deuter.*, VI, 4, 5. — [4] *Matth.*, XXII, 37; *Marc.*, XII, 30 ; *Luc.*, X, 27.

plus fort pour nous faire entendre qu'il ne reste plus rien à
l'homme qu'il puisse se réserver pour lui-même, mais que tout
ce qu'il a d'amour et de force pour aimer, se doit réunir en Dieu.
Pesons donc toutes les paroles dans cet esprit et par le cœur et
l'affection, plutôt que par la méditation et par la pensée : et lisons encore la suite de ce précepte divin dans le *Deutéronome,*
d'où il est pris. « Ecoute donc, Israël : » Ecoute du cœur : impose
silence à toute autre parole et à toute autre pensée : Ecoute, en
un mot, comme il faut écouter Dieu quand il parle, et encore
quand il parle de la principale chose qu'il exige de l'homme :
Ecoute, ô vrai Israël : ô chrétien, ô juste, ô fidèle ! « Le Seigneur
ton Dieu est le seul Seigneur : » il n'y a pas plusieurs dieux en
Israël, comme dans les autres nations : il n'y a pas aussi plusieurs
objets entre lesquels on puisse partager son cœur : en un mot, il
n'y a pas plusieurs personnes ni plusieurs choses à aimer : « Tu
aimeras le Seigneur ton Dieu, » ce Dieu, ce Seigneur unique,
« de tout ton cœur, de toute ton ame, de toute ta force : » uniquement comme il est unique : parfaitement comme il est parfait ;
en consacrant à ce premier être, principe et moteur de tout, ce
qui est aussi le principe et le moteur en toi-même de toutes tes
affections. Je le veux, Seigneur : et si je le veux, je le fais : car
le vouloir, c'est le faire : le vouloir imparfaitement, c'est le faire
imparfaitement : le vouloir parfaitement, c'est le vouloir dans la
perfection que vous voulez. Rien n'est plus facile ; rien n'est plus
présent à la volonté que le vouloir : « Ce précepte n'est pas au-
dessus de *moi* ni loin de *moi :* il ne faut point monter au ciel,
ni passer les mers pour le trouver : mais la parole est fort proche
de toi, dit le Seigneur, dans ta bouche et dans ton cœur pour
l'accomplir [1]. » Dans ta bouche, c'est encore trop loin ; car pour
cela il faut parler, et la bouche et le cœur sont deux : mais dans
le cœur : le cœur te suffit : rien n'est plus proche du cœur que le
cœur même : et ce précepte d'aimer, qui est le précepte du cœur,
est vraiment fort proche de nous. Si je veux donner l'aumône et
exercer les œuvres de miséricorde, il faut sortir : si je veux me
réconcilier avec mon frère et réchauffer en lui la charité éteinte,

[1] *Deuter.*, XXX, 11-14.

il faut le chercher : si je veux chanter des psaumes, il faut du moins ouvrir la bouche. Mais pour aimer, que faut-il faire, sinon aimer? O Dieu, que ce précepte est près de moi ! fais-le donc; accomplis-le dans ce moment, ô cœur humain. Il est vrai que pour l'accomplir, j'ai besoin de vous, ô Dieu vivant, qui êtes le seul moteur des cœurs, qui seul y inspirez votre saint amour. Mais, ô Dieu, vous êtes présent, plus présent à moi-même que moi-même : ô Dieu, que ce précepte est encore proche de moi par cet endroit-là. Qu'attends-tu donc, ô mon ame : « Mon ame, bénis le Seigneur et que tout ce qui est en moi célèbre son saint nom [1] : O Seigneur, qui êtes ma force, je vous aimerai [2]; » mais, ô Seigneur, pourquoi dire, Je vous aimerai ? Disons dès à présent : Je vous aime. O que ce précepte est proche de moi ! Mais, ô Dieu, qu'il est loin de moi d'une autre manière et quelle est ma maladie ! Mais nous n'en sommes pas encore là : nous avons à lire le précepte, ainsi qu'il est écrit dans la loi. Lisons, mais lisons de cœur, et non des yeux.

XLIVe JOURNÉE.

Accomplissement du précepte de l'amour, en tout temps, en tout lieu. Ibid.

« Tu aimeras donc le Seigneur ton Dieu de tout ton cœur, de toute ton ame, de toute ta force. » Et parce que tu l'aimeras de cette sorte, les paroles que je te commande aujourd'hui, « les préceptes que je te donne seront dans ton cœur : » car on veut toujours accomplir la volonté de celui qu'on aime : « Et tu les raconteras à tes enfans. Et tu y mettras ta pensée, assis dans ta maison et marchant dans les chemins, te couchant et te levant [3] : » car de quoi s'occupe-t-on durant tout le cours de sa vie, que de la volonté de celui qu'on aime et du soin de lui plaire ? Pèse donc toutes ces paroles, ô vrai Israël : songe à plaire à Dieu et à lui obéir allant et venant, dans ton repos et dans ton travail, en t'endormant et en t'éveillant. Tu peux bien changer tes autres emplois, mais celui d'aimer Dieu et de lui plaire est le soin perpétuel

[1] *Psal.* CII, 1. — [2] *Psal.* XVII, 2. — [3] *Deuter.*, VI, 5 et suiv.

de ta vie. Et comme on ne lui peut plaire qu'en obéissant à sa loi et en accomplissant sa volonté, il faut être continuellement occupé de ce désir. « Aie donc les commandemens de Dieu toujours présens nuit et jour : tu les tiendras attachés à ta main comme un mémorial éternel ; et ils seront, et ils se mouvront continuellement devant tes yeux, et tu les écriras sur le seuil de ta porte, et à l'entrée de ta maison [1], » selon ce que dit le Sage : « Mon fils, garde mes commandemens et caches-les en toi-même comme ton trésor : Mon fils, observe-les et tu vivras : garde ma loi comme la prunelle de ton œil : lie-la à tes doigts ; qu'elle te guide dans tous tes ouvrages, et écris-la sur les tables de ton cœur [2] : tiens mes commandemens continuellement liés à ton cœur : mets-les autour de ton col comme un collier : quand tu marcheras, qu'ils marchent avec toi : qu'ils te gardent quand tu dormiras ; et aussitôt que tu seras éveillé, entretiens-toi avec eux, parce que le commandement est un flambeau et la loi est une lumière, et la répréhension qu'elle nous fait de nos fautes est la voie de la vie [3]. »

Voilà donc ce que produit l'amour de Dieu : un inviolable attachement à sa loi, une application à la garder, un soin de se la tenir toujours présente, de la lier à ses mains, et de ne cesser jamais de la lire, de l'avoir toujours devant les yeux : qu'elle n'y soit pas comme une chose morte, mais comme un objet qui se présente et se remue continuellement devant nos yeux, pour exciter notre attention. Ecrivons-en les sentences à l'entrée de notre maison, afin qu'autant de fois que nous y entrons, le souvenir s'en réveille : les Juifs le pratiquoient ainsi à la lettre, et ils écrivoient en effet des sentences choisies de la loi, non-seulement pour les mettre à l'entrée de leurs maisons, mais encore pour les rouler autour de leur tête, en sorte qu'en se mouvant continuellement devant leurs yeux, ils n'en perdissent jamais la mémoire. Mais toi, ô Juif spirituel, accomplis tout cela en esprit : aie les préceptes de Dieu toujours présens à ton esprit, pour les méditer et les accomplir dans tous tes ouvrages. Et tout cela, parce que tu aimeras le Seigneur ton Dieu, parce qu'on ne peut l'aimer sans lui obéir, ni lui obéir sans l'aimer. Ce que le Sauveur explique en

____
[1] *Deuter.*, VI, 7-9. — [2] *Prov.*, VII, 1-3. — [3] *Prov.*, VI, 21-23.

disant : « Si vous m'aimez, gardez mes commandemens ; » et réciproquement : « Celui qui garde mes commandemens, c'est celui
qui m'aime [1]. » Il ne suffit pas de garder l'extérieur de la loi : l'ame
de la loi, c'est de la garder par amour : l'effet de l'amour est de
garder la loi : « N'aimons pas en paroles, ni de la langue, mais en
œuvre et en vérité [2]. » De belles spéculations, de beaux discours,
ce n'est pas là ce qui s'appelle aimer ; il faut venir à la pratique :
des pratiques extérieures, ce n'est pas là ce qui s'appelle observer
la loi : l'ame de la loi, c'est d'aimer et de faire tout par amour ;
le reste n'est que l'écorce et l'extérieur de la bonne vie.

XLV° JOURNÉE.

La loi inculque l'amour de Dieu avec une nouvelle force.
Deuter., x, 12 et suiv.

Continuons à considérer le commandement de l'amour de Dieu,
comme il est écrit dans la loi [3]. « Et maintenant, Israël, qu'est-ce
que te demande le Seigneur ton Dieu, si ce n'est que tu le craignes
et que tu marches dans ses voies, et que tu l'aimes, et que tu le
serves de tout ton cœur et de toute ton ame, et que tu gardes les
commandemens du Seigneur, et ses cérémonies que je te commande aujourd'hui, afin que tout bien t'arrive et que tu sois
heureux ? Regarde ; le ciel et les cieux des cieux, ce que le ciel a
de plus haut et de plus impénétrable est au Seigneur ton Dieu,
et la terre et tout ce qui y est contenu : et toutefois le Seigneur
s'est attaché à tes pères, et les a aimés ; et il a choisi leur postérité
après eux, c'est-à-dire vous, parmi toutes les nations, comme
vous le voyez aujourd'hui. Circoncisez donc votre cœur, et n'en-
durcissez point contre Dieu votre col inflexible et indomptable,
pour secouer le joug de sa loi, parce que le Seigneur votre Dieu
est le Dieu des dieux, et le Seigneur des seigneurs ; le Dieu grand,
puissant et terrible, qui n'a point d'égard aux personnes ni ne
reçoit les présens. Il fait justice au pupille et à la veuve : il aime

---

[1] *Joan.*, XIV, 15, 21. — [2] *I Joan.*, III, 18. — [3] *Deuter.*, x, 12 et seq.

l'étranger et lui donne son vivre et son habillement partout où il va. Vous donc aimez aussi les étrangers, parce que vous avez été étrangers dans la terre d'Egypte. Vous craindrez le Seigneur votre Dieu, et vous ne servirez que lui seul : vous lui serez attaché, et vous jurerez en son nom, comme au seul nom qui est pour vous éternellement vénérable et saint : il est votre gloire et votre Dieu, qui a fait les choses terribles et merveilleuses que vous avez vues. Vos pères sont entrés en Egypte au nombre de septante, et le Seigneur vous a multipliés comme les étoiles. »

Dieu explique par ces paroles non-seulement l'obligation, mais encore les motifs de l'aimer. Pesez ces paroles : « Et toutefois le Seigneur s'est attaché et collé à vos pères, et il les a aimés. » Rendez-lui donc amour pour amour et attachez-vous à lui. Pesez ce mot.

Pesez ensuite, dans les versets 18 et suivans, les perfections de Dieu et ses bontés, que vous devez non-seulement aimer, mais encore imiter. Pesez encore la grace de son élection : « Il vous a choisis parmi toutes les nations, comme vous voyez. » Qu'aviez-vous mérité de lui? Pesez enfin : « Vous n'êtes entrés que septante dans la terre d'Egypte. » Il n'entra dans le cénacle environ que six vingts hommes [1]. Voyez comme Dieu les a multipliés, et comme l'Eglise s'est étendue par toute la terre pour vous recueillir dans son sein, pendant que tant d'autres nations périssent dans leur ignorance. « Mais le Seigneur votre Dieu ne vous a pas choisis pour votre mérite, ou parce que vous étiez le peuple le plus nombreux de toute la terre [2]; » car vous étiez en si petit nombre, lorsqu'il vous a envoyé son Saint-Esprit; et vous êtes encore environnés de nations immenses qui ne connoissent point son nom : « mais il vous a choisis, parce qu'il vous a aimés et qu'il vouloit accomplir le serment qu'il avoit fait à vos pères [3], » Abraham, Isaac et Jacob, en leur promettant que toutes les nations de la terre seroient bénies en eux et en leur semence, en leurs fils, dans le Christ qui sortiroit d'eux : « et afin que vous appreniez que le Seigneur votre Dieu est le Dieu fort et fidèle dans ses promesses, qui garde son alliance et sa miséricorde à

[1] *Act.*, I, 15. — [2] *Deuter.*, VII, 7. — [3] *Ibid.*, 8.

ceux qui l'aiment et qui observent ses commandemens, jusqu'à mille générations [1]. »

Dieu est parfait : Dieu vous a choisis : il vous a choisis par pur amour, par pure bonté : il vous a comblés de biens. Pouvez-vous n'aimer pas celui qui vous aime avec cette immense tendresse ? Venez au Sauveur, et à la grace de la nouvelle alliance. O homme, ô peuple racheté, il ne faut plus être qu'amour.

XLVIe JOURNÉE.

Conclusion. Nécessaire d'aimer Dieu, et de garder ses préceptes.
Deuter., xi, 1, 7, 18-20.

Voyez ce que Dieu conclut de toutes ces choses : « Aime donc le Seigneur ton Dieu, ô chrétien, » ô vrai Israël, « et garde ses commandemens, ses cérémonies, ses jugemens, ses préceptes [2]. » Songez à toutes les choses qu'il a faites pour vous dans le désert, et combien ont été plus grandes celles qu'il a faites pour les chrétiens. « Vos yeux ont vu les œuvres de Dieu, » les grandes œuvres qu'il a faites, les merveilles de Jésus-Christ et le grand ouvrage de la rédemption : « Mettez donc mes paroles dans votre cœur et dans votre esprit, et attachez-les à vos mains : » n'en quittez jamais la lecture : « Mettez-les entre vos yeux et ne les perdez jamais de vue : enseignez à vos enfans à les méditer et soyez-en occupés en marchant, en vous reposant, en vous couchant et en vous levant : écrivez-les sur les poteaux et aux portes de votre maison [3] ; » que tous vos sens en soient remplis et occupés, et que par là ils entrent dans le fond de votre cœur. Voilà les motifs, voilà la nature, voilà les effets et les fruits de l'amour de Dieu. En considérant sa perfection, sa bonté, ses immenses et continuels bienfaits, il faut tellement s'occuper de lui, que nuit et jour rien ne nous revienne tant dans la pensée que le soin de le contenter et de lui plaire.

---

[1] *Deuter.*, VII, 9. — [2] *Deuter.*, XI, 1. — [3] *Deuter.*, XI, 5, 7, 18-20.

XLVIIe JOURNÉE.

Second commandement semblable au premier : l'amour. du prochain.
Matth., xxii, 39.

Revenez à la lecture de l'Evangile, et appuyez sur cette parole : « Et voici le second qui lui est semblable : Vous aimerez votre prochain comme vous-même [1]. »

Quelle dignité de l'homme! L'obligation d'aimer son frère est semblable à celle d'aimer Dieu.

Ces deux préceptes vont presque d'égal à la tête de tous les commandemens, ou plutôt les renferment tous; mais le premier est le modèle de l'autre.

Comme l'homme est fait à la ressemblance de Dieu, ainsi le commandement d'aimer l'homme est fait à la ressemblance du commandement d'aimer Dieu : « Le second qui lui est semblable. »

Il faut aimer l'homme, où Dieu a imprimé sa ressemblance, parce qu'on aime Dieu.

Parce qu'on aime Dieu, il faut aimer l'homme qui est son temple et où il habite.

Parce qu'on aime Dieu, il faut aimer l'homme qu'il a adopté pour fils, et à qui il se veut communiquer tout entier.

Avec quelle pureté, avec quelle sainteté, avec quelle perfection, avec quel désintéressement faut-il aimer l'homme, puisque l'amour qu'on a pour lui est semblable à celui qu'on a pour Dieu!

Loin de cet amour la chair et le sang, loin de cet amour l'esprit d'intérêt et toute corruption!

Il faut aimer tous les hommes, parce que tous sont chers à Dieu, ils sont ses amis et ses enfans.

« Comme vous-même : » en leur souhaitant le même bien, la même félicité, le même Dieu qu'à soi-même. Nulle envie, nulle inimitié ne doit troubler cette union, ni la joie qu'on doit avoir de tous les progrès de son frère.

[1] *Matth.*, xxii, 39.

Lorsque la possession ou la recherche de quelque bien particulier nous divise, comme celui d'une charge, d'une dignité, d'une terre, il se faut bien garder d'en aimer moins notre frère : ce qu'il faut moins aimer, c'est le bien qui nous fait perdre notre frère, qui doit nous être cher comme nous-mêmes à nous-mêmes.

« Vous aimerez votre prochain comme vous-même. » Il ne dit pas : Vous aimerez Dieu comme vous-même ; car il le faut aimer plus que soi-même, et ne s'aimer soi-même que pour Dieu.

Il ne dit pas aussi : Vous aimerez votre prochain de tout votre cœur, de toute votre pensée, de toute votre force : cela est réservé à Dieu. C'est un transport de l'ame qui sort d'elle-même tout entière pour s'unir à Dieu : qui est heureuse de ce que Dieu est, et de ce qu'il est heureux : qui ne s'aime que pour Dieu, comme elle n'aime son prochain que pour Dieu. C'est s'aimer véritablement que d'aimer Dieu de cette sorte.

« Aimez comme vous-même : » c'est un amour de société et d'égalité : c'est ainsi qu'on aime son prochain : l'amour de Dieu est un amour de sujétion et de dépendance : mais de dépendance douce, puisque c'est dépendre du bien et s'unir à lui.

Il faut s'aimer soi-même pour Dieu, et non pas Dieu pour soi : s'il falloit, pour plaire à Dieu, s'anéantir, et qu'on sût que ce sacrifice lui fût agréable, il faudroit le lui offrir sans hésiter.

L'amour est un consentement et une union à ce qui est juste et à ce qui est le meilleur. Il est meilleur que Dieu soit que nous.

Prenons-y garde : l'amour-propre est le vrai fonds que laisse en nous le péché de notre origine : nous rapportons tout à nous et Dieu même, au lieu de nous rapporter à Dieu et de nous aimer pour Dieu.

Qui n'aime pas Dieu n'aime que soi. Pour aimer son prochain comme soi-même, il faut être auparavant sorti de soi-même et aimer Dieu plus que soi-même. L'amour une fois uni à cette source, se répand avec égalité sur le prochain. Nous l'aimons en société comme notre frère, et non pas par domination comme notre inférieur.

L'amitié est la perfection de la charité. C'est une liaison particulière pour s'aider à jouir de Dieu. Toute autre amitié est vaine.

Autre est l'amitié de besoin , autre l'amitié de société : celle-là vient de l'intérêt, celle-ci de la charité.

Les hommes doivent s'aimer les uns les autres comme les parties d'un même tout, et comme feroient les membres de notre corps, si chacun avoit sa vie particulière. Ils s'aimeroient l'un l'autre en société, comme soi-même : les deux yeux et les deux mains auroient toutefois une liaison particulière, à cause de la ressemblance. C'est le symbole de l'amitié chrétienne.

« Oui, mon frère : que je jouisse de vous en Notre-Seigneur : faites reposer mes entrailles en Notre-Seigneur [1] : » c'est l'amitié chrétienne. Toute la lettre à Philémon en est pleine.

Conclusion et abrégé. L'ordre est parfait, si on aime Dieu plus que soi-même : soi-même pour Dieu : le prochain non pour soi-même, mais comme soi-même pour l'amour de Dieu. O que cela est droit ! que cela est pur ! Toute vertu est là dedans.

XLVIII⁰ JOURNÉE.

Réflexions sur notre amour pour Dieu et pour le prochain. Ibid.

Faisons réflexion sur nous-mêmes : Est-ce aimer Dieu de tout son cœur que de partager son cœur entre lui et la créature? Peut-on aimer deux choses souverainement? ou peut-on aimer de tout son cœur, si on n'aime qu'à demi? Ne faut-il pas aimer parfaitement et du tout le tout parfait? Peut-on avoir « deux maîtres et servir Dieu et l'argent [2], » ou quelque autre créature que ce soit, contre la parole expresse du Fils de Dieu?

Si j'aime Dieu de toute ma pensée, et de toute mon intelligence, d'où vient que j'y pense si peu? Peut-on ne pas penser à ce qu'on aime? ce qu'on aime ne revient-il pas continuellement et naturellement à l'esprit? Faut-il se tourmenter pour s'en souvenir? mais du moins peut-il échapper, quand on se met exprès en sa présence , et pour avoir avec lui une douce communication? O mon Dieu! comment donc suis-je si distrait dans la prière?

[1] *Philem.*, 20. — [2] *Matth.*, VI, 24.

D'où vient que j'y ai si peu de goût? que mon cœur m'échappe, et que j'ai tant de peine à le retrouver, afin de dire avec David : « O mon Dieu, votre serviteur a trouvé son cœur pour vous faire cette prière? » O mon Dieu, si je ne puis penser à vous, comment est-ce que je vous aime de toute ma pensée?

Mais comment est-ce que je vous aime de toute ma force et de toute ma puissance, pendant que je me trouve si foible et si languissant, si lâche, si découragé dans ce que je fais pour vous? Pourquoi ai-je si peu de soin de vous plaire? A votre seul nom tous mes sens devroient se réveiller, et toutes les forces de l'ame et du corps se réunir pour faire votre ouvrage : et si je ne le fais pas, comment est-ce que je vous aime de toute ma force?

O Seigneur, si je vous aimois de toute ma force, par la force de cet amour j'aimerois mon prochain comme moi-même. Mais je suis si insensible à ses maux, pendant que je suis si sensible au moindre des miens. Je suis si froid à le plaindre, si lent à le secourir, si foible à le consoler : en un mot si indifférent dans ses biens et dans ses maux. Où est cette ardeur et cette tendresse d'un saint Paul? « Pleurer avec ceux qui pleurent, se réjouir avec ceux qui se rejouissent [1], être foible avec les foibles [2], souffrir comme dans le feu et être brûlé lorsque quelqu'un est scandalisé [3]. » O mon Dieu, si rien de cela n'est dans mon cœur, ni je n'aime mon prochain comme moi-même, ni je ne vous aime de toute ma force et de tout mon cœur.

Encore si en connoissant mes foiblesses et mes distractions, mes langueurs, mon indifférence, mon insensibilité et mes froideurs, je pouvois verser à vos pieds un torrent de larmes : je commencerois à aimer, en déplorant la privation et la perte de l'amour. Mais, ô Dieu, tout est foible en moi, et même la douleur de n'aimer pas.

Est-ce donc que je ne veux pas aimer? ou est-ce que je ne le puis pas et que je n'en ai pas la force? En effet n'aime pas qui veut, et on n'aime pas ce qu'on veut, et il faut être attiré. Mais, ô Dieu, si je ne pouvois pas aimer, vous ne me diriez pas : « Aime : » si je n'avois point de force pour aimer, vous ne me diriez pas :

1 *Rom.*, XII, 15. — 2 I *Cor.*, IX, 22. — 3 II *Cor.*, XI, 29.

« Aime de toute ta force. » Mais, ô Dieu, si je le pouvois et si j'en avois la force, ne le ferois-je pas maintenant, qu'étant devant vous, ou je le veux, ou je tâche de le vouloir sincèrement? Est-ce que je veux, et ne veux pas tout à la fois? Est-ce qu'aimer est autre chose qu'un bon vouloir? O mon Dieu, expliquez-moi ma maladie, et le besoin que j'ai de vous pour me servir de mes forces, pour vouloir ce que je veux, ou pour commencer à le vouloir.

Il est vrai comme je l'ai dit : n'aime pas qui veut et on n'aime pas ce qu'on veut ni autant qu'on veut : il faut être attiré; et surtout on n'aime pas Dieu que Dieu n'attire. « Personne ne vient à moi que mon Père ne le tire : quand je serai élevé de terre, je tirerai tout à moi [1]. » Et de là vient que l'Epouse disoit : « Tirez-moi et nous courrons [2] : » et pour dire : « Tirez-moi, » de tout son cœur et comme il faut, il faut déjà commencer d'être tiré. O Seigneur, tirez-moi donc, commencez et faites-moi suivre : commencez et je trouverai mon cœur et mes forces pour tout employer à vous aimer.

XLIXᵉ JOURNÉE.

Suite des mêmes réflexions. Lumière et délectation : attraits de l'amour de Dieu. Ibid.

Relis, mon ame, ce doux commandement d'aimer : c'est commencer à aimer, que d'aimer à le relire et à peser toutes les paroles qu'il contient. O Dieu, j'ai connu et j'ai senti que pour vous aimer il faut être tiré et attiré : mais comment m'attirez-vous? est-ce seulement en me manifestant vos beautés, c'est-à-dire en me montrant tout le bien, comme vous disiez à Moïse : « Je te montrerai tout le bien [3], » en me montrant moi-même à toi? Hâtez-vous donc, ô Seigneur; montrez-moi en vous toute vérité, toute perfection et tout bien, afin que je coure à vous, ravi par l'odeur de vos parfums, par la douceur de vos attraits.

[1] *Joan.*, VI, 44; XII, 32. — [2] *Cantic.*, I, 3. — [3] *Exod.*, XXXIII, 19.

Mais, ô Seigneur, est-ce assez que vous éclairiez mon intelligence? ne suis-je qu'un ignorant qu'il faut instruire? Ma volonté n'est-elle pas aussi malade par un secret et invincible attachement au bien sensible, que mon entendement malade par une ignorance profonde de vos vérités? Entrez donc au dedans de moi, ô Seigneur : saisissez-vous du secret et profond ressort d'où partent mes résolutions et mes volontés : remuez, excitez, animez tout; et du dedans de mon cœur, de cette intime partie de moi-même, si je puis parler de cette sorte, qui ébranle tout le reste, inspirez-moi cette chaste et puissante délectation, qui fait l'amour ou qui l'est : répandez la charité dans le fond de mon cœur comme un baume et comme une huile céleste. Que de là elle aille, elle pénètre, et qu'elle remplisse tout au dedans et au dehors : alors je vous aimerai, et je serai vraiment fort pour vous aimer de toute ma force.

Recommençons la lecture du divin précepte; ou plutôt lisons-le intérieurement dans ces tables intérieures, dans ces tables de notre cœur, où vous avez commencé à en écrire toutes les paroles. Vous dites : « Aimez : » Je veux aimer. Vous dites : « De tout votre cœur. » C'est de tout mon cœur. Vous dites : « De toute votre pensée. » Venez, toutes mes pensées, tous mes sentimens, tous mes mouvemens, tous mes désirs : venez, réunissez-vous pour aimer Dieu. Vous dites : « De toutes vos forces, » c'est-à-dire de toutes ces forces que vous excitez et que vous m'inspirez vous-même. O Seigneur, je vous suis, je cours de toute ma force pour m'unir à vous.

Mais, ô Seigneur, vous fuyez : plus j'approche, plus je vous vois loin : vous êtes près, et vous êtes loin : vous êtes en moi plus que moi-même : vous n'y êtes pas seulement comme vous êtes dans toutes les choses animées et inanimées : vous êtes en moi comme la lumière et la vérité qui m'éclaire et comme le chaste attrait où mon cœur se prend. O Dieu, vous êtes donc bien proche: mais, ô Seigneur, vos lumières vous rendent inaccessible : ô vérité, vous croissez à mesure que je vous approche, et sans cesse vous vous retirez à ma foible intelligence. Il faut que je m'aille perdre dans cette nue où vous vous cachez, dans ce point obscur

que je vois de loin, d'où vous vous faites sentir. Dieu si connu et
si inconnu, je veux vous aimer au delà de mes connoissances,
comme un être incompréhensible, que l'on ne connoît qu'en s'é-
levant au-dessus de toutes ses connoissances, sans jamais pouvoir s'élever assez ni comprendre, ni connoître assez combien
vous êtes incompréhensible. O Seigneur, je m'unis à vous, à
vos lumières, à votre amour : vous êtes seul digne de vous connoître et de vous aimer : je m'unis autant que je puis à vos lumières et à vos attraits incompréhensibles, et dans ce silence intime de mon ame, je consens à toutes les louanges que vous vous
donnez. O Seigneur, « le silence est votre louange ! » David le
chantoit ainsi dans un de ses psaumes : « Le silence est votre
louange (a) : » il faut se taire, il faut se perdre, il faut s'abîmer
et reconnoître qu'on ne peut rien dire de digne de vous, ni vous
aimer comme il faut. C'est ainsi qu'il faut aimer le Seigneur son
Dieu, non-seulement de toutes ses forces, mais encore, s'il se pouvoit, de toutes les forces de Dieu.

L⁰ JOURNÉE.

Suite des mêmes réflexions. L'amour doit toujours croître. Ibid.

Quand j'aimerai de toute ma force, ce ne sera plus cette vie : la
charité sera consommée : la cupidité sera éteinte : la sensualité et
l'amour-propre seront arrachés. Mais tant que nous sommes en
cette vie, ce poids qui nous entraîne au mal subsiste toujours.
« La loi de Dieu nous délecte dans l'homme intérieur : mais il y a
la loi des membres; et je ne fais pas le bien que je veux, mais le
mal que je ne veux pas. Malheureux homme que je suis! qui me
délivrera de ce corps de mort [1], » afin que j'aime Dieu de toutes mes
forces, et que la loi de l'esprit ne trouve plus en moi de résistance?

En attendant, ô mon Dieu, la charité doit croître toujours et la

[1] *Rom.*, VII, 19, 22-24.

(a) Dans le Psaume LXIV, où il est porté, selon la Vulgate, *Te decet hymnus :*
« La louange vous appartient; » l'original porte : *Tibi silentium laus :* « Le silence
est votre louange. »

cupidité toujours décroître. La force augmente en aimant : l'exercice de l'amour épure le cœur, en lui apprenant à aimer de plus en plus. Dieu est en nous quand nous aimons; et c'est lui qui du dedans de nos cœurs, y répand et y inspire l'amour. On mérite par l'amour de posséder Dieu davantage; et en le possédant davantage, d'aimer davantage. Je n'aime donc pas de toute la force que je puis exercer en cette vie, si je n'aime mieux demain qu'aujourd'hui, et si le jour d'après je n'augmente mon amour, jusqu'à ce que j'arrive à la vie où le précepte de la charité s'accomplira parfaitement. On ne peut s'y préparer qu'en cette vie : mais on ne peut l'accomplir parfaitement que dans l'autre. Ce qu'il y a à faire en cette vie, c'est d'aimer toujours de plus en plus, et en aimant, d'acquérir de nouvelles forces pour aimer. Excitons-nous nuit et jour à cette pratique : « Faites cela et vous vivrez, » dit le Sauveur [1].

LIe JOURNÉE.

Pratique de la charité dans l'Oraison Dominicale.

« Notre Père [2] : » Si nous sommes des enfans et non des esclaves, servons par inclination, et non par crainte : par volonté, et non par menace. Enfans d'adoption, aimons celui qui nous a choisis pour nous unir à son Fils unique.

« Qui êtes dans les cieux : » qui vous y manifestez à vos élus; qui nous avez donné le ciel pour notre héritage, notre patrimoine, notre ville, notre patrie, notre maison. Habitons-y donc en esprit : tournons là toutes nos pensées : *Sursum corda :* « le cœur en haut. » Purifions notre cœur, afin de voir Dieu. Unissons-nous par la foi à ceux qui le voient déjà face à face, aux anges et aux ames saintes. Cherchons partout notre Père, car il est partout; mais cherchons-le principalement dans le ciel, parce qu'il y est dans sa gloire : aimons sa gloire : aimons son saint nom : aimons son règne et sa volonté. C'est ce que la suite nous explique.

____

[1] *Luc.,* x, 28. — [2] *Matth.,* vi, 9; *Luc.,* xi, 2.

« Votre nom soit sanctifié : » quel nom, si ce n'est le nom de
Père que nous venons de lui donner? Sanctifions ce nom : ne
portons pas indignement le nom de fils : ne dégénérons pas d'un
tel Père et d'une telle naissance. Quel nom encore? le nom de
bon, en mettant en lui notre confiance : le nom de juste, en observant ses justices, c'est-à-dire ses commandemens : le nom de
puissant, en ne craignant rien sous ses ailes : le nom de saint, en
le glorifiant comme le Saint d'Israël, en lui disant continuellement : « Saint, Saint, Saint; le ciel et la terre sont remplis de
votre gloire [1]; » en nous sanctifiant nous-mêmes pour l'amour
de lui et pour l'imiter, conformément à cette parole : « Soyez saint
comme je suis saint [2] : » enfin le nom de Dieu, de Créateur et de
Seigneur, en lui obéissant par un chaste et un inviolable amour,
en traitant avec révérence les choses saintes, en honorant par
notre vie le nom de chrétien et en vivant de manière sous ses yeux
au dedans et au dehors, qu'il soit glorifié en nous.

« Si on parle, que ce soit des discours de Dieu; si on exerce
quelque ministère dans l'Eglise, qu'on le fasse comme par la vertu
que Dieu donne, afin qu'il soit glorifié en toutes choses par Jésus-
Christ Notre-Seigneur, lui à qui appartient la gloire et l'empire
aux siècles des siècles. *Amen* [3]. »

Sanctifier le nom de Dieu en cette sorte, c'est l'aimer parfaitement, et tout faire pour lui et sa propre perfection.

« Que votre règne arrive : » ce règne dont il est écrit : « Tout
genou fléchira devant moi, et toute langue confessera le nom de
Dieu [4], lorsque la plénitude des nations sera entrée et que tout
Israël sera sauvé [5]. » O Seigneur, que ce règne arrive, et que vous
soyez glorifié par toute la terre.

« Que votre règne arrive : » ce règne que nous attendons,
lorsque vous viendrez juger les vivans et les morts, et que vous
manifesterez votre puissance. Jour terrible et plein de menaces :
mais néanmoins désirable à vos saints, à qui le Sauveur a dit :
« Quand ces choses commenceront à se faire, regardez et levez la
tête, parce que votre rédemption approche [6]. » Quelle conscience

---

[1] *Isa.*, VI, 3; *Apoc.*, IV, 8. — [2] *Levit.*, XI, 44; I *Petr.*, I, 16. — [3] I *Petr.*, IV, 11.
— [4] *Isa.*, XLV, 24; *Rom.*, XIV, 11. — [5] *Rom.*, XI, 25, 26. — [6] *Luc.*, XXI, 28.

faut-il avoir, combien pure, combien innocente, pour désirer ce jour ! « Lavez-vous, purifiez-vous [1], » soyez nets. C'est d'une telle netteté que sortent la confiance et l'amour.

« Que votre règne arrive : » il arrive ce règne parfait pour chacun de nous, notre ame réunie à son principe, attend en son temps le corps qui lui avoit été donné, afin que l'homme entier soit soumis au règne de Dieu et s'en ressente.

« Je désire d'être séparé de mon corps, pour être avec Jésus-Christ [2]. »

« Je ne désire pas d'être dépouillé, mais d'être revêtu par-dessus, afin que ce qu'il y a de mortel en moi soit englouti par la vie [3]. »

« Je désire de m'éloigner du corps et d'être présent au Seigneur [4]. »

Alors le Seigneur régnera : il n'y aura plus de mauvais désirs à combattre : non-seulement le péché ne régnera plus, mais il ne sera plus. Commençons à le détruire : « Qu'il ne règne plus du moins dans nos corps mortels [5] : » alors nous désirerons le règne parfait de Dieu en nous.

Le dernier fruit d'une bonne conscience et de l'union de l'ame avec Dieu, est de ne pouvoir plus souffrir ce corps qui nous en sépare, et de désirer le sommeil des justes. Un secret dégoût de la vie, la séquestration de l'ame par la contemplation et le désir des choses célestes, l'actuelle séparation devient alors notre plus cher objet. O Dieu, « que ce règne arrive ! » Quand serai-je dans votre royaume ? Mon ame désire, mon ame languit, mon ame tombe dans la défaillance, en soupirant après vos éternels tabernacles, après cette cité permanente. Tout passe, tout s'en va : quand verrai-je celui qui ne passe pas ? Quand serai-je fixé en lui, en sorte que je ne puisse plus le perdre ? O que je puisse bientôt arriver à ce royaume ! En attendant, régnez en moi, régnez sur tous mes désirs, régnez-y seul. « On ne peut servir deux maîtres [6], » ni avoir deux rois, deux objets dominans dans son cœur. Les servir, c'est les aimer ; c'est le Fils de Dieu, la vérité même, qui l'ex-

____

[1] *Isa.*, I, 16. — [2] *Philipp.*, I, 23. — [3] II *Cor.*, V, 4. — [4] *Ibid.*, 6. — [5] *Rom.*, VI, 12. — [6] *Matth.*, VI, 24.

plique ainsi : « On ne peut servir deux maîtres : » car, ajoute-t-il,
« ou l'homme haïra l'un et aimera l'autre : » ainsi servir, c'est
aimer : servir sans partage, aimer sans partage : « ou il suppor-
tera l'un et méprisera l'autre. » Il n'y a point de milieu, aimer
ou haïr, supporter ou mépriser. Régnez donc seul.

« Que votre volonté soit faite : » c'est l'amour pur : car qu'est-ce
qu'aimer, si ce n'est avoir en tout et partout la même volonté,
jusqu'à l'entière extirpation du moindre désir contraire, et un
total assujettissement de son cœur? « Que votre volonté soit
faite : » qu'elle soit faite partout et par tous : que j'aime, que tout
le monde aime : car l'effet de cet amour est de vouloir que tous
les autres y soient entraînés. « Que votre volonté soit faite : » que
toute justice, que toute raison, que toute vérité soit accomplie :
car c'est là votre volonté : qu'elle soit faite dans la terre comme
dans le ciel : par les hommes comme elle l'est par les anges, ces
bienheureux esprits qui vous aiment parce qu'ils vous voient :
quelle soit donc faite par amour, par un amour pur, par un amour
constant et invariable. Elle ne se fera jamais de cette sorte que
dans le ciel : ni nous n'aurons autre part que dans le ciel l'accomplissement parfait de ce précepte : « Tu aimeras; » ni nous n'aurons jamais autre part l'accomplissement parfait de cette demande :
« Votre volonté soit faite. »

Vous arrivez donc par cette demande à la perfection et au dernier effet de l'amour divin. Absorbé dans ce saint et pur amour,
vous commencez à penser à la vie mortelle non pas comme à un
objet désirable, mais comme à une charge nécessaire. « Donnez-
nous notre pain : » donnez-nous de quoi sustenter cette vie dont
vous nous avez chargés, pour accomplir le temps de notre servitude et de notre pénitence, afin que ce temps étant accompli, nous
venions à la liberté parfaite : donnez-nous donc ce pain que nous
devons manger dans notre sueur : c'est notre servitude, c'est notre
supplice. Chacun doit travailler à sa manière pour gagner son
pain : « Que celui qui ne travaille pas, ne mange pas [1], » disoit
saint Paul. Travaillons donc pour avoir ce pain : Dieu ne nous le
donne pas moins, parce que lui seul bénit notre travail. Donnez-

____
[1] II *Thessal.*, III, 10.

le-nous donc : « Donnez-le-nous à chaque jour : » sentons à ce mot notre perpétuelle et irrémédiable indigence. Donnez-le-nous : nous ne le voulons que de vous et par les voies que vous prescrivez. « Donnez-nous le pain : » sous ce nom nous entendons toutes les choses que vous nous avez rendues nécessaires. Donnez-nous les nécessités : ne nous donnez pas les délices : nous demandons ce à quoi vous nous avez assujettis, parce que c'est vous qui nous avez imposé cette servitude. Donnez-le-nous aujourd'hui ce pain nécessaire chaque jour : il ne sera pas moins nécessaire demain qu'aujourd'hui ; mais je dois être content, pourvu que je l'aie aujourd'hui. Si vous me donnez davantage, à la bonne heure : mais je suis content d'aujourd'hui : « A chaque jour sufit son mal : ne vous laissez pas troubler ni inquiéter pour le lendemain [1]. »

« Donnez-nous le pain » de vie : donnez-nous l'Eucharistie : donnez à notre ame sa nourriture : nourrissez-la de la vérité et de votre volonté sainte : car notre « nourriture, » comme celle de notre Sauveur, « est de l'accomplir [2]. » Nourrissez-nous donc de ce pain qui n'est pas moins nécessaire à l'ame que l'autre l'est au corps : que nous n'avons pas moins besoin de recevoir journellement de votre main. Donnez-le-nous aujourd'hui : donnez-le-nous dans ce jour qui ne finit point : que je commence aujourd'hui ce jour bienheureux! que je commence à vivre pour l'éternité !

Il falloit joindre à ces exercices de l'amour, celui de l'amour pénitent, et le voici : « Pardonnez-nous : » que je puisse, comme la pécheresse, entendre de la bouche du Sauveur cette douce et consolante parole : « Plusieurs péchés lui sont remis, parce qu'elle a beaucoup aimé : celui à qui on remet plus aime plus : celui à qui on remet moins aime moins [3] : » c'est la Vérité éternelle qui l'a ainsi prononcé. Pardonnez-moi donc, et faites que je vous aime autant que j'ai besoin de votre pardon.

Songeons aux larmes de cette sainte pénitente : songeons à ces baisers qu'elle ne cessoit de donner aux pieds de Jésus. Le Publicain n'osoit lever les yeux au ciel : celle-ci n'ose pas même tenir

______
[1] *Matth.*, VI, 34. — [2] *Joan.*, IV, 34. — [3] *Luc.*, VII, 43, 47.

la tête levée. Prosternée de tout son corps aux pieds du Sauveur, elle ne met point de fin à ses regrets, parce qu'elle n'en mettoit point à son amour. Disons dans le même esprit et avec les mêmes sanglots : « Pardonnez-nous. »

« Comme nous pardonnons. » Afin que rien ne manque, voici encore la charité fraternelle. Rien n'empêche notre union avec nos frères, si les offenses mêmes ne l'empêchent pas. Nous les pardonnons, ô Seigneur, comme nous voulons obtenir notre pardon, avec la même sincérité. Nous ne réservons rien, comme nous ne voulons pas que vous réserviez rien à notre égard. Nous lui rendrons notre amour, comme nous voulons que vous nous rendiez le vôtre.

» Et ne nous induisez pas en tentation. » On nous a donné le remède aux péchés passés, en voici un pour l'avenir : O Seigneur, ne nous livrez pas entre les mains du tentateur : ô Seigneur, vous pourriez avec justice lui permettre tout sur nous par une juste punition de nos péchés : ne le faites pas, nous vous en prions, à cause de votre bonté.

Il ne suffit pas de dire : Que nous ne succombions pas à la tentation. Prions « que nous n'y soyons jamais induits : » car notre foiblesse est si grande, que si nous étions tentés, nous succomberions ; ou du moins si nous n'étions pas tout à fait vaincus, nous recevrions quelque blessure. C'est pourquoi le même Sauveur qui a dit : « Veillez et priez, de peur que vous n'entriez en tentation [1], » nous fait demander ici, non pas seulement que nous n'y succombions point, mais que nous n'y soyons point induits, que nous n'y entrions point.

Que nous sommes aveugles, hélas! si pendant que nous demandons à Dieu qu'il ne nous induise pas en tentation, nous nous y jetons nous-mêmes : si nous nous jetons dans ces occasions où notre chute a toujours été trop certaine! Fuyons, fuyons; et nous pourrons faire sincèrement cette demande.

« Délivrez-nous du mal : » C'est notre parfaite délivrance que nous demandons : délivrez-nous du péché, de ses causes, de ses effets, de ses peines. Ainsi libres de tout le mal, nous serons des

[1] *Matth.*, XXVI, 41.

enfans parfaits, et nous pourrons dire véritablement et parfaitement : « Notre Père. » En attendant cette parfaite délivrance, qui n'est autre chose que le salut éternel, délivrez-nous du péché : qu'il ne règne point en nous : délivrez-nous des mauvais désirs : que nous ne cessions de les combattre et de les vaincre : délivrez-nous des peines du péché, de la mort, des maladies, des autres peines : délivrez-nous de la crainte et de la servitude où elles nous jettent : délivrez-nous de leur malignité, et faites qu'elles nous tournent à remède : délivrez-nous des maux de cette vie, ou donnez-nous la grace qu'ils nous servent à l'autre, où nous serons parfaitement libres. Hâtez-vous de nous délivrer : nous soupirons après cette bienheureuse délivrance. L'amour divin est notre liberté : c'est lui qui nous délivre de l'amour du monde : régnez donc, ô amour divin, je vous livre mon cœur : « Délivrez-nous de tout mal. »

Ainsi dans toutes ces demandes on ne demande et on n'exerce que l'amour divin. Mais remarquons bien qu'on ne l'exerce que comme une chose qu'on demande à Dieu. Car que lui demandons-nous, lorsque nous disons : « Que votre nom soit sanctifié, que votre règne arrive, que votre volonté soit faite, délivrez-nous du mal : » que lui demandons-nous, sinon dans un amour chaste, le saint et parfait usage de notre volonté ? Et cela même doit encore redoubler notre amour, puisque notre amour étant un don de Dieu, il nous oblige toujours à une nouvelle reconnoissance : ce qui enfin le doit multiplier jusqu'à l'infini.

Certainement c'est un don de Dieu que d'aimer Dieu : « Celui qui nous a aimés lorsque nous ne songions pas à l'aimer, nous a donné la grâce de l'aimer, » dit saint Augustin. Aimons-le donc de tout notre cœur, sans fin et sans cesse.

On se tourmente à demander, quand est-ce qu'il faut exercer l'acte d'amour ? La réponse est claire : il faut l'exercer autant qu'on peut, autrement on n'aime pas de tout son cœur : quand l'amour est sincère et dans le cœur, il s'exerce assez par lui-même, et il ne lui faut point d'autre loi que lui-même pour son exercice. Il faut l'exercer toutes les fois qu'on dit le *Pater*, puisque si on l'entend et qu'on le dise en esprit, on ne le peut dire sans aimer.

Rien ne manque dans cette divine Oraison : l'amour de Dieu et celui du prochain, où réside l'accomplissement de la loi, y sont accomplis dans leur perfection.

On demandera : Pourquoi Jésus-Christ ne nous y fait pas parler de lui-même, ni prier en son nom, comme il l'ordonne si souvent ailleurs? Mais pouvoit-on plus prier par lui et en son nom, que de dire la prière qu'il nous dicte par sa parole, et qu'il nous inspire par son esprit?

Pouvons-nous seulement nommer notre Père sans songer au Fils unique, à qui nous sommes unis par cette nouvelle qualité? « Je m'en vais, dit-il, à mon Père et à votre Père [1]. » Il n'est pas fils comme nous; c'est pourquoi il use de cette distinction : « à mon Père et à votre Père. » C'est le premier qui a droit de dire : Mon Père, parce qu'il est le fils par nature : c'est en lui et par lui que nous l'avons, parce que nous sommes faits en lui enfans d'adoption. C'étoit donc aussi à lui à nous apprendre, comme il fait dans cette admirable Oraison, à appeler Dieu notre Père : c'est en envoyant en nous l'esprit de son Fils que Dieu même nous fait dire : *Abba :* Père [2]. C'est donc en toutes façons, et au dedans et au dehors, qu'il nous forme à parler à Dieu comme ses enfans. Aimons le Père en Jésus-Christ son Fils unique, par leur esprit qui est en nous : aimons aussi tous ceux qui sont appelés à la même grace, et qui peuvent dire comme nous dans le même esprit : «Notre Père. » Ainsi toute la Trinité sera adorée et aimée; la fraternité chrétienne sera exercée : et en disant de bon cœur dans le Saint-Esprit ce seul mot, « Notre Père, » nous accomplirons toute justice.

***

LII° JOURNÉE.

Jésus-Christ, Médiateur : Dieu : Roi : Pontife. Matth., xxii, 41, 44.

Quoique ce qui étoit dû à Jésus-Christ fût compris dans le précepte de l'amour de Dieu, puisqu'il est un même Dieu avec son Père et le Saint-Esprit, néanmoins il nous falloit encore expli-

[1] *Joan.,* xx, 17. — [2] *Rom.,* viii, 15; *Galat.,* iv, 6.

quer ce qui étoit dû à Jésus-Christ en tant que Christ, médiateur et lien de l'amour de Dieu envers nous et de nous envers Dieu ; et c'est ce qu'il fait encore avant que de mourir, de la manière la plus authentique qu'on pût souhaiter, puisque c'est en nous expliquant la plus célèbre prophétie du règne du Christ, publiée par la bouche de David qui en devoit être le père.

Puisqu'une des qualités par laquelle le Christ devoit être le plus connu, étoit celle de fils de David, il étoit beau que ce fût David qui nous apprît à le connoître.

Qu'il est beau que le Christ ait été vu de ses pères : d'Abraham, « qui a vu son jour et qui s'en est réjoui [1] : » de David, qui ravi de ses grandeurs, quoiqu'il dût être son fils, « l'avoit appelé son Seigneur [2]. »

Comme en Abraham étoient données les promesses de la multiplication des fidèles de Jésus-Christ, en David étoient données celles de son empire éternel. Puisque Dieu lui avoit promis en David « un trône qui dureroit plus que le soleil et que la lune [3], » il étoit beau que David, à qui ce trône étoit promis en figure de Jésus-Christ, fût le premier à reconnoître son empire en l'appelant son Seigneur : « Le Seigneur a dit à mon Seigneur [4] : » comme s'il eût dit : En apparence c'est à moi à qui Dieu promet un empire qui n'aura point de fin : mais en vérité, c'est à vous, ô mon Fils, qui êtes aussi mon Seigneur, qu'il est donné ; et je viens en esprit le premier de tous vos sujets, vous rendre hommage dans votre trône, à la droite de votre Père, comme à mon souverain Seigneur. C'est pourquoi il ne dit pas en général : Le Seigneur a dit au Seigneur ; mais : « à mon Seigneur. »

« S'il est le fils de David, comment l'appelle-t-il son Seigneur [5] ? » Il vouloit par là leur faire lever les yeux à une plus haute naissance de Jésus-Christ, selon laquelle il n'est pas fils de David, mais Fils unique de Dieu ; et ils n'avoient qu'à continuer le *Psaume,* pour trouver cette naissance éternelle, puisque Dieu même parle ainsi dans la suite : « Je vous ai engendré de mon sein devant l'aurore : dans les splendeurs des saints [6]. »

---

[1] *Joan.*, VIII, 56. — [2] *Psal.* CIX, 1. — [3] *Psal.* LXXXVIII, 38. — [4] *Psal.* CIX, 1. — [5] *Matth.*, XXII, 44. — [6] *Psal.* CIX, 3.

« Devant l'aurore : » devant que cette lumière qui se couche et qui se lève tous les jours, eût commencé à paroître, il y avoit une lumière éternelle qui fait la félicité des saints : c'est dans cette lumière éternelle que je vous ai engendré.

Je vous adore, ô Jésus, mon Seigneur, dans cette immense et éternelle lumière : Je vous adore comme « la lumière qui illumine tout homme venant au monde [1] : » Dieu de Dieu : lumière de lumière : vrai Dieu de vrai Dieu.

Quelle joie de voir Jésus-Christ nous expliquant lui-même les prophéties qui le regardent, et nous apprenant par là comme il faut entendre toutes les autres!

Tout ce que nous devons à Jésus-Christ nous est montré dans ce *Psaume*. Nous le voyons premièrement comme Dieu ; et nous disons :« C'est ici notre Dieu, et il n'y en a point d'autre [2].» Car s'il est engendré, il est Fils : s'il est Fils, il est de même nature que son Père : s'il est de même nature, il est Dieu et un seul Dieu avec son Père : car rien n'est plus de la nature de Dieu que son unité.

Il est roi : je le vois en esprit assis dans un trône : où est ce trône ? A la droite de Dieu : le pouvoit-on placer en plus haut lieu ? Tout relève de ce trône : tout ce qui relève de Dieu et de l'empire du ciel, y est soumis : voilà son empire.

Mais cet empire est sacré ; c'est un sacerdoce et un sacerdoce établi avec serment ; ce qui n'avoit jamais été. Dieu voulant par une déclaration plus particulière de sa volonté, nous marquer la singularité de ce sacerdoce : « Dieu jure et il ne s'en repentira jamais : » il n'y aura point de changement à cette promesse : le sacerdoce de Jésus-Christ est éternel : « Vous êtes pontife à jamais selon l'ordre de Melchisédech [3]. » Vous n'avez ni commencement ni fin : ce n'est point un sacerdoce qui vienne de vos ancêtres, ni qui doive passer à vos descendans. Votre sacerdoce ne passe point en d'autres mains : il y aura sous vous des sacrificateurs et des prêtres ; mais qui seront vos vicaires, et non point vos successeurs. Vous célébrez pour nous un office et une fête éternellement, à la droite de votre Père : vous lui montrez sans cesse les cicatrices des plaies qui l'apaisent et nous sauvent : vous lui offrez

<hr>

[1] *Joan.*, I, 9. — [2] *Baruch.* III, 36. — [3] *Psal.* CIX, 4; *Hebr.*, V, 6; VII, 17.

nos prières : vous intercédez pour nos fautes : vous nous bénissez : vous nous consacrez : du plus haut des cieux vous baptisez
vos enfans : vous changez des dons terrestres en votre corps et
en votre sang : vous remettez les péchés : vous envoyez votre
Saint-Esprit : vous consacrez vos ministres : vous faites tout ce
qu'ils font en votre nom : quand nous naissons, vous nous lavez
d'une eau céleste : quand nous mourons, vous nous soutenez par
une onction confortative : nos maux deviennent des remèdes, et
notre mort un passage à la véritable vie. O Dieu ! ô Roi ! ô Pontife ! je m'unis à vous en toutes ces augustes qualités; je me soumets à votre divinité, à votre empire, à votre sacerdoce, que j'ho-
norerai humblement et avec foi dans la personne de ceux par qui
il vous plaît de l'exercer sur la terre.

« Tous vos ennemis, » ô mon Roi, « doivent être l'escabeau de
vos pieds[1] : » ils seront réduits : ils seront vaincus : ils seront forcés à baiser vos pas et la poussière où vous aurez marché : qu'attendons-nous ? Mettons-nous volontairement sous les pieds de ce
roi vainqueur, de peur qu'on ne nous y mette par force; de peur
qu'il ne dise du haut de son trône : « Pour ceux qui n'ont pas
voulu que je régnasse sur eux, qu'on les fasse mourir à mes
yeux[2] : » devant ma vérité : devant ma justice éternelle. Car ce
sera leur juste supplice que la justice et la vérité les condamneront à jamais, et ce sera la mort éternelle.

« Asseyez-vous » en attendant « dans votre trône, » ô roi de
gloire, « jusqu'à ce que le temps vienne de mettre tous vos ennemis à vos pieds[3]; » c'est-à-dire demeurez dans le ciel, jusqu'à ce
que vous en veniez encore une fois, pour juger les vivans et les
morts. C'est précisément ce que nous disons tous les jours dans
le Symbole : « Il est assis à la droite de Dieu, d'où il viendra juger
les vivans et les morts. » Alors donc il en sortira pour les venir
juger. Mais il retournera bientôt prendre sa place avec tous les
prédestinés qui ne feront qu'un avec lui; et il donnera à Dieu ce
royaume entier et tout le peuple sauvé, c'est-à-dire le chef et les
membres : « Et Dieu sera tout en tous[4]. »

<hr>

[1] *Psal.* cix, 1; I *Cor.*, xv, 25; *Hebr.*, I, 13; x, 13. — [2] *Luc.*, xix, 27. —
[3] *Psal.* cix, 1; I *Cor.*, xv, 25. — [4] I *Cor.*, xv, 28.

En attendant, il ne laissera pas d'exercer son empire sur la
terre : il brisera la tête des rois : un Néron, un Domitien atta-
queront son Eglise ; mais il brisera leur tête superbe. Un Dioclé-
tien, un Maximien, un Galère, un Maximin tourmenteront les
fidèles : mais il les dégradera, il les perdra, il les frappera d'une
plaie irrémédiable, comme il fit un Antiochus. Un Julien l'Apostat
lui déclarera la guerre ; mais il périra d'une main inconnue,
peut-être par celle d'un ange, certainement par un coup ordonné
de Dieu. Tremblez donc, ô rois, ennemis de son Eglise ! Mais
« vous, petit troupeau, ne craignez rien[1] : » votre Roi mettra à
ses pieds tous vos ennemis, fussent-ils les plus puissans de tous
les rois.

« Il boira du torrent dans la voie : » il boira le calice de sa
passion, « mais ensuite il élèvera la tête[2]. » Buvons avec lui les
afflictions, les mortifications, les humiliations, la pénitence, la
pauvreté, les maladies ; buvons de ce torrent avec courage : que
ce torrent ne nous entraîne pas, ne nous abatte pas, ne nous
abîme pas, comme le reste des hommes. Alors nous lèverons la
tête : les têtes orgueilleuses seront brisées ; nous le venons de
voir : mais les têtes humiliées par un abaissement volontaire seront exaltées avec Jésus-Christ.

« Et personne n'osa l'interroger[3]. » Aveugles ; parce que la
lumière venoit trop claire à leurs yeux, ils n'osoient plus l'interroger. Il falloit l'interroger, non par un esprit superbe et contentieux, mais pour être instruit. Venez donc ; interrogez : profitez du temps : il ne sera plus guère avec vous. « La lumière
n'est plus avec vous que pour peu de temps : Marchez, » interrogez, « pendant que vous avez la lumière, de peur que les ténèbres ne vous environnent : celui qui est dans les ténèbres ne
sait où il va[4]. »

Mais nous, pour qui Jésus-Christ ne s'en va pas, ne cessons
de l'interroger, et de consulter sa vérité éternelle, pour le connoître et pour nous connoître : « Approchons-nous de lui et
soyons illuminés[5] : » fussions-nous dans les ombres de la mort :

---

[1] *Luc.*, XII, 32. — [2] *Psal.* CIX, 7. — [3] *Matth.*, XXII, 45. — [4] *Joan.*, XII, 35. —
[5] *Psal.* XXXIII, 6.

écoutons l'Apôtre, qui nous dit : « O vous qui dormez parmi les morts ! sortez de votre tombeau et Jésus-Christ vous éclairera [1]. » Amen, amen.

LIIIe JOURNÉE.

Chaire de Moïse : Chaire de Jésus-Christ et des apôtres. Matth., xxiii, 1-3.

Après avoir confondu les pharisiens et les docteurs de la loi par ses réponses, il commence à découvrir au peuple leur hypocrisie pour deux raisons : la première, afin que le peuple fût prémuni contre leurs artifices, puisque ce devoit être là le plus grand obstacle à leur foi ; la seconde, pour l'instruction des maîtres et des docteurs de l'Eglise, afin qu'ils évitassent soigneusement cette hypocrisie pharisaïque qui avoit fait une si grande opposition à l'Evangile et avôit mis à la fin le Fils de Dieu sur la croix. Le Sauveur ne devoit pas sortir de ce monde, sans y laisser une instruction si essentielle.

Alors donc, après avoir confondu tous les docteurs de la loi et les pharisiens, Jésus s'adressa aux troupes que ces hypocrites séduisoient, afin de les détromper ; et à ses disciples, de peur qu'ils n'en suivissent un jour les mauvais exemples, et leur parla en cette sorte : « Les docteurs de la loi et les pharisiens sont assis sur la chaire de Moïse [2] ; » et le reste où il fait trois choses : 1° il établit leur autorité ; 2° il en déclare l'abus ; 3° il en prédit le châtiment.

Arrêtons-nous ici et préparons-nous seulement à bien profiter du discours de Notre-Seigneur, en sorte que nous soyons véritablement purgés du pharisaïsme ; conformément à cette parole du Sauveur : « Donnez-vous de garde du levain des pharisiens, qui est l'hypocrisie [3]. » Hélas ! hélas ! qu'il n'est que trop passé de ce levain jusqu'à nous ! Nous l'allons voir.

Jésus-Christ parle aux troupes et à ses disciples, au peuple et aux docteurs. Que chacun soit attentif, et prenne ce qui lui convient dans cette instruction.

[1] *Ephes.*, v, 14. — [2] *Matth.*, XXIII, 2, 3. — [3] *Matth.*, XVI, 6; *Luc.*, XII, 1,

La première chose qui est à observer dans le sermon de Notre-Seigneur, c'est qu'ayant à découvrir les abus et les corruptions qui étoient en vogue dans la synagogue et dans ses docteurs, il commence par établir l'autorité de leur ministère, de la manière du monde la plus forte. Car autrement, en reprenant les abus, on en introduiroit un plus grand que tous les autres, qui seroit de se retirer de la société et de mépriser le ministère qui est de Dieu à cause des vices de ceux qui l'exercent. Le docteur du genre humain ne vouloit pas sortir du monde sans établir ce fondement, qui est le remède à tous les schismes futurs, et on ne peut pas l'établir avec plus de force.

« Les docteurs et les pharisiens sont assis sur la chaire de Moïse [1] : » assis pour enseigner, ils en ont l'autorité : « sur la chaire de Moïse : » il n'y avoit rien de plus grand pour l'ancien peuple, que d'être assis sur la chaire du législateur; de celui que Dieu avoit établi alors pour être le médiateur entre lui et son peuple, comme l'appelle saint Paul [2]. C'est sur cette chaire que sont assis les docteurs de la loi et les pharisiens : ils représentent ces soixante-dix sénateurs qui partagèrent l'esprit de Moïse, pour juger le peuple.

Après avoir établi leur autorité sur celle de Moïse, il conclut : « Gardez donc : et faites tout ce qu'ils vous diront [3]. » Il attribue clairement à la synagogue une vérité infaillible; en sorte qu'il falloit tenir pour certain tout ce qui avoit passé en dogme constant de la synagogue : car il ne donne à personne le droit de juger au-dessus d'elle et le partage du peuple est l'obéissance : « Gardez et faites. »

Songeons donc à l'autorité que doivent avoir les docteurs de l'Eglise chrétienne, puisqu'ils sont assis, non pas sur la chaire de Moïse, mais « sur celle de Jésus-Christ et des apôtres [4]; » et qu'ils y sont établis avec une promesse bien plus authentique que les docteurs de la synagogue, puisque la synagogue devoit passer et n'avoit que des promesses temporelles : au lieu qu'il a été dit à l'Eglise : « Je suis avec vous jusqu'à la fin des siècles [5]. »

---

[1] *Matth.*, XXIII, 2. — [2] *Galat.*, III, 19. — [3] *Matth.*, XXIII, 3. — [4] *Ephes.*, II, 20. — [5] *Matth.*, XXVIII, 20.

« Gardez donc et faites ce qu'ils vous diront : » mais parce que l'assistance ,qui leur est promise pour bien enseigner en corps, n'empêche pas la corruption qui peut être dans les mœurs des particuliers et même de la plupart : il ajoute : « Mais ne faites pas selon leurs œuvres : car ils disent et ne font pas [1]. » Prenez donc bien garde à vos docteurs : ils n'oseront vous décider que ce qui a passé,en dogme certain de la synagogue; et s'ils ne le font, ils seront redressés par l'autorité de la chaire, par toute l'unité de la synagogue. Mais la discipline pourra être si corrompue, qu'on ne réprimera pas les mauvaises mœurs, l'avarice, l'hypocrisie, les conduites particulières de ceux qui chercheront leur intérêt sous couleur de religion. Ainsi en faisant ce qu'ils disent, ne faites pas ce qu'ils font : « Et prenez garde, comme disoit saint Augustin, qu'en cueillant la bonne doctrine comme une fleur parmi les épines, vous ne vous laissiez écorcher la main par le mauvais exemple [2]. »

Voilà l'abrégé de l'instruction du Sauveur. Il s'expliquera davantage dans la suite. Arrêtons-nous ici, et considérons la merveilleuse conduite de Dieu, qui gouvernera tellement le corps des docteurs, qu'ils soutiendront les saintes maximes plus qu'ils ne les pratiqueront, et qu'ils ne passeront pas leur corruption en dogme, le dogme ayant par lui-même une racine si forte qu'il se soutient comme de soi.

Jésus-Christ nous prémunit donc contre les scandales qui ne seront jamais plus grands, que lorsqu'on les verra dans les docteurs et dans les pasteurs : et il veut que nous apprenions à honorer le ministère même dans des mains indignes, parce que l'indignité des ministres est de leur fait particulier, et le ministère est de Dieu.

[1] *Matth.*, XXIII, 3. — [2] Serm. XLVI, *in Ezech.*, n. 22; et Serm. CXXXVII, *De verb. Evang. Joan.*, n. 13.

LIV· JOURNÉE.

*L'autorité de la synagogue reconnue et recommandée par Jésus-Christ
dans le temps même qu'elle conjure contre lui.* Ibid.

Il y a ici quelque chose d'étonnant : car Jésus-Christ savoit
bien que la synagogue l'alloit condamner dans trois jours, lorsque
le conseil assemblé chez le souverain Pontife, décideroit : « Il est
coupable de mort, parce qu'il s'étoit dit le Christ et le Fils de
Dieu [1]. » Et la confession de la vérité lui fut imputée à blasphème.
Et cependant il établit son autorité avec les paroles les plus fortes
qu'on pouvoit imaginer : tant il est en tout et partout juste et véritable.

Mais ne sembleroit-il pas qu'il parleroit ici contre lui-même,
et qu'il induiroit le peuple à erreur? « Faites ce qu'ils vous
disent : » rejetez donc le Christ : car ils vous le diront bientôt.

Bien plus : « Ils avoient déjà conspiré entre eux, que si quelqu'un confessoit qu'il fût le Christ, il fût excommunié et chassé
de la synagogue [2]. » Le sanguinaire conseil avoit déjà été tenu,
et il y avoit été décidé « qu'il falloit que Jésus mourût. » Et il
semble que la synagogue étoit déjà réprouvée : comment donc en
parler encore d'une manière si authentique, et lui donner l'autorité de la vraie Eglise? O Seigneur, pourquoi parlez-vous en cette
sorte? Que ne déclarez-vous plutôt à toute la synagogue qu'elle
étoit réprouvée? Frappons, cherchons, demandons.

LV· JOURNÉE.

*L'autorité de la synagogue cesse à la destruction du temple et du peuple
de Dieu. Immobilité de l'Eglise chrétienne.*

En cherchant donc soigneusement dans l'Ecriture, je trouve
que la synagogue ne devoit être absolument réprouvée, qu'après

[1] *Matth.*, XXVI, 65, 66. — [2] *Joan.*, IX, 22.

qu'elle auroit actuellement fait mourir Jésus-Christ. Bien plus :
Dieu la vouloit encore attendre, jusqu'à ce qu'elle eût méprisé le
grand signe qu'il lui devoit envoyer pour reconnoître le Christ,
qui étoit celui de sa résurrection : « Cette race infidèle cherche
un signe, et il ne lui en sera point donné d'autre que le signe de
Jonas le prophète [1], » et le reste.

Ce n'étoit pas assez que le Christ fût ressuscité : il falloit que sa
résurrection fût publiée, et que la pénitence eût été prêchée en
son nom, en commençant par Jérusalem, ce qui ne se commença
qu'à la Pentecôte.

Ce n'étoit pas encore assez : car les apôtres ne se séparent pas
encore de la communion du reste du peuple; et quoiqu'ils fissent
déjà un corps à part avec leurs disciples, ils alloient au temple
comme les autres, et ils étoient reçus à y rendre le même culte.
Car encore qu'ils s'assemblassent dans la galerie de Salomon et
que personne n'osât se joindre à eux, néanmoins le peuple les
glorifioit [2], et on ne les avoit pas publiquement excommuniés.

On peut donc voir maintenant que ce qui est dit en saint Jean,
« qu'ils avoient conspiré entre eux, de chasser de la synagogue
ceux qui reconnoîtroient Jésus pour Christ [3] : » étoit plutôt une
conspiration secrète qu'un décret public. Il en étoit de même du
dessein de le faire mourir. Et en effet, tant s'en faut que les
apôtres fussent excommuniés et exclus du temple, Jésus-Christ
lui-même y prêchoit, y ordonnoit, y étoit reçu, consulté, écouté
de tout le monde. Et tout ce qu'on fit après contre les apôtres
par voie de fait, ne faisoit pas qu'ils fussent privés du culte public, ni qu'eux-mêmes s'en séparassent, comme on vient de voir.
C'étoit un temps d'attente où plusieurs gens de bien, qui pouvoient n'avoir pas vu les miracles de Jésus-Christ, demeuroient
comme en suspens. « On venoit cependant de toutes les villes à Jérusalem, pour y apporter les malades aux apôtres : on les exposoit
à l'ombre de saint Pierre [4]; » et la synagogue, quoique déjà sur le
penchant de sa ruine, n'avoit pas encore pris absolument son parti.

C'est une chose admirable comme Dieu la supportoit en pa-

____

[1] *Matth.*, XII, 39, 40. — [2] *Act.*, V, 12, 13, etc. — [3] *Joan.*, IX, 22. — [4] *Act.*, V,
15, 16.

tience, et combien de formalités et de dénonciations, pour ainsi
dire, il pratiqua, avant que de répudier entièrement cette Epouse
infidèle. Il semble que, lorsqu'elle en vint à répandre le sang de
saint Etienne, elle eût rompu tout à fait avec Dieu, et Dieu avec
elle. Mais non : car l'infidélité de la ville de Jérusalem n'empêchoit
pas que les Juifs de la dispersion n'écoutassent encore les apôtres.
Ils entroient dans les synagogues où on leur offroit la parole,
comme on faisoit à des frères et à de vrais Juifs. On écoutoit paisiblement ce qu'ils disoient de Jésus, et on les invitoit à en parler
encore une autre fois dans l'assemblée suivante. Et le samedi étant
venu, toute la ville accourut pour entendre la parole de Dieu de
leur bouche. Alors les Juifs s'émurent, et contraignirent les
apôtres à leur déclarer qu'ils alloient porter aux gentils la parole
qu'ils refusoient de recevoir; ce qui étoit une espèce de rupture,
puisque les apôtres s'en allèrent, secouant contre eux la poussière de leurs pieds. Voilà ce qui arriva à Antioche de Pisidie [1].

Mais la rupture n'étoit pas encore universelle : car ils continuoient à entrer dans les autres synagogues à leur ordinaire, et
on leur y offroit encore la parole [2]. Ils alloient aussi comme les
autres à la prière commune dans l'oratoire destiné à cet usage [3].
Saint Paul parla paisiblement dans la synagogue à Thessalonique,
durant trois samedis consécutifs [4]; il étoit ouï à Corinthe tous les
samedis [5], prêchant toujours le Seigneur Jésus dans ses discours;
et ne s'en retiroit que lorsqu'il voyoit leurs blasphèmes manifestes,
leur dénonçant toujours qu'ils alloient aux gentils, qui étoit comme
le signal de la rupture : saint Paul demeurant pourtant toujours
auprès de la synagogue, sans doute pour la fréquenter à son ordinaire, autant qu'on l'y recevroit [6].

Ce qui se passa à Ephèse sent un peu plus la rupture : car saint
Paul y ayant prêché trois mois durant dans la synagogue avec
une pleine liberté, le blasphème de quelques-uns qui entraînèrent
les autres, fit qu'il sépara ses disciples et continua ses discours
dans l'école d'un certain nommé Tyran [7]. Mais ce n'étoit rien moins
encore qu'une rupture absolue avec la synagogue, puisqu'après

---

[1] *Act.*, XIII, 5 et suiv. — [2] *Ibid.*, 15. — [3] *Act.*, XVI, 13, 16. — [4] *Act.*, XVII, 2.
— [5] *Act.*, XVIII, 4. — [6] *Ibid.*, 7. — [7] *Act.*, XIX, 8, 9.

tout cela le même saint Paul étant arrivé à Jérusalem par le conseil de saint Jacques et de tous les prêtres, se joignit à quatre fidèles qui avoient fait un vœu, et se sanctifiant avec eux, entra dans le temple, où ils offrirent leurs oblations et accomplirent leur vœu, en témoignage de leur communion avec le service du temple, et le peuple qui le fréquentoit [1], qui par conséquent n'étoit pas encore manifestement réprouvé. Et pour pousser tout d'un coup la chose jusqu'à la fin des *Actes*, les Juifs que saint Paul trouva à Rome lui déclarèrent que les « frères de Judée » contens alors de l'avoir chassé du pays, « ne leur avoient rien écrit, ni rien fait dire contre lui. » Ce qui fit qu'ils l'écoutèrent encore un jour entier, depuis le matin jusqu'au soir [2].

Pendant ce temps-là les gentils venoient en foule à l'Eglise, qui se formoit tous les jours de plus en plus : la persécution s'éleva de tous côtés à l'instigation des Juifs qui alloient partout pour animer les gentils, jusqu'à ce qu'ils excitèrent Néron à cette première et grande persécution, où les deux apôtres saint Pierre et saint Paul moururent. Ce fut là comme le terme fatal marqué à la synagogue : car elle avoit pris alors universellement parti contre les fidèles : les apôtres en allant au supplice, leur dénoncèrent le châtiment qui leur alloit arriver : Dieu sembloit les avoir attendus jusque-là en patience, et leur avoir donné tout ce temps-là pour faire pénitence du déicide commis en la personne du Fils de Dieu : mais enfin n'ayant écouté ni lui ni ceux qu'il leur envoyoit pour les obliger à se repentir, il lança le dernier coup, où l'on sait que la cité sainte fut mise en feu avec son temple, avec toutes les marques de la dernière extermination que Daniel avoit prédite. Ce fut alors que le peuple juif cessa absolument d'être peuple, conformément à ce qu'avoit dit le même prophète : « Et il ne sera plus le peuple de Dieu [3]. »

On voit donc l'état de l'Eglise dans cet intervalle. L'Eglise chrétienne commençoit par la prédication de la vérité, que Jésus-Christ et ses apôtres établirent par tant de miracles et surtout par celui de la résurrection de Jésus-Christ, qui étoit qu'il le falloit reconnoître pour le vrai Christ. Alors cependant la synagogue n'é-

<hr>

[1] *Act.*, XXI, 23 et suiv. — [2] *Act.*, XXVIII, 21, 23. — [3] *Dan.*, IX, 26.

toit pas encore entièrement répudiée, ni n'avoit pas tout à fait perdu le titre d'Eglise, puisque les apôtres communiquoient encore avec elle, à son temple et à son service. C'étoit comme un temps d'attente, durant lequel se faisoit la publication de l'Evangile. Il y en avoit alors, qui peut-être n'ayant pas vu par eux-mêmes les miracles de Jésus-Christ et de ses apôtres, et ne sachant encore que penser, voyant aussi qu'il se remuoit dans le monde quelque chose d'extraordinaire, demeuroient comme en suspens, attendant du temps le dernier éclaircissement et disant comme Gamaliel : « Si ce conseil n'est pas de Dieu, il se dissipera de lui-même : s'il est de Dieu, vous ne pourrez pas le dissiper [1]. » Ceux qui demeuroient dans cette attente, dociles à recevoir la vérité quand elle seroit entièrement notifiée, pouvoient encore être sauvés, comme leurs prédécesseurs, en la foi du Christ à venir, parce qu'encore qu'il fût arrivé, la promulgation de sa venue n'avoit pas encore été faite jusqu'au point que Dieu avoit marqué, et après laquelle il ne vouloit plus tolérer ceux qui n'ajouteroient pas une foi entière à l'Evangile. En attendant, l'Eglise judaïque demeuroit encore en état : le Fils de Dieu lui donnoit toujours la même autorité qu'elle avoit, pour soutenir et instruire les enfans de Dieu, ne lui dérogeant la créance que dans le point que Dieu avoit révélé par tant de miracles. Car la croyance qu'il donnoit par ces miracles à l'Eglise chrétienne, ne dérogeoit qu'à cet égard à la foi de l'Eglise judaïque : l'Eglise chrétienne naissoit encore, et se formoit dans le sein de l'Eglise judaïque, et n'étoit pas encore entièrement enfantée ni séparée de ce sein maternel : c'étoit comme deux parties de la même Eglise, dont l'une plus éclairée répandoit peu à peu la lumière sur l'autre : ceux qui résistoient ouvertement et opiniâtrément à la lumière, périssoient dans leur infidélité : ceux qui demeuroient comme en suspens en attendant le plein jour, disposés à le recevoir aussitôt qu'il leur apparoîtroit, se sauvoient à la faveur de la foi au Christ futur, à la manière qu'on a vue : la synagogue leur servoit encore de mère, et tenoit encore la chaire de Moïse jusqu'à un certain point. Qu'on demandât : Quel Dieu faut-il croire ? Les docteurs de la loi vous ré-

[1] *Act.*, v, 38, 39.

pondoient : Celui d'Abraham, qui a fait le ciel et la terre. Que faut-il faire pour son culte, et qu'en ordonne Moïse ? Telle et telle chose. Faut-il attendre un Christ ? Sans doute. Où doit-il naître ? « En Bethléem [1], » tout d'une voix. « De qui doit-il être fils ? De David, » sans hésiter [2]. Mais ce Christ, est-ce Jésus ? Dieu le déclaroit ouvertement, et on n'avoit pas besoin à cet égard de l'autorité de la synagogue : car il s'élevoit une autorité au-dessus de la sienne, qu'il n'y avoit pas moyen de méconnoître absolument. Ceux qui attendoient néanmoins ce que le temps devoit faire pour la déclarer davantage, et qui se gardoient en attendant, à l'exemple d'un Gamaliel, de participer aux complots des Juifs contre Jésus-Christ et ses apôtres, faisoient ce que disoit le Sauveur : « Faites ce qu'ils disent : » suivez ce qui a passé en dogme constant : « mais ne faites pas ce qu'ils font : » ne sacrifiez pas le Juste à la passion et à l'intérêt de vos docteurs corrompus : l'autorité naissante de l'Eglise chrétienne suffit pour vous en empêcher : la synagogue elle-même n'a pas encore pris parti en corps, puisqu'elle écoute tous les jours les apôtres de Jésus-Christ, et demeure comme en attente, Dieu le permettant ainsi, pour ne laisser pas tomber tout à coup dans la synagogue le titre d'Eglise, et pour donner le loisir à l'Eglise chrétienne de se former peu à peu. La synagogue s'aveugle à mesure que la lumière croît : les enfans de Dieu se séparent : la lumière est-elle venue à son plein par la destruction du saint lieu, par l'extermination de l'ancien peuple et l'entrée des gentils en foule avec un manifeste accomplissement des anciens oracles : la synagogue a perdu toute son autorité et n'est plus qu'un peuple manifestement réprouvé. C'est ce qui devoit arriver selon les conseils de Dieu, dans cet entre-temps qui se devoit écouler entre la naissance de Jésus-Christ et la réprobation déclarée du peuple juif.

Mais cette diminution et cette déchéance d'autorité ne doit jamais arriver à l'Eglise chrétienne. On dit donc absolument à ses enfans : Vos pasteurs et vos docteurs sont assis, non plus sur la chaire de Moïse qui devoit tomber, mais sur la chaire de Jésus-Christ qui est immobile : « Faites donc » en tout et partout « ce qu'ils

____
[1] *Matth.*, II, 5. — [2] *Matth.*, XXII, 41.

vous enseignent : » mais prenez garde seulement, s'ils sont mauvais, de séparer les exemples des particuliers des préceptes et enseignemens soutenus sur leur ministère.

Admirons donc cette autorité de l'Eglise chrétienne, qui est en vérité le seul soutien des infirmes et des forts : et admirons aussi comment Dieu a ôté l'autorité à l'Eglise judaïque, plutôt par les choses mêmes et par la destruction du temple et du peuple que par aucun décret passé en dogme qui lui ait fait perdre sa créance.

LVI JOURNÉE.

Caractère des docteurs juifs, sévères, orgueilleux et hypocrites.
Matth., XXIII, 4-7.

« Ils lient des fardeaux. » Le premier abus c'est que, pour paroître pieux, ils font les sévères : « Ils lient des fardeaux pesans : » ils tiennent les ames captives : car voyez jusqu'à quel point : « des fardeaux insupportables : sur les épaules [1] : » bien liés, en sorte qu'ils ne puissent s'en défaire : et tout cela pour les tenir dans leur dépendance sous prétexte d'exactitude.

C'est aussi un effet de la superstition. La véritable piété étant fondée sur la confiance dilate le cœur : mais la superstition qui se veut fonder sur elle-même met une chose sur une autre, et se charge de fardeaux insupportables.

Mais voici le comble du mal : ces aux docteurs, quand ils vous ont bien chargés, « ne vous aident pas du bout du doigt : » impitoyables en toutes manières et parce qu'ils vous chargent, et parce qu'ils ne songent pas à vous soulager. Voilà leur premier caractère, rigoureux par ostentation et en même temps durs et impitoyables.

« Ils tiennent captives des femmelettes chargées de péchés [2], » sous prétexte de leur donner des remèdes à leurs péchés, et en effet pour les tenir dans leur dépendance, sous le beau nom de direction.

Mais vous, ô véritables directeurs, si vous êtes obligés d'ordonner

[1] *Matth.*, XXIII, 4. — [2] II *Timoth.*, III, 6.

des choses fortes, soyez encore plus soigneux à soulager ceux à qui vous les imposez. Loin de vouloir vous attacher les ames infirmes, rendez-les libres ; et autant que vous pourrez, mettez-les en état d'avoir moins besoin de vous, et d'aller comme toutes seules par les principes de conduite que vous leur donnez.

« Ils font tout pour être vus des hommes [1]. » Voilà la source de tout le mal. La véritable piété ne songe qu'à contenter Dieu : ceux-ci n'ont que des vues humaines ; et ils sont sévères, afin qu'on les loue : ils veulent conduire, ils veulent diriger, pour se donner un grand crédit, afin qu'on voie qu'ils peuvent beaucoup, qu'ils sont de grands directeurs, et qu'ils ont beaucoup de gens de grande considération à leurs pieds.

« Ils aiment les premières places [2] : » les voilà peints : non que tous ils aient tous ces défauts : les uns ne se soucient pas tant des premières places : mais ils voudront qu'on les craigne, qu'on les visite, qu'on leur fasse de grandes révérences, sensibles au dernier point si on leur manque en la moindre chose. Les malheureux ! ils ont reçu leur récompense.

Mais ce qu'ils veulent sur toutes choses, c'est « qu'on les appelle Rabbi [3], » et qu'on les tienne pour maîtres, qu'on révère leurs décisions comme des oracles, et que tout le monde aille à eux comme à la règle.

Que ceux qui sont en place, où ces devoirs leur sont rendus naturellement, craignent de s'y plaire : la tentation est délicate : car on passe souvent de la fermeté qu'on doit avoir pour maintenir l'autorité légitime, à une jalousie de grandeur tout humaine et toute mondaine. Le remède est dans les paroles suivantes.

LVIIe JOURNÉE.

Jésus-Christ seul Père, seul Maître. Matth., XXIII, 8-11.

« Un seul maître [4] : » écoutez le maître intérieur : ne faites rien qu'en le consultant : faites tout sous ses yeux : songez ce que vous

[1] *Matth.*, XXIII, 5. — [2] *Ibid.*, 6. — [3] *Ibid.*, 7. — [4] *Ibid.*, 8.

feriez si vous aviez à chaque moment à lui rendre compte : vous prendriez son esprit, comme vos subalternes prennent le vôtre : vous craindriez de vous rien attribuer au delà des bornes, pour n'être point repris d'un tel supérieur. Or, encore que vous n'ayez point à lui rendre compte en présence à chaque moment, il viendra un jour que tout se verra ensemble : et en attendant on observe tout : et celui à qui vous aurez à rendre compte, « viendra lorsque vous y penserez le moins [1], » pour voir si vous n'avez point insolemment abusé du pouvoir qu'il vous a laissé en son absence.

« Vous êtes tous frères [2]. » Songez-y bien : vous qui êtes supérieur, vous êtes frère. S'il faut donc prendre l'autorité sur votre frère, que ce soit pour l'amour de lui, et non pour l'amour de vous : pour son bien, et non pour vous contenter d'un vain honneur.

« Il n'y a qu'un Père : il n'y a qu'un Maître [3]. » Si on vous appelle « Père, » parce que vous en faites la fonction, elle est déléguée, elle est empruntée. Revenez au fond : vous trouverez frère et disciple : ayez-en donc l'humilité : apprenez d'un moment à l'autre ce que vous avez à enseigner. Ainsi vous serez un père, vous serez un maître : car saint Paul a bien dit « qu'il étoit père et qu'il engendroit des enfans [4]; » mais la semence de Dieu, c'est sa parole [5]. Recevez donc continuellement de Dieu. Prêchez-vous, écoutez au dedans le Maître céleste et ne prêchez que ce qu'il vous dicte. Conduisez-vous, conseillez-vous, consolez-vous. Si vous parlez, que ce soient « des discours de Dieu : si vous servez quelqu'un » en le conduisant, « que ce soit par la vertu que Dieu vous fournit [6] » sans cesse.

« Un seul Maître : » une seule « lumière qui éclaire tout homme venant au monde [7] : » qui a parlé au dehors, et parle encore tous les jours dans son Evangile : mais qui parle toujours au dedans, dès qu'on lui prête l'oreille. Dans quel silence faut-il être, pour ne perdre pas la moindre de ses paroles?

« Le plus grand d'entre vous, c'est votre serviteur [8] : » il ne dit

<hr>

[1] *Matth.*, XXIV, 45, 50. — [2] *Matth.*, XXIII, 8. — [3] *Ibid.*, 9, 10. — [4] I *Cor.*, IV, 14, 15; *Galat.*, IV, 19. — [5] *Luc.* VIII, 11. — [6] I *Petr.*, IV, 11. — [7] *Joan.*, I, 9. — [8] *Matth.*, XXIII, 11.

pas qu'il n'y ait pas d'ordre dans son Eglise, et que personne n'y
soit élevé en autorité au-dessus des autres : mais il avertit que
l'autorité est une servitude : « Je me suis fait serviteur de tous, »
disoit saint Paul : « tout à tous, afin de les sauver tous [1] : » l'exercice de l'autorité ecclésiastique est une perpétuelle abnégation
de soi-même.

LVIIIe JOURNÉE.

Les Væ, ou les malheurs prononcés contre les faux docteurs.
Matth., xxiii, 13, 15, 16.

Ecoutons bien ces *Væ :* « Malheur à vous [2] : » dès qu'on se fait
maître pour soi-même et pour être honoré, malheur à vous : c'est
une malédiction sortie de la bouche de Jésus-Christ : c'est une
sentence prononcée, qui sera suivie d'une autre : « Allez, maudits. »

Comment est-ce que les docteurs ferment le ciel? En débitant
de fausses maximes et mettant l'erreur en dogme.

Ils ne vouloient point croire en Jésus-Christ, et empêchoient le
peuple d'y croire. C'étoit véritablement fermer la porte du ciel,
puisque Jésus-Christ est cette porte.

Un autre moyen de la fermer, c'est de la faire trop large, pendant que Jésus-Christ la fait étroite ; car dès là, ce n'est plus la
porte que Jésus-Christ a ouverte : c'en est une autre que vous
ouvrez de vous-même ; et parce qu'elle est plus aisée, vous faites
abandonner l'autre qui est la véritable.

Mais ce ne sont pas seulement les docteurs trop relâchés qui
ferment la porte : Jésus-Christ attaque encore plus, dans tout ce
sermon, ceux qui augmentent les difficultés et les fardeaux. Leur
dureté rend la piété sèche et odieuse, et par là elle ferme le ciel.

Ces faux docteurs gâtent tout. Il n'y a rien de meilleur que
l'oraison : ils la gâtent, parce que, « pour dévorer la substance des
veuves, ils font semblant de prier Dieu longtemps » pour elles,
ou de leur vouloir apprendre « à prier longtemps : » mais leur

____
[1] I *Cor.*, ix, 19, 22. — [2] *Matth.*, xxiii, 13.

jugement sera d'autant plus grand, que la chose dont ils abusent est plus excellente.

« Les maisons des veuves, » foibles par leur sexe, maîtresses de leur conduite et n'ayant plus de mari qui sauroit bien écarter le directeur intéressé : voilà un vrai butin pour l'hypocrisie.

La plus parfaite action d'un docteur, c'est de convertir les infidèles [1] : plus ils étoient éloignés, plus il y a de mérite à les ramener : ils gâtent cela : « ils le font doublement damner : » car ils l'attirent, et puis ils l'abandonnent : ils le gagnent et puis ils le scandalisent, et ne lui font que trop sentir qu'ils n'ont travaillé à le convertir que pour s'en faire une matière d'un vain triomphe. Ces malheureux prosélytes se rebutent de la piété et peut-être de la foi : et ils se damnent doublement, parce qu'ils deviennent déserteurs de la religion, et que sachant la volonté du maître, ils sont beaucoup plus punis : il valoit mieux les laisser dans leur ignorance que de manquer à ce qu'il leur faut, pour profiter de la doctrine de la foi. Ne croyez donc pas avoir tout fait, quand vous les avez convertis ; c'est ici le commencement de vos soins : autrement vous ne serez, comme vous appellent les hérétiques par mépris, qu'un malheureux convertisseur.

Ne dites pas d'un pécheur : Il a commencé : il a fait sa confession générale; qu'il aille maintenant tout seul. Vous ne songez pas que le grand coup est de persévérer : prenez garde que vous ne vouliez que la gloire de convertir, et non pas le soin de conserver.

Le faux zèle est bien marqué dans ces paroles : « Vous courez la mer et la terre, pour faire un seul prosélyte [2] : » qu'il est zélé ! Tant de peine pour un seul homme ! faux zèle, puisqu'il ne sert qu'à la vanité : il se repaît de la gloire d'avoir fait un prosélyte. Plus la chose est sainte, plus il est détestable de la gâter. J'ai fait cette religieuse, j'ai attiré cet homme à l'ordre : achevez donc : cultivez cette jeune plante : ne la déracinez pas par les scandales que vous lui donnez : qu'elle ne trouve pas la mort où elle a cherché la vie : en un mot, ne la damnez pas davantage par le mauvais exemple. Le mauvais exemple du monde lui auroit été moins

<hr>

[1] *Matth.*, XXIII, 15. — [2] *Ibid.*

nuisible : le mauvais exemple des serviteurs et des servantes de Dieu la perd sans ressource.

« Dieu dissipe les os de ceux qui plaisent aux hommes : ils sont remplis de confusion, parce que le Seigneur les méprise [1], » comme des hommes vains, qui préfèrent l'apparence au solide et au vrai.

LIX° JOURNÉE.

Docteurs juifs, conducteurs aveugles et insensés. Ibid., 16 et suiv.

Jusqu'ici il ne les a appelés « qu'hypocrites, » parce qu'ils mettoient la piété dans l'extérieur seulement. Voici une autre qualité qu'il leur donne : « conducteurs aveugles ; » et encore : « insensés et aveugles [2]. »

Marquez la liaison de ces deux paroles : « conducteurs et aveugles : guides aveugles et insensés : » Hélas ! en quels abîmes tomberez-vous et ferez-vous tomber les autres ? Car tous deux tombent dans l'abîme, et l'aveugle qui mène et celui qui suit.

L'aveuglement qu'il reprend ici est lorsque l'intérêt fait oublier les maximes les plus claires et les plus certaines.

Il est bien manifeste que « le temple et l'autel qui sanctifient les présens [3], » sont de plus grande dignité que le don qu'on met dessus pour les sanctifier. Et cependant ces guides aveugles étoient assez insensés pour dire que le serment qu'on faisoit par le don, et par l'or qu'on avoit consacré dans le temple et sur l'autel, étoit plus inviolable que celui qu'on faisoit par le temple et par l'autel même. Pourquoi ? parce qu'ils vouloient qu'on multipliât les dons et l'or dont ils profitoient : et c'est pourquoi ils en relevoient le prix, et ils poussoient leur aveuglement jusqu'à préférer le présent au temple et à l'autel, où on le consacroit.

Lorsqu'il dit que le temple et l'autel sanctifient le don, il parle pour l'ancienne loi, où en effet tous les dons et toutes les victimes, qui n'étoient que choses terrestres, étoient bien au-dessous du

____
[1] *Psal.* LII, 6. — [2] *Matth.,* XXIII, 16 et suiv. — [3] *Ibid.,* 18, 19.

temple et de l'autel, qui étoient le manifeste symbole de la présence de Dieu. Mais dans la nouvelle alliance, il y a un don qui
sanctifie le temple et l'autel. Ce don c'est l'Eucharistie, qui n'est
rien de moins que Jésus-Christ et le Saint des saints : et ce don est
en même temps un temple. « Détruisez ce temple, dit-il : et il
parloit du temple de son corps [1], où la divinité habitoit corporel-
lement [2]. » Il est donc le temple et plus que le temple : « Celui-ci
est plus grand que le temple même [3]. »

Il est l'autel, en qui et par qui nous offrons « des victimes spirituelles, agréables par Jésus-Christ [4], » comme dit saint Pierre.

Ceux qui estiment le don plus que le temple et plus que l'autel,
sont encore ceux qui, donnant quelque chose à Dieu, le font valoir
en eux-mêmes, au lieu de songer qu'on ne peut rien donner à
Dieu qui ne soit beaucoup au-dessous de la majesté de son temple
et de la sainteté de son autel.

Comme il élève l'esprit! Du don à l'autel et au temple : du temple
au ciel dont il est l'image : du ciel à Dieu qui y est assis, qui y
règne, qui y tient l'empire de tout l'univers.

Apportez votre don : apportez-vous vous-même à l'autel : et ne
faites cas de vous-même qu'à cause que vous êtes consacré à
Dieu : tirez de là tout votre prix : attendez de là tout ce que vous
espérez de sainteté.

O le grand don que vous avez à offrir à Dieu ! son corps et son
sang que tous les jours vous pouvez offrir à Dieu en sacrifice :
don qui sanctifie l'autel et le temple, et ceux qui s'offrent dans
le temple.

LX⁰ JOURNÉE.

Guides aveugles, attachés aux petites choses et méprisant les grandes.
Ibid., 23 et 24.

Par quelle erreur de l'esprit humain arrive-t-il qu'on observe
la loi en partie, et qu'on ne l'observe pas tout entière : qu'on en

[1] *Joan.*, II, 19, 21. — [2] *Coloss.*, II, 9. — [3] *Matth.*, XII, 6. — [4] I *Petr.*, II, 5.

observe les petites choses, comme de payer la dîme des plus vils herbages, et qu'on omet les plus grandes, la justice, la miséricorde, la bonne foi [1]? Il y a là une ostentation et un air d'exactitude qui s'étend jusqu'aux moindres observances. Mais il faut encore remarquer ici quelque chose de plus intime. On observe volontiers dans la loi ce qui ne coûte rien à la nature : où les passions ne souffrent point de violence. On le sacrifie aisément à Dieu : on ne veut pas avoir à se reprocher à soi-même qu'on est sans loi, qu'on est un impie ; on s'acquitte par de petites choses, et on se flatte d'avoir satisfait : mais la lumière éternelle vous foudroie : « Il falloit s'attacher à ces grandes choses, mais sans omettre » les moindres [2]. Il ne faut pas s'y attacher comme aux principales, ni les mépriser non plus à cause qu'elles sont petites.

Voyez ce que Jésus estime : « la justice, la miséricorde, la bonne foi. »

« Guides aveugles, qui coulez le moucheron et qui avalez un chameau [3]. » Que le monde est plein de ces fausses piétés! Ils ne voudroient pas qu'il manquât un *Ave Maria* à leur chapelet. Mais les rapines, mais les médisances, mais les jalousies, ils les avalent comme de l'eau : scrupuleux dans les petites obligations, larges sans mesure dans les autres.

C'est encore la même chose que ce qui est dit au verset 5 : « Ils étendent les parchemins [4], » où ils écrivoient des sentences de la loi de Dieu, conformément au précepte du *Deutéronome* [5]. Soit que ce fût une espèce d'allégorie, ou une obligation effective, ils vouloient bien avoir ces sentences roulantes et mouvantes devant les yeux : mais ils ne se soucioient pas d'en avoir l'amour dans le cœur. Il étoit commandé aux Israélites, pour se distinguer des autres peuples, d'avoir des franges au bord de leurs robes, qu'ils nouoient avec des rubans violets [6]. Ce qui leur étoit un signal qu'ils devoient être attentifs à la loi de Dieu, et ne laisser pas errer leurs yeux et leurs pensées dans les choses qu'elle défendoit. Les pharisiens se faisoient de grandes franges, ou dilatoient ces bords de leurs robes, comme gens bien attentifs à la loi de Dieu, qui dilatoient ce qui étoit destiné à en rappeler la mémoire. C'est tout ce que Dieu en aura : une vaine parade, une ostentation, un exactitude apparente aux petits préceptes aisés, un mépris manifeste des grands, et un cœur livré aux rapines et à l'avarice.

Prenez garde dans les religions : un voile, l'habit de l'ordre, les jeûnes de règle. Mais que veut dire ce voile? Pourquoi est-il mis sur la tête, comme l'enseigne de la pudeur et de la retraite? C'est à quoi il falloit penser, et ne mépriser pas les petites choses, qui sont en effet la couverture et la défense des grandes : mais aussi ne se pas imaginer que Dieu se paie de cette écorce et de ces grimaces.

LXIᵉ JOURNÉE.

Suite. Sépulcres blanchis. Ibid., 26 et 27.

« Aveugle pharisien, qui nettoies le dehors d'une coupe et laisses dans la saleté le dedans » où l'on boit. « Nettoie le dedans afin que le dehors soit pur [1] : » car la pureté vient du dedans et se doit répandre de là sur le dehors : autrement, malgré ton hypocrisie, l'infection du dedans se produira par quelque endroit : ta vie se démentira : ton ambition cachée sera découverte : tu paroîtras de couleurs et de figures différentes; et avec l'infamie de ton ambition, celle de ton hypocrisie attirera la haine du genre humain.

Quelle affreuse idée d'un hypocrite! « C'est un vieux sépulcre : » tout s'y démentoit : « on l'a reblanchi et il paroît beau au dehors : » il peut même paroître magnifique. Mais qu'y a-t-il au dedans? « Infection, pourriture, des ossemens de morts [2], » dont l'attouchement étoit une impureté selon la loi. Tel est un hypocrite : il a la mort dans le sein : que sera-ce et où se cachera-t-il, lorsque Dieu révélera le secret des cœurs, et qu'on verra « ces choses honteuses qui se passoient dans le secret et qu'on a honte même de prononcer [3]? »

[1] *Matth.*, XXIII, 25, 26. — [2] *Ibid.*, 27. — [3] *Ephes.*, V, 12.

LXIIe JOURNÉE.

Docteurs juifs persécuteurs des prophètes : leur punition. Ibid., 29-36.

Voici le comble de l'hypocrisie : des actions de piété pour donner couleur au crime, comme de bâtir les sépulcres des prophètes. Qu'il est aisé de les honorer après leur mort, pour acquérir la liberté de les persécuter vivans! Ils ne vous disent plus mot, et vous pouvez les honorer sans qu'il en coûte à vos passions. On fait aisément les actes de piété qui ne leur font point de peine. On parera un autel : on y placera les reliques : tout y sera propre et orné : on bâtira des églises et des monastères : les actions de piété éclatantes, loin de rebuter, on s'en fait honneur. Venons à la pratique de la piété et à la mortification des sens : on n'y veut pas entendre.

Les Juifs étoient prêts à faire mourir le Prophète par excellence et ses apôtres; et ils disoient : « Si nous eussions été du temps de nos pères, nous n'eussions pas persécuté les prophètes. Vous êtes leurs vrais enfans [1], » puisque vous voulez faire comme eux, et vous voulez avoir tout ensemble et la gloire de détester le crime , et le plaisir de vous satisfaire en le commettant. Mais vous ne trromperez pas Dieu : au lieu de recevoir les vaines excuses que vous semblez vouloir faire aux prophètes , il vous punira de tous les crimes que vous aurez imités, à commencer par celui de Caïn, dont vous avez imité la jalousie sanguinaire [2]. Le moyen de désavouer vos pères est de cesser de les imiter. Que si vous les imitez , les tombeaux que vous érigez aux prophètes serviront plutôt de monument pour conserver la mémoire des crimes de vos ancêtres que de moyen de les éviter. C'est pourquoi il y a dans saint Luc : En bâtissant leurs sépulcres, pendant que dans votre cœur vous désirez d'en faire autant aux prophètes que vous avez parmi vous, vous montrez bien que cet extérieur de piété ne tend qu'à couvrir vos noirs desseins, et à les exécuter plus sûrement en les cachant [3].

[1] *Matth.,* XXIII, 30, 31. — [2] *Ibid.,* 35. — [3] *Luc.,* XI, 48.

« Remplissez la mesure de vos pères : et que tout le sang juste
vienne sur vous depuis Abel [1]. » On mérite le supplice de ceux
qu'on imite : Dieu n'impute pas seulement le péché des pères aux
enfans, mais encore celui de Caïn, quand on en suit la trace : et il
y aura parmi les méchans qui se seront imités les uns les autres
une société de supplices, comme parmi les bons qui auront vécu
en unité d'esprit, une société de récompenses.

Il prédit un supplice affreux aux Juifs, et en effet le monde n'en
avoit jamais eu de semblable.

« Sur cette génération [2] : » le temps approchoit, et ceux qui
étoient vivans le pouvoient voir.

Appliquons-nous à nous-mêmes ce que nous venons de voir.
Chacun persécute le juste, lorsqu'on le traverse, lorsqu'on en
médit, lorsqu'on le tourmente en cent façons. Et on dit en lisant
la Vie des Saints, où l'on voit la persécution des justes : Je ne
ferois pas comme cela : et on le fait, et on ne s'en aperçoit pas :
et on attire sur soi la peine de ceux qui ont persécuté les gens
de bien.

« Tout est écrit devant moi : je ne m'en tairai pas : je vous rendrai » la juste punition de vos péchés : « je mettrai dans votre
sein vos péchés et ensemble les péchés de vos pères, et je mettrai
dans leur sein à pleine mesure leur ancien ouvrage [3]. »

LXIII° JOURNÉE.

Lamentations, pleurs de Jésus sur Jérusalem. Ibid., 37, 39.

Comme il a pleuré Jérusalem ! Avec quelle tendresse il a présenté ses ailes maternelles à ses enfans qui vouloient périr ! « Une
poule, » c'est la plus tendre dè toutes les mères. Elle voudroit reprendre ses petits, non pas sous ses ailes, mais dans son sein s'il
se pouvoit : digne d'être le symbole de la miséricorde divine.

Je trouve trois lamentations de notre Sauveur, dont celles de
Jérémie n'égaleront jamais la tendresse. A son entrée : « Ah !

[1] *Matth.,* XXIII, 35. — [2] *Ibid.,* 36. — [3] *Isa.,* LXV, 6, 7.

si tu savois [1] : » Ici : « Jérusalem, Jérusalem [2] ! » Allant au Calvaire : « Filles de Jérusalem, pleurez sur vous-mêmes : Heureuses les stériles : heureuses les entrailles qui n'ont point porté d'enfans, et les mamelles qui n'en ont point allaité [3] ! » O malheureuse Jérusalem! O ames appelées et rebelles! que vous avez été amèrement pleurées! Revenez donc aux cris empressés de cette mère charitable : ses ailes vous sont encore ouvertes : « Ah! pourquoi voulez-vous périr, maison d'Israël [4]? »

« Vous ne me verrez point jusqu'à ce que vous disiez : Bienheureux, etc [5]. »

Ces dernières paroles, depuis ces mots : « Jérusalem, Jérusalem, » ont déjà été dites avant l'entrée du Sauveur [6] : et alors il vouloit dire qu'on ne le reverroit plus jusqu'au jour de cette entrée. Ici l'entrée étoit faite; et il veut dire qu'il s'en alloit jusqu'au dernier jugement, qui n'arriveroit pas que les Juifs ne fussent retournés à lui et ne le reconnussent pour le Christ.

Le Sauveur a achevé ce qu'il vouloit : il a établi l'autorité de la chaire de Moïse : il a fait voir les abus : il a expliqué le châtiment : il n'a pas tenu à sa bonté qu'ils ne l'aient écouté, et ils ont voulu périr. Oh quel regret pour ces malheureux! oh quelle augmentation de leur supplice !

Apprenons à louer la miséricorde divine dans les jugemens les plus rigoureux : car ils ont toujours été précédés par les plus grandes miséricordes.

« Combien de fois ai-je voulu! » Ce n'est pas pour une fois que vous m'avez appelé, ô la plus tendre de toutes les mères : et je n'ai pas écouté votre voix.

LXIVe JOURNÉE.

Vices des docteurs de la loi; ostentation; superstition; corruption; erreurs marquées par saint Marc et par saint Luc. Marc., XII, 38-40; Luc., XX, 46, 47.

Ils remarquent tous deux principalement l'affectation des pre-

[1] *Luc.*, XIX, 42. — [2] *Matth.*, XXIII, 37. — [3] *Luc.*, XXIII, 28, 29. — [4] *Eze* ., XVIII, 31. — [5] *Matth.*, XXIII, 39. — [6] *Luc.*, XIII, 34, 35.

mières places et cet artifice de piller les veuves sous prétexte d'une longue oraison, comme les choses les plus odieuses, comme les plus ordinaires dans la conduite des pharisiens, dont aussi il se faut le plus donner de garde. Dieu nous en fasse la grace.

Tout ce que Jésus-Christ blâme se réduit à ostentation, super-stition, hypocrisie, rapine, avarice, corruption, en un mot jus-qu'à altérer la saine doctrine, en préférant le don du temple et de l'autel au temple et à l'autel même.

Mais comment donc vérifier ici ce qu'il a dit : « Faites ce qu'ils vous diront ? » Car ils leur disoient cela qui étoit mauvais : et ils avoient encore beaucoup de fausses traditions, que le Fils de Dieu reprend ailleurs. Tous ces dogmes particuliers n'avoient pas en-core passé en décret public et en dogmes de la synagogue. Jésus-Christ est venu dans le moment que tout alloit se corrompre. Mais il étoit vrai jusqu'alors, que la chaire n'étoit pas encore infectée, ni livrée à l'erreur, quoiqu'elle fût sur le penchant. Qui nous dira, s'il n'en arrivera peut-être pas à peu près autant à la fin des siècles ? Qui sait où Dieu permettra que la séduction aille dans les docteurs particuliers? Mais avant que ces mauvais dogmes aient passé en décret public, le second avénement se fera. Prenons garde cependant à ce levain des pharisiens, et ne le faisons pas régner parmi nous.

Oh combien disent dans leur cœur ! Le temple n'est rien : l'autel n'est rien : le don, c'est à quoi il faut prendre garde, et non-seu-lement ne le retirer jamais, mais l'augmenter, comme ce qu'il y a de plus précieux dans la religion.

Prenons un esprit de désintéressement, pour éviter ce levain des pharisiens.

Prenons garde, tout ce que nous sommes de supérieurs, de ne nous réjouir pas de la prélature, mais de craindre d'imiter les pharisiens dans ce point, que saint Marc et saint Luc ont observé comme le plus remarquable.

Nous porterons la peine de tout le sang juste répandu, de tous les canons méprisés, de tous les abus autorisés par notre exemple : et tout sera imputé à notre ordre depuis le premier relâchement.

La prodigieuse révolte du luthéranisme a été une punition

visible du relâchement du clergé, et on peut dire que Dieu a puni sur nos pères et qu'il continue de punir sur nous tous les relâche-mens des siècles passés, à commencer par les premiers temps où l'on a commencé à laisser prévaloir les mauvaises coutumes contre la règle. Nous devons craindre que la main de Dieu ne soit sur nous, et que la révolte ne dure jusqu'à ce que, profitant du châtiment, nous ayons entièrement banni du milieu de nous, tout ce levain pharisaïque, cet esprit de domination, d'intérêt, d'ostentation ; cet esprit qui fait servir la domination au gain et à l'intérêt, soit que ce soit celui de l'ambition, soit que ce soit celui de l'argent.

Pour mieux entendre notre devoir et notre péril, considérons le même sermon de Notre-Seigneur, déjà fait dans saint Luc une autre fois et avant son entrée.

LXVe JOURNÉE.

Les Væ, ou les malheurs prononcés par Notre-Seigneur contre les docteurs de la loi. **En saint Luc., xi, 42-44 et suiv.**

L'occasion de ce discours fut l'orgueil de ce pharisien, qui blâ-moit le Sauveur en son cœur, « parce qu'il ne s'étoit pas lavé avant le repas. » Il commence à cette occasion à leur reprocher « qu'ils lavoient le dehors, et négligeoient le dedans [1]. »

La comparaison du sépulcre est tournée ici au vers. 44 d'une manière différente de saint Matthieu. Car au lieu que dans saint Matthieu Jésus-Christ propose des « sépulcres reblanchis, » ici on parle de « sépulcres cachés, lorsque les hommes marchent dessus sans le savoir [2] : » ce qui fait voir des hypocrites tout à fait cachés, avec qui on converse sans les connoître pour ce qu'ils sont, tant leur malice est profonde. Mais tout cela se révélera au grand jour : et plus leur désordre étoit caché, plus leur honte, qui paroîtra tout d'un coup, sera éclatante.

Un docteur de la loi interrompt cette pressante invective contre

<hr>

[1] *Luc.,* xi, 38, 39. — [2] *Matth.,* xxiii, 27 ; *Luc.,* xi, 44.

les pharisiens, et présuma assez de lui-même pour croire que le Sauveur se tairoit, quand il lui auroit témoigné la part qu'il prenoit à son discours : « Maître, lui dit-il, vous nous faites injure à nous-mêmes [1]. » Son orgueil lui attira ces justes reproches : « Malheur à vous aussi, docteurs de la loi [2]! » etc.

Ce qui est dit dans saint Matthieu : « Je vous envoie des prophètes [3], » est expliqué en saint Luc : « La sagesse de Dieu a dit [4] : » pour montrer que le Sauveur est la sagesse de Dieu.

« Vous avez pris la clef de la science. [5] » On distingue la clef de la science d'avec celle de l'autorité : les docteurs vouloient s'approprier la clef de la science : que n'ouvroient-ils donc au peuple ? Mais ils se trompoient eux-mêmes et trompoient les autres : et non contens de se taire, ce qui suffiroit pour leur perte, ils étoient les premiers à autoriser les fausses doctrines.

« Dès lors les pharisiens et les docteurs de la loi commencèrent à le presser et à l'accabler de questions, en lui dressant des piéges, pour exciter contre lui la haine du peuple [6]. » Ils sont pris dans les piéges qu'ils tendoient au Sauveur, et ils croient n'en pouvoir sortir qu'en le perdant. Ainsi périt le juste pour avoir fait son devoir à reprendre les orgueilleux et les hypocrites.

LXVIᵉ JOURNÉE.

Quel est le vrai prix de l'argent. Veuve donnant de son indigence.
Marc., XII, 41-44; Luc., XXI, 1-4.

Il venoit de parler des pharisiens et de leur artifice à tirer l'argent des veuves : il va montrer ce qu'il faut estimer dans l'argent et quel en est le vrai prix.

« Jésus s'assit et regarde ceux qui mettoient dans le tronc » ou dans le trésor : « Une pauvre veuve donna deux petites pièces d'un liard : Elle a plus donné que tous [7]. » Que l'homme est riche ! Son argent vaut tout ce qu'il veut ; sa volonté y donne le prix.

---

[1] *Luc.*, XI, 45. — [2] *Ibid.*, 46. — [3] *Matth.*, XXIII, 34. — [4] *Luc.*, XI, 49. — [5] *Ibid.*, 52. — [6] *Ibid.*, 53, 54. — [7] *Marc.*, XII, 43, 44; *Luc.*, XXI, 1-3.

Un liard vaut mieux que les plus riches présens. Manquez-vous d'argent : un verre d'eau froide vous sera compté, et on ne veut pas même vous donner la peine de la chauffer. N'avez-vous pas un verre d'eau à donner : un désir, un soupir, un mot de douceur, un témoignage de compassion; si tout cela est sincère, il vaut la vie éternelle. Oh que l'homme est riche et quels trésors il a en main !

Heureux les chrétiens d'avoir un maître qui sait si bien faire valoir les bonnes intentions de ses serviteurs ! Aussitôt qu'il voit cette veuve qui n'a donné que deux doubles, ravi de sa libéralité, « il convoque ses disciples, » comme à un grand et magnifique spectacle.

« Elle a donné plus que tous les autres, » quoique tous les autres eussent donné largement : « Mais les autres ont donné le superflu et le reste de leur abondance, » sans s'apercevoir d'aucune diminution; « au lieu que celle-ci a donné tout ce qu'elle avoit et tout son vivre [1] : » s'abandonnant avec foi à la divine providence.

Voilà les aumônes que Jésus-Christ loue : celles où on prend sur soi : car de telles aumônes sont les seules qui méritent le nom de sacrifice.

LXVIIe JOURNÉE.

Ruine de Jérusalem et du temple. Matth., xxiv, 1-23; Marc., xiii, 1-23;
Luc., xxi, 5-24.

Ce que Jésus-Christ avoit prédit de la ruine de Jérusalem, est ici plus particulièrement expliqué, et Jésus-Christ y déclare ce qu'il n'avoit pas encore dit, que le temple ne seroit pas excepté d'un malheur si prochain et périroit comme le reste. Il ne vouloit pas laisser ignorer à ses disciples un événement si important; et il choisit pour s'en expliquer les jours prochains de sa mort, dont il devoit être la punition.

« Maître, voyez quelles pierres et quelle structure [2] ! » C'est ainsi que parlent les disciples en montrant le temple au Fils de

[1] *Marc.,* xii, 43, 44; *Luc.,* xxi, 4. — [2] *Marc.,* xiii, 1.

Dieu : ces deux paroles en font la peinture : « Quelles pierres, » de quelle beauté, de quelle énorme grandeur ! « Quelle structure, » quelle solidité, quelle ordonnance, quelle correspondance de toutes ses parties ! Saint Luc ajoute la richesse des dons, dont le temple étoit rempli [1]. Il n'y avoit donc rien de plus solide, ni de plus riche : et néanmoins il périra : tant de richesses, une si belle structure, tout sera réduit en cendres.

« Voyez-vous tous ces grands bâtimens ? En vérité, je vous le dis : il n'y demeurera pas pierre sur pierre [2]. » Enorgueillissez-vous de vos édifices, ô mortels : dites que vous avez fait un immortel ouvrage et que votre nom ne périra jamais. Ce grand politique Hérode croyoit s'être immortalisé, en refaisant tout à neuf un si admirable édifice, avec une magnificence qui ne cédoit en rien pour la beauté de l'ouvrage à celle de Salomon. Si quelque chose devoit être immortelle, c'étoit un temple si auguste, si saint, si célèbre : tout sembloit le préserver des injures du temps : sa structure, sa solidité. On épargne même dans les villes prises ces beaux monumens comme des ornemens, non des villes ni des royaumes, mais du monde. Mais sa sentence est prononcée : il faut qu'il tombe. En effet Tite avoit défendu surtout qu'on ne touchât point à ce temple : mais un soldat animé par un instinct céleste, comme Josèphe historien juif, qui étoit présent à ce siège et qui a tout vu, le témoigne, y mit le feu et on ne le put éteindre [3]. Les Juifs avoient voulu le rebâtir sous Julien l'Apostat : le feu consuma les ouvriers qui y travailloient [4] : il falloit que tout fût détruit et à jamais : car Jésus-Christ l'avoit dit. Dieu vouloit punir les Juifs, et en même temps par un excès de miséricorde leur montrer qu'ils devoient chercher dans l'Eglise un autre temple, un autre autel et un sacrifice plus digne de lui. Ainsi les justices de Dieu sont toujours accompagnées de miséricorde, et il instruit les hommes en les punissant. Il instruit les Juifs en deux manières : il leur fait sentir leur crime en frappant jusqu'à sa maison : en la détruisant, il les détache des ombres de la loi et les attache à la vérité.

---

[1] *Luc.*, XXI, 5. — [2] *Marc.*, XIII, 2. — [3] Joseph., lib. *De bell. Jud.*, cap. XVI. — [4] Amm. Marcell., lib. XXIII, init.

Le temple avoit accompli, pour ainsi parler, tout ce à quoi il étoit destiné : le Christ y avoit paru, selon les oracles d'Aggée et de Malachie [1] : qu'il périsse donc, il est temps : quelque saint que soit celui-ci par tant de merveilles et par le sacrifice qu'Abraham y voulut faire d'Isaac son fils, il faut qu'il cède aux temples où l'on offrira, selon le même Malachie, « un plus excellent sacrifice, depuis le soleil levant jusqu'au couchant [2]. »

LXVIIIe JOURNÉE.

La ruine de Jérusalem et celle du monde : pourquoi prédites ensemble? Ibid.

« Dites-nous quand arriveront ces choses, et quel est le signe de votre avénement et de la fin des siècles [3]. » C'est la demande que firent à Jésus ses principaux apôtres, Pierre, Jacques, Jean et André, pendant qu'il étoit assis sur la montagne des Olives [4].

Remarquez que, dans leur demande, ils confondoient tout ensemble la ruine de Jérusalem et celle de tout l'univers à la fin des siècles. C'est ce qui donne lieu à Jésus-Christ de leur parler ensemble de l'une et de l'autre.

On demandera pourquoi il n'a pas voulu distinguer des choses si éloignées. C'est, premièrement, par la liaison qu'il y avoit entre elles, l'une étant figure de l'autre : la ruine de Jérusalem, figure de celle du monde et de la dernière désolation des ennemis de Dieu. Secondement, parce qu'en effet plusieurs choses devoient être communes à tous les deux événemens. Troisièmement, parce que, lorsque Dieu découvre les secrets de l'avenir, il le fait toujours avec quelque obscurité, parce qu'il s'en réserve le secret ; parce qu'il ne veut pas contenter la curiosité, mais édifier la foi; parce qu'il veut que les hommes soient toujours surpris par quelque endroit. C'est pourquoi en les avertissant, pour les obliger à prendre des précautions et encore pour leur faire voir que l'événement qu'il leur prédit est un ouvrage de sa main, préparé de-

---

[1] *Agg.,* II, 8, 10; *Malach.,* III, 1. — [2] *Malach.,* I, 11. — [3] *Matth.,* XXIV, 3; *Marc.,* XIII, 4; *Luc.,* XXI, 7. — [4] *Matth.* et *Marc., ibid.*

puis longtemps, il ne laisse pas de réserver toujours quelque chose qui surprenne, et qui inspire une nouvelle terreur lorsque le mal arrive.

Voilà pourquoi la prédiction de la ruine de Jérusalem, est en quelque sorte confondue avec celle du monde. Apprenez, ô hommes, par l'obscurité que Jésus-Christ même veut laisser dans sa prophétie, apprenez à modérer votre curiosité, à ne vouloir pas plus savoir qu'on ne vous dit, à ne vous avancer pas au delà des bornes, et à entrer avec tremblement dans les secrets divins.

Quoique Jésus-Christ confonde ces deux événemens, il ne laisse pas dans la suite, comme nous verrons, de donner des caractères pour les distinguer.

Voilà de grandes choses, mais encore en confusion. Considérons-les en particulier et tâchons de tirer de chacune toute l'instruction que Jésus-Christ a voulu nous y donner.

LXIXe JOURNÉE.

Les marques particulières de la ruine de Jérusalem et de la fin du monde. Ibid.

Selon ce que nous venons de dire, il faut qu'il y ait dans ces deux événemens, dans le dernier jour de Jérusalem et dans le dernier jour du monde, quelque chose qui soit propre à chacun, et quelque chose qui soit commun à l'un et à l'autre.

Ce qui est propre à la désolation de Jérusalem, c'est qu'elle sera investie d'une armée : c'est que l'abomination de la désolation sera dans le lieu saint. C'est qu'alors on pourra encore prendre la fuite, et se sauver des maux qui menaceront Jérusalem : c'est que cette ville sera réduite à une famine prodigieuse, qui fait dire à notre Sauveur : « Malheur aux mères : malheur à celles qui sont grosses : malheur à celles qui nourrissent des enfans [1] ! » C'est que la colère de Dieu sera terrible sur ce peuple particulier, c'est-à-dire sur le peuple juif : en sorte qu'il n'y aura jamais eu

___

[1] *Luc.*, XXI, 23; *Matth.*, XXIV, 19; *Marc.*, XIII, 17.

de désastre pareil au sien. C'est que ce peuple périra par l'épée, sera traîné en captivité par toutes les nations, et Jérusalem foulée aux pieds par les gentils. C'est que la ville et le temple seront détruits, et qu'il n'y restera pas pierre sur pierre, comme nous avons déjà vu. C'est que cette génération, celle où l'on étoit, ne passera point, que ces choses-ci ne soient accomplies, et que ceux qui vivent les verront [1].

Ce qui sera particulier au dernier jour de l'univers, c'est que le soleil sera obscurci, la lune sans lumière, les étoiles sans consistance, tout l'univers dérangé : que le signe du Fils de l'homme paroîtra : qu'il viendra en sa majesté : que ses anges rassembleront ses élus des quatre coins de la terre, et le reste qui est exprimé dans l'Evangile : que le jour et l'heure en sont inconnus; et que tout le monde y sera surpris [2].

De là résulte la grande différence entre ces deux événemens, que Jésus-Christ veut qu'on observe. Pour ce qui regarde Jérusalem, il donne une marque certaine : « Quand vous verrez Jérusalem investie [3]; » et ce qui est, comme nous verrons, la même chose : « Quand vous verrez l'abomination de la désolation dans le lieu saint, où elle ne doit pas être, sachez que sa perte est prochaine [4], » et sauvez-vous. On pouvoit donc se sauver de ce triste événement. Mais pour l'autre, qui regarde la fin du monde, comme ce sera, non pas ainsi que dans la chute de Jérusalem un mal particulier, mais un renversement universel et inévitable, il ne dit pas qu'on s'en sauve, mais qu'on s'y prépare. Ce qui sera commun à l'un et à l'autre jour, sera l'esprit de séduction, et les faux prophètes, la persécution du peuple de Dieu, les guerres par tout l'univers et une commotion universelle dans les empires, avec une attente terrible de ce qui devra arriver [5].

Considérons toutes ces choses dans un esprit d'humiliation et d'étonnement. O Dieu, que votre main est redoutable ! Par combien de terribles effets déployez-vous votre justice contre les hommes ! Quelles misères précèdent la dernière et inexplicable

---

[1] *Luc.*, XXI, 32 ; *Matth.*, XXIV, 34 ; *Marc.*, XIII, 30. — [2] *Matth.*, XXIV, 27, 36, 37. — [3] *Luc.*, XXI, 20. — [4] *Matth.*, XXIV, 15 ; *Marc.*, XIII, 14 ; *Luc.*, XXI, 20. — [5] *Matth.*, XXIV, 4 ; *Marc.*, XIII, 5 ; *Luc.*, XXI, 8 et seq.

misère de la damnation éternelle ! « Qui ne vous craindroit, ô Seigneur ? qui ne glorifiera votre nom ? O Seigneur tout-puissant, vos œuvres sont grandes et merveilleuses ! vos voies sont justes et véritables, ô Roi des siècles ! vous seul êtes saint, et toutes les nations vous adoreront[1] ! Tout genou se courbera devant vous[2], » les uns en éprouvant vos miséricordes, les autres se sentant soumis à votre implacable et inévitable justice.

LXXe JOURNÉE.

Les marques de distinction de ces deux événemens expliqués encore plus en détail en saint Matthieu, en saint Marc et en saint Luc. Ibid.

En continuant la même lecture, nous avons à considérer les marques de distinction des deux événemens, qui nous sont donnés dans l'Evangile. La distinction paroît assez clairement dans saint Luc. Ce qui regarde en particulier Jérusalem, commence au chapitre XXI, vers. 20, et se continue jusqu'au 25 ; et ce qui regarde le dernier jour de l'univers commence au vers. 25, et se termine au vers. 31. La même chose paroît à peu près en saint Matthieu, chap. XXIV, vers. 15, à ces paroles : « Lorsque vous verrez l'abomination de la désolation, » d'où se continue le récit des maux de Jérusalem jusqu'au vers. 27, où l'on commence à parler de l'avénement du Fils de l'homme : ce qui se continue principalement depuis le vers. 29, jusqu'au 34. On voit encore la même chose en saint Marc, chap. XIII, depuis le vers. 14, où « l'abomination » nous est montrée « où elle ne doit point être : » d'où se continue la ruine de Jérusalem jusqu'au vers. 24 : et là commence la prédiction de la dernière catastrophe de l'univers jusqu'au vers. 30.

Il nous sera maintenant assez aisé d'arranger la suite des événemens, premièrement dans la ruine de Jérusalem, et ensuite dans celle du monde. « L'abomination de la désolation dans le lieu saint, » selon saint Matthieu, et « où elle ne doit pas être, » dans saint Marc, est visiblement la même chose que « Jérusalem envi-

____
[1] *Apoc.*, XV, 3, 4. — [2] *Isa.*, XLV, 24.

ronnée d'une armée, » dans saint Luc, comme la seule suite le fera paroître à un lecteur attentif. Mais ce qui ne laisse aucun doute, c'est le rapport de ces mots : « Quand vous verrez l'abomination de la désolation dans le lieu saint, » avec ceux-ci : « Quand Jérusalem sera investie d'une armée. L'abomination, » selon le langage de l'Ecriture, signifie des idoles. « L'abomination de la désolation, » ce sont donc des idoles désolantes, tant à cause de l'affliction qu'elles causent par leur seul aspect au peuple de Dieu, qu'à cause de la dernière désolation dont elles leur étoient un présage. Or on sait que les armées romaines portoient dans leurs étendards les idoles de leurs dieux, celles de leurs empereurs qui étoient du nombre de leurs dieux et des plus grands : l'aigle romaine qui étoit consacrée avec des cérémonies qui la faisoient adorer elle-même. Ainsi investir Jérusalem d'une armée romaine et en porter les étendards aux environs de cette ville, c'étoit mettre des idoles dans le lieu saint : auprès du temple qui étoit appelé par excellence le lieu saint : dans la Judée dont la terre étoit consacrée à Dieu, sanctifiée par tant de miracles, et pour cela appelée la terre sainte. Selon les ordres de Dieu, les idoles n'y devoient jamais paroître. Et c'est pourquoi ce que saint Matthieu exprime par ces mots : « L'abomination, » c'est-à-dire l'idole « dans le lieu saint; » saint Marc l'explique par ceux-ci : « L'abomination » et l'idole « où elle ne doit pas être : » c'est-à-dire dans un lieu et dans une terre dont la sainteté la devoit éternellement bannir de son enceinte : ce que saint Luc a expliqué plus particulièrement, lorsqu'il a marqué « une armée autour de Jérusalem : » une armée de gentils, puisque c'étoit « par les gentils que Jérusalem devoit être foulée aux pieds [1] : » par conséquent une armée remplie d'idoles, puisque même elle les portoit dans ses étendards et en un mot une armée romaine.

Ainsi le premier présage de la ruine de Jérusalem, c'est d'être environnée d'idoles. Car auparavant on voit dans Josèphe, que lorsqu'une armée romaine traversoit la Judée, on obtenoit des princes qu'on n'y passât point avec les étendards, de peur de souiller d'idoles une terre qui n'en devoit jamais voir aucune.

[1] *Luc.*, XXI, 20, 24.

Mais à cette fois l'armée étaloit ses idoles : on n'avoit plus de ménagement pour la terre sainte : c'étoit là le commencement de la dernière hostilité contre Jérusalem et le prochain présage de sa chute.

Chrétien, ton corps et ton ame sont la terre vraiment sainte, où jamais les idoles ne doivent paroître. Toute créature mise à la place du Créateur, c'est une idole abominable, une idole désolante : tout ce que tu aimes plus que Dieu, ou avec Dieu, ou au préjudice de Dieu, renverse son trône ou le partage : c'est là le premier présage de ta perte. Toute désobéissance, tout ce qui lève l'étendard contre Dieu, c'est le commencement de ton malheur. De quelle affreuse désolation sera suivi ce désordre! de quels maux ne sera-t-il pas le présage!

LXXIe JOURNÉE.

Deux siéges de Jérusalem prédits par Notre-Seigneur. Le premier en saint Matth., xxiv, 15, 16; Marc., xiii, 14; Luc., xxi, 20. *Le second en* saint Luc., xix, 43, 44.

Ces paroles de saint Matthieu et de saint Marc : « L'idole dans le lieu où elle ne doit pas être; » et celles de saint Luc : « Jérusalem environnée d'une armée, » ne marquent pas encore le dernier siége de Jérusalem sous Tite, où elle périt sans ressource. Car les évangélistes disent ici : Quand vous verrez ces idoles, ce siége, « fuyez dans les montagnes. » Or depuis le siége de Tite, il n'y avoit pas moyen de fuir ni de sortir de la ville : car elle étoit tellement serrée de tranchées, de murailles et de forteresses, qu'il n'y avoit plus aucune issue. C'est ce siége que le Sauveur avoit prédit en entrant dans Jérusalem, lorsqu'il disoit avec larmes : Ville infortunée, « tes ennemis t'environneront de tranchées, et te fermeront de toutes parts[1]. » Aussi ne leur parle-t-il pas alors, comme ici, de prendre la fuite; car il savoit bien qu'en cet état il n'y en auroit plus aucune espérance : mais d'une perte

[1] *Luc.*, xix, 43.

totale et « d'un entier renversement, et pour la ville et pour ses enfans[1]. » Ici donc il parle d'un autre siége, qui arriva à Jérusalem quelques années avant celui de Tite, lorsque Cestius Florus l'investit. Ces deux siéges sont bien marqués dans Josèphe, et très-nettement distingués dans l'Evangile. Dans le premier, dont il est parlé dans les chapitres que nous méditons[2], on ne voit ni tranchées ni forts, mais seulement une armée qui se répand aux environs et ce qu'elle avoit de plus détestable, c'étoit ses idoles. Dans le second on voit des forts, des tranchées, et un siége dans toutes les formes. On pouvoit échapper dans la première occasion : car les troupes n'arrivent pas tout à coup et la garde n'est pas si exacte : dans la seconde, il n'y a rien à attendre qu'à périr.

On voit là deux états de l'ame. Lorsque le péché commence à l'investir, pour ainsi dire, et à répandre de tous côtés comme des idoles les mauvais désirs : cette armée impure ne fait que nous entourer, de manière que nous pouvons encore échapper. Les tranchées, les forts, le siége en forme, c'est le vice fortifié par l'habitude. Fuyons dès le premier abord, dès que nous voyons paroître l'étendard du péché : car si nous lui laissons élever ses forts et former ses habitudes, il n'y a presque plus rien à espérer.

LXXIIe JOURNÉE.

Réflexions sur les maux extrêmes de ces deux siéges. Ibid.

Si à ce premier abord de l'armée romaine, à cette première apparition de ses étendards et de ses idoles autour de Jérusalem, on ne prend la fuite vers les montagnes; si sans en faire à deux fois, on n'emporte d'abord tout ce qu'on pourra et de la ville et de la campagne; si l'on ne sort promptement de cette ville réprouvée, ou que ceux qui sont dehors osent y entrer : « on sera ravagé par l'épée : on sera traîné en captivité par toute la terre[3]. » La famine sera si horrible, que les mères malheureuses verront périr leurs enfans entre leurs bras. C'est en effet ce qui arriva à

<hr>

[1] *Luc.,* XIX, 44. — [2] *Matth.,* XXIV; *Marc.,* XIII; *Luc.,* XXI. — [3] *Luc.,* XXI, 24.

Jérusalem dans un si grand excès, que l'univers n'avoit jamais vu rien de semblable.

Jésus-Christ prédit encore la même calamité allant au supplice : « Filles de Jérusalem, ne pleurez pas sur moi, mais pleurez sur vous et sur vos enfans, parce qu'il viendra des jours où l'on dira : Bienheureuses les stériles : bienheureuses les entrailles qui n'ont pas engendré, et les mamelles qui n'ont pas nourri [1] ! » Qui est précisément la même chose qu'il marque ici par ces mots : « Malheureuses les mères : malheureuses les nourrices [2] ! » Et pour montrer l'excès de cette misère, il finit par ces paroles : « Alors ils commenceront à dire aux montagnes : Tombez sur nous; et aux collines : Couvrez-nous : car si l'on fait ainsi au bois vert, » à la justice, à la sainteté, à Jésus-Christ même, « que fera-t-on au bois sec [3], » qui n'est plus bon que pour le feu ; et aux pécheurs destitués de tout sentiment de piété, qui n'ont plus à attendre que le dernier coup ?

Méditons ceci en tremblant, pécheurs malheureux ! Pesons les maux qui nous sont prédits. Tout l'univers renversé sur nous, en sorte que les montagnes nous écrasent et que les collines nous enterrent, ne sont rien en comparaison : ce renversement, qui en lui-même paroît si affreux, devient désirable à comparaison des maux qui nous attendent. Tombez sur nous, montagnes; enterrez-nous, coteaux. Plût à Dieu que nous en fussions quittes pour cela ! De plus grands maux nous sont préparés : Dieu déploiera sa main vengeresse par des coups plus insupportables. Et en voici la raison : Si Jésus-Christ a tant souffert pour avoir seulement porté la ressemblance du péché, que sera-ce de nous, en qui il a versé tout son venin, qui en portons au dedans de nous toutes les horreurs ?

« O Seigneur, » chantoit le Psalmiste, « vous avez donné un signe à ceux qui vous craignent, afin qu'ils pussent éviter l'arc tendu contre eux [4]. » O Seigneur, vous avez aiguisé vos flèches, elles ne respirent que le sang : votre arc est prêt à tirer et nos cœurs seront percés de vos coups : mais avant que de lâcher la main, vous menacez, vous avertissez, afin qu'on fuie votre colère me-

[1] *Luc.*, XXIII, 28, 29. — [2] *Ibid.*, XXI, 23. — [3] *Ibid.*, XXIII, 30, 31. — [4] *Psal.* LIX, 6.

naçante : c'est le signe de salut que vous nous donnez. Mais vous ne le donnez qu'à ceux qui vous craignent : les autres, endormis dans leurs péchés, ne veulent pas seulement vous entendre, ni écouter d'autre voix que celle qui les porte au plaisir : mais ceux à qui il reste encore quelque crainte de vos jugemens, ô Dieu, qu'ils tremblent à vos menaces, afin qu'ils évitent vos coups.

« Serpens, engeance de vipères, qui vous apprendra à fuir la colère qui vous poursuit[1] ? » C'est ce que saint Jean disoit aux Juifs. Jésus-Christ leur en dit encore beaucoup davantage ; et il redouble ses menaces à la veille de sa mort, qui devoit causer tous ces maux à son peuple ingrat. Il leur avoit montré tant d'amour : il avoit confirmé sa mission par tant de miracles : il leur dénonce encore le terrible châtiment qu'ils avoient à craindre, « pour n'avoir pas profité du temps où il les avoit visités[2]. » Il leur prédit ces maux avec larmes, afin de leur faire voir qu'il n'en faisoit pas seulement une sèche prédiction : ils sont insensibles : nous nous en étonnons ; mais notre étourdissement n'est pas moins grand que le leur : étonnons-nous de nous-mêmes.

LXXIIIᵉ JOURNÉE.

Suite des réflexions sur les mêmes calamités. Ibid.

« Ce sont ici les jours de vengeance pour accomplir tout ce qui a été écrit : Malheur aux femmes grosses, et à celles qui nourrissent ! Car il y aura de grandes nécessités et une grande colère se déploiera sur ce peuple : ils passeront par le fil de l'épée : ils seront emmenés captifs par toutes les nations ; et Jérusalem sera foulée aux pieds par les gentils, jusqu'à ce que le temps des gentils soit accompli[3]. » Après que cette ville aura été investie, après qu'elle aura été assiégée régulièrement et environnée de tranchées et de forteresses, trois plaies tomberont sur elle : l'épée, la famine, la captivité.

L'épée : c'est la blessure de l'ame : la division entre ses parties :

[1] *Matth.* III, 7; XXIII, 33; *Luc.,* III, 7. — [2] *Luc.,* XIX, 41-44. — [3] *Ibid.,* XXI, 22-24.

nulle continuité : nulle union : le sang de l'ame s'écoulera par cette ouverture : toutes ses forces se dissiperont : elle n'aura plus de résistance. Ah quel état ! On ne résiste plus aux tentations : le péché emporte tout : c'est la foiblesse de l'ame à qui tout échappe et qui s'échappe à elle-même : les chutes sont continuelles et ir-réparables : on ne se peut plus relever. Telle est la plaie de l'épée: le cœur est ouvert, et ne retient plus ni la grace ni la vérité.

La famine : c'est la soustraction des alimens : non-seulement quand ils manquent ; mais encore, ce qui est bien pis, quand le principe pour en profiter manque tout à fait. Tout abonde autour du malade ; les restaurans sont tout prêts : mais ou on ne peut les prendre ; ou l'estomac contraint par force à les recevoir, ni ne les digère, ni ne les distribue, ni n'en profite. Au milieu des ser-mons, des bons exemples, des saintes lectures, des observances d'une vie toute consacrée à Dieu, on périt, on demeure sans nour-riture : la vérité ne fait plus rien à cette ame : elle ne s'en nourrit pas : elle n'en vit pas. Ses œuvres, qui sont les enfans qu'elle nourrit, tombent en langueur : tout y dépérit visiblement : ou elle ne produit rien de bon, ou si elle produit, ce bien ne se sou-tient pas. Hélas ! hélas ! qu'y a-t-il de plus déplorable que cette famine?

La captivité : « Jérusalem sera foulée aux pieds par les gentils : » l'ame abattue par tous les vices : accablée de fers qu'elle ne peut porter ni rompre, elle est traînée en captivité d'objet en objet : toutes les passions la dominent et la tyrannisent tour à tour : elle pense être en repos contre l'amour des plaisirs ; l'ambition la met sous le joug : l'avarice l'assujettit, et ne lui laisse pas le temps de respirer; tant elle l'accable d'affaires, de soins, de travaux. Hélas ! hélas! où en es-tu, ame raisonnable, faite à l'image de Dieu? blessée, percée de tous côtés : outre cela affamée : pour comble de maux captive : sans force, sans nourriture pour te rétablir : sans liberté : ah, quel malheur est le tien !

Il faut remarquer ce dernier mot : « Jusqu'à ce que les temps des nations soient accomplis [1]. » Il y a un temps des nations : un temps que les gentils doivent persécuter l'Eglise : un temps

[1] *Luc.*, XXI, 24.

qu'ils y doivent entrer : après ce temps les Juifs que les nations devoient jusqu'alors fouler aux pieds, reviendront ; « et après que la plénitude des gentils sera entrée, tout Israël, » tout ce qui en restera, « sera sauvé[1] : » l'aveuglement d'Israël n'a été permis que pour préparer les voies à l'accomplissement d'un si grand mystère.

Ame pécheresse, il y a pour toi, malgré tes péchés, une ressource infaillible : l'excès même de ton malheur peut être, comme à Israël, le commencement de ton retour. Israël fatigué de ses révoltes, de ses malheurs, de sa vaine crédulité et de ses frivoles espérances : las de toujours attendre sans rien voir, de soupirer après un Messie qui ne vient point, parce qu'il est déja venu, se réveillera : il commencera à connoître combien il avoit tort de se consumer en espérances frivoles, au lieu de jouir de son Christ, qu'il avoit si longtemps méconnu : et déplorant l'excès de son aveuglement, il ouvrira enfin les yeux à la véritable lumière. Fais ainsi, ame chrétienne : le péché a eu son temps : le temps que tu y as consumé te suffit pour contenter des désirs frivoles, et nourrir des espérances trompeuses. En un mot, comme dit saint Pierre, « le temps passé est plus que suffisant pour accomplir la volonté des gentils[2] ; » pour mener une vie païenne selon les désirs de la chair, comme si on n'avoit point de Dieu et qu'on ne connût pas Jésus-Christ. Nous avons passé assez de temps « dans la débauche, dans la convoitise, dans le vin, dans la bonne chère, dans l'ivresse, » dans le culte des idoles : non-seulement de celles que la gentilité adore, mais encore de celles que nos passions érigent dans notre cœur. Il est temps de revenir de si grands excès : l'égarement a été assez grand, pour être enfin aperçu : il faut maintenant revenir à soi, et « qu'où le péché a abondé, la grace surabonde[3] » à son tour.

[1] *Rom.,* xi, 25, 26. — [2] *1 Petr.,* iv, 3. — [3] *Rom.,* v, 20.

LXXIVe JOURNÉE.

*Réflexions sur les circonstances de la fin du monde. La terreur de l'impie.
La confiance du fidèle.* **Matth., xxiv, 27-31 ; Luc., xxi, 25-28.**

Voilà ce qui regardoit Jérusalem désolée, et dans sa désolation
la figure de l'ame livrée au péché. Ce qui regarde la fin du monde,
c'est l'obscurité dans le soleil : celle de la lune : le dérangement
dans les étoiles : le signe du Fils de l'homme, c'est-à-dire comme
l'interprètent les saints docteurs, l'apparition de sa croix : sa descente sur les nuées en grande puissance et majesté : la trompette
de ses anges qui citeront tous les hommes à son jugement : le
recueillement de ses élus : l'assemblée de tous les aigles, c'est-à-
dire de tous les esprits élevés autour du corps du Sauveur [1] : le
bruit de la mer et des flots, avec la commotion de tout l'univers
et des puissances célestes qui sont préposées à sa conduite : les
hommes séchés de frayeur dans l'attente de ce qui devoit arriver
au monde [2] après tant de mouvemens également violens et irréguliers. Pesez toutes ces choses. Et afin de voir combien est ferme
l'espérance du chrétien, et combien il est au-dessus de tous les
troubles et de tout le monde, accoisez (a) tous les mouvemens de
votre intérieur pour écouter cette parabole : « Quand toutes ces
choses arriveront : » quand toute la nature déconcertée par des
agitations si imprévues, ne nous menacera de rien moins que
d'une perte inévitable, « regardez alors : » vous qui n'osiez seulement lever les yeux , « levez la tête » comme pour vous élever
au-dessus des flots et des tempêtes, « parce qu'alors votre rédemption approche [3]. »

A quelle épreuve ne doit pas être la confiance du chrétien, si
la dernière révolution du monde, loin de le troubler, ne lui inspire que de l'espérance et du courage?

[1] *Matth.,* xxiv, 27-31. — [2] *Luc.,* xxi, 25, 26. — [3] *Ibid.,* 28.
(a) Rendez *cois,* apaisez, calmez.

LXXVe· JOURNÉE.

Le même sujet.

Sans lecture, sans raisonnement étudié, je demande seulement ici que l'on considère d'un côté, la main puissante de Dieu qui pousse à bout toute la nature, les astres, les terres, les mers, et le courage de l'homme qu'il fait « sécher de frayeur [1] ; » et de l'autre, la même main, qui dans ce renversement universel relève de telle sorte le courage de ses enfans, que non-seulement ils ne tombent pas dans ce choc que souffre le monde, mais ils s'élèvent au-dessus de ses ruines. « Regardez [2] : » loin de vous cacher dans cette tempête, comme un autre Jonas, ouvrez tout et considérez ce tumulte avec un regard assuré : loin de vous laisser abattre, « levez la tête : » et voyez tout au-dessous de vous.

Tel qu'un homme qui lève la tête au milieu des flots : tel que celui qui demeure ferme au milieu d'une maison qui tombe : ou celui qui voit d'un œil tranquille le chariot où il est, que des chevaux emportés, après avoir secoué les rênes et brisé leur mords, traînent decà et delà ; tel est le fidèle toujours immobile et inébranlable au milieu de la nature troublée et de ses mouvemens déconcertés, parce que le Dieu de la nature le tient par la main. Tu crains, Pierre, au milieu des flots, et tu ne connois pas celui qui te tient ! « Homme de peu de foi, pourquoi as-tu douté [3] ! »

« Celui qui se fie en Dieu, est comme la montagne de Sion : celui qui a sa demeure dans Jérusalem, ne sera jamais ébranlé. Comme les montagnes sont à l'entour de Jérusalem, ainsi Dieu est à l'entour de son peuple pour le protéger [4]. » La sainte montagne de Sion, inébranlable par la puissance de Dieu qui l'affermit, communique son immobilité et sa tranquillité à ses habitans.

Chantez aussi le *Psaume* cxx : *Levavi oculos,* et apprenez à ne rien craindre sous la main de Dieu.

---

[1] *Luc.,* XXI, 25, 26. — [2] *Ibid.,* 28. — [3] *Matth.,* XIV, 31. — [4] *Psal.* CXXIV, 1, 2.

LXXVI⁰ JOURNÉE.

Ces prédictions certaines : leur accomplissement proche : leur jour inconnu.
Matth., xxiv, 34-36; Marc., xiii, 30-32.

« En vérité, en vérité, je vous le dis : Cette génération-ci ne finira point, jusqu'à ce que toutes ces choses-ci soient accomplies : le ciel et la terre passeront, mais mes paroles ne passeront point. Mais pour ce jour et cette heure-là, ni les anges mêmes qui sont dans le ciel, ni le Fils ne la savent pas, ni personne que mon Père [1]. »

Voilà deux temps bien marqués : *Hæc*, et *illa*, en grec comme en latin, marquent deux temps opposés : l'un plus proche, l'autre plus éloigné. « Cette génération-ci verra toutes ces choses-ci accomplies : *Generatio hæc : omnia hæc : omnia ista :* Mais pour ce jour-là, pour cette heure-là : *De die autem illâ et horâ,* personne ne la sait. » Comme s'il disoit : Je vous ai parlé de deux choses : de la ruine de Jérusalem et de celle de tout l'univers au jugement : ce qui doit arriver dans la génération où nous sommes, et dont les hommes qui vivent doivent être les témoins, je vous en marque le temps et cette génération ne passera pas qu'il ne s'accomplisse. Voilà pour l'événement auquel nous touchons. Mais pour ce jour-là, ce jour où je viendrai juger le monde, personne n'en sait rien, et je ne dois pas vous le découvrir. Il est donc marqué clairement que la chute de Jérusalem étoit proche : et l'Eglise le devoit savoir : mais pour ce jour-là, pour ce dernier jour, où tout l'univers sera en trouble et où le Fils de l'homme viendra en personne, on n'en sait rien : on ne sait ni s'il est loin, ni s'il est près : et le secret en est impénétrable, et aux anges qui sont dans le ciel, et à l'Eglise même, quoiqu'elle soit enseignée par le Fils de Dieu.

Il faut donc entendre ici, par les choses que le Fils ne sait pas, celles qu'il ne sait pas pour son Eglise ni dans son Eglise, et qu'il

[1] *Matth.,* xxiv, 34-36; *Marc.*, 30-32.

ne doit point lui révéler, conformément à cette parole : « Vous êtes mes amis, et je vous ai fait connoître tout ce que j'ai ouï de mon Père [1] : » tout ce que j'ai ouï pour vous, tout ce qui étoit compris dans mon instruction. Ou, comme il dit ici : « Je vous ai tout prédit [2], » tout ce que je devois vous prédire. Le reste, je le sais bien par l'étroite société qui est entre mon Père et moi : mais je ne le sais pas par rapport à vous, et selon le personnage que je suis venu faire parmi les hommes.

Adorons l'impénétrable secret de Dieu , et renfermons-nous dans les bornes où il a voulu terminer les lumières de son Eglise.

« Le Fils de Dieu doit venir comme un voleur. Mille ans de délai, c'est devant lui le délai d'un jour [3] : » ce n'est point en devinant les momens que vous éviterez la surprise : « il viendra de nuit, » parmi les ténèbres, et sans bruit, « comme un voleur [4] : » deux choses qui rendent sa marche impénétrable. Voulez-vous donc n'être pas surpris, veillez toujours : ne dormez jamais pour votre salut ; et « vivez comme des enfans de lumière, sans participer aux œuvres infructueuses des ténèbres [5]. »

LXXVIIe JOURNÉE.

Le jour du jugement dernier n'a pu être inconnu au Fils de Dieu.
Marc., XIII, 32.

Sans entrer dans un esprit de curiosité et de dispute , permettez-moi, ô Jésus, de vous demander d'où vient que vous avez dit que « personne ne connoît l'heure du jugement dernier, non pas même les anges ni le Fils? » Car vous n'avez pas ignoré combien on abuseroit de cette parole qui a fait dire aux ariens, ennemis de votre divinité, que vous ignoriez quelque chose, même comme Dieu et comme Verbe : et que vous n'étiez pas de même science ni par conséquent de même perfection ni de même nature que votre Père. Et néanmoins en nommant ceux qui ne savent pas la

---

[1] *Joan.*, XV, 15. — [2] *Marc.*, XIII, 23. — [3] II *Petr.*, III, 8, 10. — [4] I *Thessal.*, V, 2, 4. — [5] *Ephes.*, V, 8, 11.

dernière heure, il vous a plu non-seulement de nommer les anges ; mais encore votre évangéliste saint Matthieu n'ayant nommé qu'eux, votre évangéliste saint Marc instruit par saint Pierre, le prince de vos apôtres et le chef visible de votre Eglise, et votre Esprit qui les conduisoit, a voulu que nous sussions que vous avez dit : « Ni le Fils ni autre que le Père [1]. »

Pour moi, mon Dieu, je confesse avec votre apôtre saint Thomas que « vous êtes mon Seigneur et mon Dieu [2] : » et avec votre apôtre saint Paul, que « vous êtes égal à Dieu [3] ; et Dieu béni au-dessus de tout [4] : » et avec votre apôtre saint Jean, que « vous êtes le Verbe qui étoit au commencement avec Dieu, et qui étoit Dieu lui-même [5], » et que « vous êtes le vrai Dieu et la vie éternelle [6] : » et enfin avec toute votre Eglise catholique, que vous êtes le Fils unique de Dieu, coéternel et consubstantiel à votre Père : et loin de croire que comme Verbe vous ayez pu ignorer quelque chose, et ignorer en particulier le jour du jugement, je ne veux même pas croire que vous ayez pu l'ignorer comme homme et selon la dispensation de votre chair.

Et premièrement malheur à ceux qui osent dire que vous qui êtes le Verbe, la parole, la raison, l'intelligence, la sagesse de votre Père : cette sagesse « qui lui assistiez lorsqu'il a créé l'univers, avec laquelle il disposoit et composoit toutes choses [7], par qui toutes choses ont été faites [8], » n'avcz pas su de toute éternité ce qu'il devoit faire par vous. Or il devoit faire par vous toutes choses, et plus encore, s'il se peut, le siècle futur que le siècle présent, puisque vous êtes celui dont il est écrit, que « par vous il a fait même les siècles [9]. » Car n'est-ce pas dire clairement que tous les siècles se développent par votre ordre, et sont disposés dès l'éternité par votre volonté? Et si c'est par vous que tous les siècles sont faits, le dernier jour ne sera-t-il pas aussi votre ouvrage? Et ce jour auquel aboutit tout votre ouvrage, qui en est la consommation, qui en est la fin, sera-t-il le seul que vous n'aurez pas fait? Ou l'ayant fait, sera-t-il le seul que vous n'ayez pas

<hr>

[1] *Marc.*, XIII, 32. — [2] *Joan.*, XX, 28. — [3] *Philipp.*, II, 6. — [4] *Rom.*, IX, 5. — [5] *Joan.*, I, 1. — [6] *Ibid.*, V, 20. — [7] *Sapient.*, IX, 4, 9. — [8] *Joan.*, I, 3. — [9] *Hebr.*, I, 2.

connu? Et ce jour, qui est le terme où se rapportent tous vos conseils, n'aura-t-il pas entré dès le commencement dans vos desseins? Ou y aura-t-il quelque chose que Dieu n'ait pas disposé par sa sagesse, ni ordonné par sa parole? quelque chose qu'il ait caché à celui qui est sa sagesse et son conseil? Et « le Fils unique qui réside dans le sein du Père, » n'y a-t-il pas vu ce secret? Personne n'a vu Dieu que lui, et « c'est lui-même qui est venu nous l'annoncer[1]. » Mais y a-t-il quelque chose dans le sein de Dieu qui lui ait été caché? Erreur, impiété, blasphème, retirez-vous : rentrez dans l'enfer dont vous êtes sortis : car faudroit-il dire encore que le Saint-Esprit, « qui sonde, qui pénètre tout, et même les secrets et les profondeurs de Dieu[2], » ce qu'il y a de plus caché dans ses desseins, n'aura pas vu un secret si important, ni connu le dernier jour? ou que cet Esprit l'aura vu, pendant que le Fils « de qui il prend comme du Père[3], » l'aura ignoré? Absurdité par-dessus l'impiété : que l'Esprit « qui annonce l'avenir, et qui distribue comme il veut les dons et les connoissances[4], » n'ait pas tout dans la perfection qui convient au principe et à la source. Car il faudroit l'excepter comme Fils, s'il falloit prendre à la rigueur ce que vous avez prononcé, que « ni les anges ni le Fils ne savent ce jour, ni aucun autre que le Père[5]. »

LXXVIIIe JOURNÉE.

Ce dernier jour est connu au Fils de Dieu, mais non pas pour nous l'apprendre. Marc., xiii, 32.

Je continuerai, ô mon Sauveur, à considérer en tremblant, cette parole que vous avez prononcée : « Ni le Fils. » Où est donc cette autre parole où vous disiez : « Tout ce qu'a mon Père est à moi[6] : toutes choses ont été mises entre mes mains par mon Père : et personne ne connoît le Fils, si ce n'est le Père : et personne ne connoît le Père, si ce n'est le Fils et celui à qui il a plu au Fils de

---

[1] *Joan.*, I, 18. — [2] *1 Cor.*, II, 10, 11. — [3] *Joan.*, XVI, 15. — [4] *1 Cor.*, XII, 4. — [5] *Marc.*, XIII, 32. — [6] *Joan.*, XVI, 15.

le révéler [1]. » Tout est commun entre votre Père et vous : et la connoissance du dernier jour ne vous sera pas commune? Vous qui seul connoissez le Père, et qui seul le faites connoître à qui il vous plaît, ne l'aurez pas connu tout entier, ni pénétré tout son secret ! S'il faut excepter quelque chose dans la connoissance que vous avez de lui, il faudra donc excepter quelque chose dans celle qu'il a de vous, puisqu'en parlant de cette connoissance incommunicable à tout autre qu'à vous deux, que vous avez l'un de l'autre, vous dites également : « Nul ne connoît le Père, si ce n'est le Fils : et nul ne connoît le Fils, si ce n'est le Père? » Tout vous est donné par le Père : « le Père aime le Fils et lui a tout mis entre les mains [2] : » et vous ne saurez pas tout ce qu'il vous a mis entre les mains ! Mais comment cela se pourroit-il, puisque vous dites encore : « Le Père aime le Fils et lui montre tout ce qu'il fait [3]? » Ainsi avec le même amour qu'il lui donne tout, il lui montre tout aussi. Est-ce ici le seul endroit où il ait donné des bornes à son amour ? la seule connoissance qu'il lui ait déniée? le seul don qu'il ait reçu avec mesure, « lui qui a reçu sans mesure tout le reste [4], » afin « que nous reçussions tous, » et chacun de nous « ce qu'il a du fond de sa plénitude [5] ! »

Mais parmi toutes choses que votre Père a mises entre vos mains, ce qu'il y a le plus mis, c'est le jugement, puisqu'il s'en est en quelque sorte dépouillé lui-même pour vous le donner. D'où vient que vous avez dit : « Le Père ne juge personne, mais il a remis au Fils tout le jugement [6]. » Mais en même temps vous avez dit, que « le Fils ne fait que ce qu'il voit faire à son Père. » Ce qui fait aussi que « le Père l'aime et lui montre tout ce qu'il fait [7], » comme on vient de voir.

Mais si vous devez connoître tout ce que le Père a ordonné sur le jugement dernier, parce que c'est à vous qu'il est remis, et que vous êtes vous-même ce souverain juge qui paroîtrez en ce jour avec une majesté et une puissance divine, il s'ensuit que vous connoissez tout cela même comme homme, parce que c'est comme homme que vous devez juger. Ce qu'il vous a plu de nous expli-

---

[1] *Matth.*, XI, 27. — [2] *Joan.*, III, 35. — [3] *Joan.*, V, 20. — [4] *Joan.*, III, 34. — [5] *Joan.*, I, 16. — [6] *Joan.*, V, 22. — [7] *Ibid.*, 19, 20.

quer en disant que « le Père a donné au Fils la puissance de juger, parce qu'il est le Fils de l'homme [1]. » Vous savez donc tout, même comme homme : vous savez tout ce qui regarde le jugement : vous en savez sans difficulté le jour et l'heure, puisque vous en savez toute la sagesse, et que la sagesse consiste principalement à prendre les momens, conformément à cette parole : « Chaque chose a son temps [2], » et dans le monde tout est compassé; tout est rangé dans son lieu ; « tout se passe au temps qui lui est marqué par la sagesse qui règle tout. »

Vous êtes notre chef, et nous sommes vos membres : vous savez toute l'économie de votre corps : vous connoissez toutes vos brebis : vous savez celles qui sont venues, et celles qui sont encore à amener : vous les connoissez et les nommez distinctement : vous nommez tous ceux que votre Père vous a donnés, et tout vous est connu depuis le premier jusqu'au dernier de vos élus : et vous marquez tous les temps où vous les devez appeler, et les incorporer à votre corps [3]. Car c'est vous qui les devez recueillir; et en les recueillant vous ne faites qu'exécuter ce que vous aviez destiné avec votre Père, dès que vous posâtes les fondemens de votre Eglise : vous en avez révélé les persécutions à votre apôtre saint Jean : il en a vu tout le cours : il a vu la dernière comme les autres : et celle qui ne finiroit qu'avec la fin du monde « et avec le feu de votre dernier jugement [4]. » Les temps vous sont connus comme tout le reste : vous savez ce que veulent dire ces mille ans où vous avez déterminé le règne de vos saints sur la terre; et ce que vous avez révélé en énigme à votre bien-aimé disciple, n'est pas énigme pour vous. Tout vous est connu : « Vous êtes le scrutateur des reins et des cœurs. » Vous avez en votre puissance le livre où sont écrits les secrets de Dieu et ses décrets éternels; et les sept sceaux qui le ferment n'y sont pas pour vous, puisque vous les ouvrez quand il vous plaît, à qui il vous plaît, et pour les raisons qu'il vous plaît [5]. Et sous le septième sceau étoient enfermés tous les événemens futurs, puisque c'est de là que se développent et « les trompettes » et les *Væ* [6], et tout le reste,

[1] *Joan.*, v, 27. — [2] *Eccle.*, III, 1. — [3] *Joan.*, x. — [4] *Apoc.*, xx, 7-10. — [5] *Apoc.*, II, 23; v, 1, 2 et seq. — [6] *Apoc.*, VIII, 1 et seq.

qui étoit l'histoire de l'Eglise : c'est pourquoi lorsque vos apôtres vous interrogeoient sur le temps où vous rétabliriez le royaume d'Israël, vous leur répondîtes : « Ce n'est pas à vous à le savoir [1]. »

O Seigneur, s'il m'est permis de vous interroger encore, que ne parliez-vous en la même sorte à vos apôtres; et que ne leur disiez-vous : Ce n'est pas à vous à le savoir, au lieu de dire que « le Fils ne le savoit pas? »

Peut-être se faudroit-il taire encore ici; et qu'au lieu de se fatiguer à examiner ce passage, il faudroit se dire à soi-même : Ce n'est pas à moi à l'entendre : ce n'est pas à moi à savoir pourquoi vous avez parlé en cette sorte : j'acquiesce, ô mon Sauveur, et je ne recherche ce mystère que pour y trouver quelque instruction, s'il vous plaît de me la donner. Mais peut-être qu'elle est déjà toute trouvée : peut-être que cette parole : « Ce n'est pas à vous à entendre les temps ni les momens que le Père a mis en sa puissance [2] : » est le dénouement de celle où vous avez dit : « Pour ce jour et cette heure-là, nul ne la sait que le Père, et le Fils même ne la sait pas [3]. » Ce que le Fils ne sait pas en cet endroit, c'est ce qu'il ne nous appartient pas de savoir : le Fils comme notre docteur, le Fils comme l'interprète de la volonté de son Père envers les hommes, ne le sait pas, parce que cela n'est pas compris dans ses instructions, ni dans tout ce qu'il a vu pour nous, ainsi que nous l'avons dit. Et le Fils de Dieu parle ainsi pour transporter en lui-même le mystère de notre ignorance, sans préjudice de la science qu'il avoit d'ailleurs, et nous apprendre, non-seulement à ignorer, mais encore à confesser sans peine que nous ignorons, puisque lui-même qui n'ignoroit rien et surtout qui n'ignoroit pas cette heure dont il étoit le dispensateur, ayant trouvé un côté par où il pouvoit dire qu'il l'ignoroit, parce qu'il l'ignoroit dans son corps et qu'il étoit de son dessein que son Eglise l'ignorât, il dit tout court qu'il l'ignore et nous enseigne à ne rougir pas de notre ignorance.

J'ignore donc de tout mon cœur, et ce mystère, et tous les autres que vous voulez me cacher et que vous ne savez pas en moi ni pour moi. J'ignore le jour où vous viendrez, parce que

---

[1] *Act.*, I, 7. — [2] *Ibid.* — [3] *Marc.*, XIII, 32.

vous m'avez dit « que vous viendriez comme un voleur. » Mais si on ne sait pas quand le voleur viendra, le voleur n'en sait pas moins quand il veut venir : vous savez donc, voleur mystique, vous savez quand vous viendrez; et les enfans de ce siècle ne seront pas plus prudens, plus avisés dans leurs desseins, plus éclairés dans l'ordre qu'ils mettront à leur exécution, que vous qui êtes la lumière même, la sagesse même. Vous savez donc, encore un coup, quand vous viendrez à la dérobée, demander à chacun de nous, et demander à tout le genre humain, le compte que nous vous devons de notre conduite : vous le savez, et c'est pourquoi vous avez dit que « le père de famille ne sait pas l'heure du voleur, » mais non pas que le voleur l'ignorât lui-même. Et vous avez dit : « Veillez donc, parce que vous ne savez pas à quelle heure le Seigneur viendra : » et non pas que le Seigneur qui doit venir, l'ignore lui-même. Et vous avez dit en continuant la parabole : « Soyez prêts, parce que vous ne savez pas à quelle heure viendra le Fils de l'homme [1]. »

Vous vous êtes aussi comparé à un père de famille, qui revenant de son voyage surprend son économe, « en venant au jour que ce méchant serviteur ignore, et à l'heure qu'il n'attend pas [2]. » Mais vous, vous êtes le Seigneur, vous êtes le père de famille qui sait bien quand il doit venir; et si le serviteur est imprudent, le père de famille n'est pas pour cela ignorant de ses propres desseins. Vous savez donc, pour la dernière fois, quand vous voulez venir, et vous ne voulez pas que nous le sachions. Voilà que mon ame est prête, quand vous me la redemanderez : mon compte est en état : recevez-le et me jugez en vos miséricordes. Voilà du moins ce qu'il faudroit pouvoir dire : ô mon Sauveur, quand serai-je en cet état? quand pourrai-je dire de bonne foi : « Mon cœur est prêt, ô Dieu, mon cœur est prêt [3]? »

[1] *Matth.*, XXIV, 42-44. — [2] *Ibid.*, 50. — [3] *Psal.* LVI, 8.

LXXIXe JOURNÉE.

*Raisons profondes de notre Sauveur d'user de ces réserves mystérieuses
pour l'instruction de son Eglise : mais non pour autoriser les hommes à
user d'équivoques et de restrictions mentales. Ibid.*

Gardons-nous bien de conclure de ces réserves mystérieuses
du langage de notre Sauveur, qu'il nous soit permis d'user dans
nos discours de dissimulation, d'équivoque et de restriction de
pensée. Car il ne nous appartient pas de nous donner à nous-
mêmes divers personnages, selon lesquels nous puissions nier en
un sens ce que nous avouerons en l'autre. Il ne nous appartient
pas non plus de faire de nos réserves une instruction, un exemple
d'humilité, une espèce de parabole dont il faille chercher le sens,
un mystère dont il faille approfondir le secret. Jésus-Christ a sa
science comme Verbe, et tout y est compris, le présent, le passé,
le futur, le possible, l'existant, tout en un mot, tout ce qui est
dans la science du Père : car il est lui-même cette science, puisqu'il est son Verbe, sa raison, sa parole extérieure. Il a sa science
comme homme, par rapport à sa perfection, et comme le dépositaire et l'exécuteur de tous les secrets de son Père : tout ce qui
regarde le genre humain est compris dans cette science, puisque
toute puissance lui est donnée dans le ciel et dans la terre [1] : c'est
lui qui doit tout faire : c'est lui qui doit venir pour juger : son
Père ne l'avertit pas à chaque moment de ce qu'il aura à faire par
son ordre ; mais il lui donne tout d'un coup une pleine compré-
hension de tout le dessein dont il a l'exécution en son pouvoir :
autrement il agiroit comme nous, en foi, en obscurité, par mor-
ceaux, par pièces, au hasard en un certain sens, et à l'aveugle,
sans entendre le rapport de chaque partie avec la fin de l'ouvrage
et avec le tout. Il a outre cela sa science comme docteur de son
Eglise, comme interprète envers elle des volontés de son Père,
comme faisant avec elle un même corps : dans cette science est
compris tout ce qu'il faut que l'Eglise sache : il falloit que l'Eglise

[1] *Matth.*, XXVIII, 18.

sût ses persécutions pour s'y préparer : la chute prochaine des
Juifs, afin qu'ils en fussent avertis et qu'ils fissent pénitence ; et
pour ôter aux fidèles la tentation de croire que le déicide et les
autres déloyautés de ce peuple, avec les cruautés qu'il a exercées
sur la personne du Sauveur et de ses apôtres, demeurassent longtemps impunies : Jésus-Christ a su tout cela pour son Eglise et il
l'a expliqué. Il falloit que l'Eglise sût les signes du jugement à
venir, afin d'être attentive à son approche : Jésus-Christ a su encore cela pour elle et l'a prédit. Il ne falloit pas qu'elle sût le temps
ni l'heure : Jésus-Christ à cet égard ne le sait pas et n'en dit
rien à ses fidèles. Cette science, qui étoit en Jésus-Christ par rapport aux instructions qu'il devoit donner à son Eglise, avoit sa
perfection et sa totalité, qui lui faisoit dire : « Je vous ai découvert comme à mes amis tout ce que j'ai ouï de mon Père [1] ; » et
encore : « Je vous ai tout prédit [2], » tout ce qu'il falloit que vous
sussiez, tout ce que j'avois appris pour vous. Si je dis, pour vous
renfermer dans ces bornes, que je ne sais pas le reste, j'ai mes
raisons de parler ainsi selon la charge qui m'est imposée, selon
le personnage que je fais : ne soyez pas assez téméraires pour
vouloir ou critiquer ou imiter ce langage mystérieux qui ne vous
convient pas : c'est à vous à dire avec sagesse et avec simplicité
tout ensemble : « Cela est : cela n'est point [3] : ne mentez pas ; ne
vous trompez pas les uns les autres, parce que vous êtes membres
les uns des autres [4]. »

Tâchons ici de nous revêtir de l'esprit de sincérité, à l'exemple
de Jésus-Christ, qui à la réserve de ces mystères où il étoit obligé
à nous ménager la lumière, nous a tout dit comme à ses amis,
selon qu'il étoit convenable et que nous le pouvions porter.

---

[1] *Joan.*, XV, 15. — [2] *Marc.*, XIII, 23. — [3] *Matth.*, V, 37. — [4] *Coloss.*, III, 9;
Ephes., IV, 25.

LXXX° JOURNÉE.

*Ce qui doit être commun à ces deux grands événemens : séduction
générale.* Ibid.

Relisons les commencemens de ce discours prophétique de
Notre-Seigneur, nous y trouverons les choses qui doivent être
communes aux deux événemens qu'il prédisoit, à la ruine des
Juifs et au jour du jugement dernier : c'est que l'un et l'autre devoit être précédé de grands mouvemens, d'une grande persécution de l'Eglise, d'une grande séduction.

Ses disciples lui dirent en secret : « Dites-nous quand ces
choses arriveront, et quel sera le signe de votre avénement et
de la consommation des siècles. Et Jésus leur répondit : Prenez
garde à n'être pas séduits [1]. »

Souvenez-vous toujours qu'ils joignoient deux choses : la
chute de Jérusalem et le dernier jour, comme devant arriver
dans le même temps. Et sans les désabuser d'abord, parce que
cela n'étoit pas nécessaire, Jésus-Christ leur va expliquer ce qui
devoit être commun à ces deux événemens.

« Prenez garde que personne ne vous séduise. » Ils lui faisoient
une demande curieuse : « Quand ces choses arriveront-elles? » Il
leur donne un avis utile : « Prenez garde qu'on ne vous séduise ; »
comme s'il disoit : Il vous importe peu de savoir quand arriveront ces choses : mais ce qu'il faut que vous sachiez, c'est qu'elles
seront précédées d'une périlleuse et horrible tentation pour vous
séduire. « Car il viendra plusieurs christs, et plusieurs seront trompés. » C'est ce qui arriva devant la ruine de Jérusalem et aux environs de ces temps-là. C'est ce qui arrivera encore à la fin des siècles:
« Je suis venu au nom de mon Père, et vous ne me recevez pas :
si un autre vient en son nom, vous le recevrez [2]. » C'est ce qui est
déjà souvent arrivé aux Juifs ; et quelque chose de semblable leur
arrivera encore une fois vers la fin des siècles; « lorsque ce mé-

<hr>

[1] *Matth.*, XXIV, 3; *Marc.*, XIII, 4, 5; *Luc.*, XXI, 7, 8. — [2] *Joan.*, V, 43.

chant, cet impie, qui s'assiéra dans le temple de Dieu, pour s'y montrer comme un Dieu, paroîtra avec des prodiges trompeurs et avec toute sorte de séduction : en sorte qu'ils soient livrés à l'esprit de mensonge pour ne s'être pas voulu laisser gagner à l'amour de la vérité [1]. » Ce qui convient parfaitement avec la parole qu'on vient d'entendre de la bouche de Jésus-Christ, et semble fait pour marquer d'une façon particulière l'aveuglement volontaire avec l'endurcissement du peuple juif. Quoi qu'il en soit, le démon développera toute sa malignité aux approches du dernier jour; et la même chose arriva aux approches de la ruine de Jérusalem, n'y ayant jamais eu tant de faux christs ni tant de faux prophètes. Remarquez dans *saint Matthieu* les versets 5, 11, 23, 24, 25, 26; et à peu près la même chose dans *saint Marc* et dans *saint Luc*.

« Voilà que je vous l'ai prédit : Prenez-y garde [2]. » La séduction sera si puissante, que Jésus-Christ ne craint point de dire « qu'elle ira, s'il se peut, jusqu'à induire en erreur même les élus [3]. S'il se peut : » fait voir deux choses : l'une, l'extrême péril; l'autre, le secours présent de la main toute-puissante de Dieu.

Pesons ces paroles : considérons à quelles épreuves Dieu met notre foi : jusqu'où il veut que nous lui soyons soumis : ce qu'ont à craindre les esprits superbes : les piéges que Dieu permet qui leur soient tendus : combien ils sont délicats, combien subtils, combien il est dangereux que les saints mêmes ne s'y prennent, « avec quelle frayeur et quel tremblement ils doivent donc opérer leur salut [4]. »

Cet esprit de séduction qui se développera tout entier à la fin des siècles, se fait souvent sentir avant ce temps dans les subtilités des hérétiques : une apparence de réforme : un air de piété et de modestie : des paroles douces, tirées le plus souvent de l'Ecriture : une véhémente répréhension des abus crians, qui semble marquer un vrai zèle, une vraie horreur des vices, un vrai amour de la vertu. La chrétienté s'émeut : les nations se cantonnent : les élus, s'il se pouvoit, devoient être pris dans ce piége. Mais ceux

[1] II *Thessal.*, II, 3, 4, 9-11. — [2] *Matth.*, XXIV, 25; *Marc.*, XIII, 23. — [3] *Matth.*, XXIV, 24. — [4] *Philipp.*, II, 12.

qui y ont été pris doivent songer que nous aurons bien à soutenir d'autres illusions à la fin des siècles : une hypocrisie bien plus délicate, bien plus raffinée : lorsque les prodiges trompeurs se joindront à une doctrine séduisante. O Dieu, je tremble pour ceux qui seront mis à cette épreuve : tremblez dès à présent à la tromperie de vos passions, aux belles couleurs dont elles parent vos vices secrets, à ces instincts trompeurs de l'ennemi, à ces illusions secrètes que vous prenez pour inspirations. « Qui a des oreilles pour ouïr, qu'il écoute [1] : » Ah! c'est de quoi séduire, s'il se peut, jusqu'aux élus. Concluez avec saint Paul : « Opérez votre salut avec crainte et tremblement. » Mais ne croyez pas l'opérer de vous-même : croyez que « c'est Dieu qui opère en vous le vouloir et le faire [2] : » opérez et croyez que Dieu opère : ne soyez ni lâche ni présomptueux : abandonnez-vous à cette grace qui agit en vous, mais avec une courageuse et fidèle coopération : c'est ce qui soutient les élus, c'est ce qui les empêche de périr.

« Les élus, s'il se peut, seront induits à erreur [3]. S'il se peut : » cela donc ne se peut pas : une main toute-puissante, contre laquelle rien ne prévaut, détourne ce coup. O conduite miséricordieuse et toute-puissante, qui empêchez vos élus de pouvoir périr, je vous reconnois, je vous adore, je m'abandonne à vous : mais dans cet esprit, qui en nous disant : « Dieu opère, » nous dit en même temps : « Opérez : » travaillez : agissez avec une infatigable ferveur.

LXXXIe JOURNÉE.

Le même sujet. Guerres, famines, pestes, tremblemens de terre, maux extrêmes. Ibid.

Un grand mouvement dans le monde : « des guerres, des bruits de guerre, des pestes, des famines, des tremblemens de terre [4], » seront les tristes avant-coureurs de ces deux événemens. Voyez-

---

[1] *Matth.*, XI, 15. — [2] *Philipp.*, II, 12, 13. — [3] *Marc.*, XIII, 22. — [4] *Marc.*, XIII, 7, 8 ; *Luc.*, XXI, 9-11.

les, *Matth.*, xxiv, 6, 7, et la même chose en *saint Marc* et en *saint Luc*. C'est ce qui arriva un peu devant la guerre de Judée et dans la dernière année de Néron ; et c'est ce qui arrivera encore d'une manière plus formidable aux approches du dernier jour.

« Des guerres, des bruits de guerre : » de grandes guerres en effet : de plus grandes appréhensions de mouvemens nouveaux : il semblera que l'esprit de guerre, les haines, les jalousies, la nature même voudra enfanter quelque chose de funeste aux grands Etats : on remarquera dans le monde un esprit d'ébranlement universel : au milieu de tout ce tumulte : « prenez garde de n'être pas troublés ; car il faut que cela arrive, et ce n'est pas encore la fin [1]. »

De quoi donc sera-t-on troublé, si on ne l'est de telles choses ? de rien du tout. Car le chrétien n'est troublé de rien que de son péché et de la colère de Dieu qui le doit punir. « Prenez donc garde de n'être point troublés : » vous vous enquérez de ce qui se passe, non-seulement avec curiosité, mais encore avec frayeur : que deviendront ces grandes armées qui sont en présence ? Quel ravage, quel embrasement, quel carnage, quel déluge de maux, si une fois la digue est rompue ! (ah ! je m'en meurs.) Vous n'êtes pas chrétien : le sort des empires est entre les mains de Dieu : ils meurent en leur temps, comme le reste des choses humaines : priez pour votre patrie : humiliez-vous : faites pénitence : mais ne craignez point, ne vous troublez pas : il faut que cela arrive. Il le faut, non par une aveugle et fatale nécessité, qui nous mettroit au désespoir : mais il le faut par une raison, par une sagesse, par une bonté qui prépare de grands biens par tous ces maux. « Ne craignez point, petit troupeau, puisque le royaume qu'il a plu à votre Père céleste de vous préparer [2], » est hors d'atteinte. Toutes les puissances ennemies, visibles et invisibles, n'ont point de prise dessus, et il ne vous peut être ravi.

« C'est ici le commencement des douleurs [3] : » des douleurs de l'enfantement : de celles qui font jeter de plus grands cris ; qui s'augmentent de plus en plus : on croit être à la fin, ce n'est encore qu'un commencement.

[1] *Matth.*, xxiv, 6. — [2] *Luc.*, xii, 32. — [3] *Matth.*, xxiv, 8.

Quoi! ce mouvement effroyable des royaumes qui s'entre-choquent, ces famines, ces pestes, ces tremblemens de terre ne sont que « le commencement des douleurs! » O Dieu, que vos derniers coups sont redoutables, si ceux-là qui sont si terribles, dont on ne peut seulement entendre les noms sans être saisi de frayeur, ne sont qu'un prélude! Il est ainsi, Seigneur, il est ainsi. Par tous ces grands coups, les corps seuls sont menacés : mais voici ce qui est terrible au delà de toutes les terreurs : « Craignez, craignez celui qui, après avoir fait mourir le corps, enverra l'ame dans la géhenne : Oui, je vous le dis, craignez celui-là [1]. » O Seigneur, si je sais bien craindre cela, je ne craindrai autre chose, et je verrai tous les élémens se mêler et la nature se confondre sans effroi. Ah! je ne puis craindre que ce qui tue l'ame : mais je puis ne le craindre pas, si je commence sérieusement à me convertir. Je n'ai rien à penser que la pénitence, ni rien à craindre que de mourir dans mon péché : mourir, ce n'est rien, de quelque douleur que la mort soit accompagnée; quelque étrange, quelque imprévue, quelque cruelle et insupportable que la mort paroisse : mourir dans le péché, c'est tout le mal et le seul qui soit à craindre. Malheureux, ingrats, pécheurs endurcis : « Vite, vite, convertissez-vous et vivez [2]. »

LXXXIIe JOURNÉE.

Persécution terrible de l'Eglise, trahisons, charité refroidie. Ibid.

Un autre avant-coureur, la persécution. Elle a ces terribles circonstances : une haine implacable de tout le genre humain contre l'Eglise : la fureur au dehors : la trahison au dedans : on se livrera les uns les autres : les frères livreront leurs frères, et le père même son enfant : les enfans se soulèveront contre leurs pères : et les familles mêmes seront divisées : les scandales seront horribles à cause des chutes fréquentes de ceux qu'on croyoit les plus fermes. Au milieu de tout cela la séduction redoublera, et de

[1] *Luc.*, XII, 5. — [2] *Ezech.*, XVIII, 32.

faux docteurs gagneront ceux que la violence n'auroit pu abattre : la cruauté et la séduction iront ensemble au dernier degré : c'est ce qui est arrivé à l'Eglise naissante, à commencer vers les dernières années de Néron, un peu avant la guerre de Judée. C'est ce qui arrivera d'une manière bien plus terrible à la fin des siècles [1].

Ce n'étoit pas une chose aisée à prédire, comme on le pourroit penser d'abord, qu'une telle haine et une telle persécution contre l'Eglise : et on n'auroit pas pu prévoir que le monde qui laissoit en paix toutes les religions et jusqu'aux sectes les plus impies, comme celle des épicuriens, ne pourroit souffrir le christianisme. Mais Jésus-Christ l'a voulu prédire, et avertir ses fidèles d'une chose aussi singulière et jusqu'alors autant inouïe que celle-là.

Il joint selon sa coutume la consolation aux maux. « Tout le monde vous haïra : mais vous ne perdrez pas un seul cheveu : vous posséderez votre ame par votre patience [2], » non en combattant, mais en souffrant : « vous serez traînés à tous les tribunaux » comme des criminels : « mais cela leur sera en témoignage [3] : » vous y paroîtrez comme des témoins de la vérité, comme les maîtres du genre humain : « Je vous donnerai une bouche » que nulle impudence, nulle violence ne pourra fermer : « une sagesse, » une force « contre laquelle il n'y aura point de résistance [4] : vous n'aurez rien à préméditer : le Saint-Esprit parlera par votre bouche [5], » et le reste qu'on peut voir dans l'Evangile.

Ce qui sera de plus déplorable, c'est que « la malice s'augmentant sans fin, la charité se refroidira dans la multitude [6] : » c'est ce qui arriva à saint Paul, lorsqu'il disoit : « Tous m'ont quitté : personne ne m'a assisté dans ma première défense : Démas même m'a abandonné, attiré par l'amour de ce siècle : il n'y a que Luc avec moi : qu'il ne leur soit point imputé [7]. » Mais ce refroidissement de la charité dans ses frères ne changeoit point envers eux le cœur de Paul. Ce refroidissement de la charité paroîtra beau-

---

[1] *Matth.*, XXIV, 9 et seq.; *Marc.*, XIII, 12; *Luc.*, XXI. — [2] *Luc.*, XXI, 17-19. — [3] *Ibid.*, 12, 13; et *Marc.*, XIII, 9 et seq. — [4] *Luc.*, XXI, 14, 15. — [5] *Matth.*, X, 19, 20. — [6] *Matth.*, XXIV, 12. — [7] II *Timoth.*, IV, 9, 11, 16.

coup davantage dans la fin des siècles : « car lorsque le Fils de l'homme viendra, pensez-vous qu'il trouve de la foi sur la terre[1] ? »

Mais à ce comble de maux, il n'y a qu'un seul remède : « Qui persévérera jusqu'à la fin sera sauvé[2]. » Remarquez ce mot : « jusqu'à la fin. » Dix ans, vingt ans, trente ans, cinquante ans, ce n'est rien : il faut aller jusqu'à la fin. Ne vous lassez point de travailler ; car la moisson que vous recueillerez sera éternelle.

« Il faut que cet Evangile soit prêché par toute la terre [3] : » de peur qu'on ne pense que la persécution qu'on vient de voir si déchaînée en arrête le cours. « Paul étoit lié : mais la parole de Dieu ne l'étoit pas[4] : elle couroit[5], » dit cet Apôtre : le bruit en retentissoit par toute la terre : « la foi des Romains y étoit annoncée [6] : l'Evangile, qui étoit venu jusqu'à Colosse, étoit et fructifioit et croissoit en même temps par tout le monde[7]. » Ainsi la prédiction du Sauveur s'accomplissoit déjà en quelque façon, avant la dissipation des Juifs : mais le grand accomplissement en est réservé à la fin des siècles, et la prédication aura percé par tout le monde avant qu'il finisse.

O Dieu, donnez vigueur à votre parole : bénissez les prédicateurs apostoliques : envoyez vos ouvriers dans cette grande moisson que votre ennemi ravage. O Seigneur, je me joins en esprit à ces hérauts de votre Evangile et à ceux qui croiront en vous par leur parole. Sanctifiez-les en vérité, et que leur sainteté naissante répare les ravages que fait le péché dans votre héritage. Sauvons-nous, sauvons-nous de la corruption de cette race mauvaise. Mon ame, sauve-toi toi-même : ô Dieu, sauvez-moi ; je péris.

LXXXIII⁰ JOURNÉE.

Réflexions sur plusieurs circonstances de ces deux événemens. Ibid.

« Priez que votre fuite n'arrive point durant l'hiver ou dans le jour du sabbat : » vous aurez besoin des plus grands jours, de la

---

[1] *Luc.*, XVIII, 8. — [2] *Matth.*, XXIV, 13. — [3] *Ibid.*, 14. — [4] *II Timoth.*, II, 9. — [5] *II Thessal.*, III, 1. — [6] *Rom.*, I, 8. — [7] *Coloss.*, I, 6.

saison la moins embarrassante, de la liberté d'agir la plus entière, pour précipiter votre fuite dans les déserts et dans les montagnes, et pourvoir à tant de pressans besoins. « Jamais il n'y eut, jamais il n'y aura d'affliction semblable : » jamais peuple n'aura été, ni ne sera plus impitoyablement livré à la vengeance : « et si Dieu n'avoit abrégé le temps, nul homme ne se sauveroit : mais Dieu a abrégé le temps pour l'amour de ses élus [1]. » Ce fléau de Dieu sera si terrible et la force en sera si insupportable, qu'il y auroit de quoi accabler tout le genre humain. Mais il falloit qu'il restât des hommes sur la terre pour enfanter les élus et les saints, qu'il y avoit encore à recueillir. Voilà un sens. Dieu fléchi par les prières de ses élus, a tempéré sa colère : ils sont le sel de la terre, pour en empêcher la totale corruption : il faut qu'ils y soient répandus deçà et delà et de tous côtés : autrement, le genre humain qui n'est conservé que pour eux, périroit en entier : c'est un autre sens. Le dernier : Dieu a abrégé le temps des souffrances, de peur que ses élus n'en fussent enfin accablés : et il n'a pas voulu qu'ils fussent tentés par-dessus leurs forces.

« Pour l'amour des élus qu'il a choisis [2], » dit saint Marc. Ils ne sont pas élus par un autre : c'est par lui-même : l'amour qui les lui a fait élire, l'oblige à tout faire pour eux, et il n'épargne la terre qu'à leur considération.

Respectons les saints qui sont parmi nous : nous leur devons tout : et Dieu s'apaise en les voyant, comme un père qui voit ses enfans parmi ses ennemis retient sa main. Après la séparation, que n'auront pas à souffrir les pécheurs?

Ce qui est vrai en un certain sens, à l'égard des Juifs, est encore plus véritable à l'égard de tout l'univers dans les approches du dernier jour : après que la patience de ses saints aura été épurée jusqu'au degré qu'il vouloit, il mettra fin au temps des épreuves, pour donner lieu aux récompenses.

« S'il y a cinquante justes dans Sodome, s'il y en a quarante, s'il y en a dix, je pardonnerai pour l'amour d'eux à toute la ville [3]. » Dieu aime tant les siens, que non-seulement il les épargne, mais il épargne les autres pour l'amour d'eux. Si on n'aimoit pas les

[1] Matth., XXIV, 20-22. — [2] Marc., XIII, 20. — [3] Genes., XVIII, 26, 28 et seq.

justes, si on ne les protégeoit pas pour eux-mêmes, il les faudroit protéger pour le bien public. Que notre maison soit leur asile : que nos bras leur soient toujours ouverts : que notre secours les suive partout. Les prêtres, les religieux les représentent par leur état.

LXXXIV° JOURNÉE.

Réflexions sur d'autres circonstances. Ibid.

« Si l'on vous dit : Le voici dans le désert : le voici dans les lieux retirés de la maison : ne le croyez point [1]. » Ceci regarde les derniers temps, lorsque les Juifs fatigués de tant attendre et d'avoir si souvent été trompés sur le sujet du Messie, s'en diront les uns aux autres des nouvelles comme en secret : « Il est venu, » mais il se cache : « il est dans ce désert ; il est dans les lieux secrets de cette maison : ne croyez point tout cela. » Ce n'est plus le temps qu'il doit venir de cette sorte, d'une maison particulière, d'une ville obscure, d'un désert, tantôt caché, tantôt découvert ; il paroîtra tout d'un coup avec un éclat surprenant ; « et un éclair ne se fait pas voir plus rapidement du levant jusqu'au couchant, et d'un côté du ciel à l'autre, que le Fils de l'homme paroîtra dans toute la terre [2]. » Voilà la première chose qu'il marque de ce grand événement : une apparition soudaine et un éclat qui en un moment se fera sentir d'une extrémité du monde à l'autre. Mais voici la seconde : « Où sera le corps, là s'assembleront les aigles [3]. » Si les aigles sentent leur proie de si loin et s'assemblent rapidement de toutes parts autour d'un corps mort : combien plus s'assembleront les élus où sera le Fils de l'homme ?

Le grec porte, au lieu de corps, « un corps mort, un cadavre : » et le Fils de Dieu se compare à un corps de cette sorte, à cause que les élus seront rassemblés par le mystère de sa mort, et que c'est par là qu'ils auront part à sa résurrection. Tout cela regarde visiblement l'apparition dernière et le dernier jour de Jésus-

[1] *Matth.*, XXIV, 26. — [2] *Ibid.*, 27. — [3] *Luc.*, XVII, 24 ; *Matth.*, XXIV, 28.

Christ. Et c'est pourquoi il ajoute : « Mais aussitôt après l'affliction de ces jours-là, » de ces jours où le Fils de l'homme devra paroître si vite et rassembler autour de lui tous les élus, « aussitôt après cette affliction, » car il a dit qu'il y en auroit d'étranges vers ces jours-là, « le soleil s'obscurcira [1], » etc.

Il ne faut donc pas entendre cette affliction ni ces jours, de l'affliction ou des jours qui seront fâcheux pour les Juifs, mais de l'affliction de tout l'univers, vers le jour où le Fils de Dieu devra paroître, qui sont ceux dont il venoit de parler. Le même paroît dans saint Marc : « Mais dans ces jours-là; dans cette affliction-là; le soleil s'obscurcira [2], » etc. Comme s'il disoit : Il arrivera de grands maux aux Juifs : mais ce n'est point dans ces maux ou dans ces temps qu'arriveront ces prodiges du soleil obscurci, et les autres : mais « dans ces jours » dont je viens de parler : « dans ces jours » où le Fils de l'homme devra paroître; aux approches de cette dernière apparition, et peu après les afflictions dont elle sera précédée; « le soleil s'obscurcira, » etc.

Mettons-nous en esprit dans ce dernier jour, si heureux pour les uns, si funeste aux autres. Représentons-nous l'étonnement où l'on sera, de cette nouvelle lumière que jettera le Sauveur, de ce prodigieux éclat qui se fera sentir d'une extrémité du monde à l'autre, avec la rapidité d'un éclair : contemplons ces aigles mystiques : les esprits sublimes à qui le monde n'aura rien été et qui n'auront pas été troublés de tant de persécutions; ni de cet ébranlement universel de la nature éperdue : prendre tout à coup leur vol; et, comme dit saint Paul, « être enlevés dans les nuées au milieu des airs, à la rencontre de Jésus-Christ, pour être ensuite toujours avec lui [3]. » Heureux jour! heureux spectacle! heureux changement! heureux ceux qui verront ce beau feu, cet éclair nouveau, cette vive et admirable lumière! qui verront ce corps que la mort a consacré à notre salut, ces aigles qui voleront après et qui seront enlevés avec lui! Soyons de ces aigles par la contemplation en foi et en vérité et par une noble élévation au-dessus des choses mortelles : faisons notre proie de ce corps que la mort a fait nôtre : nous l'avons dans l'Eucharistie, ce corps mort

[1] *Matth.*, XXIV, 29. — [2] *Marc.*, XIII, 24. — [3] I *Thessal.*, IV, 16, 17.

autrefois, à présent vivant, mais couvert d'un signe de mort;
dévorons-le : prenons-en toute la substance, tout le suc : vivons
de Jésus et de sa vérité et de ses souffrances et de sa mort qui est
notre vie : imitons-la : portons-la sur nous : « Portons sur nos
corps la mortification de Jésus, afin que la vie de Jésus paroisse
en nous [1]. » Si parmi les ténèbres du monde et celles qui nous
environnent, il lui plaît de faire tout à coup reluire sur nous comme
une espèce d'éclair, une lumière rapide qui se répande en un moment dans toute notre ame, et qui se fasse sentir de la partie haute
jusqu'à la plus basse, ô lumière, je vous adore! ô lumière, je vous
veux suivre! Si vous vous retirez comme un éclair, et que vous
laissiez mes yeux éblouis d'un éclat si vif, je me souviendrai de
vous avoir vue : je me réjouirai de l'espérance de vous revoir à
d'autres momens : je tâcherai de mettre à profit tout ce que vous
me montrerez dans ces momens rapides; et j'aspirerai nuit et jour
à ce jour unique de l'éternité où vous luirez sans vous retirer,
sans être obscurcie; où votre levant sera sans couchant; où nous
jouirons à jamais de vous, ô Père, ô Fils, ô Saint-Esprit, qui
êtes la véritable et seule lumière.

LXXXVe JOURNÉE.

*Instructions à recueillir. Se tenir prêt : veiller à toute heure. L'un pris,
l'autre laissé.* Matth., XXIV, 37-51; Marc., 33-37; Luc., XVII, 24.

De tout ce que nous avons vu, il y avoit deux sortes d'instructions particulières à recueillir : dans la ruine de Jérusalem il y
avoit à s'en sauver par la fuite : « Alors, que ceux qui sont dans
Jérusalem, s'enfuient aux montagnes [2]. » C'est ce que firent les
chrétiens, qui s'enfuirent en effet vers les pays montagnards, à la
ville de Pella, comme marquent les histoires : ce qui fut cause
qu'on ne voit point qu'ils aient souffert dans Jérusalem, ni qu'il
s'y en soit trouvé aucun durant le siége de Tite. A l'égard des calamités qui devoient arriver à la fin du monde, il falloit ne pas

---

[1] II *Cor.*, IV, 10. — [2] *Matth.*, XXIV, 16.

songer à s'en sauver, puisqu'elles sont universelles et inévitables; mais s'y préparer, et cette préparation nous est expliquée dans le reste de ce chapitre.

Elle consiste premièrement à veiller, à être attentif, à se tenir toujours prêt, en accompagnant de prières son attention et sa diligence : « Prenez garde, veillez et priez : car vous ne savez pas le temps ni si le maître viendra sur le soir ou vers le minuit, ou au chant du coq, ou le matin. Veillez donc et priez en tout temps, afin d'être rendus dignes d'éviter ces choses [1], » c'est-à-dire la rigueur du dernier jugement, « et de comparoître devant le Fils de l'homme [2]. » Il ne faut donc pas seulement prier mais prier en tout temps.

Secondement il faut songer à l'effet de ce terrible jugement, ou « de deux qui seront ensemble l'un sera pris et l'autre laissé [3]. » Et pour aller où? « Où sera le corps, là s'assembleront les aigles. » Qui ne trembleroit, en voyant tout à coup une si terrible séparation? L'un enlevé à Jésus-Christ, l'autre laissé au milieu des maux, d'où il ne sortira que pour rentrer dans de plus grands et n'en sortir jamais.

Troisièmement il ne faut point reculer ni regarder en arrière : « souvenez-vous de la femme de Lot [4], » qui pour avoir seulement tourné la tête vers Sodome, reçut un châtiment si prompt et si rigoureux. Il ne suffit pas d'éviter les mauvaises compagnies, ni de fuir le monde qu'on a quitté : il ne faut pas seulement tourner les yeux de ce côté-là.

Quatrièmement il faut faire toutes ses actions avec une activité et une diligence extraordinaire : se sauver à quelque prix que ce soit : laisser périr beaucoup de choses qu'on aimeroit plutôt que de hasarder son salut : « si l'on est dans le haut de la maison, ne se point embarrasser de sauver les meubles qui sont en bas [5] : » se contenter de sauver ce qui est en haut : emporter et sauver d'abord à la corruption tout ce qu'on peut : ne pas dire : Je laisserai cela, mais je retournerai demain le querir; demain je commencerai à me corriger de ce vice; je me contenterai pour aujour-

____
[1] *Marc.*, XIII, 33-35. — [2] *Luc.*, XXI, 36. — [3] *Matth.*, XXIV, 40, 41; *Luc.*, XVII, 34-37. — [4] *Luc.*, XVII, 31, 32. — [5] *Ibid.*, 31; *Matth.*, XXIV, 17, 18.

d'hui de modérer celui-ci : ne laissez rien qu'il vous faille aller requérir : ne laissez rien à faire à une autre fois : car le temps vous manquera tout à coup et votre attente sera vaine.

Cinquièmement il faut se retirer de tout ce qui attache trop l'esprit, de tout ce qui « appesantit le cœur ; » et non-seulement « de l'ivrognerie » où la raison est absorbée, mais encore « de la bonne chère et des soins de cette vie [1]. » Et sur les soins de la vie, il faut remarquer ces paroles : « Aux jours de Noé ils buvoient, ils mangeoient, ils se marioient, ils marioient leurs enfans : et aux jours de Lot ils buvoient et mangeoient, ils vendoient et ils achétoient, ils plantoient et ils bâtissoient : et ils périrent tous d'un coup dans les eaux du déluge et par le feu du ciel [2]. » Car il ne dit pas : Ils tuoient, ils commettoient des adultères, et le reste : il parle des occupations les plus ordinaires et les plus innocentes de la vie : parce qu'elles occupent, elles embarrassent, elles accablent, elles enchantent, elles attachent, elles trompent, en nous menant d'un soin à un autre et d'une affaire à une autre. Il ne suffit donc pas d'éviter les actions criminelles ; mais il faut encore prendre garde à ne se pas laisser jeter par les autres dans cet esprit d'empressement et d'occupation, qui fait qu'on n'est jamais à soi.

Sixièmement on ne sauroit assez songer au grand mal dont nous sommes menacés : ce sera comme le déluge aux temps de Noé ; comme le feu du ciel aux temps de Lot ; « comme un lacet où nous serons pris tout à coup [3], » à la manière des oiseaux, par un vain appât, pour être la proie de ceux qui veulent nous dévorer. Le mauvais serviteur qui ne songeoit qu'à passer sa vie dans le plaisir, se trouvera tout d'un coup « séparé » de Dieu, de sa grace, de tout le bien : « et il sera mis avec les hypocrites, où il y aura un pleur et un grincement de dents [4] » éternel. Terribles paroles : « Séparé, mis avec les hypocrites : pleurs et grincement de dents » et douleur jusqu'à la rage. A quoi donc penserons-nous, si nous ne pensons à ces choses? Ah ! périssent toutes nos pensées, afin que celles-là vivent seules dans nos cœurs !

_____

[1] *Luc.*, XXI, 34. — [2] *Luc.*, XVII, 26-29. — [3] *Luc.*, XXI, 35. — [4] *Matth.*, XXIV, 51.

LXXXVIe JOURNÉE.

Le Père de famille : ses serviteurs : la figure du voleur. Matth., xxiv, 45-47;
Luc., xii, 41-44.

Conférez le chapitre xxiv de saint Matthieu, depuis 45 jusqu'à
la fin, avec le chapitre xii de saint Luc, depuis 35 jusqu'à 49.

Le Fils de Dieu instruit ici, premièrement tous les chrétiens
sous la figure du père de famille et de ses serviteurs : et encore
sous la figure du même père de famille et d'un voleur. Secondement il instruit en particulier les supérieurs ecclésiastiques, sous
la figure du père de famille qui retourne à sa maison, et de son
économe ou principal domestique qui le doit attendre.

Voici pour les premiers ce que nous trouvons dans saint Luc.
Premièrement : « Les reins ceints[1] : » les passions resserrées,
comme une robe qui se répandroit faute de ceinture. C'est l'état
d'un homme laborieux et toujours prêt à marcher. Car lorsque
l'ame se répand dans les passions, elle est lâche, sans force, sans
ordre, sans bienséance.

Secondement : « Des flambeaux allumés à la main. » C'est encore l'état d'un homme prêt à aller au-devant « du maître, » à
quelque heure de la nuit qu'il vienne, pour l'éclairer.

« Des lampes allumées : » c'est un esprit attentif et un cœur ardent. On a comme des flambeaux en soi-même, dans le fond du
raisonnement : mais ils ne sont allumés que par l'attention. Que
sert d'avoir de l'esprit, du raisonnement, de la foi même, si tout
cela n'est réveillé par l'attention ? autant que nous serviroient des
flambeaux bien préparés dans notre coffre, mais sans amorce,
sans feu.

« Les lampes allumées à la main, » sont aussi le bon exemple.
Ce n'est pas assez de l'attention ; il en faut venir aux œuvres, à
l'application sur nous-mêmes : autrement le flambeau nous est
inutile.

____
[1] *Luc.*, xii, 35.

Troisièmement : « Semblables à des hommes qui attendent [1] : » par conséquent très-attentifs. Et qui attendent-ils ? Leur maître : celui qui les peut punir, pour peu qu'il les trouve négligens.

Quatrièmement : « Quand il viendra, et qu'il frappera. » Il vient à chaque moment : car chaque heure nous avance vers la mort. Il frappe par les maladies : il faut donc être attentif et se tenir prêt dès le premier coup. Mais à peine s'éveille-t-on au dernier, et lorsque la mort est déjà presque dans le cœur : et alors il n'y a plus de flambeaux, plus d'attention, ni de réflexion : tout est presque éteint.

Cinquièmement : « Aussitôt ils lui ouvrent. » Comme tout ici est actif ! Il faut ouvrir soi-même au maître qui vient, être bien aise de le recevoir : mais ouvrir avec diligence, « aussitôt : » ouvrir par conséquent avec joie ; ne pas murmurer, ne pas se plaindre de la mort qui vient sitôt. Au reste, il n'a pas besoin qu'on lui ouvre, afin qu'il prenne notre ame qu'il vient requérir. Car il saura bien la reprendre sans qu'on la lui donne. Bon gré, malgré, il faut mourir. Et souvent il frappe si fort, que les portes brisées s'ouvrent d'elles-mêmes, sans que vous ayez le loisir d'ouvrir, ni de lui offrir vous-même votre ame qu'il vous redemande. Il n'a donc que faire de vous pour la retirer : mais pour l'amour de vous, afin que vous puissiez lui en faire le sacrifice, il veut que ce soit vous qui lui ouvriez, et promptement, et avec joie. Car vous ouvrez, non pas à la mort, mais à un maître bienfaisant.

Car, sixièmement, « s'il trouve ses serviteurs vigilans, il se retroussera, et les fera asseoir, et passera de l'un à l'autre pour les servir [2]. » Il ne faut pas chercher dans les paraboles à tout expliquer : il y a des circonstances, comme celles-ci, qui ne servent que pour la peinture. Le fond est ici, que Jésus-Christ s'est fait serviteur de ses fidèles : « Le Fils de l'homme, dit-il, est venu servir, » et ce service est « de se donner lui-même en rédemption pour plusieurs [3]. » C'est de lui que nous tenons tout, et en ce monde et en l'autre : et nul ne demeurera sans récompense ; car il passera de l'un à l'autre pour les servir tous. Il leur donnera abondamment tous les biens. Car pour lui il n'a pas besoin de

____
[1] *Luc.*, XII, 36. — [2] *Ibid.*, 37. — [3] *Matth.*, XX, 28.

vos services, ni de rien : il est heureux, il est dans la gloire : il vient pour vous ; et sous la figure de la mort, qui vous paroît si hideuse, il vous apporte sa grace, son royaume, sa félicité éternelle, des richesses inestimables, des plaisirs sans fin. Ouvrez donc à un si bon maître, et donnez-lui de bon cœur cette ame qu'il ne redemande que pour la rendre bienheureuse.

Septièmement : « S'il vient à la seconde veille, et s'il vient à la troisième [1]. » Remarquez : il ne parle point qu'il vienne jamais de jour : il surprend toujours. On ne le voit pas et il se cache dans les ombres de la nuit : et cependant l'homme insensé veut le deviner. Je me porte bien, je ne mourrai pas ; on se donne toujours bien des années, et cependant l'expérience fait voir qu'il surprend toujours : « il vient à l'heure qu'on n'attend pas et au jour qu'on n'espère pas [2]. »

Huitièmement : ce père de famille, qui vient avec tant d'amour pour nous donner des biens éternels sous la figure de la mort, prend encore une autre figure : celle « d'un voleur [3] : » c'est-à-dire celle d'un ennemi qui vient nous ravir tout ce que nous possédons et que nous aimons. Premièrement, les biens temporels et les plaisirs des sens, dont nous faisions notre bonheur. Tout d'un coup tout nous sera enlevé : ces biens passeront en d'autres mains : ces plaisirs se dissiperont comme une fumée, comme une paille que le vent emporte. Secondement, il nous ôtera les biens spirituels : tant de pensées de conversion, tant de désirs imparfaits qui nous amusoient, qui nous endormoient dans la mort. Tout cela nous sera ôté ; et nous verrons malgré tous ces foibles commencemens de bonne volonté, de bons sentimens et de vertus qui nous faisoient dire : « Je suis riche : » nous verrons « que nous sommes pauvres, misérables, aveugles, nus, dignes de pitié, » ou plutôt indignes de pitié à cause de notre malice ; sans aucun de ces biens qui nous ouvrent la porte du ciel, ainsi qu'il est écrit dans l'*Apocalypse* [4].

En neuvième et dernier lieu. Pesons ce mot : « Soyez prêts [5] : » que vos comptes soient en état : que vos dettes soient payées :

_____

[1] *Luc.*, XII, 38. — [2] *Matth.*, XXIV, 30. — [3] *Luc.*, XXII, 39. — [4] *Apoc.*, III, 17. — [5] *Matth.*, XXIV, 44.

que vos desseins soient accomplis : car après ce moment il n'y a rien à espérer. Quelle angoisse ! quelles sueurs à la vue de ce maître rigoureux qui vous pressera de rendre compte ! Vous payerez par le dernier et inévitable supplice ce que vous n'aurez pas volontairement payé par vos bonnes œuvres.

LXXXVIIe JOURNEE.

L'économe fidèle et prudent : sa récompense. Ibid.

Pierre lui dit : « Seigneur, est-ce pour nous que vous dites cette parabole ou pour tout le monde [1] ? » Nous tromperez-vous comme les autres, nous qui sommes les dispensateurs de vos mystères ? Nous serez-vous un voleur qui nous surprendra, ou un maître impitoyable qui arrivera tout d'un coup pour nous punir ? Il lui répond par la parabole de l'économe ou de l'intendant d'une maison, à qui le maître a donné la charge de tout et en particulier celle de ses conserviteurs. C'est la figure des supérieurs et supérieures, chacun selon son degré et le poste où il est établi.

« Le maître a établi cet économe, » cet intendant, ce dispensateur, pour être « fidèle : » pour être « prudent : pour donner la nourriture à sa famille : » pour la lui donner « dans le temps : » pour la lui donner « avec mesure [2]. » Te voilà, ô Pierre : vous voilà, pasteurs : il faut être fidèles : donner fidèlement ce que le maître a mis en vos mains pour le distribuer, les instructions, les sacremens : voilà ce que c'est qu'être fidèles : ne s'attribuer rien ; ne rien retenir de ce qu'il a voulu que vous donnassiez. O économe, ô intendant spirituel, tu n'as rien à toi, tu n'as rien pour toi, puisque toi-même tu es tout aux autres : « Tout est à vous, soit Paul, soit Céphas, tout est à vous : et vous êtes à Jésus-Christ [3], » disoit saint Paul. « Tout est à vous. » Il faut donc être fidèle et se donner tout entier au peuple de Dieu. Mais outre la fidélité, il faut la prudence pour donner dans le temps, pour donner avec mesure : prendre les momens favorables d'une affliction, du ralentis-

---

[1] *Luc.*, XII, 41. — [2] *Ibid.*, 42. — [3] I *Cor.*, III, 22, 23.

sement d'une passion, d'une maladie, d'une grande perte : être attentifs à ce moment : voyez : Dieu vous avertit : Dieu vous frappe : Dieu vous réveille : voilà le premier effet de la prudence : « prendre le temps : » sinon on rendra compte à Dieu du moment perdu et de la damnation de son frère. Le second, « donner avec mesure : » pas plus qu'on ne peut porter : « ne donner pas le saint aux chiens, ni les perles aux pourceaux [1] : » ne prêcher pas les hauts mystères de la communication avec Dieu aux ames encore impures, qui ont besoin qu'on les étonne, qu'on les effraie : ne donner pas l'absolution ni la communion précipitamment : ne la donner pas aux chiens et aux pourceaux : aux ames encore impures. Aller par degrés : gagner peu à peu : mais néanmoins il vient un temps qu'il n'y a point de temps, qu'il n'y a point de mesure à garder. Ici on dit : « Ne reprenez pas, » mais « avertissez [2] : » là : « Il faut reprendre avec modestie [3] ; » ailleurs : « Reprenez durement [4]; » ailleurs : « Dans le temps, hors du temps, à propos et hors de propos [5] : » autrement tout est perdu. Voilà donc la fidélité et la prudence d'un bon serviteur.

Deux choses nécessaires à régler, le fond et la manière : le fond, il faut donner : soyez fidèle : la manière, il faut donner à propos et avec les proportions, les convenances requises : autrement vous n'êtes pas ce serviteur digne que le maître l'emploie à gouverner sa famille, parce que vous ne donnez rien par infidélité, ou lorsque vous donnez, ce que vous donnez tourne à rien par votre imprudence.

Remarquez ici le faux zèle. Un supérieur, un pasteur ne prêche pas : il est infidèle. Il prêche, il instruit, mais rudement, mais hors de propos : il ne fait rien, parce qu'il est imprudent.

A un tel serviteur, qui dispense bien ce qui lui est confié, « le maître lui donnera tout ce qu'il possède [6] : » et non-seulement son royaume, mais encore lui-même. Car si le père de famille qui n'est qu'un homme, est si juste que trouvant son serviteur qui a bien usé du pouvoir et des biens qu'il lui a mis en main pour les dispenser, il l'élève à de plus hauts emplois, et lui donne un plus

____

[1] *Matth.*, VII, 6. — [2] I *Timoth.*, V, 1. — [3] II *Timoth.*, II, 25. — [4] *Tit.*, I, 13. — [5] II *Timoth.*, IV, 2. — [6] *Luc.*, XII, 44; *Matth.*, XXIV, 47.

grand pouvoir : combien plus Jésus-Christ, qui est la justice même, augmentera-t-il les biens de ses serviteurs, qui auront bien dispensé ceux qu'il leur a déjà donnés?

Pesez ces mots : « Il leur donnera tout ce qu'il possède : » c'est un Dieu qui parle : que ne possède-t-il pas ? Mais tout est à nous, dès que nous usons bien de ce qu'il nous donne.

LXXXVIIIe JOURNÉE.

Le serviteur méchant et violent : sa punition. Ibid.

Nous avons vu le bon serviteur avec ses deux bonnes qualités, la fidélité et la prudence : voyons maintenant la peinture que Jésus-Christ fait du mauvais dispensateur de ses graces et de ses mystères.

« Ce serviteur dit en son cœur [1]. » Il ne le dit pas en termes exprès : mais il agit sur ce fondement et il le dit par ses œuvres.

« Mon maître tarde : » malheureux qui croit échapper ses mains à cause qu'il ne frappe pas d'abord, ou qui s'estime heureux à cause qu'il retarde son dernier supplice.

« Il bat les serviteurs et les servantes : » il abuse de son pouvoir : il les maltraite : quelquefois en les frappant véritablement : ce que saint Paul défend, en disant que « l'évêque ne doit point frapper, ni être violent [2] : » à quoi il faut aussi rapporter les injures et les duretés qu'il leur dit, qui sont une espèce de plaie à la réputation et à la vie de l'honneur. Mais le grand coup que donne ce mauvais économe à ses conserviteurs, c'est lorsqu'il les scandalise : car alors il frappe leur conscience foible : en quoi il pèche contre Jésus-Christ et fait pécher son « frère, pour qui Jésus-Christ est mort [3]. »

« Manger, boire, s'enivrer [4] : le royaume de Dieu n'est pas la viande ni le boire, mais la justice et la paix et la joie dans le Saint-Esprit [5]. » Voilà le festin du bon économe de Jésus-Christ.

[1] *Luc.*, XII, 45. — [2] I *Timoth.*, III, 3. — [3] I *Cor.*, VIII, 11, 12. — [4] *Luc.*, XII, 45. — [5] *Rom.*, XIV, 17.

« Le serviteur qui connoît la volonté de son maître [1]. » Il veut dire que celui qui est établi dispensateur, sachant mieux que les autres ce que veut le maître, puisqu'il le doit prêcher aux autres, « sera plus puni : mais celui qui ne la sait pas ne sera pas exempt du supplice [2] : » et cette moindre punition que le maître de famille lui réserve ne laissera pas d'être terrible : car il n'y a rien de foible ni de médiocre dans le siècle futur.

Deux règles de la justice éternelle : l'une, « de punir davantage celui qui sait davantage, » parce qu'il pèche contre sa science et par malice : l'autre, « de redemander plus à celui à qui on a plus donné [3], » parce qu'il est chargé de plus de choses, et par conséquent il a un plus grand compte à rendre. Ne vante donc pas ta science, qui ne sert qu'à te rendre plus coupable. Ne te glorifie pas de tes dons, qui ne font que t'obliger à un plus grand compte : ne t'excuse pas aussi sous prétexte que tu ne sais pas : car c'étoit à toi à t'instruire : ne te flatte pas sous prétexte que le maître ne te menace que de peu : car c'est un peu par comparaison, qui ne laisse pas en soi-même d'être très-grand, parce que tout est grand, tout est fort dans le règne de la vérité et de la justice, où Dieu se veut faire sentir tel qu'il est.

LXXXIXe JOURNÉE.

Vierges sages, et folles. Matth., xxv, 1-13.

C'est sous une autre figure, un autre avertissement de se tenir prêt. Combien Jésus le répète-t-il? Et cependant nous sommes sourds : il semble n'avoir destiné les derniers jours de sa vie qu'à nous préparer à la mort, et que ce soit là son unique affaire : c'est en effet celle d'où tout dépend.

« Dix vierges [4]. » C'est un état saint, qui n'est pas donné à tout le monde : ainsi qu'il le dit ailleurs : « Tous n'entendent pas cette parole, mais ceux à qui il a été donné [5]. » En voici dix qui ont

---

[1] *Luc.*, XII, 47. — [2] *Luc.*, XII, 48. — [3] *Ibid.* — [4] *Matth.*, XXV, 1. — [5] *Matth.*, XIX, 11, 12.

entendu cette haute parole, à qui ce don excellent a été donné : et néanmoins il y en a cinq qui périssent. Tremblez donc, vous tous qui avez reçu ce don, et apprenez à le faire valoir.

« Cinq étoient folles [1] : » sans précaution, sans prévoyance.

« Ces folles ne prirent pas de l'huile. » Elles disent : « L'huile nous manque, nos lampes s'éteignent. » La charité leur manque : les bonnes œuvres leur manquent : la charité, le plus excellent de tous les dons, sans quoi tous les autres et même celui de la prophétie, et même celui du martyre, n'est rien : ni par conséquent celui de la virginité.

« Elles sommeillèrent et elles dormirent [2]. » Celles qui ont de l'huile leur provision, peuvent demeurer tranquilles : mais les autres, elles doivent profiter du temps pour acheter de l'huile et amasser de bonnes œuvres.

« Donnez-nous de votre huile [3] : » ainsi parlent ceux qui, sans se soucier de faire eux-mêmes de bonnes œuvres, mettent toute leur espérance aux prières et aux mérites des saints.

Remarquez : « Elles s'éveillent toutes : toutes elles se lèvent : toutes elles préparent leurs lampes [4] : » et néanmoins cinq périssent et sont exclues du festin. Ce ne sont point des personnes vicieuses, ni insensibles, ni tout à fait sans bonnes œuvres : elles commencent beaucoup, et n'achèvent rien. O combien périront par ce défaut !

« Nous n'en avons pas pour nous et pour vous [5] : chacun de nous portera son fardeau » au tribunal de Jésus-Christ. « Que chacun s'éprouve soi-même : car en cette sorte il aura sa gloire en lui-même et non dans les autres [6] : » car encore qu'en un autre sens « nous devions par la charité porter les fardeaux les uns des autres, » néanmoins en ce dernier jugement chacun sera jugé, non selon les œuvres des autres, « mais selon les siennes [7]. »

« Allez à ceux qui en vendent [8] : » Vous à qui l'huile manque : vous qui ne méritez pas de véritables louanges, allez à ceux qui les vendent : allez aux flatteurs, qui par un bas intérêt vous feront accroire avec tous vos vices que vous êtes vertueux.

---

[1] *Matth.*, xxv, 3, 8. — [2] *Ibid.*, 7. — [3] *Ibid.*, 8. — [4] *Ibid.*, 7. — [5] *Ibid.*, 9. — [6] *Galat.*, vi, 2, 4, 5. — [7] *Matth.*, xvi, 27. — [8] *Matth.*, xxv, 9.

« Pendant qu'elles alloient acheter : » pendant que leurs flatteurs les amusoient par la vaine opinion qu'ils leur donnoient de leur sainteté : « l'Epoux vint : elles vinrent tard et la porte leur fut fermée [1]. »

Elle est fermée pour ne s'ouvrir plus, et votre exclusion est sans remède.

« Seigneur, Seigneur, ouvrez-nous [2] : » voyez qu'elles ne sont pas de celles qui n'ont point de soin de bien faire, ou qui négligent entièrement leur salut : ce sont des vierges, séparées des sens et des plaisirs : il n'est pas dit qu'elles souillent leur chasteté : elles ont des lampes : elles dorment à la vérité et ne sont pas sans beaucoup de langueur : mais enfin elles s'éveillent : elles vont avec diligence acheter de l'huile : elles font imparfaitement quelques bonnes œuvres : enfin elles accourent et avancent jusqu'à la porte : elles frappent même et disent : « Seigneur, Seigneur. » Mais « tous ceux qui m'appellent, Seigneur, Seigneur, n'entreront point pour cela dans le royaume des cieux [3]. Je n'ai pas trouvé tes œuvres pleines devant mon Dieu [4]. »

La pénitence tardive frappe vainement, parce qu'elle n'est pas pleine ni sincère. Viendra le temps qu'encore qu'on frappe, on n'entrera point. C'est ce que disoit saint Jacques : « Vous demandez et vous n'obtenez pas, parce que vous demandez mal [5] : » ce qui arrive à ceux qui demandent la prolongation de leurs jours, non pour faire pénitence, mais « pour les employer à leurs convoitises. » Vient enfin le dernier moment, et les hommes croient qu'on demande bien : mais celui qui sonde les cœurs sait le contraire, et il nous renvoie « avec les hypocrites et les infidèles, où il y aura des pleurs et un » éternel « grincement de dents [6]. »

« En vérité, je vous le dis : Je ne vous connois pas [7] : » c'est la vérité éternelle qui vous parle, et qui se prend elle-même à témoin. Vos flatteurs vous promettent tout; mais moi je vous tiens un autre langage : et quel langage? « Je ne vous connois pas : » malgré vos bons désirs, vos volontés imparfaites, vos commencemens de vertu, je ne connois en vous ni mon image que j'y avois

---

[1] *Matth.*, XXV, 10. — [2] *Ibid.*, 11. — [3] *Matth.*, VII, 21. — [4] *Apoc.*, III, 2. — [5] *Jacob.*, IV, 3. — [6] *Math.*, XXIV, 51. — [7] *Matth.*, XXV, 12.

formée, ni le caractère de chrétien, ni celui d'homme raisonnable, ni rien enfin de solide ni de véritable. Allez, « je ne vous connois point : » vous n'êtes donc pas de mes brebis; « car je connois mes brebis et je leur donne la vie éternelle [1]. » Vous n'avez donc rien à prétendre, vous que je ne connois pas. O que me serviront tant d'amis, tant de connoissances? Tout le monde, toutes les cours vous louent, vous connoissent; de grandes entrées partout; mais que vous sert tout cela, si Jésus-Christ ne vous connoît pas?

Cherchez pourquoi Jésus-Christ ne connoît pas ceux qui semblent le connoître si bien, et qui l'appellent deux fois, « Seigneur, Seigneur. » C'est que « celui qui dit qu'il le connoît, et ne garde pas ses commandemens, est un menteur [2]. » Mais il en garde une partie : « Je ne vous connois pas : soyez parfait comme votre Père céleste est parfait [3] : » autrement il ne vous connoît pas.

XC^e JOURNÉE.

Parabole des dix talens et des dix mines. Matth., xxv, 14-30; Luc., xix, 12-27.

La parabole des talens, et celle des mines semble avoir été prononcée en confirmation des dernières paroles que nous avons lues de saint Luc : « Celui à qui on donne beaucoup, on lui redemande beaucoup. »

« A chacun selon sa vertu [4] : » il parle ici des graces qui sont données en récompense ou du moins en conséquence d'autres graces : mais il faut toujours se souvenir qu'il y a les premières graces qui ne sont pas données de cette sorte et qui sont absolument gratuites : ce qui paroît en d'autres lieux de l'Evangile. Ici nous avons à considérer la distribution des graces qui sont les suites des autres et l'ordre des récompenses. Et ce qu'il y a premièrement à observer, c'est la proportion et les convenances. « On donne à chacun selon sa vertu : » chacun travaille et profite à proportion de ses talens : chacun est récompensé selon son travail : « Celui qui a cinq talens gagne cinq talens : celui qui en re-

---

[1] *Joan.*, x, 14, 18. — [2] I *Joan.*, ii, 4. — [3] *Matth.*, v, 48. — [4] *Matth.*, xxv, 25.

çoit deux èn gagne deux [1] : celui dont la mine en a produit dix reçoit dix villes : » et « celui dont la mine en a produit cinq reçoit cinq villes [2] : » et il ne reste qu'à admirer l'exactitude de la divine justice par rapport à l'exactitude et à la fidélité d'un chacun.

Celui qui enfouit son talent et sa mine, « est jeté lui-même dans le cachot et dans les ténèbres ; » et non-seulement il ne reçoit rien, ce qui lui étoit dû trop visiblement, mais encore il est puni de sa négligence.

Outre la récompense particulière que chacun reçoit à proportion de son travail, tous reçoivent la commune récompense ; « d'entrer dans la joie de leur Seigneur [3], » et d'être rendus participans de sa fidélité.

Tout est donc ici dans une entière proportion : la peine, la récompense. Il y en a une commune à tous pour la fidélité qui l'est aussi : il y en a de particulières selon la diversité du travail et tout l'ordre de la justice est accompli : ô Dieu, je chanterai vos louanges sur votre justice et sur votre vérité.

Il paroît par la même raison de proportion et d'égalité, que si celui qui avoit reçu cinq talens ou deux talens avoit été paresseux, il auroit été plus puni que celui qui n'en avoit reçu qu'un, et il n'y a plus à chacun qu'à examiner ce qu'il a reçu pour voir ce qu'il a à craindre. O mon Dieu, que vous ai-je rendu pour la foi que vous m'avez donnée : pour tant de saintes instructions : pour tant de lumières : pour tant de crimes pardonnés : pour tant de temps et pour votre longue patience ? O Dieu, que vous ai-je rendu ? et ne vous ayant rien rendu, que dois-je craindre ?

« Entrez dans la joie de votre Seigneur : jetez ce mauvais serviteur dans les ténèbres extérieures [4]. » L'un est mis dedans, l'autre dehors : l'un dans la joie et dans la lumière, l'autre dans le désespoir et dans les ténèbres : ô heureux sort de l'un, ô cruel partage de l'autre !

« Entrez dans la joie de votre Seigneur. » « La joie entre en nous, lorsqu'elle est médiocre : mais nous entrons dans la joie, » dit saint Augustin, » quand elle surmonte la capacité de notre

[1] *Matth.*, XXV, 20, 22. — [2] *Luc.*, XIX, 16, 17, 19. — [3] *Matth.*, XXV, 21, 23. — [4] *Ibid.*, 22, 30.

ame, qu'elle nous inonde, qu'elle regorge, et que nous en sommes absorbés : qui est la parfaite félicité des saints. »

Ce qui fait le malheur de ces ténèbres, c'est qu'elles sont extérieures : la seule séparation rend le malheur des réprouvés extrême et insupportable : de là ce pleur éternel, de là ce grincement de dents. Si vous n'êtes mis dedans, si vous n'entrez dans la joie, toutes sortes de maux tombent sur vous et la seule séparation vous les attire.

Chassez le serviteur inutile, et mettez-le où règne le désespoir. S'il n'avoit rien reçu, il n'auroit pas tant à s'affliger : mais il a eu le talent : il l'a négligé : c'est pourquoi son déplaisir n'a point de mesure.

« Pleur et grincement de dents[1] : » profonde tristesse dans l'un et rage dans l'autre : il est en fureur contre lui-même, parce qu'il n'a à imputer qu'à lui-même le malheur dont il est accablé.

« Je sais que vous êtes un homme difficile : vous moissonnez où vous n'avez point semé : vous ramassez où vous n'avez point répandu[2]. » A Dieu ne plaise que Dieu soit ainsi ! car où n'a-t-il pas semé, et quels dons n'a-t-il pas répandus ? Mais Jésus-Christ nous veut faire entendre par cette espèce d'excès combien est grande la rigueur de Dieu dans le compte qu'il redemande : car il n'y a rien qu'il n'ait droit d'exiger de sa créature infidèle et désobéissante, dont le fonds étant à lui tout entier, il a droit de punir son ingratitude des plus extrêmes rigueurs.

« Serviteur mauvais et paresseux[3] : mauvais, » parce qu'il est « paresseux : » qui doit tout à la divine justice, seulement pour n'avoir rien mis à profit pour elle.

« Tu seras jugé par ta bouche[4] : » la lumière de la vérité qui parle en nous prononcera notre sentence : chacun avouera son crime et ordonnera son supplice : on aura d'autant moins de consolation, qu'il ne restera aucune excuse : ni par conséquent aucune espérance : aucun adoucissement : car on prononcera cela même contre soi, qu'il n'y en doit avoir aucun. De là cette profondeur et cet abîme de tristesse. O mon Dieu, la seule vue m'en fait horreur : que sera-ce du sentiment et de l'effet ?

1 *Matth.*, XXV, 30. — 2 *Ibid.*, 24. — 3 *Ibid.*, 26. — 4 *Luc.*, XIX, 22.

« Otez-lui son talent : ôtez-lui sa mine et donnez-la à celui qui
en a dix [1]. » Comment est-ce que les élus profitent des graces que
les réprouvés auront perdues? « Tiens bien ce que tu as, dit-il,
de peur qu'un autre ne reçoive ta couronne [2]. » Les justes profitent de tout, et autant de la négligence des autres qui les instruit que de leur propre travail.

« A celui qui n'a pas, ce qu'il semble avoir lui sera ôté [3]. Ce
qu'il semble avoir : » il n'a rien en effet, parce qu'il ne garde
rien. Un panier, un vaisseau percé n'a jamais d'eau, parce que
celle qu'il reçoit, il la perd dans le même instant : ame cassée et
brisée, où l'eau de la grace ne tient pas, elle n'a jamais rien de
propre : et cependant ce qu'elle semble avoir lui sera encore ôté :
elle demeurera sèche, dépouillée, sans bien, sans lumière, sans
aucune consolation même passagère : et il est juste : car il falloit
lui ôter tout ce qu'elle gardoit mal. O mon Dieu, mon Dieu, mon
Dieu ! puis-je souffrir la vue de ma pauvreté, de ma douleur, de
mon désespoir en cet état malheureux ? Il faut donc prévenir ce
mal pendant qu'il est temps.

XCIᵉ JOURNÉE.

Jugement dernier. Matth., xxv, 31 jusqu'à la fin.

Après avoir préparé ses fidèles au jugement dernier avec tant
de soin, il est temps qu'il nous fasse voir ce jugement; et c'est ce
qu'il fait dans le reste de ce chapitre.

« Quand le Fils de l'homme viendra en sa majesté et tous ses
anges avec lui [4]. » Quelle majesté! quelle suite! que d'exécuteurs
de sa justice ! Mais comment viendra-t-il ? « dans une nuée éclatante [5] : » du plus haut des cieux : de la droite de son Père : « avec
ses anges : » il est donc le Seigneur des anges comme des hommes.
« Il s'assiéra dans le siége de sa majesté, et toutes les nations seront
assemblées devant lui [6] : » quelle journée ! quelle séance ! Qui ne

____

[1] *Luc.*, XIX, 24. — [2] *Apoc.*, III, 11. — [3] *Matth.*, XXV, 29. — [4] *Ibid.*, 31. —
[5] *Luc.*, XXI, 27. — [6] *Matth.*, XXV, 32.

tremblera alors : « devant ce grand Roi assis dans le trône de son jugement : » qui « dissipera tout le mal par un coup d'œil ? Qui osera alors se glorifier d'avoir le cœur pur ; et qui osera dire : Je suis innocent [1] ? » Qui pourra paroître devant celui « qui a les yeux » comme un flambeau ardent : « comme la flamme du feu » le plus pénétrant et le plus vif : « qui sonde les cœurs et les reins et qui donne à chacun selon ses œuvres [2] ? » Toutes les consciences seront ouvertes en un instant, et tout le secret en sera manifesté à tout l'univers : où se cacheront ceux qui mettoient toute leur confiance à se cacher : « dont les actions étoient honteuses même à dire et à penser [3], » et qui verront tout à coup leur turpitude révélée devant tous les anges, devant tous les hommes ; et ce qui renferme en un mot toute confusion et toute honte, devant le Fils de l'homme, dont la présence, dont la sainteté, dont la vérité convaincra et confondra tous les pécheurs ? Voilà celui que vous nommiez votre Maître : pourquoi ne gardiez-vous pas sa parole ? Voilà celui que vous appeliez votre Sauveur : quel usage avez-vous fait de ses graces ? Voilà celui que vous attendiez comme votre Juge : comment ne trembliez-vous pas à son approche et à la seule pensée de son jugement ? Vous croyez avoir tout gagné en vous cachant, en détournant vos yeux, en gagnant du temps : vous y voilà maintenant devant ce tribunal : la sentence va être prononcée : sans délai : en dernier ressort, et elle sera suivie d'une prompte et inévitable exécution.

XCII^e JOURNÉE.

Séparation des justes et des impies. Ibid.

« Il les séparera les uns des autres, comme un pasteur sépare les brebis d'avec les boucs. » Il dit ailleurs que « les anges feront cette séparation, et sépareront les justes d'avec les impies : les uns seront à la droite, et les autres à la gauche [4]. » Que n'aura

---

[1] *Prov.*, XX, 8, 9. — [2] *Apoc.*, II, 18, 23. — [3] *Ephes.*, V, 12. — [4] *Matth.*, XXV, 32, 33 ; XIII, 49.

point à craindre alors la troupe des impies? Ce qui est cause que Dieu ne répand pas sur elle toute sa colère, c'est le mélange des bons et des mauvais, et il épargne les uns pour l'amour des autres : après la séparation, quelle vengeance ! Mais quelle horreur aura-t-on des mauvais? Ils se cachent ici parmi la foule, et se mêlent avec les bons : là, que toute leur difformité paroîtra et qu'on les comparera avec les justes « plus resplendissans que le matin [1], » et avec le Fils de l'homme qui est la justice même : qui les pourra souffrir, et qui se pourra souffrir soi-même? « O montagnes, cachez-nous : ô collines, tombez sur nous [2] : » dans quelle compagnie es-tu, malheureux ! On a honte de se trouver avec un seul scélérat : tu seras avec tous les méchans, et tu en augmenteras le nombre infâme : chacun portera sur le front le caractère de son péché : ô comment pourra-t-on soutenir la lumière d'un si grand jour, et comparoître devant le Fils de l'homme ?

Qu'attendons-nous davantage? La séparation est faite : hypocrite, qui cachois si bien ton iniquité, et qui te joignois à la troupe des gens de bien, te voilà tout d'un coup à la gauche : avec Caïn, avec Nemrod, avec Antiochus, avec Judas, avec Caïphe, avec tous ceux qui ont crucifié Jésus-Christ et massacré ses prophètes, ses apôtres, ses martyrs; avec tous les scélérats, tous les impies, tous les hérétiques, tous les infidèles, tous les idolâtres, tous les Juifs, tous les impudiques, tous les voleurs; avec ceux dont le seul nom fait horreur : pis que tout cela, avec les démons, qui ont inspiré et animé tous ces méchans : c'est avec eux qu'il faudra vivre, si c'est là une vie, que de ne vivre que pour son supplice ou pour sa honte ! O néant, je t'invoque : c'est en toi que je mets mon espérance : ô néant, reprends-moi dans tes abîmes : pourquoi en suis-je sorti? par où y rentrerai-je ? Il faut être pour périr toujours. Toi qui disois : Tout meurt avec moi : mon ame s'en ira comme un souffle : la voilà toute vivante : voilà même ton corps dissipé qui a repris sa forme et sa consistance : te voilà tout entier. Mais pourquoi ? « pour un opprobre » éternel : « pour voir toujours [3] : » et quoi ? son crime, son infamie, son ordure, celle des autres : les méchans : leur infâme société, le peuple

<hr>

[1] *Prov.*, IV, 18. — [2] *Luc.*, XXIII, 30. — [3] *Dan.*, XII, 2.

ennemi, les démons, une implacable justice contre une méchanceté incorrigible. O mes tristes yeux, que verrez-vous donc alors?
Ah! que ne peut-on être aveugle, pour ne voir point ces horreurs! Mais on verra, mais on sentira tout le mal possible : tout
le mal qui est dans le crime, tout le mal qui est dans la peine.
Fuyons, fuyons le péché, puisque si on ne le fuit, on ne pourra
fuir le supplice. Pénitence, pendant qu'il est temps : fléchissons
la face du juge : prévenons-la par la confession de nos péchés :
« Pleurons, pleurons devant celui qui nous a faits[1] : » pleurons,
avant que de tomber dans ces pleurs irrémédiables et intarissables :
pleurons avec saint Pierre, de peur d'aller pleurer éternellement
et inutilement avec Judas et tous les méchans.

XCIII^e JOURNÉE.

Venez, bénis : Allez, maudits. Ibid.

« Alors le roi dira à ceux qui sont à la droite : Venez[2]; » aux
autres : « Allez; » à ceux-ci : « Venez : » vous êtes déjà avec les
justes : venez avec moi : « venez à mon trône, dans lequel vous
serez assis avec moi[3] : » car je l'ai promis.

O paroles qu'on ne peut assez méditer ! « Venez : Allez : » taisons-nous : tais-toi, ma langue : tes expressions sont trop foibles :
mon ame, pèse ces mots qui comprennent tout le bonheur et le
malheur, et toute l'idée de l'un et de l'autre : « venez : allez : »
venez à moi, où est tout le bien : allez loin de moi, où est tout
le mal.

« Venez, les bénis, les bien-aimés de mon Père : » autrefois
maudits et haïs des hommes; mais dès lors bénis de mon Père,
dont la bénédiction se déclare en ce jour : « venez posséder le
royaume qui vous étoit préparé[4] : » venez, « petit troupeau : ne
craignez plus rien, puisqu'il a plu à votre Père de vous donner
son royaume[5] : » venez, venez, venez : « entrez dans la joie de

<hr>

1 *Psal.* XCIV, 6. — 2 *Matth.*, XXV, 34, 41. — 3 *Apoc.*, III, 21. — 4 *Matth.*, XXV,
34. — 5 *Luc.*, XII, 32.

votre Seigneur [1] : » jouissez de son royaume éternel. O venez, venez : quelle parole ! quelle joie ! quelle douceur ! quel transport !

« Un royaume : » quelle grandeur ! « Un royaume préparé de Dieu » et de Dieu comme Père : et préparé pour un Fils unique, éternellement bien-aimé : car c'est le même qui est aussi préparé pour les élus : enfans de dilection et d'élection éternelle, vous avez assez souffert, assez attendu : venez maintenant le posséder. On ne possède que ce qu'on a pour l'éternité : le reste échappe et se perd.

XCIV^e JOURNÉE.

J'ai eu faim : j'ai eu soif. Nécessité de l'aumône : son mérite et sa récompense. Ibid.

« J'ai eu faim, j'ai eu soif, j'ai été nu, j'ai été malade et en prison [2] : » c'est par la même raison qui lui fait dire : « Saul, Saul, pourquoi me persécutes-tu ? » Et : « Je suis Jésus que tu persécutes [3] : » c'est par la société, ou plutôt par l'unité qui est entre le chef et les membres, c'est parce qu'il est le cep et que nous sommes les branches [4]. Mais il faut ici remarquer que les pauvres sont de tous ses membres ceux dans lesquels il est le plus.

Tous les Pères relèvent ici l'avantage et le mérite de l'aumône, qu'il vante tant et qu'il vante seule dans le siége de sa majesté, dans son dernier jugement, à qui seule il attribue la vie éternelle. Ils démontrent aussi par le même endroit la nécessité de l'aumône, puisque manquer de la faire est un crime, et le seul crime qu'il allègue pour la cause de la damnation. Et la raison en est évidente, en ce que

Premièrement, si le précepte de la charité est l'abrégé de la loi et des prophètes, comme il dit lui-même, il étoit juste de renfermer dans la charité toutes les bonnes œuvres, et dans la privation de la charité toutes les mauvaises.

Deuxièmement, comme dit saint Jean, « celui qui n'aime pas

[1] *Matth.*, xxv, 21, 23. — [2] *Ibid.*, 35, 36. — [3] *Act.*, ix, 4, 5. — [4] *Joan.*, xv, 1, 5.

son frère qu'il voit, comment aimera-t-il Dieu qu'il ne voit pas[1]? »
Ainsi la même justice qui l'oblige à punir le monde pour le défaut de la charité, l'oblige aussi à marquer le défaut de la charité
dans son effet le plus sensible, qui est la charité envers les frères.

Troisièmement, les deux préceptes de la charité, dans lesquels,
comme on vient de dire, consistent la loi et les prophètes, sont
renfermés manifestement dans ces paroles : « J'ai eu faim, j'ai
eu soif; » et : « Toutes les fois que vous l'avez fait à un de mes
frères, vous me l'avez fait à moi-même[2], » puisqu'il nous montre
par là que le motif d'exercer la charité envers le prochain, est la
charité envers Dieu.

Quatrièmement, tous les péchés sont en quelque sorte renfermés dans le défaut de l'aumône, parce que dans l'aumône étoit renfermé le remède de tous les péchés, conformément à cette parole :
« Rachetez vos péchés par l'aumône[3]; » et encore : « La charité
couvre la multitude des péchés[4]; » et encore : « Faites l'aumône,
et tout sera pur pour vous[5]. » Ainsi tous les hommes étant pécheurs et par là exclus en rigueur du royaume des cieux, ce qui
les en exclut en dernier lieu, c'est de négliger le remède.

Cinquièmement, la vie éternelle nous étant donnée à titre de
miséricorde et de grace, la justice demandoit que cette miséricorde nous fût accordée au prix de la miséricorde, conformément
à cette parole : « Bienheureux les miséricordieux, parce qu'ils
obtiendront la miséricorde[6]! » et encore : « Jugement sans miséricorde à celui qui ne fera pas miséricorde[7]! »

Sixièmement, comme « les miséricordes de Dieu éclatent au-
dessus de toutes ses œuvres[8], » selon ce que dit David : ainsi en
est-il des miséricordes de l'homme; et les œuvres de miséricorde
devoient principalement être célébrées au jugement dernier,
comme les plus éclatantes de toutes les autres, et comme celles
qui nous rendent le plus semblables à Dieu, conformément à cette
parole : « Soyez miséricordieux comme votre Père céleste est miséricordieux[9]. » Ce qui répond à cette parole : « Soyez parfaits

<hr>

[1] I *Joan.*, IV, 20.— [2] *Matth.*, XXV, 35, 40.— [3] *Dan.*, IV, 24. — [4] I *Petr.*, IV, 8.
— [5] *Luc.*, XI, 41. — [6] *Matth.*, V, 7. — [7] *Jacob.*, II, 13. — [8] *Psal.* CXLIV, 9. —
[9] *Luc.*, VI, 36.

comme votre Père céleste est parfait [1] : » ainsi que la conférence des deux passages le fera paroître. Ainsi la perfection où nous devons tendre principalement et par là nous rendre semblables, comme le doivent de vrais enfans, à notre Père céleste, est celle d'exercer la miséricorde.

Pour ces raisons, tout est renfermé dans les œuvres de miséricorde, et on en pourroit rapporter une infinité d'autres que chacun pourra suppléer.

Il reste donc à s'examiner sur l'obligation de l'aumône; et sans écouter les vaines excuses dont se flatte notre dureté, considérer sérieusement si nous pouvons apaiser véritablement notre conscience sur un point si décisif de notre éternité.

XCV^e JOURNÉE.

J'ai eu faim, j'ai eu soif, transportés en la personne de Jésus-Christ. Ibid.

Seigneur Jésus, ma vie et mon espérance, je me mets en votre sainte présence, pour voir et considérer dans votre lumière, en foi et en perpétuelle reconnoissance de vos bontés, comment vous avez transporté en vous nos misères et nos infirmités, jusqu'à pouvoir dire : « J'ai eu faim, j'ai eu soif, j'ai été nu, prisonnier, malade, » en la personne de tous ceux qui ont eu à souffrir des maux semblables.

Le fondement de ce transport, ô Jésus, c'est l'amour qui vous a porté à prendre notre nature, et à la prendre non point immortelle et saine, comme vous l'aviez faite dans son origine : car vous êtes le « Verbe par qui tout a été fait [2]; » vous êtes celui à qui le Père a dit : « Faisons l'homme [3] : » et vous l'avez fait avec lui et avec votre Saint-Esprit, qui est avec le Père et avec vous un seul Dieu souverainement parfait. C'est donc vous qui avez fait la nature humaine; et quand vous l'avez prise, vous n'avez pris que votre propre ouvrage. Mais vous ne l'avez pas prise, encore un coup, saine, parfaite, immortelle et selon l'ame et selon le corps, telle qu'elle

---

[1] *Matth.*, v, 48. — [2] *Joan.*, i, 2. — [3] *Genes.*, i, 26.

étoit d'abord sortie de vos mains : vous l'avez prise telle que le
péché et votre justice vengeresse l'avoient faite, mortelle, infirme,
pauvre : parce que vous vouliez porter notre péché : vous le vouliez porter sur la croix, victime innocente : vous le vouliez porter
durant tout le cours de votre vie, « Agneau qui ôtez les péchés du
monde [1], » mais qui ne les ôtez qu'en les transportant premièrement sur vous. Mais vous êtes le Saint des saints, « oint d'une
huile excellente au-dessus de tous ceux qui prennent avec vous »
et en figure de votre personne « le nom de Christs [2] : » car cette
huile dont vous êtes oint et sanctifié, c'étoit la divinité, qui unie
à votre sainte ame et par elle à votre corps virginal, les sancti-
fioit d'une manière ineffable : en sorte qu'étant le vrai Christ de
Dieu, le Juste par excellence et le Saint des saints, comme vous ne
pouviez pas transporter sur vous l'iniquité et la tache de notre
péché, vous en avez seulement transporté sur vous la peine, le
juste supplice, c'est-à-dire la mortalité et toutes ses suites. Par là
donc vous êtes devenu sensible à nos maux, « Pontife compatissant [3], » qui les avez expérimentés : car comme dit votre Apôtre,
« il falloit que vous vous fissiez en tout semblable à vos frères,
afin que vous devinssiez un pontife miséricordieux et fidèle, pour
expier les péchés du monde [4]. » Car qui doute que vous ne puissiez
nous aider dans les choses que vous avez éprouvées, puisque
vous ne les avez éprouvées que parce qu'il vous a plu, et parce
que vous vouliez en les souffrant, faire naître en vous la compassion
secourable que vous avez pour ceux qui ont aussi à les souffrir [5]?

Soyez donc loué à jamais, ô grand Pontife, qui avez pitié de
nos maux, non pas comme les heureux ont pitié des malheureux,
mais comme les malheureux ont pitié les uns des autres par le
sentiment de leur commune misère : non que vous vous soyez
jamais tenu pour malheureux parmi les maux que vous avez
soufferts, vous qui n'avez souffert ni la douleur ni la mort que
parce que vous le vouliez; à qui aussi personne n'a ôté son ame,
mais qui l'avez donnée de vous-même : mais parce qu'il vous a
plu de vous mettre au rang de ceux que le monde appelle mal-

<hr>

[1] *Joan.*, 1, 29. — [2] *Psal.* XLIV, 9. — [3] *Hebr.*, V, 1, 2. — [4] *Hebr.*, II, 17. —
[5] *Ibid.*, 18.

heureux ; qu'on vous a vu « comme un lépreux : comme un homme chargé de plaies, que Dieu a frappé et humilié, » en un mot « comme un homme de douleurs et qui savoit par expérience ce que c'est que l'infirmité et la foiblesse [1]. » En sorte qu'ayant passé par toutes les misères de notre nature pécheresse « et ayant tout éprouvé excepté le péché, vous ressentez tous nos maux, et vous y compatissez [2] » comme à des maux qui vous ont été communs avec nous. Et quoique vous n'ayez point été malade de ces maladies particulières dont nous sommes si souvent exercés : vous avez porté la faim, la soif, la lassitude, la défaillance, qui sont les maladies communes de notre nature : vous avez porté la frayeur, la crainte, l'ennui, la détresse jusqu'à l'agonie, qui sont d'autres maladies des plus terribles : vous avez porté des plaies, qui ont comme mis en pièces votre saint corps et vous ont fait dire par la bouche de votre prophète que vous n'aviez plus de figure humaine [3], et que vous étiez « un ver et non un homme [4]. » Ce qui a fait dire encore à un autre de vos prophètes : « Nous nous sommes approchés de lui, nous l'avons regardé de près, et nous ne l'avons pas connu : il nous a paru le dernier des hommes, et un homme abîmé dans la douleur [5]. » Vous avez donc ressenti les plus grandes, les plus terribles et les plus douloureuses infirmités du genre humain malade ; et si vous n'avez pas eu la fièvre et les maladies de cette nature, qui pouvoient ne convenir pas à la perfection de votre tempérament, parce qu'elles viennent d'un déréglement des humeurs, que peut-être vous n'avez pas voulu souffrir en vous ; vous les avez toutes éprouvées dans la mortalité qui en est la source. C'est pourquoi par cette même sensibilité qui vous a fait compatir à nos autres maux, vous avez aussi compati à nos maladies ; et vous n'avez jamais guéri les malades ou ressuscité les morts, ou considéré nos maux que cette tendre compassion de votre cœur attendri ne vous ait ému. Ainsi vous pleurâtes avant que de ressusciter le Lazare. Ainsi vous multipliâtes les pains, touché de compassion du peuple épuisé de travail [6]. Dans une occasion semblable, vous dîtes encore : « J'ai

[1] *Isa.*, LIII, 2-4. — [2] *Hebr.*, IV, 15. — [3] *Isa.*, LIII, 2. — [4] *Psal.*, XXI, 7. — [5] *Isa.*, LIII, 2, 3. — [6] *Matth.*, IX, 36.

pitié d'une si grande multitude d'hommes : et je ne veux pas les
renvoyer sans manger, de peur que les forces ne leur manquent[1]. »
Ces aveugles, qui connoissent combien vous êtes sensible à nos
maux, vous disoient à cris redoublés : « Ayez pitié de nous, Seigneur, Fils de David. » Vous écoutâtes leur voix : touché de compassion vous mîtes votre main miséricordieuse sur leurs yeux
privés de la lumière, et ils reçurent la vue [2]. Lorsque vous vîtes
ce sourd et ce muet, vous commençâtes par gémir en levant les
yeux au ciel [3]. Vous pleurâtes sur les malheurs prochains de
Jérusalem [4]. Ce sentiment de compassion vous suit toujours, quoiqu'il ne soit pas toujours exprimé. C'est ce cœur tendre et compatissant, ce cœur ému de pitié qui sollicitoit votre bras tout-puissant en faveur de ceux dont vous voyez les souffrances. Ainsi
cette compassion fut la source de vos miracles. Ce qui a fait dire
à votre évangéliste que lorsque vous « guérissiez tous les possédés et tous ceux qui se trouvoient mal, cela se faisoit pour accomplir cette prédiction du prophète : Il a pris nos infirmités et il a
porté nos maladies [5]. » Vous les portiez véritablement par la compassion, et vous soulagiez votre cœur en les guérissant.

O mon Sauveur, vous avez porté ces sentimens dans le ciel; et
quoique vous n'y ayez pu porter ces larmes, ces gémissemens,
ces émotions de vos entrailles, ces souffrances intérieures, que
vous ressentiez à la vue de tant de maux dont notre nature est
accablée, vous y en avez porté le souvenir, qui vous rend tendre,
miséricordieux, compatissant envers tous vos membres et envers
tous ceux qui souffrent sur la terre. Car vous êtes ce charitable
Samaritain[6], qui avez pitié de tous les blessés, de quelque nation
qu'ils soient, plus que les prêtres et les lévites de la loi. Je ressens
donc, mon Sauveur, la vérité de cette parole : « J'ai eu faim ; j'ai
eu soif; j'ai été infirme » dans tous ceux que tous ces maux ont
affligés : ôtez-moi, ô mon Sauveur, ce cœur de pierre : que je sois
compatissant comme vous : que je puisse dire avec votre Apôtre :
« Qui est infirme, sans que je le sois? Qui est troublé et scandalisé, sans qu'un feu intérieur me consume[7]? Que je me réjouisse, »

<hr>

selon son précepte, « avec ceux qui se réjouissent, » ce qui est facile et agréable à la nature. Mais « que je pleure » sincèrement « avec ceux qui pleurent [1] : » que je puisse dire avec vous : « J'ai faim, j'ai soif, je suis étranger et sans logement; je suis prisonnier, je suis malade » en ceux et avec tous ceux qui le sont : que ma compassion ne soit pas vaine, et qu'elle me porte au secours : que je les soulage efficacement comme cherchant moi-même à me soulager : mais que je porte ma vue plus loin : que je médite sans cesse que vous avez transporté en vous leurs infirmités : que vous souffrez en eux tous : enfin que vous avez dit et que vous répéterez en votre dernier jugement : « Toutes les fois que vous avez donné ce secours à un de mes frères, » et encore « des plus petits, » afin que vous ne méprisiez aucune sorte de petitesse, « vous me l'avez donné à moi-même [2]. » A vous la gloire, à vous la louange, à vous l'action de graces de tous ceux qui souffrent, c'est-à-dire de tous les hommes, pour la bonté que vous avez eue de vous approprier et d'adopter leurs souffrances, et de les recommander à tous vos enfans par un précepte qui est le seul dont vous parliez, sur votre trône, à la face du ciel et de la terre, en présence des hommes et des anges! Amen. Amen.

XCVIe JOURNÉE.

Venez, les bénis de mon Père : récompense des justes. Ibid.

« Venez, les bénis de mon Père : Allez, maudits [3]. Venez : » parole d'amour et d'union : parole de l'Epoux : « Venez, mon épouse, ma bien-aimée [4] : » venez dans ma couche nuptiale : venez à la jouissance de mes immortelles beautés : car tout cela, sous une autre figure, c'est « le royaume qui vous a été préparé : » c'est un trône, pour signifier la magnificence et la gloire : c'est la couche nuptiale, pour signifier l'abondance de la joie et l'accomplissement de l'amour divin, en faisant avec Dieu un même esprit. A ce « Venez » de l'Epoux céleste, l'épouse de son côté doit dire un autre « Venez : Venez, mon bien-aimé [5]. » C'est ce qu'il faut dire

[1] *Rom.*, XII, 15. — [2] *Matth.*, XXV, 40. — [3] *Ib.*, 34, 41. — [4] *Cantic.*, IV, 8. — [5] *Ib.*, VII, 11.

en foi, en espérance, en amour, dans l'esprit et avec les sentimens d'une épouse ardente et fidèle. « Et l'esprit, et l'épouse
disent : Venez : Que celui qui entend, dise : Venez [1] : » qu'il appelle à chaque moment et du fond du cœur l'Epoux céleste. « Que
votre règne arrive [2] : Que celui qui a soif vienne : » qu'il vienne,
celui qui a faim et qui a soif de la justice, « et qu'il reçoive
gratuitement l'eau vive [3] » que je lui prépare gratuitement,
par pur amour, par pure miséricorde : car encore que je récompense les œuvres, c'est dans les œuvres mes dons que je
récompense : c'est à remonter à l'origine, ma grace que je couronne : c'est moi qui préviens, c'est moi qui attire, c'est moi qui
donne le premier : il faut donc venir, et en venant m'inviter à
venir moi-même, et à dire ce dernier « venez, » qui consomme la
félicité et l'œuvre de la rédemption. « Oui, je viens bientôt : il est
ainsi : Amen : » je scelle cette vérité dans les cœurs : « Venez, Seigneur Jésus, venez [4] : » c'est par où finit l'Ecriture. C'est le dernier avertissement qu'elle nous donne, comme celui qu'elle veut
laisser le plus vivement empreint dans nos cœurs.

« Venez, les bénis, les chéris de Dieu. » O mon Sauveur, que
j'entende le mystère de cette secrète bénédiction, par laquelle vous
nous avez bénis avant l'établissement du monde, en nous préparant votre royaume ! Mais qu'est-ce, ô Seigneur, votre royaume,
sinon votre justice, votre vérité régnante sur les esprits, pour en
animer tous les mouvemens ? « lorsque Jésus-Christ mettra à vos
pieds tout le peuple racheté, se l'assujettissant totalement par l'o-
pération de sa toute-puissance, » en sorte qu'il n'y paroisse « que
lui, et que Dieu soit tout en tous et nous avec lui un même esprit [5] » par l'effusion de sa gloire et la parfaite conformité de notre
volonté avec la sienne. Ainsi ce qui fera notre règne, c'est le règne
de Dieu sur nous. Lorsque tout lui sera assujetti, tout ira selon le
mouvement de son esprit. Maintenant il y a en nous quelque chose
de sujet et aussi quelque chose de rebelle : mais alors tout sera
sujet ; et cette sujétion bienheureuse qui est notre parfaite félicité,
étant accomplie dans le chef et dans les membres, « l'œuvre de

<hr>

[1] *Apoc.*, XXII, 17. — [2] *Matth.*, VI, 10. — [3] *Apoc.*, XXII, 17. — [4] *Ibid.*, 20. — [5] 1
Cor., XV, 24, 25 et seq.; *Philipp.*, III, 21; I *Cor.*, VI, 17.

Jésus-Christ sera parfaite. » Venez donc, ô bénis de Dieu ; venez à ce bienheureux royaume : entrez dans la joie de votre Seigneur.

XCVII^e JOURNÉE.

Retirez-vous, maudits : allez au feu éternel : condamnation des impies. Ibid.

Au lieu de ce « venez » si ravissant, plein d'une admirable douceur, qui satisfera le cœur de l'homme sans lui laisser rien à désirer : les méchans, les impénitens entendront cet impitoyable « Allez, retirez-vous [1] : » et où iront-ils, les malheureux ? Où, en s'éloignant du souverain bien, sinon au souverain mal ? Où, en s'éloignant de la lumière éternelle, sinon à ces ténèbres extérieures ; ténèbres affreuses, plus palpables que celles de l'Egypte ? Où, en perdant la joie éternelle, si ce n'est aux pleurs, au désespoir, à la rage, au grincement de dents, à l'éternelle fureur ? « Allez : retirez-vous, ouvriers d'iniquité. Retirez-vous, je ne vous connois pas. » Ma marque n'est point en vous : « je ne vous ai jamais connus [2]. » Vos œuvres ont été trompeuses, défectueuses, passagères en tout cas et destituées de persévérance : vous n'êtes point de ceux sur lesquels est ce sceau de Dieu : « Le Seigneur connoît ceux qui sont à lui [3]. Allez, maudits. Vous avez aimé la malédiction, et elle viendra sur vous : elle vous est attachée comme votre habit, comme la ceinture qui vous environne ; elle a pénétré la moelle de vos os [4] ; allez au feu, » arbre infructueux, qui n'êtes plus bon qu'à brûler : « allez au feu éternel [5] : » nulle goutte de rosée, nul rafraîchissement ne viendra jamais sur vous : « allez à ce feu qui est préparé au diable : » à celui qui dès le commencement n'ayant point voulu « demeurer dans la vérité, est menteur et père de mensonge, meurtrier [6], » calomniateur, tentateur et accusateur des saints ; d'où vient toute iniquité : allez en sa détestable compagnie ; imitateurs de son orgueil et de son impénitence, participez à ses peines ; qu'il soit votre tyran, votre bourreau. Puisque vous avez voulu vous mettre dans son escla-

---

[1] *Matth.,* xxv, 41. — [2] *Matth.,* vii, 23 ; xxv, 12. — [3] II *Timoth.,* ii, 9. — [4] *Psal.* cviii, 18, 19. — [5] *Matth.,* xxv, 41. — [6] *Joan.,* viii, 44.

vage, portez éternellement ce joug de fer, vous qui avez refusé le doux joug de Notre-Seigneur.

Mais voici le comble des maux : Dieu contre vous avec toute sa justice et sa puissance. Ecoutez, tremblez; c'est lui qui parle : « Si vous ne m'écoutez pas, si vous méprisez mes commandemens, je mettrai ma face contre vous : j'écraserai votre dureté et votre orgueil : je multiplierai vos plaies : comme vous marchez contre moi, je marcherai contre vous avec un cœur d'ennemi [1]. Vous serez frappé » tout ensemble dans le corps, « de pauvreté, de peste, de froid et de chaud : dans l'esprit, de folie, d'aveuglement et de fureur : le ciel sera de fer sur vos têtes, et la terre d'airain sous vos pieds : votre rosée sera la poussière [2] : » vous ne porterez jamais de fruit, « parce que vous n'aurez pas voulu servir le Seigneur en joie et dans l'abondance de toutes sortes de biens, vous serez mis dans l'esclavage de votre ennemi, dans la faim, dans la soif, dans la nudité, dans l'indigence de tout : il mettra sur vos épaules un joug de fer [3] : outre toutes ces plaies que vous entendez, « Dieu vous en enverra » de plus terribles « qui ne sont point écrites dans ce livre, » et qui passent tout ce qu'on peut exprimer par le langage humain : « et comme le Seigneur s'est réjoui en vous faisant du bien, il prendra plaisir maintenant à vous perdre, à vous renverser [4]. » Vous serez à jamais sous cette impitoyable verge : sous cette « verge veillante » qu'a vue le prophète [5] : car le Seigneur veillera éternellement sur votre iniquité [6] et « ne cessera de vous briser, de vous mettre en pièces [7]. Pourquoi criez-vous inutilement? Votre plaie est incurable : je l'ai faite à cause de votre iniquité et de votre dure malice [8], » dit le Seigneur par la bouche de Jérémie : votre endurcissement a causé le mien : vous m'avez rendu inexorable, impitoyable, inflexible : « Allez. Et ils iront au supplice éternel, et les justes à la vie éternelle [9]. » C'est par là que Jésus finit sa prédication : c'est ce qu'il nous laisse à méditer, et il n'a rien de plus important à dire au peuple.

[1] *Levit.*, XXVI, 14, 17, 19, 21, 27, 28. — [2] *Deuter.*, XXVIII, 22, 28, 23, 24. — [3] *Ibid.*, 47, 48. — [4] *Ibid.*, 61, 63. — [5] *Jerem.*, I, 11, 12. — [6] *Dan.*, IX, 14. — [7] *Deuter.*, XXVIII, 48, 61. — [8] *Jerem.*, XXX, 15. — [9] *Matth.*, XXV, 41, 46.

« Après donc qu'il eut fini tous ces discours[1], » il ne songe plus qu'aux préparatifs de sa mort : à la pâque ancienne, à la nouvelle : aux dernières instructions qu'il vouloit laisser à ses apôtres, à la cène, et après la cène à la dernière prière par laquelle il commença son sacrifice, finalement à sa mort.

JÉRÉMIE ET JONAS

FIGURES DE JÉSUS-CHRIST.

XCVIII° JOURNÉE.

Jérémie figure de Jésus-Christ. Prédictions de ce prophète.

« Lequel des prophètes vos pères n'ont-ils point persécuté[2]? » Un de ceux qu'ils ont le plus persécutés, pour leur avoir dit la vérité et qui par là s'est rendu une des plus illustres figures de Jésus-Christ, continuellement persécuté pour le même sujet, c'est le prophète Jérémie. Ç'a été un des plus saints hommes de l'ancienne loi : c'est le seul de tous les prophètes dont il est écrit : « Je t'ai connu avant que de t'avoir formé dans le sein de ta mère, et avant que tu en sortisses, je t'ai sanctifié[3]. » Une sainteté avancée dans ce prophète, a été une des figures les plus excellentes de celle du Saint des saints : mais comme Dieu vouloit donner à Jérémie une grande part à la sainteté de Jésus-Christ, il lui en a donné une très-grande à ses persécutions et à sa croix.

Dieu avoit choisi Jérémie pour annoncer à son peuple deux terribles vérités : l'une, que la cité sainte et le temple même alloient être détruits et réduits en cendre par l'armée de Nabuchodonosor : l'autre, que le seul moyen qui restoit au peuple, aux princes, au roi même, d'éviter le dernier coup, étoit de se soumettre volontairement à ce roi que Dieu avoit choisi pour son vengeur : en sorte qu'il ne vouloit pas qu'on lui résistât, mais qu'on subît volontairement le joug que Dieu avoit mis entre ses mains pour l'imposer au roi de Judée et à tout son peuple.

____

[1] *Matth.*, XXVI, 1. — [2] *Act.*, VII, 52. — [3] *Jerem.*, I, 5.

Jérémie par ordre de Dieu annonçoit ces vérités : « Quoi, je ne visiterai pas les iniquités de ce peuple, dit le Seigneur? Je ferai de Jérusalem un monceau de sable, la retraite des serpens; et les villes de Juda seront désolées et sans habitans [1]. Voici ce que dit le Seigneur, » s'écrie-t-il en un autre endroit : « J'amènerai sur cette ville des maux horribles, en sorte que tous ceux qui les écouteront, leurs oreilles leur tinteront d'étonnement et de frayeur. Elle sera un sujet d'étonnement, de dérision et de sifflement à toute la terre : et tu briseras en leur présence un pot de terre; et tu diras : Ainsi je briserai mon peuple, et je mettrai cette ville en pièces, comme on y met un pot de terre [2] : » ce ne sera pas comme on brise un vaisseau d'or, ou d'étain, ou de quelque autre métal qu'on peut refondre et ressouder : « mais ce sera comme on casse, et on met en pièces un pot de terre qu'on ne peut plus raccommoder : et ils seront ensevelis dans Tophet, » lieu abominable, parce que toute la ville sera ruinée, et les environs seront remplis de ses ruines; « et il ne restera pour les ensevelir que cette exécrable vallée, » infâme à jamais par les sacrifices impies qu'y ont offerts les Israélites, en brûlant leurs fils et leurs filles à Moloch : « Ainsi je ferai à cette ville et à tous ses habitans : elle sera déserte et abominable comme Tophet. » Et pour ce qui regardoit le temple : « Ne vous fiez point, disoit-il, en ces paroles de mensonge, en disant : Le temple du Seigneur, le temple du Seigneur, le temple du Seigneur : » comme si la sainteté de ce temple étoit capable de vous sauver seule : « car je ferai à cette maison en laquelle mon nom a été invoqué, comme j'ai fait à Silo, ancienne demeure de l'arche que j'ai détruite et rejetée [3]. » Et le Seigneur dit encore à Jérémie : « Va-t'en à l'entrée de la maison du Seigneur : » car c'est là que je veux que tu en annonces la ruine; « et tu leur diras : Je ferai que cette maison sera comme Silo un lieu désert et abandonné, et je ferai que cette ville sera en malédiction à tous les habitans de la terre [4]. »

Il n'épargnoit pas les rois : « Voici ce que dit le Seigneur à Joachim, fils de Josias, roi de Juda : on ne pleurera point à sa

.[1] *Jerem.*, IX, 9, 11. — [2] *Jerem.*, XIX, 3, 8, 10, 11. — [3] *Jerem.*, VII, 4, 12, 14. — [4] *Jerem.*, XXVI, 2, 6.

sépulture et ses sœurs ne diront pas : Hélas! mon frère : ni elles
ne se plaindront les unes les autres, en disant : Hélas ! ma sœur :
on ne criera point en pleurant : Hélas ! Prince : hélas ! Seigneur :
Il sera enseveli de la sépulture d'un âne; il est pourri, et on l'a
jeté hors des portes de Jérusalem. » Son fils ne sera pas plus heureux : « Quand Jéchonias, fils de Joachim, roi de Juda, seroit
comme un anneau dans ma main droite, je l'en arracherai, dit le
Seigneur : Je te livrerai entre les mains du roi de Babylone ; et je
t'enverrai toi et ta mère qui t'a porté dans ses entrailles, dans une
terre étrangère, et vous y mourrez. Terre, terre, terre, écoute la
parole du Seigneur : Voici ce que dit le Seigneur : Ecris que cet
homme sera stérile et n'aura aucune prospérité durant ses jours, »
parce qu'encore qu'il doive avoir des enfans, « il n'en aura point
qui lui succède, ni qui soit assis sur le trône de David [1]. »

Il ne prédisoit pas à Sédécias une plus heureuse destinée :
« Voici ce qu'a dit le Seigneur au roi qui est assis sur le trône de
David et à tout le peuple : Je vous enverrai le glaive et la famine
et la peste : et vous serez en étonnement, en sifflement et en horreur à tous les peuples du monde [2]. Sédécias roi de Juda n'évitera
pas les mains des Chaldéens et du roi de Babylone [3], » et le reste
qu'il prophétisa publiquement et en présence du roi, durant que
la ville étoit assiégée [4].

Jérémie étoit devenu odieux aux rois, aux sacrificateurs, aux
prophètes et à tout le peuple, à cause qu'il annonçoit ces vérités.
Et ce qui les animoit davantage, c'est qu'il leur disoit que c'étoit
à cause de leurs péchés, de leurs idolâtries, de leurs injustices, de
leurs violences, de leurs fraudes, de leur avarice, de leurs impudicités et de leurs adultères, de leur endurcissement et de leur impénitence, que tous ces maux leur arriveroient, sans qu'il y eût
pour eux aucune ressource : « Voici ce que dit le Seigneur : Ne
vous trompez pas vous-mêmes, en disant : Les Chaldéens se retireront : » car ils reviendront bientôt; « et ne se retireront plus :
et ils prendront, et ils brûleront cette ville. Et quand vous auriez
défait toute leur armée et taillé en pièces vos ennemis, en sorte

---

[1] *Jerem.*, XXII, 18, 19, 24-26, 29, 30. — [2] *Jerem.*, XXIX, 16, 18. — [3] *Jerem.*,
XXXII, 4. — [4] *Jerem.*, XXXIV, 1, 2, 4.

qu'il n'y reste qu'un petit nombre de blessés, ils sortiront de leurs tentes un à un, et ils brûleront cette ville [1]. » La seule ressource qu'il leur annonçoit, étoit de se rendre aux ennemis : « Tu diras à ce peuple : Voici ce que dit le Seigneur : Je mets devant vous la voie de la vie et la voie de la mort. Celui qui demeurera en cette ville mourra de l'épée, de la famine et de la peste : mais celui qui en sortira et se rendra aux Chaldéens qui vous assiégent, vivra et son ame lui sera comme une dépouille qu'il aura sauvée des mains des ennemis : car j'ai mis ma face contre cette ville en mal, et non pas en bien : et il faut qu'elle soit livrée au roi de Babylone et qu'il la consume par le feu [2] : » ce qu'il répéta encore à Sédécias [3].

XCIX⁰ JOURNÉE.

Les souffrances de Jérémie.

Telles étoient les dures vérités que Dieu mettoit en la bouche du prophète Jérémie, et ce qu'il souffrit à ce sujet durant quarante-cinq ans que dura son ministère est inouï. Il avoit à souffrir mille indignités, qui lui faisoient dire : « J'ai été en dérision à tout mon peuple, le sujet de leurs chansons tout du long du jour et l'objet de leur moquerie. Il m'a rempli d'amertume : il m'a enivré d'absinthe : je ne connois plus le repos : j'ai oublié tous les biens. » On en venoit jusqu'aux coups : et il disoit : « Le solitaire s'assiéra, et se taira : il baisera la terre et mettra sa bouche dans la poudre, pour voir s'il lui restera quelque espérance » d'être écouté dans ses prières : « il livrera sa joue aux coups : il sera rassasié d'opprobres. » On voit dans ce dernier trait une image expresse du Fils de Dieu. Et un peu après : « O Seigneur, vous m'avez mis au milieu du peuple comme un arbre déraciné : » comme le mépris de tous les hommes : « Tous mes ennemis ont ouvert impunément la bouche contre moi [4]. » Ce fut dans sa patrie, dans la

[1] *Jerem.*, XXXVII, 8, 9. — [2] *Jerem.*, XXI, 8-10. — [3] *Jerem.*, XXXVIII, 17, 18 et suiv. — [4] *Lament.*, III, 14, 15, 17, 28-30, 45, 46.

ville d'Anathoth, ville sainte et sacerdotale, qu'il eut le plus à souffrir de ses citoyens et des sacrificateurs ses compagnons : on y conspira contre sa vie : « Et j'étois, dit-il, comme un agneau innocent et doux qu'on porte au sacrifice : et je ne savois pas ce qu'ils machinoient contre moi, en disant : Mettons dans son pain un bois » empoisonné : « effaçons-le du nombre des vivans, et qu'on ne parle plus de lui sur la terre. » Et ils lui disoient : « Ne prophétisez plus au nom du Seigneur, si vous ne voulez mourir entre nos mains : » mais il fallut obéir à Dieu, et il prophétisa contre Anathoth d'une manière terrible : « Je visiterai les habitans d'Anathoth : leurs jeunes gens mourront de l'épée, dit le Seigneur des armées : leurs jeunes enfans et leurs filles mourront de faim et de peste : et il ne restera rien de cette ville : j'amènerai tout le mal sur Anathoth et l'an de sa visite sera plein d'effroi [1]. »

Ainsi en arriva-t-il à notre Sauveur dans Nazareth. « Il ne pouvoit y faire beaucoup de miracles à cause de leur incrédulité : car ils se disoient l'un à l'autre : N'est-ce pas là ce charpentier fils de Marie, frère de Jacques et de Jean? Et n'avons-nous pas ses sœurs parmi nous? Et ils le méprisèrent [2]. » Il éprouva, comme Jérémie, la vérité de ce proverbe : « Le prophète n'est point reçu dans sa patrie : » il s'en plaignit. « Et ses citoyens remplis de colère le traînèrent hors de leur ville, au plus haut de la montagne où leur ville étoit bâtie, pour le précipiter du haut en bas [3]. »

Ce n'étoit pas seulement ses concitoyens qui machinoient contre lui à cause de ses prophéties : tous les peuples s'encourageoient à le perdre et ils se disoient les uns aux autres : « Venez, entreprenons contre Jérémie : il n'est pas le seul prophète, ni le seul sacrificateur, ni le seul sage : venez, frappons-le avec la langue et ne prenons pas garde à tous ses discours. Vous savez, Seigneur, tout ce qu'ils ont entrepris contre ma vie : ils creusoient des abîmes sous mes pieds; partout ils me tendoient des piéges [4]. Ses meilleurs amis, qui sembloient le garder, entroient dans ces pernicieux conseils : tous ne songeoient qu'à le tromper et à se venger de lui [5], » parce qu'il leur prophétisoit des malheurs. Ainsi à chaque

______

[1] *Jerem.*, XI, 19, 21-23. — [2] *Marc.*, VI, 3-5.— [3] *Marc.*, VI, 4; *Luc.*, IV, 24, 28, 29. — [4] *Jerem.*, XVIII, 18, 22, 23. — [5] *Jerem.*, XX, 10.

pas du Sauveur, il trouvoit des entreprises contre sa personne:
On l'appeloit démoniaque, imposteur : on le chargeoit de toute
sorte d'injures, pour animer contre lui la haine publique : et par
deux fois en très-peu de jours, on leva des pierres pour le lapider:
ses frères mêmes ne croyoient pas en lui [1], et il fut livré par un de
ses disciples.

Cᵉ JOURNÉE.

Jérémie persécuté par ses disciples. Autorité publique.

Venons à ce que souffrit Jérémie, non plus seulement par de
secrets complots, mais par l'autorité publique : « Phassur, sacrificateur, fils d'Emmer, qui étoit prince dans la maison du Seigneur,
entendit les discours de Jérémie; et il frappa ce prophète, » comme
le prince des prêtres fit frapper le visage de saint Paul; « et il mit
Jérémie dans les entraves; et il l'en tira le matin [2], » et le prophète qu'il avoit injustement maltraité, lui annonça sa destinée
et celle de tout le peuple. Une autre fois, comme Jérémie venoit
de prophétiser la ruine du temple devant le temple même, « les
sacrificateurs et les prophètes, et tout le peuple se saisirent de
lui; et ils disoient tous ensemble : Il faut qu'il meure : » et ils le
déférèrent « aux princes de la maison de Juda, en disant : Cet
homme doit être condamné à mort, parce qu'il a prophétisé contre
cette ville et contre le temple, et qu'il a dit que le Seigneur en
feroit comme de Silo [3]. » Jésus fut accusé du même crime [4] : on
lui imputoit d'être le destructeur du temple : les sacrificateurs
étoient à la tête de ses ennemis; et comme un autre Phassur, Anne
et Caïphe les souverains sacrificateurs le persécutoient et prophé-
tisèrent contre lui : « Vous ne savez rien, dit Caïphe; et vous ne
pensez pas qu'il faut qu'un homme meure pour tout le peuple, et
que la nation ne périsse pas [5] : » et les sacrificateurs et les docteurs de la loi prononcèrent l'un après l'autre, comme ils avoient

[1] *Joan.*, VIII, 59; X, 31. — [2] *Jérem.*, XX, 1-3. — [3] *Jerem.*, XXVI, 2, 6-9, 11. —
[4] *Matth.*, XXVI, 57, 59, 61. — [5] *Joan.*, XI, 47, 49, 50.

fait autrefois contre Jérémie : « Cet homme est coupable de mort[1]. » Mais Dieu ne vouloit pas que Jérémie mourût selon leurs désirs : et la sentence des pontifes contre Jésus-Christ fut exécutée.

Jérémie fut fait prisonnier du temps du roi Joachim à cause de ses prophéties : mais, comme dit saint Paul, « la parole de Dieu n'est point liée, » l'ordre de Dieu vint à ce prophète d'écrire au roi Joachim ce qu'il avoit prophétisé de vive voix : il manda Baruch, fils de Nérias, et il lui dicta ce qui devoit arriver au roi et au peuple ; puis il lui dit : « Je suis prisonnier et je ne puis entrer dans la maison du Seigneur : allez-y donc, et lisez au peuple, au jour du jeûne solennel, les paroles de Dieu que vous venez d'ouïr de ma bouche : » et le discours fut porté au roi, et un secrétaire le mit en pièces, et le roi le fit brûler : et Jérémie dicta de nouveau tout ce qui étoit contenu dedans, et ajouta beaucoup d'autres choses encore plus terribles[2]. Jérémie fut fidèle à Dieu, et continua à annoncer constamment sa parole.

CIᵉ JOURNÉE.

Jérémie dans le cachot ténébreux.

Après que le saint prophète eut été mis en liberté, il alloit dans la terre de Benjamin pour quelques affaires, comme Dieu le lui avoit ordonné : et comme il avoit prophétisé qu'il n'y avoit de salut que de se rendre au roi de Babylone qui assiégeoit Jérusalem, on le soupçonna de s'y aller rendre lui-même, et il répondit : « Il n'est pas vrai : je ne vais point me livrer aux Chaldéens : » car il falloit que cela se fît par autorité publique et que le roi lui-même en donnât l'ordre. On ne voulut pas croire le saint prophète ; et les princes après l'avoir fait battre de verges, le jetèrent dans le cachot[3] noir et profond, dont le fond étoit de la boue. Jérémie y fut descendu avec des cordes, et on l'y laissa longtemps, afin qu'il y mourût : car il n'y avoit plus de pain dans la ville et on le lais-

____

[1] *Joan.*, XVIII, 13, 14 ; *Matth.*, XXVI, 66. — [2] *Jerem.*, XXXVI, 2, 4-6, 8, 15, 21, 23, 28, 32. — [3] *Jerem.*, XXXVII, 4, 11-15.

soit mourir de faim : et les princes dirent au roi : « Nous vous prions que cet homme meure : car il abat le courage de ce qui reste dans cette ville de gens courageux, en disant qu'il faut se rendre [1]. » Le voilà donc accusé de crime d'état par les seigneurs : et le roi acquiesça à leur sentiment : mais Dieu lui changea le cœur, et trente hommes tirèrent Jérémie du lac de boue par son ordre.

Lorsque le prophète fut jeté dans le cachot ténébreux, il fit cette lamentation : « Je vois maintenant toute ma misère, et je sens la verge de la colère de Dieu dont il me frappe. Il m'a éloigné de la lumière : il m'a jeté dans les ténèbres : ma peau s'est desséchée : ma chair est sans suc : mes os sont rompus : un épais bâtiment me serre : je suis environné de fiel et de travail : il m'a mis dans les ténèbres, comme les morts qui ne sortiront jamais de leur cercueil : je suis resserré de tous côtés. Mes entraves sont appesanties : je suis enfermé dans un cachot de pierres taillées et il n'y a point de sortie. » On ne me donne que du pain rempli de pierre : « je ne suis nourri que de cendre » et de poussière : « je suis enfoncé dans le lac et on a mis sur moi une pierre : les eaux » d'un lieu si humide « sont tombées sur moi; j'ai dit : Je suis perdu [2]. »

CII⁰ JOURNÉE.

Jérémie figure de Jésus-Christ par sa patience.

Telles furent les souffrances de Jérémie, pour avoir dit la vérité : c'est ainsi qu'il porta les traits de celles du Sauveur qui, comme lui, fut accusé d'être un séducteur et de soulever le peuple contre l'empereur et contre l'empire; en sorte qu'il falloit le perdre comme un séditieux et comme ennemi du prince. Jérémie eut part à cet opprobre du Sauveur. Mais il en est encore plus la digne figure par sa douceur et sa patience que par les cruautés qu'on exerça sur lui injustement. Lorsque les sacrificateurs et les pro-

----

[1] *Jerem.*, XXXVIII, 4-6, 9, 10. — [2] *Lament.*, III, 1, 2, 4-7, 9, 16, 53, 54.

phètes et le peuple le vouloient traîner à la mort, et crioient avec fureur qu'il le falloit faire mourir, il dit aux princes et au peuple qui l'alloient juger : « Le Seigneur m'a envoyé pour prophétiser toutes les choses que j'ai prédites à ce temple et à cette ville : maintenant donc corrigez-vous et changez vos mauvaises inclinations, et écoutez la voix du Seigneur votre Dieu; et peut-être que le Seigneur se repentira du mal qu'il a prononcé contre vous. Pour moi je suis entre vos mains : faites de moi ce qu'il vous plaira : mais sachez et apprenez que si vous me faites mourir, vous livrerez un sang innocent contre vous-même et contre cette ville et ses habitans : car en vérité, le Seigneur m'a envoyé à vous, afin de faire entendre toutes ces paroles à vos oreilles [1]. » Dieu permit qu'il les apaisât par des paroles si douces. On y voit une disposition admirable, puisque par lui-même prêt à mourir comme à vivre, il ne craint dans sa mort que les châtimens qu'elle attirera sur tout le peuple : et il dit à Sédécias dans ce même esprit : « Que vous ai-je fait, et qu'ai-je fait à vos serviteurs et à tout le peuple, » que vous m'avez jeté dans le cachot ? « Où sont vos prophètes qui vous disoient que le roi de Babylone ne viendroit point? » Le voilà à vos portes, et je n'ai fait que vous annoncer ce que Dieu avoit résolu. « Ne me renvoyez » donc « point dans » ce lac, « de peur que je n'y meure [2] : » où il faut suppléer ce qu'il avoit dit ailleurs : « et que Dieu ne vous redemande un sang innocent [3]. » Car pour lui la mort ne le touchoit pas, et surtout après la perte de sa patrie, puisqu'il disoit : « Ne plaignez point le mort et ne versez point de larmes sur lui; mais pleurez celui qui sort de son pays, parce qu'il ne retournera plus et ne verra jamais sa terre natale [4]. »

Un prophète nommé Hananias prêchoit tout le contraire de ce que prêchoit Jérémie et ne donnoit que « deux ans » au peuple, après lesquels on rapporteroit à Jérusalem tous les vaisseaux qui avoient été enlevés du temple : et « Jérémie » entendant ces belles promesses, sans contredire davantage le faux prophète, lui « dit devant tous les prêtres et devant le peuple : Ainsi soit-il, Hananias! Que le Seigneur fasse comme vous dites : puissent vos pa-

Jerem., XXVI, 11-15. — [2] _Jerem._, XXXVII, 17, 18. — [3] _Jerem._, XXVI, 15. — [4] _Jerem._, XXII, 10.

roles être accomplies » plutôt que les miennes, « et que nous voyions revenir les vaisseaux sacrés et tous nos frères qui ont été transportés à Babylone ! Mais écoutez ces paroles que je vous annonce et à tout le peuple : Les prophètes qui ont été avant vous et avant moi, ont été reconnus pour tels quand leur prédiction a été accomplie, et alors on a vu qui étoit celui que le Seigneur avoit envoyé en vérité. Et en même temps Hananias ôta du col de Jérémie la chaîne de bois » que ce prophète y avoit mise par ordre de Dieu, en figure de la captivité future de plusieurs peuples : « et Hananias la mit en pièces et il dit : Ainsi Dieu brisera dans deux ans le joug que Nabuchodonosor, roi de Babylone, a imposé à tous les peuples. Et Jérémie, » sans rien répliquer, « se retiroit » tranquillement : « mais la parole du Seigneur lui fut adressée, et il lui fut dit : Va et tu diras à Hananias : Ecoute, Hananias : le Seigneur ne t'a pas envoyé et tu as donné à ce peuple une confiance trompeuse : pour cela voici ce que dit le Seigneur : Je t'ôterai de dessus la terre : tu mourras dans l'an, parce que tu as parlé contre le Seigneur : et le prophète Hananias mourut dans l'an au septième mois [1]. » Ainsi Jérémie toujours patient et par lui-même prêt à céder à tous ceux qui parloient au nom du Seigneur, ne disoit des choses fortes que lorsque le Seigneur le faisoit parler, et se montroit tout ensemble le plus doux et le plus ferme de tous les hommes de son temps, en figure de Jésus-Christ qui disoit, lorsqu'on lui donnoit un soufflet : « Si j'ai mal dit, convainquez-moi : si j'ai bien dit, pourquoi me frappez-vous [2] ? » Et ailleurs : « Je ne suis point un possédé, mais je glorifie mon Père [3] ; » et encore : « Vous cherchez à me tuer, moi qui vous ai dit la vérité : Abraham dont vous vous vantez d'être les enfans, n'a pas fait ainsi [4]. » C'est ainsi que, sans armer sa justice, il leur reprochoit leurs sanguinaires desseins : et encore qu'il eût en main la vengeance de leur incrédulité, personne n'a été frappé de mort, comme le fut Hananias pour avoir contredit Jérémie. Il n'a eu que de la douceur pour ses ennemis ; et pour épargner les hommes, il n'a montré la puissance qui lui étoit donnée pour punir, que

[1] *Jerem.*, XXVIII, 1 et seq. — [2] *Joan.*, XVIII, 23. — [3] *Joan.*, VIII, 49. — [4] *Ibid.*, 40.

sur cet arbre qui fut desséché à sa voix ; car il falloit que sa bonté éclatât au-dessus de celle de Jérémie, et nul homme ne devoit périr à ses yeux ni à sa parole.

Il est vrai qu'il apprend aux Juifs avec indignation le châtiment inévitable de leur infidélité. Et vous, allez, disoit-il, « accomplissez la mesure de vos pères : Serpens, engeance de vipères, comment éviterez-vous la damnation de la géhenne, c'est-à-dire l'enfer[1] ? » Mais tout cela qu'étoit-ce autre chose, que leur prédire leurs malheurs, afin qu'ils les évitassent? « Je vous envoie, disoit-il, des prophètes et des sages et des docteurs : vous en tuerez et crucifierez quelques-uns ; vous en flagellerez d'autres et vous les poursuivrez de ville en ville, afin que tout le sang innocent tombe sur vous, depuis le sang d'Abel le juste jusqu'au sang de Zacharie, fils de Barachie, que vous avez fait mourir entre le temple et l'autel[2]. » N'étoit-ce pas leur faire voir leur perte future, et cependant autant qu'il pouvoit, épargner leur sang ? Ce qui fait même qu'en leur faisant voir la tempête qui les menaçoit, il leur montre le sûr asile qu'ils pouvoient trouver sous ses ailes : « Jérusalem, Jérusalem, qui fais mourir les prophètes, et qui lapides ceux qui te sont envoyés, combien de fois ai-je voulu rassembler tes enfans sous mes ailes, comme la poule renferme son nid sous les siennes : et tu n'as pas voulu[3]. » N'impute donc tes malheurs qu'à toi-même : et si tu veux les éviter, reviens à moi ; il est encore temps, et je suis prêt à te recevoir.

CIII^e JOURNÉE.

Patience de Jérémie dans le cachot.

Mais l'endroit où Jérémie fit le mieux paroître l'image de la douceur et de la patience qui devoit reluire dans la passion du Sauveur, fut celui où on le mit dans le cachot. Car alors sans murmurer, sans se plaindre, au milieu de tant de douleurs et de tant d'angoisses, il parla en cette sorte : « Mon ame a dit : Le Sei-

<hr>

[1] *Matth.,* XXIII, 32, 33. — [2] *Ibid.,* 34, 35. — [3] *Ibid.,* 37.

gncur est mon partage : j'attendrai ses miséricordes, sans lesquelles nous serions déjà tous consumés : le Seigneur est bon à celui qui espère en lui et à l'ame qui le cherche : il est bon d'attendre en silence le salut que Dieu envoie. » Loin de se plaindre de la longue suite des maux qu'il avoit eu à souffrir : « Il est bon à l'homme, disoit-il, de porter le joug » et d'être exercé par les souffrances « dès sa jeunesse. Le solitaire s'assiéra et demeurera dans le silence ; » il ne s'agitera pas et ne criera pas dans ses douleurs, « parce qu'il lèvera » ce joug salutaire et le mettra « sur lui-même. » Quelque rebuté qu'il se sente par un Dieu qui semble le frapper sans miséricorde, il baisera la terre et « mettant sa bouche dans la poussière, » il attendra humblement « s'il y a encore quelque chose à espérer. » Loin de s'irriter contre ses persécuteurs, « il donnera sa joue à qui le voudra frapper et se rassasiera d'opprobres [1]. » C'est ainsi que ce solitaire, cet homme accoutumé à se retirer sous les yeux de Dieu et à répandre son cœur devant lui, porte en patience les injustes persécutions que lui fait son peuple et ne se laisse aigrir par aucune injure.

Loin de s'arrêter à la main des hommes qui, à ne regarder que l'extérieur, semble seule le frapper, il lève les yeux au ciel : « Et, dit-il, qui est celui qui osera dire que les maux puissent arriver autrement que par l'ordre du Seigneur ? Et qui dira : Le bien et le mal ne sortent point de la bouche du Très-Haut ? Ou pourquoi l'homme murmurera-t-il de ce qui lui est imposé pour ses péchés ? Recherchons nos voies dans le fond de nos consciences, et cherchons le Seigneur, et retournons à lui. Levons nos cœurs et nos mains au ciel vers le Seigneur, et disons-lui : Nous avons péché, et nous avons irrité votre colère : c'est pour cela que vous êtes inexorable : vous nous avez couverts de votre fureur : vous nous avez frappés sans miséricorde : et vous avez mis un nuage entre vous et nous, pour empêcher notre prière de passer jusqu'à vous [2]. »

C'est ainsi que ce saint prêtre, à la manière des sacrificateurs infirmes, qui sont eux-mêmes revêtus de foiblesse, prioit pour ses péchés et pour ceux du peuple, laissant au vrai sacrificateur selon l'ordre de Melchisédech la gloire de ne prier et ne gémir

[1] *Lament.*, III, 22, 24-30. — [2] *Ibid.*, 37-44.

que pour les autres. Et pour imiter le « gémissement qu'il a fait pour nous à la croix avec un grand cri et beaucoup de larmes [1], » ce saint prophète dans ce lac affreux, dans ce cachot plein de boue, où le jour n'entra jamais, sous cette pierre qui le couvroit par en haut et au milieu de ces tristes et impénétrables murailles, où il avoit à peine la liberté de respirer : dans la faim qui le pressoit, prêt à rendre les derniers soupirs, déploroit les calamités de son peuple plus que les siennes [2] : Hélas, disoit-il, « mes tristes prophéties nous sont devenues un lacet et un ravage inévitable : mon œil a ouvert des canaux sur mon visage à cause de la ruine de la fille de mon peuple : mes yeux affligés n'ont cessé de pleurer et n'ont eu de repos ni nuit ni jour, jusqu'à ce qu'il plaise à Dieu de nous regarder en pitié du plus haut des cieux : mes regards ont livré mon ame en proie à la douleur, pendant que j'ai vu périr toutes les villes sujettes à Jérusalem [3]. »

C'est ainsi qu'il pleuroit les maux de ce peuple ingrat ; de ce peuple qui avoit tant de fois machiné sa mort, et qui l'avoit enfoncé dans le cachot, dans le dessein de le faire mourir. Ainsi au milieu de sa passion, Jésus trainé au Calvaire par le même peuple et portant sa croix, se retourna vers celles qui pleuroient ses douleurs, et leur dit : « Filles de Jérusalem, ne pleurez pas sur moi, mais sur vous et sur vos enfans [4]. » Lui-même en regardant la ville où il devoit être crucifié dans peu de jours, pleura sur elle, en disant : « Ah ! si tu savois, » ville ingrate et malheureuse, « ce qui te pouvoit donner la paix ! mais ton malheur est caché à tes yeux : viendront les jours, » et ils sont proches, « que tu seras ruinée de fond en comble, parce que tu n'as pas connu le jour où je te venois visiter [5]. » Et enfin : « Jérusalem, Jérusalem, qui fais mourir les prophètes, combien de fois ai-je voulu rassembler tes enfans, comme une poule rassemble ses petits [6] ? » Et le reste que nous venons de réciter.

C'est ainsi que Jésus pleuroit Jérusalem ; et il n'a point de plus parfaite figure de ses douleurs que celles de Jérémie, et ces tristes lamentations où il a si amèrement déploré la ruine de sa patrie,

---

[1] *Hebr.*, v, 7. — [2] *Lament.*, III, 6, 7 et seq. — [3] *Ibid.*, 47, 51. — [4] *Luc.*, XXIII, 28. — [5] *Luc.*, XIX, 41, 44. — [6] *Matth.*, XXIII, 37.

et pendant qu'il la prédisoit, et après qu'il l'eut vu accomplir, qu'encore aujourd'hui on ne peut refuser des larmes à des chants si lugubres.

Pleurons à cet exemple sur nous-mêmes ; pleurons la perte de notre ame, et tâchons de la réparer en la déplorant.

CIVᵉ JOURNÉE.

Jérémie priant avec larmes pour son peuple qui l'outrage, figure de Jésus-Christ.

Ces larmes de Jérémie étoient une continuelle intercession pour son peuple : « Que mes yeux deviennent une fontaine de larmes, et ne cessent ni jour ni nuit de verser des pleurs, parce que la fille de mon peuple est affligée d'une très-mauvaise plaie. Si je vas aux champs, je ne trouve que des gens passés au fil de l'épée; et si je rentre dans la ville, je n'y vois que des visages pâles et exténués par la faim : est-ce donc, ô Seigneur, que vous avez rejeté Juda, ou que vous avez Sion en abomination ? Pourquoi donc les avez-vous frappés, en sorte qu'il n'y reste rien de sain ? Nous avons attendu la paix, et il n'y a aucun bien à espérer : nous avons cru que le temps de notre guérison alloit venir, et il ne nous a paru que trouble. Seigneur, nous avons connu nos im-piétés et les iniquités de nos pères : nous avons péché contre vous. Toutefois ne nous faites pas l'opprobre des nations à cause de votre saint nom : et ne renversez pas le trône de votre gloire [1] : si nos iniquités nous répondent » et s'opposent à la miséricorde que nous vous demandons, « faites-la-nous néanmoins, non point pour l'amour de nous et à cause de nos mérites, mais à cause de votre saint nom qui a été invoqué sur nous. Car souvenez-vous de l'alliance que vous avez contractée avec nous, et ne la rendez pas inutile. Hélas ! ô Seigneur, trouverons-nous un Dieu sem-blable à vous parmi les peuples où vous nous dispersez ? Quel-qu'une de leurs idoles nous donnera-t-elle la pluie, où cette eau

[1] *Jerem.*, XIV, 17, 21.

bienfaisante tombera-t-elle du ciel toute seule et sans votre ordre ? N'êtes-vous pas le Seigneur notre Dieu, dont nous avons attendu les miséricordes ? C'est vous qui avez fait toutes ces choses [1]. »

C'est ainsi que Jérémie prioit nuit et jour avec larmes et gémissemens pour un peuple qui ne cessoit de l'outrager et de le poursuivre à mort, en figure de Jésus-Christ notre grand pontife, « qui dans les jours de sa chair, de ses foiblesses, de ses souffrances, de sa vie mortelle, offrant des prières et des supplications à son Père, fut exaucé selon que le méritoit son respect [2]; » et qui enfin à la croix où ce même peuple l'avoit attaché, crioit à son Père : « Mon Père, pardonnez-leur, car ils ne savent ce qu'ils font [3]. »

Dieu lui apprenoit à accomplir le précepte que Jésus-Christ devoit un jour publier : « Priez pour ceux qui vous persécutent [4]. » Car il disoit : « Rend-on ainsi le mal pour le bien, puisqu'ils m'ont creusé une fosse pour m'y enterrer, » moi qui étois sans cesse occupé du soin de leur bien faire ? « Souvenez-vous, ô Seigneur, que j'étois toujours devant vous pour vous demander du bien pour eux, et détourner d'eux votre colère [5] ? » A la vérité, ce discours de Jérémie semble être suivi de terribles imprécations contre ce peuple ; mais on sait que, selon le style des prophètes, cela même sous la figure d'imprécation, n'est qu'une manière de prédire les malheurs futurs de ces ingrats. Et c'est pourquoi nous voyons le même prophète, quand il eut vu tomber sur eux les maux qu'il leur avoit prédits ; loin d'en ressentir de la joie, comme il auroit fait s'il leur avoit souhaité du mal, fond en larmes à la vue de leur désastre, et finit ses lamentations par cette prière : « Souvenez-vous, Seigneur, de ce qui nous est arrivé : regardez-nous : voyez notre honte : pourquoi nous oubliez-vous à jamais ? Vos délaissemens dureront-ils encore longtemps ? Convertissez-nous à vous, et nous serons convertis, et vous nous pardonnerez : rendez-nous les jours où nous étions si heureux : rétablissez-nous en l'état où nous étions au commencement. Mais vous nous avez rejetés, et la colère que vous avez contre nous est extrême [6]. »

[1] *Jerem.*, XIV, 7, 21, 22. — [2] *Hebr.*, V, 7. — [3] *Luc.*, XXIII, 34. — [4] *Matth.*, V, 44. — [5] *Jerem.*, XVIII, 20. — [6] *Lament.*, V, 1, 20-22.

CV^e JOURNÉE.

Jérémie excuse au moins son peuple, n'osant prier pour lui.

Il est vrai que Dieu déclaroit à ce saint prophète qu'il ne vou-loit plus l'écouter : « Cesse de prier pour ce peuple : n'emploie pour eux ni la prière, ni les cantiques de louange ; et ne t'oppose point à mes volontés : car je ne t'écouterai pas [1]. » Et il lui disoit encore : « Si Moïse et Samuel se mettoient devant moi, j'ai ce peuple en exécration : chasse-le de devant ma face. Et s'ils te de-mandent : Où irons-nous : tu leur répondras : A la mort, celui qui doit aller à la mort : A l'épée, celui qui doit être percé par son tranchant : A la captivité, celui qui doit aller en captivité : » et que chacun suive son mauvais sort ; je ne veux pas l'en tirer. « Car, qui aura pitié de toi, ô Jérusalem, ou qui s'affligera pour toi, ou qui ira prier pour ton repos ? Tu as laissé le Seigneur ton Dieu [2] ! » Mais cela même, que le saint prophète retenoit ses gé-missemens et ses prières, étoit une espèce de gémissement et de prière cachée : et s'il n'osoit plaindre les malheurs de ce peuple justement puni, il en pleuroit les péchés : « Qui remplira, disoit-il, ma tête d'eaux, et qui fera couler de mes yeux une fontaine de larmes, afin que je pleure nuit et jour ceux de mon peuple qui ont été tués dans leur iniquité ? » Car qui pourroit excuser leurs crimes ? qui pourroit demeurer davantage parmi eux ? « qui me fera trouver dans la solitude une petite cabane, de » celles que les « voyageurs » y bâtissent pour leur y servir de retraite ? « et que je laisse mon peuple, et que je me retire d'avec eux ? Car ce n'est plus qu'une troupe d'adultères et de prévaricateurs : leur langue ressemble à un arc tendu, d'où il ne sort que mensonge et calomnie : ils se fortifient sur la terre, parce qu'ils vont d'un mal à un autre, et soutiennent le crime par un autre crime ; ils ne me connoissent plus, dit le Seigneur. Ils se moquent les uns des autres : ils ont appris à leur langue à ajuster un mensonge :

[1] *Jerem.*, VII, 16. — [2] *Jerem.*, XV, 1, 3, 5, 6.

ils se sont beaucoup tourmentés, mais à mal faire : leur demeure est au milieu de la tromperie [1], » et le reste qui n'est pas moins déplorable.

Mais encore qu'il ne pût dissimuler leur malice, il les excusoit le mieux qu'il pouvoit ; et lorsque Dieu touché de leur rébellion, qui les faisoit soulever contre lui malgré toutes ses menaces, lui défendoit de prier pour eux, « parce que, disoit-il, je les veux perdre et je ne regarderai ni leurs jeûnes, ni leurs prières, ni leurs holocaustes [2] : » il leur disoit en tremblant et en bégayant, comme un homme qui n'osoit parler : « A, a, a, Seigneur Dieu : leurs prophètes les séduisent : vous ne verrez, leur disent-ils, ni la peste, ni la famine ; mais vous jouirez d'une véritable paix [3]. » Il prioit, sans oser prier : il excusoit ces ingrats, et portoit leurs iniquités devant le Seigneur.

Jésus, comme Jérémie, sembloit vouloir s'éloigner des Juifs : « Race incrédule et maligne, jusqu'à quand serai-je avec vous et vous souffrirai-je [4] ? » Mais comme lui, et plus que lui sans comparaison, il conserve toute sa bonté malgré leur malice, et se laisse arracher les graces, comme il paroît dans le même lieu qu'on vient de voir : « Race infidèle, serai-je encore longtemps parmi vous, et contraint de vous supporter ? Amenez ici votre fils, » que je le guérisse.

CVI* JOURNÉE.

Les Juifs mêmes reconnoissent Jérémie pour leur intercesseur.

Ce peuple ingrat sentit enfin que Jérémie lui étoit donné pour intercesseur ; et après la prise de Jérusalem, ils dirent au saint prophète : « Que l'humble prière que nous faisons à Dieu à vos pieds, vienne jusqu'à vous : priez le Seigneur votre Dieu pour ces restes de son peuple, et qu'il nous annonce la voie où il veut que nous marchions. Jérémie leur répondit : Je m'en vais prier le Seigneur votre Dieu selon vos paroles : je vous déclarerai

[1] *Jerem.*, IX, 1-3, 5, 6. — [2] *Jerem.*, XIV, 11, 12. — [3] *Ibid.*, 13. — [4] *Matth.*, XVII, 16.

toutes ses réponses et ne vous cacherai rien. » Et ils lui promirent d'exécuter de point en point tout ce que le Seigneur lui ordonneroit pour eux : « Que le Seigneur, dirent-ils, soit un témoin de vérité et de bonne foi entre vous et nous : nous obéirons au Seigneur à qui nous vous envoyons, soit que vous ayez à nous dire du bien ou du mal de sa part[1]. » Et Jérémie revint « après dix jours : » et leur défendit de la part de Dieu d'aller en Egypte, où il voyoit qu'ils seroient séduits par les idoles de ce peuple : « Voilà, leur dit-il, ce que vous prescrit le Dieu d'Israël, à qui vous m'avez envoyé pour porter vos prières à ses pieds : » et il les avertit en toute douceur et patience de se souvenir de leur parole, et d'obéir au Seigneur à qui ils l'avoient envoyé, comme ils l'avoient promis. Et après qu'il leur eut tenu ce pressant discours, « Azarias et Johanan, et les autres superbes lui dirent : Vous mentez : le Seigneur ne vous a point envoyé et ne nous a point défendu d'aller en Egypte : mais Baruch vous irrite contre nous pour nous livrer aux Chaldéens, et nous faire périr à Babylone[2]. » Après lui avoir fait cette réponse, ils allèrent tous ensemble en Egypte ; et ils arrivèrent à Taphnis et à Memphis et à Magdalo, et dans toute la terre de Phaturès : et sans se rebuter de leurs injures et de leur désobéissance, Jérémie les y suivit avec une patience infatigable, pour les empêcher de périr dans leur idolâtrie. Ils s'obstinèrent à adorer les faux dieux de cette nation infidèle : et le saint prophète vit périr encore ces malheureux restes de Juda, dans le lieu qu'ils avoient choisi pour leur retraite, avec Pharaon Ephrée qui les y avoit reçus[3].

CVII° JOURNÉE.

Dieu rejette l'intercession de ce prophète.

Une sainte et véritable réflexion se présente ici : Jérémie étoit donné pour intercesseur à ce peuple : il ne cesse de prier pour lui et de détourner, autant qu'il peut, la colère de Dieu de dessus sa

---

[1] *Jerem.*, XLII, 2, 9, etc. — [2] *Jerem.*, XLIII, 2-7 et seq.; XLIV, 1-4 et seq. — [3] *Jerem.*, XLIV, 15-18 et seq., 29, 30.

tête : mais Dieu ne le veut pas écouter : Moïse et Samuel étoient aussi d'agréables intercesseurs, dont David même avoit chanté le pouvoir par ces paroles : « Moïse et Aaron sont remarquables parmi ses sacrificateurs : et Samuel est renommé entre ceux qui invoquent son nom : ils invoquoient le Seigneur, et il les écoutoit [1]. » Mais en cette occasion nous avons vu que Dieu ne vouloit pas les entendre [2]. Qu'y a-t-il de plus saint que Noé, qui est sauvé du déluge, afin de réparer le monde perdu et le genre humain anéanti : que Job, dont la patience a été vantée de Dieu comme un prodige, et qui pour cette raison a été nommé de Dieu comme intercesseur de ses infidèles amis : « Allez, disoit le Seigneur, et priez mon serviteur Job de prier pour vous : et je recevrai sa face, afin que votre folie ne vous soit point imputée [3] : » que Daniel, « l'homme de désirs, » à qui il envoya son ange pour lui déclarer que ses vœux pour ses frères et pour tout son peuple, et pour la sainte montagne, et ce qui est bien plus admirable, pour la venue du Messie, étoient reçus devant Dieu [4]? Et néanmoins ces trois hommes ne sont pas jugés dignes d'être écoutés pour le peuple juif : c'est Ezéchiel qui le dit : « Si ces trois hommes, Noé, Daniel, et Job étoient au milieu de ce peuple, ils délivreroient leurs ames dans leur justice : dit le Seigneur des armées : mais ils ne délivreront ni leurs fils ni leurs filles [5] : » oui, je le dis encore un coup, « ils ne délivreront ni leurs fils ni leurs filles, » loin de pouvoir délivrer les étrangers : mais « ils seront délivrés seuls : » non, « Noé, Daniel et Job, » je le dis pour la troisième fois, « ne délivreront pas leurs propres enfans. » Afin que nous entendions qu'il n'y a qu'un seul saint et un seul juste, qui étant juste pour lui et pour les autres, sera écouté pour tous. « Le frère, disoit le Psalmiste, ne rachètera pas son frère : l'homme ne rachètera pas un autre homme, ni n'offrira pour lui une digne propitiation, ou le prix de son rachat et de sa vie [6]. » Nul ne peut offrir ce prix, que le Juste par excellence et le Saint des saints, qui est non-seulement homme, mais Dieu et homme, qui donnera son ame pour nous et expiera nos péchés par son sang.

<hr>

[1] *Psal.* XCVIII, 6. — [2] *Jerem.*, XV, 1. — [3] *Job*, XLII, 8. — [4] *Dan.*, IX, 21-23. — [5] *Ezech.*, XIV, 14, 16, 18, 20. — [6] *Psal.* XLVIII, 8-10.

CVIIIᵉ JOURNÉE.

Regrets de Jérémie de n'être au monde que pour annoncer des malheurs.

Un des effets les plus remarquables de la douceur et de la bonté de Jérémie, c'est le regret qu'il avoit de n'avoir à annoncer que des malheurs à ses citoyens et à ses frères : « Ma mère, disoit-il, malheur à moi : pourquoi m'avez-vous enfanté, homme de querelles que je suis, homme de discorde par toute la terre ? » Je suis séparé de tout commerce : « je ne prête à personne, et personne ne me prête : ils me chargent tous de malédiction [1] : » et encore avec le transport d'un cœur outré : « Maudit soit le jour où je suis né : maudit l'homme qui a annoncé à mon père : Il vous est né un fils, et qui lui a donné cette joie trompeuse! que ne m'a-t-il plutôt donné la mort dans le sein de ma mère, en sorte qu'elle me fût un sépulcre, ou que ne demeurât-elle grosse éternellement sans enfanter? Pourquoi suis-je sorti de ses entrailles, pour ne voir que peine et que douleur, et passer tous mes jours en confusion [2]. »

Ce qui lui causoit ces transports, c'est qu'il voyoit que ses prophéties ne faisoient qu'accroître les péchés du peuple. Dieu lui mettoit dans la bouche des paroles pressantes, comme si le mal alloit arriver : et après se ressouvenant de ses miséricordes et de sa longue patience, il attendoit de jour en jour son peuple à résipiscence. Ce peuple ingrat abusoit de ses bontés, et insultoit à Jérémie, en lui disant : « Où est la parole de Dieu, que vous nous annoncez depuis si longtemps? Qu'elle vienne donc [3]. » Le saint prophète s'en plaignoit avec amertume : « Seigneur, vous m'avez trompé! Quelle merveille que vous ayez prévalu contre moi! J'ai été en dérision à ce peuple tout le long du jour : tous m'insultent et se moquent de mes prédictions : parce que je ne fais que crier iniquité et malheur, et inévitable ravage : » et cependant il n'arrive rien; « et la parole du Seigneur me tourne en

____
[1] *Jerem.*, XV, 10. — [2] *Jerem.*, XX, 14, 18. — [3] *Jerem.*, XVII, 15.

dérision et en opprobre. Et j'ai dit » en moi-même : « Je ne veux plus me souvenir du Seigneur, ni prophétiser en son nom, » ni exposer sa parole à la moquerie, et aggraver l'iniquité de ce peuple. Mais « vous êtes » toujours « le plus fort : » cette parole que je voulois retenir « dans mon cœur, y a été un brasier ardent : elle s'est renfermée dans mes os : les forces me manquent, et je n'en puis plus soutenir le poids [1]. » Il faut qu'elle sorte. Dieu prévaut de nouveau sur le saint prophète, et après ces agitations il faut qu'il cède.

Les ames prophétiques qui sont sous la main de Dieu, reçoivent des impressions de sa vérité, qui leur causent des mouvemens que le reste des hommes ne connoît pas. Deux vérités se présentent tour à tour à Jérémie : l'une qu'il falloit annoncer au peuple tout ce que Dieu ordonnoit, quelque dur qu'il fût et quoi qu'il en coutât, car il est le maître, et qu'il falloit prendre pour cela un front d'airain : l'autre, que prophétiser à un peuple qui se moquoit de la prophétie à cause que l'effet n'en étoit pas assez prompt; loin de le convertir, c'étoit non-seulement aggraver son crime et augmenter son supplice, mais encore exposer la parole de Dieu à la dérision et au blasphème. Dans les endroits qu'on vient de voir, Dieu lui imprime cette dernière vérité d'une manière si vive, qu'il ne peut dans ce moment être occupé d'une autre pensée. Car il imprime tout ce qu'il lui plaît, principalement dans les ames qu'il s'est une fois soumises par des opérations toutes-puissantes. A la vérité, quand il veut, il sait bien les ramener à lui et les tenir sous le joug; mais dans le temps qu'il les veut pousser d'un côté, ils paroissent avoir tout oublié, excepté l'objet dont ils sont pleins. Car Dieu pour certains momens les laisse à eux-mêmes et aux graces ordinaires pour tout autre objet; et pour celui dont il lui plaît de les remplir, l'impression en est si forte, le caractère si vif et si enfoncé dans le cœur, qu'il semble n'y rester plus d'attention ni de mouvement pour les autres choses, ni aucune capacité de s'y appliquer. Par un transport de cette nature Jérémie, qui se voit contraint à n'être premièrement qu'un prophète de malheurs à tout son peuple, c'est-à-dire au seul objet de son amour et de sa

____
[1] *Jerem.*, xx, 7, 8, 9.

tendresse sur la terre; et ce qui lui paroissoit encore d'une plus insupportable rigueur, à ne faire plus autre chose, en second lieu, qu'en accroître en quelque façon l'iniquité et le supplice; ne veut plus vivre en cet état, il voudroit n'avoir jamais été, et ne trouve point d'expression assez forte pour expliquer ce désir. Un troisième objet se présente à lui : la prophétie méprisée, la parole de Dieu en dérision, ses prophètes décriés, son nom blasphémé et sa justice exposée au mépris des hommes à cause de sa bonté dont ils abusent. C'est le comble de la douleur : et après avoir voulu effacer du nombre des jours celui de sa nativité, puisqu'il ne peut point s'empêcher d'avoir l'être, il fait un effort secret pour ne plus écouter la prophétie qui se présente à lui avec une force qu'il ne peut éluder. Il ne faut donc plus s'étonner si ses agitations sont si violentes. C'est Dieu de tous côtés qui le presse, qui lui donne, pour ainsi parler, des forces contre lui-même; et à la fin le réduit, après des tourmens inexplicables, à continuer ses funestes et fatales prédictions.

Il ne convient pas au Sauveur d'être agité de cette sorte : car son ame est tellement dilatée et d'une capacité si étendue, que toutes les impressions divines y exercent pour ainsi dire au large et tranquillement leur efficace : mais néanmoins il a dit: « Si je n'étois pas venu et que je ne leur eusse point parlé, si je n'avois pas fait en leur présence des miracles qu'aucun autre n'avoit jamais faits, ils seroient sans péché : mais maintenant ils n'ont plus d'excuse; et ils haïssent gratuitement et moi et mon Père [1], » ainsi que David l'avoit prédit [2]. C'est donc lui qui leur ôte toute excuse : sa parole les jugera et les condamnera au dernier jour : lui qui venoit ôter le péché du monde, a donné lieu au plus grand de tous les péchés, qui est celui de mépriser et de poursuivre jusqu'à la mort de la croix la verité qui leur apparoissoit en sa personne : les blasphèmes se sont multipliés, et on lui a insulté jusque sur sa croix et dans son agonie : sa passion, sa mort, son sang répandu, sont la matière de l'ingratitude de ses disciples et leur tournent à mort et à péché : les crimes s'augmentent par les graces : c'est la grande douleur du Sauveur :

[1] *Joan.*, XV, 22 et seq. — [2] *Psal.* XXIV, 19.

c'est le calice qu'il voudroit pouvoir détourner de lui : c'est ce qui lui perce le cœur : c'est enfin ce qui l'abat devant son Père; ce qui lui fait suer du sang, ce qui est le véritable sujet de cette profonde tristesse qui pénètre son ame sainte jusqu'à la mort et enfin de son agonie.

CIX^e JOURNÉE.

Jérémie annonce à son peuple sa délivrance.

Il n'en est pas de Jésus comme des prophètes, à qui Dieu défend de le prier, et à qui il dit, comme à Jérémie : « Je ne vous exaucerai pas [1]. » Car au contraire il dit à son Père : « Je sais que vous m'écoutez toujours [2] : » et afin de nous donner en la personne de notre prophète une figure quoique imparfaite de l'intercesseur qui est exaucé, il lui parla en cette sorte, pendant qu'il étoit arrêté dans le vestibule de la prison : « Crie maintenant, élève ta voix et je t'exaucerai : et je t'apprendrai des choses grandes et d'une inébranlable fermeté, que tu ne sais pas [3]. » C'est que la Judée et Jérusalem seroient rétablies : qu'il y ramèneroit son peuple : qu'il en guériroit les plaies : qu'il les purifieroit de tous leurs péchés [4]. Il répandit alors « un esprit de prière [5] » dans tout son peuple : « Réjouissez-vous, ô Jacob ! hennissez contre les gentils et contre Babylone, qui en est le chef; et dites : Sauvez, Seigneur, les restes de votre peuple : et je vous rappellerai de la terre où je vous avois envoyés en captivité [6]. » Jérémie annonça au peuple ce glorieux rétablissement : il leur en marqua le temps, et leur déclara qu'à la soixante-dixième année de leur servitude, il feroit éclater ce grand ouvrage. « Car je sais, dit le Seigneur, les pensées que j'ai pour vous : des pensées de paix et non d'affliction, pour vous donner la fin de vos maux et la patience en attendant pour les endurer; et vous m'invoquerez et vous irez en votre patrie : et vous me prierez et je vous exaucerai : et vous me chercherez, et vous

<hr>

[1] *Jerem.*, VII, 16. — [2] *Joan.*, XI, 42. — [3] *Jerem.*, XXXIII, 1-3. — [4] *Ibid.*, 4 et seq. — [5] *Zachar.*, XII, 10. — [6] *Jerem.*, XXXI, 7, 8.

me trouverez lorsque vous m'aurez cherché de tout votre cœur[1]. »
Ainsi le prophète Jérémie n'annonça pas seulement au peuple sa
désolation : mais pour être une parfaite figure de Jésus-Christ, il
leur annonça encore sa délivrance, qui devoit être la figure de
celle de son Eglise : et il fut choisi pour la demander à Dieu
et pour exciter dans tout le peuple l'esprit de prière. Et s'il
annonça à son peuple sa prise, sa ruine, sa captivité, ce ne fut
pas pour toujours. Il n'en fut pas ainsi des autres nations, auxquelles Dieu lui ordonna de prophétiser : « Va, lui dit le Seigneur Dieu des armées : prends de ma main la coupe de ma colère, et présente-la à tous les peuples auxquels je t'enverrai : et
je la pris, et je la portai à Jérusalem et aux villes de Juda : à ses
rois et à ses princes : et à Pharaon roi d'Egypte et à ses serviteurs : à ses princes et à tout son peuple : et généralement à tous
les rois : aux rois d'Orient, aux rois des Philistins et d'Ascalon et
de Gaza et d'Idumée et de Moab : et à tous les rois de Tyr et de
Sidon et aux rois des îles éloignées et à tous les rois d'Arabie et à
tous les rois d'Occident et aux rois de Perse et aux rois de Mèdes et
à tous les rois du Nord de près et de loin : et le roi de Babylone
boira après eux, » lui qui fait boire ce calice de la colère de Dieu
à tous les autres : « Buvez, buvez, leur dira le Seigneur : buvez,
et enivrez-vous, et vomissez, et tombez, et vous ne vous relèverez jamais[2]. Voilà le tourbillon du Seigneur : sa colère part : son
orage tombe et il se reposera sur la tête de ses ennemis[3]. »

Ainsi sont traités les rois et les peuples idolâtres. Le prophète, .
qui leur dénonce leurs maux, ne leur laisse aucune espérance :
Sion seule est frappée en ses miséricordes, comme un enfant que
son père châtie : le prophète lui montre son retour : il porte ses
yeux plus loin, et lui prédit son libérateur : ce nouveau David
dont le règne sera éternel : cet homme parfait en sagesse, qui se
trouvera environné des entrailles d'une femme, et enfermé dans
son sein : et la nouvelle alliance que Dieu fera par son entremise
avec le peuple racheté[4]. Elevez la voix, ô Jérémie! prophète
sanctifié dès le ventre de votre mère : prophète vierge et figure

---

[1] *Jerem.*, XXV, 11; XXIX, 10-13. — [2] *Jerem.*, XXV, 15, 27. — [3] *Jerem.*, XXX, 23.
[4] *Jerem.*, XXXI, 22, 31.

du grand prophète vierge aussi et fils d'une vierge [1] : chantez-
nous les miséricordes de notre Dieu : reprochez-nous nos ingratitudes : faites-nous rougir de nos crimes : donnez-nous l'exemple
d'humilité, de patience, de douceur : entrez encore à nos yeux
dans votre affreux cachot en figure de la sépulture de Jésus-
Christ : sortez-en aussi en figure de sa résurrection : exprimez
ses persécutions dans les vôtres. Et nous, Seigneur, en attendant
que nous méditions plus à loisir les mystères de votre passion et
de votre résurrection triomphante, nous nous y préparerons en
contemplant avec foi les prophètes qui leur ont servi de figure.

CX⁰ JOURNÉE.

Jonas dans le ventre de la baleine; autre figure de Jésus-Christ.

Agité d'un de ces transports que nous avons remarqué dans les
prophètes, et que nous avons vu dans Jérémie, Jonas ne veut
point aller prêcher aux Ninivites leur perte prochaine [2], de peur
que si Dieu leur pardonnoit, comme son immense bonté l'y portoit toujours, les peuples païens ne se confirmassent dans leur incrédulité et ne méprisassent ses menaces et les discours de ses
prophètes : et pressé par cet esprit prophétique qui le poussoit au
dedans avec une force invincible à annoncer la ruine de Ninive,
il lui dit : Voilà, Seigneur, une parole que je ne puis porter. « Je
sais que vous êtes un Dieu clément, plein de miséricorde et de
patience, d'une compassion infinie et toujours prêt à pardonner
aux hommes leur malice [3] : » vous pardonnerez encore à cette
ville infidèle. On ne nous écoutera plus, quand nous parlerons en
votre nom : nous annoncerons en vain à Juda et à Israël la rigueur
de vos jugemens : votre facilité et votre indulgence ne fera qu'en-
durcir les hommes dans le mal : car il faut suppléer tout ceci,
puisque nous l'avons déjà trouvé dans Jérémie : « O Seigneur !
ôtez-moi la vie, continuoit Jonas [4] : car il vaut mieux mourir »
que d'être trouvé un prophète menteur et exposer la prophétie à

[1] *Jerem.*, I, 5; XVI, 2. — [2] *Jon.*, I, 2, 3. — [3] *Jon.*, IV, 2. — [4] *Ibid.*, 3.

la dérision. On voit, en passant, que les ames touchées de ces impressions divines, sont élevées au-dessus de tout, et la mort ne leur coûte rien. Dans cette extrême détresse, non-seulement il tâcha, comme Jérémie, de ne point écouter la prophétie et de s'étourdir lui-même contre cette voix; mais pressé par cet esprit prophétique, il s'enfuit de devant le Seigneur, et s'embarque à Joppé[1] pour aller de la Terre sainte où il étoit à l'autre extrémité du monde. Car encore qu'on ne sache pas précisément quelle étoit la ville de Tharsis, on convient qu'elle étoit extrèmement éloignée du côté de l'Occident.

Il ne faut pas se persuader que le saint prophète crût que Dieu ne le verroit plus ou qu'il sortiroit de son empire, lorsqu'il iroit dans les terres lointaines : car nous l'entendrons bientôt dire aux nautonniers : « Je suis Hébreu, et je révère le Dieu du ciel qui a fait la mer et la terre[2]. » De sorte qu'il voyoit bien qu'on ne pouvoit échapper à sa puissance, ni sortir de son domaine. Cette face de Dieu, qu'il tâche de fuir, cette présence qu'il veut éviter, c'est la face que Dieu montroit intérieurement à ses prophètes; c'est la présence dont il éclairoit leur esprit, lorsqu'il daignoit les inspirer : c'est cette face que Jonas crut pouvoir éviter en s'éloignant de la Terre sainte et du milieu du peuple d'Israël, où Dieu avoit accoutumé de répandre la prophétie. Il s'éloigna donc tout ensemble et de la Terre sainte et de Ninive, où il ne crut pas que Dieu voulût le ramener malgré lui d'un pays si éloigné. Mais il ne fut pas plutôt embarqué, que « Dieu fit souffler un vent impétueux, et la tempête fut si violente, qu'on craignoit à chaque moment que le vaisseau ne s'entr'ouvrît. » Pendant que « chacun invoquoit son Dieu avec des cris effroyables, et qu'on jetoit dans la mer toute la charge du vaisseau, Jonas » sans s'étonner d'un si grand péril, car nous avons vu souvent que ces ames fortes qui sont sous la main de Dieu, ne craignent rien que lui seul, « descendit au fond du vaisseau, et dormoit d'un profond sommeil[3]. » C'est quelque trait de Jésus, qui dans une semblable tempête dort tranquillement sur un coussin, et laisse remplir de flots le vaisseau où il étoit avec ses disciples[4]. Par un semblable mystère et

____

[1] *Jon.*, I, 3. — [2] *Ibid.*, 9. — [3] *Ibid.*, 4, 5. — [4] *Marc.*, IV, 37, 38.

pour montrer qu'on n'a rien à craindre, quand on a Dieu avec soi, et qu'il n'y a en tout cas qu'à s'abandonner à sa volonté, Jonas dormoit parmi tant de cris et tant d'horribles sifflemens des vents et des flots, jusqu'à ce qu'on l'éveilla, à peu près de la même manière qu'on fit le Sauveur, en lui disant : « Pourquoi dormez-vous ? invoquez aussi votre Dieu, afin qu'il se souvienne de nous et que nous ne périssions pas[1]. » La main de Dieu ne quittoit pas le saint prophète : il sentit d'abord que la tempête étoit envoyée contre lui : il vit jeter tranquillement le sort que les passagers jetoient entre eux, pour découvrir le sujet de la tempête : il le vit tomber sur lui sans s'effrayer : car il avoit toujours dans l'esprit que la mort lui étoit meilleure que d'aller prophétiser pour être dédit et faire blasphémer la prophétie[2] : et il dit hardiment aux nautonniers, qui le vouloient épargner : « Jetez-moi dans la mer » sans hésiter, « et la tempête cessera ; car je sais bien que c'est pour moi qu'elle est excitée[3]. » Cependant ils le respectèrent, étonnés de sa prodigieuse tranquillité et encore plus de la grandeur du Dieu qu'il servoit. Car comme on lui demanda qui il étoit, « il avoit répondu qu'il étoit Hébreu et que le Dieu qu'il craignoit étoit le Dieu du ciel, et le Créateur de la terre et de la mer : » et ils faisoient les derniers efforts « pour arriver à terre, » sans qu'il en coutât la vie à un si grand homme. Mais plus « ils ramoient, » plus « la mer s'enfloit : » en sorte qu'ils furent contraints de « jeter Jonas dans la mer, » en prenant Dieu à témoin que c'étoit à regret qu'ils le noyoient et qu'ils étoient innocens de sa mort : « et aussitôt l'agitation de la mer cessa[4]. » Et voilà déjà en figure de notre Sauveur tout ce peuple sauvé par la mort, comme l'on croyoit, du saint prophète, à laquelle il s'étoit lui-même volontairement offert. Mais ce n'est pas là tout le mystère ; et le reste nous est expliqué par le Sauveur même, lorsqu'il dit : « Cette mauvaise race demande un signe, et il ne lui en sera point donné d'autre que le signe du prophète Jonas : car comme Jonas fut trois jours et trois nuits dans les entrailles de la baleine, ainsi le Fils de l'homme sera trois jours et trois nuits dans le cœur de la terre[5]. »

[1] *Jon.*, I, 6. — [2] *Jon.*, IV, 3. — [3] *Jon.*, I, 12, 13. — [4] *Ibid.*, 9, 13, 15. — [5] *Matth.*, XII, 39, 40.

L'esprit de prophétie ne quitta point Jonas dans le ventre de cet énorme poisson : car il y chanta ce divin cantique : « J'ai crié du fond de l'abîme, et vous avez écouté ma voix : les eaux m'ont environné : tous vos gouffres et tous vos flots ont passé sur moi : et j'ai dit : Je suis rejeté de devant vos yeux : mais je reverrai encore votre saint temple [1]. » Il sent donc qu'il sortira de cet abîme ; et il le recommence encore en cette sorte : « Les eaux m'ont pénétré jusqu'au fond : l'abîme m'a entouré : la mer a couvert ma tête : j'ai descendu au fond de la mer et jusqu'à la racine des montagnes : je suis enfermé pour toujours dans les soutiens de la terre [2] : » il n'y a point de ressource dans la puissance créée. « Mais vous, ô Seigneur mon Dieu, vous me relèverez » d'un si grand mal et vous me préserverez « de la corruption. Au milieu de mes angoisses, je me suis ressouvenu du Seigneur, afin que ma prière parvînt jusqu'à votre saint temple. Ceux qui mettent leur confiance dans de fausses divinités, abandonnent la miséricorde » qui les peut sauver et renoncent à la sainteté : « mais moi je vous ai immolé par ma voix un sacrifice de louange : vous me sauverez, et je rendrai au Seigneur les vœux que je lui ai faits pour ma délivrance. Et le Seigneur commanda au poisson, et il jeta Jonas sur la terre [3], » en figure de notre Sauveur, dont il est écrit « qu'il fut libre entre les morts [4], » comme Jonas l'avoit été dans cet abîme vivant qui l'avoit englouti, et à qui David a fait dire au milieu des ombres de la mort : « J'avois toujours le Seigneur en vue, parce qu'il est à ma droite pour m'empêcher d'être ébranlé : c'est pour cela que mon cœur a tressailli, que ma langue a été remplie de joie, et que mon corps s'est reposé en paix, parce que vous ne laisserez pas mon ame dans l'enfer, et que vous ne permettrez pas que votre saint éprouve la corruption. » Au milieu de la mort « vous m'avez montré le chemin pour retourner à la vie, et vous me remplirez de la joie que donne la vue de votre face [5]. » C'est à peu près et avec la force qui convenoit au Sauveur plus qu'à Jonas, accomplir ce qu'avoit dit ce prophète : « Je reverrai votre saint temple [6]. »

[1] *Jon.*, II, 2, 3. — [2] *Jon.*, II, 6. — [3] *Ibid.*, 7 et seq. — [4] *Psal.* LXXXVII, 6. — [5] *Psal.* XV, 8 ; *Act.*, II, 15. — [6] *Jon.*, II, 5.

Il n'appartenoit pas à Jonas, qui n'étoit que la figure, d'avoir tous les traits de la vérité, ni d'avoir parmi les morts cette liberté qui étoit réservée au Sauveur, ni de prédire lui-même sa mort et sa résurrection. Mais à cela près, il n'y avoit rien qui ressemblât mieux à la mort et au tombeau que le ventre de ce poisson, ni rien qui représentât plus vivement une véritable et parfaite résurrection que la délivrance de Jonas. Adorons donc celui qui n'a laissé aucun trait, ni aucun *iota* dans les prophètes, non plus que dans la loi, qu'il n'ait parfaitement accompli : et apprenons à ne perdre jamais l'espérance dans quelque abîme de maux où nous soyons plongés, puisque Jonas est sorti du ventre de la baleine, et Jésus-Christ notre chef du tombeau et de l'enfer, assurant ses membres, qui sont ses fidèles, d'une semblable délivrance.

CXI° JOURNÉE.

Prédication de Jonas à Ninive.

Pour achever l'histoire de Jonas, puisque celle de notre Sauveur nous y a conduits, aussitôt que la baleine l'eut rejeté sur le rivage, le voilà de nouveau repris par l'esprit de la prophétie, et le Seigneur lui ordonne d'aller prêcher à Ninive qu'elle périroit dans quarante jours[1]. Dieu ne voulut point que Jonas y mît la condition : Si elle ne faisoit pénitence. Cette ville la fit toutefois dans le sac et dans la cendre; et Dieu voulut faire voir qu'il étoit toujours prêt par sa bonté à rétracter sa sentence, sans même l'avoir promis. Ecoutons sur ce sujet la parole de Jésus-Christ : « Les gens de Ninive s'élèveront contre cette race dans le jugement et la condamneront, parce qu'ils ont fait pénitence à la prédication de Jonas : et celui-ci est plus que Jonas[2]. » Faisons donc pénitence, puisque Jésus même nous y exhorte par son Evangile, par les pressantes et continuelles impulsions de son Saint-Esprit, et n'attendons pas que les Ninivites s'élèvent contre nous au dernier jour; car la conviction seroit trop forte, la confusion trop inévitable.

[1] *Jon.*, III, 1, 5. — [2] *Matth.*, XII, 41.

Jonas ne résista point à cette fois[1] : la main de Dieu le serroit de trop près : mais après la miséricorde que Dieu eut exercée envers Ninive, le prophète fut affligé d'une affliction extrême ; et transporté de colère, il pria le Seigneur et il lui dit : « Je vous prie, Seigneur, n'est-ce pas là ce que je disois, pendant que j'étois encore en mon pays, que vous étiez bon et indulgent jusqu'à l'infini[2] : » qu'ainsi vous pardonneriez à Ninive : que les paroles de vos prophètes seroient méprisées ; et que sans se soucier de vos menaces ni rompre le cours de leurs crimes, les peuples s'attendroient toujours à vous fléchir par la pénitence, après avoir impunément accompli leurs mauvais désirs. « Seigneur, je vous-prie, faites-moi mourir : la mort me sera plus douce que la vie. En même temps il se retira de la ville[3], » et attendoit dans le voisinage quel en seroit le sort. Car à peine voulut-il croire que Dieu pardonnât tant de crimes, et augmentât la licence par cet exemple d'impunité. Mais Dieu qui le vouloit revêtir de l'esprit de la nouvelle alliance, qui est une alliance de miséricorde, de réconciliation et de pardon, et lui ôter cet esprit dur qui devoit comme régner en ce temps-là à cause de la dureté du cœur de l'homme, sécha, comme on sait, la branche verte qu'il avoit fait élever sur la tête de Jonas, pour le défendre de l'ardeur brûlante du soleil et des vents de ces pays-là, qu'il avoit excités exprès[4]. Et comme Jonas s'en affligea jusqu'à désirer la mort : « Tu t'affliges, lui dit le Seigneur, de ce rameau vert que tu n'as pas fait et la naissance duquel ne t'a coûté aucun travail ; et tu ne veux pas que j'aie pitié de l'ouvrage de mes mains, et de cette ville immense[5], » si digne de compassion, quand ce ne seroit qu'à cause du nombre infini des « enfans qui ne connoissent pas le bien et le mal, et de tant d'animaux ! » Car, ô Seigneur, votre bonté s'étend jusqu'à eux, conformément à cette parole du Psalmiste : « Vous sauverez les hommes et les animaux, parce qu'il vous a plu, ô mon Dieu ! de multiplier votre miséricorde[6]. » Prenons donc l'esprit de douceur, et ne nous laissons point transporter par ce zèle qu'on voit paroître même dans les saints de l'Ancien Testament. Car Jésus dit

[1] *Jon.*, III, 3. — [2] *Jon.*, IV, 2. — [3] *Ibid.*, 3, 5. — [4] *Ibid.*, 8, 9. — [5] *Ibid.*, 10, 11. [6] *Psal.* XXXV, 7, 8.

à ses disciples qui le vouloient imiter, et à l'exemple d'Elie [1],
faire descendre le feu du ciel : « Vous ne savez de quel esprit
vous êtes [2]. »

. Ne blâmons donc pas le zèle de Jonas, qui étoit convenable au
temps ; et louons Dieu au contraire de lui avoir inspiré la douceur qui devoit un jour paroître en Jésus-Christ, et de l'avoir
forcé à prêcher sa miséricorde. Ne condamnons pas aisément le
saint prophète, parce que ces mouvemens des prophètes et la
communication de Dieu avec eux sont un grand mystère, qu'il
ne nous est pas permis de pénétrer. Non que je m'attache opiniâtrément à vouloir excuser de faute ce saint homme : car Dieu se
plaît quelquefois à faire paroître son bras dans le crime même et
à s'assujettir les âmes les plus rebelles. Mais c'est que ce qui se
passe entre Dieu et ses prophètes est bien caché, et qu'il leur fait
sentir sa secrète volonté par des voies bien éloignées des nôtres.
Et il ne faut s'étonner ni de ses paroles, ni même de sa fuite. Car
Dieu pousse ces ames qu'il tient sous sa main, et les ramène lui-
même ; et il veut leur faire sentir par des expériences réelles, la
force invincible de cette main souveraine sous laquelle ils sont.
Souvenons-nous du saint homme Job, que Dieu reprend avec
tant de force, de son ignorance et des paroles qu'il avoit proférées [3] ; et de qui néanmoins il dit ensuite par deux et trois fois,
qu'il a parlé droitement [4]. Suspendons donc notre jugement dans
les violentes agitations de ces ames prophétiques ; et gardons-
nous bien de tirer à conséquence ce qui se passe en elles, soit que
ce qui leur arrive soit une simple permission de Dieu ; soit qu'on
y puisse trouver, en approfondissant la matière, une réelle influence de sa main dans tout ce qui nous paroît un grand péché.
Si Jonas paroît si troublé des miséricordes de Dieu, croyons que
c'étoit selon l'esprit de ces temps un zèle pour la justice et pour
la vérité de sa parole. S'il fuit devant Dieu, entendons qu'il voudroit pouvoir se fuir lui-même plutôt que de fournir aux hommes
une occasion de mépriser Dieu : et en quelque sorte qu'il faille
juger de cette fuite, admirons la main de Dieu qui le soutient ;

____

[1] *IV Reg.*, I, 10. — [2] *Luc.*, IX, 55. — [3] *Job*, XXXVIII, XXXIX, XL, XLI. — [4] *Job*,
XLII, 7, 8.

qui lui envoie parmi la tempête ce sommeil mystérieux qui témoigne la tranquillité de son ame et figure celui de Jésus-Christ
dans la nacelle. Imitons son intrépidité à la vue de la mort présente ; sa charité, lorsqu'il veut mourir pour sauver les compagnons de son voyage ; sa prière et sa prophétie jusque dans le
ventre de la baleine. Prions donc avec lui, et à son exemple, en
quelque état que nous soyons, en quelque abîme que nous nous
sentions plongés. Admirons aussi l'efficace de sa prédication ; et
ne faisons pas moins pour Jésus-Christ, nous qui sommes chrétiens, que les Ninivites, qui n'étoient que des infidèles éloignés
de l'alliance de Dieu, firent pour Jonas. Enfin en contemplant ces
vives figures que le Saint-Esprit nous a tracées de Jésus-Christ,
préparons-nous à entendre la vérité qui a été accomplie en sa
personne. Amen. Amen.

LA CÈNE.

PREMIÈRE PARTIE.

CE QUI S'EST PASSÉ DANS LE CÉNACLE, ET AVANT QUE JÉSUS-CHRIST SORTIT.

PREMIÈRE JOURNÉE.

Le Cénacle préparé.

Nous continuerons à partager ces Méditations en journées ; et nous lirons le premier jour dans le chapitre xxvi de saint Matthieu, les versets 17, 18, 19; du xive de saint Marc, le 12 jusqu'au 17; et du xxiie de saint Luc, depuis le 7 jusqu'au 13.

« Au premier jour des azymes » à la fin duquel il falloit immoler l'agneau pascal, « les disciples vinrent à Jésus ; » et comme ils savoient combien il étoit exact à toutes les observances de la loi, « ils lui demandèrent où il vouloit qu'on lui préparât la pâque [1]. » Ce sont les disciples qui lui en parlent : les maîtres, à l'exemple de Jésus-Christ, doivent accoutumer tous ceux qui sont à leur charge à songer d'eux-mêmes à ce que requièrent la loi de Dieu et son service, et à demander sur cela l'ordre du maître.

« Et Jésus leur dit : Allez à la ville à un certain homme [2] : » les évangélistes ne le nomment pas ; et Jésus même, sans le nommer à ses disciples, leur donna seulement des marques certaines pour le trouver. « Allez, dit-il [3], à la ville : en y entrant, vous y rencontrerez un homme qui portera une cruche d'eau, vous le suivrez; et entrant dans la maison où il ira, vous direz au maître : Où est le lieu où je dois manger la pâque avec mes disciples ? Et il vous montrera une grande salle tapissée : préparez-nous-y tout ce qu'il faudra. »

------

[1] *Matth.*, XXVI, 17; *Marc.*, XIV, 12. — [2] *Matth.*, XXVI, 18. — [3] *Luc.*, XXII, 8, 10 et seq.

Saint Marc nous apprend qu'il donna cet ordre à deux de ses disciples, et saint Luc nomme saint Pierre et saint Jean.

Voici quelque chose de grand qui se prépare, et quelque chose de plus grand que la pàque ordinaire, puisqu'il envoie les deux plus considérables de ses apôtres : saint Pierre qu'il avoit mis à leur tête, et saint Jean qu'il honoroit de son amitié particulière. Les évangélistes ne marquent point que ce fùt son ordinaire d'en user ainsi aux autres pâques, ni aussi qu'il eùt accoutumé de choisir un lieu où il y eùt une grande salle tapissée. Aussi les saints Pères ont-ils remarqué que cet appareil regardoit l'institution de l'Eucharistie. Jésus-Christ vouloit nous faire voir avec quel soin il falloit que fussent décorés les lieux consacrés à la célébration de ce mystère : il n'y a que dans cette circonstance où il semble n'avoir pas voulu paroître pauvre. Les chrétiens ont appris par cet exemple tout l'appareil qu'on voit paroître dès les premiers temps, pour célébrer avec honneur l'Eucharistie selon les facultés des Eglises. Mais ce qu'ils doivent apprendre principalement, c'est à se préparer eux-mêmes à la bien recevoir, c'est-à-dire à lui préparer comme une grande salle, un cœur dilaté par l'amour de Dieu et capable des plus grandes choses, avec tous les ornemens de la grâce et des vertus qui sont représentés par cette tapisserie dont la salle étoit parée. Préparons tout à Jésus qui vient à nous : que tout soit digne de le recevoir.

Le signe que donne Jésus de ce porteur d'eau, devoit faire entendre à ses disciples que les actions les plus vulgaires sont dirigées spécialement par la divine Providence. Qu'y avoit-il de plus ordinaire et qui parût davantage se faire au hasard, que la rencontre d'un homme qui venoit de querir de l'eau à quelque fontaine hors de la ville. Et qu'y avoit-il qui parùt dépendre davantage de la pure volonté, pour ne pas dire du pur caprice de cet homme, que de porter sa cruche d'eau dans cette maison au moment précis que les deux disciples devoient entrer dans la ville? Et néanmoins cela étoit dirigé secrètement par la sagesse de Dieu, et les autres actions semblables le sont aussi à leur manière et pour d'autres fins que Dieu conduit; de sorte que s'il arrive si souvent des événemens remarquables par ces rencontres qu'on appelle fortuites, il faut croire que c'est Dieu qui ordonne tout jusqu'à nos moindres mouvemens, sans pourtant intéresser notre liberté, mais en dirigeant tous les mouvemens à ses fins cachées.

Cet exemple nous fait voir que Jésus avoit des disciples cachés que ses apôtres ne connoissoient pas, si ce n'est quand de certaines raisons l'obligeoient à les leur déclarer. Ainsi quand il voulut faire son entrée dans Jérusalem, il envoya encore deux de ses disciples à un village qu'il leur désigna; et leur ordonna d'en amener une ânesse qu'ils y trouveroient avec son ânon, les assurant « qu'aussitôt qu'ils diroient que le Seigneur en avoit affaire, on les laisseroit aller[1]. » Il avoit donc plusieurs disciples de cette sorte, et à la ville et à la campagne, dont il connoissoit la fidélité et l'obéissance : et cependant il ne les découvroit à ses disciples que dans le besoin, leur apprenant par ce moyen la discrétion avec laquelle ils devoient ménager ceux qui se fieroient à eux, quand ce ne seroit que pour ne leur faire point de peine inutile et ne leur point attirer de haine sans nécessité. Cette discrétion des disciples leur fait taire encore dans leurs évangiles, et si long-temps après la mort du Sauveur, le nom de celui dont il avoit ainsi choisi la maison, aussi bien que de celui où il envoya querir l'ânon et l'ânesse. Ils ne taisoient pas de même d'autres noms; et par exemple non-seulement on a remarqué que celui qui lui aida à porter sa croix étoit un nommé Simon Cyrénéen, mais on circonstancie encore « qu'il étoit père d'Alexandre et de Rufus[2], » connus parmi les fidèles. Tout se doit faire avec raison : il y a des personnes qu'il faut nommer pour mieux circonstancier les choses; il y en a d'autres qu'une certaine discrétion oblige de taire.

Saint Pierre et saint Jean trouvèrent les choses comme Notre-Seigneur les leur avoit dites : le porteur d'eau ne manqua pas de se trouver à l'endroit de la ville par où ils entroient et d'aller à la maison que Notre-Seigneur avoit choisie, comme l'ânon s'étoit trouvé à point nommé à l'entrée de ce village, lié à une porte entre deux chemins. « Il se trouva aussi là, » avec beaucoup d'autres personnes inconnues, « un homme qui demanda aux deux

____

[1] *Matth.*, XXI, 2, 3; *Marc.*, XI, 2, 3; *Luc.*, XIX, 30, 31. — [2] *Marc.*, XV, 21.

disciples ce qu'ils vouloient faire de cet ânon [1]. » Et il sembloit
que le hasard l'eût fait parler; mais non : car c'étoit précisément
celui qui devoit laisser aller cet animal au premier mot des disciples, selon la parole de leur Maître. Enfin il se trouva que cet ânon
n'avoit jamais été monté. Car il le falloit ainsi pour accomplir le
mystère, et pour montrer que le Sauveur devoit un jour monter
et conduire un peuple indocile, c'est-à-dire le peuple gentil, qui
jusqu'à lui n'avoit point de loi, ni personne qui l'eût pu dompter.
Tout est conduit : les petites choses comme les plus grandes, et
tout cadre avec les grands desseins de Dieu.

Voilà donc tout disposé : le grand cénacle tapissé est prêt : on
y attend le Sauveur : voyons maintenant les grands spectacles
qu'il y va donner à ses fidèles : contemplons, croyons, profitons;
ouvrons le cœur plutôt que les yeux.

II⁰ JOURNÉE.

La Pâque. La vie d'un chrétien n'est qu'un passage.

Lisons les paroles de saint Jean, XIII, 1. « Devant le jour de
Pâque, Jésus sachant que son heure étoit venue de passer de ce
monde à son Père, comme il avoit aimé les siens qui étoient dans
le monde, il les aima jusqu'à la fin. »

On sait que le mot de *Pâque* signifie *passage*. Une des raisons de ce nom, qui est aussi celle que saint Jean regarde en
ce lieu, c'est que la fête de Pâque fut instituée lorsque l'ancien
peuple devoit sortir de l'Egypte, pour passer à la terre promise à
leurs pères; ce qui étoit la figure du « passage » que devoit faire
le peuple nouveau de la terre à la céleste patrie. Toute la vie
chrétienne consiste à bien faire ce passage; et c'est à quoi Notre-
Seigneur va diriger plus que jamais toute sa conduite, ainsi que
saint Jean semble ici nous en avertir.

La première chose que nous devons remarquer, c'est que nous
devons faire cette pâque ou ce passage avec Jésus-Christ; et c'est

[1] *Marc.*, XI, 4-6.

pourquoi cet évangéliste commence le récit de cette pâque de Notre-Seigneur par ces mots : « Devant le jour de Pâque, Jésus sachant qu'il devoit passer de ce monde à son Père. »

O Jésus, je me présente à vous, pour faire ma pâque en votre compagnie : je veux passer avec vous du monde à votre Père, que vous avez voulu qui fût le mien : « Le monde passe [1], » dit votre Apôtre : la figure de ce « monde passe [2], » mais je ne veux point passer avec le monde, je veux passer à votre Père. C'est le voyage que j'ai à faire : je le veux faire avec vous. Dans l'ancienne pâque, les Juifs qui devoient sortir de l'Egypte pour passer à la terre promise, devoient paroître en habit de voyageur : « le bâton à la main, une ceinture sur les reins, » afin de relever leurs habits, « leurs souliers mis à leurs pieds, » toujours prêts à aller et à partir; et ils devoient « se dépêcher de manger la pâque [3], » afin que rien ne les retînt et qu'ils se tinssent prêts à marcher à chaque moment. C'est la figure de l'état où se doit mettre le chrétien pour faire sa pâque avec Jésus-Christ, pour passer à son Père avec lui. O mon Sauveur, recevez votre voyageur, me voilà prêt : je ne tiens à rien : je veux passer avec vous de ce monde à votre Père.

D'où me vient ce regret de passer? Quoi! je suis encore attaché à cette vie! Quelle erreur me retient dans ce lieu d'exil? Vous allez passer, mon Sauveur; et résolu que j'étois de passer avec vous, quand on me dit que c'est tout de bon qu'il faut passer, je me trouble, je ne puis supporter ni entendre cette parole. Lâche voyageur, que crains-tu? Le passage que tu vas faire est celui que le Sauveur va faire aussi dans notre Evangile : craindras-tu de passer avec lui? Mais écoute : « Jésus sachant que son heure étoit venue de passer de ce monde [4]. » Qu'y a-t-il de si aimable dans ce monde, que tu ne veuilles point le quitter avec le Sauveur? Jésus le quitteroit-il, s'il étoit bon d'y demeurer? Mais écoute, encore un coup, chrétien : « Jésus passe de ce monde pour aller à son Père. » S'il falloit seulement sortir du monde sans aller à quelque chose de mieux, quoique ce monde soit peu de chose et qu'on ne perdît pas beaucoup en le perdant, on pourroit y avoir regret, parce qu'enfin on n'auroit rien de meilleur. Mais,

[1] *I Joan.*, II, 17. — [2] *I Cor.*, VII, 31. — [3] *Exod.*, XII, 11. — [4] *Joan.*, XIII, 1.

chrétien, ce n'est pas ainsi que tu dois passer : Jésus passe de ce monde, mais pour aller à son Père : Chrétien, qui dois passer avec lui, tu passes à un Père : le lieu d'où tu sors est un exil : tu retournes à la maison paternelle.

Passons donc de ce monde avec joie : mais n'attendons pas le dernier moment, pour commencer notre passage. Lorsque les Israélites sortirent d'Egypte, ils ne devoient pas arriver d'abord à la terre promise : ils avoient quarante ans à voyager dans le désert : ils célébroient néanmoins leur pâque, parce qu'ils sortoient de l'Egypte et qu'ils alloient commencer leur voyage. Apprenons à célébrer notre pâque dès le premier pas : que notre passage soit perpétuel : ne nous arrêtons jamais : ne demeurons point, mais campons partout à l'exemple des Israélites : que tout nous soit un désert, ainsi qu'à eux : soyons comme eux toujours sous des tentes : notre maison est ailleurs : marchons, marchons, marchons; passons avec Jésus-Christ; mourons au monde : mourons-y tous les jours : disons avec l'Apôtre : « Je meurs tous les jours [1] : » je ne suis pas du monde : je passe : je ne tiens à rien.

<hr>

IIIe JOURNÉE.

Lavement des pieds. Puissance de Jésus-Christ, son humilité.
Joan., XIII, 1-5.

« Comme il avoit toujours aimé les siens, il les aima jusqu'à la fin [2]. » En ce moment de son passage, lorsqu'il les alloit quitter, il les aima plus que jamais, et leur donna des marques plus sensibles de son amour. C'étoit la consolation qu'il leur vouloit laisser en les quittant. En effet tout ce qu'il leur dit est plus tendre, tout ce qu'il fait plus rempli d'amour : témoin l'Eucharistie qu'il leur va donner. Mais voici par où il commence : « Après le souper, le diable ayant déjà mis dans le cœur de Judas, fils de Simon Iscariote, le dessein de le livrer, Jésus sachant que son Père lui avoit tout mis entre les mains et qu'il étoit sorti de Dieu et qu'il y re-

______
[1] I *Cor.*, XV, 31. — [2] *Joan.*, XIII, 1.

tournoit, il se leva de table, quitta ses habits et mit un linge devant lui : puis ayant versé de l'eau dans un bassin, il commença à laver les pieds de ses disciples, et les essuya avec le linge qu'il avoit attaché autour de lui [1]. » Voilà notre lecture d'aujourd'hui. Qu'elle est belle ! qu'elle est ravissante ! Mon Sauveur, vous me remplissez de consolation par la lecture de votre Evangile ! En quelque endroit que je l'ouvre, j'y trouve partout ces consolations et des paroles de vie éternelle : mais je ne sais si j'y ai lu rien de plus touchant que cet endroit. Mon Sauveur, augmentez ma joie dans cette sainte lecture, afin que la chaste délectation dont elle me remplit m'ôte tout le goût des joies du monde. Mais pour cela il faut peser toutes les paroles.

« Après le souper [2] : » Saint Jean va parler d'un autre souper « où il étoit couché sur le sein de Jésus, où Jésus donna à Judas le morceau trempé [3]. » Voilà donc un autre souper. Il y en eut deux, dont le dernier se fit après le lavement des pieds, et ce fut celui où il institua l'Eucharistie : souper de cérémonie, qui peut-être fut précédé du souper de l'Agneau pascal. Je n'entre pas dans ces questions, je ne cherche qu'à m'édifier ; et il me suffit d'entendre que le festin où l'Eucharistie fut instituée, fut un festin particulier qui fut tout plein de mystère, comme nous le verrons bientôt. Que le premier donc soit celui où l'on satisfit au besoin. Voilà Jésus qui se lève et qui sort de table ; et pour préparer ses disciples au mystérieux festin qu'il leur préparoit, il leur lave les pieds.

« Jésus sachant que son Père lui avoit tout remis entre les mains, et qu'il étoit sorti de Dieu et retournoit à Dieu [4]. » Arrêtons-nous. Saint Jean est ici tout occupé des grandeurs et de la puissance de Jésus : et il nous veut remplir de cette idée, afin que la peinture qu'il nous va faire de son humilité et de son amour soit plus vive. Arrêtons-nous donc, encore un coup, et goûtons cette première parole : « Son Père lui a tout remis entre les mains, » selon ce qu'il a dit lui-même : « Tout a été mis entre mes mains par mon Père [5] ; » et ailleurs : « La toute-puissance

----

[1] *Joan.*, XIII, 2-5. — [2] *Ibid.*, 2. — [3] *Ibid.*, 23, 26. — [4] *Ibid.*, 3. — [5] *Matth.*, XI, 27.

m'est donnée dans le ciel et dans la terre [1]. » Et quoique cette puissance lui appartînt naturellement, parce que dès le commencement il étoit Dieu, toujours résidant en Dieu et inséparable de lui, et qu'il étoit ce Verbe Dieu par qui Dieu a tout tiré du néant, le Père par ce moyen ne pouvant avoir aucune créature qui ne soit la créature du Fils et ne lui doive le même hommage, conformément à cette parole : « Tout ce qui est à moi est à vous, et tout ce qui est à vous est à moi [2]. » Néanmoins cette puissance lui venoit de son Père, qui la lui ayant déjà donnée par son éternelle naissance, la lui donnoit au temps de sa passion d'une façon particulière, parce que c'étoit par sa passion qu'il devoit tout acquérir, et avoir à titre d'achat et d'acquisition ce qu'il avoit déjà naturellement et par le droit de sa naissance. Et celui à qui tout est donné d'une manière si excellente, c'est celui qui nous va laver les pieds. Voilà où saint Jean en veut venir : humilions-nous donc de notre côté. O Jésus, je me soumets à votre empire : à celui que vous avez sur moi comme créateur : à celui que vous avez comme rédempteur : vous êtes mon souverain Seigneur : mon doux·et unique Maître : « Vous êtes le Fils de Dieu, vous êtes le roi d'Israël [3]. » Quelle obéissance ne vous dois-je pas, étant à vous à tant de titres et par des titres de cette nature, si authentiques, si immuables, si aimables, si divins ?

IV° JOURNÉE.

Tout remis entre les mains de Jésus-Christ, spécialement les élus. Ibid.

« Tout lui a été remis en main par son Père [4]. » Ce « tout, » qui lui a été remis en main par son Père, est principalement ce « tout » dont il a dit : « Tout ce que mon Père me donne vient à moi [5]. » Et ce « tout, » c'est son Eglise : c'est dans son Eglise spécialement les saints, et parmi les saints ceux qui le sont jusqu'à la fin, et en un mot les élus. Voilà ce « tout » bienheureux, qui est spéciale-

<hr>

[1] *Matth.*, XXVIII, 18. — [2] *Joan.*, XVII, 10. — [3] *Joan.*, I, 49. — [4] *Matth.*, XI, 27. [5] *Joan.*, VI, 37.

ment remis par le Père entre les mains de Jésus, et dont il a dit lui-même : « Ils étoient à vous, et vous me les avez donnés ; » et un peu devant : « Vous avez donné puissance sur toute chair, » sur tous les hommes, « à votre Fils, afin qu'il donne la vie éternelle à tout ce que vous lui avez donné [1]. » Ajoutons toujours : et celui à qui le Père a remis en main tout ce qui lui est de plus cher, c'est-à-dire ses élus, ses bien-aimés, c'est celui qui va nous laver les pieds. Mon Sauveur, vous vous abaissez jusque-là ! Il est juste que je m'abaisse devant vous : mon Sauveur, que je sois de ce « tout » que votre Père vous a donné, afin que vous lui donniez la vie éternelle! J'en serai, si je suis fidèle à votre grace, si je garde vos commandemens. Donnez-moi ce que vous me commandez, afin que je sois de ce troupeau béni dont vous avez dit : « Mes brebis entendent ma voix : je les connois et elles me suivent, et je leur donne la vie éternelle. Ce que mon Père m'a donné est plus grand que tout : lui-même qui me l'a donné est au-dessus de toutes choses ; et l'on ne peut rien ôter de mes mains, non plus que des siennes, parce que mon Père et moi ne sommes qu'un [2]. » Qu'y a-t-il à craindre après cela ? Rien du tout, sinon de manquer à sa vocation : il n'y a qu'à s'abandonner à ces mains toutes-puissantes, et à dire à Jésus : « O Seigneur, j'espère en vous ; » je me livre à vous ; « je ne serai point confondu [3]. »

Vᵉ JOURNÉE.

Jésus-Christ, vrai Dieu et vrai homme. Joan., XIII, 3.

La même lecture, et s'arrêter à ces paroles : « Jésus sachant que tout lui étoit remis entre les mains, et qu'il étoit sorti de Dieu, et qu'il retournoit à Dieu [4]. Sorti de Dieu » sans altération, sans succession, sans ordre de temps, avec une inexplicable pureté, comme le rayon sort du soleil, sans s'en séparer et toujours portant en lui-même toute la vertu de son principe ; ce qui fait que saint Paul l'appelle « l'éclat et le rejaillissement de la gloire de son

[1] *Joan.*, XVII, 6, 2. — [2] *Joan.*, X, 27-30. — [3] *Psal.* XXX, 1. — [4] *Joan.*, XIII, 3.

Père [1] : » sorti néanmoins, non par extension, comme le rayon qui n'est que la lumière étendue et portée bien loin au dehors; mais sorti de Dieu, comme la pensée sort de l'esprit et y demeurant toujours : sorti de lui par conséquent comme quelque chose de vivant, ou plutôt comme la vie même; ce qui fait dire à saint Jean que « la vie étoit en lui [2]; » c'est-à-dire qu'elle y étoit comme dans le Père, qu'elle y étoit comme dans sa source, selon ce qu'il dit lui-même de sa propre bouche : « Comme le Père a la vie en lui-même, ainsi a-t-il donné au Fils d'avoir la vie en lui-même [3]. » Il est donc sorti de Dieu de cette manière, vivant de vivant, vie de la vie; sorti par la parfaite connoissance qu'il a éternellement de lui-même, comme sa pensée, son intelligence, sa sagesse; comme sa parole intérieure par laquelle il se dit à lui-même tout ce qu'il est, comme l'expression vive et naturelle de ses perfections et de tout son être : comme portant en lui-même toute sa beauté : comme étant sa « vive et parfaite image et l'empreinte de sa substance [4] : » sorti par conséquent comme un autre lui-même, comme son Fils, de même nature que lui; Dieu comme lui : mais un même Dieu avec lui, un même Dieu que lui, parce qu'il ne sort pas par l'effusion d'une partie de sa substance; mais il sort de toute sa substance, puisque sa substance ne souffre pas de division ni de partage : de sorte que sa substance, sa vie, sa divinité lui est communiquée tout entière, lui est commune avec le Père, à qui il ne reste rien de propre et de particulier que d'être Père : comme il ne reste à la source que d'être la source, tout le reste pour ainsi parler passant tout entier dans le ruisseau.

Voilà, autant qu'il est permis aux hommes de bégayer, voilà, dis-je, ce que c'est que sortir de Dieu. Ce sont les expressions dont se sert l'Ecriture sainte pour aider notre foible intelligence, pour l'élever au-dessus d'elle-même. Et tout cela nous est dit en abrégé dans le *Symbole de Nicée*, lorsqu'il y est dit que le Fils de Dieu est engendré et sorti de la substance de son Père, Dieu de Dieu, lumière de lumière, vrai Dieu d'un vrai Dieu : de même substance que son Père et un même Dieu avec lui, parce que le Seigneur notre Dieu est un seul Dieu, et que tout ce qui est Dieu

[1] *Hebr.*, I, 3. — [2] *Joan.*, I, 4. — [3] *Joan.*, V, 26. — [4] *Hebr.*, I, 3.

et vrai Dieu ne peut être qu'un, l'unité étant la substance et l'essence même de la Divinité. Mais pourquoi se perdre aujourd'hui dans ces sublimes pensées, si ce n'est pour considérer avec saint Jean par une ferme et vive foi que vous, mon Sauveur, étant Dieu, égal à Dieu et un même Dieu avec votre Père, d'où vous êtes sorti en demeurant éternellement dans son sein, néanmoins vous avez voulu vous rabaisser jusqu'à laver nos pieds, vous humiliant de cette sorte devant votre créature pour nous apprendre à nous humilier, non-seulement devant vous, mais encore devant nos frères, devant nos égaux, devant des hommes faits comme nous, devant nos inférieurs, si notre bassesse naturelle nous permet de mettre quelqu'un en ce rang.

VIe JOURNÉE.

Jésus-Christ, Dieu de Dieu, sorti de Dieu. Joan., xiii, 3.

Encore la même lecture; le même mot : « Sorti de Dieu [1]. » Vous êtes, mon Sauveur, « sorti de Dieu : » sorti premièrement dans l'éternité, conformément à cette parole de Michée : « Sa sortie est dès les jours de l'éternité [2], » d'une parfaite coexistence avec Dieu, de qui vous sortez : autrement, vous ne seriez pas le rayon de ce soleil : vous ne seriez pas l'éclat de sa gloire ni l'empreinte de sa substance, puisque sa substance c'est l'éternité : vous ne seriez pas sa pensée : vous ne seriez pas son Fils, le Fils parfait d'un Père parfait, d'un Père toujours parfait pour produire, pour engendrer, comme pour être. Vous êtes donc sorti de Dieu dans l'éternité, avant tous les temps : mais sorti de Dieu dans le temps, lorsque votre Père qui vous engendre, et vous porte éternellement dans son sein unit à votre personne qui lui est égale et coéternelle, dans le sein de la bienheureuse Vierge, la nature humaine tout entière, c'est-à-dire une ame unie à un corps humain, afin que le même qui est Dieu parfait fût aussi homme parfait : Fils de Dieu et Fils de Marie, le même Fils, le même

[1] *Joan.*, XIII, 3. — [2] *Mich.*, v, 2.

Dieu. En cette sorte, ô Jésus, vous êtes encore sorti de votre Père éternel, parce que vous n'avez point eu d'autre Père que lui, et que la mère que vous avez eue est demeurée vierge, n'ayant été rendue féconde qu'à cause que « le Saint-Esprit est survenu » en elle « et que la vertu du Très-Haut l'a couverte de son ombre[1] : » conçu d'une manière si pure et si divine, celle dont vous êtes né ne l'est pas moins, puisque conçu du Saint-Esprit, vous êtes né de Marie toujours vierge, et vous sortez en cette sorte pour paroître aux hommes, comme vous dites vous-même : « Je suis sorti de mon Père, et je suis venu dans le monde[2] : » non que vous soyez venu où vous n'étiez pas, mais vous avez paru où vous ne paroissiez pas ; et voilà votre sortie dans le temps, lorsqu'étant fait homme mortel, vous avez paru parmi les mortels.

C'est ainsi que vous êtes venu dans le monde en qualité d'homme ; mais en même temps vous êtes demeuré comme Dieu dans le sein de votre Père, selon ce que disoit saint Jean votre précurseur : « Personne n'a jamais vu Dieu ; mais le Fils unique qui est dans le sein de son Père nous en a raconté les merveilles[3], » nous l'a fait connoître. Et comme vous dites vous-même, « personne n'est monté au ciel que celui qui est descendu du ciel, à savoir le Fils de l'homme qui est dans le ciel[4]. » Vous en êtes descendu, et vous y êtes : comme Dieu vous ne quittez jamais le ciel, qui est le lieu de la gloire de votre Père, et vous ne le pouvez jamais quitter. Comme homme mortel, vous avez quitté cette gloire qui vous étoit naturelle, et vous nous avez paru dans la bassesse. Et vous vous êtes « fait homme, et » vous avez « habité au milieu de nous, et nous avons vu » votre « gloire, comme la gloire du Fils unique plein de grace et de vérité[5]. »

Mais comment est-ce que saint Jean a dit qu'il avoit vu votre gloire ? Est-ce à cause qu'il vous a vu ressuscité et montant aux cieux, ou même qu'il vous a vu transfiguré sur le Thabor ? Tout cela entre dans sa pensée : mais il déclare qu'il vous a vu dans votre gloire, lorsqu'il vous a vu « plein de grace et de vérité : » plein de la grace des miracles et guérissant tous les maux de nos corps : plein de

---

[1] *Luc.*, I, 35. — [2] *Joan.*, XVI, 28. — [3] *Joan.*, I, 18. — [4] *Joan.*, III, 13. — [5] *Joan.*, I, 14.

la grace qui nous sanctifie, puisque vos apôtres vous disoient : « O Seigneur, augmentez-nous la foi [1] ; » et que cet affligé vous crioit du fond de son cœur : « Je crois, Seigneur, aidez mon incrédulité [2]. » C'est donc ainsi que saint Jean vous a vu « plein de grace ; » et par la même raison il vous a vu « plein de vérité, » parce que vous annonciez la vérité aux hommes par vos prédications, et qu'en même temps vous la leur mettiez dans le cœur par l'inspiration de votre grace, les illuminant tout ensemble et au dedans et au dehors. Nous avons donc vu votre gloire, même au milieu de vos bassesses, parce que nous y avons vu la vérité et la grace dont vous étiez plein, et plein non-seulement pour vous, mais encore pour nous, puisque « nous avons tous reçu de votre plénitude et grace pour grace [3], » comme le disoit saint Jean-Baptiste votre précurseur.

Nous voyions donc alors votre gloire au milieu de vos infirmités : et si nous ne la voyions pas tout entière ; si en même temps que nous vous voyions des yeux de la foi, comme le Fils unique de Dieu, nous vous voyions des yeux du corps comme le dernier des hommes, comme l'homme de douleurs et tout rempli d'infirmités, comme un ver et non pas comme un homme : c'est que vous cachiez volontairement votre gloire : vous en suspendiez l'effet : ce n'étoit point par force que vous étiez dans l'abaissement : c'étoit par amour et par bonté. Et néanmoins avec cette gloire dont vous étiez plein, et que vous aviez apportée en sortant de Dieu, vous venez nous laver les pieds ! Quand donc j'aurois de la gloire, je la voudrois supprimer. Mais je n'en ai point : je n'ai rien : je ne suis rien : et il ne s'agit que d'abaisser, ou plutôt il ne s'agit que de tenir bas un pur néant.

<hr>

VIIe JOURNÉE.

Jésus-Christ sorti de la gloire de Dieu, y devoit retourner. Joan., XIII, 3.

Les mêmes paroles : « Sachant qu'il étoit sorti de Dieu, et qu'il y retournoit [4]. » Celui qui est sorti de Dieu de cette manière, ne

[1] *Luc.*, XVII, 5. — [2] *Marc.*, IX, 23. — [3] *Joan.*, I, 16. — [4] *Joan.*, XIII, 3.

peut pas qu'il n'y retourne. Il y avoit en lui une grandeur qui devoit enfin l'emporter. Il ne pouvoit s'abaisser que par condescendance, pour s'approcher de nous, pour nous apporter ses graces, pour nous donner un parfait modèle d'humilité, de douceur, de patience, de toutes les vertus, pour se rendre la victime de nos péchés. Pour cela il falloit qu'il descendît jusqu'au tombeau; mais, comme dit saint Pierre, « il n'y pouvoit pas être détenu [1]. » Et il falloit que la vie qui étoit en lui prévalût. Il falloit donc aussi que s'il quittoit sa gloire, il la reprît bientôt ; « s'il s'humilioit jusqu'à la mort, et à la mort de la croix, Dieu » devoit ensuite « l'exalter et lui donner un nom qui fût au-dessus de tout nom [2], » pour accomplir aussi ce qu'il a demandé à son Père : « Mon Père, glorifiez-moi en vous-même de cette gloire que j'ai eue en vous avant que le monde fût [3]. » C'est ce que veut dire saint Jean par ces paroles : « Sachant qu'il sortoit de Dieu et qu'il y retournoit. » Car il n'étoit pas possible qu'il demeurât toujours séparé d'une gloire qui lui étoit si naturelle ; et non-seulement il y devoit retourner, mais encore nous y ramener avec lui. Ce qui aussi lui a fait dire : « Mon Père, je veux que là où je suis, ceux que vous m'avez donnés y soient aussi avec moi, afin qu'ils contemplent ma gloire que vous m'avez donnée, parce que vous m'avez aimé avant la création du monde [4]. » La contempler, c'est en jouir, c'est y participer, selon ce que dit saint Jean : « Nous lui serons semblables, parce que nous le verrons comme il est [5]. » Et c'est l'accomplissement de ce qu'il a dit : « Je leur ai donné la gloire que vous m'avez donnée, afin qu'ils soient un comme nous sommes un, et que le monde sache que vous les avez aimés comme vous m'avez aimé [6]. »

Que ceux qui aiment Jésus-Christ goûtent ces paroles, et qu'ils goûtent encore celles-ci : « Je m'en vais vous préparer la place : et quand je m'en serai allé, et que je vous aurai préparé la place, je reviendrai, et je vous retirerai à moi, afin que là où je suis, vous y soyez aussi [7]. » Voilà donc la manière dont Jésus-Christ devoit retourner à Dieu ; voilà ce que veulent dire ces paroles de

[1] *Act.*, II, 24. — [2] *Philipp.*, II, 8, 9. — [3] *Joan.*, XVII, 5. — [4] *Joan.*, XVII, 24. — [5] I *Joan.*, III, 2. — [6] *Joan.*, XVII, 22, 23. — [7] *Joan.*, XIV, 2, 3.

saint Jean : « Il étoit sorti de Dieu et il y retournoit : » et lorsqu'il fut sur le point d'accomplir ce glorieux retour, étant tel et se sachant tel, comme le remarque saint Jean, il voulut bien nous laver les pieds. Silence, silence, encore un coup : taisez-vous, mes pensées : laissez-moi contempler Jésus aux pieds de ses apôtres, à nos pieds de tous : et aux pieds de tous ses fidèles qu'il regardoit dans ses apôtres.

VIIIᵉ JOURNÉE.

Jésus-Christ en vient au lavement des pieds. Joan., xiii, 4.

Lisez versets 4 et 5. « Il se leva de table et il posa ses habits, » les habits d'honneur que portoient les personnes libres, et ne se laissant que cette sorte d'habits que ceux qui servoient avoient accoutumé de garder. « Et ayant pris un linge, il se l'attacha devant lui : » de mot à mot, « il s'en ceignit. » Se ceindre, en général étoit la posture de celui qui alloit servir, selon ce qui est écrit : « Que vos reins soient ceints ; » et un peu après : « Soyez comme les serviteurs qui attendent leurs maîtres ; » et peu après : « Le maître se ceindra lui-même, et fera asseoir à sa table ses fidèles serviteurs, il viendra lui-même les servir [1]. » Voilà en général ce que c'est que se ceindre : mais se ceindre d'un linge est l'habit d'un service encore plus vil, qui est celui de laver les pieds. Et remarquez que Jésus fait tout lui-même : lui-même il pose ses habits : il se met lui-même ce linge : il verse l'eau lui-même dans le bassin, de ces mêmes mains qui sont les dispensatrices de de toutes les graces ; de ces mains qui sont les mains d'un Dieu qui a tout fait par sa puissance ; de ces mains dont la seule imposition, le seul attouchement guérissoit les malades et ressuscitoit les morts : de ces mêmes mains il versa de l'eau dans un bassin, il lava et essuya les pieds de ses disciples. Ce n'est pas ici une cérémonie ; c'est un service effectif qu'il leur rend à tous, et le service le plus vil, puisqu'il faut se mettre à leurs pieds pour le leur

[1] *Luc.,* xii, 35-37.

rendre : il faut laver les ordures et la poussière qui s'amassoient autour des pieds en marchant nu-pieds, comme on faisoit en ces pays-là. Voilà ce que fait Jésus, sachant tout ce qu'il étoit dès l'éternité et dans le temps, et ce qu'il alloit devenir par sa résurrection et son ascension triomphante. Pénétrez-moi, ô Jésus, de votre grandeur naturelle et de vos bassesses volontaires, afin que du moins dans ma petitesse naturelle je n'aie point de difficulté à me tenir bas et à servir mes frères.

IXᵉ JOURNÉE.

Pierre refuse de se laisser laver les pieds, puis il obéit. Joan., xiii, 6-9.

Que saint Pierre étoit pénétré de ces grandeurs et de ces bassesses de son maître, lorsqu'il s'écrie tout transporté : « Quoi ! Seigneur, vous me laveriez les pieds[1] ! » Vous ? à qui ? à moi ! *Tu, mihi.* Vous, le Fils de Dieu ! à moi, un pécheur ! Il lui disoit autrefois : « Retirez-vous de moi, Seigneur ; car je suis un homme pécheur[2] : » un homme, un mortel, un néant : mais ce qui est encore pis, un pécheur. Ha ! retirez-vous de moi, je ne puis souffrir votre approche. A plus forte raison maintenant, que vous veniez me laver les pieds et me rendre un service si indigne de vous, un maître à son disciple ! un Seigneur et un tel Seigneur à son esclave ! « Ha ! Seigneur, » quoi que vous disiez, je ne le souffrirai jamais : « Jamais vous ne me laverez les pieds[3]. »

Le caractère de saint Pierre étoit la ferveur. Elle n'étoit pas encore bien réglée, mais elle étoit extrême ; et quoique Jésus lui dît : « Vous ne savez pas encore ce que je veux faire, mais vous le saurez bientôt » et en son temps ; comme s'il eût dit : Laissez-moi faire ; je sais pourquoi je le fais ; Pierre s'obstine pour ainsi parler, et contraint Jésus de lui dire : « Si je ne vous lave, vous n'aurez point de part avec moi. » Et en même temps, avec la même ferveur qui lui faisoit dire : « Jamais vous ne me laverez les pieds, » il s'écrie : « Ha ! Seigneur, non-seulement les pieds, mais encore les mains et la tête[4]. » Il ne savoit pas encore ce que

---

[1] *Joan.,* xiii, 6, 7. — [2] *Luc.,* v, 8. — [3] *Joan.,* xiii, 6. — [4] *Ibid.,* 7-9.

c'étoit d'être lavé par Jésus, et dans quel baptême il falloit être plongé à son exemple. Il n'avoit pas encore pénétré cette parole de son maître : « J'ai à être baptisé d'un baptême[1] : » il faut que je sois baptisé de mon propre sang : et je réserve ce baptême de souffrance à mes serviteurs : je leur laverai les pieds, je leur laverai les mains, je leur laverai la tête par ce baptême. Pierre ne savoit pas encore tout ce mystère : il ne savoit pas encore parfaitement combien nos pensées, combien nos actions étoient impures, ni combien nous avions besoin que notre tête et nos mains fussent lavées. Et néanmoins possédé du désir d'être avec son maître et d'avoir part avec lui, à l'abandon il s'écrie : Je vous livre tout, les pieds, les mains, la tête même : lavez-moi comme vous voudrez : je veux être avec vous, quoi qu'il en coûte : à quelque prix que ce soit, je veux vous avoir : faites ce que vous voudrez, non-seulement de mes pieds, mais encore de mes mains et de ma tête. Vous serez écouté, Pierre : vos pieds et vos mains seront lavés : vous serez crucifié comme votre maître : votre tête aura son partage dans votre crucifiement, et vous serez crucifié la tête en bas. C'est ainsi que votre maître vous lavera : voilà le bain qu'il vous prépare : « Vous ne le savez pas encore ; » mais on vous le fera savoir en son temps. « O Seigneur, non-seulement les pieds, mais encore les mains et la tête. » Imitons saint Pierre : abandonnons-nous à notre Sauveur. Nous ne savons pas encore ce qu'il veut faire de nous : notre foiblesse ne le pourroit pas souffrir : mais quoi que ce soit, « mon cœur est prêt : mon cœur est prêt, ô Dieu[2] ! » encore un coup, je vous livre tout : pieds et mains, tout ce que je suis, la tête même et l'ame dont elle est le siége.

Xe JOURNÉE.

Se laver des moindres taches. Vous êtes purs, mais non pas tous.
Joan., xiii, 8, 10.

En Orient, dans les pays chauds, l'usage du bain étoit fort fréquent ; et après qu'on s'étoit lavé le matin et pendant le jour,

[1] *Luc.*, xii, 50. — [2] *Psal.* lvi, 8.

il ne restoit plus sur le soir que de se laver les pieds pour se nettoyer des ordures qu'on amassoit allant et venant. C'est le sens de
cette parole de l'Epouse : « J'ai lavé mes pieds : pourquoi voulez-
vous que je me lève pour les salir ¹? » Jésus-Christ se sert de cette
similitude, pour faire entendre à ses fidèles qu'après s'être lavé
des grands péchés, il reste encore le soin de se purger de ceux
que l'on contracte dans l'usage de la vie humaine ; lesquels, bien
que plus petits à comparaison des autres, ne laissent pas en eux-
mêmes d'être toujours grands, parce qu'une ame qui aime Dieu
ne trouve rien de léger dans ce qui l'offense ; et si elle négligeoit
de se purifier de ces fautes, elles la mettroient dans un état funeste, affoiblissant insensiblement les forces de l'ame : en sorte
qu'il ne lui resteroit que très-peu de résistance contre les grandes
tentations ; ce qui la feroit succomber trop aisément, parce que
ces tentations violentes ne peuvent être vaincues que par une
très-ardente charité. C'est ce que Jésus-Christ nous apprend par
ces paroles : « Celui qui a été lavé n'a plus besoin que de laver ses
pieds, et il est pur dans tout le reste ; et vous, vous êtes purs,
mais non pas tous ². » Jésus-Christ nous apprend donc par cette
parole qu'il ne nous est pas permis de négliger ces moindres péchés, et c'est ce qu'il a voulu signifier par le lavement des pieds.
Et afin de pénétrer tout le mystère, le soin qu'il prend de laver
les pieds à ses apôtres au moment qu'il alloit instituer l'Eucharistie et les y faire participer, nous apprend que le temps où nous
devons nous appliquer à purger ces fautes vénielles, c'est celui où
nous nous préparons à la communion, où il s'agit de s'unir parfaitement avec Jésus-Christ ; à quoi ces péchés apportent un si
grand obstacle, que si on mouroit avant que de les avoir expiés,
la vision bienheureuse en seroit retardée et peut-être durant plusieurs siècles. On doit donc se sentir d'autant plus obligé à purifier
ces péchés avant la communion, que c'est par elle principalement
qu'on s'en doit relever, les autres étant lavés par un autre sacrement et la négligence de purger ces fautes pouvant aller à un
excès qui rendroit l'attache à ces péchés non-seulement dangereuse comme elle l'est toujours, mais encore mortelle. Car celui

<hr>

¹ *Cantic.*, V, 3. — ² *Joan.*, XIII, 10.

qui ne se soucie des péchés qu'à cause qu'ils damnent, montre que c'est la peine qu'il craint, mais qu'il n'aime pas véritablement la justice, c'est-à-dire qu'il n'aime pas Dieu comme il y est obligé ; et il doit craindre de perdre bientôt par son extrême langueur tout ce qui lui reste de ce feu divin. Lavons donc soigneusement non-seulement nos mains et notre tête, mais encore nos pieds, avant que d'approcher de l'Eucharistie : autrement l'Epoux viendra à nous avec une espèce de dédain. Et encore que ces péchés journaliers n'empêchent pas qu'il ne nous dise ainsi qu'aux apôtres : « Vous êtes purs, » il nous avertit néanmoins de nous en purger, quand nous voulons nous approcher de son corps et de son sang avec toute la pureté requise. Et il fait bien voir combien est grande cette obligation, lorsqu'en lavant les pieds à ses apôtres, pour leur inspirer le soin de se purifier de ces péchés, il leur dit : « Si je ne vous lave, » c'est-à-dire si je ne lave ces taches des pieds, « vous n'aurez point de part avec moi [1] ; » non-seulement à cause qu'elles retardent, comme on vient de voir, la vision bienheureuse et la parfaite union avec Dieu ; mais encore à cause que la négligence de les nettoyer peut causer de dangereuses froideurs entre l'ame et Jésus-Christ, et même dans un certain degré devenir mortelle. Lavez-vous donc, chrétiens : lavez-vous de tous vos péchés, jusqu'aux plus petits, lorsque vous devez approcher de la sainte table : lavez vos pieds avec soin : renouvelez-vous tout à fait, de peur qu'il ne vous arrive de manger indignement le corps du Sauveur, puisque vous voyez si clairement que ce péché, qui peut-être ne seroit que véniel par sa nature, deviendroit mortel par l'attache que vous y auriez. Et quand même vous ne seriez pas tout à fait indigne de cette indignité qui nous rend coupables du corps et du sang du Sauveur, nous pourrions nous rendre indignes des grandes graces sans lesquelles nous ne pouvons vaincre les grandes foiblesses, ni les grandes tentations dont la vie est pleine. Nous pourrions nous rendre indignes de cette parfaite communication avec l'Epoux, et causer entre lui et nous, sinon la rupture, du moins ces froideurs qui sont des dispositions à la rupture même.

[1] *Joan.*, XIII, 8.

Seigneur, lavez-moi les pieds, afin que je dise avec l'Epouse : « Je me suis lavé les pieds : puis-je les salir de nouveau ? » La pureté est un attrait pour conserver la pureté : plus un habit est blanc, plus les taches qui sont dessus se font remarquer : plus on est net, plus on doit éviter de se souiller : dans le désir d'être rangé avec ceux dont il est écrit, « qu'ils sont sans tache devant le trône de Dieu [1]. » C'est à quoi il faut aspirer et se souvenir de cette belle doctrine de saint Augustin : qu'encore qu'on ne puisse vivre ici sans péché, on en peut sortir sans péché, parce que comme les péchés y abondent, les remèdes pour les guérir n'y manquent pas.

XIe JOURNÉE.

Judas lavé comme les autres. Joan., XIII, 10, 11.

« Vous êtes purs, mais non pas tous. Car il savoit qui étoit celui qui le devoit trahir; et c'est pour cela qu'il dit : Vous êtes purs, mais non pas tous [2]. » Et cependant, quoiqu'il le connût et « que le diable fût déjà entré dans son cœur [3] » pour lui inspirer le dessein de livrer son Maître, il lui lave les pieds comme aux autres, et il l'avertit qu'il voit son crime pour le porter à se corriger. Arrêtons-nous à considérer avec saint Paul « la bonté de Dieu » qui nous attend, disons plus, « qui nous invite à la pénitence, » pendant « qu'avec notre dureté et notre cœur impénitent nous nous amassons à nous-mêmes des trésors de haine [4]. » Telle étoit la disposition de Judas.

Que de Judas parmi les chrétiens! Que de malheureux, que mille démonstrations des bontés de Dieu ne peuvent détourner de la résolution de mal faire! Ne soyons point de ce nombre. Si nous en avons été, n'en soyons plus : songeons du moins qu'il nous voit, qu'il voit celui qui le doit trahir. Et cependant il lui lave les pieds : une eau sainte lui est présentée dans la pénitence : Jésus est prêt à le recevoir à son amour et à ses graces, pourvu qu'il se lave et se repente.

[1] *Apoc.*, XIV, 5. — [2] *Joan.*, XIII, 10, 11. — [3] *Ibid.*, 2. — [4] *Rom.*, II, 4, 5.

XIIᵉ JOURNÉE.

Lavement des pieds commandé. Bonté et humilité. Joan., xiii, 12-16.

Il falloit joindre l'instruction de la parole à celle de l'exemple. Jésus « reprit ses habits, et s'étant remis à table, » avant que de reprendre le souper qu'il avoit interrompu, avant que d'en venir au repas céleste, il y parla en cette sorte : « Vous voyez ce que je viens de faire : vous m'appelez votre Maître et votre Seigneur, et vous avez raison : car je le suis [1]. » Continuez la lecture, versets 14, 15, 16. Vous y apprendrez que le Sauveur nous enseigne à rendre à nos frères le service que nous pouvons, même corporel, même sans y être tenus. Celui de laver les pieds étoit alors en grand usage, comme il paroît par ces paroles de saint Paul, où il compte parmi les conditions de la veuve, qu'on devoit choisir pour servir les pauvres, « qu'elle ait été hospitalière, qu'elle ait lavé les pieds des saints [2]. » Choisissons à cet exemple quelque service de cette nature, qui revienne à celui-là selon nos mœurs. Par exemple, allons servir les malades dans un hôpital, ou plutôt encore quelque malade qui soit sans secours et qui ait besoin d'un tel service; et toutes les fois que nous le rendrons à quelqu'un, rendons-le comme Jésus-Christ, le plus sérieux, le plus effectif, et par conséquent le plus humble qu'il se pourra; et que ceux qui rendent quelquefois aux pauvres de tels services par cérémonie, comme les princes, les prélats, les supérieurs des communautés, entrent dans l'esprit de cette cérémonie : qu'ils entrent dans une profonde et sincère humilité : qu'ils considèrent, que dans le fond notre nature est servile : que nous sommes nés serfs par le péché et que la différence des conditions ne peut pas effacer ce titre.

Ne servons pas seulement nos frères avec humilité, comme a fait le Sauveur; mais servons-les avec amour, en nous souvenant de cette parole : « Jésus ayant toujours aimé les siens, il les aima jusqu'à la fin [3]. » Ce ne fut donc pas seulement pour pratiquer

[1] *Joan.*, XIII, 12, 13. — [2] I *Timoth.*, V, 9, 10. — [3] *Joan.*, XIII, 1.

l'humilité et nous en donner l'exemple, qu'il lava les pieds à ses disciples; mais ce fut par un tendre amour, par le plaisir qu'il avoit à leur montrer combien il les estimoit, pour relever la dignité de la nature humaine tombée dans la servitude. Servons donc nos frères dans le même esprit, par estime, par tendresse et pour honorer Jésus-Christ en eux.

Dans un sens moral, mais très-véritable et très-solide, nous nous lavons les pieds les uns aux autres, lorsque nous prenons soin de nous avertir mutuellement de nos fautes; toujours prêts à les excuser, ne souffrant pas qu'on déshonore notre prochain dans les moindres choses, et le purgeant par ce moyen jusque des plus petits défauts; et cela, non-seulement par humilité, de peur qu'en jugeant les autres nous nous attirions à nous-mêmes un sévère jugement pour nos défauts; mais par une sincère et véritable tendresse pour tous les chrétiens qui sont nos frères, et pour tous les hommes qui sont notre chair.

Jésus-Christ, après avoir dit : « Faites comme je vous ai fait [1], » et avoir montré aux hommes le service qu'ils doivent rendre à leurs semblables, afin de leur faire entendre à combien plus forte raison ils doivent servir ses ministres, il ajoute : « Celui qui reçoit ceux que j'envoie, me reçoit moi-même; et : celui qui me reçoit, reçoit celui qui m'a envoyé [2]. » Le bel enchaînement de remonter des ministres de Jésus-Christ à lui-même, et de lui-même jusqu'à Dieu son Père! Accoutumons-nous à regarder Jésus-Christ dans nos pasteurs, et dans Jésus-Christ toute la majesté de son Père.

En tenant ces discours à ses apôtres, Jésus-Christ y insère toujours quelque chose du traître Judas pour les confirmer, non-seulement dans la foi en leur faisant sentir qu'il savoit tout, mais encore dans les sentimens de bonté et d'humilité, puisque connoissant, comme il dit, ceux qu'il avoit choisis et sachant les noirs desseins de ce traître, il n'avoit pas laissé de lui laver les pieds : et non-seulement cela, mais encore de le faire mettre à sa table, de lui servir à manger comme aux autres, et ce qui est au-dessus de tout, de lui donner comme aux autres son corps et son sang.

[1] *Joan.*, XIII, 15. — [2] *Ibid.*, 20.

XIIIe JOURNÉE.

Trouble de Jésus. Un de vous me trahira. *Joan.*, XIII, 21.

« Jésus ayant dit ces choses, se troubla en son esprit, » et se déclara en disant : « Un de vous me trahira. » Ce trouble dans l'ame sainte et dans l'esprit de Jésus, est digne d'une attention extraordinaire. Ce qui se présente d'abord à notre esprit, c'est la cause de ce trouble : « Un de vous me trahira. » Le crime, la trahison, la perfidie d'un des disciples de Jésus, c'est ce qui lui cause ce trouble intérieur. Ce qui le trouble donc en général, c'est le péché : c'est en particulier les péchés de ceux qui lui étoient le plus unis, comme Judas qu'il avoit mis au nombre de ses apôtres. Quand il songeoit que sa passion, par laquelle il venoit détruire le péché, devoit introduire dans le monde tant de nouveaux crimes : des crimes si énormes, si singuliers, si inouïs, : la trahison d'un Judas, les inhumanités des Juifs, leur ingratitude, en un mot le déicide, c'est là ce qui lui causoit plus que tout le reste ce trouble intérieur; et on ne se trompera pas en croyant que c'étoit là la partie la plus amère de son calice.

Nous voyons trois endroits principaux où il est parlé du trouble de la sainte ame de Jésus; celui-ci, au chapitre XII du même Evangile, verset 27, lorsqu'il dit : « Mon ame est troublée; » et dans le chapitre XI, verset 33, où voyant les larmes des Juifs et de Marie, sœur de Lazare, qui pleuroient sa mort, « il frémit en son esprit et se troubla lui-même. »

Il n'y a nul doute, dans l'endroit où nous sommes, que le sujet de son trouble ne fût le crime de Judas et de tous ceux qui devoient coopérer à sa mort. Car l'évangéliste le remarque, lorsqu'il dit « qu'il se troubla, » et qu'il dit en même temps : « Un de vous me trahira. » On doit croire aussi que lorsqu'il dit à la veille de sa passion : « Mon ame est troublée, » c'étoit là principalement ce qui le troubloit : c'étoit, dis-je, le péché, puisque rien ne méritoit tant de l'émouvoir. Enfin s'il a paru si troublé à la mort de Lazare et aux larmes qu'elle fit verser, il ne faut pas croire que la seule mort du corps lui causât ce frémissement et ce trouble : c'est qu'il regardoit la mort de l'ame dans celle du corps qui en étoit la figure. Il regardoit que c'est le péché qui a amené la mort dans le monde : Lazare étoit l'image du pécheur et du pécheur dans son état le plus funeste et le plus affreux, qui est celui où l'on est par le péché d'endurcissement et d'habitude, lorsqu'on pourrit dans son crime.

Ainsi ce trouble que Jésus ressentit ici dans son esprit, c'est l'horreur dont il fut saisi, en considérant le péché : c'est ce qui lui causa ce saisissement qu'il fit paroître en frémissant. Et s'il nous est permis de pénétrer dans ses sentimens les plus intimes, ce qui le troubla le plus vivement en cette occasion, c'est qu'il regarda le mauvais effet que sa mort et le mérite de son sang répandu devoient produire dans les pécheurs, en leur étant une occasion de s'abandonner au péché par l'espérance qu'elle leur donnoit d'en obtenir le pardon. C'est là ce qu'il y a de plus horrible dans le péché, d'y faire servir la bonté de Dieu et la grace de la rédemption. Si c'est là ce que le péché a de plus horrible, c'est là aussi par conséquent ce qui causoit au Sauveur le plus d'horreur, le plus de saisissement, le plus de trouble.

Et pour venir au trouble qu'il ressentit aux approches de sa mort, il n'étoit pas seulement causé par les crimes, par les cruautés, par les injustices et les perfidies qui devoient le mener au dernier supplice : mais encore parce qu'il voyoit qu'il en seroit en quelque façon l'occasion innocente. Car encore que bien éloigné de donner lieu à la jalousie et aux injustices des Juifs, il n'ait rien omis pour les corriger et que leur malice seule fût la cause de leurs fureurs, néanmoins il ne laissoit pas d'être véritable, que la sainteté de Jésus, sa doctrine, ses miracles, ses vives et pressantes répréhensions, qui devoient opérer leur salut, excitèrent cette jalousie et cette haine implacable contre Jésus-Christ; et que Judas prit occasion de s'éloigner de lui, des paroles qu'il avoit dites en faveur de Marie, lorsqu'elle avoit épanché sur lui tant de parfums précieux.

Il faut ajouter à tout cela qu'il avoit à souffrir la mort comme la juste punition de tous les péchés dont il étoit chargé, et il y alloit en quelque façon comme coupable. Ainsi l'horreur du péché le saisissoit : il s'en voyoit tout environné, tout pénétré. Il voyoit, ô cruel spectacle pour le Sauveur du genre humain! il voyoit croître le péché par le mauvais usage qu'on feroit de sa mort. Elle faisoit dire à plusieurs qu'il n'étoit pas le Fils de Dieu, que tous les miracles par lesquels il l'avoit prouvé, n'étoient qu'illusion. Elle étoit scandale aux Juifs et folie aux gentils, et aux fidèles mêmes. Quelle occasion de vengeance, puisqu'en général tous ceux qui ne voudroient pas en profiter en devenoient plus coupables, plus punissables, plus damnés! Combien étoit touché de leur malheur ce bon Sauveur, qui aimoit si tendrement tous les hommes, particulièrement ses fidèles, et qui ne s'étoit fait homme que pour les sauver! O Jésus, c'est ce qui troubloit principalement votre sainte ame : c'est ce qui lui causa cette émotion et les autres que nous verrons dans la suite. Ayons donc horreur du péché, et voyons dans le trouble de Jésus combien notre conscience en devroit être troublée.

XIVᵉ JOURNÉE.

Qu'est-ce que le trouble de Jésus? Ibid.

Il me semble, ô mon Sauveur, que vous me faites entendre en quelque façon ce que c'étoit que ce trouble dont il est si souvent parlé dans votre Evangile. C'est déjà, bien certainement, un trouble dans l'intérieur; autrement l'évangéliste ne diroit pas : « Il se troubla dans son esprit; » ni lui-même : « Mon ame est troublée. » Mais qu'est-ce donc dans son intérieur que ce trouble, si ce n'est l'horreur d'un grand mal, d'un mal extrême, du plus grand de tous les maux, qui est le péché avec toutes les affreuses circonstances qu'on vient de voir que Jésus avoit en vue : horreur qui excitée dans son ame sainte, rejaillissoit sur le corps et y causoit des effets à peu près semblables à ceux que nous éprouvons à la vue des objets les plus fàcheux; à quoi il faut ajouter au temps de la passion, ce que je vais tâcher de pénétrer avec le secours de l'Ecriture?

Le trouble de l'ame consiste principalement dans la diversité des pensées qui nous montent dans l'esprit à l'occasion des objets extraordinaires. « Pourquoi êtes-vous troublés, et pourquoi s'élève-t-il tant de différentes pensées dans votre cœur [1]? » dit Jésus lui-même à ses disciples, lorsqu'il les vit si effrayés de ce qu'il leur apparoissoit après sa mort. Ces pensées, dont l'ame est distraite et agitée, en sorte qu'elle ne sait quel parti prendre et à quoi se déterminer, c'est ce qui la trouble : elle ne se possède plus, elle n'est plus maîtresse d'elle-même.

Oserons-nous dire qu'il y a eu quelque chose de semblable dans l'ame sainte de Jésus? « Maintenant, dit-il, mon ame est troublée : et que dirai-je? Dirai-je » à mon Père : « Mon Père, sauvez-moi de cette heure » affreuse où j'aurai tant à souffrir? « Mais c'est pour cette heure-là que je suis venu : mon Père, glorifiez votre nom [2]. »

Voilà cette diversité de pensées : on voit une espèce de perplexité dans ces paroles : « Que dirai-je? » une espèce d'irrésolution dans celles-ci : Que demanderai-je à mon Père? qu'il me délivre de tant de maux? Mais tout se termine enfin par s'abandonner tout entier à Dieu et n'avoir pour objet que sa gloire.

Y a-t-il eu une véritable irrésolution dans la sainte ame de Jésus? A Dieu ne plaise! car l'irrésolution ne venant que de la foiblesse de la raison, lorsqu'on ne voit pas assez clair pour se déterminer à ce qu'il faut faire, une telle disposition pouvoit-elle se trouver dans l'ame du Sauveur, à qui la sagesse éternelle étoit unie et ne cessoit de la diriger dans tous ses mouvemens? Mais encore qu'il n'y eût point une véritable irrésolution dans une ame si ferme et si éclairée, il y a eu quelque chose de semblable, puisqu'il a souffert en lui-même ces différentes pensées que causent d'un côté l'horreur naturelle d'une mort accompagnée de tant de terribles circonstances, et de l'autre une parfaite détermination à s'y livrer, parce que Dieu le vouloit ainsi.

[1] *Luc.*, XXIV, 38. — [2] *Joan.*, XII, 27, 28.

XVe JOURNÉE.

L'horreur du péché, cause du trouble de Notre-Seigneur. Ibid.

Pour comprendre combien cet état est fâcheux et affligeant, il ne faut que se souvenir que ce qui faisoit l'horreur de Jésus-Christ n'étoit pas seulement la mort douloureuse qu'il avoit à souffrir : car encore que cette horreur de la mort et de la douleur soit naturelle au genre humain et que Jésus-Christ l'ait dû prendre avec toute sa vivacité en prenant notre nature tout entière, c'étoit le péché qu'il regardoit comme l'objet qui lui étoit le plus opposé et qui faisoit son aversion. Il regardoit la mort, ainsi qu'on l'a vu, comme l'effet, comme la peine du péché : la sienne étoit causée par mille énormes péchés : elle en augmentoit la grièveté et le nombre à la manière qui a été dite. Ah quel calice ! combien grande, combien excessive en est l'amertume !

Un ancien Père raconte la disposition de trois solitaires dans les injures qu'on leur faisoit. L'un se recueilloit en lui-même et examinoit en tremblant s'il ne s'étoit point emporté, s'il n'avoit point manqué de patience. L'autre regardoit celui par qui il étoit outragé comme un homme qui s'attiroit à lui-même de grands maux par les justes jugemens de Dieu, et il en étoit attendri jusqu'à en pleurer. Mais les larmes du dernier étoient bien plus abondantes et bien plus amères, parce qu'il s'attachoit à considérer que les outrages qu'on lui faisoit étoient autant d'offenses contre Dieu, dont encore il avoit été l'occasion, quoiqu'innocente. Laissons la première disposition, qui ne peut convenir au Sauveur; mais les deux autres étoient en lui d'autant plus vives qu'il avoit plus de tendresse pour les hommes, une impression beaucoup plus forte des jugemens de Dieu et une horreur du péché au-dessus de tout ce qu'on peut penser.

Quand donc il lui plaisoit, quand il étoit convenable, et il l'étoit principalement dans le temps de sa passion, de se livrer tout entier à ce sentiment de compassion pour les pécheurs et d'horreur pour le péché même, ce qu'il souffroit est inexplicable et il ne faut

pas s'étonner de lui avoir entendu dire : « Mon ame est troublée [1]; » ni de lui entendre dire bientôt : « Mon ame est triste jusqu'à la mort [2]. »

Mon Sauveur, ce trouble de votre sainte ame étoit nécessaire,
d'un côté pour exciter et pour guérir l'insensibilité de la mienne,
qui loin d'être troublée de son péché, n'en sent ni le poids ni la
blessure; et de l'autre pour expier ce trouble de mes sens émus
par les diverses passions qui me tyrannisent tour à tour. Seigneur,
guérissez-moi de tant de maux : que je cesse d'être insensible au
péché : que je cesse d'être si sensible aux plaisirs et aux douleurs
qui viennent du corps, où je me trouve plongé par l'acquisition et
la perte des biens périssables.

XVIe JOURNÉE.

Ce trouble étoit volontaire en Notre-Seigneur et nécessaire pour nous. Ibid.

Comment s'accorde ce trouble, cette agitation et, pour tout dire
à la fois, cette profonde tristesse de l'ame de notre Sauveur, avec
la parfaite union du Verbe et la bienheureuse jouissance qu'elle
attiroit avec elle? C'est un mystère qu'il ne faut pas espérer de pénétrer en cette vie. Il nous suffit de penser que comme l'union de
l'ame avec le corps a ses règles qui font que l'ame, selon ses divers rapports et ses différens objets, a des sentimens, reçoit des
impressions, forme des pensées contraires en quelque façon les
unes aux autres : ce qui donne lieu non-seulement aux philosophes, mais encore à l'Apôtre même, de distinguer « l'ame d'avec
l'esprit [3], » c'est-à-dire de distinguer l'ame comme en deux parties, et la partie animale d'avec la spirituelle et la raisonnable : ce
qui souffre encore plusieurs autres subdivisions, en sorte qu'il
semble quelquefois qu'il y ait plusieurs hommes dans un seul
homme, tant ces sentimens différens sont véritables et vifs des
deux côtés : ainsi l'union du Verbe avec l'ame et par l'ame avec le
corps, et encore celle du Verbe fait homme avec les fidèles qui

[1] *Joan.*, XII 27. — [2] *Matth.*, XXVI, 38. — [3] *Hebr.*, IV, 12.

sont ses membres, et avec tout le genre humain qu'il porte en lui-
même, ont leurs règles prescrites par le Verbe même, qui demeurant toujours immuable, excite dans l'ame qui lui est unie et ap-
propriée de cette admirable manière qui la fait être véritablement l'ame d'un Dieu, des sentimens différens selon les divers
rapports qu'elle a avec lui, avec son corps naturel, avec son
corps mystique, avec tous ses membres et en un mot avec tous
les hommes. En sorte qu'il a dù souffrir par rapport à nous
et, comme parlent les Pères, par économie, par dispensation, par
condescendance, ce qui n'eùt point convenu à son état s'il n'eùt
été qu'une personne ordinaire et particulière : d'où aussi il est
arrivé que, sans aucune diminution de la force qui le tenoit invinciblement et inviolablement uni à la volonté de Dieu et au
Verbe qui régloit tous ses mouvemens, par le ministère qu'il
exerçoit de chef, de victime, de modèle du genre humain, il a
dù souffrir les délaissemens et les foiblesses que demandoient l'expiation de nos péchés, l'exemple qu'il nous devoit, et les graces
qu'il falloit nous mériter par ce moyen. C'est pour nous que, sans
déroger à la vérité de cette parole : « Je ne suis pas seul, car mon
Père demeure avec moi[1], » il n'a pas laissé de s'écrier : « Mon
Dieu, mon Dieu, pourquoi m'avez-vous délaissé[2]? » C'est pour nous
que tout heureux qu'il étoit dans la haute partie de l'ame par la
jouissance du Verbe qu'il ne pouvoit pas ne pas posséder, puisqu'il
faisoit avec lui une seule et même personne, il a fallu qu'il pùt
dire selon la partie inférieure : « Je suis triste jusqu'à la mort; »
et encore : « L'esprit est prompt, mais la chair est infirme[3]; » et
le reste que nous trouverons dans la suite. Car ces peines intérieures faisoient partie de ce qu'il devoit souffrir pour le péché :
ces foiblesses faisoient partie du remède qu'il devoit apporter aux
nôtres, et de l'exemple qu'il nous devoit donner pour les soutenir
et pour les vaincre. Il falloit qu'il y eùt en lui des infirmités, des
détresses, des désolations, des délaissemens auxquels nous pussions nous unir pour porter les nôtres. C'est par là « qu'il est
devenu ce pontife compatissant qui sait nous plaindre dans nos
maux, à cause qu'il les a expérimentés et qu'il a passé par toute

<hr>

[1] *Joan.*, XVI, 32. — [2] *Matth.*, XXVII, 46. — [3] *Matth.*, XXVI, 38, 41.

sorte d'épreuves ; tenté, » comme dit saint Paul, « ainsi que nous en toutes choses, à la réserve du péché [1]. »

C'est pour toutes ces raisons, et sans doute pour beaucoup d'autres qui ne sont pas encore révélées, que l'ame de Jésus-Christ a été livrée par le Verbe aux horreurs, aux troubles, aux foiblesses, aux délaissemens que nous avons vus; qu'elle s'y est livrée elle-même volontairement, en s'appliquant aux objets capables de les exciter et se mettant dans des dispositions qui y étoient le plus convenables. Ce qui fait dire à saint Jean « qu'il étoit troublé » à la vérité, mais aussi « qu'il se troubloit lui-même [2], » n'y ayant rien de forcé dans le trouble qu'il souffroit, et au contraire tout y étant dirigé et ordonné par le Verbe qui présidoit dans cette personne adorable, et par l'ame qui s'abandonnoit à cette conduite de toute sa volonté et de toute sa pensée.

C'est par une intime participation de ces états du Sauveur que des ames saintes, au milieu du trouble des sens et parmi des angoisses inexplicables, jouissent dans un certain fond d'un imperturbable repos, où elles sont dans la jouissance autant qu'on y peut être en cette vie. Elles n'ont donc qu'à s'unir au trouble, aux infirmités, aux délaissemens de Jésus pour par ce moyen trouver leur soutien dans l'union intime qui le tenoit si inséparablement attaché à la divinité et aux ordres de la Sagesse incréée.

Ainsi le saint homme Job poussé en quelque façon de deux esprits opposés, pendant qu'il dispute avec Dieu pour soutenir devant lui son innocence, qu'il fulmine pour ainsi dire contre lui, et qu'il lui fait son procès, comme à celui qui l'a condamné par un jugement inique et par une espèce d'oppression et de calomnie [3], pénétré en même temps de sa souveraine justice, il lui demande pardon avec une humilité admirable, et reconnoît en tremblant qu'il n'y a point de sainteté irrépréhensible à ses yeux [4]. Et pendant que les objets affreux que Dieu lui met dans l'esprit même durant son sommeil, sans lui vouloir laisser aucun repos, semblent lui faire perdre tout courage, jusqu'à dire « qu'il est au désespoir, qu'il en est réduit au cordeau et à se défaire lui-même [5], » dans le

____

[1] *Hebr.*, IV, 15; V, 2, 8. — [2] *Joan.*, XII, 27; XI, 33. — [3] *Job*, X, 3; XIII, 3; XVI, 18; XVII, 2; XIX, 6; XXIII, 3-6. — [4] *Job*, IX, 15 et seq. — [5] *Job*, VII, 14, 15.

fond de sa conscience il jouit du repos des justes et pousse la confiance jusqu'à dire : « Quand il me tueroit, j'espérerai en lui ; » et encore : « Mon témoin est dans le ciel , et celui qui me justifie dans les lieux hauts ; mes amis sont des discoureurs ; c'est devant vous que mes yeux répandent leurs larmes [1]. »

XVIIe JOURNÉE.

J'ai désiré d'un grand désir de manger cette pâque. Jésus - Christ notre pâque. Luc., XXII, 15.

Pendant que Jésus parloit à ses disciples de celui qui le devoit trahir, ils continuoient le souper; et le Fils de Dieu voulant établir la nouvelle pâque par l'institution de l'Eucharistie, la commença par ces paroles : « J'ai désiré d'un grand désir de manger cette pâque avec vous devant que de souffrir [2]. » Ce qui fut suivi, comme on verra, de l'institution de l'Eucharistie : et cette institution et ce grand désir qu'il nous témoigne en ce lieu, de faire avec nous cette pâque avant que de souffrir, fait partie de l'amour immense dont Jésus, « qui avoit toujours aimé les siens, les aima, » comme dit saint Jean, « jusqu'à la fin [3]. »

Pour donc entrer dans son dessein et dans des dispositions convenables aux siennes, souvenons-nous que la pâque, la sainte victime d'où devoit sortir le sang de la délivrance, devoit, comme beaucoup d'autres victimes de l'ancienne alliance, non-seulement être immolée, mais encore mangée; et que Jésus-Christ voulut se donner ce caractère de victime, en nous donnant à manger à perpétuité ce même corps qui devoit être une seule fois offert pour nous à la mort. Et c'est pourquoi il disoit : « J'ai désiré avec ardeur de manger avec vous cette pâque avant que de mourir [4]. » Ce n'étoit pas la pâque légale, qui alloit finir, que Jésus-Christ désiroit avec tant d'ardeur de manger avec ses disciples : il l'avoit souvent célébrée et mangée avec eux, et une autre pâque fai-

[1] *Job*, XIII, 15; XVI, 20, 21. — [2] *Luc.*, XXII, 15. — [3] *Joan.*, XIII, 1. — [4] *Luc.*, XXII, 15.

soit ici l'objet de son désir. Et c'est pourquoi quand il dit : « J'ai désiré avec ardeur de manger avec vous cette pâque, » la pâque de la nouvelle alliance, c'est de même que s'il disoit : J'ai désiré d'être moi-même votre Pâque, d'être l'Agneau immolé pour vous, la victime de votre délivrance ; et par la même raison que j'ai désiré d'être une victime véritablement immolée, j'ai désiré aussi d'être une victime véritablement mangée : ce qu'il accomplit par ces paroles : « Prenez, mangez, ceci est mon corps donné pour vous[1] : » c'est la pâque d'où doit sortir le sang de votre délivrance. Vous sortirez de l'Egypte, et vous serez libres aussitôt après que ce sang aura été versé pour vous : il ne vous restera plus qu'à manger, à l'exemple de l'ancien peuple, la victime d'où il est sorti. C'est ce que vous accomplirez dans l'Eucharistie, que je vous laisse en mourant, pour être éternellement célébrée après ma mort. Manger les chairs de l'Agneau pascal, étoit aux Israélites un gage sacré qu'il avoit été immolé pour eux. La manducation de la victime étoit une manière d'y participer ; et c'étoit en cette sorte qu'on participoit aux sacrifices pacifiques ou d'actions de graces, comme il est marqué dans la loi[2]. Saint Paul dit aussi « que les Israélites qui mangeoient la victime, par là étoient rendus participans de l'autel et du sacrifice, et s'unissoient même à Dieu à qui il étoit offert, de même que ceux qui mangeoient les victimes offertes aux démons, entroient en société avec eux[3]. » Si donc Jésus est notre victime, s'il est notre pâque, il doit avoir ces deux caractères : l'un d'être immolé pour nous à la croix, l'autre d'être mangé à la sainte table comme la victime de notre salut. Et c'est ce qu'il désiroit avec tant d'ardeur d'accomplir avec ses disciples. L'un et l'autre caractère devoit être également réalisé en sa personne : comme il devoit être immolé en son propre corps et en sa propre substance, il falloit qu'il fût mangé de même : « Prenez, mangez, ceci est mon corps livré pour vous : » aussi véritablement mangé qu'il est véritablement livré : aussi présent à la table où on le mange qu'à la croix où on le livre à la mort, où il s'offre épuisé de sang pour l'amour de vous.

« Entrons » donc, comme dit saint Paul, « dans les mêmes dis-

<hr>

[1] *Matth.*, XXVI, 26 ; *Luc.*, XXII, 19. — [2] *Levit.*, III, 7. — [3] *1 Cor.*, X, 18-21.

positions où a été le Seigneur Jésus [1]. » S'il a désiré avec tant d'ardeur de célébrer cette pâque avec nous, ayons le même désir de faire la pâque avec lui. Cette pâque est la communion; Jésus a faim pour nous de cette viande céleste; il désire d'être mangé, et par ce moyen d'être en tout point notre victime. Ayons la même ardeur de participer à son sacrifice, en mangeant ce divin corps immolé pour nous. S'il est notre victime, soyons la sienne : « Offrons nos corps, comme dit saint Paul, ainsi qu'une hostie vivante, sainte et agréable [2]. Mortifions nos mauvais désirs : éteignons en nous toute impureté, toute avarice, tout orgueil [3]. » Humilions-nous avec celui « qui se sentant égal à Dieu, n'a pas laissé de s'anéantir lui-même, en se rendant obéissant jusqu'à la mort, et à la mort de la croix [4]. » Prenons des sentimens de mort : « si nous sommes à Jésus-Christ, » si nous le mangeons, « crucifions notre chair avec ses vices et ses convoitises [5]. » C'est là notre pâque : notre pâque, c'est d'être unis avec lui, pour passer de cette vie à une meilleure, des sens à l'esprit, du monde à Dieu. C'est à ce prix que nous pourrons nous rendre dignes de manger avec Jésus-Christ la pâque qu'il a tant désirée, et de nous nourrir de la chair de son sacrifice.

XVIIIe JOURNÉE.

Jésus-Christ mange la pâque avec nous : nous devons la manger avec lui.

Lisez les mêmes paroles de saint Luc, XXII, 15, 16; et appuyez sur ces mots : « Avec vous : devant que de souffrir. »

Jésus, qui nous a institué un baptême, a voulu le recevoir lui-même : Jésus qui nous a institué l'Eucharistie pour être notre pâque, a voulu avant toutes choses la recevoir avec nous. Il est notre Chef, comprenons-le bien. Car c'est là le grand mystère de notre salut. Il est notre Chef, et ce qui est fait pour nous il le prend lui-même. Il commence en sa personne l'usage du baptême : il com-

[1] *Philipp.*, II, 5. — [2] *Rom.*, XII, 1. — [3] *Coloss.*, III, 5. — [4] *Philipp.*, II, 6, 8. — [5] *Galat.*, V, 24.

menceaussi en sa personne l'usage de l'Eucharistie. Quand il est baptisé, nous sommes baptisés en lui : nous recevons aussi en lui l'Eucharistie qu'il reçoit. Il ne faut donc point douter qu'en l'instituant il
ne la reçoive : il ne faut, dis-je, point douter qu'il n'ait mangé ce
qu'il a présenté à ses disciples. Quoi donc ! aura-t-il mangé sa propre
chair ? Cela fait horreur. Homme charnel, que craignez-vous, et
jamais ne cesserez-vous d'écouter vos sens ? Ignorez-vous le pouvoir de celui qui vous parle ? S'il se donne lui-même à manger
aux siens d'une manière qui, loin de leur faire horreur, leur inspire de la confiance, du respect et de l'amour, qui doute qu'il
n'ait pu se manger lui-même en cette sorte ? Sans quoi il n'auroit
pas dit : « J'ai désiré avec ardeur de manger avec vous cette
pâque [1]. » Or cette pâque, cet agneau pascal, nous avons vu que
c'étoit son propre corps : il le mange donc d'une manière aussi
réelle et tout ensemble aussi élevée au-dessus des sens qu'il nous
le donne, et c'est là sa pâque et la nôtre : c'est son passage et le
nôtre. « Je m'en vais, dit-il, je monte vers mon Père et vers le
vôtre, vers mon Dieu et vers le vôtre [2]. » Je monte vers lui, parce
qu'il est mon Père et mon Dieu : vous y monterez aussi avec moi,
parce qu'il est, quoique d'une autre manière, votre Père et votre
Dieu : nous avons donc vous et moi à accomplir ce passage où
nous passons du monde à Dieu.

Mais quand Jésus retourne à Dieu, il retourne au sein de son
Père, au lieu de son origine, à son lieu natal pour ainsi parler,
où il est toujours et qu'il ne peut jamais quitter : il retourne à
son propre bien, à sa propre gloire : il retourne en quelque façon
à lui-même : il vit de lui-même : la vie étoit en lui comme elle
étoit dans le Père : il est lui-même la vie : il est la nôtre, il est
la sienne : il est la nôtre et nous avons besoin de le manger : il
est la sienne et il n'a besoin, pour ainsi parler, que de se manger
lui-même. C'est le mystère qu'il accomplit par cette pâque qu'il
désiroit tant de manger avec ses disciples. Nous le mangeons,
nous vivons de lui : il se mange, il vit de lui-même, et il retourne
à son Père pour jouir dans son sein de cette vie. Et c'est pourquoi
il ajoute : « Je vous dis en vérité que je ne mangerai point de cette

<hr>

[1] *Luc.*, XXII, 15. — [2] *Joan.*, XX, 17.

pâque si désirée, jusqu'à ce que le mystère en soit accompli dans le royaume de Dieu [1]. » Dans ce bienheureux royaume ma pâque sera accomplie, parce que j'aurai passé du monde à mon Père : mais ma pâque, c'est aussi la vôtre; et parce que je suis votre Chef et que vous êtes mes membres, il faut que vous fassiez le même passage. Mangez donc la victime du passage : mangez mon corps et passez à Dieu avec moi : commencez à y passer en esprit : vous y passerez un jour en personne et selon le corps, lorsque vous ressusciterez par la vertu de mon corps, qui aura sanctifié le vôtre. Alors la pâque sera accomplie en vous, comme elle le va être en moi : vous passerez à ma gloire : votre corps y passera comme votre ame, et il sera revêtu d'immortalité : et tous ensemble, le chef et les membres, nous jouirons de la gloire et de la félicité de notre passage, et il n'y aura plus rien à désirer pour le parfait accomplissement de notre pâque. Célébrons-en donc, en attendant, le sacré symbole dans l'Eucharistie, et mangeons avec Jésus-Christ la pâque si désirée.

Mon Sauveur, par combien de prodiges y signalez-vous votre amour envers nous? C'est vous qui nous donnez ce sacré banquet. Vous êtes la viande qu'on y mange : vous êtes celui qui la mangez, puisque ceux qui la mangent sont vos membres, c'est-à-dire sont d'autres vous-mêmes. Remplissons-nous donc de Jésus-Christ. On lui est uni dans ce banquet corps à corps, ame à ame, esprit à esprit. Qui est digne de cette union, sinon celui qui est déjà en quelque façon un Jésus-Christ pour le devenir encore davantage en s'y unissant? Qu'il n'y ait donc plus rien d'humain en nous. « Revêtons-nous, comme dit saint Paul, de Notre-Seigneur Jésus-Christ [2], » de sa bonté, de sa douceur, de son humilité, de sa patience, de son zèle, de son immense charité : ne respirons que le ciel, où Jésus-Christ est assis à la droite de son Père: qu'il n'y ait plus que notre corps qui soit sur la terre : mais que « nous vivions dans le ciel [3] » comme en étant citoyens : soyons affamés de Jésus-Christ, de son royaume, de sa justice, car il est aussi affamé de nous : « il désire d'un grand désir de manger avec nous cette pâque; » de nous unir à lui et d'agir sans cesse sur

<hr>

[1] *Luc.*, XXII, 16. — [2] *Rom.*, XIII, 14. — [3] *Philipp.*, III, 20.

nous et en nous par son esprit, pour nous rendre de plus en plus conformes à lui, jusqu'à ce qu'en nous mettant entièrement avec lui, nous lui soyons tout à fait semblables, « en le voyant face à face et tel qu'il est [1]. » Et c'est là cette pâque « qu'il accomplira dans le royaume de Dieu, » dans le texte que nous méditons. Amen. Amen.

XIXe JOURNÉE.

L'Eucharistie mémorial de la mort du Sauveur.

« Avant que de souffrir : » ce sont les dernières paroles du verset 15 du chapitre XXII de saint Luc. Cherchons avec humilité pourquoi il falloit que Jésus-Christ instituât et qu'il mangeât cette pâque avec ses disciples avant que de souffrir, plutôt qu'après et lorsqu'il fut ressuscité.

Il avoit dessein dans ce mystère de nous rendre sa mort présente, de nous transporter en esprit au Calvaire, où son sang fut répandu et coula à gros bouillons de toutes ses veines. « Ceci, dit-il, est mon corps donné pour vous, rompu pour vous » et percé de tant de plaies : « Ceci est mon sang répandu pour vous [2]. » Voilà ce corps, voilà ce sang qui nous sont mis devant les yeux comme séparés l'un de l'autre. Afin que tout cadrât à son dessein, il falloit que ce mystère fût institué à la veille de cette mort sanglante, « la nuit même où il devoit être livré [3], » comme remarque saint Paul, lorsque Judas machinoit son noir dessein et qu'il étoit prêt à partir pour l'exécuter. Que dis-je, prêt à partir? « Il part de la table [4] » où lui et les autres disciples mangeoient pour la dernière fois avec leur Maître, où il venoit de leur donner son corps et son sang, et à Judas comme aux autres : il part à ce moment pour l'aller livrer : dans deux heures il le mettra entre les mains de ses ennemis. Jésus est lui-même déjà tout troublé de sa mort prochaine, du trouble mystérieux que nous avons vu : c'est

---

[1] I *Joan.*, III, 2.— [2] *Matth.*, XXVI, 26, 28; *Luc.*, XXII, 19, 20.— [3] I *Cor.*, XI, 23. — [4] *Joan.*, XIII, 30.

en cet état, c'est parmi ce trouble et la mort pour ainsi parler déjà présente, qu'il institue la nouvelle pâque.

Toutes les fois donc que nous assistons, que nous communions à son mystère; toutes les fois que nous entendons ces paroles : « Ceci est mon corps, ceci est mon sang, » nous devons nous souvenir dans quelles conjonctures, à quelle nuit, au milieu de quels discours elles furent proférées. Ce fut en disant devant, ce fut en répétant après : « Un de vous me trahira : la main de celui qui me trahira est avec moi à la table [1]. » L'institution de la Cène est faite dans cette conjoncture : pendant que les apôtres avertis de la perfidie d'un de leurs compagnons, se regardoient les uns les autres et demandoient avec étonnement et avec frayeur : « Sera-ce moi? » que Judas le demandoit lui-même, et que le Sauveur lui dit : « Oui, c'est vous, vous l'avez dit [2]; » ajoutant encore, pour lui faire sentir qu'il lisoit au fond de son cœur ses noires machinations : Va, achève, malheureux : « fais promptement ce que tu as à faire [3]. » C'est au milieu de ces actions et de ces paroles, et pendant qu'il désignoit des yeux et de la main celui qui alloit faire le coup; c'est, dis-je, parmi toutes ces choses qu'il institua l'Eucharistie.

Ne la mangeons donc jamais, n'assistons jamais à la célébration de ce mystère, que nous ne nous transportions en esprit à la triste nuit où il fut établi, et que nous ne nous laissions pénétrer des préparatifs affreux du sacrifice sanglant de notre Sauveur. Car c'est pour cette raison que saint Paul, en racontant cette institution, nous remet devant les yeux cette nuit affreuse : « J'ai, dit-il, appris du Seigneur ce que je vous ai enseigné, que le Seigneur Jésus, la nuit où il devoit être livré, prit du pain [4], » et le reste. C'est dans cette nuit, songez-y bien et remarquez cette circonstance.

Il pourroit sembler que l'Eucharistie étant un mémorial de cette mort, en devoit être précédée. Mais non : c'est aux hommes, dont les connoissances sont incertaines et la prévoyance tremblante, à laisser arriver les choses, avant que d'ordonner qu'on s'en sou-

---

[1] *Matth.*, XXVI, 21; *Luc.*, XXII, 21. — [2] *Matth.*, XXVI, 22, 25. — [3] *Joan.*, XIII, 27. — [4] *I Cor.*, XI, 23.

vienne. Mais Jésus bien assuré de ce qui alloit arriver et du genre de mort qu'il devoit souffrir, sépare par avance son corps et son sang : « Ceci est mon corps, ceci est mon sang, dit-il ; mon corps livré : mon sang répandu [1] : » souvenez-vous-en : souvenez-vous de mon amour, de ma mort, de mon sacrifice et de la manière admirable dont s'accomplira votre délivrance.

Ainsi quand Dieu institua la pâque, à la veille de la délivrance du peuple de Dieu, lorsque tout le monde étoit en attente de ce qu'il feroit la nuit suivante pour accomplir cet ouvrage, il leur dit : « Immolez un agneau : prenez-en le sang : lavez-en vos portes : je viendrai, je verrai ce sang et je passerai : l'ange exterminateur ne vous frappera pas : et j'épargnerai à cette marque les maisons des Israélites, pendant que je remplirai celles des Egyptiens de carnage et de deuil, en faisant mourir tous leurs premiers-nés, et ce sera là le coup de votre délivrance [2]. » C'est ce que Dieu dit dans l'Exode. Mais que dit-il dans le même lieu ? « Vous renouvellerez tous les ans la même cérémonie : vous immolerez un agneau, vous le mangerez avec les mêmes observances : et quand vos enfans vous demanderont quelle est cette religieuse cérémonie, vous leur répondrez : C'est la victime que nous célébrons en mémoire du passage du Seigneur, lorsque frappant toute l'Egypte, il épargna, il passa les maisons des Israélites et nous délivra par ce moyen de la servitude où nous étions [3]. »

Dieu donc, qui savoit ce qu'il vouloit faire, en institua aussi le mémorial avant que la chose fût arrivée, afin qu'en faisant la pâque, non-seulement ils se souvinssent de leur délivrance, mais qu'ils se souvinssent encore que ce sacré mémorial avoit été établi à la veille d'un si grand ouvrage, et pendant que tout le peuple étoit en attente d'un si grand événement.

La nouvelle pâque est instituée dans le même esprit : et toutes les fois qu'on la célèbre parmi nous, et on la célèbre non pas tous les ans comme la pâque ancienne, mais tous les jours ; toutes les fois, dis-je, qu'on la célèbre et que nos enfans qui nous la verront célébrer avec tant de religion et de respect, nous demanderont

---

[1] *Matth.*, XXVI, 26, 28 ; *Luc.*, XXII, 19, 20. — [2] *Exod.*, XII, 3, 6, 7, 12, 13, 23. — [3] *Ibid.*, 25-27.

quelle est cette cérémonie, nous leur dirons : C'est le mystère que Jésus-Christ institua avant sa mort, mais cette mort déjà présente, pendant qu'on tramoit le noir complot qui le devoit mettre en croix le lendemain, pour nous laisser un mémorial de cette mort et la perpétuer en quelque sorte parmi nous. Venez, venez, mes enfans ; préparez-vous à communier avec nous, et souvenez-vous de votre Sauveur, immolé pour l'amour de vous.

Il falloit donc pour accomplir l'ancienne figure de la pâque, il falloit que la nouvelle pâque, qui devoit être le mémorial éternel de la mort de Jésus-Christ, fût instituée avant cette mort : « J'ai désiré, dit Jésus, de la manger avec vous avant que de souffrir [1]. » Et qu'étoit-ce en effet que la pâque ancienne, si ce n'étoit la figure de la véritable délivrance du peuple de Dieu? «Immolez un agneau, prenez-en le sang : lavez-en vos portes : je vous délivrerai à cette marque [2]. » Dieu avoit-il besoin du sacrifice d'un agneau pour accomplir ses ouvrages? Avoit-il besoin d'un signal et de cette marque de sang pour connoître les maisons qu'il vouloit épargner? Tout cela manifestement se faisoit en notre figure, pour nous apprendre que nous ne serions délivrés que par le sacrifice de Jésus-Christ, l'agneau sans tache immolé pour le péché du monde et en vue du sang de son sacrifice. Et Jésus-Christ établit le mémorial d'un si grand bienfait, comme Dieu avoit établi celui de la délivrance du peuple ancien, avant que la chose fût arrivée, afin que nous connussions que notre Dieu n'est pas comme les hommes, qu'il sait prévoir toutes choses et les faire comme il convient à un Dieu.

Accoutumons-nous donc, en assistant au saint sacrifice et encore plus en communiant, à nous remplir la mémoire de la mort de notre Sauveur et de la nuit où il fut livré. Regardons l'institution de l'Eucharistie comme un nouvel engagement qu'il prenoit encore avec nous et avec son Père, pour se dévouer à la mort. Et quelle merveille qu'il l'ait prévue à la veille qu'elle arriva, puisque non-seulement il l'avoit prévue longtemps auparavant, comme on le voit en tant de lieux de son Evangile, mais encore comme on le voit dans la loi et dans les prophètes, dès l'origine du monde, par tant de prédictions, par tant de figures admirables?

____
[1] *Luc.*, XXII, 15. — [2] *Exod.*, XII, 3-5.

XXe JOURNÉE.

Paroles de Jésus pour toucher Judas de componction. Joan., xiii, 10-27.

Rappelons à notre mémoire toutes les paroles de Jésus-Christ sur le sujet de Judas dans cette nuit, dès le lavement des pieds : « Vous êtes purs, disoit-il, mais non pas tous. Car il savoit qui étoit celui qui le devoit trahir; » et un peu après : « Je ne parle pas de vous tous : je connois ceux que j'ai choisis : mais il faut que l'Ecriture soit accomplie, où il est dit : Celui qui mange à ma table lèvera le pied contre moi ; et je vous le dis avant que la chose arrive, afin que vous connoissiez qui je suis, lorsqu'elle sera arrivée [1]. »

Ce n'étoit pas seulement pour l'instruction de ses fidèles disciples que Jésus-Christ parloit ainsi : c'étoit pour la conversion de ce perfide. Car qu'y a-t-il de plus puissant, pour convertir un pécheur, que de lui dire : Tu es vu ? comme Nathan disoit à David : « C'est vous qui êtes cet homme [2] : » vous êtes cet adultère : cet homicide : vous l'avez fait en secret, et moi je le découvrirai à toute la terre. Et David averti de cette sorte, confessa son péché et commença sa pénitence. C'est ainsi que le Sauveur lui-même dit à Judas [3] : C'est toi, c'est toi, malheureux : tu caches en vain tes noirs desseins : tu vas en vain chercher les Juifs dans le secret et parmi les ténèbres de la nuit : Tu es vu : on lit dans ton cœur : perfide, tu veux trahir ton Sauveur. Pourquoi nous cachons-nous, malheureux, si nous ne pouvons éviter les yeux de Jésus-Christ ? N'est-ce pas assez que Dieu nous voie ? Le comptons-nous pour rien, et ses yeux nous sont-ils indifférens ?

Il poursuit; et de peur de n'être pas assez entendu : « Un de vous, dit-il, me trahira. Ils se regardoient les uns les autres, ne sachant de qui il vouloit parler ; et comme ils lui demandoient chacun en particulier : Est-ce moi, Seigneur ? il leur répondit : Celui qui met la main au plat avec moi me trahira [4]. » Mais

[1] *Joan.*, xiii, 10, 11, 18, 19. — [2] *II Reg.*, xii, 7, 13. — [3] *Matth.*, xxvi, 25. — [4] *Joan.*, xiii, 21, 22; *Matth.*, xxvi, 22, 23.

comme plusieurs pouvoient l'y mettre ensemble, et que ce signal n'étoit pas précis, « Pierre fit signe à Jean, le disciple bien-aimé de Jésus, qui reposoit dans le repas sur sa poitrine, qu'il lui demandât qui c'étoit : Et c'est celui, dit Jésus, à qui je donnerai un morceau trempé; et l'ayant trempé, il le donna à Judas, fils de Simon Iscariote [1]. » Le voilà bien connu et bien désigné par son nom, par sa famille, par son caractère. Il s'appeloit Judas, son père étoit Simon, le titre de sa famille étoit « Iscariote : l'homme de meurtres, » et parce qu'il devoit tuer le Sauveur, et parce qu'il devoit enfin se tuer lui-même. Où fuiras-tu, malheureux! Tu es vu : ta destinée est marquée. Et nous, sommes-nous moins vus, quand nous trahissons notre Maître, quand nous allons souvent de l'église, souvent de la table même du Sauveur, où? à quel complot? à quelle entreprise? Dieu le sait; quand nous nous cachons pour vendre notre Maître; à quel prix? Qui n'en rougiroit, et oserons-nous le penser?

« Ils furent extrêmement affligés à ces paroles du Sauveur, » de savoir qu'un de leur compagnie devoit trahir leur Maître : quel scandale pour les Juifs : c'est un méchant : ses propres disciples le livrent et ne le peuvent plus souffrir : quelle douleur à ceux qui aimoient leur Maître de lui voir faire un tel affront! Quand quelqu'un offense le Sauveur, ce devroit être une affliction pour tous ses disciples, c'est-à-dire pour tous les chrétiens. « Tous furent affligés et lui demandoient : N'est-ce pas moi [2], » qui suis ce traître et ce malheureux? Et Judas, qui devoit se confondre et se convertir en voyant l'horreur et l'affliction que ce discours causoit à tous ses frères, loin d'en être touché, prend avec les autres un air de confiance et dit comme eux : « Seigneur, est-ce moi? » Et Jésus lui répondit : « Vous l'avez dit : c'est vous-même [3]. » Cependant il n'est point ému et content de faire bonne mine, il persiste dans son dessein. Vous en êtes étonné? Mais quoi! quand vous machinez quelque crime et que vous faites cependant bonne contenance, Jésus ne vous voit-il pas? Ignorez-vous qu'il ne vous dise : « C'est vous-même? » N'est-ce pas pour vous qu'il dit : « Le Fils de l'homme s'en va, ainsi qu'il a été écrit de lui? » Il

----

[1] *Joan.,* XIII, 23, 24, 26. — [2] *Matth.,* XXVI, 22. — [3] *Ibid.,* 25.

n'y a pour lui rien de surprenant, ni de nouveau dans cette entreprise ; « mais malheur à celui par qui le Fils de l'homme sera livré ! Il vaudroit mieux pour cet homme qu'il n'eût jamais été[1]. » Il ne dit pas : Il vaudroit mieux absolument ; car par rapport au conseil de Dieu et au bien qui revient au monde de la trahison de Judas, il faut bien qu'il vaille mieux qu'il ait été : mais la puissance de Dieu n'empêche ni n'excuse la malice de l'homme. Le bien qu'il tire de notre crime ne nous justifie pas : Malheur, malheur à cet homme, par qui Jésus est offensé ! Il vaudroit mieux pour cet homme qu'il n'eût jamais été, puisqu'il est né pour son supplice, et que son être ne lui sert de rien que pour rendre sa misère éternelle.

Disons donc non plus sur Judas, mais sur tous les pécheurs endurcis et sur nous-mêmes : Malheur, malheur à cet homme ! « Maudit soit le jour de ma naissance ! » disoit Job, disoit Jérémie, en la personne des méchans et des réprouvés : « Ma mère, pourquoi m'avez-vous conçu ? Malheureux celui qui est venu annoncer à mon père : Un fils vous est né ! Pourquoi le sein de ma mère n'a-t-il pas été mon tombeau ! Nuit affreuse, nuit malheureuse, où j'ai été conçu ! Que ce soit une nuit d'horreur, de tourbillon et de tempête ! que les étoiles n'y luisent jamais ! que l'aurore n'en dissipe jamais l'obscurité, puisqu'elle ne m'a pas étouffé en venant au monde et n'a pas fait de moi un avorton ! Mais s'il falloit que je naquisse, pourquoi m'a-t-on nourri ? Que ne suis-je mort dans mon enfance ! Et pourquoi falloit-il prolonger mes jours pour augmenter mes malheurs avec mes crimes[2] ? » Il n'y auroit de remède à mes maux que le néant, et je ne l'obtiendrai jamais. Je subsisterai, malheureux ! « pour honorer la puissance de Dieu » par mon supplice, pour être en butte à ses traits, « pour être un spectacle de sa vengeance[3]. » Eternellement, éternellement : ah malheureux que je suis ! Malheureux, encore un coup ! Disons sans cesse : malheureux ! disons-le pendant qu'il est temps : viendra le temps qu'on le dira inutilement, et qu'il ne servira de rien de connoître son malheur.

[1] *Matth.*, XXVI, 24. — [2] *Job*, III, 1, 2, 3 et seq.; *Jerem.*, XV, 10; XX, 14, 15 et seq. — [3] *Exod.*, IX, 16; *Rom.*, IX, 17.

« Malheur à celui par qui le Fils de l'homme sera trahi ; malheur à lui ! » Jésus le plaint : s'il le plaint, s'il en a pitié, il veut qu'il se convertisse : ce n'est pas en vain qu'il dit : « Il vaudroit mieux pour cet homme que jamais il ne fût né [1]. » Il est encore temps de se convertir : mais après le crime consommé, la miséricorde épuisée, tant de salutaires avertissemens rendus inutiles, il n'y a plus pour lui de miséricorde. Jésus lui parle pour la dernière fois avant son crime : « Fais vite ce que tu as à faire [2] ; » de même qu'il dira bientôt : « Dormez maintenant et reposez-vous : le Fils de l'homme va être livré [3]. » C'étoit à dire : Il seroit honteux de dormir en cette occasion : veillez donc. Le « fais vite, » dit de ce ton, veut donc dire : « Ne le fais pas : » tu es connu, tu es découvert : reconnois-toi aussi toi-même, ne passe pas outre : ou bien, « fais vite » pour moi : car je suis pressé de souffrir et de sauver les hommes : mais pour toi, que veux-tu faire ? « ami Judas, » quel est ton dessein ? « Pourquoi viens-tu ? tu trahis le Fils de l'homme avec un baiser [4]. » Ah ! tu es encore mon ami, si tu le veux ; et ce baiser qui est de ta part un baiser de traître, pourroit encore être de la mienne un baiser d'ami et de Sauveur, si tu avois recours à ma clémence.

« Reviens, reviens, prévaricatrice d'Israël : et pourquoi voulez-vous périr, maison de Jacob ? Pour moi, je ne veux point la mort du pécheur, mais qu'il se convertisse et qu'il vive [5]. »

XXIᵉ JOURNÉE.

Pacte, et trahison de Judas. Joan., XIII, 27-30.

« Et après qu'il lui eut donné le morceau trempé, Satan entra en lui : et Judas l'ayant reçu, il partit incontinent [6]. » C'étoit là le dernier avertissement qu'il devoit recevoir de Jésus-Christ, avant qu'il allât consommer son crime. Ce signal donné à saint Jean, de

[1] *Matth.*, XXVI, 24 ; *Marc.*, XIV, 21. — [2] *Joan.*, XIII, 27. — [3] *Matth.*, XXVI, 45. — [4] *Matth.*, XXVI, 50 ; *Luc.*, XXII, 48. — [5] *Jerem.*, III, 12 ; *Ezech.*, XXXIII, 11. — [6] *Joan.*, XIII, 26, 27.

servir Judas à table, de lui présenter un morceau qu'il avoit trempé pour lui, n'en étoit pas moins à ce traître, selon la coutume, une marque d'honneur et de familiarité. Ce fut apparemment dans le même temps qu'il lui dit : « C'est toi [1] : » je te connois : ce qui étoit la manière de l'avertir la plus pressante. Judas y fut insensible, et en même temps « Satan s'empara de lui [2] : » dès auparavant « il lui avoit mis dans le cœur de trahir son Maître [3]. » Mais maintenant, après ce morceau, il entre en lui : il se met en possession de ce malheureux, et il lui est entièrement livré. Le voilà un moment après qu'il sort de la compagnie de Jésus, pour ne plus y revenir que pour le livrer.

Il reçut bien un autre morceau, si on peut l'appeler ainsi, mais qui n'est point marqué en particulier, parce qu'il fut donné à tous : ce fut le corps du Sauveur. Car saint Luc marque expressément qu'il dit encore après la cène : « La main de celui qui me trahira est avec moi dans cette table [4]. » Il a mis sa main jusque sur la viande céleste : jusque sur la coupe qui est remplie de mon sang : morceau funeste, breuvage terrible pour Judas ! Je ne puis douter que sa communion impie et sacrilége ne hâtât sa perte, et ne lui fût une occasion de scandale contre son Maître. Car encore que l'Ecriture ne marque point en ce lieu que Judas ait été scandalisé du mystère de l'Eucharistie, il suffit qu'elle nous le marque en un autre endroit. Judas fut du nombre de ceux qui murmurèrent à Capharnaüm à la première proposition de ce mystère. Ce fut lui qui donna occasion au Sauveur de demander à ses apôtres : « Et vous, voulez-vous aussi vous en aller » avec les autres qui me quittent ? Car comme saint Pierre lui eut répondu au nom de tous, ainsi qu'il avoit accoutumé : « Seigneur, à qui irions-nous ? Vous avez des paroles de vie éternelle ; et nous avons cru et connu que vous êtes le Christ, le Fils de Dieu. » Jésus lui fit bien connoître qu'il ne recevoit pas sa déclaration pour tous, puisqu'il repartit : « Ne vous ai-je pas choisis vous douze ? et il y en a un de vous qui est un diable. Et, dit saint Jean, il entendoit Judas, fils de Simon Iscariote, qui le devoit livrer [5], » encore qu'il fût un des douze.

---

[1] *Matth.*, XXVI, 25. — [2] *Joan.*, XIII, 27. — [3] *Ibid.*, 2. — [4] *Luc*, XXII, 21. — [5] *Joan.*, VI, 60, 68-72.

Cette parole nous fait voir que Judas fut un de ces impies mur-murateurs, à qui la promesse de Jésus, de donner son corps à manger et son sang à boire, fut un scandale. S'il fut scandalisé de la promesse, on doit croire qu'il ne le fut pas moins de l'effet. Judas fut précipité de crime en crime. Aveuglé premièrement par son avarice, « qui lui faisoit dérober l'argent dont son Maître l'a-voit fait le gardien [1], » il s'accoutuma à murmurer contre lui. Il commença ses murmures à l'occasion de la promesse de l'Eucha-ristie : il les continua lorsque Marie répandit tant de précieux parfums sur la tête et sur les pieds du Sauveur, et il crut qu'elle lui ôtoit tout l'argent qu'elle employoit pour cela [2]. Il partit in-continent après, pour aller faire son marché avec les Juifs [3]. Un esprit corrompu tourne tout en poison. Le sacré banquet de l'Eu-charistie acheva de perdre le traître disciple ; et ce fut en sortant de cette table sacrée qu'il alla premièrement à la trahison, et de là au désespoir et au cordeau.

Jésus, qui fait tout pour notre salut, permit que Judas reçût le don sacré avec les autres, afin que nous vissions les effets funestes d'une communion indigne. Voyez le bien-aimé disciple à la table. du Sauveur et y reposant sur sa poitrine : voilà l'image de ceux qui communient dignement : ils se reposent sur la poitrine de Jésus : à l'exemple de saint Jean, ils apprennent à cette source les secrets célestes : comme lui ils sont honorés de la familiarité et des caresses de leur Maître ; et fidèles imitateurs de sa chasteté, de sa bonté, de sa douceur, qui sont les vrais caractères de saint Jean, ils sont dignes d'être comme lui ses disciples bien-aimés. Voyez de l'autre côté un Judas à la communion : la disposition où il est, celle où il entre : ô Dieu, quelle opposition ! quel effroyable con-traste ! qui ne trembleroit à cette vue ?

XXIIe JOURNÉE.

Institution de l'Eucharistie.

Lisez les paroles de l'institution de la Cène, en saint Matthieu,

[1] *Joan.*, XII, 6. — [2] *Ibid.*, 5, 6. — [3] *Matth.*, XXVI, 13, 14 ; *Marc.*, XIV 10.

XXVI, 26, 27, 28, en ajoutant les paroles des autres auteurs sacrés, qui sont du même sujet. « Pendant qu'ils soupoient, comme ils mangeoient encore (grec), Jésus prit du pain, le bénit, et après avoir rendu graces[1], le rompit et le donna à ses disciples, en leur disant : Prenez, mangez, ceci est mon corps donné pour vous ; faites ceci en mémoire de moi[2]. Et prenant la coupe après le souper, il rendit graces et la donna à ses disciples, en leur disant : Buvez-en tous, c'est mon sang, le sang de la nouvelle alliance, qui est répandu pour plusieurs en rémission de leurs péchés ; toutes les fois que vous le boirez, faites-le en mémoire de moi[3]. » Voilà tout ce qui regarde l'institution. Seulement au lieu que saint Luc fait dire au Sauveur : Ceci est mon corps « donné » pour vous, saint Paul lui fait dire : Ceci est mon corps « rompu » pour vous[4] ; toujours dans le même sens : il est livré à la mort, il est froissé de coups, percé de plaies, violemment suspendu à une croix ; en ce sens « rompu et brisé : » voilà le corps que Jésus nous donne ; le même corps qui alloit bientôt souffrir ces choses, qui les a maintenant souffertes. Encore un mot sur le texte. Au lieu que la Vulgate traduit : « Le sang qui sera répandu » pour vous, l'original porte : « Qui est répandu : qui se répand, » en temps présent dans saint Matthieu et dans saint Marc ; et sur le corps, le même original porte dans saint Paul : « Le corps qui est rompu, qui se rompt, » pareillement en temps présent. Et en effet dans saint Luc, la version porte, aussi bien que l'original : « Qui est donné, qui se donne : » *Quod datur*, et non pas au futur, « sera donné[5] ; » dans le même sens que Jésus disoit : « Pâque sera dans deux jours et le Fils de l'homme sera livré[6] ; est livré, » selon le grec : « il le va être ; » l'ouvrage est en train, on tient déjà le conseil pour trouver le moyen de le prendre et de le faire mourir[7] : « Et le Fils de l'homme s'en va, comme il a été écrit de lui ; mais malheur à celui par qui le Fils de l'homme sera livré ; est livré, » selon le grec[8]. Il parle toujours en temps présent, à cause que sa perte étoit résolue, tramée pour le lendemain, et qu'on alloit dans deux

---

[1] I *Cor.*, XI, 24. — [2] *Luc.*, XXII, 19. — [3] *Ibid.*, 20 ; I *Cor.*, XI, 25. — [4] I *Cor.*, XI, 24, dans le grec. — [5] *Luc.*, XXII, 19. — [6] *Matth.*, XXVI, 2. — [7] *Ibid.*, 3. — [8] *Matth.*, XXVI, 24 ; *Marc.*, XIV, 21 ; *Luc.*, XXII, 22.

heures commencer à procéder à l'exécution, et afin aussi qu'en quelque temps que nous recevrions son corps et son sang, nous regardassions sa mort comme présente.

Chrétien, te voilà instruit : tu as vu toutes les paroles qui regardent l'établissement de ce mystère : quelle simplicité ! quelle netteté dans ces paroles ! Il ne laisse rien à deviner, à gloser ; et s'il y faut quelque glose, c'est seulement en remarquant que selon la force de l'original, il faudroit traduire : « Ceci est mon corps, mon propre corps, le même corps qui est donné pour vous : Ceci est mon sang, mon propre sang, le sang de la nouvelle alliance, le sang répandu pour vous en rémission de vos péchés. » Car c'est aussi pour cette raison que le syrien, aussi ancien que le grec et fait du temps des apôtres, lit : « Ceci est mon propre corps ; » et que dans la liturgie des Grecs il est porté que « ce qu'on nous donne, ce qu'on fait de ce pain et de ce vin, c'est le propre corps de Jésus, son propre sang. » Voilà la glose, s'il en faut : quelle simplicité, encore un coup ! quelle netteté ! quelle force dans ces paroles ! S'il avoit voulu donner un signe, une ressemblance toute pure, il auroit bien su le dire : il savoit bien que Dieu avoit dit, en instituant la circoncision : « Vous circoncirez votre chair ; ce sera là le signe de l'alliance entre vous et moi [1]. » Quand il a proposé des similitudes, il a bien su tourner son langage d'une manière à le faire entendre, en sorte que personne n'en doutât jamais : « Je suis la porte : celui qui entre par moi, sera sauvé [2] : je suis la vigne et vous les branches : et comme la branche ne porte de fruit qu'attachée au cep, ainsi vous n'en pouvez porter, si vous ne demeurez en moi [3]. » Quand il fait des comparaisons, des similitudes, les évangélistes ont bien su dire : « Jésus dit cette parabole, il fit cette comparaison. » Ici sans rien préparer, sans rien tempérer, sans rien expliquer, ni devant, ni après, on nous dit tout court : « Jésus dit : Ceci est mon corps, ceci est mon sang, mon corps donné, mon sang répandu : » voilà ce que je vous donne. Et vous, que ferez-vous en le recevant ? Souvenez-vous éternellement du présent que je vous fais en cette nuit : souvenez-vous que c'est moi qui vous l'ai laissé et qui ai fait ce

____
[1] *Genes.*, XVII, 11. — [2] *Joan.*, X, 9. — [3] *Joan.*, XV, 5.

testament, qui vous ai laissé cette pâque et qui l'ai mangée avec vous avant que de souffrir. Si je vous donne mon corps comme devant être, comme ayant été livré pour vous, et mon sang comme répandu pour vos péchés ; en un mot, si je vous le donne comme une victime, mangez-le comme une victime ; et souvenez-vous que c'est là un gage qu'elle a été immolée pour vous. O mon Sauveur, pour la troisième fois, quelle netteté ! quelle précision ! quelle force ! Mais en même temps quelle autorité et quelle puissance dans vos paroles ! « Femme, tu es guérie [1] : » elle est guérie à l'instant. « Ceci est mon corps, » c'est son corps : « Ceci est mon sang, » c'est son sang. Qui peut parler en cette sorte, sinon celui qui a tout en sa main ? Qui peut se faire croire, sinon celui à qui faire et parler c'est la même chose ?

Mon ame, arrête-toi ici sans discourir : crois aussi simplement, aussi fortement que ton Sauveur a parlé, avec autant de soumission qu'il fait paroître d'autorité et de puissance. Encore un coup, il veut dans ta foi la même simplicité qu'il a mise dans ses paroles : « Ceci est mon corps, » c'est donc son corps ; « Ceci est mon sang, » c'est donc son sang. Dans l'ancienne façon de communier, le prêtre disoit : « Le corps de Jésus-Christ ; » et le fidèle répondoit : Amen, il est ainsi. « Le sang de Jésus-Christ ; » et le fidèle répondoit : Amen, il est ainsi. Tout étoit fait, tout étoit dit, tout étoit expliqué par ces trois mots. Je me tais, je crois, j'adore : tout est fait, tout est dit.

XXIIIe JOURNÉE.

Fruit de l'Eucharistie : vivre de la vie de Jésus-Christ. Ibid.

Mon ame, tu as établi le fondement : tu as cru en simplicité, par un simple acte. Epanche-toi maintenant dans la méditation d'un si grand bienfait : développe-toi à toi-même tout ce qu'il contient, tout ce que Jésus t'a donné par ce peu de mots. Vous êtes donc ma victime, ô mon Sauveur : mais si je ne faisois que

___
[1] *Luc.*, XIII, 12.

vous voir sur votre autel, sur votre croix, je ne saurois pas assez que c'est à moi, que c'est pour moi que vous vous offrez : mais aujourd'hui que je vous mange, je sais, je sens pour ainsi parler, que c'est pour moi que vous vous êtes offert. Je suis participant de votre autel, de votre croix, du sang qui y purifie le ciel et la terre, de la victoire que vous y avez remportée sur notre ennemi, sur le démon, sur le monde; victoire qui vous fait dire : « Le monde vous affligera; mais prenez courage, j'ai vaincu le monde [1]. »

Si vous vous êtes offert pour moi, donc vous m'aimiez : car pour qui donne-t-on sa vie, si ce n'est pour ses amis? Je vous mange en union avec votre sacrifice, par conséquent avec votre amour : je jouis de votre amour tout entier, de toute son immensité; je le ressens tel qu'il est : j'en suis pénétré : vous venez vous-même me mettre ce feu dans les entrailles, afin que je vous aime d'un amour semblable au vôtre. Ah ! je vois maintenant et je connois que vous avez pris pour moi cette chair humaine, que vous en avez porté les infirmités pour moi, que c'est pour moi que vous l'avez offerte, qu'elle est à moi. Je n'ai qu'à la prendre, à la manger, à la posséder, à m'unir à elle. En vous incarnant dans le sein de la sainte Vierge, vous n'avez pris qu'une chair individuelle : maintenant vous prenez la chair de nous tous, la mienne en particulier; vous vous l'appropriez : elle est à vous : vous la rendrez comme la vôtre par le contact, par l'application de la vôtre; premièrement pure, sainte, sans tache; secondement immortelle, glorieuse : je recevrai le caractère de votre résurrection, pourvu que j'aie le courage de recevoir celui de votre mort. Venez, venez, chair de mon Sauveur : charbon ardent, purifiez mes lèvres : brûlez-moi de l'amour qui vous livre à la mort. Venez, sang que l'amour a fait répandre : coulez dans mon sein, torrent de flamme. O Sauveur, c'est donc ici votre corps, ce même corps percé de plaies. Je m'unis à toutes : c'est par là que tout votre sang s'est écoulé pour moi : vous languissez, vous mourez, vous passez : c'est ici votre passage : je passe, j'expire avec vous. Que m'est le monde? rien du tout : je suis crucifié au monde, et

[1] *Joan.*, XVI, 33.

le monde à moi. Il ne me plaît pas et je ne veux pas lui plaire. Il ne me goûte pas : tant mieux pour moi, pourvu que je ne le goûte pas aussi. La rupture s'est faite de part et d'autre : ce n'est pas comme quand l'un aime et l'autre hait : je ne puis souffrir le monde, qui de son côté ne me peut souffrir : tel qu'est un mort à l'égard d'un mort, tel est le monde pour moi, et moi pour le monde. Heureuse rupture ! Mais le monde dira ceci, dira cela ; le monde dira que je veux encore lui plaire dans ma séparation : qu'importe qu'il dise ? « Je suis attaché à la croix avec Jésus-Christ : je vis, non plus moi, mais Jésus-Christ en moi : et ce que j'ai de vie dans la chair, je l'ai en la foi du Fils de Dieu, qui m'a aimé et s'est livré pour moi[1]. »

Si je suis encore touché d'un amour humain, je vis encore : si je hais celui qui me hait, je vis encore : si je ressens les injures, je vis encore : si je suis touché du plaisir, je vis encore : si la douleur me pénètre, je vis encore. Adieu, adieu ; je m'en vais : je ne suis plus de rien : je ne suis plus moi : « c'est pour Jésus-Christ que je vis ; c'est Jésus-Christ qui vit en moi. » C'est ainsi qu'il faudroit être : c'est le fruit de l'Eucharistie : ah ! que j'en suis loin ! mais je n'y viendrai que par elle.

XXIVe JOURNÉE.

Par la communion, le fidèle consommé en un avec Jésus-Christ.
Matth., xxvi, 26.

« Ceci est mon corps[2] : » c'est donc ici la consommation de notre union avec le Sauveur : son corps n'est pas à lui, mais à nous : notre corps n'est pas à nous, mais à Jésus-Christ. C'est le mystère de la jouissance, le mystère de l'Epoux et de l'Epouse. Il est écrit : « Le corps de l'Epoux n'est pas en sa puissance, mais en celle de l'Epouse[3]. » Sainte Eglise, chaste Epouse du Sauveur, ame chrétienne qui l'avez choisi pour votre Epoux dans le baptême en foi et avec des promesses mutuelles, le voyez-vous ce

[1] *Galat.*, II, 19, 20 ; VI, 14. — [2] *Matth.*, XXVI, 26. — [3] *I Cor.*, VII, 4.

corps sacré de votre Epoux? le voyez-vous sur la sainte table où on le vient de consacrer? Il n'est plus en sa puissance, mais en la vôtre : « Prenez-le, » dit-il, il est à vous : vous avez sur lui un droit réel. Mais aussi votre corps n'est pas à vous : Jésus le veut posséder. Ainsi vous serez unis corps à corps, et vous serez deux dans une chair ; qui est le droit de l'Epouse et l'accomplissement parfait de ce chaste, de ce divin mariage.

L'usage passe, mais le droit demeure : on n'est pas toujours dans ce chaste embrassement : mais on y est de désir, on y est de droit : « Ainsi, dit notre Sauveur, qui me mange demeure en moi et moi en lui [1] : » il n'y demeure pas pour un moment : cette jouissance mutuelle a un effet permanent : « Qui me mange, » qui jouit de moi, « demeure en moi. » Mais l'union est réciproque : « demeure en moi et moi en lui. » Que cette union est réelle ! Que l'effet en est permanent ! Le corps de Jésus-Christ est en ma puissance : j'ai reçu ce droit sacré par le baptême : je l'exerce dans l'Eucharistie. Mon corps est donc au Sauveur, comme le corps du Sauveur est à moi. Il y faut joindre un chaste et parfait amour : « Comme mon Père est vivant et que je vis pour mon Père, ainsi celui qui me mange vivra pour moi [2] : » il ne respirera que mon amour : il n'aura de vie que celle qu'il recevra de moi.

C'est aussi à quoi nous conduit le souvenir de la mort de notre Sauveur. Dans ce tendre, dans ce bienheureux, dans ce cher souvenir, « l'amour de Jésus-Christ nous presse, pendant que nous pensons que si un seul est mort pour tous, tous aussi sont morts ; et un seul est mort et ressuscité pour tous, afin que ceux qui vivent ne vivent plus pour eux-mêmes, mais pour celui qui est mort et ressuscité pour eux [3]. »

Prenons donc ce corps sacré avec transport, avec ce bienheureux excès dont parle saint Paul dans le même endroit : « Si, dit-il, nous sommes transportés en notre esprit et hors de nous-mêmes, c'est pour Dieu [4]. » Oui, à la présence de ce corps, je suis hors de moi : je m'oublie moi-même : je veux jouir de l'Epoux et de lui seul. « Quoi ! je prendrois ce qui est uni avec Jésus-Christ jusqu'à faire un corps avec lui, pour l'unir à une impudique et devenir

[1] *Joan*, VI, 57. — [2] *Ibid.*, 58. — [3] II *Cor.*, V, 14, 15. — [4] *Ibid.*, 13.

avec elle un même corps ! A Dieu ne plaise[1] ! » Mais tout ce qui partage mon cœur, tout ce qui en ôte à Jésus-Christ la moindre parcelle, est pour moi cette impudique qui veut m'enlever à Jésus-Christ. Que tous les mauvais désirs se retirent ! « Mon corps » uni au corps de Jésus « n'est pas pour l'impureté, mais pour Jésus-Christ, et Jésus-Christ aussi est pour mon corps[2]. » Voici le parfait accomplissement de cette parole : l'Eucharistie nous explique toutes les paroles d'amour, de correspondance, d'union, qui sont entre Jésus-Christ et son Eglise, entre l'Epoux et l'Epouse, entre lui et nous.

Dans le transport de l'amour humain, qui ne sait qu'on se mange, qu'on se dévore, qu'on voudroit s'incorporer en toutes manières, et comme disoit ce poëte, enlever jusqu'avec les dents ce qu'on aime pour le posséder, pour s'en nourrir, pour s'y unir, pour en vivre ? Ce qui est fureur, ce qui est impuissance dans l'amour corporel, est vérité, est sagesse dans l'amour de Jésus : « Prenez, mangez, ceci est mon corps : » dévorez, engloutissez, non une partie, non un morceau, mais le tout.

Mais il faut que l'esprit s'y joigne : car qu'est-ce aussi que s'unir au corps, si on ne s'unit à l'esprit ? « Celui qui est uni au Seigneur, qui lui demeure attaché, est un même esprit avec lui[3]. » Il n'a qu'une même volonté, un même désir, une même félicité, un même objet, une même vie.

Unissons-nous donc à Jésus corps à corps, esprit à esprit. Qu'on ne dise point : L'esprit suffit : le corps est le moyen pour s'unir à l'esprit : c'est en se faisant chair que le Fils de Dieu est descendu jusqu'à nous : c'est par sa chair que nous devons le reprendre pour nous unir à son esprit, à sa divinité. « Nous sommes faits participans, dit saint Pierre, de la nature divine[4], » parce que Jésus-Christ a aussi participé à notre nature. Il faut donc nous unir à la chair que le Verbe a prise, afin que par cette chair nous jouissions de la divinité de ce Verbe, et que nous devenions des dieux en prenant des sentimens divins.

Purifions donc notre corps et notre esprit, puisque nous devons être unis à Jésus-Christ selon l'un et selon l'autre. Rendons-nous

____
[1] I *Cor.*, VI, 15, 16. — [2] *Ibid.*, 13. — [3] *Ibid.*, VI, 17. — [4] II *Petr.*, I, 4.

dignes de recevoir ce corps virginal, ce corps conçu d'une vierge, né d'une vierge. Purifiez-vous, sacrés ministres, qui nous le donnez. Que votre main qui nous le donne soit plus pure que la lumière ! que votre bouche qui le consacre soit plus chaste que celle des vierges les plus innocentes ! O quel mystère ! Avec quelle pureté doit-il être célébré ! « Le mariage est saint et honorable entre tous ; et la couche nuptiale est sans tache[1] ; » mais elle n'est pas encore assez sainte pour ceux qui doivent consacrer la chair de l'Agneau. Par cette sainte institution que l'Eglise a toujours eue en vue, les doctes le savent, depuis le temps des apôtres, qu'elle a enfin établie quand elle a pu, dès les premiers siècles, partout où elle a pu, et d'une manière plus particulière dans l'Eglise d'Occident et dans celle de Rome spécialement, consacrée et fondée par les deux princes des apôtres saint Pierre et saint Paul, l'Eglise veut préparer à ce corps vierge, à ce corps formé d'une vierge, des ministres dignes de lui et nous donner une vive idée de la pureté de ce mystère. « Prenez, mangez, ceci est mon corps : » purifiez votre corps qui le doit recevoir, votre bouche où il doit entrer. La pureté de la bouche, c'est qu'il n'en sorte que des paroles de bénédiction : la pureté de la bouche, c'est de modérer sa langue, la tenir le plus qu'on peut dans le silence : la pureté de la bouche, c'est de désirer le chaste baiser de l'Epoux, et renoncer à toute autre joie qu'à celle de le posséder. Amen, amen.

XXV° JOURNÉE.

L'Eucharistie est le gage de la rémission des péchés. Matth., xxvi, 27, 28.

« Buvez-en tous : ceci est mon sang, le sang de la nouvelle alliance : le sang répandu pour vous en rémission de vos péchés[2]. » C'est ici la partie la plus étonnante du mystère et celle aussi, comme on voit, où Jésus parle avec plus de force. Qu'il nous donne à manger la chair de son sacrifice, la chair de la pâque, c'est la coutume, c'est le dessein de ce sacrifice : mais

[1] *Hebr.*, xiii, 3. — [2] *Matth.*, xxvi, 28 ; *Marc.*, xiv, 24 ; *Luc.*, xxii, 20.

jamais on n'en a bu le sang, ni celui d'aucune victime, encore qu'on eût mangé les chairs. « Moïse, dit saint Paul, ayant récité devant tout le peuple toutes les ordonnances de la loi, prit du sang des victimes avec de l'eau, et en jeta sur le livre même et sur tout le peuple, en disant : C'est le sang du Testament que Dieu a fait pour vous [1]. » Voilà, ce semble, tout ce qu'on peut faire du sang des victimes, en arroser tout le peuple, mais non pas le lui donner à boire. Jésus-Christ seul va plus avant. Moïse dit en jetant le sang des victimes sur le peuple : « Ceci est le sang de l'alliance ; » à quoi le Sauveur regarde manifestement, lorsqu'il dit : « Ceci est mon sang de la nouvelle alliance. » C'est donc du sang en l'une et en l'autre occasion. Tout le peuple en est touché, mais différemment. Car il en est touché par aspersion sous Moïse, et l'aspersion qu'ordonne Jésus c'est de le boire : c'est la bouche, c'est la langue, qui doit en être arrosée par cette aspersion : « Buvez-en tous, dit-il; car c'est mon sang, le sang de la nouvelle alliance : le sang répandu en rémission des péchés [2]. »

Cette différence des deux Testamens est pleine de mystère. Une des raisons qui étoit donnée aux anciens pour ne point manger le sang, « c'est à cause qu'il étoit donné, dit le Seigneur, afin qu'étant répandu autour de l'autel, il soit en expiation de nos ames et en propitiation pour nos péchés : et pour cela j'ai commandé aux enfans d'Israël et aux étrangers qui demeurent parmi eux, de n'en manger point [3]. » On leur défend de manger du sang, « à cause qu'il est répandu pour la rémission des péchés; » et au contraire, le Fils de Dieu veut qu'on le boive, « à cause qu'ils est répandu pour la rémision des péchés. »

C'est par la même raison qu'il étoit écrit : « Toute victime qu'on immolera pour expier le péché dans le sanctuaire ne sera pas mangée, mais elle sera consumée par le feu [4]. » Et cette observance signifioit que la rémission des péchés ne pouvant pas s'accomplir par les sacrifices de la loi, ceux qui les offroient demeuroient sous l'interdit et dans une espèce d'excommunication, sans participer à la victime qui étoit offerte pour le péché : mais par

<hr>

[1] *Exod.,* XXIV, 8 ; *Hebr.,* IX, 19, 20.— [2] *Matth.,* XXVI, 27.— [3] *Levit.,* XVII, 11, 12. — [4] *Levit.,* VI, 30.

une raison contraire Jésus-Christ ayant expié nos ames et ayant parfaitement accompli la rémission des péchés par l'oblation de son corps et l'effusion de son sang, il nous ordonne de « manger ce corps livré pour nous, et de boire le sang de la nouvelle alliance versé pour la rémission des péchés, » pour nous montrer qu'elle étoit faite et que nous n'avions plus qu'à nous l'appliquer.

Goûtons donc dans l'Eucharistie la grace de la rémission des péchés, en disant avec David : « Bienheureux ceux à qui leurs iniquités sont remises et dont les péchés sont couverts! Bienheureux celui à qui le Seigneur n'impute point de péché, et qui ne s'impose point à lui-même [1], » dans la pensée qu'il a qu'ils lui sont pardonnés! Et encore : « Mon ame, bénis le Seigneur, et que tout ce qui est en moi bénisse son saint nom! Mon ame, bénis le Seigneur, et n'oublie pas ses bienfaits : c'est lui qui remet tous tes péchés : c'est lui qui guérit toutes tes maladies : il ne nous a pas traités selon nos péchés; il ne nous a pas rendu ce que méritoient nos fautes : autant que le Levant est loin du Couchant, autant il a éloigné de nous nos iniquités [2]. »

Quel repos à une conscience troublée de son crime et alarmée de la justice divine qui le presse, de goûter dans le corps et dans le sang de Jésus la grace de la rémission des péchés, et par là même d'en effacer tous les restes !

Apprenons que l'Eucharistie est un remède des péchés : si nous nous purgeons des grands, elle effacera les petits et nous donnera de la force pour éviter et les petits et les grands.

C'est le péché qui met la séparation entre Dieu et nous : se purifier des péchés, c'est ôter tout empêchement et rendre les embrassemens entre l'Epoux céleste et son Eglise, plus ardens, plus purs, plus intimes.

XXVIᵉ JOURNÉE.

Jésus-Christ notre victime et notre nourriture.

« Dieu a tant aimé le monde, qu'il a donné son Fils unique,

[1] *Psal.* XXXI, 1, 2. — [2] *Psal.* CII, 1-3, 10, 11.

afin que celui qui croit en lui ne périsse point, mais qu'il ait la vie éternelle [1]. »

Qu'est-ce à dire, qu'il a donné son Fils unique ? C'est qu'il l'a donné à la mort, ainsi qu'il avoit dit auparavant : « Comme Moïse a élevé le serpent dans le désert, il faut de même que le Fils de l'homme soit élevé [2], » c'est-à-dire qu'il soit élevé et mis en croix. C'est donc ainsi que « Dieu a donné son Fils unique : » il l'a donné à la mort, et à la mort de la croix.

Mais comment est-ce que Dieu a fait pour donner son Fils unique à la mort? Le Fils de Dieu, en qui est la vie et qui est lui-même la vie, peut-il mourir? Afin qu'il pût mourir, Dieu l'a fait homme, l'a fait Fils de l'homme d'une manière très-véritable, très-réelle, mais singulière, admirable, incompréhensible, qui étonne toute la nature et par ce moyen s'est accompli ce que Dieu vouloit que le Fils de l'homme, qui est en même temps le Fils de Dieu, fût élevé à la croix et donné à la mort pour la vie du monde.

« Dieu donc a tant aimé le monde, qu'il a donné son Fils unique : » il l'a premièrement donné au monde, quand il s'est fait homme; et il l'a en second lieu donné au monde, quand il l'a donné pour en être la victime. La même chair qu'il avoit prise pour se rendre semblable à nous et s'unir à nous, il nous la donne de nouveau, en la donnant pour nous en sacrifice.

Voilà deux choses qui devoient être accomplies dans la chair de notre Sauveur : l'une, que le Fils de Dieu devoit venir en chair, pour s'unir à nous et nous être semblable; l'autre, que le même Fils de Dieu devoit s'immoler dans la même chair qu'il avoit prise, et l'offrir pour nous en sacrifice. Une troisième chose se doit accomplir en cette chair immolée : il faut encore qu'elle soit mangée pour la consommation de ce sacrifice, en gage certain que c'est pour nous que le Fils de Dieu l'a prise et qu'il l'a offerte et qu'elle est tout à fait à nous. C'est une troisième merveille qui doit s'accomplir dans la chair de Jésus-Christ. Comment le fera-t-il? Nous faudra-t-il dévorer sa chair, ou vive, ou morte, en sa propre espèce et nature? Et puisqu'il faut que son sang nous soit aussi bien donné à boire que sa chair à manger, afin que donné

____
[1] *Joan.*, iii, 16. — [2] *Ibid.*, 14.

ainsi il nous soit en gage que c'est pour la rémission de nos péchés qu'il a été répandu, faudra-t-il avaler ce sang en sa propre forme? A Dieu ne plaise! Dieu a trouvé le moyen que, sans rien perdre de la substance de son corps et de son sang, nous les prissions seulement d'une manière différente de celle dont ils sont naturellement exposés à nos sens. Par ce moyen nous avons toute la substance de l'un et de l'autre; et Dieu, en nous les donnant dans une forme étrangère, nous sauve l'horreur de manger de la chair humaine, et de boire du sang humain en leur propre forme.

Et comment a-t-il fait cela? Il a pris du pain et il a dit : « Ceci est mon corps, » mon vrai corps, mais sous la figure du pain; il a pris une coupe pleine de vin et il a dit : « Ceci est mon sang, » mon vrai sang, sous la figure de ce vin dont j'ai rempli la coupe que je vous présente. Comme donc, afin que son Fils éternel et immortel pût mourir, il l'a fait Fils de l'homme : ainsi, afin qu'on pût manger cette chair et boire ce sang, il a fait ce corps pain d'une certaine manière, puisqu'il a revêtu son corps de l'espèce et de la forme du pain : il a voulu que son sang fût encore versé dans nos bouches et coulât en nous sous la forme et la figure du vin. Nous avons donc toute la substance de l'un et de l'autre : les figures anciennes s'accomplissent, notre foi est contente, notre amour a ce qu'il demande : il a Jésus-Christ tout entier, en sa propre et véritable substance, et l'Eglise le mange, l'Eglise le reçoit : comme Epouse elle jouit de son corps; elle lui est unie corps à corps, pour lui être aussi unie cœur à cœur, esprit à esprit. Comment tout cela s'est-il pu faire? « Dieu a tant aimé le monde : » l'amour peut tout : l'amour fait pour ainsi dire l'impossible pour se contenter, et pour contenter son cher objet. Dieu aussi a fait pour nous l'impossible, je dis pour nous : car pour lui il n'y en a point : tout lui est possible. Mais ce qui étoit impossible à la nature à faire et au sens humain à comprendre, il l'a fait : son Fils est devenu le Fils de l'homme et il s'est approché de nous : la nature humaine, qu'il a mise en quelque façon entre lui et nous, n'a point empêché que ce ne soit lui-même en personne qui vînt à nous, même comme Dieu; au contraire il y est venu par l'homme même, et la chair qu'il a prise a été notre lien avec lui. De même quand le Fils de l'homme a été donné à la mort, il a été vrai que le Fils de Dieu mouroit lui-même dans la nature qu'il avoit prise. S'il faut ensuite manger cette chair donnée pour nous en sacrifice, son amour en trouvera le moyen : « Prenez, mangez, ceci est mon corps : » ne vous informez pas de la manière : c'est la substance qu'il vous faut : car c'est à la substance qu'est unie la divinité et la vie. Sous la figure de ce pain, c'est mon propre corps : sous la figure de ce vin, c'est le même sang qui a été répandu pour vous : « Mangez, buvez : » tout est à vous : ne songez pas à ce que vos sens vous présentent : c'est à votre foi que je parle ; c'est à elle que je dis : « Ceci est mon corps : » souvenez-vous donc que c'est moi qui vous le dis. Nul autre que moi, nul autre qu'un Dieu, nul autre que le Fils de Dieu par qui tout a été fait, ne pourroit parler de cette sorte : souvenez-vous que sous la figure de ce pain et de ce vin, c'est mon corps, c'est mon sang que je vous donne : ce corps donné à la mort, ce sang répandu pour vos péchés.

Et comment tout cela s'est-il fait ? « Dieu a tant aimé le monde. » Il ne nous reste qu'à croire et à dire avec le disciple bien-aimé : « Nous avons cru à l'amour que Dieu a eu pour nous [1]. » La belle profession de foi ! le beau symbole ! Que croyez-vous, chrétiens ? Je crois l'amour que Dieu a pour moi. Je crois qu'il m'a donné son Fils : je crois qu'il s'est fait homme ; je crois qu'il s'est fait ma victime ; je crois qu'il s'est fait ma nourriture, et qu'il m'a donné son corps à manger, son sang à boire, aussi substantiellement qu'il a pris et immolé l'un et l'autre. Mais comment le croyez-vous ? C'est que je crois à son amour, qui peut pour moi l'impossible, qui le veut, qui le fait. Lui demander un autre « comment, » c'est ne pas croire à son amour et à sa puissance.

Si nous croyons à cet amour, imitons-le. Quand il s'agit de la gloire de Dieu et de son service, notre zèle ne doit rien trouver d'impossible. « Si vous pouvez croire, dit-il, tout est possible à celui qui croit [2]. » Remarquez : « Si vous pouvez croire : » toute la difficulté est de croire, mais si une fois vous croyez bien, « tout vous est possible. » Dieu entre dans les desseins de votre zèle et

<hr>

[1] I *Joan.*, IV, 16. — [2] *Marc.*, IX, 22.

sa puissance vient à votre aide. L'obstacle que vous avez à vaincre n'est pas dans les choses que vous avez à exécuter pour Dieu : il est en vous-même, il est en votre foi : « Si vous pouvez croire. » Mais Dieu nous aide à croire : « Je crois, Seigneur ; aidez mon incrédulité [1]. »

XXVIIe JOURNÉE.

Notre-Seigneur avoit promis sa chair et son sang dans l'Eucharistie.
Joan., vi, 32-59.

Pour comprendre tout le dessein du Fils de Dieu dans l'Eucharistie, il faut encore écouter ce qu'il en dit en saint Jean, vi. Nous trouverons qu'il y fait trois choses : il y explique premièrement ce qu'il nous donne ; secondement, le fruit qu'on en doit tirer ; troisièmement, le moyen d'en tirer ce fruit.

Ce qu'il nous donne, c'est lui-même et c'est sa chair et son sang ; et dès qu'il en parle, les hommes s'écrient : « Comment cet homme nous peut-il donner sa chair à manger [2] ? » L'homme raisonne toujours contre lui-même et contre les bontés de Dieu. Quand Jésus, pour nous préparer au mystère qu'il devoit laisser à son Eglise au jour de la cène, dit qu'il nous donneroit sa chair à manger et son sang à boire, les Juifs tombèrent dans trois erreurs : ils crurent qu'il leur parloit de la chair d'un homme pur, du fils de Joseph ; voilà leur première erreur : d'une chair semblable à celle dont les hommes nourrissent leur corps ; voilà la seconde : d'une chair enfin qu'ils consumeroient en la mangeant ; c'étoit la troisième.

Contre la première : « Je suis, dit-il, le pain vivant descendu du ciel [3]. » La chair que nous mangeons n'est donc pas la chair du fils de Joseph : c'est la chair du Fils de Dieu, une chair conçue du Saint-Esprit et formée du sang d'une vierge : « Le Saint-Esprit surviendra en vous, et la vertu du Très-Haut vous couvrira de son ombre : et la chose sainte qui naîtra de vous, aura le nom de Fils de Dieu [4] : » *Quod nascetur ex te sanctum. Sanc-*

---

[1] *Marc.*, ix, 23. — [2] *Joan.*, vi, 53. — [3] *Ibid.*, 32-34, 41-43. — [4] *Luc.*, i, 35.

tum : au substantif, pour ceux qui savent un peu la grammaire
et qui entendent la force de ce neutre, c'est-à-dire une chose substantiellement sainte : manière de parler qui fait voir que la sainteté est substantielle en Jésus-Christ. Pourquoi? Parce que sa personne est sainte par elle-même, par la sainteté essentielle et substantielle du Fils de Dieu. « Et c'est pourquoi, continue l'ange,
il sera appelé le Fils de Dieu. » Qu'est-ce à dire, « il sera appelé : »
est-ce qu'il ne le sera pas essentiellement, et qu'on lui en donnera
le nom par quelque figure? A Dieu ne plaise! au contraire, il le
sera appelé par excellence. Le Père qui l'engendre dans l'éternité,
l'engendrera dans le sein de Marie : « La vertu du Très-Haut la
couvrira de son ombre : » s'insinuera dans son sein : et la chair
que prendra le Fils de Dieu dans le sein de cette vierge, sera formée par le Saint-Esprit. Ce sera donc une chair sainte, de la sainteté du Fils de Dieu, qui se l'unit : elle sera pleine de vie,
source de vie, vivante et vivifiante par elle-même. Ainsi la
première erreur est détruite.

Pour réfuter la seconde, qui consistoit à s'imaginer que la vie
que Jésus-Christ promettoit par sa chair seroit cette vie commune
et mortelle, il répète, il inculque dans tout son discours, que c'est
la vie éternelle tant de l'ame que du corps, qu'il nous veut donner : « La volonté de mon Père est que je ne perde aucun de ceux
qu'il m'a donnés et que je les ressuscite au dernier jour : qui
mange de ce pain, » de cette viande céleste, « de ma chair que
je donnerai pour la vie du monde, vivra éternellement[1]. »

Pour détruire la troisième erreur des Juifs, qui s'imaginoient
une chair qu'on consumeroit en la mangeant, il leur dit : « Cela
vous scandalise? » Vous serez donc bien plus étonnés, « quand
vous verrez le Fils de l'homme monter au lieu d'où il est venu[2]. »
Comme s'il disoit : On mangera ma chair, je l'ai dit : mais je n'en
demeurerai pas moins vivant et moins entier. D'où il conclut : Ne
vous imaginez donc pas que je vous parle d'une chair humaine à
l'ordinaire, ou de la chair du fils de Joseph; ni que je vous parle
d'une chair qui doive vous être donnée pour entretenir cette vie
mortelle, ni par conséquent d'une chair qui doive être mise en

---

[1] *Joan.*, VI, 39, 52 et 59. — [2] *Ibid.*, 62, 63.

pièces et consumée en la mangeant : « La chair » en ce sens
« ne sert de rien : c'est l'esprit qui vivifie : les paroles que je vous
dis sont esprit et vie [1]. » Quoiqu'il n'ait parlé pour ainsi dire que
de sa chair, que de son sang, que de manger celle-là, que de
boire l'autre, tout ce qu'il a dit est esprit, c'est-à-dire manifestement que dans sa chair, que dans son sang, tout est esprit, tout
est vie, tout est uni à la vie et à l'esprit, parce que sa chair et
son sang sont la chair et le sang du Fils de Dieu.

Autant donc que nous désirons la vie, autant devons-nous désirer cette chair qui nous la donne, qui la contient, qui est la vie
même. « Il est sorti de moi une vertu, je l'ai sentie sortir [2] : » c'é-
toit une vertu pour guérir les corps : combien plus en sortira-t-il
pour vivifier les ames? Approchons-nous donc de cette chair :
touchons-la : mangeons-la : il en sortira une vertu qui portera la
vie dans nos ames et dans son temps la donnera à nos corps.

Il en est de même du sang de Jésus : ce sang est plein de vertu
pour nous vivifier : car c'est le sang du Fils de Dieu : « le sang
du Nouveau Testament, » comme il l'appelle lui-même et c'est-à-
dire, comme l'interprète saint Paul, « le sang du Testament éternel, » par lequel « le grand Pasteur des brebis a été tiré de la
mort [3]. » Il est donc lui-même ressuscité des morts par la vertu de
son sang, parce qu'il devoit entrer dans sa gloire par ses souffrances. C'est par ce même sang, par ce sang du Testament et de
l'alliance éternelle, que nous devons aussi hériter de son royaume
et avoir la vie éternelle. Mangeons, buvons, vivons, nourrissons-
nous : unissons-nous à la vie par cette chair, par ce sang vivifiant : il les a pris pour s'approcher de nous : « Ce n'est pas aux
anges qu'il a voulu s'unir; c'est la postérité d'Abraham, » c'est la
nature humaine « qu'il a voulu prendre. Et parce que les hommes
sont composés de chair et de sang, il a voulu aussi être composé
de l'un et de l'autre [4] : » c'est par là qu'il s'unit à nous et c'est par
là qu'il nous sauve. Nous l'avons dit souvent et il ne se faut point
lasser de le dire, cette chair et ce sang sont devenus le lien de notre
union avec lui, l'instrument de notre salut, la source de notre
vie, parce qu'il les a pris pour nous, parce qu'il les a offerts pour

[1] *Joan.*, VI, 64. — [2] *Luc.*, VIII, 46. — [3] *Hebr.*, XIII, 20. — [4] *Hebr.*, II, 14, 16.

notre salut, parce qu'il nous les donne encore pour nous vivifier. Allons avec une sainte avidité à cette viande céleste : tout y est esprit et vie.

XXVIII° JOURNÉE.

La foi donne l'intelligence de ce mystère. Joan., VI, 43-70.

Ce n'est pas tout de savoir quel don nous recevons de Jésus-Christ, il faut encore apprendre de lui deux choses très-nécessaires; dont l'une est le fruit que nous en devons retirer, et l'autre est le moyen de le recevoir. Tout cela nous est expliqué dans le même chapitre VI, que nous avons commencé. Mais ce qu'il y faut d'abord entendre, c'est que Dieu seul nous en peut donner l'intelligence conformément à cette parole : « Ne murmurez point entre vous : personne ne peut venir à moi, si mon Père qui m'a envoyé ne le tire [1]. » Afin donc de venir à Jésus et de pénétrer ses paroles, il faut être tiré par le Père. Et qu'est-ce qu'être tiré par le Père, sinon être enseigné de Dieu, comme ajoute le Sauveur : « Il est écrit dans les prophètes : Ils seront tous enseignés de Dieu : ceux qui ont ouï la voix de mon Père et qui ont appris ce qu'il leur enseigne, viennent à moi [2]. » Ainsi être tiré de lui, c'est écouter sa voix et être enseigné par la douce et toute-puissante insinuation et inspiration de sa vérité. Quand on est instruit de cette sorte, on ne murmure point de ses paroles : on les entend : on les goûte ; et c'est pourquoi il dit à la fin : « Il y en a parmi vous qui ne croient point; et c'est pour cela que je vous ai dit que personne ne peut venir à moi, s'il ne leur est donné par mon Père [3]. » Celui-là donc est tiré à Jésus-Christ, à qui il est donné de croire : le Père nous tire à Jésus-Christ, quand il nous inspire la foi : je crois, Seigneur, je crois : je ne suis pas de ceux qui veulent se retirer de vous à cause de la hauteur de vos paroles : au contraire je suis de ceux qui vous disent avec saint Pierre : « Maître, à qui irions-nous? Vous avez des paroles de vie éternelle :

---

[1] *Joan.*, VI, 43, 44. — [2] *Ibid.*, 45. — [3] *Ibid.*, 65, 66.

nous avons cru et connu que vous êtes le Christ, le Fils de Dieu [1]. »
Croyez donc et connoissez : croyez premièrement comme vrai enfant de l'Eglise, docile et soumis et vraiment enseigné de Dieu.
Après avoir été enseigné de Dieu et avoir été doucement tiré à la
foi, vous le serez encore à l'intelligence, autant qu'il est nécessaire pour confirmer votre foi ; et vous direz en toute occasion,
mais particulièrement dans la communion : « Nous avons cru et
connu que vous êtes le Christ, le Fils de Dieu. » Ce n'est pas
assez : au jour suivant nous irons plus loin s'il plaît à Dieu.
Prions le Père de Jésus-Christ, qui a bien voulu être le nôtre,
qu'il nous tire, qu'il nous enseigne au dedans, qu'il nous fasse entendre sa voix et pénétrer sa parole.

XXIXe JOURNÉE.

La vie éternelle est le fruit de l'Eucharistie. Joan., VI, 26, 35, 47.

Le même chapitre. Nous y devions trouver deux choses : la
première est le fruit spirituel que nous devons tirer de l'Eucharistie : la seconde est le moyen d'en tirer ce fruit. Pour le fruit, il
est aisé de l'entendre : ce fruit est de nous détacher de la vie et de
nous attacher à Dieu. C'est sur quoi Jésus-Christ s'explique clairement par ces paroles : « En vérité, en vérité je vous le dis : vous
me cherchez, non point parce que vous avez vu des miracles,
mais parce que vous avez mangé des pains » que j'ai multipliés
dans le désert, « et que vous en avez été nourris. Travaillez, non
point à la nourriture qui périt, mais à celle qui ne périt pas, que
le Fils de l'homme vous donnera : car c'est lui que le Père céleste
vous a désigné, en imprimant sur lui son sceau et son caractère [2], »
et en confirmant sa doctrine et sa mission par tant de miracles.
Vous vous expliquez, mon Sauveur : votre dessein est de nous
détacher de la nourriture et de la vie périssable, qui fait tous nos
soins, à laquelle nous travaillons toute l'année, et transporter notre
diligence et notre travail à la nourriture et à la vie qui ne périt

____

[1] *Joan.*, VI, 69, 70. — [2] *Ibid.*, 26, 27.

point. Enseignez-moi, mon Sauveur : tirez-moi de cette manière admirable qui fait qu'on va à vous : dégoûtez-moi de tous les soins qui n'aboutissent qu'à vivre pour mourir : faites-moi goûter cette vie où l'on ne meurt jamais.

«Quel miracle faites-vous, afin que nous croyions en vous[1]?» Que faites-vous de si merveilleux? Il est vrai, vous nous avez rassasiés de pain dans le désert; mais ce pain est-il comparable à la manne que Moïse a donnée à nos pères, de laquelle il est écrit : « Il leur a donné à manger le pain du ciel[2]? » Le pain que vous nous avez donné étoit le pain de la terre ; et il y a autant de différence entre vous et Moïse, qu'il y en a entre la terre et le ciel.

On voit clairement par ce discours, qu'ils ne songeoient qu'aux moyens de sustenter cette vie mortelle, et que ce n'étoit pas sans raison que Jésus-Christ leur avoit reproché leurs désirs charnels. Car ils ne portent point leur pensée plus loin que la manne dont leurs corps furent nourris dans le désert, ni ils ne connoissent d'autre ciel que les nuées d'où elle leur avoit été envoyée, sans songer qu'elle n'avoit été appelée le pain du ciel et le pain des anges qu'en figure de Jésus-Christ, qui leur devoit apporter la vie éternelle. Il se sert donc de l'expression dont l'Ecriture se sert pour relever la merveille de la manne, à élever les esprits au vrai pain des anges, à la vérité qui les rend heureux, et qui s'étant in- carnée s'est rendue familière et sensible aux hommes pour les faire vivre.

Il leur dit donc « qu'il est descendu du ciel ; que qui vient à lui n'a jamais faim, et que qui croit en lui n'a jamais soif; qu'il est » par conséquent « le vrai pain[3], » la vraie nourriture des ames « qui viennent à lui » par la foi; qu'il ne faut pourtant pas que les hommes espèrent de le pouvoir atteindre par sa divinité, ni de s'y unir en elle-même; que c'est un objet trop haut pour une nature pécheresse et livrée aux sens corporels; qu'il s'est fait homme pour s'approcher d'eux; que la chair qu'il a prise est le seul moyen qu'il leur a donné pour s'unir à lui; et que pour cela il l'a remplie de la divinité même; par conséquent d'esprit et de grace ou, comme parle saint Jean, « de grace et de vérité; » et

¹ *Joan.*, VI, 30, 31. — ² *Psal.* LXXVII, 24.—³ *Joan.* VI, 33, 35, 48.

ailleurs : « L'esprit ne lui est pas donné avec mesure; » et : « Nous avons tous reçu de son esprit[1]; » que de là donc il s'ensuit que nous avons en lui la vraie vie, la vie éternelle, la vie de l'ame et du corps : et non pas précisément en lui comme Fils de Dieu, mais en lui comme Fils de l'homme : car c'est par là qu'il commence. Travaillez à vous préparer la nourriture qui vous sera donnée par le Fils de l'homme : pourvu que vous le croyiez en même temps le pain descendu du ciel, c'est-à-dire le Fils de Dieu, et que vous croyiez que sa chair par laquelle il veut vous vivifier est pleine d'esprit et de vie.

Ainsi la fin où il veut venir est de nous faire vivre, mais de la vie éternelle et selon l'ame et selon le corps : « C'est, dit-il, la volonté de mon Père, que je ne perde rien de ce que mon Père m'a donné et que, » pour donner la vie au corps comme à l'ame, « je le ressuscite au dernier jour ; » et encore : « Vos pères ont mangé la manne et sont morts : celui qui mangera de ce pain vivra éternellement[2]. »

C'est donc là le fruit de l'Eucharistie : elle est faite pour contenter le désir que nous avons de vivre, et pour cela nous donner la vie éternelle dans l'ame par la manifestation de la vérité, et dans le corps par la glorieuse résurrection. Seigneur, qu'ai-je à désirer? De vivre : de vivre en vous, de vivre pour vous : de vivre de vous et de votre éternelle vérité : de vivre tout entier : de vivre dans l'ame : de vivre même dans le corps : de ne perdre jamais la vie : de vivre toujours. J'ai tout cela dans l'Eucharistie : j'y ai donc tout et il ne reste qu'à jouir.

XXXe JOURNÉE.

Désir insatiable de l'Eucharistie. Joan., vi, 34, 40, 47.

« Seigneur, donnez-nous toujours ce pain[3] : » ce pain dont vous avez dit qu'il donne la vie éternelle. C'est ce que disent les Juifs, et ils expriment par là le désir de toute la nature humaine,

---

[1] *Joan.*, i, 14, 16; iii, 34. — [2] *Joan.*, vi, 39, 40, 59. — [3] *Ibid.*, 34.

ou plutôt de toute la nature intelligente : elle veut vivre éternellement : elle veut ne manquer de rien : en un mot, elle veut être
heureuse. C'est encore ce qu'exprimoit la Samaritaine, lorsque
Jésus lui ayant dit : « O femme, celui qui boit de l'eau que je
donne n'a jamais soif; » elle répond aussitôt : « Seigneur, donnez-
moi cette eau, afin que je n'aie jamais soif, et que je ne sois pas
obligée à venir ici puiser de l'eau[1] » dans un puits si profond,
avec tant de peine. Encore un coup, la nature humaine veut être
heureuse : elle ne veut avoir ni faim ni soif : elle ne veut avoir
aucun besoin, aucun désir à remplir, aucun travail, aucune fati-
gue : et cela qu'est-ce autre chose, sinon être heureuse? Voilà ce
que veut la nature humaine : voilà son fond. Elle se trompe dans
les moyens : elle a soif des plaisirs des sens : elle veut exceller :
elle a soif des honneurs du monde : pour parvenir aux uns et aux
autres elle a soif des richesses : sa soif est insatiable : elle demande
toujours et ne dit jamais : C'est assez : toujours plus et toujours
plus : elle est curieuse : elle a soif de la vérité : mais elle ne sait
où la prendre ni quelle vérité la peut satisfaire : elle en ramasse
ce qu'elle peut par-ci par-là, par de bons, par de mauvais moyens,
et comme toute ame curieuse est légère, elle se laisse tromper par
tous ceux qui lui promettent cette vérité qu'elle cherche. Voulez-
vous n'avoir jamais faim, jamais n'avoir soif, venez au pain, qui
ne périt point, et au Fils de l'homme qui vous l'administre; à sa
chair, à son sang, où est tout ensemble la vérité et la vie, parce
que c'est la chair et le sang, non point du fils de Joseph, comme
disoient les Juifs, mais du Fils de Dieu. « O Seigneur, donnez-moi
toujours ce pain. » Qui n'en seroit affamé? qui ne voudroit être
assis à votre table? qui la pourroit jamais quitter?

Mais pour nous piquer davantage du désir d'en approcher,
Jésus-Christ nous dit que ce n'est pas une chose aisée ou commune. Il faut être aimé de Dieu, touché, tiré, prévenu, choisi.
Voyez combien de ses auditeurs s'en éloignent, combien murmurent, combien se scandalisent. Ses disciples même se retirent
d'avec lui, il y en a même parmi ses apôtres qui ne croient pas.
Plus ces infidèles se rebutent, plus les vrais disciples doivent s'ap-

[1] *Joan.*, IV, 10, 11, 13, 15.

procher. Venez : écoutez : suivez le Père qui vous tire, qui vous enseigne au dedans, qui vous fait sentir vos besoins, et en Jésus-Christ le vrai moyen de les rassasier. Mangez : buvez : vivez : nourrissez-vous : contentez-vous : rassasiez-vous. Si vous êtes insatiables, que ce soit de lui, de sa vérité, de son amour : car la Sagesse éternelle dit en parlant d'elle-même : « Ceux qui me mangent auront encore faim, et ceux qui me boivent auront encore soif[1]. » Hé ! nous venons entendre de sa bouche : « Celui qui boit de l'eau que je donnerai, n'aura jamais soif[2]; » et encore : « Celui qui vient à moi n'aura jamais faim, et celui qui croit en moi n'aura jamais soif[3]. » Il n'aura jamais ni faim ni soif d'autre chose que de moi; mais il aura une faim et une soif insatiable de moi, et jamais il ne cessera de me désirer. En même temps qu'il sera insatiable, il sera néanmoins rassasié : car il aura la bouche à la source : « Les fleuves d'eau vive lui sortiront des entrailles. L'eau que je lui donnerai, deviendra en lui une source d'eau jaillissante pour la vie éternelle[4]. » Il aura donc toujours soif de ma vérité; mais aussi il pourra toujours boire, et je le mènerai à la vie où il n'aura plus même à désirer, parce que je le réjouirai par la beauté de ma face, et je remplirai tous ses désirs. « Venez donc, Seigneur Jésus, venez; l'Esprit dit » toujours : « Venez; l'Epouse dit » toujours : « Venez; vous tous qui écoutez, dites : Venez; et que celui qui a soif, vienne : vienne qui voudra recevoir gratuitement l'eau vive [5] : » Venez; on n'exclut personne : venez; il n'en coûte rien, il n'en coûte que le vouloir. Viendra le temps qu'on ne dira plus : Venez. Quand cet Epoux tant désiré sera venu, alors on n'aura plus besoin de dire : Venez; on dira éternellement : *Amen :* il est ainsi, tout est accompli : *Alleluia*[6] : louons Dieu ; « il a bien fait toutes choses [7] : » il a fait tout ce qu'il avoit promis, et il n'y a plus qu'à le louer.

[1] *Eccli.*, XXIV, 29. — [2] *Joan.*, IV, 14. — [3] *Joan.*, VI, 35. — [4] *Joan.*, VII, 38; IV, 14. — [5] *Apoc.*, XXII, 17, 20. — [6] *Apoc.*, XIX, 4. — [7] *Marc.*, VII, 37.

XXXIe JOURNÉE.

Nouveaux murmurateurs capharnaïtes. Joan., VI, 64.

Ecoutons un peu nos murmurateurs : je ne dis pas ceux du peuple juif, les Capharnaïtes et les autres dont il est parlé dans saint Jean : écoutons les murmurateurs chrétiens, qui font semblant de s'éloigner du sentiment des murmurateurs de Capharnaüm, et qui disent : Nous ne leur ressemblons pas. S'ils avoient compris que ce manger et ce boire, dont le Sauveur leur parloit, étoit la foi, ils n'auroient pas murmuré, ils n'auroient pas à la fin abandonné Jésus-Christ. Ainsi tout le dénouement, c'est qu'il faut avoir la foi, et que tout le reste ne sert de rien, conformément, disent-ils, à cette dernière explication du Sauveur : « C'est l'esprit qui vivifie : la chair ne sert de rien : les paroles que je vous dis, sont esprit et vie [1]. »

Mon Sauveur, je ne suis pas ici recueilli devant vous pour disputer, ni pour faire une controverse; mais comme vous ne permettez pas en vain les hérésies, et que vous voulez tirer des contradicteurs un plus grand éclaircissement de vos vérités, j'écouterai les murmures des hérétiques, pour mieux entendre, pour mieux goûter votre vérité. Ils sont, Seigneur, je le crois, ils sont vraiment, quoi qu'ils disent, de nouveaux Capharnaïtes qui viennent étourdir votre Eglise douce et modeste, et vos enfans qui ne sont pas disputeurs ni contentieux, mais fidèles, du bruit de cette question : « Comment celui-ci nous peut-il donner sa chair à manger [2]? » Et ils répondent hardiment : Il ne le peut pas au pied de la lettre : il faut entendre spirituellement, c'est-à-dire selon leur pensée, il faut entendre figurément tout ce discours. Qu'on est grossier, continuent-ils, de préparer autre chose que la foi et que l'esprit pour manger votre chair et votre sang ! Ecoutons donc ces hommes si spirituels, si élevés, qui regardent avec dédain votre humble troupeau, parce qu'il croit simplement à

____
[1] *Joan.,* VI, 64. — [2] *Ibid.,* 53.

votre parole, et ne cherche point à en détourner le sens ni la force pour contenter sa raison. Donnez-moi la grace, ô Seigneur, de découvrir leurs vaines subtilités et les piéges qu'ils tendent aux ignorans, qui en même temps sont superbes. Car ils passent jusqu'à cet excès de nous prendre pour de vrais Capharnaïtes, à cause que nous ne voulons pas croire avec eux, qu'avoir dit que « c'est l'esprit qui vivifie, » c'est avoir dit qu'on ne mange votre chair et qu'on ne boit votre sang que par la foi. Voici donc leur explication : « La chair ne sert de rien, » c'est-à-dire qu'il ne sert de rien de manger réellement votre chair : « Mes paroles sont esprit et vie, » c'est-à-dire tout ce que j'ai dit de ma chair et de mon sang n'est qu'une figure. Voilà, Seigneur, ce qu'ils disent ; mais je ne vois point tout cela dans votre Evangile. Je le vais relire, Seigneur, et en peser de nouveau toutes les paroles : et j'espère non-seulement croire toujours d'une ferme foi, comme je le crois ; mais encore entendre clairement, si vous le voulez, que ces murmurateurs se trompent, qu'ils vous font dire ce que vous ne dites pas. Mais, Seigneur, je remettrai à un autre temps cette humble lecture : aujourd'hui j'ai assez gagné de m'être humilié et d'avoir soumis mon esprit à la foi de votre Eglise catholique.

XXXIIe JOURNÉE.

Notre-Seigneur nous donne à manger le même corps qu'il a pris pour nous.
Joan., VI, 29, 33, 50, 55, 59.

« L'œuvre de Dieu est que vous croyiez en celui qu'il a envoyé. Je suis le pain de vie : celui qui vient à moi n'a jamais faim, et celui qui croit en moi n'a jamais soif : qui croit en moi a la vie éternelle [1]. » Il est donc constant que c'est par la foi que nous devons profiter de cette céleste nourriture, pour en recevoir la vie éternelle ; et il ne s'agit plus que de savoir ce qu'il nous enseigne aujourd'hui, que nous devons croire pour cela. Or il nous enseigne clairement qu'il faut croire deux choses : la première, que le Fils de Dieu est descendu du ciel et qu'il a pris une chair hu-

______
[1] *Joan.*, VI, 29, 35, 47.

maine, en laquelle il est venu à nous ; la seconde, que pour avoir part à la vie qu'elle contient, il la faut manger.

La première de ces vérités est clairement enseignée dans ces paroles si souvent répétées : « Je suis descendu du ciel : ce n'est pas Moïse qui vous donne le vrai pain descendu du ciel, mais c'est mon Père qui vous donne le vrai pain descendu du ciel : car le pain de Dieu est celui qui descend du ciel, et qui donne la vie au monde [1]; » et encore : « Je suis descendu du ciel pour faire la volonté de mon Père et ressusciter tout ce qu'il m'a donné [2]; » et encore : « C'est ici le pain descendu du ciel; » et encore : « Je suis le pain descendu du ciel; » et encore : « C'est ici le pain descendu du ciel [3]. »

Voilà donc le fondement de toute la doctrine du Sauveur très-clairement expliqué, qui est qu'il est descendu du ciel, c'est-à-dire qu'il s'est incarné, qu'il a pris chair.

Mais la seconde vérité, qu'il faut manger cette chair pour avoir part à la vie qu'elle contient, n'est pas moins expliquée ni moins inculquée dans tout le discours du Fils de Dieu, à commencer par ces paroles : « Et le pain que je donnerai, c'est ma chair pour la vie du monde; » ou comme porte l'original : « Le pain que je donnerai est ma chair que je donnerai pour la vie du monde [4]. » Ce qui ayant donné lieu aux Juifs de dire entre eux : « Comment est-ce qu'il nous peut donner sa chair à manger [5]? » Le Fils de Dieu s'explique encore davantage, et insiste de plus en plus à dire : « Si vous ne mangez ma chair et ne buvez mon sang, vous n'aurez point la vie en vous : » (parce que la vie est pour vous dans cette chair que j'ai prise). Et sans discontinuer : « Qui mange ma chair et boit mon sang, aura la vie éternelle [6]. » Il ne se lasse point de le répéter, puisqu'il ajoute aussitôt après : « Car ma chair est vraiment viande, et mon sang est vraiment breuvage : qui mange ma chair et boit mon sang demeure en moi et moi en lui: qui me mange vivra pour moi : qui mange de ce pain aura la vie éternelle [7]. »

On voit comme Jésus-Christ enfonce pour ainsi dire toujours

[1] *Joan.*, VI, 38, 32, 33. — [2] *Ibid.*, 38, 39. — [3] *Ibid.*, 50, 51, 59. — [4] *Ibid.*, 52. — [5] *Ibid.*, 53, 54. — [6] *Ibid.*, 55. — [7] *Ibid.*, 56-59.

et de plus en plus dans la matière : il introduit le discours de la nourriture céleste à l'occasion du pain matériel, qu'il venoit de leur donner ; et il en vient jusqu'à dire qu'il faudra manger sa chair et boire son sang : ce qu'il inculque aussi pressamment qu'il a fait son incarnation, nous enseignant clairement par là que nous devons aussi réellement manger sa chair et boire son sang, qu'il les a pris l'un et l'autre. Et c'est là notre salut, c'est notre vie : car par ce moyen il ne prend pas seulement en général une chair humaine ; il prend la chair de chacun de nous, lorsque chacun de nous reçoit la sienne. Alors il se fait homme pour nous, il nous applique son incarnation ; et, comme disoit saint Hilaire, il ne porte, il ne prend la chair que de celui qui prend la sienne : il n'est point notre Sauveur et ce n'est point pour nous qu'il s'est incarné, si nous-mêmes nous ne prenons la chair qu'il a prise. Ainsi l'œuvre de notre salut se consomme dans l'Eucharistie, en mangeant la chair du Sauveur. Il y faut apporter la foi ; car c'est par là qu'il commence : il faut croire en Jésus-Christ qui donne sa chair à manger, comme il faut croire à Jésus-Christ descendu du ciel et revêtu de cette chair. Ce n'est pourtant pas la foi qui fait que Jésus-Christ est descendu du ciel et a paru en chair : ce n'est non plus la foi qui fait que cette chair est donnée à manger. Croyons ou ne croyons pas, cela est : croyons ou ne croyons pas, Jésus-Christ est descendu du ciel en chair humaine : croyons ou ne croyons pas, Jésus-Christ donne à manger la même chair qu'il a prise ; car il est dit absolument : « Ceci est mon corps [1] ; » et non pas : « Ceci le sera, si vous y croyez ; » comme il est dit absolument : « Le Verbe a été fait chair [2] ; » le Verbe est descendu du ciel en terre ; et non pas : « Il est fait chair par votre foi, et il descend du ciel si vous y croyez. » O vérité de la chair mangée ! je vous crois, comme je crois la vérité de la chair prise par le Fils de Dieu, la vérité du Fils de Dieu descendu du ciel. Mon Sauveur, avec quelle force vous me confirmez votre incarnation ! Ah ! celui qui ne croit pas qu'on reçoit réellement votre propre chair, en sa propre et véritable substance, ne croit pas comme il faut que vous l'avez prise, et il n'a point de part au pain de vie.

[1] *Matth.*, XXVI, 26. — [2] *Joan.*, I, 14.

XXXIII⁰ JOURNÉE.

Présence réelle du corps et du sang de Jésus-Christ dans l'Eucharistie.
Joan., vi, 54-57; Matth., xxvi, 26-28.

« Si vous ne mangez la chair du Fils de l'homme : Prenez,
mangez; ceci est mon corps : Si vous ne buvez son sang, buvez-
en tous : ceci est mon sang. » De dire qu'il n'y ait pas un rapport
manifeste dans ces paroles; que l'une n'est pas la préparation et
la promesse de l'autre, et que la dernière n'est pas l'accomplissement de celle qui a précédé, c'est vouloir dire que Jésus-Christ,
qui est la Sagesse éternelle, parle et agit au hasard. Visiblement
il a parlé en saint Jean, chapitre vi, pour préparer l'institution de
l'Eucharistie. Il a dit en saint Jean : « Travaillez à la nourriture
que le Fils de l'homme vous donnera; » et encore : « Et le pain
que je donnerai, c'est ma chair que je donnerai pour la vie du
monde[1]. » Il la donnera, dit-il; c'est visiblement une préparation
et une promesse avec laquelle il ne faut pas s'étonner que l'institution et l'exécution ait un rapport si manifeste; autrement on
pourroit dire de même que lorsqu'il est descendu dans le Jourdain,
et que le Saint-Esprit y est descendu sur lui visiblement[2], il ne
songeoit ni à consacrer l'eau, ni à nous montrer l'esprit, desquels
il a dit que nous renaîtrions. Mais si la manifestation de la Trinité
dans son baptême, a préparé la déclaration qu'il en vouloit mettre
dans le nôtre, lorsqu'il a dit : « Allez, baptisez au nom du Père,
et du Fils, et du Saint-Esprit[3]; » et que son baptême et le nôtre
aient entre eux un rapport si manifeste, et en aient en même
temps un pareil avec ce qu'il a dit en saint Jean : « Si vous ne renaissez d'eau et du Saint-Esprit[4], » on doit croire qu'il a aussi
préparé l'institution de l'Eucharistie; et que ce qu'il dit en saint
Jean, chapitre vi, est fait pour cela, et sans tout ce raisonnement
la chose parle.

[1] *Joan.*, vi, 27, 52. — [2] *Joan.*, i, 31, 34; iii, 5. — [3] *Matth.* xxviii, 19. —
[4] *Joan.*, iii, 5.

Le rapport des paroles qu'on lit dans saint Jean et de celles de l'institution est visible [1] : là « Manger » et ici « Manger : » là « Boire » et ici « Boire : » là « la chair » et ici « la chair, » ou, ce qui est la même chose, « le corps : » là « le sang » et ici « le sang : » là « le manger » et « le boire, la chair » et « le sang » séparément, et ici la même chose : si cela ne fait pas voir précisément que tout cela n'est qu'un seul et même mystère, une seule et même vérité, il n'y a plus d'analogie ni de convenance; il n'y a plus de rapport ni de suite dans notre foi, ni dans les paroles et les actions du Sauveur. Mais si le manger et le boire de saint Jean est le manger et le boire de l'institution; donc en saint Jean c'est un manger et un boire par la bouche, puisque dans l'institution visiblement c'en est un de cette nature. Si la chair et le sang dont il est parlé en saint Jean, n'est pas la chair et le sang en esprit et en figure, mais la chair véritable et le sang véritable, en leur propre et naturelle substance, il en est de même dans l'institution ; et l'on ne peut non plus interpréter : « Ceci est mon corps : ceci est mon sang, » d'un corps en figure et d'un sang en figure, que dans saint Jean : « Si vous ne mangez ma chair et si vous ne buvez mon sang, » de la figure de l'un et de l'autre. Or qui pourroit seulement songer que Jésus-Christ ait voulu dire : « Si vous ne mangez ma chair en figure et mon sang de même, il n'y a point de vie pour vous; » et « ma chair en figure est vraiment viande, et mon sang en figure est vraiment breuvage, » et ainsi du reste? cela seroit insensé. Il ne l'est donc pas moins de dire que : « Ceci est mon corps, ceci est mon sang, » ne soit pas la vérité, mais la figure de l'un et de l'autre.

Vous dites que souvent dans l'Ecriture « Manger, » c'est croire ; « Boire, » c'est croire, et que c'est là le manger et le boire, dont il est parlé dans saint Jean. Mais puisque manger et boire à la fois, c'est la même chose, Jésus-Christ ne se seroit pas arrêté jusqu'à quatre fois réitérées à distinguer le manger d'avec le boire, ni la viande d'avec le breuvage, s'il n'avoit pas regardé à autre chose. Visiblement donc il a regardé aux paroles de l'institution, où manger c'est prendre par la bouche, où boire c'est

____
[1] *Matth.*, XXVI, 26-28; *Joan.*, VI, 54, 55.

boire dans une coupe et en avaler la liqueur. Ainsi quoi qu'il en soit des autres passages où manger et boire, c'est croire, dans l'endroit que nous méditons il n'est plus permis de dire que le manger et le boire soit un manger et un boire impropre et allégorique, ni autre chose qu'un manger et un boire véritable et proprement dit, un manger et un boire par la bouche du corps.

Je le crois ainsi, mon Sauveur : « Si vous ne mangez ma chair : si vous ne buvez mon sang ; » c'est-à-dire si vous n'obéissez à cette parole : « Prenez, mangez, ceci est mon corps ; buvez, ceci est mon sang : » et il n'y a d'autre différence entre ces paroles, sinon que par l'une vous promettez, dans l'autre vous donnez : dans l'une vous préparez, dans l'autre vous instituez : dans l'une vous vous étendez davantage sur le fruit, dans l'autre vous vous attachez plus précisément à exposer la chose même. Mais partout c'est le même corps, le même sang, reçu de la même manière et toujours pour la même fin, qui est de s'unir substance à substance, à la chair et au sang que vous avez pris. Encore un coup, voilà, mon Sauveur, ce que je crois. La foi me vivifie ; il est certain : mais cette foi qui me vivifie, c'est de croire que vous avez pris une chair humaine, un sang humain : et que vous me les donnez aussi véritablement à manger et à boire, même par la bouche du corps, que vous les avez pris dans le sein de votre bienheureuse Mère.

XXXIVe JOURNÉE.

Manger et boire le corps de Notre-Seigneur réellement et avec foi. Ibid.

Que l'homme est insensé de se servir de la foi pour en détruire l'objet ! Il faut manger votre chair et boire votre sang : il faut croire qu'on la mange et qu'on le boit : donc manger et boire, c'est croire : on ne mange point, on ne boit point autrement ; et parce qu'il le faut faire avec foi, ce n'est que par la foi qu'on le fait. C'est de même que si l'on disoit : Jésus-Christ est descendu du ciel et il a pris chair humaine dans le sein d'une vierge :

cette vierge a cru, et ce qu'elle a cru s'est accompli en elle, conformément à cette parole : « Bienheureuse, qui avez cru : ce qui vous a été dit s'accomplira en vous [1]. » Vous avez cru que vous concevriez le Fils de Dieu, et que vous en seriez la Mère : vous l'avez conçu, vous l'enfanterez, et tout ce que vous avez cru vous arrivera : vous l'avez conçu en quelque sorte dans votre esprit par la foi, avant que de le concevoir véritablement dans votre sein : donc cette conception n'est qu'une conception par la foi, et vous n'avez pas véritablement conçu le Fils de Dieu dans vos entrailles : il n'y est pas véritablement descendu en chair et en os, et tout cela n'est que figure et allégorie. C'est ainsi que raisonnent ceux qui disent : Il faut manger la chair du Sauveur, il en faut boire le sang, il faut faire l'un et l'autre avec foi. Donc la foi est tout ce manger et tout ce boire, et il n'y a rien davantage. C'est ainsi que les hommes disputent contre Dieu et contre eux-mêmes : contre Dieu, en ne croyant pas qu'il puisse faire pour l'amour de nous des choses incompréhensibles ; contre eux-mêmes, en refusant leur croyance à ses bienfaits, à cause qu'ils sont trop grands.

De même quand le Sauveur a dit : « Quelqu'un m'a touché : car j'ai senti sortir de moi une vertu [2] ; » et qu'il a si vivement distingué cette femme qui le touchoit avec foi de toute la troupe qui le touchoit simplement en pressant son corps, il a voulu dire que cette femme ne l'a pas touché véritablement selon le corps, et qu'elle ne l'a touché que par la foi et selon l'esprit : c'est ainsi que pensent ceux qui disent : Manger le corps, boire le sang par la bouche simplement, ce n'est rien, et la vertu ne sort que lorsqu'on mange et qu'on boit avec foi : donc il ne faut entendre ici que la seule foi : et pour tirer la vertu qui est dans le corps et dans le sang de Jésus, on n'a pas besoin de joindre ces deux choses ensemble ; c'est à savoir, d'un côté manger et boire selon le corps, et de l'autre s'y unir avec la foi. Je me perds, mon Sauveur ; je me perds, encore un coup, non point dans la hauteur de vos mystères : car je les crois sans les comprendre, et je ne vous demande pas à l'exemple des incrédules comment vous pouvez les accomplir ; mais je me perds dans l'égarement des hommes et dans

____

: [1] *Luc.*, I, 45. — [2] *Marc.*, V, 30 ; *Luc.*, VIII, 46.

la perversité de leurs voies, parce que je vois qu'ils aiment mieux raffiner sur vos paroles, pour en éluder la force, que d'y croire simplement et de vivre.

XXXVᵉ JOURNÉE.

Manger le corps et boire le sang de Jésus-Christ, c'est y participer véritablement et réellement. Ibid.

Tout ceci, dites-vous, n'est que mystère et allégorie : manger et boire, c'est croire : manger la chair et boire le sang, c'est les regarder comme séparés à la croix et chercher la vie dans les blessures de notre Sauveur. Si cela est, mon Sauveur, pourquoi ne parlez-vous pas simplement, et pourquoi laisser murmurer vos auditeurs jusqu'au scandale et jusqu'à vous abandonner, plutôt que de leur dire nettement votre pensée ?

Quand le Sauveur a proféré des paraboles, quoique beaucoup moins embrouillées que cette longue allégorie qu'on lui attribue, il en a si clairement expliqué le sens, qu'il n'y a plus eu à raisonner ni à questionner après cela; et si quelquefois il n'a pas voulu s'expliquer aux Juifs, qui méritoient par leur orgueil qu'il leur parlât en énigme, il n'a jamais refusé à ses apôtres une explication simple et naturelle de ses paroles, après laquelle personne ne s'y est jamais trompé. Ici plus on murmure contre lui, plus on se scandalise de si étranges paroles, plus il appuie, plus il répète, plus il s'enfonce pour ainsi parler dans l'embarras et dans l'énigme. Il n'y avoit qu'un mot à leur dire; il n'y avoit qu'à leur dire : Qu'est-ce qui vous trouble ? Manger ma chair, c'est y croire; boire mon sang, c'est y penser, et tout cela n'est autre chose que méditer ma mort. C'étoit fait : il n'y restoit plus de difficulté, pas une ombre. Il ne le fait pas néanmoins; il laisse succomber ses propres disciples à la tentation et au scandale, faute de leur dire un mot! Cela n'est pas de vous, mon Sauveur : non, cela assurément n'est pas de vous : vous ne venez pas troubler les hommes par de grands mots qui n'aboutissent à rien; ce seroit prendre plaisir à leur débiter des paradoxes seulement pour les étourdir.

Quand le Sauveur eut prononcé cette sentence : « Ce qui entre dans la bouche n'est pas ce qui souille l'homme, mais ce qui en sort [1], » ses apôtres lui vinrent dire : « Savez-vous bien que cette parole a scandalisé les pharisiens?—Laissez-les, dit-il, ce sont des aveugles et des conducteurs d'aveugles. » Mais pour ses apôtres, il leur expliqua tellement l'allégorie, qu'il n'y eut jamais sur cela le moindre embarras, ni dans leur esprit, ni dans l'esprit de ceux qui les ont suivis.

« Prenez garde, leur disoit-il, au levain des pharisiens et des sadducéens. Et ils pensoient en eux-mêmes qu'il leur reprochoit qu'ils avoient oublié à porter des pains; mais connoissant leur pensée, il leur dit: Gens de petite foi, » qui croyez que je ne songe qu'au pain, ne vous souvenez - vous pas combien de milliers d'hommes j'ai nourris premièrement de cinq pains, et ensuite de sept? « Comment donc n'avez-vous pas entendu que ce n'est pas du pain que je vous parle? Ils entendirent alors qu'il parloit de la doctrine des pharisiens [2]. »

Il les vit embarrassés de cette parole : « Encore un peu de temps, et vous ne me verrez plus ; et encore un peu de temps, et vous me verrez. » Comme il leur vit l'esprit peiné et qu'ils se disoient l'un à l'autre : « Que veut-il dire? Nous ne savons ce qu'il veut dire, » il leur répondit : Hé bien! il faut donc maintenant vous parler sans allégorie, sans proverbe, sans similitude; et il leur parla si clairement, qu'ils lui dirent enfin eux-mêmes : Maître, « à cette fois vous parlez nettement, et il n'y a point de proverbe » ni d'ambiguïté « dans vos discours [3]. » N'y a-t-il que cette occasion où les paroles vous manquent? N'aviez-vous point de moyen de vous expliquer, ni d'empêcher vos disciples, non pas de s'embarrasser dans vos discours, mais de s'y perdre et de vous quitter tout à fait?

La Samaritaine s'embarrasse, et croit que l'eau dont vous lui parlez est une eau de la nature de celle qu'elle venoit puiser au puits de Jacob pour étancher sa soif; mais vous lui expliquâtes

—————

[1] *Matth.,* xv, 11 et seq. — [2] *Matth.,* XVI, 6-12. — [3] *Joan.,* XVI, 16-18, 29.

nettement que l'eau dont vous lui parliez étoit une eau qui devenoit une source inépuisable et intarissable dans ceux qui en buvoient, et qui leur donnoit la vie éternelle. Qui depuis a jamais cru après cela que l'eau que vous donniez à boire à vos disciples fût une eau matérielle? Il est vrai que cette femme demeure encore un peu dans l'embarras, et qu'elle dit encore au Sauveur : « Seigneur, donnez-moi cette eau, afin que je ne sois plus obligée de venir à ce puits. » Mais Jésus-Christ, qui sentit qu'il s'étoit assez expliqué et que ce reste de doute se dissiperoit de lui-même, changea de discours. La femme entre dans d'autres matières; et ravie de la doctrine du Sauveur, sans s'embarrasser davantage de cette eau, elle laisse sa cruche auprès du puits pour aller dire à ses citoyens : « Venez voir un homme qui m'a dit tout ce que j'ai fait? N'est-ce point le Christ ¹? » Ce qu'elle dit, non pas en doutant, mais pour les induire à croire aussi ce qu'elle croyoit déjà. A-t-elle quitté le Sauveur, comme font ici ses propres disciples, sous prétexte de cette eau qu'elle sembloit n'avoir pas encore bien entendue? Point du tout; elle sentit bien que ce n'étoit rien ; personne aussi n'a relevé son doute; et s'il eût pu rester quelque embarras, il est levé clairement dans un autre endroit par l'évangéliste, lorsqu'après avoir raconté ce discours de Notre-Seigneur, semblable à ceux qu'il avoit tenus à la Samaritaine : « Celui qui croit en moi, il sortira de ses entrailles des fleuves d'eau vive, » ajoute aussitôt après : « Il disoit cela de l'esprit que ses fidèles devoient recevoir ². »

Mon Sauveur, vous ne laissez rien sans explication : tout ce qui pouvoit donner de fausses idées est clairement expliqué dans votre Evangile; personne ne s'y trompe : personne n'est tenté de vous quitter. Je ne vous quitterai pas, à Dieu ne plaise! pour vous avoir entendu parler de votre chair qu'il nous faut manger, ni de votre sang qu'il nous faut boire : je ne chercherai non plus à éluder la force de cette parole : je la prendrai au pied de la lettre, comme vous l'avez prononcée; s'il le falloit prendre autrement, vous me l'auriez expliqué comme tout le reste des paraboles, des similitudes, des allégories.

¹ *Joan.*, IV, 10, 11, 13-16, 28, 29. — ² *Joan.*, VII, 38, 39.

XXXVI* JOURNÉE.

Renaissance spirituelle expliquée par Notre-Seigneur à Nicodème.
Joan., III, 1-3 et seq.

Venons enfin à Nicodème et au discours que lui tint le Fils de
Dieu sur le sujet du baptême. Il entendit trop charnellement ce
qui lui avoit été dit, « qu'il falloit renaître de nouveau; » et il
poussa l'ignorance jusqu'à demander : « Comment est-ce que l'on
peut renaître étant déjà vieux? » Faudra-t-il « rentrer dans le
ventre de sa mère[1], » pour en sortir encore une fois, et redevenir
dans sa vieillesse un enfant nouvellement né? Jésus-Christ pouvoit ici lui répéter : Oui, je vous le dis, il faut renaître; encore
un coup, il faut renaître : si on ne renaît, on n'a point de part à
mon royaume; il pouvoit, dis-je, répéter sans cesse son premier
discours, et sans s'expliquer davantage, laisser Nicodème dans
ses grossières idées. Il ne le fait pas; et aussitôt que ce pharisien
lui a fait sentir sa difficulté, il la résout par ces paroles : « Si vous
ne renaissez de l'eau et du Saint-Esprit, vous n'aurez point de
part à mon royaume[2]; » ce qui veut dire manifestement : Ce n'est
pas dans le ventre de sa mère, c'est dans l'eau qu'il faut entrer :
ce n'est pas pour y recevoir une naissance charnelle, c'est pour y
être renouvelés par le Saint-Esprit. Il n'en falloit pas davantage,
et toute la difficulté étoit résolue. Mais le Sauveur ne s'en tient
pas là; et pour ôter toute idée d'une naissance charnelle, il poursuit en cette sorte : « Ce qui est né de la chair est chair, et ce qui
est né de l'esprit est esprit : ne vous étonnez donc pas si je vous
dis que » étant nés selon la chair, « il faut encore naître[3] » selon
l'esprit. Que pouvoit-on désirer de plus sur la difficulté proposée (a)? Etre baptisé, c'est-à-dire se plonger dans l'eau pour
être purifié, étoit chose bien connue des Juifs; et il ne restoit qu'à
leur expliquer qu'il y auroit un baptême où le Saint-Esprit se
joignant à l'eau renouvelleroit l'esprit de l'homme. Cela est dit

[1] *Joan.*, III, 4. — [2] *Ibid.*, 5. — [3] *Ibid.*, 6, 7.
(a) *Var.* : Il n'en falloit pas davantage, et toute la difficulté étoit résolue.

clairement; et Nicodème n'en revient plus à sa naissance charnelle, ni personne ne se l'est jamais imaginée à son exemple.

Il est vrai qu'il lui restoit à entendre l'opération du Saint-Esprit, dont Jésus-Christ lui parla d'une manière admirable, de laquelle il n'est pas ici question. Mais comme sa difficulté sur la naissance charnelle étoit résolue sans retour, et qu'il n'étoit pas nécessaire de l'instruire davantage sur la manière dont le Saint-Esprit agissoit en nous et y formoit des pensées dont la fin comme le principe passoient notre intelligence, Jésus-Christ ne lui parle plus que de la foi qu'il faut avoir à ses paroles : « Nous disons ce que nous savons et nous rendons témoignage des choses que nous avons vues, et on ne veut pas le recevoir [1], » et le reste qu'il seroit aisé d'expliquer, s'il en étoit question. Quoi qu'il en soit, il est bien certain qu'il ne reste aucun doute à Nicodème : il n'est point tenté de quitter le Fils de Dieu, et la renaissance du corps n'a fait aucune dispute parmi ses disciples. Pourquoi ne parler pas avec la même netteté à un si grand peuple qui croyoit en lui, jusqu'à dire « qu'il étoit vraiment ce prophète qui devoit venir [2], » c'est-à-dire qu'il étoit le Christ? Pourquoi ne leur ôter pas cette peine qui les troubloit tant, d'avoir à manger son corps et boire son sang par la bouche, et ne leur pas dire en un mot que tout cela n'étoit rien, et qu'il ne vouloit parler que de la représentation et application qu'il se falloit faire à soi-même par la foi dans son esprit de la mort et des blessures du Sauveur des ames ?

XXXVII° JOURNÉE.

L'Eucharistie est la participation réelle au corps et au sang de Notre-Seigneur, en mémoire de sa mort soufferte pour nous. Ibid.

On dira : Mais n'est-il pas vrai qu'il faut se souvenir de cette mort, la méditer avec foi, croire en cette chair percée et en ce sang répandu, et par ce moyen avoir la vie ? Il est vrai, mais ce n'est pas là ce qui faisoit la difficulté; ce n'est pas ce qui faisoit

[1] *Joan.*, III, 11. — [2] *Joan.*, VI, 14.

dire : « Comment cet homme nous peut-il donner sa chair à manger; » et : « Cette parole est dure, qui la peut ouïr [1]? » C'étoit bien assez pour des hommes, de les obliger à croire que le Fils de Dieu avoit pris une chair humaine et qu'il la devoit livrer à la mort, sans ajouter à la peine de voir percer cette chair et verser inhumainement ce sang, la dureté de la manger et de le boire. Car c'est là précisément ce qui les oblige, non pas à dire : Cela est haut, cela est incroyable, cela, si vous voulez, n'est pas possible; mais : Cela est dur et insupportable, d'avoir à prendre par la bouche la chair et le sang d'un homme. Et si cette difficulté ne se trouvoit pas en effet dans le mystère du Sauveur, on ne pouvoit expliquer trop nettement ni trop tôt un tel discours.

Qu'ainsi ne soit, mon Sauveur! J'écoute sans peine qu'il faut se souvenir de votre mort : qu'il faut contempler par la foi votre chair blessée et votre sang répandu, et que c'est par là que vous m'avez racheté. C'est ce que je fais en effet dans l'Eucharistie, dont le fruit est de m'imprimer votre mort dans la pensée, d'y mettre mon espérance, de m'y conformer par la mortification de mes sens. Il n'y a pas là de difficulté particulière : et si vous vous étiez expliqué ainsi, on n'auroit pas trouvé dans votre discours cette dureté dont on se plaint. J'entends donc que vous voulez dire autre chose : que vous voulez dire qu'il faut à la vérité se souvenir de votre mort; mais qu'il faut encore s'en souvenir comme d'un sacrifice offert pour nous, dont la chair doit être mangée même par la bouche, comme on mangeoit celle de l'ancienne pâque et celle des autres victimes qui vous figuroient, pour nous être un gage certain que c'est pour nous que s'est faite cette immolation, et en imprimer dans nos cœurs un souvenir plus vif et plus efficace. Je le crois ainsi, mon Sauveur. Ce souvenir, où les incrédules veulent tout réduire, est trop humain.

Un homme peut s'immoler pour sa patrie; je dis même s'immoler au pied de la lettre, et les exemples n'en sont pas si rares que les livres sacrés et profanes n'en soient pleins : il n'est pas difficile aux hommes, qui s'immoleroient de cette sorte, de recommander le souvenir de cette mort ni d'établir quelque fête,

____
[1] *Joan.*, VI, 53, 61.

quelque signal pour en perpétuer la mémoire. Mais de laisser à perpétuité sa chair à manger et son sang à boire, afin qu'en se les appropriant de cette sorte on se souvienne plus tendrement qu'ils ont été immolés pour nous, il n'y a qu'un Dieu qui le puisse faire, et il y a là autant de puissance que d'amour. Il est vrai, cette parole est dure à nos sens; elle est insupportable, elle est absurde : mais votre parole est véritable : je croirai cette absurdité; je dévorerai cette dureté, si vous ne me l'ôtez en me l'expliquant. Car je sais que « ce qui est folie selon les hommes est sagesse selon Dieu [1]; » et par la même raison, que ce qui est dur et absurde selon les hommes, selon Dieu est consolation et vérité.

Je le crois, mon Sauveur, je le crois : me voilà prêt à prendre au pied de la lettre tout ce que vous dites de plus dur, si vous-même vous ne m'apprenez à le prendre d'une autre manière : mes sens seroient soulagés par une interprétation plus humaine; mais si je cherche à les soulager de cette sorte, où vais-je, mon Sauveur? où suis-je entraîné? dans quelle incrédulité? dans quel éloignement de vos mystères? Je veux croire, encore un coup, et non pas raisonner selon l'homme; et s'il faut rabattre quelque chose de la précise vérité de vos paroles, il faut que vous me l'appreniez vous-mêmes.

XXXVIIIe JOURNÉE.

Scandale des disciples. Joan., VI, 60-62 et seq.

« Jésus dit ces choses à Capharnaüm, dans la synagogue. Plusieurs de ses disciples dirent donc : Cette parole est dure : qui la peut ouïr? Et Jésus sachant en lui-même que plusieurs de ses disciples murmuroient, il leur dit : Ceci vous scandalise? Si donc vous voyez le Fils de l'homme remonter où il étoit auparavant? C'est l'esprit qui vivifie : la chair ne sert de rien : les paroles que je vous dis sont esprit et vie : mais il y en a parmi vous qui ne croient pas. Car dès le commencement, Jésus savoit qui étoient

[1] I *Cor.*, I, 25.

ceux qui ne croyoient pas, et qui étoit celui qui le devoit trahir. Et pour cela, continuoit-il, je vous ai dit que personne ne peut venir à moi, s'il ne lui est donné par mon Père [1]. »

Voilà les paroles où l'on prétend que Jésus tempère son discours. Vous croyez que vous me mangerez de votre bouche : mais il n'en sera pas ainsi ; car vous me consumeriez, et je ne pourrois pas retourner entier et vivant au ciel d'où je viens. Vous vous attachez à ma chair et à mon sang ; vous croyez, pour avoir la vie, qu'il la faut manger, qu'il le faut boire au pied de la lettre ; mais« c'est l'esprit qui vivifie, » ce n'est point « la chair ; » au contraire elle « ne sert de rien : les paroles que je vous dis sont esprit et vie : » ce n'est donc point chair et sang comme vous pensez : tout est figure et allégorie dans mon discours, et il n'y a rien à prendre au pied de la lettre. Ainsi tout est apaisé ; le scandale s'évanouit, les murmures cessent. Lisons pourtant ce qui suit et voyons.

« Dès lors plusieurs de ses disciples se retirèrent de sa suite, et n'alloient plus avec lui [2]. Dès lors : » nous avons lu ces paroles jusqu'au verset 66 et sans interruption ; celles qui suivent dans le verset 67, contiennent ce qu'on vient d'entendre : « dès lors : » depuis ces paroles qui levoient, à ce qu'on prétend, la difficulté et qui ôtoient le scandale, plusieurs de ses disciples se retirèrent et n'alloient plus à sa suite. Les voilà perdus : qu'est-ce qui les obligeoit à se retirer ? Est-ce à cause qu'il avoit dit : « Personne ne peut venir à moi, s'il ne lui est donné par mon Père [3] ? » Mais il l'avoit déjà dit sans que personne s'en fût allé, et il remarque lui-même qu'il ne fait que le répéter. Est-ce à cause qu'il avoit dit : « Il y en a parmi vous qui ne croient pas ? » Ce n'est pas de quoi s'en aller, et il n'y a rien là de si incroyable ni de si rebutant. Car il n'en blâmoit que quelques-uns, et ce n'est pas là de quoi rebuter les autres. Ainsi ce qui les rebute, c'est précisément ce qui précède : « Que sera-ce, si je retourne dans les cieux [4] ? » et : « C'est l'esprit qui vivifie : » voilà, dis-je, ce qui rebute : c'est ce qu'on veut qu'il ait dit pour prévenir le rebut, c'est cela précisément qui le cause ; tant Jésus s'est bien expliqué, tant il a levé le scandale,

[1] *Joan.*, vi, 60 et seq. — [2] *Ibid.*, 67. — [3] *Ibid.*, 65, 66. — [4] *Ibid.*, 63, 64.

Cela n'est pas, mon Sauveur. Ce n'est pas vous qui vous expliquez mal, à Dieu ne plaise! ce sont nos murmurateurs et nos incrédules, qui donnent un mauvais sens à vos paroles.

XXXIXe JOURNÉE.

Quel est le sujet de ce scandale. Joan., VI, 61-63.

« Cela vous scandalise? Que sera-ce donc, si je m'en retourne au ciel d'où je viens [1]? » Vous vous scandalisez de m'entendre dire que vous mangerez vraiment ma chair et que vous boirez vraiment mon sang : que sera-ce donc, si avec cela je vous dis encore que je retournerai entier et vivant au ciel où je suis? Il n'y a rien de fort merveilleux que celui dont on ne mange la chair et dont on ne boit le sang qu'en croyant en lui et en méditant sa mort, s'en retourne au ciel tout entier et tout vivant. L'esprit n'a pas accoutumé de démembrer sa nourriture, c'est-à-dire son objet: la foi ne consume pas ce qu'elle s'approprie : c'est le manger qui fait cet effet : et ce qui étonne les Capharnaïtes, c'est de leur apprendre qu'il ne le fait pas à cette fois. Ils ne songent donc pas seulement que le manger et le boire, au pied de la lettre, soit retranché du discours du Fils de Dieu, ni que tout cela soit réduit à méditer et à croire. Car l'ascension du Sauveur n'y seroit pas contraire; et on ne s'avisera jamais qu'un manger et un boire métaphorique empêchent un homme d'aller où il voudra, ni même au ciel s'il y peut parvenir. Mais de croire qu'on mange au pied de la lettre la chair de cet homme, et que cependant après cela il monte au ciel tout entier, c'est ajouter au discours une nouvelle difficulté qui passe toutes les autres. On peut bien s'imaginer qu'on dévore un homme et qu'on vive de sa chair. Mais qu'on la mange et qu'on en vive, et qu'elle demeure entière jusqu'à être avec cela portée dans le ciel, c'est dire que cette chair est indivisible et inconsomptible; qu'on la donne d'une manière spirituelle, surnaturelle, invisible, incompréhensible et tout en-

[1] *Joan.*, VI, 62, 63.

semble réelle et substantielle : car autrement ce ne seroit rien, et il ne faudroit pas étourdir le monde par cette emphase de mots, ni alléguer la réalité de l'ascension, pour expliquer une métaphore. C'est pourquoi à ces mots ils se retirent : cette nouvelle difficulté les pousse à bout, et ils ne peuvent plus porter la hauteur de ce mystère.

Ah ! qu'on fait tort au Sauveur, quand on mesure ses paroles au sens humain ! « Tout ce qui est à moi est à vous, tout ce qui est à vous, est à moi [1] : personne ne connoît le Père, si ce n'est le Fils : personne ne connoît le Fils, si ce n'est le Père [2] : tout ce que le Père, fait, » non-seulement « le Fils » le fait, mais encore il « le fait semblablement [3] : comme le Père a la vie en soi, ainsi le Fils a la vie en soi [4] : qui me voit, voit mon Père : moi et mon Père, ce n'est qu'un [5] : le Fils est Dieu : il est le vrai Dieu : il est le Dieu béni au-dessus de tout : celui par qui tout a été fait [6]. » Tout cela n'est rien, nous dit-on : il est Dieu en représentation : Dieu et lui ce n'est qu'un en affection et en concorde. Et pourquoi donc ces grands mots, s'il en falloit tant rabattre et les réduire enfin à des choses si intelligibles? Mon Sauveur, vous et vos apôtres vous n'êtes pas venus étourdir le monde par un langage prodigieux; et parce que vous n'êtes pas venus pour l'étourdir, ceux qui énervent ainsi vos paroles sont venus pour le tromper.

De même dire avec tant de force : « Si vous ne mangez ma chair, si vous ne buvez mon sang [7]; » le répéter quatre et cinq fois, et le répéter d'autant plus qu'on le trouve plus étrange; et après l'avoir tant répété et avoir rebuté le monde qui ne le vouloit pas croire, en venir encore à l'effet et dire aussi crûment, aussi durement : « Prenez, mangez, ceci est mon corps : buvez, ceci est mon sang : ce même corps donné pour vous, ce même sang répandu à la croix [8]; » il le faut croire; et croire encore avec tout cela qu'on ne les consume point en les mangeant, et que je suis dans le ciel en mon entier, avec tout ce que j'ai pris de l'homme, et la nature humaine tout entière : ou cela est vrai au pied de la lettre,

---

[1] *Joan.*, XVII, 10. — [2] *Luc.*, X, 22. — [3] *Joan.*, V, 19. — [4] *Ibid.*, 26. — [5] *Joan.*, XIV, 9, 10; X, 30. — [6] *Joan.*, I, 1, 34, 49; *Rom.*, IX, 5; *Joan.*, I, 3; *Hebr.*, 1-6, 8, 9, 13; *Act.*, XIII, 33. — [7] *Joan.*, VI, 54-57. — [8] *Matth.*, XXVI, 26-28; *Luc.*, XXII, 19, 20.

ou tout cela est inventé pour mettre le trouble et la division dans le monde. Que Dieu fasse des choses hautes, incompréhensibles, il n'y a rien là au-dessus de lui : que le monde en soit rebuté, et résiste à une si haute révélation, c'est le naturel de l'homme animal. Mais qu'on accable les esprits de difficultés qui ne sont que dans le langage, que tout soit exagération et qu'il en faille venir à tout rabaisser à la capacité du sens humain, cela n'est pas. Que ceux-là le croient, qui veulent nous ôter la vérité simple des paroles de Jésus-Christ et réduire à rien son Evangile.

XLe JOURNÉE.

Quelle fut l'incrédulité des Capharnaïtes. Joan., VI, 41, 43, 50, 51 et seq.

« C'est l'esprit qui vivifie : » donc la chair ne vivifie pas. Si cela est, il ne falloit pas dire : « Le pain que je donnerai pour la vie du monde; » ni : « Celui qui mange ma chair et qui boit mon sang, aura la vie éternelle : la chair ne sert de rien. » Si cela veut dire que la chair de Jésus-Christ ne sert de rien, il n'en falloit donc pas parler avec tant d'avantage. « Les paroles que je vous dis sont esprit et vie : » si cela veut dire qu'il ne faut pas s'attacher à la chair et au sang, il n'étoit pas besoin d'en parler tant, ni de tant obliger à les manger et à les boire : et si tout cela vouloit dire qu'il ne falloit les manger et les boire qu'en esprit, il ne falloit point tant inculquer des paroles qui portoient visiblement à de contraires idées. Il y a donc ici un autre sens, qui a frappé les Capharnaïtes. Si la chair de Jésus-Christ donne la vie, et que l'esprit vivifie aussi, c'est donc que cette chair est remplie d'un esprit vivifiant; et si cela est, quand Jésus-Christ dit « que la chair ne sert de rien, » ou il ne l'entend pas de sa chair, ou si c'est de sa chair qu'il veut parler, il veut dire que sa chair ne sert de rien en la prenant toute seule ; mais qu'il la faut prendre avec l'esprit dont elle est pleine. Et lorsqu'il conclut de là que ses paroles sont esprit et vie, après avoir tant parlé de chair et de sang, c'est dire que cette chair et ce sang sont eux-mêmes esprit et vie, tout remplis de divinité, de l'esprit de Dieu et de la vie de la grace : et de plus, qu'il les faut manger d'une manière qui passe les sens, d'une manière divine qui ne les consume ni ne les altère, mais qui les laisse tout entiers pour le ciel, comme on a vu. Enfin ne paroissant rien dans tout ce discours de ce manger en figure, de ce boire en allégorie qu'on y veut trouver, ni rien par conséquent qui doive obliger à renoncer au manger et au boire au pied de la lettre, mais seulement à entendre qu'il faut manger cette chair et boire ce sang comme pleins d'esprit et de vie, d'une manière si haute et si divine, il s'ensuit que le Fils de Dieu n'a point tempéré, mais plutôt fortifié ce qu'il avoit dit : d'où vient aussi qu'à ce coup les Capharnaïtes l'abandonnent, et ne veulent plus marcher dans sa compagnie.

Qui ne seroit étonné du progrès de leur incrédulité, et ne le regarderoit avec frayeur? Quand Jésus-Christ leur dit qu'il étoit descendu du ciel, ils commencent à murmurer et ils disent : « N'est-ce pas ici le fils de Joseph? Et comment donc se dit-il descendu du ciel [1]? » Quand il enfonce plus avant, et qu'il dit que la nourriture qu'il leur veut donner à manger est sa chair qu'il donnera pour la vie du monde, ils disputent les uns contre les autres, en disant : « Comment cet homme nous peut-il donner sa chair à manger [2]? » Ce qui marque des gens encore irrésolus et plutôt ébranlés que déterminés à le quitter. Il poursuit, et il leur dit si affirmativement et si souvent qu'il faudra manger et boire son corps et son sang, qu'ils ne voient aucun moyen de s'en dispenser; ce qui leur fait dire : « Cette parole est dure : qui pourroit l'entendre [3]? » Par où ils se précipitent dans un scandale formel et dans une incrédulité déclarée. Cependant ils ne s'en vont pas encore : ils attendent s'il viendra enfin quelque sorte d'adoucissement. Mais Jésus-Christ leur ayant dit pour toute explication qu'ils ne se trompoient qu'en ce qu'ils croyoient manger sa chair et boire son sang d'une manière qui les consumât, et que d'ailleurs ils n'entendoient pas de quel esprit elle étoit pleine, ni la façon incompréhensible dont il vouloit les leur donner, ils voient tout poussé à bout, et la dureté qui troubloit leur sens et scanda-

[1] *Joan.;* VI, 42. — [2] *Ibid.,* 53 et seq. — [3] *Ibid.,* 61.

lisoit leurs esprits portée au comble : si bien que ne pouvant la porter, ils renoncent tout à fait à la compagnie de Jésus-Christ, et ne veulent plus se ranger au nombre de ses disciples.

Lui aussi, qui avoit tout dit de son côté et qui avoit expliqué tout ce qu'il vouloit qu'on sût de son mystère, s'adresse à ses apôtres, en leur demandant : « Et vous, voulez-vous aussi vous en aller[1] ? » Comme s'il eût dit : Je n'ai rien à augmenter ni à diminuer à mon discours : je n'y veux rien ajouter, ni je n'en puis rien rabattre : prenez maintenant votre parti : je ne veux point de disciple qui n'aille jusque-là, et je mets leur foi à ce prix.

Les Capharnaïtes ont trouvé étrange qu'il se dît descendu du ciel ; et pour tout adoucissement, il leur répète qu'il est descendu du ciel[2], parce que cela est vrai au pied de la lettre. Ils commencent à murmurer en demandant comment il pourra donner sa chair à manger ; et ils reçoivent pour toute réponse qu'il leur donneroit sa chair à manger, et il y ajoute son sang[3], afin qu'il ne manque rien à ce qu'il avoit à leur dire. Il le répète : il l'inculque : encore un coup, parce que cela étoit vrai au pied de la lettre. Ils disent que cela est dur et insupportable ; et il l'étoit en effet de la manière qu'ils l'entendoient, puisqu'ils croyoient démembrer son corps et consumer son sang : il leur ôte ce doute en leur disant qu'avec tout cela il remonteroit au ciel dans toute son intégrité, et qu'au reste ce qu'il avoit dit de sa chair et de son sang, et quant au fond et dans la manière de les prendre, étoit chose au-dessus des sens et pleine d'esprit et de vie[4], sans rien rabattre du littéral, mais y ajoutant seulement le spirituel et le divin. A ce coup donc ils s'en vont : leur soumission est à bout, et ils ne veulent plus d'un Maître qui met leur raison à cette épreuve.

Allez, malheureux ! suivez Judas : pour nous, nous suivrons saint Pierre et nous dirons : « Maître, où irions-nous ? vous avez des paroles de vie éternelle[5]. » Où irions-nous, Seigneur, où irions-nous ? Quoi ! à la chair et au sang ? à la raison ? à la philosophie ? aux sages du monde ? aux murmurateurs ? aux incré-

<hr>

[1] *Joan.*, VI, 68. — [2] *Ibid.*, 42, 50, 51, 53. — [3] *Ibid.*, 54, 61. — [4] *Ibid.*, 63, 64, 67. — [5] *Ibid.*, 69.

dules? à ceux qui sont encore tous les jours à nous demander : Comment nous peut-il donner sa chair à manger? Comment est-il dans le ciel, si en même temps on le mange sur la terre? Non, Seigneur, nous ne voulons point aller à eux, ni suivre ceux qui vous quittent : « Vous seul avez des paroles de vie éternelle. »

XLIe JOURNÉE.

Qu'est-ce à dire : La chair ne sert de rien? Joan., vi, 64.

Il y a encore une vérité à pénétrer dans ces paroles de notre Sauveur : « La chair ne sert de rien : » et il me semble que Jésus conçu dans les entrailles bénies de la sainte Vierge, me la va faire entendre : cherchons, demandons, frappons, et il nous sera ouvert : nous entendrons ce qui rend Marie heureuse. L'ange lui vint annoncer qu'elle seroit la Mère de Jésus-Christ. Elle crut, et ce qui lui avoit été promis s'accomplit dans son bienheureux sein. Mais que lui dit sur cela sa cousine sainte Élisabeth? « Vous êtes heureuse d'avoir cru : ce qui vous a été dit de la part du Seigneur, s'accomplira [1]. » Une partie en a déjà été accomplie, puisque vous avez conçu : il faut encore que cet enfant, que vous portez en votre sein, naisse de vous; et cela s'accomplira en son temps, comme le reste. Voilà ce qui vous rend heureuse; mais pour entendre tout votre bonheur, il faut encore savoir que vous avez cru : ce Sauveur que vous portez dans votre sein, vous vous y êtes encore unie par la foi : vous avez cru qu'il seroit non-seulement votre fils, mais encore le Fils de Dieu : vous avez cru à la descente du Saint-Esprit sur vous, à l'infusion de la vertu du Très-Haut, à la manière admirable et inouïe dont vous concevriez ce béni fruit de vos entrailles : « Vous êtes bénie par-dessus toutes les femmes, et le fruit de vos entrailles est béni [2] : » vous êtes bénie par où vous êtes heureuse; bénie et heureuse par deux choses : heureuse par le grand mystère qui s'est accompli en vous selon la chair, et heureuse par la foi qui vous y a unie selon l'esprit.

[1] *Luc.*, I, 45. — [2] *Ibid.*, 42.

Cette même vérité nous est encore expliquée en un autre endroit par Jésus-Christ même. Une femme ravie de son discours, s'écria parmi la troupe : « Heureuses les entrailles qui vous ont porté et les mamelles que vous avez sucées ! Et Jésus dit : Mais plutôt heureux sont ceux qui écoutent la parole de Dieu et qui la gardent[1] ! Mais plutôt : » est-ce qu'il veut dire que sa Mère n'est pas heureuse de l'avoir nourri et de l'avoir eu pour fils? Non sans doute, ce n'est pas cela : il ne dédit pas sainte Elisabeth, qui a dit par l'instinct du Saint-Esprit : « Vous êtes heureuse : ce qui vous a été dit s'accomplira : » mais il veut qu'on reconnoisse avec elle que la vraie cause du bonheur de sa sainte Mère, c'est d'avoir cru : non pour détruire la vérité de ce qui s'est accompli en Marie selon la chair, mais pour y joindre le fruit intérieur qu'elle a reçu en croyant. Il faut donc joindre de même à ce qui s'accomplit en nous selon la chair dans l'Eucharistie, ce qui s'y doit accomplir par la foi et selon l'esprit; et l'esprit nous vivifiera, si nous croyons que le bonheur qui nous est promis nous vient à la vérité de l'un et de l'autre, mais qu'il nous vient comme à Marie plutôt de l'esprit et de la foi que de la chair et du sang.

De même quand on lui vint dire : « Votre mère et vos frères sont là; » et qu'il répondit : « Ma mère et mes frères sont ceux qui écoutent la parole de Dieu et qui l'accomplissent[2]. » Ce n'étoit pas qu'il renonçât à la liaison du sang où il étoit entré en se faisant homme; et encore moins pour nier que, comme les autres hommes, il n'eût été conçu du sang de sa Mère; mais afin que l'on entendît d'où venoit la liaison véritable qu'il vouloit qu'on eût avec lui; et que sa mère, qu'on estimoit avec raison bienheureuse selon la parole de sainte Elisabeth, ne l'étoit pas tant pour l'avoir conçu selon la chair qu'à cause qu'ayant cru à la parole de l'ange, elle l'avoit auparavant conçu selon l'esprit, comme parlent les saints Pères.

Rendons-nous donc heureux à son exemple. Le Fils de Dieu devoit prendre en elle le corps et le sang qu'il vouloit non-seulement donner pour nous, mais encore nous donner. Aussi véritablement qu'il les a pris de Marie et aussi véritablement qu'il les a

[1] *Luc.*, XI, 27, 28. — [2] *Luc.*, VIII, 20, 21.

donnés pour nous à la croix, aussi véritablement devoit-il nous les donner; et c'est autant la propre substance de sa chair et de son sang qui est en nous, quand il nous les donne à manger et à boire, que c'en étoit la propre substance qui a été en Marie quand elle l'a conçu, et qui étoit à la croix quand il y est mort. Croyons donc avec la Vierge ce qui s'accomplit en nous selon le corps; mais tâchons avec elle de l'accomplir en même temps selon l'esprit. L'esprit nous vivifiera, comme il a vivifié la sainte Vierge : il ne lui eût servi de rien de le concevoir selon la chair, si elle ne l'eût conçu selon l'esprit : il ne nous serviroit de rien de le recevoir comme elle en notre corps, si en même temps nous ne le recevions à son exemple dans notre esprit par la foi. C'est par une manière admirable, c'est par une opération particulière du Saint-Esprit, qu'il a été conçu dans le sein de Marie : c'est par une manière admirable et par une opération aussi étonnante du même Esprit, qu'il est tous les jours comme conçu et enfanté sur l'autel. Le Fils de Dieu n'en a pas plus d'horreur de nos corps qu'il en a eu du sein de Marie. Marie a cru que celui qu'elle concevoit n'étoit pas seulement le fils de l'homme, mais encore le Fils de Dieu : nous avons la même croyance de ce Dieu qui se donne à nous. Sommes-nous grossiers et charnels en croyant toutes ces choses, comme l'a été la sainte Vierge?

Pourquoi vous quitter, mon Sauveur? Marie crut, et ce qui lui avoit été dit fut accompli : nous croyons, et tout ce que vous nous avez dit s'accomplit tous les jours : Marie est appelée bienheureuse; nous serons aussi bienheureux, et il n'y a de malheureux que ceux qui vous quittent.

XLIIᵉ JOURNÉE.

Discernement des disciples fidèles et des incrédules. Joan., vi, 14, 15, 24, 25 et seq.

Mon Sauveur, je me tairai devant vous pour considérer en silence et avec tremblement cette prodigieuse différence qui se manifeste aujourd'hui entre vos disciples, les uns demeurant avec vous, pendant que les autres vous abandonnent. Et qui sont ceux qui vous abandonnent? Ceux qui avoient dit : « Celui-ci est vraiment le Messie : » ceux qui vous cherchoient pour vous enlever et vous faire Roi malgré vous [1] : ceux qui après votre retraite au delà de l'eau, la passent pour vous aller joindre à Capharnaüm [2]. De tels hommes ne semblent-ils pas être disposés à profiter de votre parole? Ce sont néanmoins ceux-là qui vous quittent, qui murmurent contre vous, qui ne peuvent supporter votre doctrine.

Combien y en a-t-il qui paroissent croire au Sauveur, et qui au fond n'y croient pas, parce qu'ils n'y croient pas comme il faut, et cherchent Jésus-Christ par intérêt, comme ceux-ci à qui il dit : « En vérité, en vérité, je vous le dis : vous me cherchez à cause des pains dont vous avez été rassasiés [3]? » A combien d'autres pourroit-il dire : Vous me cherchez, afin que je contente votre ambition, votre avarice : c'est là dans le fond ce que vous me demandez par tant de vœux, par tant de prières que vous faites dire? Ce n'est pas ma volonté que vous cherchez, mais la vôtre ; et vous n'êtes pas contens de moi que je ne vous ôte tout ce qui vous peine dans l'esprit et dans le corps. Sondez vos cœurs : voyez vos œuvres, quelles elles sont : examinez-vous à fond, vous ne trouverez rien que de charnel dans vos pensées : « Travaillez à une autre nourriture [4] : » remplissez-vous d'autres objets.

Mais Seigneur, si ceux-ci étoient charnels, vos apôtres l'étoient encore beaucoup : et néanmoins ils demeurent avec vous, pendant que ces murmurateurs se scandalisent et vous quittent. Vous me découvrez ici un terrible secret. Car dès que vous voyez naître l'esprit de murmure dans ces incrédules, vous leur dites : « Ne murmurez point : personne ne peut venir à moi, si mon Père qui m'a envoyé ne le tire [5]. » Et lorsque vous les vîtes déterminés à vous quitter, vous répétâtes encore une fois : « Il y en a parmi vous qui ne croient point ; et c'est pour cela que je vous disois : Personne ne vient à moi, qu'il ne lui soit donné par mon Père [6]. » Quand donc saint Pierre vous dit, et les autres fidèles avec lui : « Sei-

[1] *Joan.*, VI, 14, 15. — [2] *Ibid.*, 24, 25. — [3] *Ibid.*, 26. — [4] *Ibid.*, 27. — [5] *Ibid.*, 43, 44. — [6] *Ibid.*, 65, 66.

gneur, à qui irions-nous? Vous êtes le Christ, le Fils de Dieu [1]; »
c'est que votre Père les avoit tirés au dedans; c'est qu'il leur avoit
donné de venir à vous, et non-seulement d'y venir, mais encore
d'y demeurer; c'est qu'ils étoient de ce bienheureux nombre, dont
il est écrit, comme vous-même vous le rapportez : « Ils seront
tous enseignés de Dieu [2]; » de ce bienheureux tout dont vous prononcez : « Tout ce que mon Père me donne vient à moi : » c'est-
à-dire tous ceux qu'il tire de cette manière secrète qui fait qu'on
vient : tous ceux à qui il donne de venir : voilà ce tout bienheureux qui vous est donné par votre Père : tous ceux-là viennent à
vous; et comme vous ajoutez : « Vous ne les mettez point dehors [3] : » vous les admettez à votre intime secret, à vos intimes
douceurs. Vous leur dites encore ici secrètement, comme vous
fîtes autrefois à saint Pierre : « Vous êtes heureux, Simon fils de
Jonas, parce que ce n'est pas la chair et le sang qui vous l'a révélé, mais mon Père qui est dans les cieux [4]. » Réjouissez-vous,
peuple béni : réjouissez-vous, « petit troupeau, parce qu'il a plu à
votre Père de vous donner son royaume [5], » de vous révéler son
secret, de vous tirer à son Fils. Et les autres qu'en faites-vous?
O Seigneur, je frémis en le lisant! vous les livrez à eux-mêmes
par un juste jugement : ils se cherchent eux-mêmes : et vous les
livrez à eux-mêmes, à leur orgueil, à leur sens charnel, à leur
murmure, à leur scandale; et ils y demeurent volontairement :
ils demeurent dans leur mauvais choix, auquel vous les avez
abandonnés par un jugement caché, mais toujours juste : « C'est
pour cela, dites-vous, que je vous ai dit que personne ne peut
venir à moi, s'il ne lui est donné par mon Père [6] : » personne ne
peut sortir de lui-même, de ses sens, de son orgueil, que votre
Père ne le tire de là pour vous le donner. Seigneur, tirez-moi :
je vous livre tout.

<hr>

[1] *Joan.*, VI, 69, 70. — [2] *Ibid.*, 45. — [3] *Ibid.*, 37. — [4] *Matth.*, XVI, 17. — [5] *Luc.*,
XII, 32. — [6] *Joan.*, VI, 66.

XLIII° JOURNÉE.

*Saint Pierre et les catholiques s'attachent à Jésus-Christ et à l'Eglise,
les Capharnaïtes et les hérétiques s'en séparent. Joan., vi, 53.*

Seigneur, vous me jetez dans des vues profondes : je perce dans les siècles à venir! Dans ceux qui demeurent avec Jésus-Christ, saint Pierre à leur tête, je vois tous les catholiques immuablement attachés à Jésus-Christ et à son Eglise; et dans ceux qui quittent Jésus, je vois tous les hérétiques qui doivent quitter son Eglise. Dans saint Pierre et dans les apôtres, je vois tous ceux où la foi prévaut sur le sens humain, c'est-à-dire, tous les fidèles; et dans ceux qui font bande à part et cessent de suivre Jésus, je vois tous ceux où le sens humain l'emporte sur la foi, c'est-à-dire tous les incrédules qui abandonnent l'Eglise, et surtout ceux qui l'abandonnent à l'occasion de ce mystère. Ils se perdent avec ceux qui disent : « Comment cet homme nous peut-il donner sa chair à manger [1]? » et ils tournent la vérité en allégorie.

« Ma chair est viande, mon sang est breuvage [2] : » ils le sont vraiment : il les faut manger, il les faut boire; trois et quatre fois : c'est là une allégorie? Mais qui en vit jamais une si outrée? Il ne s'en trouve aucun exemple. Mais qui en vit jamais une si peu expliquée, si peu démêlée? il y en a encore moins d'exemple : en un mot, il n'y en a point; nous l'avons considéré, nous l'avons vu, et néanmoins ils s'obstinent à l'allégorie. Que le sens humain est opiniâtre à demeurer dans ses préjugés! C'est qu'ils ne peuvent sortir de cette première peine, qui a été celle des Capharnaïtes, comme elle est encore la leur : « Comment cet homme nous peut-il donner sa chair à manger? » ils y succombent; ils y périssent avec ces grossiers et superbes murmurateurs.

Et cependant, à les écouter, c'est nous qui sommes les Capharnaïtes : c'est à votre humble troupeau, c'est aux petits de votre Eglise, qui écoutent en simplicité votre parole, qu'ils reprochent

[1] *Joan.*, vi, 53. — [2] *Ibid.*, 56.

d'être les grossiers, d'être les charnels, et de ne pas écouter votre parole.

Eh quoi! qu'y a-t-il que nous n'écoutions pas? Jésus-Christ a dit : « Que sera-ce, si vous me voyez remonter au ciel [1]? » Et il a montré par là que sa chair ne seroit point démembrée, mise en pièces, consumée. Croyons-nous qu'elle le soit? Ne croyons-nous pas que Jésus-Christ est monté au ciel, et qu'il y vit tout entier? Nous le croyons, mon Sauveur, toute la terre le sait. Si nous croyons avec cela que nous vous mangeons, et que ce qu'il vous plaît nous donner à recevoir dans nos corps est votre corps et votre sang; si nous le croyons ainsi, c'est pour ne pas dire avec les murmurateurs : « Comment cet homme nous peut-il donner sa chair à manger? » Qui sont donc ceux qui le disent, puisque visiblement ce n'est pas nous? qui sont ceux qui le disent, sinon ceux qui ne peuvent se résoudre à croire qu'on puisse manger la chair de Jésus-Christ sans la consumer, la mettre en pièces, ni la manger véritablement en sa propre substance sur la terre, sans la tirer du ciel?

Jésus-Christ a dit : « C'est l'Esprit qui vivifie [2] : » est-ce nous qui le nions? Ne croyons-nous pas que sa chair est toute pleine de l'esprit qui vivifie? S'il a été conçu en chair, « il y a été conçu du Saint-Esprit : » nous le croyons : « le Saint-Esprit est survenu en Marie [3] : » nous le croyons. S'il a été offert en la même chair avec laquelle il a été conçu, « c'est par l'Esprit saint qu'il s'est offert [4], » ou comme porte l'original, « c'est par l'Esprit éternel : » nous le croyons. Tout ce que Jésus-Christ accomplit en chair, s'accomplit en même temps en esprit. Ce n'est pas précisément de la chair, c'est encore principalement de l'esprit qui lui est uni, que vient la vie : nous le croyons. Nous ne disons pas avec les Capharnaïtes que Jésus soit le fils de Joseph, ni simplement le Fils de l'homme : nous disons que le Fils de l'homme, qui est conçu de Marie, est en même temps le Fils de Dieu et doit, comme lui dit l'ange, être appelé véritablement et proprement de ce nom. Nous croyons de même que ce Fils de l'homme, qui a expiré en la croix, n'est pas seulement le Fils de l'homme; et nous disons avec le centenier :

[1] *Joan.*, VI, 63. — [2] *Ibid.*, 64. — [3] *Luc.*, I, 35. — [4] *Hebr.*, IX, 14.

« C'étoit vraiment le Fils de Dieu [1]. » Et quand on mange sa chair et qu'on boit son sang, nous croyons qu'il le faut faire en corps et en esprit tout ensemble, et que « c'est l'Esprit qui vivifie. »

Il a dit : « La chair ne sert de rien [2] : » nous le croyons : et nous remarquons premièrement, car nous pesons avec foi toutes ses paroles, nous remarquons, dis-je, qu'il ne dit pas : Ma chair ne sert de rien : car ce ne seroit pas interpréter, comme vous le prétendez, mais détruire son premier discours, où il a dit tant de fois que sa chair nous servoit à avoir la vie. S'il dit donc que « la chair ne sert de rien, » c'est la chair comme l'entendoient les Capharnaïtes : la chair du fils de Joseph; et encore la chair tellement mangée avec la bouche du corps, qu'elle soit mise en pièces et consumée, en sorte qu'elle ne puisse rester pour être transportée au ciel : car c'est ainsi que l'entendirent ces murmurateurs. Nous ne l'entendons point de cette sorte; et quand enfin il faudroit entendre que « la chair de Jésus-Christ, » quoique prise, quoique mangée avec la bouche du corps, de cette manière admirable que les incrédules ne peuvent entendre, « ne sert de rien, » nous le croyons encore de cette sorte. Car en mangeant cette chair, nous savons qu'il la faut manger comme une victime qui a été immolée, et se souvenir de lui en la mangeant, s'attendrir dans ce souvenir, se rendre avec lui une hostie sainte, participer à son esprit comme à son corps, en un mot lui être uni de corps et d'esprit, comme le fut la sainte Vierge lorsqu'elle le conçut dans ses entrailles : autrement cette chair ne sert de rien, quoiqu'on la mange, quoiqu'on la reçoive dans son corps. Jésus-Christ ne dit pas aussi qu'on ne la mange point, qu'on ne l'a point en substance; mais « qu'elle ne sert de rien : » comme saint Paul ne dit pas qu'on n'a point le corps du Sauveur quand on le reçoit indignement, mais « qu'on ne le discerne pas [3]. » Il faut donc, non-seulement le recevoir par le corps, mais le discerner par l'esprit; autrement, ·loin de servir, il nous condamne, et nous sommes « rendus coupables du corps et du sang du Seigneur [4]. La chair ne sert donc de rien, » de quelque façon qu'on l'entende : elle ne sert de rien toute seule ni par elle-même : ce n'est point à elle qu'il faut s'ar-

___

[1] *Matth.*, XXV, 54. — [2] *Joan.*, VI, 64. — [3] I *Cor.*, XI, 29. — [4] *Ibid.*, 27.

rêter. Et si l'on veut encore entendre par cette parole : « La chair ne sert de rien, » c'est-à-dire le sens charnel ne sert de rien, nous le croyons encore : car « ce n'est point la chair et le sang qui nous a révélé [1] » ce que nous croyons, ni cette manière incompréhensible avec laquelle nous croyons manger la chair du Sauveur. Ainsi tout ce qu'il a dit de sa chair mangée et de son sang bu, encore qu'il le faille entendre au pied de la lettre de sa chair et de son sang pris en leur propre substance, « est esprit et vie, » à cause qu'en toute manière il y faut toujours joindre l'esprit : nous le croyons. Et pour bien entendre toutes les paroles du Sauveur, nous ne croyons pas que les dernières où il a parlé de l'esprit, excluent les autres où il a parlé de la chair, mais nous apprennent à unir l'un et l'autre ensemble, et à chercher l'esprit dans la vérité et dans la propriété de la chair.

Où est donc la foi des catholiques ? Elle est dans les paroles de saint Pierre : « Seigneur, à qui irions-nous ? Vous avez des paroles de vie éternelle [2] ? » Nous les croyons toutes, et celles où vous inculquez avec tant de force qu'on mangera en substance votre chair, et celles où vous enseignez avec la même netteté qu'il faut profiter de votre esprit. Voilà quelle est notre foi : voilà ce que nous croyons. Et où est la foi de ceux qui quittent l'Eglise, sinon dans ces paroles des Capharnaïtes : « Comment cet homme nous peut-il donner sa chair à manger ? » Nous la donner pour la consumer, c'est chose absurde et inhumaine : nous la donner sans la consumer, et en sorte qu'en même temps elle demeure entière dans le ciel, c'est chose impossible.

Seigneur, nous ne sommes point de cette troupe : on ne peut nous attribuer en aucun sens ce « Comment » des murmurateurs : nous nous rallions avec saint Pierre, nous retournons au Cénacle pour y faire la cène avec vous et avec vos disciples. Quelle simplicité ! quel silence ! « Prenez, mangez, c'est mon corps : buvez, c'est mon sang. » Il ne dit pas : Ils seront en vous par la foi ; mais : ce que je vous présente, « Cela l'est. » Croyez-y, n'y croyez pas, cela est : cela est parce que je le dis, et non pas parce que vous le croyez. Que cela est étonnant ! Et néanmoins Jésus le dit sans

____
[1] *Matth.*, XVI, 17. — [2] *Joan.*, VI, 69.

rien expliquer, les apôtres l'écoutent sans rien demander : ces questionneurs perpétuels, s'il m'est permis une fois de les appeler ainsi, se taisent : ils font ce qu'on leur dit, non-seulement sans contradiction et sans murmure, mais encore sans avoir besoin d'autre instruction que de celle qu'ils avoient reçue. Les murmures avoient été trop repoussés, les questions trop précisément résolues ; tout est calme, tout est soumis : « le Père les a tirés. » Et les autres ? Ah ! fidèles, retirez-vous de leur compagnie : séparez-vous de ces séditieux, de ces impies, qui murmurent, non pas contre Moïse [1], mais contre Jésus-Christ même : séparez-vous-en, pour n'être point enveloppés dans leur péché. Quoi ! que leur va-t-il arriver ? La terre se va-t-elle ouvrir sous leurs pieds, pour les engloutir tout vivans ? Non, c'est quelque chose de pis : ils quittent l'Eglise : ils sont livrés à leur propre sens.

XLIV JOURNÉE.

Communion indigne. I Cor., xi, 27-30.

Et ceux qui sans quitter l'Eglise, en conservant la vraie foi du corps et du sang de Jésus-Christ, les reçoivent indignement, sont-ils tirés par le Père céleste ? Les a-t-il donnés à Jésus-Christ, et viennent-ils à lui comme il faut ? Non sans doute, puisque bien éloignés de recevoir la vie, saint Paul dit « qu'ils boivent et mangent leur condamnation, parce qu'ils ne discernent pas le corps du Seigneur [2]. »

Le saint Apôtre parle ici d'une manière terrible, puisqu'après avoir rappelé dans la mémoire des fidèles que Jésus-Christ avoit dit que ce qu'il donnoit à manger étoit son corps, le même qui devoit être percé et rompu à la croix, et que la coupe qu'il leur donnoit à boire étoit, par le sang versé qu'elle contenoit, l'instrument de l'alliance et du testament que le Sauveur faisoit à leur avantage, il en conclut « que ceux qui mangent ce pain : » remarquez « ce pain, » c'est-à-dire ce pain fait corps, ainsi qu'il vient

---

[1] *Numer.*, XVI, 3. — [2] I *Cor.*, XI, 29, 30.

de le raconter ; « et boivent la coupe du Seigneur indignement , sont coupables de son corps et de son sang[1]. » Et qu'est-ce qu'en être coupable, si ce n'est non-seulement les profaner, mais encore leur faire un outrage de même nature que celui qui leur avoit été fait par les Juifs, lorsqu'ils déchirèrent l'un et répandirent l'autre ? Et c'est pourquoi « ils boivent et mangent leur condamnation, » parce que semblables à ces perfides, « ils n'avoient mis aucune différence entre le corps de Jésus-Christ » et celui des voleurs qu'ils avoient crucifiés avec lui. Et remarquez que l'outrage que les Juifs avoient fait à Jésus-Christ, regardoit précisément son corps : car ce n'est qu'au corps qu'on peut nuire, en le livrant à la mort, conformément à cette parole : « Ne craignez pas ceux qui ne peuvent què tuer le corps, et ne peuvent pas étendre plus loin leur puissance[2]. » Les Juifs donc outragèrent ce corps en lui-même et en sa propre substance, lorsqu'ils le mirent en croix ; ils outragèrent ce sang en lui-même et en sa propre substance, lorsqu'ils le firent couler sur la terre par un infâme supplice, comme si c'eût été le sang d'un coupable. Vous faites un semblable sacrilége, lorsque vous mangez et buvez indignement ce corps et ce sang : vous les profanez, vous les outragez en eux-mêmes ; et cet outrage que vous faites au corps du Sauveur est de ne le pas discerner, de n'en pas connoître la sainteté ni le prix. Or il ne dit pas qu'ils ne le reçoivent point faute de foi, comme le disent nos hérétiques ; mais qu'ils ne le discernent pas, en supposant qu'ils le reçoivent : comme on diroit d'une pierre précieuse que vous jetteriez dans la boue comme une autre pierre , après l'avoir reçue, non pas que vous ne l'avez point reçue, mais que vous n'en avez pas fait le discernement et l'estime qu'il falloit.

Ce n'est pas non plus ce que disent encore ces hérétiques : Vous êtes coupable de ce corps et de ce sang, comme on est coupable envers la personne du prince, lorsqu'on en déchire injurieuse-ment le tableau. Car il n'est point ici parlé de tableau ni de figure : l'Apôtre fait aller de même rang : « Ceci est mon corps : Cou-pable du corps ; » et : « Ne pas discerner le corps. » Il ne faut point diminuer le crime de ceux contre qui l'Apôtre s'élève, ni

____
[1] I *Cor.*, XI, 27. — [2] *Luc.*, XII, 4.

affoiblir l'horreur qu'on en doit avoir. Il est vrai qu'en traitant indignement l'image du prince, on l'attaque, on le déshonore lui-
même, mais par une injure bien inférieure à celle qu'on lui feroit
en attentant sur sa personne sacrée. L'attentat des chrétiens qui
mangent indignement le corps du Sauveur et boivent indignement son sang, est de ce dernier genre ; c'est un attentat fait immédiatement sur sa personne. En un mot, il y a deux choses à
considérer dans le supplice de Jésus-Christ : le crime des Juifs
et l'obéissance du Sauveur. Ceux qui reçoivent dignement son
corps et son sang, participent au mérite de son obéissance : ceux
qui les reçoivent indignement, participent au sacrilége de ses
meurtriers, et attentent comme eux immédiatement sur sa personne adorable.

Seigneur, tirez-nous à vous : inspirez-nous un juste discernement du corps que nous recevons : ne le traitons pas comme une
chose immonde, en le recevant dans un corps impur et souillé.
« Les choses saintes sont pour les saints, » comme on crioit autrefois au peuple fidèle, lorsqu'on alloit distribuer le corps de
Jésus-Christ. Ne le touchons pas avec des mains sacriléges : ne
le recevons pas avec une bouche impure : ne lui donnons pas un
baiser de Judas, un baiser de traître : que ce soit un baiser d'é-
pouse, un baiser rempli d'ardeur et qui soit le gage d'un chaste
et perpétuel amour : « Qu'il me baise du baiser de sa bouche [1], »
d'un baiser d'époux : que je lui donne aussi le baiser d'épouse,
celui que lui donnent les vierges, les ames chastes dont il est aimé.
« Tirez-nous, » Seigneur, à ce chaste et doux baiser : « tirez-
nous, et nous courrons après vos parfums. Ceux qui sont droits
vous aiment [2] : » ce sont ceux-là qui vous donnent ce saint baiser,
ce baiser de paix et d'un amour éternel. Car « personne ne vient à
moi que mon Père ne le tire [3] : » personne ne vient à moi, qu'il
ne lui soit donné par mon Père : nul ne communie dignement
que par cet attrait.

1 *Cant.*, I, 1. — 2 *Ibid.*, 3. — 3 *Joan.*, VI, 44, 66.

XLVᵉ JOURNÉE.

Qui sont ceux qui communient indignement.

Lisez, I *Cor.*, chap. x, depuis le verset 16 jusqu'au 22. C'est encore une terrible sentence contre ceux qui communient indignement : « Vous ne pouvez pas boire du calice du Seigneur et du calice des démons : vous ne pouvez pas participer à la table du Seigneur et à la table du démon[1]. »

Boire la coupe des démons, ce n'est pas seulement boire dans la coupe dont on leur fait une effusion : c'est boire à longs traits les plaisirs du monde, par lesquels on se livre à eux. Participer à la table des démons, ce n'est pas seulement manger des viandes qui leur ont été immolées : c'est se livrer à l'avarice qui est une idolâtrie, à la gourmandise par laquelle on fait un dieu de son ventre, à tous les autres vices par lesquels on livre aux démons ce qui étoit dû à Dieu.

Mais un des péchés que l'Eucharistie souffre le moins, c'est celui de la dissension et de la haine contre son frère. Car le propre effet de l'Eucharistie, c'est de nous unir pour ne faire qu'un même corps, selon ce que dit saint Paul : « Quoique nous soyons plusieurs, nous ne sommes tous ensemble qu'un même pain et un même corps, nous tous qui participons à un même pain[2]. » Quiconque donc prend ce pain de vie, qui prend ce corps qui nous est donné sous la forme et sous l'espèce du pain pour sustenter notre ame, qui étant distribué à plusieurs, demeure toujours le même et parfaitement le même, ne souffrant aucune division en sa substance : doit être un avec tous les membres, comme il doit être un avec Jésus-Christ. Et c'est l'impression que porte en soi le pain sacré de l'Eucharistie. Celui-là donc qui la reçoit ayant la haine dans le cœur contre son frère, fait violence au corps du Sauveur, puisqu'il vient pour nous faire un même corps, et que nous demeurons dans la division.

Mais qu'arrivera-t-il à ceux qui demeurent ainsi divisés, pen-

[1] I *Cor.*, x, 20, 21. — [2] *Ibid.*, 17.

dant que le corps de Jésus-Christ les vient unir? Ce divin corps ne peut demeurer sans efficace : ceux qui ne veulent pas se laisser unir, il les brise, il les met en pièces, il les divise contre eux-mêmes ; leur propre conscience les condamne ; il les arrache de son unité, il les sépare de son corps mystique. S'ils y demeurent à l'extérieur, ils en sont séparés selon l'esprit ; ce sont des membres pourris, « des arbres infructueux, doublement morts, déracinés, » comme disoit l'apôtre saint Jude [1]. Ils semblent être encore sur pied et se tenir sur leur racine ; mais ils ont la mort dans le sein et leur racine ne tire plus de nourriture.

« Allez » donc, et comme le Sauveur vous l'a ordonné lui-même, « allez vous réconcilier avec votre frère [2] : » non-seulement vous n'êtes pas digne de participer à l'autel, mais encore vous n'êtes pas digne d'y offrir votre présent : non-seulement vous n'êtes pas digne de participer à l'oblation de l'autel, mais vous n'êtes pas digne d'y assister. Le sang de Jésus-Christ, qu'on lève au ciel, crie vengeance contre vous, parce que c'est un sang qui « a pacifié et réconcilié toutes choses dans le ciel et dans la terre [3], » et non-seulement les hommes avec Dieu, mais encore les hommes entre eux. Et vous n'écoutez pas « la voix de ce sang qui parle mieux que celui d'Abel [4]. » Car il parle pour la paix, et le sang d'Abel crioit vengeance : mais vous le contraignez à crier vengeance, si vous rejetez la paix fraternelle pour laquelle il est répandu. Ce sang crie au meurtre, à la vengeance : vous êtes le meurtrier contre qui il crie : « car celui qui hait son frère est homicide [5]. » Retirez-vous, malheureux, fuyez la voix de ce sang.

XLVIᵉ JOURNÉE.

La communion est la préparation à la mort de Jésus-Christ. I Cor., xi, 26.

« Toutes les fois que vous mangerez ce pain (de vie), et que vous boirez ce calice, vous annoncerez la mort du Seigneur, jus-

[1] *Jud.*, ep. 12. — [2] *Matth.*, v, 23, 24. — [3] *Coloss.*, I, 20. — [4] *Hebr.*, xii, 24. — [5] *I Joan.*, iii, 15.

qu'à ce qu'il vienne [1]. » Vous l'annoncerez comme une chose déjà accomplie pour le salut du genre humain : vous l'annoncerez comme une chose qui se doit continuer en quelque façon jusqu'à la fin des siècles : la mort de Jésus-Christ est toujours présente dans l'Eucharistie, par la séparation mystique de son corps et de son sang : l'impression de la mort de Jésus-Christ se doit faire sur tous les fidèles, qui à l'imitation du Fils de Dieu se doivent rendre eux-mêmes des victimes : toute la vertu de la croix est dans ce mystère : on y annonce par tous ces moyens la mort du Sauveur.

Quelle est la vertu de la croix? « Quand je serai élevé de terre, je tirerai tout à moi [2]. » L'effet a suivi la parole : tout est venu à Jésus crucifié : telle est la vertu de sa croix. Cette vertu est toute vivante dans l'Eucharistie : ceux-là y croient, ceux-là en profitent et la reçoivent dignement, que le Père tire à son Fils. Jésus-Christ dit qu'ils vivent par lui, qu'ils vivent pour lui, comme lui-même il vit par son Père et pour son Père : ils n'ont d'autre vie que la sienne : sa chair est toute pleine de l'esprit qui nous communique cette vie : tout est esprit : tout est vie dans ce mystère : toute l'efficace de la croix pour nous tirer à Jésus, pour nous faire vivre en lui et de lui, y est renfermée. Quelle violence souffre le Sauveur, quand on ne répond pas à son amour : quand on ne se laisse pas posséder à lui : quand on résiste à la force avec laquelle il nous tire! Si on lui refuse son cœur, pendant que non-seulement il le demande, mais qu'il fait pour ainsi parler de si grands efforts pour se l'unir, c'est un époux méprisé qui entre en fureur contre son épouse insensible : il n'y a plus pour elle que la damnation et la mort. Hélas! hélas! tout est perdu : de toute la force dont il nous tiroit, il nous repousse et nous détruit.

XLVIIe JOURNÉE.

La persévérance, effet de la communion. Joan., VI, 57.

« Qui mange ma chair et boit mon sang, demeure en moi et moi en lui [3]. » Le grand don après lequel soupirent les chrétiens

[1] I *Cor.*, XI, 26. — [2] *Joan.*, XII, 32. — [3] *Ibid.*, 57.

est celui de la persévérance, qui nous assure la couronne, qui nous unit, qui nous incorpore à Jésus-Christ, pour nous faire éternellement un avec lui, sans jamais en pouvoir être séparés. Voilà le grand don de Dieu, celui qui est joint à sa prédestination éternelle, et Jésus-Christ nous apprend qu'il y a dans l'Eucharistie une grace particulière pour nous l'obtenir. Si donc nous voulons persévérer dans la vertu, il faut communier, et communier souvent. Car c'est le plus puissant moyen qui nous soit donné pour obtenir la persévérance [1]; c'est le pain des chrétiens, leur nourriture ordinaire et de tous les jours. O mon Dieu, que les chrétiens ont le cœur dur, puisqu'ils viennent si rarement à la sainte table! S'ils goûtoient Jésus-Christ crucifié, ils viendroient célébrer souvent le mystère de cette mort. On est touché le Vendredi saint, à cause qu'on y célèbre la mémoire de la mort du Sauveur. Venez, mes enfans; c'est tous les jours le Vendredi saint : tous les jours on érige le Calvaire sur le saint autel : venez, et souvenez-vous de cette mort qui est votre vie; venez recevoir un sacrement où l'on apprend à demeurer en Jésus-Christ, où l'on reçoit la force, le courage, la grace d'y demeurer.

Mais aussi on doit trembler, quand on retombe dans ses fautes après la communion, puisque Jésus-Christ ne dit pas : « Celui qui mange ma chair est en moi [2]; » mais « il y demeure » attaché; ni : « Je suis en lui; » mais : « J'y demeure, » et je ne le quitte jamais. Jésus est fidèle : il ne nous quitte jamais le premier : il vient bien à nous le premier, mais jamais il n'est le premier qui quitte : c'est nous qui le quittons, quand nous tombons dans le péché. Malheureux! nous devons bien craindre de ne l'avoir pas reçu comme il faut : car nous serions demeurés en lui, et hélas! nous l'avons quitté. Le recevoir comme il faut, c'est le recevoir en détestant ses péchés, en éloignant les occasions de le commettre, en cherchant dans l'Eucharistie le soutien de notre foiblesse et de notre instabilité.

[1] *Joan.*, VI, 27, 52. — [2] *Ibid.*, 57.

XLVIIIe JOURNÉE.

S'éprouver soi-même. I Cor., xi, 28.

« Que l'homme s'éprouve lui-même [1] : » qu'il éprouve premièrement s'il n'est point indigne de cette table sacrée; s'il ne vient
point au banquet de l'Epoux sans la robe nuptiale : sans être en
état de grace. Car on lui diroit : « Ami » infidèle, ami téméraire,
« comment avez-vous osé entrer ici sans avoir l'habit nuptial? »
Et non-seulement il sera jugé indigne du banquet, mais encore
« on le jettera pieds et mains liés dans le séjour des ténèbres, où
il y aura pleur et grincement de dents [2]. »

« Le maître entra dans la salle du festin pour y voir les conviés,
et il y vit un homme qui n'avoit point l'habit nuptial [3]. » Repré-
sentez-vous Jésus qui vient lui-même examiner ceux qui sont à
sa table. Pour éviter un si terrible examen, que chacun s'examine
soi-même, que chacun s'éprouve soi-même.

Mais il y a encore d'autres épreuves plus délicates. Le pain de
l'Eucharistie est appelé par les saints « le pain des forts; » et il y
faut user, en le donnant, du même discernement dont use un
sage médecin, en donnant le solide à son malade; c'est-à-dire
qu'il faut songer non-seulement au refus absolu qu'on en doit
faire durant la fièvre, mais encore au ménagement avec lequel il
le faut donner aux convalescens.

Outre l'épreuve qu'il faut faire de cette viande céleste pour n'y
pas manger sa condamnation, il y a encore une épreuve, une
préparation nécessaire pour la manger avec profit. Cette viande
ne nous est pas seulement donnée pour entretenir la vie, mais
encore pour nous rendre l'embonpoint : elle renouvelle : elle
engraisse : elle veut détruire de plus en plus jusqu'aux moindres
restes du mal. Cette viande ne se digère pas; mais c'est elle
pour ainsi parler qui nous digère et nous change en elle-même.
Il faut considérer le progrès que nous faisons en la mangeant et
la prendre avec réserve, jusqu'à tant que nous soyons ren-

---

[1] *I Cor.,* XI, 28. — [2] *Matth.,* XXII, 12, 13. — [3] *Ibid.,* 11.

dus propres à recevoir tout son effet, sinon elle nous surcharge;
et si nous n'avons pas la mort dans le sein, il s'amasse des humeurs qui doivent nous faire craindre une rechute. Il faut donc
craindre le fréquent usage de l'Eucharistie, si on n'en vient à
cet embonpoint spirituel et à un état de force. Il est vrai que
c'est en la recevant que nous devenons propres à la recevoir :
c'est elle-même qui par sa vertu nous rend propres à elle-même
et à ses effets ; mais il en faut savoir tempérer l'usage. La
marque la plus assurée dans les bonnes ames pour la recevoir
souvent, c'est l'appétit spirituel qu'elles en ressentent; mais il
faut savoir ménager cet appétit. Il y a des appétits de malade; il
y en a que la santé donne : l'appétit est donc équivoque, et il faut
le savoir connoître : il faut savoir le réprimer, il faut savoir le
réveiller : il faut quelquefois exciter l'ardeur par quelque délai,
pour aussi augmenter le goût. Telle ame aura besoin qu'on le lui
excite par quelque temps de lecture et par la seule méditation de
la parole divine. Goûter la parole de Jésus-Christ, c'est la marque
qu'on le goûte lui-même. et la meilleure préparation à le goûter :
« Qui est le sage, qui entendra et qui discernera ces choses [1] ?
Qui est cet économe fidèle et prudent, qui saura donner le froment dont la distribution lui est confiée, en son temps et selon la
mesure [2] ? » Remarquez qu'il y a le temps et la mesure à garder,
et que ce dispensateur ne doit pas seulement être fidèle, mais encore prudent. Ainsi que l'homme s'éprouve lui-même : car le
temps de l'un n'est pas toujours le temps de l'autre, et la mesure
de l'un n'est pas toujours la mesure de l'autre. Il faut donc s'é-
prouver soi-même; et quand on dit s'éprouver soi-même, ce n'est
pas à dire s'approcher ou s'éloigner par son propre jugement :
car cette épreuve ne seroit ordinairement que la nourriture de
l'amour-propre. Une partie de cette épreuve est de bien connoître
qu'on ne se peut pas juger soi-même, et qu'on doit savoir chercher ce dispensateur prudent, qui connoisse le temps et la mesure
qui nous est propre. Car ce n'est pas sans raison que le Prince
des pasteurs a donné à ses ministres le pouvoir de lier et de délier, de retenir et de remettre. Qu'on s'éprouve donc soi-même

[1] *Osee,* XIV, 10. — [2] *Luc.,* XII, 42.

avec ce conseil, et selon l'ordre de l'obéissance. Tout ce qu'on fait, dans cet esprit porte grace : tel qui entend dire que la sécheresse, est quelquefois une épreuve et un exercice, prendra sa langueur pour une grace. Tel aussi s'imaginera être de ces tièdes que Jésus-Christ vomit de sa bouche, quand il ne sentira pas son goût et que ce goût se sera pour ainsi dire retiré bien avant dans, son intérieur. « Qui est le sage, » encore un coup, « qui discernera ces choses ? »

Il faut aussi savoir connoître cette viande qui sait, comme la manne, prendre toute sorte de goûts. Tantôt on nous y doit faire, goûter l'humilité, tantôt la mortification, tantôt l'amour fraternel et celui des ennemis, tantôt la joie qui nous transporte en esprit dans le ciel, tantôt la sainte tristesse qui nous dégoûte du monde et nous imprime des sentimens de pénitence. On nous doit faire prendre cette viande avec la disposition où le Saint-Esprit nous met, ou dans celle où l'on ressent qu'il nous veut mettre. Il faut, dis-je, vous la donner ou selon votre attrait présent, ou pour vous inspirer celui dont vous avez besoin. Faut-il exciter en vous, ou y entretenir l'esprit d'ardeur et de zèle ? Le charbon pris sur l'autel [1] n'est rien pour vous purifier, pour vous embraser, à comparaison de ce corps. Est-ce l'esprit de componction et de larmes qui vous est nécessaire, ce divin corps en tirera plus de vos yeux que la pécheresse n'en versa aux pieds du Sauveur. Seigneur, donnez à votre Eglise de ces prudens dispensateurs, qui sachent faire l'application de l'Eucharistie : Seigneur, donnez à vos fidèles cette humble docilité et la soumission aux conseils, avec lesquels ils se doivent éprouver eux-mêmes.

XLIXe JOURNÉE.

Sommaire de la doctrine de l'Eucharistie.

Nous devons maintenant entendre ce que c'est que ce sacrement, en quoi il consiste, quel en est le fruit, ce qu'on doit ap-

[1] *Isa.*, VI, 6, 7.

peler le sacrement et le signe, ce qu'on en doit appeler le fruit et la chose.

Ceux qui ne veulent pas croire que ce qui nous est présent est vraiment le corps et le sang de Jésus-Christ, disent que le pain et le vin sont le sacrement et le signe, et que la chose c'est la réception de la chair et du sang de Jésus-Christ, puisque c'est là, disent-ils, ce qui est toujours accompagné de la vie, conformément à cette parole : « Qui mange ma chair et boit mon sang aura la vie éternelle; » et « qui me mange vit pour moi [1]. » Aveugles, qui ne veulent pas entendre qu'il y en a qui prennent ce corps sans le discerner : qu'il y en a qui le reçoivent en le profanant et qui s'en rendent coupables : et que c'est ce qui doit être reçu avec épreuve pour ne le pas recevoir indignement. Mais parce que les hommes peuvent mal recevoir un si grand don, en est-il moins ce qu'il est ?

La parole de Dieu est par elle-même une lumière qui éclaire l'homme, qui le purifie, qui le nourrit, en laquelle il a le salut et la vie : cela empêche-t-il qu'il y en ait qu'elle étourdit, qu'elle aveugle; qu'elle ne soit « odeur de vie » pour les uns, et « odeur de mort » pour les autres, et « une lettre qui tue [2]? » Ce que les hommes la font devenir par leur mauvaise disposition n'empêche pas ce qu'elle est par elle-même, ni ne lui ôte la force qu'elle tire de la bouche de Dieu d'où elle sort. Ainsi le corps de Jésus, ainsi le sang de Jésus n'en sont pas moins en eux-mêmes esprit et vie, encore qu'ils ne le soient pas à ceux qui les reçoivent mal. « Ceux qui croiront et seront baptisés seront sauvés [3] : » qui en doute, s'ils croient comme il faut : s'ils persévèrent à croire : s'ils ne mettent point d'obstacle à la grace du baptême : s'ils sont soigneux d'en conserver la vertu? Ainsi qui mange la chair, qui boit le sang, a la vie : oui, qui la mange et qui le boit dignement et comme il faut. La chair mangée dans l'Eucharistie est au chrétien un gage de l'amour de Jésus-Christ, un témoignage certain que c'est pour lui qu'il s'est incarné et pour lui qu'il s'est offert. Voilà le gage, voilà le signe, voilà le témoignage; mais il faut entendre ce gage : il faut être touché de ce signe : il faut croire à ce témoignage :

[1] *Joan.*, VI, 55, 58. — [2] II *Cor.*, II, 16; III, 6. — [3] *Marc.*, XVI, 16.

autrement, qu'aurez-vous pris? Un gage, un signe, un témoignage
de l'amour immense de votre Sauveur, mais sans en être touché,
sans y prendre part; et ce précieux gage de son amour sera en
témoignage contre vous, et vous serez de ceux dont il est écrit :
« Il est venu chez soi, et les siens ne l'ont pas reçu [1]. » Qu'est-ce
que venir chez soi, si ce n'est venir à ceux qui sont à lui? Il y
vient donc, et il a été au milieu d'eux; mais ils ne l'ont pas reçu,
parce qu'ils ne l'ont pas connu, ils ne l'ont pas discerné, ils ne
l'ont pas traité comme le méritoit sa dignité et son amour.

Quel est donc le vrai effet et la chose, pour ainsi parler, de ce
sacrement? Etre incorporé à Jésus-Christ, lui être parfaitement
uni selon le corps et selon l'esprit, être avec lui une même chair
et un même esprit : par la consommation de ce chaste mariage [2] :
être de ses os et de sa chair comme une épouse fidèle [3] : mais être
aussi de son esprit, en sorte qu'il jouisse tout ensemble de notre
corps, de notre esprit, de notre amour, comme nous jouissons du
sien : en un mot, être le corps de Jésus-Christ, lui être uni membre
à membre, comme les membres sont unis entre eux, comme
tous le sont au chef [4] : et cela pour toujours, sans jamais être
en division, ni en froideur, ni avec lui, ni avec aucun de ses
membres : parce qu'il veut non-seulement venir en nous, mais y
demeurer. Il ne s'unit qu'à regret et à contre-cœur à ceux qu'il
voit désunis dans la suite et jusqu'à la fin : il ne les répute pas
siens, de cette manière secrète et permanente, dont il veut qu'on
soit des siens; autrement son disciple bien-aimé dira : « Ils étoient
au milieu de nous : ils en sont sortis, mais ils n'étoient point des
nôtres : » et pourquoi? Parce que, « s'ils avoient été des nôtres,
ils seroient demeurés avec nous [5]. Qui me mange demeure en moi
et moi en lui [6] : » et qui n'y demeure pas, ne me mange pas
comme il faut.

En effet, qu'avons-nous dans l'Eucharistie, qu'y avons-nous en
substance, si ce n'est celui qui fait la félicité des bienheureux?
C'est la même chose, la même substance; et il n'y a qu'à ôter le
voile. Seigneur, ôtez ce voile, percez ce nuage : que me restera-

[1] *Joan.*, I, 11. — [2] I *Cor.*, VI, 16, 17. — [3] *Ephes.*, V, 30. — [4] 1 *Cor.*, XII, 27. —
[5] I *Joan.*, II, 19. — [6] *Joan.*, VI, 57.

t-il entre les mains et devant les yeux, sinon cet objet qui fera
ma béatitude? N'ai-je pas déjà cet objet dans votre corps? Dans
le corps de Jésus-Christ n'ai-je pas son ame? N'ai-je pas toute
sa personne, et dans sa personne celui qui y « habite corporel-
lement, avec une entière plénitude [1], » c'est-à-dire le Verbe
divin? et dans ce Verbe, n'ai-je pas son Père? Et n'a-t-il pas
dit la vérité, quand il a dit : « Qui me voit, voit mon Père [2]? »
J'ai donc tout. Que me reste-t-il à désirer, sinon de voir ce que je
tiens, de percer le voile, de voir clairement et par une manifeste
vision ce que je sais bien que j'ai, mais ce que je ne vois pas? Mais
il n'y a qu'à demeurer en lui : car ainsi il demeurera en nous. Et
il ne demande qu'à être vu, qu'à être parfaitement possédé, qu'à
jouir parfaitement de nous, en nous donnant tous ses biens et lui-
même pour en jouir; enfin à être connu comme il connoît [3]; c'est-
à-dire à être connu clairement, vivement, éternellement, sans
obscurité, au-dessus de toute vision. Voilà le fruit, la vérité, l'entière consommation du mystère de l'Eucharistie.

L° JOURNÉE.

L'Eucharistie est la force de l'ame et du corps.

Mais, dites-vous, qu'étoit-il besoin d'avoir Jésus-Christ dans son
corps? Dites plutôt : Qu'étoit-il besoin d'avoir le corps de Jésus-
Christ en vérité, en substance, d'avoir la chair de ce sacrifice; d'a-
voir dans ce sang le signe certain de la consommation de la rémission des péchés ; d'être uni à Jésus-Christ tout entier, comme
une chaste épouse à un époux chéri; et en cette qualité d'avoir
puissance sur son corps pour jouir en même temps de son esprit?
Et pour parler du corps en particulier, n'y a-t-il rien à faire dans
notre corps? N'est-ce pas la chair qui convoite contre l'esprit? Qui
la peut mieux tempérer que le corps de Jésus-Christ appliqué sur
elle? N'y a-t-il pas dans nos membres une loi qui combat la loi de
l'esprit? Qui la peut mieux affoiblir, et mettre nos membres mor

[1] Coloss., II, 9. — *[2] Joan.*, XIV, 9. — *[3] I Cor.*, XIII, 12.

tels sous le joug? Ne faut-il pas porter dans nos corps la mortification de Jésus? Mais qui peut mieux y en imprimer le caractère,
et sanctifier les peines d'un corps affligé? Mais ne faut-il pas que
ce corps mortel sorte un jour du tombeau et de la corruption? Et
qui peut mieux nous en tirer que ce corps qui ne l'a jamais sentie? Pour devenir avec Jésus-Christ « un corps spirituel, » comme
l'appelle saint Paul [1], qu'y avoit-il de plus efficace que son union
avec ce même corps et l'impression de ses divines qualités? Mon
Sauveur, si vous touchez mon corps, il en sortira une vertu, et il
faudra qu'il devienne semblable au vôtre. La vertu qui en sortira
ne me donnera pas comme à cette femme une santé foible et fragile, mais la véritable santé qui est l'immortalité. — Mais les enfans qui n'ont pas communié ne ressusciteront donc pas? — Grossiers et charnels, qui n'entendez pas que ce corps est donné à toute
l'Eglise, et que ce levain mystérieux est capable de vivifier toute
la masse! Ces enfans dont vous parlez n'ont-ils pas reçu avec le
baptême un droit sur ce corps? Il est à eux, encore qu'ils ne le
reçoivent pas d'abord, selon la coutume présente; mais ce qui est
reçu par quelques-uns, est à tous un même gage d'immortalité.
Consolez-vous en Notre-Seigneur, et jouissez d'une si douce espérance.

LIe JOURNÉE.

L'Eucharistie est le viatique des mourans.

Considérons ici le corps du Sauveur comme le doux viatique
des mourans. Je me meurs, mes sens s'éteignent, ma vie s'évanouit : qu'ai-je à désirer en cet état, que quelque chose qui m'ôte
la crainte de la mort et me tire de l'esclavage où cette appréhension
m'a tenu durant tout le temps de ma vie? Mon Sauveur, on m'apporte votre corps, ce corps immortel, ce corps spiritualisé : je le
reçois dans le mien : « Je ne mourrai pas : je vivrai[2] : Qui mange
ma chair, dites-vous [3], aura la vie éternelle, et je le ressusci-

[1] I *Cor.*, XV, 44-46. — [2] *Psal.* CXVII, 17. — [3] *Joan.*, VI, 55.

terai au dernier jour. » Il restera dans ce corps mort un germe de
vie que la pourriture ne pourra point altérer : il y restera une
impression de vie que rien ne peut effacer. Tous les jours de ma
vie je veux communier dans cette espérance : je veux me ré-
garder comme mourant, et je le suis; je veux vous recevoir en viatique : je ne craindrai point la mort : vous m'affranchissez de la
servitude que cette crainte m'imposoit : pourquoi craindre le mal,
si j'en ai toujours l'antidote? Sans vous la mort est un joug insupportable : avec vous elle est un remède et un passage à la vie.
Que je suis heureux ! On m'apporte votre précieux corps : vous
venez chez moi, hôte céleste : c'est à ce coup que je puis dire :
« Seigneur, je ne suis pas digne que vous entriez dans ma maison [1]. » Vous y venez néanmoins : vous y entrez : vous y êtes, et
ce n'est pas encore assez pour votre amour : la maison où vous
voulez entrer, c'est mon corps.

C'est ici le temps de se souvenir de votre mort : de cette mort
par laquelle la mort a été vaincue : de cette mort qui nous fait
dire avec confiance : « O mort, où est ton aiguillon! O mort, où
est ta victoire [2]? » de cette mort par laquelle est accomplie cette
parole : « Je romprai votre pacte avec la mort, et votre alliance
avec le tombeau ne subsistera plus [3]. » Et encore : « La mort sera
précipitée à jamais dans l'abîme [4]. Faites ceci en mémoire de
moi : » souvenez-vous de ma mort : « annoncez-la [5]. »

O Seigneur, on m'a annoncé la mienne; mais qu'on m'annonce
la vôtre, et je ne craindrai plus rien. Oui, maintenant je pourrai
chanter avec le Psalmiste : « Si je marche au milieu de l'ombre de
la mort, je ne craindrai rien, parce que vous êtes avec moi [6]. » Ah!
doux souvenir que celui de votre mort, qui a effacé mes péchés,
qui m'a assuré votre royaume ! Mon Sauveur, je m'unis à votre
agonie; je dis avec vous mon *In manus :* « Mon Dieu, je remets mon
esprit entre vos mains [7] : Seigneur Jésus, recevez mon esprit [8]. »
Quoi! vous le venez querir vous-même pour le présenter à votre
Père ! C'en est fait : « tout est consommé [9] : » je veux mourir

[1] *Matth.*, VIII, 8. — [2] I *Cor.*, XV, 55. — [3] *Isa.*, XXVIII, 18. — [4] *Isa.*, XXV, 8.
— [5] 1 *Cor.*, XI, 24-26. — [6] *Psal.* XXII, 4. — [7] *Luc.*, XXIII, 46; *Psal.* XXX, 6. —
— [8] *Act.*, VII, 58. — [9] *Joan.*, XIX, 30.

comme vous en disant cette parole : « Tout est consommé : » je n'ai plus rien sur la terre et votre royaume va être mon partage. « Tout est consommé : » je vois votre royaume céleste, ce sanctuaire éternel, s'ouvrir pour me recevoir par grace, par miséricorde, en votre nom, ô Jésus. A ce coup sera accomplie cette parole : « Qui me mange demeure en moi et moi en lui[1]. » Je ne vous quitterai plus : maudite soit ma malheureuse et criminelle inconstance, qui m'a fait quitter tant de fois un si bon Maître. Et maintenant, mon Sauveur, je serai toujours avec vous : vous m'allez marquer de votre sceau : ah ! Seigneur, gardez-moi jusqu'au dernier soupir, et que je le rende entre vos bras !

Et ce corps que deviendra-t-il ? Le voilà uni au vôtre : par votre corps ressuscité, je ressusciterai tout nouveau : je ne laisserai à la terre que la mortalité : je vis dans cette espérance : mais j'y meurs ; je meurs tous les jours, puisque je ne cesse d'avancer au dernier moment : mes jours se dissipent comme une fumée, s'en vont comme une eau rapide, dont on ne peut arrêter le cours : dans un moment on passera où j'étois, et l'on ne m'y trouvera plus : Voilà sa chambre, voilà son lit, dira-t-on ; et de tout cela il n'en reste plus que mon tombeau, où l'on dira que je suis et je n'y serai pas : il n'y aura qu'un reste de moi-même, et ce reste tel quel se diminuera à chaque moment et se perdra à la fin.

Que cela est triste ! Oui, si je n'avois pas votre corps pour me redonner la vie : cette espérance me soutient : je veux toujours me regarder en état de mort, me confesser comme un mourant, communier comme un mourant, me disposer à chaque fois comme si j'allois mourir. Je meurs : fermez-moi les yeux : que je ne voie plus les vanités : enveloppez-moi de ce drap : je n'ai plus besoin d'autre chose : rendez-moi ma pauvreté naturelle : mettez-moi en terre : c'est là d'où je viens selon le corps ; c'est là où il faut que je retourne : c'est là ma mère qui m'a engendré pour mourir : elle m'enfantera un jour pour ne mourir plus. Ne parlons donc point de mort : ce n'est plus qu'un nom : il n'y a de mort que le péché.

[1] *Joan.*, VI, 57.

LIIe JOURNÉE.

L'Eucharistie jointe par Jésus-Christ au banquet ordinaire, figure de la joie du banquet éternel. Ibid.

Une des observations les plus nécessaires dans l'institution de l'Eucharistie, c'est que Jésus-Christ l'a faite dans un banquet ordinaire, en conversant à l'ordinaire avec ses disciples, sans marquer de distinction entre ce qui regardoit le repas commun et ce qui regardoit ce divin repas où il se devoit donner lui-même : « Pendant qu'ils soupoient, dit saint Matthieu, il prit du pain, le rompit et leur dit : Prenez et mangez, ceci est mon corps [1]. » Il continue : il achève le souper; et après le souper, disent saint Luc et saint Paul, « il prit le calice et il dit : Ce calice et le breuvage que je vous présente, est le Nouveau Testament par mon sang [2]. » Puis il continue son discours et il dit selon saint Luc : « La main de celui qui me trahit est avec moi à la table [3]; » et selon saint Matthieu : « Je ne boirai plus de ce fruit de vigne, jusqu'à ce que je le boive nouveau dans le royaume de mon Père [4]. » Toutes paroles qui n'appartiennent point à l'institution, et dont aussi saint Paul ne rapporte rien, encore qu'il se fût proposé de raconter toute l'institution de ce mystère, comme la suite de son discours le fait paroître. On ne dira pas qu'il n'y ait rien de singulier et d'extraordinaire dans le banquet eucharistique : toutes les paroles de l'institution marquent le contraire. Mais cet extraordinaire et ce divin qui paroît dans cet endroit du banquet, est joint et continué avec tout le reste; et il semble que le repas eucharistique ne fasse qu'une partie du repas commun que Jésus fit avec les siens.

Ce qui se présente d'abord pour entendre ce mystère, c'est que manger et boire ensemble est parmi les hommes une marque de société : on entretient l'amitié par cette douce communication :

---

[1] *Matth.*, XXVI, 26. — [2] *Luc.*, XXII, 20; I *Cor.*, XI, 25. — [3] *Luc.*, XXII, 21. — [4] *Matth.*, XXVI, 29.

on partage ses biens, ses plaisirs, sa vie même avec ses amis : il semble qu'on leur déclare qu'on ne peut vivre sans eux, et que la vie n'est pas une vie sans cette société : « Mangez, buvez, mes amis : enivrez-vous; » c'est-à-dire réjouissez-vous, « mes très-chers [1], » disoit l'Epoux à ses amis. Et la Sagesse, pour nous inviter à sa compagnie, n'a rien à nous proposer de plus attirant qu'un repas qu'elle nous prépare : « Venez, mes amis, mangez mon pain, buvez le vin que je vous présente [2]. »

C'étoit aussi pour cette raison que Dieu ordonnoit à son peuple de venir au lieu que le Seigneur avoit choisi pour y faire bonne chère devant le Seigneur avec tout ce qu'on avoit de plus cher, avec son fils, avec sa fille, avec tout son domestique, avec son serviteur et sa servante, avec ceux qu'on honoroit le plus, avec le Lévite qui demeuroit dans son pays [3], sans oublier l'étranger, non plus que la veuve et l'orphelin, et à plus forte raison sans oublier ses voisins, ses proches, afin qu'ils fussent rassasiés des biens que le Seigneur nous avoit donnés et partageassent notre joie [4].

Ces festins et cette joie ont été la cause que la béatitude céleste nous est représentée comme un banquet : « Il en viendra d'Orient et d'Occident, dit le Sauveur; et ils se mettront à table avec Abraham, avec Isaac et avec Jacob [5]. » Et lui-même, à la fin des siècles, « il fera mettre à table ses bons serviteurs; et passant de table en table, il les servira [6]. » Et le jour même de la cène, pour appliquer cette idée au festin qu'il venoit de faire avec ses disciples, il leur dit : « Je vous prépare le royaume que mon Père m'a préparé, afin que vous mangiez et buviez à ma table dans mon royaume [7]. »

Il vouloit donc que la cène fût un véritable festin pour lier la société entre ses disciples, et leur figurer la joie de ce festin éternel, où « ils seront » rassasiés et « enivrés de l'abondance de sa maison et abreuvés du torrent de sa volupté [8]. » C'est pourquoi il célébra ce divin banquet sur le soir, à la fin du jour, en figure

<hr>

[1] *Cantic.*, V, 1. — [2] *Prov.*, IX, 5. — [3] *Deuter.*, XII, 5, 7, 12, 18. — [4] *Deuter.*, XXVI, 11-13. — [5] *Matth.*, VIII, 11. — [6] *Luc.*, XII, 37. — [7] *Luc.*, XXII, 29, 30. — [8] *Psal.* XXXV, 9.

de ce souper éternel qu'il nous fera à la fin des siècles, lorsque toutes choses seront consommées.

C'est encore ce qu'il vouloit dire, lorsqu'en prenant selon la coutume la coupe de vin dont tout le monde buvoit dans les festins en signe de société, il la présenta à ses disciples, en leur disant : « Partagez-la entre vous : pour moi, je ne boirai plus du fruit de la vigne, jusqu'à ce que le royaume de Dieu vienne [1]. » Saint Luc marque expressément cette action et cette parole avant l'institution de l'Eucharistie : et Jésus-Christ répéta la même parole, après avoir consacré le saint calice, en disant : « En vérité je vous le dis, je ne boirai plus de ce fruit de vigne (dont j'ai bu avec vous dans tout ce repas et dont je me suis servi pour en faire mon sang) jusqu'au jour où je le boirai nouveau avec vous dans le royaume de mon Père [2]. »

Attendons-nous donc à ce repas éternel, où le pain des anges nous sera donné à découvert, où nous serons enivrés et transportés de la volupté du Seigneur et des ravissantes délices de son amour. Le festin de Notre-Seigneur en étoit l'image; et pour imiter son exemple, c'étoit aussi dans des festins que les premiers chrétiens célébroient l'Eucharistie, comme saint Paul le fait bien voir dans la première *Epitre aux Corinthiens* [3]. Le festin de l'Eucharistie conserva toujours cette forme primitive, jusqu'à ce que les abus la firent changer; mais elle n'en a pas moins pour cela la force d'un banquet d'union et de société entre les frères et d'espérance pour le repas éternel de Dieu.

Fréquentons donc ce sacré repas de l'Eucharistie, et vivons en union avec nos frères : fréquentons-le et nourrissons-nous de l'espérance de la joie céleste: mangeons ce pain qui soutient l'homme: buvons ce vin qui lui doit réjouir le cœur : et disons avec un saint transport : « Ah! que mon calice enivrant est exquis [4]! »

Jésus-Christ s'est servi de pain et de vin pour nous donner son corps et son sang, afin de donner à l'Eucharistie le caractère de force et de soutien et le caractère de joie et de transport; et afin aussi de nous apprendre par la figure de ces choses qui font notre

____

[1] *Luc.*, XXII, 17, 18. — [2] *Matth.*, XXVI, 29. — [3] *I Cor.*, XI, 20-34. — [4] *Psal.* XXII, 5.

aliment ordinaire, que nous devions tous les jours non-seulement soutenir, mais encore échauffer notre cœur : non-seulement nous fortifier, mais encore nous enivrer avec lui et boire à longs traits dès cette vie l'amour qui nous rendra heureux dans l'éternité.

LIII⁰ JOURNÉE.

L'Eucharistie unie par Jésus-Christ au repas commun, est plus semblable à l'ancienne pâque. Ibid.

On peut encore remarquer un autre dessein qui a porté Notre-Seigneur à unir ensemble le festin de l'Eucharistie au repas ordinaire, qui étoit de la rendre plus semblable à l'ancienne pâque, qui faisoit aussi partie du repas commun. Il y avoit cette différence, que l'ancienne pâque ne se faisoit qu'une fois l'année, mais maintenant, chaque jour on célèbre la nouvelle pâque : tous les jours des chrétiens sont une fête : leur vie est une éternelle solennité : ils doivent aussi toujours être en joie, comme saint Paul le leur dit sans cesse, et c'est par là qu'ils sont initiés à la joie et à la gloire éternelle.

L'année signifioit aux Juifs l'éternité tout entière et l'universalité des siècles. Mais maintenant chaque jour nous la signifie : nous sommes plus proches qu'eux de l'éternité, et l'idée nous en doit être plus présente.

La pâque se célébroit une seule fois : l'entrée du souverain pontife dans le sanctuaire une seule fois : tout cela pour figurer qu'en effet il n'y a qu'une seule pâque, qui est celle de Jésus-Christ. Car s'il y a aussi une pâque et un passage pour nous, c'est en lui ; et il faut qu'il passe dans sa gloire tout complet, c'est-à-dire le corps et les membres. Il n'y a non plus qu'une seule entrée du même Jésus, souverain pontife, dans le ciel [1], lorsqu'il y entre pour nous et pour lui, et qu'il nous y va préparer la place. Il ne passe donc qu'une fois, il n'entre qu'une fois dans le sanctuaire à ne regarder que sa personne ; mais dans ses membres il passe tous les jours

____
[1] *Hebr.*, VI, 19-20; IX, 7, 11, 24.

au ciel : tous les jours il entre dans le sanctuaire ; et l'Eucharistie
célébrée tous les jours, tous les jours nous représente ce.mystère.
Passons donc tous les jours à Dieu : passons en Jésus-Christ de
plus en plus : que sa vie paroisse toujours de plus en plus dans
la nôtre par l'imitation des vertus qu'il a pratiquées : entrons tous
les jours dans son sanctuaire : entrons-y par la foi : courons-y
par de saints désirs : c'est célébrer tous les jours le banquet de
Jésus-Christ, comme le doit un chrétien.

LIVe JOURNÉE.

*L'Eucharistie jointe au repas commun apprend à sanctifier tout ce qui sert
à nourrir le corps. Ibid.*

Je dirai tout, Seigneur : je me dirai à moi-même, et je dirai à
tous ceux à qui je destine cet écrit, et je le destine à tous ceux que
vous avez mis spécialement à ma garde, selon que je les croirai
disposés à en profiter, et à tous ceux à qui vous permettrez qu'il
tombe entre les mains : je leur dirai, mon Sauveur, tout ce que
vous me mettrez dans l'esprit sur vos saints mystères dans votre
sainte parole. Je vois encore une autre raison qui vous a porté à
unir l'Eucharistie au repas commun : vous vouliez sanctifier toute
notre vie dans l'action qui l'entretient et la fait durer : vous vouliez que la nourriture corporelle fût accompagnée de la spirituelle,
afin que nous apprissions à faire tout en esprit, même les choses
qui devoient servir à sustenter notre corps. Nous ne devons nourrir ce corps que pour être un digne instrument à l'esprit : nous
devions prendre le manger et le boire dans cet esprit. L'Eucharistie prise durant le repas, devoit être un tempérament salutaire
au plaisir des sens, de peur que nous ne nous y laissassions emporter et qu'il ne prît le dessus. Mais encore que l'Eglise, à qui
Jésus-Christ a laissé la dispensation de ses mystères, dans la suite
ait séparé, et très-sagement, ce que Jésus-Christ sembloit avoir
uni, et qu'elle célèbre l'Eucharistie hors du repas ordinaire, le
dessein de Jésus-Christ n'est pas anéanti : l'instruction qu'il nous
a donnée subsiste toujours : quand nous faisons nos repas, nous

devons toujours nous souvenir que selon l'institution primitive de l'Eucharistie, elle devoit les accompagner : que Jésus-Christ l'a fait ainsi : que l'Eglise l'observoit ainsi sous les apôtres : qu'alors donc on vouloit apprendre aux chrétiens que toutes leurs actions, et même les plus communes, devoient être faites saintement. Cette instruction subsiste toujours : en mangeant et en buvant, songeons à ce boire et à ce manger spirituel de la table de Notre-Seigneur, ayons l'esprit appliqué aux choses célestes : n'en quittons point la pensée durant nos repas. Si nous ne pouvons pas les accompagner de saintes lectures, comme on le fait dans les maisons spécialement consacrées à Dieu, accompagnons-les de saints discours, du moins de saintes pensées : ne nous livrons pas aux sens, ni à ce corps misérable qu'il seroit honteux d'engraisser et de nourrir, si on ne le nourrissoit comme le ministre et le serviteur de l'esprit. Car autrement nous nourrir, ce n'est que travailler pour la mort, lui engraisser sa proie, et aux vers leur pâture. Nourrissons-nous avec règle ; et comme disoit un ancien : Mangeons autant qu'il est nécessaire pour nous sustenter : buvons autant qu'il convient à des personnes pudiques, qui ne veulent pas irriter les désirs sensuels : apprenons enfin, quoi que nous fassions, « soit que nous buvions, soit que nous mangions, soit que nous fassions quelque autre chose » par rapport au corps, « faisons-le pour la gloire de Dieu et au nom de Notre-Seigneur Jésus-Christ, rendant graces par lui à Dieu le Père [1].

« Le royaume de Dieu n'est pas boire ni manger ; mais justice et paix, et joie dans le Saint-Esprit [2]. »

LVe JOURNÉE.

Pouvoir donné à l'Eglise de changer ce qui n'est pas de l'essence de l'institution divine. La communion sous une espèce suffisante et parfaite. Ibid.

Que Jésus-Christ a donné un grand pouvoir à son Eglise dans la dispensation de ses mystères ! Il a institué l'Eucharistie dans

[1] I *Cor.*, x, 31 ; *Coloss.*, iii, 17. — [2] *Rom.*, xiv, 17.

un festin, dans un souper, sur le soir : et cela faisoit à son mystère et à notre instruction. Et néanmoins il a permis à son Eglise de séparer ce qu'il avoit mis ensemble, encore que ses apôtres aussi eussent suivi religieusement cette institution. Et non-seulement l'Eglise a cessé de faire ce que Jésus-Christ avoit fait et les apôtres suivi; mais encore elle a pris la liberté d'interdire sévèrement cette pratique. C'est étant à table et au milieu d'un repas, et y mangeant d'autres viandes, que Jésus-Christ a commandé à ses apôtres de recevoir l'Eucharistie; et l'Eglise a bien osé le défendre, et faire une loi inviolable de communier à jeun. L'Eucharistie qui par son institution étoit un souper, n'en est plus un : on la prend le matin : on la prend avant toute autre viande : on la prend séparément du repas vulgaire, et il n'est plus permis de la prendre comme Jésus-Christ l'a donnée, comme les apôtres l'ont reçue.

On veut dire que c'est que tout cela n'appartenoit pas à l'essence de l'institution du Sauveur. Mais le Sauveur a-t-il voulu laisser aux hommes à distinguer par leur propre sens ce qui étoit de la substance de son institution d'avec ce qui n'en étoit pas? N'a-t-il pas voulu au contraire leur faire voir qu'il leur laissoit son Eglise, pour être une fidèle interprète de ses volontés et une sûre dispensatrice de ses sacremens ?

Quand donc on veut s'imaginer qu'en ne recevant qu'une espèce, on ne reçoit qu'une cène et une communion imparfaite, c'est qu'on n'entend pas que c'est l'Eglise qui sait le secret de Jésus-Christ, qui sait ce qui appartient essentiellement à son institution, ce qui doit être donné à chacun, ce qui doit être dispensé diversement selon les temps et les conjonctures différentes.

Vous vous étonnez qu'on sépare ce que Jésus-Christ a mis ensemble et qu'on donne le corps à manger, sans donner en même temps le sang à boire. Etonnez-vous donc aussi de ce que la cène sacrée est séparée du souper commun : mais plutôt ne vous étonnez jamais de ce que l'Eglise fait. Instruite par le Saint-Esprit et par la tradition de tous les siècles, elle sait ce que Jésus-Christ a voulu faire; et que ce qu'il a séparé pour une représentation mystique ne laisse pas d'être uni, non-seulement en vertu, mais encore en substance. Il est vrai, il a fallu pour la parfaite représentation de sa mort, que son corps parût séparé d'avec son sang et qu'on les prît chacun à part ; mais elle sait en même temps que la vertu du corps livré n'est pas autre que la vertu du sang répandu : et que non-seulement la vertu, mais encore la substance même de l'un et de l'autre après sa résurrection, sont inséparables.

Elle laisse donc ce corps et ce sang dans cette séparation mystique. Mais au fond elle sait bien, quelque partie que l'on prenne, qu'on reçoit la vertu du tout. Il ne faut que voir comment Jésus-Christ a célébré la cène. Car les évangélistes ont marqué distinctement qu'il en a donné les deux parties avec quelque distance l'une de l'autre, puisqu'il a donné le corps pendant le souper selon saint Matthieu [1], et le calice du sang après le souper selon saint Luc et saint Paul [2]. Et non content d'avoir comme séparé ces deux actions par ce caractère, il a voulu montrer que chaque partie de son action étoit complète en elle-même, puisqu'il dit après chacune, comme saint Paul le marque expressément : « Faites ceci en mémoire de moi [3]. » Ainsi, quelque partie que je prenne, je célèbre la mémoire de la mort de Jésus-Christ; je m'en applique la vertu tout entière : je m'incorpore à Jésus-Christ. Car ne lui suis-je pas incorporé en prenant son corps ? N'est-ce pas par là que je suis fait os de ses os et chair de sa chair, et une même chair avec lui [4], ainsi que nous avons vu ? Que me faut-il davantage pour accomplir l'œuvre de mon salut, surtout en mangeant ce corps comme le pain descendu du ciel, c'est-à-dire comme le corps d'un Dieu, comme un corps uni à la vie même et rempli pour moi de l'esprit qui me vivifie ? N'ai-je pas en même temps reçu et son corps et son esprit ? Ce qui reste me peut bien donner une plus entière expression de la mort de Jésus-Christ, mais j'en ai toute la vertu dans le corps seul. Et je ne m'étonne pas si saint Paul a dit que « quiconque mange ce pain ou boit cette coupe indignement, est coupable du corps et du sang [5] : » oui, dit-il, et il le dit très-distinctement : Quiconque reçoit indignement l'un ou l'autre, est coupable de tous les deux ; et par la même raison, qui

[1] Matth., XXVI, 26 ; Marc., XIV, 22. — [2] Luc., XXII, 20 ; I Cor., XI, 25. — [3] I Cor., XI, 24, 25. — [4] Ephes., V, 30. — [5] I Cor., XI, 27.

participe dignement à l'un des deux, honore tous les deux ensemble et en reçoit le fruit et la sainteté, parce qu'il n'y a dans l'un et dans l'autre qu'une seule et même vertu, une seule et indivisible sainteté. Ainsi qui reçoit l'un, ou qui reçoit l'autre, ou qui reçoit tous les deux, reçoit toujours également son salut. La substance n'en est pas plus dans tous les deux que dans l'un des deux : car où est toute la substance de Jésus-Christ, là est aussi pour ainsi parler toute la substance du salut et de la vie. Car, comme dit l'Eglise elle-même dans le saint concile de Trente[1], « le même qui a dit : Si vous ne mangez ma chair et ne buvez mon sang, vous n'aurez pas la vie en vous, » a dit aussi : « Quiconque mange de ce pain aura la vie éternelle; » et le même qui a dit : « Qui mange ma chair et boit mon sang, aura la vie éternelle, » a dit aussi : « Le pain que je donnerai est ma chair pour la vie du monde; » et le même qui a dit : « Qui mange ma chair et boit mon sang demeure en moi et moi en lui, » a dit aussi : « Qui mange ce pain vivra éternellement; » et : « Qui me mange vivra pour moi[2]. »

Sur ce fondement inébranlable l'Eglise a administré la communion en plusieurs manières différentes : elle l'a donnée dans l'Eglise : elle l'a portée aux absens : les malades l'ont eue sous l'une des espèces : les petits enfans l'ont eue sous l'autre : les fidèles l'ont emportée dans leur maison, encore que Jésus-Christ n'eût rien fait, ni rien dit de semblable, et l'ont emportée sous la seule espèce du pain. Les Grecs ont mêlé les deux espèces, et les ont données au peuple toutes deux ensemble : tout est bon, pourvu qu'on ait Jésus-Christ des mains de l'Eglise. Car c'est là l'effet véritable que doivent opérer dans chaque fidèle ces différentes manières de communier : elles doivent, dis-je, nous apprendre que la plus parfaite et la plus nécessaire disposition qu'il faut apporter à l'Eucharistie, c'est d'en approcher avec un sincère et parfait attachement à l'Eglise. Elle est le corps de Jésus-Christ : il faut être incorporé à l'Eglise pour l'être au Sauveur.

O Jésus, je le crois ainsi : malheur à ceux qui chicanent contre votre Eglise! C'est chicaner et disputer contre vous-même. Si

[1] *Sess.* XXI, cap. I. — [2] *Joan.,* VI, 52, 54, 55, 57-59.

l'on écoute ces chicanes, on doutera de son baptême. Vous avez dit : « Baptisez, plongez dans l'eau, » en signe qu'on est enseveli avec moi; mais votre Eglise se contente de jeter quelques gouttes d'eau sur la tête. Vous avez dit : « Enseignez et baptisez; et ceux qui croiront et seront baptisés, seront sauvés [1]. » La foi et l'instruction sont marquées dans ces paroles comme la préparation au baptême : et au contraire on nous baptise avant que nous soyons capables d'être instruits et de croire, et l'instruction n'est plus ce qui nous prépare au baptême, mais c'est le baptême qui nous rend dociles pour recevoir l'instruction : on nous reçoit sur la foi d'autrui : d'autres disent en notre nom : « Je crois, je renonce; » et votre Eglise accepte la réponse, sans qu'il en soit rien écrit dans votre parole. Quelle sûreté pour nous, si nous n'entendons que la foi constante de l'Eglise, que l'interprétation de l'Eglise, que la pratique inviolable de l'Eglise est aussi bien votre parole que votre parole même rédigée dans vos Ecritures? Oui, ce que vous avez écrit dans les cœurs et que l'Eglise a toujours prêché, est la vérité; je vis en cette foi, et je m'unis d'esprit et de cœur à votre Eglise et à sa doctrine, protestant sincèrement devant vous que je suis content de vos sacremens, suivant qu'elle me les administre, elle que vous en avez établie la dispensatrice.

LVIe JOURNÉE.

Adoration, exposition, réserve de l'Eucharistie.

Mon Sauveur, puisque les chicanes des rebelles de votre Eglise me conduisent à une grande intelligence de votre vérité, je veux encore considérer celles qu'ils lui font sur l'adoration, sur la réserve, sur l'exposition de votre adorable sacrement.

On ne voit point, disent-ils, dans les paroles de l'Evangile, que les apôtres aient adoré le corps et le sang de Jésus-Christ en les recevant. Et voit-on qu'ils aient adoré Jésus-Christ, qui bien constamment étoit assis avec eux en sa forme visible et naturelle?

[1] *Marc.*, XVI, 16.

O mon Dieu, ces disputeurs ne verront-ils jamais que, quoi qu'ils répondent, ils se font à eux-mêmes leur procès? Les apôtres adoroient-ils Jésus-Christ en sa propre et naturelle figure? Mais ils le croient sans qu'il soit écrit en ce lieu-là. Ne l'adoroient-ils pas? Et que veulent-ils donc conclure de ce qu'il n'est pas écrit qu'ils l'aient adoré dans l'Eucharistie?

Mais que ces hommes, qui se croient subtils et appellent les autres grossiers, sont grossiers eux-mêmes, puisqu'ils n'entendent seulement pas quelle est la véritable adoration! Car à nous tenir mot à mot à ce qui est écrit dans l'histoire de la Cène, et sans chercher à suppléer un endroit de l'Evangile par les autres, croire en Jésus-Christ lorsqu'il dit : « Prenez, mangez, ceci est mon corps [1] : » le croire, dis-je, sans hésiter et sans disputer, lorsqu'il dit une chose si étonnante; faire ce qu'il dit et manger ce pain apparent avec une foi certaine que c'est son vrai corps : en faire autant du sacré calice : faire un acte de foi si pur et si haut, n'est-ce pas adorer Jésus-Christ? Mais discerner avec saint Paul ce corps du Sauveur : le discerner tellement qu'on entende que c'est le corps, non-seulement d'un homme, mais d'un Dieu et le vrai pain descendu du ciel; y mettre son espérance, y chercher sa vie, y attacher tout son amour, n'est-ce pas encore l'adorer parfaitement? Et qu'ajoute à cette foi la génuflexion, l'inclination du corps, son prosternement, en un mot l'adoration extérieure, sinon un témoignage sensible de ce qu'on a dans le cœur?

« Croyez-vous au Fils de Dieu? » dit le Sauveur à l'aveugle-né qu'il avoit guéri : — « Qui est-il, répondit-il, afin que j'y croie? — C'est celui qui vous parle, » répondit Jésus; et l'aveugle repartit : « J'y crois, Seigneur; et se prosternant, il l'adora [2]. » Que fit-il en se prosternant devant lui, sinon de répéter d'une autre manière et par un autre langage ce « Je crois, » qu'il venoit de prononcer avec la bouche? Et ceux qui disent : « Je crois, » sans se prosterner devant lui, l'adorent-ils? Ou ceux dont on n'a point écrit qu'ils l'aient fait, l'adorent-ils moins que les autres? Et cette femme qui le toucha pour être guérie [3], ne l'avoit-elle pas déjà adoré dans son cœur, avant que de se jeter à ses pieds? Et quand

[1] *Matth.*, XXVI, 26. — [2] *Joan.*, IX, 35-37. — [3] *Luc.*, VIII, 43, 44, 47.

les apôtres disent au Sauveur : « Seigneur, augmentez-nous la foi [1], » ne connoissent-ils pas tout ce qu'il est, et ne l'adorent-ils pas intérieurement comme un Dieu, encore qu'alors ils ne fussent pas à genoux devant lui ?

Qui ne voit donc que croire à Jésus, qui dit : « Ceci est mon corps, ceci est mon sang, » et les recevoir dans cette foi, et discerner que ce corps est le corps d'un Dieu par lequel la vie nous est donnée, quand on n'y verroit que cela, et qu'on ne trouveroit pas dans le reste de l'Ecriture ce qui est dû à Jésus-Christ, c'est un acte d'adoration de la nature la plus haute, et que tous les prosternemens qu'on fera à Jésus-Christ n'en seront que l'expression et le témoignage? C'est donc avec raison qu'on joint dans l'Eucharistie l'adoration intérieure et l'extérieure, c'est-à-dire le sentiment et le signe, la foi et le témoignage. C'est avec raison, comme le rapportent les Saints, qu'on manifestoit au dehors par la posture du corps l'abaissement de l'esprit, et que « nul ne prend cette chair, qu'il ne l'ait premièrement adorée : » ce sont les mots de saint Augustin [2] et le témoignage constant de la pratique de l'Eglise. Mais pourquoi chercher ces témoignages, quand manger, quand boire ce corps et ce sang, comme le corps et le sang de Dieu, et y attacher son espérance, c'est une si haute adoration, qu'on voit bien qu'elle doit attirer toutes les autres ?

Vous me dites : Pourquoi exposer? Où cela est-il écrit? l'ancienne Eglise l'a-t-elle observé? Grossier et charnel! lequel est le plus ou d'exposer dans l'Eglise le corps du Sauveur, ou le porter avec soi et le garder dans sa maison? Et ce dernier est-il plus écrit que l'autre? Qui ne voit donc que la substance étant écrite et bien entendue par l'Eglise, tout le reste qui en est la suite a été diversement pratiqué, selon la sage dispensation de la même Eglise, pour l'édification du peuple saint ?

Allons de ce pas : ne tardons pas davantage : allons adorer Jésus qui repose sur l'autel. Ah! c'est là qu'on me le garde : c'est de là qu'on me l'apportera un jour en viatique, pour me faire heureusement passer de cette vie à l'autre : pain des voyageurs, qui serez un jour le pain des compréhenseurs, le pain de ceux

[1] *Luc.*, XVII, 5. — [2] Enar. *in Psal.* XCVIII, n. 9.

qui vivront dans la céleste patrie, je vous adore : je crois en vous :
je vous désire : je vous dévore en esprit : vous êtes ma nourriture : vous êtes ma vie.

LVII⁰ JOURNÉE.

Le sacrifice.

A Dieu ne plaise que nous oubliions la sainte action du sacrifice
et le mystère de la consécration. Je vois un autel : on va offrir un
sacrifice : le sacrifice des chrétiens : le sacrifice et l'oblation pure,
dont il est écrit « qu'elle devoit être offerte depuis le soleil levant
jusqu'au couchant [1]. » Ce n'est plus ce sacrifice qui ne devoit être
offert que dans le temple de Jérusalem, et en un lieu particulier
choisi de Dieu : c'est un sacrifice qui doit être offert parmi les
gentils et dans toutes les nations de la terre. Où est donc l'appareil du sacrifice? où est le feu? où est le couteau? où sont les victimes? Cent taureaux, cent génisses ne suffiroient pas pour exprimer la grandeur de notre Dieu. On offroit aux faux dieux même
des hécatombes, c'est-à-dire des bœufs par centaines : je ne vois
rien de tout cela. Quelle simplicité du sacrifice chrétien! Je ne vois
qu'un pain sur l'autel, quelques pains au plus, un peu de vin
dans le calice : il n'en faut pas davantage pour faire le sacrifice le
plus saint, le plus auguste, le plus riche qui se puisse jamais
comprendre. Mais n'y aura-t-il point de chair, n'y aura-t-il point
de sang dans ce sacrifice? Il y aura de la chair, mais non pas la chair
des animaux égorgés : il y aura du sang, mais le sang de Jésus-
Christ, et cette chair et ce sang seront mystiquement séparés. Et
d'où viendra cette chair? d'où viendra ce sang? Il se fera de ce
pain et de ce vin : une parole toute-puissante viendra, qui de ce
pain fera la chair du Sauveur, et de ce vin fera son sang : tout ce
qui sera proféré par cette parole, sera dans le moment ainsi qu'il
aura été prononcé : car c'est la même parole qui a fait le ciel et la
terre, et qui fait tout ce qu'elle veut dans le ciel et dans la terre :

[1] *Malach.*, I, 11.

cette parole prononcée originairement par le Fils de Dieu, a fait de ce pain son corps et de ce vin son sang. Mais il a dit à ses apôtres : « Faites ceci; » et ses apôtres nous ont enseigné qu'on le feroit « jusqu'à ce qu'il vînt : » *donec veniat* [1], jusqu'au dernier jugement. Ainsi la même parole répétée par les ministres de Jésus-Christ, aura éternellement le même effet. Le pain et le vin se changent : le corps et le sang de Jésus-Christ en prennent la place. O Dieu, ils sont sur l'autel ce même corps, ce même sang : ce corps donné pour nous, ce sang répandu pour nous. Quelle étonnante merveille! C'est une merveille pour nous, mais ce n'est rien d'étonnant pour le Fils de Dieu, accoutumé à faire tout par sa parole : « Tu es guérie [2], » on est guéri : « Tu es vivant [3], » on vit et la vie qui s'en alloit est rappelée. Il dit : « Ceci est mon corps : » ce n'est plus du pain, c'est ce qu'il a dit; il a dit : « Ceci est mon sang : » ce n'est plus du vin dans le calice, c'est ce que le Seigneur a proféré ; c'est là son corps, c'est le sang. Ils sont séparés : oui, séparés : le corps d'un côté, le sang de l'autre : la parole a été l'épée, le couteau tranchant qui a fait cette séparation mystique. En vertu de la parole, il n'y auroit là que le corps, et rien là que le sang : si l'un se trouve avec l'autre, c'est à cause qu'ils sont inséparables depuis que Jésus est ressuscité : car depuis ce temps, il ne meurt plus. Mais pour imprimer sur ce Jésus qui ne meurt plus, le caractère de la mort qu'il a véritablement soufferte, la parole vient, qui met le corps d'un côté, le sang de l'autre, et chacun sous des signes différens. Le voilà donc revêtu du caractère de sa mort, ce Jésus autrefois notre victime par l'effusion de son sang, et encore aujourd'hui notre victime d'une manière nouvelle par la séparation mystique de ce sang d'avec ce corps !

Mais comment ce corps, comment ce sang? Cela se peut-il, et un corps humain peut-il être sous cette mince étendue? Qui en doute, si la parole le veut? La parole est toute-puissante : la parole est l'épée tranchante qui va aux dernières divisions; qui saura bien, si elle le veut, ôter à ce corps ses propriétés les plus intimes, pour ne nous en laisser que la nue et pure substance. Car c'est cela qu'il me faut : c'est à cette pure substance que le Verbe divin

[1] I *Cor.*, XI, 24-26. — [2] *Marc.*, V, 34. — [3] *Joan.*, XI, 43, 44.

est uni : car son union est substantielle : son union se fait dans la substance : celle qu'il veut avoir avec moi, se fera aussi par la substance de son corps et de son sang : il l'a dit, et cela est fait dans le moment.

— Mais je ne vois rien de nouveau sur cet autel! — Je le crois bien : la parole sait ôter au sens tout ce qu'elle veut, lorsqu'elle veut exercer la foi : Jésus-Christ, quand il a voulu, s'est rendu invisible aux hommes : il a passé au milieu d'eux sans qu'ils le vissent : deux disciples, à qui il parloit, ne le connurent qu'au moment qu'il le voulut : Marie le prit pour le jardinier, jusqu'à ce qu'il l'eût réveillée et lui eût ouvert les yeux par sa parole : il entre, il sort, et on ne le voit ni entrer ni sortir : il paroît, il disparoit comme il lui plaît. Qui doute donc qu'il ne puisse nous rendre invisible ce qui par soi-même ne le seroit pas? La parole, ce glaive tranchant, est venue et a séparé de ce corps et de ce sang, non-seulement tout ce qui pourroit les rendre visibles, mais encore tout ce par où ils pourroient frapper nos autres sens.

— Mais je vois tout ce que je voyois auparavant; et si j'en crois mes sens, il n'y a que pain et que vin sur cette table mystique. Le pain y est-il? le vin y est-il? — Non : tout est consumé : un feu invisible est descendu du ciel : la parole est descendue : a tout pénétré au dedans de ce pain et de ce vin : elle n'a laissé de substance sur la table sacrée que celle qu'elle a nommée : ce n'est plus que chair et sang. Et comment? La parole est toute-puissante : tout lui a cédé, et rien n'est demeuré ici que ce qu'elle a énoncé : ce feu a tout changé en lui-même, la parole a tout changé en ce qu'elle a dit.

— Mais je vois le même extérieur? — Oui, parce que la parole n'a rien laissé que ce qui lui étoit nécessaire pour nous indiquer où il falloit aller prendre ce corps et ce sang, et tout ensemble pour les couvrir à nos yeux. Les anges ont apparu en forme humaine : le Saint-Esprit même s'est manifesté sous la forme d'une colombe : la parole veut que le corps de Jésus-Christ nous apparoisse sous les espèces du pain, parce qu'il falloit un signe pour nous annoncer où il falloit l'aller prendre : ce qu'elle veut s'accomplit : elle a consumé toute la substance : ce que vous voyez est comme la cendre que ce feu divin a laissée; mais plutôt ce n'est pas la cendre, puisque la cendre est une substance, et ce qui reste de cet holocauste n'est que l'enveloppe sacrée du corps et du sang : c'est enfin ce que la parole a voulu laisser pour nous marquer la présence occulte, quoique véritable, de ce corps et de ce sang de Jésus-Christ, qu'elle vouloit bien mettre là en vérité et en substance, mais qu'elle ne vouloit montrer qu'à notre foi. N'en disons pas davantage; car tout le reste est incompréhensible, et n'est vu que de celui qui l'a fait.

Voilà le signe que Jésus-Christ nous a laissé, signe auquel nous reconnoissons qu'il est véritablement présent. Car la parole nous le dit; et il ne faut pas être en peine de la manière dont elle exécute ce qu'elle prononce : il ne faut songer qu'à ce qu'elle signifie. Car elle a en elle-même une vertu pour faire tout ce que veut celui qui l'envoie : « Il a, dit-il, envoyé sa parole, et elle les a guéris; et elle les a arrachés des mains de la mort [1]. Sa parole ne revient point inutile : elle fait tout ce qu'il a ordonné [2]. » Entendez donc encore un coup cette parole : « Ceci est mon corps. » S'il avoit voulu laisser un simple signe, il auroit dit : Ceci est un signe; s'il avoit voulu que le corps fût avec le pain, il auroit dit : Mon corps est ici. Il ne dit pas : Il est ici, mais : « Ceci l'est; » par là il nous définit ce que c'étoit, et ce que c'est. Quand on vous demandera : Qu'est-ce que ceci? Il n'y a qu'un mot à répondre : C'est son corps : la parole a fait cette merveille.

Elle n'en demeure pas là : sortie de la bouche du prêtre comme de celle du Fils de Dieu, elle a fait sur le saint autel ce changement prodigieux : elle tourne ensuite sa vertu sur nous tous, qui assistons au sacrifice. Elle éteint en nous tous nos sens : nous ne voyons plus : nous ne goûtons plus par rapport à ce mystère : ce qui nous paroît pain, n'est plus pain; ce qui nous paroît vin, n'est plus vin : c'est le corps, c'est le sang de Jésus-Christ. Nous n'en croyons plus le jugement de nos sens; nous en croyons la parole : elle a tout changé; et nous-mêmes nous ne sommes plus ce que nous étions, des hommes assujettis à leurs sens, mais des hommes assujettis à la parole. En cet état nous approchons du saint autel :

____
[1] *Psal.* CVI, 20. — [2] *Isa.*, LV, 11.

Venez, le désiré de mon cœur : *Sitivit in te anima mea :* « Mon ame a soif de vous ; en combien de manières ma chair vous désire-t-elle [1]? » Oui, ma chair prend part au désir de l'ame : car c'est en elle que s'acomplit ce qui cause à l'ame ces transports. « Mon cœur et ma chair se réjouiront dans le Dieu vivant [2] : tous mes os crieront : Seigneur, qui est semblable à vous [3]? » Qui vous est semblable en puissance ? Mais qui vous est semblable en bonté et en amour ?

LVIII° JOURNÉE.

Simplicité et grandeur de ce sacrifice.

Que le sacrifice des chrétiens est grand ! qu'il est auguste ! mais qu'il est simple ! qu'il est humble ! Un peu de pain, un peu de vin et quatre paroles le composent ! Je reconnois le caractère du Seigneur Jésus : Qui voyez-vous ? un homme : Qu'y croyez-vous ? un Dieu. Saint Paul dit : « Qui mangera de ce pain [4]? » —Il ne parle que de pain, direz-vous. — Il parle de ce qui paroît, et il se plaît à marquer ce qu'il y a d'humble, de commun, de familier dans ce sacrifice. Mais pénétrez la simplicité de cette parole ; voyez ce qui suit, ce qui précède : vous entendrez alors quelle force, quelle grandeur il y a dans cette parole : « Qui mange ce pain. » Car ce pain, c'est-à-dire ce pain fait corps : ce pain en apparence, mais corps en effet ; ce pain par qui un autre pain et le vrai pain de vie éternelle nous est donné. Voilà ce que veut dire ce pain. Il faut entendre de même « le calice du Seigneur. » Les calices qui ont servi à l'Eucharistie ont été des matières les plus précieuses, et cela dès l'origine du christianisme : et même durant le temps des persécutions et de la pauvreté de l'Eglise. Je ne m'en étonne pas : Jésus-Christ nous a fait entendre de quoi son corps étoit digne, quand il a permis et approuvé qu'on employât tant de parfums exquis, non-seulement à l'honorer pendant sa vie, mais encore à l'oindre après sa mort.

[1] *Psal.* LXII, 2. — [2] *Psal.* LXXXIII, 3. — [3] *Psal.* XXXIV, 10. — [4] *I Cor.*, XI, 28.

Mais quoiqu'il approuve ces choses et que son Eglise les imite, elle n'est point attachée à cet appareil extérieur. La persécution lui peut ôter l'or et l'argent dans lesquels elle sert le Fils de Dieu : peut-elle lui faire perdre la richesse de son sacrifice? Non : un peu de pain, un peu de vin lui peuvent fournir de quoi offrir à Dieu le plus auguste sacrifice, et de quoi donner à tous les fidèles le plus magnifique repas. Voilà les vraies richesses de l'Eglise : les autres non-seulement lui peuvent être ôtées, mais elle-même elle s'en est souvent défaite. Elle a loué ses évêques, qui, pour assister les pauvres, se réduisoient à porter le corps de Jésus-Christ dans un panier et son sang dans un simple verre ; ceux qui employoient les vaisseaux sacrés à racheter les captifs, à acheter de la place pour enterrer ses morts. Il faut donc avoir du zèle pour honorer les mystères, et ni l'or ni les pierreries ne doivent point être épargnés pour exciter la révérence des peuples ; mais cependant n'oublions jamais que ce qu'il y a de vraiment riche dans ce sacrifice, c'est ce qui est le plus caché, le plus humble. — Mais que fait là Jésus-Christ? Je ne vois pas qu'il y fasse rien qui soit digne de lui. — C'est cela même qui est grand : car c'est par là qu'il faut voir que toute sa grandeur est en lui-même : c'est en cela qu'il fait voir que toute sa grandeur, aussi bien que toute notre félicité, est dans sa mort. Plus il est anéanti, plus il est mort, plus il nous transporte sa vie. Digne mémorial d'un Dieu qui s'est anéanti lui-même.

LIXe JOURNÉE.

L'Agneau devant le trône de Dieu. Apoc., v, 6.

Les cieux s'ouvrent : je perce au dedans du voile : j'entre dans le sanctuaire éternel, et j'y vois avec saint Jean devant le trône « l'Agneau comme tué, et autour les vingt-quatre vieillards véné- rables[1]. » C'est ce que je vois dans le ciel, c'est ce que je vois dans la terre. Là Jésus comme mort, comme tué, avec les cicatrices de

[1] *Apoc.*, v, 6.

ses plaies, au milieu de ses saints; ici le même Jésus encore comme
tué, et revêtu des signes sacrés de la mort violente qu'il a soufferte, environné de part et d'autre de l'assemblée de ses prêtres.
Que nous dit saint Paul de ce Jésus considéré dans le ciel? « Qu'il
paroît pour nous devant la face de Dieu : qu'il est dans le ciel toujours vivant, afin d'intercéder pour nous [1] : » qu'il intercède pour
nous par sa présence. Et que dirons-nous à son exemple de ce
Jésus posé sur le saint autel, sinon que sa seule présence et la représentation de sa mort, est une intercession perpétuelle pour le
genre humain ?

Accompagnons donc cette action de saintes prières : chargeons
de nos vœux Jésus-Christ présent. Nous ne prions que par Jésus-
Christ : le voilà présent : prions donc par lui plus que jamais.
Agneau sans tache, Agneau qui ôtez les péchés du monde, détournez les yeux de votre Père de dessus mes péchés. Je compa-
rois devant son trône : et j'en vois sortir « des éclairs et des
tonnerres, et des voix [2] » terribles et fulminantes contre moi,
contre mes crimes. Où me cacherai-je? je suis perdu, je suis
foudroyé. Mais je vous vois entre deux, Agneau sans tache : Vous
arrêtez ces foudres, et le feu de la justice divine s'amortit devant
vous. Je respire, j'espère, je vis. Mais cet Agneau doux et paisible
me dit de devant ce trône : « Allez, et ne péchez plus [3] : » il ne
pardonne qu'à cette condition.

LXe JOURNÉE.

Jésus notre victime donné à la croix, donné dans l'Eucharistie.
Luc., XXII, 19, 20.

Que je trouve de douceur à méditer votre parole! que j'en
trouve dans cette parole par laquelle vous établissez et continuez
ce banquet, qui est en même temps un sacrifice! Je ne me lasse
point de la méditer : je la considère de tous côtés : je la rumine
pour ainsi parler, et je la passe et repasse sans cesse dans ma

[1] *Hebr.*, IX, 24; VII, 25. — [2] *Apoc.*, IV, 5. — [3] *Joan.*, VIII, 11.

bouche pour la goûter, pour en tirer tout le suc : « Ceci est mon corps donné pour vous ; » en temps présent : « qui se donne : Ceci est mon sang répandu pour vous [1] ; » dans le même temps : « qui se répand. » Saint Matthieu parle ainsi, saint Marc, saint Luc, saint Paul : quatre témoins parfaitement uniformes de votre parole : tous quatre parlent en présent : cela est clair dans l'original, et l'interprète latin qui a traduit au futur : « sera livré, sera répandu » par rapport à la croix où ce corps alloit effectivement être livré, et où ce sang alloit être répandu, a conservé dans saint Luc le temps présent : *Hoc corpus, quod pro vobis datur,* afin que nous entendissions, non-seulement que Jésus-Christ en disant : « Ceci est mon corps, » l'entendoit de ce même corps qui alloit être livré pour nous, mais encore qu'il entendoit que ce même corps, qui alloit être livré et donné pour nous, l'étoit déjà par avance dans la consécration mystique, et le seroit à chaque fois qu'on célébreroit ce sacrifice. Croyons donc, non-seulement que le corps de Jésus-Christ devoit être donné pour nous à la croix et l'a été en effet, mais encore qu'à chaque fois qu'on prononce cette parole il est par cette parole actuellement donné pour nous : *Hoc corpus, quod pro vobis datur.*

Il veut donc dire que ce corps, non-seulement nous est donné dans l'Eucharistie : « Prenez, mangez ; ceci est mon corps [2] : » mais encore qu'il y est donné pour nous, offert pour nous, aussi bien qu'il l'a été à la croix : ce qui marque qu'il est encore ici notre victime, qu'il y est encore offert, quoique d'une autre manière. Ainsi ce terme : « Donné pour vous, » se dit de Jésus-Christ sur la croix, et se dit de Jésus-Christ dans l'Eucharistie, et convient à ce double état de Notre-Seigneur du corps présent dans l'un et dans l'autre. C'est pourquoi le Sauveur, non-seulement parle en temps présent pour nous montrer qu'il est ici comme en la croix, se donnant actuellement pour nous, mais encore il choisit un terme qui convient à son sacré corps dans ces deux états. S'il avoit dit : Ceci est mon corps qui est crucifié, percé de plaies, mis à mort pour vous, on ne pourroit pas dire que cela lui convient dans l'Eucharistie : car il n'y meurt plus ; et il faudroit expliquer nécessairement et uniquement : Ceci est ce même corps, qui sera mis en croix pour vous, et y rendra le dernier soupir pour votre salut. Mais il a dit : « Ceci est mon corps donné : » cela convient à ses deux états; ce corps est donné à la croix, ce corps est encore donné dans l'Eucharistie, et dans l'un et dans l'autre état donné pour nous. Dès là qu'il est dans l'Eucharistie pour nous y être donné, il est donné pour nous : avant que de nous le donner à manger, la parole de Jésus-Christ le rend présent, et cette présence est encore pour nous. Jésus-Christ est présent pour nous devant son Père; il se présente pour nous, il s'offre pour nous; et sa présence seule est pour nous une intercession toute-puissante.

Voilà donc ce qu'opère dans l'Eucharistie ce précieux terme : « Ceci est mon corps donné. »

Mais peut-être que les autres termes rapportés par les écrivains sacrés, n'ont pas été prononcés avec le même choix, et ne conviennent pas également aux deux états de la présence de Jésus-Christ. Voyons, lisons, méditons : « Ceci est mon sang répandu : » il est répandu sur la croix; mais n'est-il pas encore répandu dans le calice? N'y a-t-il pas dans ce calice de quoi faire à Dieu pour notre salut la plus salutaire effusion qui fût jamais? Ce sang est là pour être répandu sur les fidèles : il est là en état d'être répandu et sous la forme d'une liqueur, dont le propre est de se répandre. Ce sang qui a été répandu à la croix et qui a coulé de toutes les veines rompues du Sauveur, coule encore dans ce calice de toutes ses plaies, et principalement de celle du sacré côté. C'est pour cela que nous mêlons ce calice d'un peu d'eau en mémoire de l'eau qui coula du côté ouvert avec le sang. Seigneur Jésus, Vous êtes la parole, et vos paroles sont prononcées avec un choix digne de vous. En disant : « Ceci est mon sang répandu pour vous, » en temps présent, vous me marquez que non-seulement il est répandu pour moi sur la croix, mais encore qu'il se répand pour moi et pour la rémission de mes péchés dans ce calice, pour m'en assurer, pour me l'appliquer, pour continuer éternellement l'intercession toute-puissante que vous faites pour moi par ce sang.

Continuons à ruminer ces saintes paroles : « Ceci est mon corps

donné pour vous, » avons-nous lu dans saint Luc. Mais le mot
que saint Paul a mis en la place est celui-ci : « Ceci est mon corps
rompu pour vous [1]; » mais que veut dire ce terme, selon l'usage
de la langue sainte ? Isaïe nous l'a expliqué par ces paroles :
« Romps ton pain à celui qui a faim [2] : » donne-lui ce pain : fais-
lui-en part. Saint Paul explique donc bien : « Ceci est mon corps
donné pour vous, » par : « Ceci est mon corps rompu pour vous. »
Ce corps est mis en état de nous être donné, de nous être distribué, de nous être rompu dans l'Eucharistie; et dès qu'il est mis
dans cet état, il est déjà rompu et donné pour nous dans la desti-
nation et par la parole de Jésus-Christ. Mais ce même terme a
aussi son rapport au corps en croix, au corps froissé de coups et
percé de plaies, suspendu à une croix dans un état si violent, où
son sang ruisselle de tous côtés de ses veines cruellement rompues. Le mot de *rompre* convient donc encore aux deux états, et
à celui de Jésus-Christ à la croix, et à celui de Jésus-Christ dans
l'Eucharistie : le corps est donné dans l'un et l'autre état : il est
rompu dans l'un et dans l'autre. Il en est de même du sang. Le
corps est partout donné pour nous, il est partout notre victime :
le sang est partout versé pour nous : il a coulé pour nous sur la
croix : il coule encore pour nous dans la coupe sacrée.

Mon Sauveur, quel sacrifice! Mon Sauveur, encore un coup,
que de douceur à méditer votre parole! J'y trouve toujours de
nouveaux goûts comme dans la manne : votre corps et votre sang
sont mon oblation, mon sacrifice, ma victime, et sur la croix et
sur la sainte table, et comme la croix cette table est un autel. Ah!
vraiment ce que dit saint Paul est bien véritable! « Nous avons un
autel dont ceux qui demeurent attachés au tabernacle » ancien et
à l'autel de la loi, « n'ont pas pouvoir de manger [3]. » Pour y participer, il faut entrer en esprit dans « le tabernacle, qui n'est pas
fait de main d'homme [4]. »

<hr>

[1] I *Cor.*, XI, 24, Græc. — [2] *Isa.*, LVIII, 7. — [3] *Hebr.*, XIII, 10. — [4] *Hebr.*,
IX, 11.

LXIᵉ JOURNÉE.

L'Eucharistie est le sang du Nouveau Testament. Matth., xxvi, 28.

Je reviens aux paroles de l'institution avec un nouveau goût, et j'y trouve ce mot qui me touche : « Ceci est mon sang du Nouveau Testament [1]. » Je trouve dans ce mot de *Testament* je ne sais quoi qui me frappe, qui m'attendrit. C'est ici un testament : c'est l'assurance de mon héritage; mais il faut qu'il en coûte la mort à celui qui le fait. J'ouvre encore la divine *Epître aux Hébreux*, et j'y trouve ces paroles : « Partout où il y a un testament, il faut que la mort du testateur s'y rencontre : car le testament est confirmé dans la mort; et il n'a pas sa valeur, tant que le testateur est en vie. C'est pourquoi l'ancien Testament même n'a pas été consacré sans sang : car après que Moïse eut lu le commandement de la loi à tout le peuple, il prit du sang de la victime, et le jeta sur le livre même et sur tout le peuple, en disant : C'est ici le sang du Testament que le Seigneur a fait pour vous [2]. » Je vois donc l'héritage céleste donné par testament aux enfans de Dieu. Jésus-Christ est le testateur : il faut qu'il meure : le testament n'est valable et ne reçoit sa dernière force que par la mort du testateur; jusque-là il est sans effet, on le peut même changer : ce qui le rend sacré et inviolable, ce qui lui donne son plein et entier effet et saisit l'héritier de tout le bien qui lui a été laissé par le testateur, c'est sa mort. Et tout cela s'accomplit parfaitement en Jésus-Christ, qui meurt pour nous assurer notre héritage. C'est pourquoi l'ancien Testament, qui devoit être la figure du Nouveau, n'a pas été consacré sans sang : tout le peuple et le livre même de la loi, où la promesse de l'héritage étoit renfermée, est sanctifié par l'aspersion de ce sang : tout est ensanglanté, et le caractère de mort paroît partout; et Moïse en jetant ce sang sur le livre de l'alliance, lui donne le caractère de testament, en disant, selon que l'interprète saint Paul : « C'est ici le sang du Testament, que fait le Seigneur à votre avantage [3]. » Ce que Jésus accomplit en

[1] *Matth.,* xxvi, 28. — [2] *Hebr.,* ix, 16, 17, etc. — [3] *Ibid.,* 20.

disant aussi : « Ceci est le sang, » non de l'ancien « Testament, » mais du « Nouveau. »

Ce qui paroît donc en ces paroles et par le rapport qu'elles ont avec les anciennes figures, c'est que le sang de Jésus-Christ versé à la croix, et versé d'une manière très-réelle et très-véritable, quoique différente de celle-là, « est le sang du Nouveau Testament, » c'est-à-dire le sang versé pour lui donner toute sa force. Il y a des testamens dont la loi est qu'ils soient écrits de la main du testateur ; mais la loi du Testament de Jésus-Christ, c'est qu'il devoit être confirmé et comme tout écrit de son sang : l'instrument de ce testament et l'acte où il est écrit, c'est l'Eucharistie. Les promesses de Jésus-Christ et du nouvel héritage, nous sont faites par la mort de Jésus-Christ, qui nous tire par là de l'enfer et nous assure le ciel ; et l'acte où cette promesse est rédigée, l'instrument où la volonté et la disposition de notre Père est écrite ; cet acte, cet instrument est tout écrit de son sang : son testament, en un mot, c'est l'Eucharistie.

Qui donc ne seroit ému en entendant tous les jours ces paroles du Sauveur : « Ceci est mon sang du Nouveau Testament ; » ou comme le tourne saint Luc : « Ce calice est le Nouveau Testament par mon sang [1] » qu'il contient parce que telle est la nature de ce Testament, qu'il doit être écrit tout entier du sang même du testateur. Venez lire, chrétiens, venez lire ce testament admirable : venez en entendre la publication solennelle dans la célébration des saints mystères : venez jouir des bontés de votre Sauveur, de votre Père, de ce divin testateur qui vous achète par son sang votre héritage, et qui écrit encore de ce même sang le Testament par lequel il vous le laisse : venez lire ce Testament : venez posséder : venez jouir : l'héritage céleste est à vous.

***

LXIIe JOURNÉE.

C'est le Nouveau Testament par le sang de Notre-Seigneur.

« Ce calice est le Nouveau Testament par mon sang : » c'est

[1] *Luc.*, XXII, 20.

ainsi que saint Luc et saint Paul [1] tournent ce que rapportent saint Matthieu et saint Marc : « Ceci est le sang du Nouveau Testament. »

Il n'y a pas lieu de douter que les paroles prononcées par Jésus-Christ en donnant son corps, ne soient celles-ci : « Ceci est mon corps, » puisque tous ceux qui ont écrit cette institution, saint Matthieu, saint Marc, saint Luc et saint Paul, le rapportent dans ces mêmes termes.

Il n'y a non plus lieu de douter que Jésus-Christ n'ait consacré son sang avec la même façon de parler dont il a consacré son corps; c'est-à-dire comme le racontent saint Matthieu et saint Marc: « Ceci est mon sang du Nouveau Testament [2]. » Mais comme il y avoit quelque chose de particulier à considérer dans ce sang du Nouveau Testament, et qu'il y falloit entendre que ce sang versé pour nous sur la croix, et encore versé pour nous et transformé en une liqueur dans l'Eucharistie, y étoit la confirmation et le témoignage certain de la dernière disposition de notre Père, saint Luc et saint Paul l'expliquent ainsi : « Cette coupe est le Nouveau Testament en mon sang. » Comme si on disoit : De même que ce papier où est écrite de la main de votre père sa dernière volonté, est son testament, ainsi cette coupe sacrée est le Testament de Jésus-Christ par son sang qu'elle renferme et dont la dernière disposition devoit être écrite.

Il n'y a donc rien de plus simple que les paroles dont Jésus-Christ a usé : « Ceci est mon corps : Ceci est mon sang du Nouveau Testament : » il n'y a là aucune figure, et tout y est véritable au pied de la lettre. Dans ces paroles de saint Luc et de saint Paul, ou plutôt dans ces paroles de Jésus-Christ, ainsi que ces deux écrivains sacrés les ont tournées : « Cette coupe est le Nouveau Testament par mon sang, » il y a une façon de parler un peu plus tournée, aisée toutefois et du discours familier, semblable à celle qui appelle du nom de *testament* l'instrument où est déclarée la dernière volonté du testateur. Mais en même temps la vérité du sang est marquée avec une force particulière. Car il y est expressément marqué, que si la coupe qu'on nous présente

____
[1] *Luc.*, XXII, 20; I *Cor.*, XI, 25. — [2] *Matth.*, XXVI, 28; *Marc.*, XIV, 24.

est le Testament de Jésus-Christ, si elle est l'instrument sacré où sa dernière disposition est marquée, c'est par le sang de Jésus-Christ qu'elle contient, à cause que ce Testament, comme on vient de voir, étoit de nature à être écrit, non pas de la propre main, mais du propre sang du testateur. Et les paroles de saint Luc marquent ce sens évidemment : car à les traduire mot à mot, selon qu'elles se trouvent dans l'original, il faut rapporter ces mots : « Répandu pour vous, » non pas au sang, mais à la coupe; et on les doit traduire ainsi : « Cette coupe versée pour vous est le Nouveau Testament par mon sang : » ce n'est pas seulement le sang qui est versé pour vous : c'est la coupe, au même sens qu'on dit tous les jours, quand une liqueur est répandue, que le vase où elle étoit est répandu. Entendons donc aussi que cette coupe est ici répandue pour nous; c'est-à-dire que le sang qu'elle contient n'est pas seulement répandu pour nous à la croix; mais qu'en tant qu'il coule encore dans cette coupe et qu'il en découle sur nous, c'est encore une effusion qui se fait pour notre salut et une oblation véritable.

Rendons graces à Jésus-Christ, qui nous a expliqué en tant de sortes et d'une manière si expresse le sacrifice qu'il continue à offrir pour nous dans l'Eucharistie. Voyons-y encore couler pour nous le sang de la rédemption en vérité comme sur la croix, quoique sous une forme étrangère. Il est puissant pour opérer tout ce qu'il a dit : son sang est ici; cette coupe en est pleine; il s'y répand tous les jours pour nous; c'est de ce sang qu'est écrit le Testament de notre Père. Et quel est ce Testament, sinon celui dont il est écrit : « C'est ici le Testament que je ferai avec eux : je mettrai ma loi dans leurs cœurs, et je l'écrirai dans leur esprit, et je ne me souviendrai plus de leurs péchés [1]. »

Et pourquoi nous léguer par testament la rémission des péchés, si ce n'est pour lever l'obstacle qui nous empêche d'entrer dans le ciel, qui est notre véritable héritage? Et pourquoi faire cela par un testament, si ce n'est pour nous faire souvenir que pour être en droit de nous léguer cet héritage céleste, il en devoit coûter la vie à celui qui nous le léguoit par testament? Et pourquoi nous

____
[1] *Jerem.*, XXXI, 31, 33, 34; *Hebr.*, VIII, 8 et seq.; X, 16, 17.

donner le sang du Nouveau Testament; ou comme le tournent saint Luc et saint Paul, pourquoi nous donner ce testament scellé, confirmé, écrit avec le sang du testateur, sinon pour appuyer notre foi et enflammer notre amour? Qui ne seroit attendri, en voyant un testament écrit de cette sorte? Que l'héritage est grand, qui nous est légué par un testament si auguste, si précieux! Qui auroit le cœur si endurci, qui voyant ruisseler encore de cette coupe sacrée le sang de ce Testament, par lequel nos péchés sont lavés, ne les auroit en horreur, et n'en déracineroit jusqu'aux moindres restes à la vue et par la vertu de ce sang?

LXIII° JOURNÉE.

La Messe est la continuation de la Cène de Jésus-Christ. Ibid.

Reconnoissons donc, chrétiens, que toutes graces abondent dans ce sacrifice. Jésus est mort une fois, et n'a pu être offert qu'une fois en cette sorte : autrement il faudroit conclure que la vertu de cette mort seroit imparfaite. Mais ce qu'il a fait une fois de cette manière, qui étoit de s'offrir ainsi tout ensanglanté et tout couvert de plaies, et de rendre son ame avec tout son sang, il le continue tous les jours d'une manière nouvelle dans le ciel, où nous avons vu par saint Paul qu'il ne cesse de se présenter pour nous, et dans son Eglise où tous les jours il se rend présent sous ces caractères de mort.

Peuple racheté, assemblez-vous pour célébrer les miséricordes de votre Père céleste par Jésus-Christ immolé pour vous. Où est le corps de Jésus, là est le lieu de votre assemblée : « Où est ce corps, là les aigles doivent accourir [1]. » Et qu'y ferons-nous? qu'a fait Jésus? « Il a pris du pain : il a béni : il a rendu graces dessus : » il a fait de saintes prières : « il a pris une coupe [2] : » il a fait de même dessus. Le prêtre fait comme lui; on mange, on boit ce corps et ce sang; on dit l'hymne et on se retire. Soyons attentifs : suivons le prêtre qui agit en notre nom, qui parle pour

___
[1] *Matth.,* XXIV, 28. — [2] *Matth.,* XXVI, 26, 27, 30; *Marc.,* XIV, 22, 23, 26.

nous : souvenons-nous de la coutume ancienne, d'offrir chacun son pain et son vin, et de fournir la matière de ce sacrifice céleste : la cérémonie a changé : l'esprit en demeure : nous offrons tous avec le prêtre : nous consentons à tout ce qu'il fait, à tout ce qu'il dit. Et que dit-il ? « Priez, mes frères, que mon sacrifice et le vôtre soit agréable au Seigneur notre Dieu. » Et que répondez-vous ? « Que le Seigneur le reçoive de vos mains. » Quoi ! notre sacrifice et le vôtre. Et que dit encore le prêtre ? « Souvenez-vous de vos serviteurs, pour qui nous vous offrons. » Est-ce tout ? Il ajoute : « Ou qui vous offrent ce sacrifice. » Offrons donc aussi avec lui : offrons Jésus-Christ ; offrons-nous nous-mêmes avec toute son Eglise catholique, répandue par toute la terre.

Le prêtre bénit, il rend grâces sur ce pain et sur ce vin, qui va être changé au·corps et au sang ; il prie pour toute l'Eglise : bénissez, rendez graces, priez. On vient à cette spéciale bénédiction, par laquelle on consacre ce corps et ce sang : écoutez, croyez, consentez. Offrez avec le prêtre, dites *Amen* sur son invocation, sur sa prière. Le voilà donc : il est présent : la parole a eu son effet, voilà Jésus aussi présent qu'il a été sur la croix, où il a paru pour nous par l'oblation de lui-même [1] : aussi présent qu'il est dans le ciel, où il paroît encore pour nous devant la face de Dieu [2]. Cette consécration, cette sainte cérémonie, ce culte plein de sang et néanmoins non sanglant, où la mort est partout, et où néanmoins l'hostie est vivante, est le vrai culte des chrétiens ; sensible et spirituel, simple et auguste, humble et magnifique en même temps.

Quoi ! durant un si grand mystère, pas un soupir sur vos péchés, pas un sentiment de componction ! Vous assistez de corps seulement ! Et quoi ! Jésus n'est-il ici que selon le corps ? son esprit n'est-il pas aussi avec nous ? Et que veut donc dire le prêtre, lorsqu'il nous salue, en disant : *Dominus vobiscum* : « Le Seigneur est avec vous ? — Et avec votre esprit, » répondez-vous. C'est donc à l'esprit du prêtre, à l'esprit du sacrifice, que vous voulez vous unir ; et votre corps est là comme mort, sans esprit, sans foi ! Quoi donc ! vous ne sentez rien ! Vous ne songez pas que ces

[1] *Hebr.*, IX, 26. — [2] *Ibid.*, 24.

espèces sacrées sont l'enveloppe où est renfermé le corps de votre Sauveur, et comme le drap mortuaire dont il est couvert ! Vous assistez au tombeau où est votre Père qui est mort percé de plaies pour vous sauver; et vous êtes insensible ! Vous vous réveillez à ces paroles ; mais songez-vous bien que ce Jésus ici présent ne veut pas vous voir le moindre ressentiment contre votre frère; ou pour parler comme lui, avec le moindre ressentiment de votre frère contre vous [1] ! Vos autres déréglemens ne lui causent pas moins d'horreur. Allez, « hypocrites, qui ne m'honorez que des lèvres et dont le cœur est loin de moi [2], » retirez-vous. Non, revenez : ranimez-vous : rentrez en vous-mêmes : donnez du moins un soupir au déplorable état de votre ame. Dites : « Je confesserai à Dieu mon péché : et vous me l'avez remis [3] : » oui, vous le pourrez confesser avec tant de componction et de si bon cœur, qu'il vous sera pardonné à l'instant.

LXIVe JOURNÉE.

La communion. Il faut communier au moins en esprit. Ibid.

On vient à la communion : heure terrible, heure désirable ! Le prêtre a communié : préparez-vous : votre tour viendra dans un moment. Communiez d'abord en esprit : croyez : adorez : désirez. C'est ma viande, c'est ma vie; je la désire, je la veux. Vous n'êtes pas préparé à communier : pleurez, gémissez. Hélas ! où est le temps où nul n'assistoit que les communians, où l'on chassoit, où l'on reprenoit, du moins où l'on blâmoit ceux qui assistoient au banquet sacré sans manger ? En effet y assister sans manger, n'est-ce pas déshonorer le festin et en mépriser les viandes ? Quel mépris, quelle maladie, quel dégoût ? Mais ce n'est plus la coutume. Écoutez ce que dit l'Eglise dans le concile de Trente : « Le saint concile désireroit que tous ceux qui assistent au sacrifice y participassent [4]. » Pourquoi le saint concile le désire-t-il, si ce n'est que Jésus-Christ le désire ? Car il ne se change en viande que

[1] *Matth.*, v, 23.— [2] *Matth.*, xv, 7, 8. — [3] *Psal.* XXXI, 5.— [4] *Sess.* XXII, cap. VI.

pour être mangé. L'Eglise désire donc que vous communiiez,
vous tous qui assistez au sacrifice. Le concile toutefois ne dit pas
qu'il désire; il dit qu'il désireroit : *Optaret sancta synodus.* Pourquoi? l'Eglise n'ose former un désir absolu d'un si grand bien :
elle désireroit que tout le monde le fît, que tout le monde en fût
digne. O prêtre, désirez aussi que tout le monde communie avec
vous. Et vous tous qui assistez, répondez à ce désir de l'Eglise et
de son ministre. Si vous ne communiez pas, encore un coup
pleurez du moins, gémissez; reconnoissez en tremblant que le
chrétien devroit vivre de manière, qu'il pût communier tous les
jours. Promettez à Dieu de vous préparer à communier au plus tôt :
vous aurez communié du moins en esprit. Le prêtre communie;
le prêtre achève, affligé de communier seul : ce n'est pas sa faute :
il ne faut pas laisser de dresser la table, encore que tous n'en approchent pas. Telle est la libéralité, telle est la bonté du grand
Père de famille. Enfin donc le sacrifice est consommé : retirez-
vous avec douleur, de n'y avoir pas eu toute la part qui vous
étoit destinée.

LXVᵉ JOURNÉE.

L'action de graces. Matth., xxvi, 30.

« Et après avoir dit l'hymne, ils s'en allèrent à la montagne
des Oliviers [1]. » Ils y allèrent à la vérité; mais avant que Jésus-
Christ partît, il se passa plusieurs choses que nous verrons dans
la suite. Arrêtons-nous un moment sur cet hymne, sur ce cantique d'action de graces et d'allégresse, par lequel Jésus et ses
apôtres finirent le saint mystère. Que pouvoient chanter ceux qui
étoient rassasiés de Jésus-Christ et enivrés du vin de son calice,
sinon celui dont ils étoient pleins? « L'Agneau qui a été immolé,
est vraiment digne de recevoir la force, la divinité, la sagesse, la
puissance, l'honneur, la gloire, la bénédiction. Et j'entendis toute
créature qui est au ciel, sur la terre, sous la terre, sur la mer et
dans la mer, et tout ce qui est dans ces lieux qui crioient en di-

---

[1] *Matth.*, xxvi, 30.

sant : A celui qui est assis sur le trône et à l'Agneau, bénédiction, honneur, gloire, et puissance aux siècles des siècles[1] ! »

Le monde chante les joies du monde ; et nous que chanterons-nous, après avoir reçu le don céleste, que les joies éternelles ?

Le monde chante ses passions, ses folles et criminelles amours : et nous que chanterons-nous, sinon celui que nous aimons ? Le monde fait retentir de tous côtés ses joies dissolues : et qu'entendra-t-on de notre bouche, après avoir bu ce « vin qui germe les vierges[2], » sinon des cantiques de sobriété et de continence ? Remplis de la mort de Jésus-Christ, qui vient de nous être remise devant les yeux, et de la chair de son sacrifice, que chanterons-nous, sinon : « Le monde est crucifié pour moi et moi pour le monde[3] ? »

Ne vous en allez pas sans dire cet hymne, sans réciter le cantique de la rédemption du genre humain. Quoi ! Moïse et l'ancien peuple chantèrent avec tant de joie le cantique de leur délivrance, après être sortis de l'Egypte et avoir passé la mer Rouge ! Chantez aussi, peuple délivré ; chantez le cantique de Moïse et le cantique de l'Agneau, en disant : « Que vos œuvres sont grandes et admirables, ô Seigneur, Dieu tout-puissant ! Que vos voies sont justes et véritables, ô Roi des siècles ! Seigneur, qui ne vous craindroit, et qui ne glorifieroit votre nom ? Toutes les nations viendront et adoreront devant votre face, parce que vos jugemens sont manifestes[4]. Vous avez détruit par votre mort celui qui avoit l'empire de la mort, c'est-à-dire le diable[5]. Le prince de ce monde est chassé[6] : et attachant à votre croix la cédule de notre condamnation, vous avez désarmé les principautés et les puissances : vous les avez menées en triomphe hautement et à la face de tout l'univers, après les avoir vaincues par votre croix[7]. » Et maintenant, en mémoire d'une si belle victoire nous offrons par vous et en vous, à votre Père céleste, ce sacrifice de louanges et d'action de graces, qui au fond n'est autre chose que vous-même, parce que nous n'avons que vous à offrir pour toutes les graces que nous avons reçues par votre moyen.

<hr>

[1] *Apoc.,* V, 12, 13. — [2] *Zachar.,* IX, 17. — [3] *Galat.,* VI, 14. — [4] *Apoc.,* XV, 3, 4. — [5] *Hebr.,* II, 14. — [6] *Joan.,* XII, 31. — [7] *Coloss.,* II, 14, 15.

LXVIe JOURNÉE.

Trahison de Judas découverte. Joan., XIII, 26, 30.

Après la cène achevée, après que Jésus eut donné à Judas le
morceau trempé, qui fut un signe à saint Pierre et à saint Jean
pour connoître ce traître, le malheureux « se retira incontinent,
et il étoit nuit [1]. »

Pour l'ordre de l'histoire, on peut observer ce qui a déjà été
remarqué dans l'évangile de saint Luc, qu'après la Cène Jésus
parla encore à ses disciples, de celui qui le devoit trahir : ce qui
redoubla leur inquiétude sur l'auteur de la trahison. Ce fut alors
que saint Pierre fit signe à saint Jean, et que Jésus leur donna à
eux seuls la marque du morceau trempé.

Il ne le fit pas connoître à tous les disciples, comme saint Jean
le dit expressément [2]. Cela auroit causé parmi eux un trop grand
tumulte, et ils se seroient peut-être portés à quelque violence, à
laquelle aussi par sa bonté il ne vouloit pas exposer le traître, ni
le divulguer plus qu'il ne falloit. Mais comme il vouloit qu'ils
sussent qu'il connoissoit parfaitement toutes choses et que cela
leur étoit utile, il en choisit parmi ses disciples deux dont il connoissoit mieux la discrétion, pour être quand il le faudroit, témoins aux autres qu'il ne savoit pas les événemens par de vagues
connoissances ou des pressentimens confus, mais avec une lumière
claire et distincte.

Il parla donc à saint Jean assez bas pour n'être entendu que de
lui seul, ou tout au plus de saint Pierre, qui y étoit attentif. Les
autres ne connurent rien à ce signal ; et Judas après avoir pris ce
morceau, se retira incontinent, selon saint Jean.

Cette sortie précipitée du traître eût étonné les autres apôtres,
s'ils n'eussent ouï Jésus-Christ qui lui avoit dit : « Fais vite ce
que tu as à faire [3] ; » ce qu'ils avoient entendu de quelque ordre
qu'il lui donnoit pour la fête ou pour les pauvres. Ils connoissoient

[1] *Joan.*, XIII, 30. — [2] *Ibid.*, 28. — [3] *Ibid.*, 27.

la tendresse de leur Maître pour ces derniers. Il donnoit souvent de pareils ordres pour eux, et on jugeoit bien qu'il ne les oublieroit pas au milieu de ses extrêmes périls. Aimons donc les pauvres et prenons-en tant de soin, qu'on ait sujet de penser que nous songeons toujours à eux.

Quelques-uns ont cru que ce morceau, après lequel Satan entra en Judas, fut celui du pain sacré de l'Eucharistie. Mais visiblement ce fut un morceau que Jésus-Christ trempa dans quelque plat; ce qui ne convient point à ce pain divin.

Il faut donc entendre que ce morceau fut à saint Jean le signe qu'il demandoit, et à Judas la dernière marque de familiarité et de communication qu'il auroit avec lui : après quoi ce cœur ingrat, que rien ne put fléchir, fut livré à Satan.

Quant à ce que dit saint Jean, que « Judas sortit incontinent après, » on peut entendre cet *incontinent* en deux manières. L'une, que ce morceau trempé fut donné au traître pendant le souper; auquel cas l'*incontinent* ne voudroit pas dire le moment immédiatement suivant, puisqu'il y eut entre deux la consécration du sang qui se fit après le souper, et à laquelle Judas assista selon saint Luc, comme il a été dit souvent. L'*incontinent* en ce cas voudroit dire *peu de temps après,* et signifieroit seulement qu'il n'y eut point d'autre action entre la sortie de table qui devoit arriver un moment après, et la retraite de Judas. L'autre manière d'expliquer ce morceau trempé, c'est qu'il fut donné à Judas après la consécration de la coupe sacrée. Car encore que le souper fût achevé, on voit par saint Luc qu'on demeura encore quelque temps à table, puisque Jésus-Christ y parla encore du traître. Ce put donc être alors qu'il donna ce morceau à Judas comme extraordinairement et après le souper, peut-être même pour le mieux marquer aux deux disciples à qui il voulut bien le faire connoître. Au reste il n'est pas besoin d'être curieux sur ces circonstances; et lorsqu'on voit quelque obscurité dans les évangiles sur de telles choses, on doit croire qu'elles ne sont pas fort importantes, ou du moins qu'elles ne le sont pas pour tout le monde. Quoi qu'il en soit, après la cène, Judas sortit; et ce n'est pas sans raison que saint Jean remarque « qu'il étoit nuit, » afin de nous

faire entendre que tout ceci et ce qui suit arriva peu d'heures
avant que le Sauveur fût livré. Car il fut livré la même nuit.
Cette circonstance du temps auquel Jésus parle, sert à nous rendre
attentifs à ses dernières paroles, qui contiennent son dernier adieu
et ses dernières instructions : celles par conséquent qu'il veut
laisser le plus profondément gravées dans le cœur de ses disciples.
En voici une très-importante que nous tirerons de saint Luc.

LXVIIᵉ JOURNÉE.

Autorité légitime établie, domination interdite dans l'Eglise.
Luc., XXII, 24.

« Il s'éleva aussi une dispute entre eux, lequel d'eux tous paroissoit être le plus grand [1]. » Cette dispute, assez fréquente parmi
les apôtres, est renouvelée au temps de la Cène. Saint Luc la place
incontinent après qu'il en a fait le récit et celui de l'étonnement
où se trouvèrent les apôtres, lorsqu'ils se demandoient les uns
aux autres lequel d'entre eux trahiroit leur Maître [2]. Rien ne
peut éteindre l'ambition dans les hommes. L'exemple de la douceur et de l'humilité de Jésus-Christ le devoit faire mourir. Et
cependant ses disciples, gens grossiers qu'il avoit tirés de la pêche
et de la nacelle, s'y laissent emporter. C'est ce qu'on voit souvent
dans l'histoire de l'évangile; et Jésus les avoit réprimés par les
paroles les plus fortes, surtout lorsque les deux fils de Zébédée
lui demandèrent les premières places de son royaume [3]. Cependant la même dispute renaît, et dans le plus grand contre-temps
qui fût jamais. Ils venoient de voir le lavement des pieds ; et Jésus
qui leur ordonnoit de suivre cet exemple, pour les y exciter davantage, les avoit fait souvenir que lui, qui le leur donnoit,
étoit leur Seigneur et leur Maître. Combien plus se devoient-ils
abaisser, eux qui n'étoient que les serviteurs.

Ils l'alloient perdre : déjà il ne leur parloit que de sa mort prochaine, de la trahison qui se tramoit contre lui et de toutes les

[1] *Luc.*, XXII, 24. — [2] *Ibid.*, XXII, 23. — [3] *Matth.*, XX, 25; *Marc.*, X, 42.

suites funestes de ce complot. Quoiqu'ils ne dussent être occupés que d'un si triste et si étrange événement, leur ambition les emporte : et encore assis à la table où Jésus leur avoit donné la communion, mystère d'abaissement où le caractère de l'humilité de Jésus jusqu'à la mort de la croix étoit imprimé, l'action de graces étant à peine achevée, ils se disputent entre eux la première place. Connoissons le génie de l'ambition, qui ne nous quitte jamais au milieu des événemens les plus tristes, et parmi les pensées et les exemples qui nous devroient le plus porter à des sentimens contraires.

Jésus-Christ leur dit sur ce sujet ce qu'il leur avoit déjà dit dans les occasions que nous venons de marquer ; et il le répète dans un temps dont toutes les circonstances le devoient encore plus imprimer dans les esprits, puisque c'étoit celui de sa mort prochaine et de son dernier adieu.

Mais il faut encore regarder plus loin. Il venoit établir un nouvel empire, qui auroit son gouvernement et pour ainsi parler ses magistrats, et il se sert de cette occasion pour montrer quel devoit être le génie de ce nouveau gouvernement.

Ce qu'il a dessein d'établir, c'est la différence des empires et des gouvernemens du monde d'avec celui qu'il venoit former. Dans ceux-là est le faste ; tout s'y fait avec hauteur et avec empire, souvent même avec arrogance, avec violence : mais « parmi vous le premier et le plus grand doit devenir le plus petit, et celui qui gouverne doit être le serviteur de tous, de même que le. Fils de l'homme n'est pas venu se faire servir, mais servir luimême et donner sa vie pour la rédemption de plusieurs. Car vous voyez que je suis parmi vous comme celui qui sert [1], » puisque même pendant que vous étiez assis à table, j'en suis sorti pour vous servir et pour vous laver les pieds.

Il ne dit donc pas qu'il n'y a point de conducteur, ni qu'il n'y a point de premier parmi eux ; mais il dit à ces conducteurs et à celui même qu'il avoit déjà désigné tant de fois pour être le premier, que leur administration est une servitude, qu'ils doivent à son exemple être la victime de ceux qu'ils ont à conduire,

____
[1] *Matth.*, xx, 26-28 ; *Luc.*, xxii, 26, 27.

et qu'ils doivent paroître les derniers de tous par leur humilité.

C'est ce qu'ont pratiqué les apôtres : Paul se rend « serviteur de tous, et se fait tout à tous, afin de les sauver tous [1] : » Pierre, qui étoit le premier : « Je parle à vous qui êtes prêtre, moi qui suis prêtre comme vous, et qui suis de plus témoin des souffrances de Jésus-Christ et devant participer à sa gloire : paissez le troupeau de Dieu qui vous est commis, veillant sur sa conduite, non par nécessité et par contrainte ni par intérêt, mais avec une affection sincère et volontaire ; non en dominant sur l'héritage du Seigneur, mais en vous rendant le modèle de tout le troupeau ; et lorsque le Prince des pasteurs paroîtra, vous recevrez une couronne de gloire qui ne se flétrira jamais [2]. »

Voyez comme il se souvient des paroles de Jésus-Christ. Le Maître dit : « Les rois des nations les dominent ; mais il n'en est pas ainsi parmi vous [3] ; » et le disciple : « Ne dominant point sur l'héritage du Seigneur. » Il faut donc ôter du milieu de nous l'esprit de domination, l'esprit de fierté et de hauteur, l'esprit d'orgueil, l'esprit d'intérêt ; mais songer à gagner les cœurs par humilité, par amour et en donnant bon exemple.

Le Maître dit : « Ceux qui exercent la domination et la puissance sur eux, sont appelés bienfaiteurs [4] : » c'étoit un titre qu'on avoit donné à de grands rois, qu'on appeloit *Evergètes*, bienfaiteurs, et on le donnoit ordinairement aux grandes puissances de la terre. Elles aimoient à être honorées de titres qui marquoient bonté, libéralité, magnificence. Les plus grands titres des grands rois sont ceux qui sont tirés de la douceur : témoin ce titre de très-clément, qu'on donnoit aux empereurs ; et celui de sérénissime, dont on honore encore les rois et les princes. Mais vous, dit le Sauveur, ne soyez point bienfaiteurs en cette sorte, pour vous faire honneur de ce titre, mais en vous rendant en effet serviteurs de ceux que vous aurez à conduire.

Le Maître dit : « J'ai été parmi vous comme serviteur, et je suis venu pour donner ma vie en rédemption pour plusieurs [5]. » Et saint Paul a dit aussi, comme on a vu, non-seulement : « Je me

[1] I *Cor.*, IX, 19, 22. — [2] I *Petr.*, V, 1-4. — [3] *Luc.*, XXII, 25, 26. — [4] *Ibid.*, 25. — [5] *Matth.*, XX, 28.

suis rendu serviteur de tous; » mais encore : « S'il faut que je sois immolé, et tout mon sang répandu en effusion sur le sacrifice de votre foi, je m'en réjouis [1]; » et encore : « Je vais être immolé, et l'effusion commence déjà [2]. »

Ce n'est pas qu'il ne doive y avoir dans les pasteurs de l'Eglise une autorité; et s'ils ne devoient pas agir d'une certaine façon avec empire, saint Paul n'auroit pas écrit à Tite : « Parlez avec tout empire : que personne ne vous méprise [3]; » et il n'auroit pas menacé lui-même « de venir avec la verge et de châtier toute désobéissance [4]. » Mais c'est, dit saint Augustin, que ce n'est pas nous, mais Dieu et sa vérité que nous voulons faire craindre dans notre parole.

Voilà donc comme, à cette fois et après l'exemple de la mort de Jésus-Christ, ses apôtres sont changés. Ils ne songent plus à exercer un empire hautain : ils gagnent tout par l'humilité et par la douceur : ils n'envient plus à Pierre la prééminence : il prend partout la parole, et personne ne la lui conteste [5]. « Voyez, dit saint Chrysostome, comme il se met partout à la tête, et comme il agit dans cette sainte société comme en étant le chef [6]. » Personne ne s'y oppose plus; et ce désir de préséance, dont ils ont été autrefois si animés, a entièrement cessé. Pierre qui agit partout comme le premier, se laisse reprendre par Paul [7]; sur quoi les Pères remarquent : il ne dit pas : Je suis le premier, et je dois être révéré et obéi par ceux qui sont après moi; mais il se laisse contredire jusqu'à lui résister en face, et il loue les lettres de saint Paul [8], où il est expressément porté : « qu'il ne marchoit pas droit selon la vérité de l'Evangile [9], » jusqu'à les mettre au rang des Ecritures inspirées de Dieu.

Changeons donc aussi avec les apôtres. Si la mort de Jésus-Christ a éteint en eux ces sentimens d'une ambition toujours renaissante, faisons-les aussi mourir en nous; et puisque les chefs du troupeau sont si humbles, songeons à l'humilité qui convient aux simples brebis.

<hr>

[1] *Philipp.*, II, 17. — [2] II *Timoth.*, IV, 6. — [3] *Tit.*, II, 15. — [4] I *Cor.*, IV, 21. — [5] *Act.*, I, 13, 15; II, 14; III, 12; IV, 8; V, 29; X, 5; XI, 4, 17; XV, 7, etc. — [6] *In Act. Apost.*, hom. 3 et alibi. — [7] *Galat.*, II, 11, 14. — [8] II *Petr.*, III, 15, 16. — [9] *Galat.*, II, 14.

LXVIIIe JOURNÉE.

Royaume de Dieu, à qui destiné. Luc., xxii, 28-30.

« Vous êtes ceux qui êtes demeurés avec moi dans mes tentations[1], » dans mes peines. Comme s'il disoit : Le désir de la gloire vous tourmente; voici en quoi vous devez mettre votre gloire : c'est de ne m'avoir point abandonné au milieu de mes périls et de mes peines. « Et moi aussi, je vous prépare le royaume, comme mon Père me l'a préparé[2], » le même qu'il m'a préparé, un royaume éternel et inébranlable. N'y a-t-il pas là de quoi contenter votre ambition, au lieu de vous amuser à vous disputer l'un à l'autre sur des préférences temporelles? « Quand vous serez dans ce royaume, je vous y ferai asseoir à ma table, vous y mangerez et vous y boirez avec moi[3] : » vous y mangerez tous sans distinction les mêmes viandes : vous serez tous également rassasiés des délices et de l'abondance de ma maison : nul ne portera envie aux autres, parce que tous ensemble vous serez heureux. On se dispute les avantages de la terre, parce que qui les possède les partage, et ne peut les laisser aux autres en leur entier; mais à ma table et dans mon royaume la plénitude du bien y est si grande, que tout 'e monde le peut posséder sans diminution.

Vous demandez des trônes et des premières places, voici le trône que je vous prépare : « Vous serez assis sur douze trônes, et vous jugerez avec moi les douze tribus d'Israël[4]. » Vous les jugerez et avec moi : vous serez tous mes assesseurs; et vous songez aux petits honneurs et aux petits avantages que vous pouvez espérer sur la terre! Levez les yeux aux grandeurs, à la puissance, aux trônes que je vous prépare dans ces dernières assises où tout l'univers sera jugé par une dernière et irrévocable sentence.

Quoi! l'ambition ne mourra pas à ces paroles! Il ne reste plus qu'à songer à qui cette gloire est promise : c'est à ceux qui persévèrent avec Jésus-Christ dans ses tentations, qui le suivent à la

---

[1] *Luc.*, xxii, 28. — [2] *Ibid.*, 29. — [3] *Ibid.*, 30. — [4] *Ibid.*, 30.

croix, qui portent sa croix avec lui tous les jours, qui ont tout quitté pour lui : « Vous, dit-il, qui avez tout quitté pour me suivre, vous serez assis sur douze siéges, jugeant les douze tribus d'Israël [1]. »

LXIXᵉ JOURNÉE.

Pouvoir de Satan.

« Et le Seigneur dit : Simon, Simon; » je t'appelle par deux fois, sois attentif : « Satan a demandé à vous cribler tous vous autres, comme on crible le froment [2]. » Quelle puissance de Satan? Cribler les hommes, les apôtres mêmes, les agiter, les jeter en l'air, les précipiter en bas, en faire en un mot tout ce qu'il veut. Qui a donné ce droit à Satan, sinon le péché? C'est par le péché qu'il a vaincu l'homme, qui ensuite de la victoire lui a été livré comme son esclave. C'est pourquoi il en use avec un pouvoir tyrannique. Néanmoins il ne fait rien de lui-même : il demande : c'est une puissance maligne, malfaisante, tyrannique, mais soumise à la puissance et à la justice suprême de Dieu.

Il a demandé Job [3], il est appelé « l'accusateur de nos frères [4]. » Et Dieu lui livre qui il lui plaît, selon les règles de sa justice, selon lesquelles il a droit de lui demander ceux en qui il trouve du sien, c'est-à-dire ceux où il trouve le péché. C'est pourquoi Jésus-Christ dira bientôt : « Le prince de ce monde avance, il n'a rien du tout en moi [5] : » mais pour le reste des hommes, il n'a que trop en eux : il n'avoit que trop sur les apôtres, qui étoient encore possédés de la vaine gloire, l'un des plus mauvais caractères de Satan, qui est devenu Satan par ambition et par orgueil. Et c'est pourquoi Jésus-Christ prend occasion de leur parler de la demande de Satan, à l'occasion de la vaine gloire qui venoit de paroître en eux et de leur dispute ambitieuse : vous vous tourmentez qui aura la première place : vous avez bien d'autres affaires qui devroient

[1] *Matth.*, XIX, 27-29. — [2] *Luc.*, XXII, 31. — [3] *Job*, I, 11, 12; II, 3, 5-7. — [4] *Apoc.*, XII, 10. — [5] *Joan.*, XIV, 30.

vous occuper : Satan entre au milieu de vous par vos disputes : vous lui avez donné lieu et lui avez fait une ouverture bien grande pour vous dissiper, pour vous cribler. Tout ce qui est possédé de la vaine gloire, est léger et propre au crible de Satan. Au lieu donc de vous disputer sur des préséances ridicules et de devenir par là la risée et la proie de l'enfer, unissez-vous contre une puissance si redoutable.

LXXe JOURNÉE.

Primauté de saint Pierre, prédiction de sa chute par son orgueil.
Luc., xxii, 31, 34.

« Satan a demandé de vous cribler tous : mais, Pierre, j'ai prié pour toi [1]. » Jésus-Christ nous apprend que nous n'avons de secours contre Satan que dans l'intercession et la médiation de Jésus-Christ même.

Admirons la profondeur de sa sagesse. Parce qu'en réprimant l'ambition de ses apôtres, il avoit parlé d'une manière qui eût pu donner lieu à ceux qui n'auroient pas bien pesé ses paroles, de croire qu'il n'avoit laissé aucune primauté dans son Eglise et qu'il avoit même affoibli celle qu'il avoit donnée à saint Pierre, il parle ici d'une manière qui fait bien voir le contraire. « Satan, dit-il, a demandé de vous cribler tous : mais, Pierre, j'ai prié pour toi : » pour toi en particulier : pour toi avec distinction. Non qu'il ait négligé les autres; mais, comme l'expliquent les saints Pères, parce qu'en affermissant le chef, il vouloit empêcher par là que les membres ne vacillassent. C'est pourquoi il dit : « J'ai prié pour toi; » et non pas : J'ai prié pour vous. Et que l'effet de cette prière qu'il faisoit pour Pierre regardât les autres apôtres, la suite du discours le fait paroître manifestement, puisqu'il ajoute aussitôt après : « Et toi, quand tu seras converti, confirme tes frères [2]. »

Quand il dit : « J'ai prié pour toi, que ta foi ne défaille point, » il ne parle pas de cette foi morte qui peut rester dans les pécheurs,

[1] *Luc.*, xxii, 31, 32. — *Ibid.*, 32.

parce que celle-là n'empêche pas qu'on ne soit criblé par Satan : c'est cette foi qui opère par la charité, laquelle, dit-il, j'ai demandé qu'elle ne défaillît point en toi. Jésus-Christ le demandant ainsi, lui qui dit : « Je sais, mon Père, que vous m'écoutez toujours [1], » qui peut douter que saint Pierre n'ait reçu par cette prière une foi constante, invincible, inébranlable et si abondante d'ailleurs, qu'elle fût capable d'affermir, non-seulement le commun des fidèles, mais encore ses frères les apôtres et les pasteurs du troupeau, en empêchant Satan de les cribler ?

Et cette parole revient manifestement à celle où il avoit dit : « Tu es Pierre, » je t'ai changé ton nom de *Simon* en celui de *Pierre,* en signe de la fermeté que je te veux communiquer, non-seulement pour toi, mais encore pour toute mon Eglise : car « je la veux bâtir sur cette pierre : » je veux mettre en toi, d'une manière éminente et particulière, la prédication de la foi, qui en sera le fondement, « et les portes d'enfer ne prévaudront point contre elle [2], » c'est-à-dire qu'elle sera affermie contre tous les efforts de Satan, jusqu'à être inébranlable. Et cela, qu'est-ce autre chose que ce que Jésus-Christ répète ici : « Satan a demandé de vous cribler : mais, Pierre, j'ai prié pour toi, ta foi ne défaudra pas ; et toi, confirme tes frères ? »

Il est donc de nouveau chargé de toute l'Eglise : il est chargé de tous ses frères, puisque Jésus-Christ lui ordonne de les affermir dans cette foi qu'il venoit de rendre invincible par sa prière.

Voilà quelque chose de grand pour saint Pierre. Mais il ne faut pas oublier que, de peur qu'il ne s'enorgueillît d'une si haute promesse, elle est suivie incontinent de la prédiction de sa chute. Car voici ce qui suit : « Et Pierre lui dit : Seigneur, je suis prêt d'aller avec vous, et dans la prison et à la mort même ; et Jésus lui répondit : Je te le dis, Pierre, » je te le déclare, « que le coq ne chantera point aujourd'hui, que tu n'aies nié trois fois que tu me connoisses [3]. »

Quand Dieu fait ou promet de grandes graces, il faut s'humilier et reconnoître de qui elles viennent. Au lieu de considérer sa foiblesse, Pierre s'emporta jusqu'à dire avec fierté et arrogance :

<hr>

[1] *Joan.,* XI, 42. — [2] *Matth.,* XVI, 18. — [3] *Luc.,* XXII, 33, 34.

« Seigneur, je suis prêt à vous suivre partout, et jusqu'à la mort. »
Mais Jésus-Christ, qui l'avoit élevé si haut, sait bien rabattre son
orgueil : « Simon, dit-il, j'ai prié pour toi, ta foi ne défaudra
point : confirme tes frères. » Et un moment après : « Je te le déclare à toi, » à qui je viens de dire de si grandes choses ; mais à
toi, qui présumes de toi-même au lieu de t'humilier de mes dons,
« je te déclare, » dis-je, que tu tomberas « cette nuit, » dans un
moment, et par « trois fois, » dans une honteuse et manifeste infidélité, afin que tu sentes que si tu portois « un grand trésor, » tu
le portois « dans un fragile vaisseau de terre, » et que ce qui se
fait en toi de grand se fait, non point par toi-même, « mais par la
sublimité de la vertu de Dieu [1]. »

Et si nous pénétrons toute la suite des paroles de Jésus-Christ,
nous verrons que la chute de saint Pierre arrive par une permission spéciale en punition de son orgueil, et pour lui apprendre
l'humilité. Car celui qui dit : « J'ai prié pour toi, afin que ta foi
ne défaille point, » pouvoit prier, non-seulement afin qu'elle ne
défaillît pas finalement ni pour longtemps, comme il est arrivé à
Pierre qui se réveilla à l'instant et au premier regard de Jésus-
Christ ; mais encore afin qu'elle ne souffrît pas, pour ainsi parler,
cette courte éclipse. Mais il ne le voulut pas et il aima mieux permettre que Pierre fût humilié par sa chute.

Et c'est pourquoi les saints, en considérant toute la suite de
l'Evangile, n'hésitent pas à confesser que saint Pierre fut délaissé
et que la grace se retira de lui : non point d'elle-même (car c'est
ce qui ne peut jamais arriver) ; mais comme nous le verrons encore plus clairement dans la suite, parce qu'il avoit présumé et
qu'il est utile aux présomptueux comme lui de tomber dans un
péché manifeste pour apprendre à se défier de leurs forces. Ce qui
est encore plus utile à ceux qui, comme saint Pierre, devoient
être élevés dans les grandes places de l'Eglise, et mis bien haut
sur le chandelier. Car comme leur élévation les porte naturellement
à s'enfler et à exercer leur puissance avec hauteur, Jésus-Christ
leur apprend par l'exemple de saint Pierre, comme saint Pierre
lui-même l'avoit appris par son expérience, à craindre d'autant

[1] II *Cor.*, IV, 7.

plus de tomber que leur péril est plus grand et leur chute plus
éclatante et plus scandaleuse.

Au reste, en élevant saint Pierre si haut, Notre-Seigneur, si on
peut parler ainsi, avoit pris ses précautions pour prévenir tous les
sentimens de présomption qui pouvoient entrer dans son cœur.
Car en même temps qu'il lui disoit : « Ta foi ne défaudra point,
et confirme tes frères, » il ajoutoit : « Lorsque tu seras converti, »
lui insinuant sa chute et lui faisant voir qu'il devoit attribuer le
bien qu'il feroit à la bonté de son Maître, qui avoit daigné demander pour lui de si grandes choses. Mais saint Pierre ne veut point
entendre tout cela; au contraire, piqué, ce semble, de ce mot de
conversion dont Jésus-Christ s'étoit servi, loin de songer qu'il
pouvoit tomber d'autant plus dangereusement qu'il étoit élevé
plus haut, il ne songe qu'à vanter son courage, et il oublie la
grace qui seule le pouvoit soutenir.

Les excès où il a poussé sa présomption se déclareront davantage dans la suite, et ils obligèrent son Maître à retirer sa
main pour un moment. Mais sa chute n'empêcha pas l'effet des
promesses et des desseins de Jésus-Christ. Car encore qu'il ait
renié, et par trois fois, et la dernière fois avec blasphème et exécration, en sorte que dans ce genre de crime il ne pouvoit pas
tomber plus bas : Jésus, qui fond les cœurs par ses regards, lui
en réserve un des plus efficaces et des plus tendres; et cet homme
si entêté de lui-même et de son courage, se retire fondant en
larmes; et celui qui étoit tombé parce que son Maître avoit dé-
tourné sa face pour un moment, apprend qu'il n'est converti que
parce qu'il a daigné jeter sur lui un regard.

C'est donc alors qu'il commença à recevoir cette force qui lui
avoit été promise. Il fit une grande chute, mais il fut incontinent
relevé : sa foi ne se perdit que pour un moment, mais elle ne dé-
faillit pas pour longtemps : au contraire elle revint plus ferme et
plus vigoureuse qu'elle n'avoit été devant sa chute : Jésus-Christ
accomplit en lui ce qu'il lui avoit promis, et il se servit de lui pour
confirmer ses frères. C'est pourquoi il fut le premier des apôtres à
qui il apparut après sa résurrection : « Il apparut, dit saint Paul[1],

[1] I *Cor.,* xv, 5.

à Céphas et puis aux onze ; » et on disoit parmi les disciples : « Il est vraiment ressuscité, et il a apparu à Simon [1]. » Il avoit apparu à ces femmes pieuses ; mais on ne parloit parmi les frères que du témoignage de Simon, qui les devoit confirmer. C'est lui aussi à qui saint Jean avoit réservé l'honneur d'entrer le premier dans le tombeau où il n'étoit arrivé que le second [2], afin qu'il fût le premier témoin des marques de la résurrection. Dès lors il est marqué que saint Jean vit ces marques et qu'il crut. Mais on ne célèbre avec distinction parmi les disciples que la foi de Pierre, et non pas celle de Jean [3].

Lorsqu'ils allèrent à la pêche où Jésus devoit apparoître pour montrer les effets de la pêche spirituelle, pour laquelle il les avoit choisis, ce fut Pierre qui dit le premier : « Je m'en vais pêcher ; » et les autres le suivirent, en disant : « Nous y allons aussi. » Le bien-aimé disciple qui connut Jésus le premier, l'indiqua à Pierre seul et il lui dit : « C'est le Seigneur. » Ce fut Pierre et non pas Jean, qui se jeta dans la mer : ce fut Pierre et non pas Jean ni les autres, qui amenèrent au Sauveur les cent cinquante-trois poissons mystérieux qui ne rompoient point le filet, et qui figuroient les vrais fidèles qui devoient demeurer pris heureusement dans les rets de la prédication évangélique. Pierre toujours à la tête de cette pêche mystérieuse, à qui Jésus avoit dit spécialement durant sa vie mortelle : « Mène la nacelle en pleine eau, » et « je te ferai pêcheur d'hommes [4]; » qui à la parole de Jésus avoit en effet amené tant de poissons, que deux barques en furent pleines, jusque presque à couler à fond : lui-même conduit cette pêche, encore plus belle et plus mystérieuse, que les apôtres firent sous les yeux de Jésus-Christ ressuscité : et tout cela en figure de la prédication apostolique, qui commencée par saint Pierre le jour de la Pentecôte et les jours suivans, amena tant de milliers d'ames à Jésus-Christ et forma à Jérusalem le corps de l'Eglise qui devoit ensuite se multiplier avec une telle fécondité par toute la terre. Voilà ce que figuroit cette pêche des apôtres, saint Pierre étant à la tête et les confirmant par son exemple. C'est pourquoi Jésus-

---

[1] *Luc.*, XXIV, 34. — [2] *Joan.*, XX, 4, 8. — [3] *Joan.*, XXI, 3, 7, 11. — [4] *Luc.*, V, 4, 11.

Christ lui dit encore, et non pas à Jean, ni aux autres, dans le temps de cette pêche : « Pais mes brebis, pais mes agneaux [1] : » pais les mères comme les petits; ce qui revient au commandement de les affermir dans la foi, puisque cela même, c'est gouverner le troupeau. C'est, dis-je, le gouverner que d'y affermir cet esprit de foi et le paître par la parole.

Aussi est-ce lui qui en attendant la descente du Saint-Esprit fut le conducteur des apôtres dans cette mémorable action où ils firent le supplément du collége apostolique, et mirent à la place de Judas « un témoin de la vie et de la résurrection de Jésus-Christ [2], » qui recevant avec eux tous le Saint-Esprit qu'ils attendoient, reçut en même temps la grace de porter ce témoignage dans tout l'univers [3]. C'est donc par Pierre principalement « qu'il est rangé parmi les apôtres [4]. » Pierre est partout à la tête de la prédication, et mène pour ainsi dire ses frères les apôtres au combat. C'est lui qui en entreprit la défense devant tout le peuple, lorsqu'on les accusa d'être ivres de vin pendant qu'ils ne l'étoient que de l'esprit de Dieu [5]. Pierre fait le premier miracle qui parut en confirmation de la résurrection de Jésus-Christ [6]. Ce fut lui qui fit un exemple d'Ananias et de Saphira [7] : ce premier coup de foudre, qui inspira aux fidèles une salutaire terreur et qui affermit l'autorité du gouvernement apostolique, partit de sa bouche. Ce fut lui qui frappa d'anathème Simon le magicien et en sa personne tous les hérétiques, dont cet impie étoit comme le chef [8]. Ce fut lui qui visita le premier les Eglises persécutées comme leur père commun, afin que non-seulement la prédication, mais encore la visite des églises, qui est le nerf du gouvernement ecclésiastique, fût commencée et comme consacrée en sa personne. Quoiqu'apôtre spécial des Juifs, qui étoient dans ces commencemens la principale portion et comme le premier lot de l'héritage de Jésus-Christ, ce fut lui qui consacra les prémices des Gentils en la personne de Corneille le centenier [9] : les disciples qui appréhendoient qu'il n'eût excédé en annonçant l'Evangile aux Gentils, apprirent de

[1] *Joan.*, XXI, 15-17. — [2] *Act.*, I, 15, 22. — [3] *Ibid.*, 26. — [4] *Act.*, II, 14. — [5] *Ibid.*, 15. — [6] *Act.*, III, 6. — [7] *Act.*, V, 3, 5, 8, 10. — [8] *Act.*, VIII, 9, 18, 20; IX, 32. — [9] *Act.*, X, 9, 19, 35.

lui que le Saint-Esprit leur étoit commun avec eux, et furent affermis dans les véritables sentimens par sa parole[1].

Paul destiné par Jésus-Christ à être le prédicateur particulier des Gentils, avant que d'être employé à ce ministère et que d'exercer pleinement son apostolat, « va voir Pierre pour le contempler, » dit l'original[2], comme le chef du troupeau, comme la merveille de l'Eglise , ainsi que l'expliquent les Saints. Saint Jacques y étoit, mais ce n'est point saint Jacques que saint Paul alloit voir : il alla, dit-il, voir Pierre ; il demeura quinze jours avec lui, et il autorise sa prédication par ce témoignage. Ce qui nous fait voir que lorsque quatorze ans après, suivant une révélation du Saint-Esprit, il vint à Jérusalem conférer avec les apôtres, de l'évangile qu'il prêchoit aux Gentils[3], c'étoit encore principalement saint Pierre qu'il venoit chercher.

Quand il fallut autoriser dans le concile de Jérusalem la liberté des Gentils par un décret qui mérita d'être prononcé au nom du Saint-Esprit, saint Pierre y paroît le premier comme partout ailleurs : ce fut lui qui résolut la question pour laquelle on étoit assemblé, et saint Jacques déclare qu'il se rangeoit à son avis. Il est à la tête de tout, et tout est confirmé par son sentiment[4]. Ainsi la chute de saint Pierre, loin d'avoir anéanti la promesse de Jésus-Christ, en fait éclater davantage la vérité.

Pierre instruit d'où venoit sa force, agit avec d'autant plus de confiance, que sa confiance n'avoit plus rien d'humain : la modestie et l'humilité le suivent partout : autant que son autorité est éminente dans l'Eglise, autant est-on édifié par la douceur de son gouvernement. Nous avons vu les belles paroles avec lesquelles il bannit de l'Eglise l'esprit de domination, et apprend à tous les pasteurs que la force du gouvernement ecclésiastique est à faire le premier ce qu'on enseigne aux autres : *forma facti gregis ex animo*, en un mot « à se rendre le modèle du troupeau de tout son cœur[5]. » Pour apprendre par son exemple à tous les fidèles à profiter des corrections où consiste la force de l'Eglise, tout chef de l'Eglise qu'il étoit, il reçoit la correction de saint Paul avec une

---

[1] *Act.*, xi, 1-4, 15, 17. — [2] *Galat.*, i, 18, 19. — [3] *Galat.*, ii, 1, 6, 9. — [4] *Act.*, xv, 7, 13, 14, 19, 20. — [5] I *Petr.*, v, 3.

déférence qui ne sera jamais assez louée[1]. Car encore qu'il ne fût
pas seul à tenir envers les Gentils la conduite que saint Paul blâ-
moit, et que saint Jacques en fût le principal auteur, il reconnut
que saint Paul avoit raison de se prendre à lui de cette faute
comme à celui qui, étant à la tête, l'autorisoit davantage par son
exemple. Il se laisse donc reprendre en face, devant tout le monde,
et loin de s'offenser de ce qu'on avoit consacré la mémoire d'une
si vive répréhension dans une Epître que toutes les Eglises lisoient
comme divine, on a vu qu'il la met lui-même comme les autres
Epîtres de saint Paul, au rang des Ecritures canoniques[2]. Une
seule chute éteignit pour jamais en lui la présomption : il montra
que la primauté consiste principalement à savoir céder à la vérité
plus que les autres. On ne put plus résister à la conduite que
tenoit saint Paul, après que le prince des apôtres eut cédé : et la
véritable manière de traiter avec les Gentils demeura autant affermie par l'humilité de saint Pierre, que par la vigueur de saint Paul.

LXXI° JOURNÉE.

Construction de l'Eglise. Prière de Notre-Seigneur pour saint Pierre :
et en sa personne pour les élus. Luc., XXII, 32.

Il faut encore s'élever plus haut, et pour affermir notre foi,
contempler dans les paroles de Jésus-Christ toute la constitution
de son Eglise.

La prière qu'il fait pour saint Pierre n'est pas particulière à cet
apôtre : il est la figure de tous les élus, pour qui Jésus-Christ
prie spécialement ; et quoiqu'il ne leur déclare pas à tous, comme
il fait à saint Pierre, qu'il prie que leur foi ne défaille pas, il a
pourtant fait pour eux tous cette prière d'une certaine façon. Et
deux choses sont véritables : l'une que Jésus-Christ leur a obtenu
cette grace singulière, que leur foi ne défaillît pas à jamais et
finalement, ce qui emporte la grace de la persévérance finale ;
l'autre, que nul ne reçoit cette grace pour qui Jésus-Christ ne

[1] *Galat.,* II, 11-14. — [2] II *Petr.,* III, 15, 16.

l'ait demandée et ne la demande continuellement à son Père par cette perpétuelle intercession qu'il fait pour nous. Reconnoissons donc l'effet de cette intercession toute-puissante dans tout le bien qui est en nous, en quelque degré qu'il nous soit donné ; et reconnoissons-le principalement, lorsque remplissant nos cœurs d'une douce confiance en sa miséricorde, il nous fait marcher d'un pas ferme dans ses voies, sans nous détourner à droite ni à gauche.

Gardons-nous pourtant bien de croire que ce soit lui qui fasse tout sans notre coopération ; mais qu'à l'exemple de saint Pierre, la confiance que nous aurons en cette puissante intercession de Jésus-Christ nous rende plus vigilans, plus attentifs à notre salut et plus fervens à la prière. Regardons saint Pierre qui monte au temple avec saint Jean à l'heure de la prière de none [1] : ce qui marque non-seulement une prière réglée, mais encore une prière multipliée dans un même jour. Il ne dit pas : Je n'ai plus besoin de prier, puisque Jésus-Christ m'a dit lui-même qu'il avoit prié pour moi ; au contraire Dieu lui fait sentir qu'il faut se joindre en esprit à cette puissante intercession de notre grand avocat, de notre puissant médiateur, et demander persévéramment en son nom tout ce qui nous est nécessaire pour notre salut.

Et saint Pierre n'étoit pas seulement soigneux d'aller faire sa prière dans le temple aux heures marquées pour l'oraison, mais encore dans la maison il avoit ses heures réglées pour la prière : il monta à l'heure « de sexte, » c'est-à-dire vers le midi, « au plus haut de la maison, » au lieu le plus retiré « pour prier [2]. »

Prions donc à son exemple, en union avec Jésus-Christ. Prions avec une ferme foi et une pleine croyance que si nous persévérons dans la prière, non-seulement rien ne nous manquera pour notre salut, mais encore nous recevrons une abondance de grace par la continuelle influence de l'esprit de Jésus-Christ dans nos cœurs. Car il veut notre salut et « ne veut la mort de personne, mais plutôt que nous vivions tous et que nous soyons sauvés [3]. » Vivons dans cette espérance et dans cette foi, tout ce que nous sommes de chrétiens que le baptême a fait ses membres.

[1] *Act.*, III, 1. — [2] *Act.*, X, 9. — [3] *Ezech.*, XVIII, 32; I *Timoth.*, II, 4; II *Petr.*, III, 9.

LXII° JOURNÉE.

*La foi de saint Pierre est la foi de l'Eglise de Rome, où est le centre
de l'unité catholique. Luc., xxii, 32.*

Suivons le mystère. Cette parole : « Affermis tes frères, » n'est
pas un commandement qu'il fasse en particulier à saint Pierre :
c'est un office qu'il érige et qu'il institue dans son Eglise à perpétuité. La forme que Jésus-Christ a donnée aux disciples qu'il
rassembloit autour de lui, est le modèle de l'Eglise chrétienne jusqu'à la fin des siècles. Dès le moment que Simon fut mis à la tête
du collége apostolique, qu'il fut appelé Pierre et que Jésus-Christ
le fit le fondement de son Eglise par la foi qu'il y devoit annoncer
au nom de tous : dès ce moment se fit l'établissement, ou si l'on
veut la désignation d'une primauté dans l'Eglise en la personne
de saint Pierre. En disant à ses apôtres : « Je suis avec vous jusqu'à la fin des siècles [1], » il montra que la forme qu'il avoit établie
parmi eux passeroit à la postérité : une éternelle succession fut
destinée à saint Pierre, comme il en fut aussi destiné une de semblable durée aux autres apôtres. Il y devoit toujours avoir un
Pierre dans l'Eglise pour confirmer ses frères dans la foi ; c'étoit
le moyen le plus propre pour établir l'unité de sentimens, que le
Sauveur désiroit plus que toutes choses ; et cette autorité étoit
d'autant plus nécessaire aux successeurs des apôtres, que leur foi
étoit moins affermie que celle de leurs auteurs.

En même temps que Jésus-Christ institua cet office dans son
Eglise, il lui fallut choisir un siége fixe pour son exercice. Quel
siége lui choisîtes-vous, ô Seigneur, et qui pourroit assez admirer
votre profonde sagesse ? Ce ne pouvoit être Jérusalem, parce que
le temps étoit venu où faute d'avoir connu le temps de sa visite,
elle alloit être livrée aux Gentils. L'heure des Gentils étoit venue :
c'étoit le temps où ils se devoient ressouvenir du Seigneur leur
Dieu, et entrer en foule dans son temple, c'est-à-dire dans son
Eglise. Que fîtes-vous donc, ô Seigneur, et quel lieu choisîtes-

[1] *Matth.*, xxviii, 20.

vous pour y établir la chaire de saint Pierre? Rome la maîtresse du monde, la reine des nations et en même temps la mère de l'idolâtrie, la persécutrice des saints : c'est elle que vous choisîtes pour y placer ce siége d'unité, d'où la foi devoit être prêchée comme d'un lieu plus éminent à toute la terre.

Que vos conseils, ô Seigneur, sont admirables, et que vos voies sont profondes! Votre Eglise devoit être principalement établie parmi les Gentils : et vous choisîtes aussi la ville de Rome, le chef de la gentilité, pour y établir le siége principal de la religion chrétienne. Il y a encore ici un autre secret que vos saints nous ont manifesté : dans le dessein que vous aviez de former votre Eglise en la tirant des Gentils, vous aviez préparé de loin l'empire romain pour la recevoir : un si vaste empire qui unissoit tant de nations, étoit destiné à faciliter la prédication de votre Evangile et lui donner un cours plus libre.

Il vous appartient, ô Seigneur, de préparer de loin les choses, et de disposer pour les accomplir des moyens aussi doux qu'il y a de force dans la conduite qui vous fait venir à vos fins. A la vérité, l'Evangile devoit encore aller plus loin que les conquêtes romaines, et il devoit être porté aux nations les plus barbares. Mais enfin l'empire romain devoit être son siége principal. O merveille! Les Scipions, les Luculles, les Pompées, les Césars, en étendant l'empire de Rome par leurs conquêtes, préparoient la place au règne de Jésus-Christ; et selon cet admirable conseil Rome devoit être le chef de l'empire spirituel de Jésus-Christ, comme elle l'étoit de l'empire temporel des Césars.

Rome fut sous ses Césars plus victorieuse et plus conquérante que jamais : elle contraignit les plus grands empires à porter le joug : en même temps elle ouvrit une large entrée à l'Evangile : ce qui étoit reçu à Rome et dans l'empire romain prenoit de là son cours pour passer encore plus loin : Rome ruina l'ancien sanctuaire de Jérusalem, et ne laissa d'espérance à ceux qui vouloient adorer Dieu en esprit, que le nouveau sanctuaire que le Seigneur établissoit parmi les Gentils, c'est-à-dire l'Eglise chrétienne et catholique, et peu à peu Rome devenoit le chef de ce nouvel empire.

Pour préparer les voies à ce grand ouvrage, ô Seigneur, vous fîtes dès lors éclater la foi romaine; et votre apôtre saint Paul écrivit à cette Eglise que sa foi étoit devenue célèbre par tout l'univers [1].

Comme c'étoit dans cette Eglise que devoit principalement éclater la vocation des Gentils, vous inspirâtes à ce même apôtre de lui développer le mystère de cette vocation : et l'Eglise romaine reçut dès lors dans la divine EPITRE AUX ROMAINS le précieux dépôt de la révélation d'un si grand mystère, où étoit compris le secret de la prédestination et de la grace.

Lorsqu'il fallut consommer l'ouvrage et mettre Rome à la tête de toutes les églises chrétiennes, Seigneur, vous y envoyâtes le grand pêcheur d'hommes, je veux dire l'apôtre saint Pierre, afin de consacrer cette Eglise par son sang et d'y établir le principal siége des chrétiens, où la foi devoit être confirmée.

Ce fut alors qu'il eut besoin de savoir marcher sur les eaux, de savoir fouler aux pieds les flots soulevés, comme vous le lui aviez appris, et de ne pas craindre lorsqu'il enfonceroit. Car il eut à surmonter toutes les tempêtes que les fausses religions, la fausse sagesse, la violence, et la politique du monde excitèrent contre l'Eglise. Saint Paul étoit le maître des Gentils : mais ce n'étoit pas à lui qu'étoit donnée cette chaire principale : c'étoit à saint Pierre; et pour accomplir le dessein de Dieu sur Rome, il falloit que saint Pierre y fixât son siége. Paul y vint dans le même temps : la direction particulière qu'il avoit reçue pour les Gentils y expira avec lui. Ces deux apôtres scellèrent dans Rome de leur sang le témoignage de Jésus-Christ. En allant au dernier supplice, ils annoncèrent aux Juifs leur dernière désolation comme un événement qu'on alloit voir au premier jour, et confirmèrent par là la vocation des Gentils. Les évêques qui leur succédèrent dans l'Eglise romaine, qu'ils venoient d'illustrer à jamais par leur martyre et sanctifier par leur tombeau, recueillirent leur succession : mais la chaire qu'ils remplirent s'appela la chaire de saint Pierre, et non pas la chaire de saint Paul; et ils furent nommés successeurs de saint Pierre, et non pas de saint Paul.

[1] *Rom..* I, 8.

Dès là, Seigneur, vous avez tellement disposé les choses que les successeurs de saint Pierre, à qui on donna par excellence le nom de *Papes*, c'est-à-dire celui de *Pères*, ont confirmé leurs frères dans la foi; et la chaire de saint Pierre a été la chaire d'unité, dans laquelle tous les évêques et tous les fidèles, tous les pasteurs et tous les troupeaux se sont unis.

Que vous rendrons-nous, ô Seigneur, pour toutes les graces que vous avez faites à votre Eglise par ce siége? C'est là que la vraie foi a toujours été confirmée. N'entrons point dans les disputes qui causent des dissensions, et non pas l'édification de vos enfans. Suivons les grands événemens et les grands traits de l'histoire de l'Eglise : nous verrons l'autorité de ce grand siége être partout à la tête de la condamnation et de l'extirpation des hérésies : la foi romaine a toujours été la foi de l'Eglise : la foi de saint Pierre, c'est-à-dire celle qu'il a prêchée et qu'il a laissée en dépôt dans sa chaire et dans son Eglise, qui s'y est toujours inviolablement conservée, a toujours été le fondement de l'Eglise catholique et jamais elle ne s'est démentie.

Qu'importe qu'il y ait peut-être dans toute cette belle suite deux ou trois endroits fâcheux? La foi de saint Pierre n'a pas défailli, encore qu'elle ait souffert quelque éclipse dans le reniement qui lui a été particulier, et dans l'incrédulité qui lui a été commune avec ses frères les apôtres. Il en est ainsi de saint Pierre considéré dans ses successeurs : tous ses successeurs sont un seul Pierre. Quelque défaillance qu'on croie remarquer dans quelques-uns, sans entrer dans ce détail plus curieux que nécessaire, il suffit que la vérité de l'Evangile soit demeurée dans le total, et qu'aucun dogme erroné n'ait pris racine, ni fait corps dans la succession et la chaire de saint Pierre : si bien que la foi romaine, c'est-à-dire la foi que Pierre a prêchée et établie à Rome et qu'il y a scellée de son sang, n'a jamais péri et ne périra jamais.

Voilà, Seigneur, le grand secret de cette promesse : « Simon, j'ai prié pour toi que ta foi ne défaille pas; et toi confirme tes frères [1]. » Nous tenons cette explication de vos saints, et toute la suite des événemens la justifie. O Seigneur, qui ne vous loueroit,

[1] *Luc.*, XXII, 32.

et qui ne seroit ravi en admiration de voir tout l'état de votre Eglise, depuis sa première origine jusqu'à la consommation des siècles, si clairement renfermé (a), prédit et promis dans deux lignes de votre Evangile ! Que reste-t-il, ô Seigneur, sinon que nous vous priions de remplir la chaire de saint Pierre de dignes sujets, de leur ouvrir les yeux pour entendre le grand mystère de Dieu sur le siége qu'ils occupent ? Faites, Seigneur, qu'à travers la pompe et le faste qui les environnent, ils considèrent le fond qui les soutient : qu'ils songent toujours que leur vraie gloire est de succéder à un pêcheur : que la nacelle où ils sont portés et dont ils tiennent le gouvernail, seroit couverte de flots et abîmée par la tempête sans les promesses faites à Pierre : et que devant confirmer leurs frères dans la foi, ils les doivent aussi affermir dans la règle de la discipline.

LXXIII° JOURNÉE.

Soin de Jésus pour les apôtres. Il est mis au rang des scélérats.
Luc., xxii, 35, 36; Marc., xv, 28.

Et il leur dit : « Quand je vous ai envoyés sans sac, sans bourse, sans chaussure, vous a-t-il manqué quelque chose ? — Rien, Seigneur. — Mais maintenant, que celui qui a un sac ou une bourse les prenne, et que celui qui n'en a point vende sa robe pour acheter une épée [1]. »

Rien ne vous a manqué. Tel a été le soin du Sauveur : il n'a pas voulu que ses disciples aient manqué de rien. Mais quoi ! n'ont-ils pas été dans le besoin ? Qu'étoit-ce donc que d'être réduits à rompre des épis dans leurs mains pour se nourrir ? N'étoit-ce pas là une assez pressante nécessité ? Jésus-Christ ne dit pas qu'ils n'aient jamais souffert, jamais été dans le besoin; mais il dit que jamais ils n'ont manqué absolument et qu'ils ont été bientôt secourus : non que Jésus-Christ ait fait des miracles pour

[1] *Luc.*, xxii, 35, 36.
(a) *Var. :* Expliqué.

cela; car nous ne lisons pas qu'il ait multiplié les pains plus de deux fois en faveur de tout un grand peuple, et la conduite de sa famille alloit par des voies plus naturelles. Apprenons donc à nous fier à cette conduite douce et imperceptible de Jésus-Christ, par laquelle au milieu des besoins et des souffrances il conserve pourtant aux siens les provisions nécessaires.

La suite du discours fait voir l'attention qu'avoit le Sauveur à accomplir les prophéties. C'en étoit une bien particulière, que le Christ dùt être mis au rang des scélérats [1], et elle devoit être parfaitement accomplie, lorsqu'il fut crucifié entre deux voleurs. Mais c'étoit un préparatoire, qu'il parùt comme un voleur se défendre contre les ministres de la justice : — « Vous êtes venus à moi, dit-il, comme à un voleur, me prendre avec force [2]. » — On le représentoit donc comme un homme dont la violence étoit à craindre, et qu'il falloit attaquer avec armes. Il étoit du dessein de Dieu et de l'ordre des prophéties, qu'il parùt environné de gens de main et qui usassent de l'épée pour le sauver. On sait pourtant ce qu'il fit pour réparer cette violence des siens, et il suffit aujourd'hui de considérer comme il falloit qu'il y eùt quelque sorte de fondement à la calomnie qu'on devoit faire contre lui.

Ne nous étonnons donc pas, lorsque par la secrète disposition de la divine Providence il se trouve dans notre vie quelque chose qui affoiblisse notre gloire et qui donne lieu à la médisance. Dieu saura en tirer sa gloire, pourvu que nous soyons sans faute, et que nous subissions avec soumission ce qu'il ordonne. « Il faut, dit-il, que tout s'accomplisse; et ce qui est écrit de moi, tire à sa fin [3]. » Ainsi les choses alloient s'accomplissant peu à peu et l'une après l'autre. On lui dit qu'il y avoit deux épées dans la compagnie: il le savoit bien ; mais il vouloit qu'il fùt marqué qu'il n'y arrivoit rien par hasard dans sa passion. Il répondit : « C'est assez [4]; » et après avoir tout accompli et donné tous ses ordres, avant que d'aller selon sa coutume dans le jardin des Olives, il commença son dernier adieu et ses dernières instructions que nous allons voir dans saint Jean.

[1] *Marc.*, XV, 28. — [2] *Matth.*, XXVI, 55. — [3] *Luc.*, XXII, 37, 38. — [4] *Ibid.*, 39.

LXXIV° JOURNÉE.

Glorification de Jésus. **Joan.,** xiii, 31, 32.

« Maintenant, » remarquez la circonstance : maintenant que la fin approche; que le perfide disciple qui a machiné ma mort est parti pour exécuter ce complot, qu'il le conclut et que je vais être livré à mes ennemis pour souffrir de leur violence les dernières extrémités : « Maintenant le Fils de l'homme va être glorifié [1] : » mais ce n'est pas là, poursuit-il, à quoi je m'arrête : la gloire de Dieu fait tout mon objet; « et Dieu va être glorifié en lui » par son obéissance, par son sacrifice le plus parfait qui fut jamais et d'un mérite infini. Sa justice, sa vérité, sa miséricorde va éclater dans la rémission des péchés, dans la peine que j'en porterai, dans l'expiation que j'en ferai par mon sang. Ma doctrine va être confirmée par ma mort : je tirerai tout à moi, et je retournerai à la gloire que j'ai eue dès l'éternité auprès de mon Père.

« Si Dieu est glorifié en lui, il le glorifiera en lui-même, et il ne tardera pas à le glorifier [2]. » Car ceux en qui Dieu est glorifié par leur obéissance et leurs humiliations, il ne manque pas de les glorifier et de les glorifier en lui-même : et il ne tardera pas à les glorifier : à plus forte raison glorifiera-t-il son Fils bien-aimé, qui ne respire que la gloire de son Père, et par là a mérité que son Père songeât à la sienne et sans tarder.

Que de gloire ! mais considérons d'où elle vient et dans quelles circonstances Jésus-Christ en parle. C'est au moment que Judas part pour aller consommer son crime, et livrer son Maître au dernier supplice : c'est donc du plus grand de tous les crimes que doit naître cette gloire de Dieu la plus grande qui fut jamais : c'est des plus grandes extrémités où Jésus pût être poussé que sortira sa plus grande gloire. Chrétien, ne perds pas courage, lorsque le crime et les injustices abondent : Dieu ne permettroit jamais le mal, s'il n'étoit puissant pour en tirer le bien, et un

______
[1] *Joan.,* xii, 31. — [2] *Ibid.,* 32.

plus grand bien : et lorsque l'iniquité abonde le plus, c'est alors qu'il trouve moyen d'accroître sa gloire. Ne perds pas courage non plus, quand tu es livré à tes ennemis et aux plus terribles angoisses : c'est encore de cette source que doit naître ta grande gloire et la grande gloire de Dieu, à laquelle tu dois être plus sensible qu'à la tienne.

Chrétiens, membres de Jésus, apprenez d'où vient la gloire à votre Chef : c'est ainsi qu'elle doit aussi se répandre sur les membres. « Quand je suis foible, dit saint Paul, c'est alors que je suis puissant [1] : » quand je suis méprisé, c'est alors que je dois être glorifié en Dieu : non point dans les hommes ni dans le monde qui n'est rien, mais en Dieu où est la gloire, parce qu'en lui est la vérité.

LXXV⁰ JOURNÉE.

Commandement de l'amour. Joan., XIII, 1, 33-35.

Lisez avec attention les versets 13, 14, 15, et entrez dans les sentimens de la tendresse du Sauveur.

« Mes petits enfans [2] : » souvenez-vous de cette parole du Sauveur. « Ayant toujours aimé les siens, il les aima jusqu'à la fin [3]. » Et maintenant il va ramasser toute sa tendresse, pour leur donner le précepte de la charité fraternelle. Car pour établir cette loi d'amour, il vouloit faire ressentir à ses disciples des entrailles toutes pénétrées de tendresse. « Mes petits enfans : » il ne les avoit jamais appelés de cette sorte : jamais il ne les avoit nommés ses enfans : et pour dire quelque chose de plus tendre : « Mes petits enfans, » dit-il, comme s'il eût dit : Voici le temps que je vais vous enfanter : j'ai été toute ma vie dans les douleurs de l'enfantement; mais voici les derniers efforts et les derniers cris par lesquels vous allez naître : « Mes petits enfans. » Ecoutez donc cette parole paternelle : « Je serai encore avec vous un peu de temps : » profitez donc de ce temps pour entendre mes dernières volontés. « Vous

---

[1] II *Cor.*, XII, 10. — [2] *Joan.*, XIII, 33 et seq. — [3] *Ibid.* 1.

me chercherez : » viendra le temps que vous rachèteriez de beaucoup la consolation d'entendre ma parole; et comme j'ai dit aux
Juifs : « Vous ne pouvez pas venir où je vais, je vous le dis aussi
présentement : » profitez donc encore un coup du temps que j'ai
à être avec vous : car « je m'en vais en un lieu où vous ne pouvez
pas venir, » ainsi que j'ai dit aux Juifs. Avec ce préparatif et cette
démonstration d'une tendresse particulière, où en veut-il enfin
venir? Ecoutons, profitons, croyons.

« Je vous donne un commandement nouveau, de vous aimer
les uns les autres; comme je vous ai aimés, vous devez aussi vous
entre-aimer les uns les autres [1]. » Pourquoi est-ce un commandement nouveau? Parce que l'esprit de la loi nouvelle, c'est d'agir
avec amour, et non pas avec crainte : parce qu'encore que le précepte de la charité fraternelle soit dans l'Ancien Testament, il n'a-
voit jamais été si bien expliqué que dans le Nouveau; et sur cela
vous pouvez voir le chapitre x de saint Luc, où Jésus-Christ
explique et décide que tous les hommes sont notre prochain, et
qu'il n'y a plus d'étranger pour nous : depuis le verset 29 jusqu'au 37. En troisième lieu ce commandement est nouveau, parce
que Jésus-Christ y ajoute cette circonstance importante, de nous
aimer les uns les autres comme il nous a aimés : il nous a prévenus par son amour, lorsque nous ne songions pas à lui : il est
venu à nous le premier : il ne se rebute point par nos infidélités,
par nos ingratitudes : il nous aime pour nous rendre saints,
pour nous rendre heureux, sans intérêt, car il n'a pas besoin de
nous ni de nos services, avec un amour qui coule de source et ne
s'est jamais rebuté. « Allez donc, et faites de même [2]. »

Pourquoi vois-je parmi vous des haines bizarres, des opposi-
tions d'humeur à humeur et de personne à personne, des inimitiés, des jalousies, de l'aigreur, de l'emportement, des répu-
gnances cachées? Est-ce en cette sorte que Jésus-Christ nous a
aimés? Mais pourquoi vois-je d'un autre côté des flatteries, des
complaisances ou excessives ou fausses? Est-ce ainsi que Jésus-
Christ nous a aimés? Et pourquoi vois-je parmi vous des liaisons
particulières, des partis et des cabales les uns contre les autres?

____
[1] *Joan.*, XIII, 34. — [2] *Luc.* X, 37.

Est-ce ainsi que Jésus-Christ nous a aimés? Mais pourquoi avancer ou reculer les personnes selon l'inclination que vous avez pour elles? Est-ce ainsi que Jésus-Christ nous a aimés? Il a témoigné plus d'inclination, si l'on ose parler de cette sorte, pour saint Jean : « c'étoit le disciple que Jésus aimoit; » mais cette inclination, qu'étoit-ce autre chose, selon la tradition des saints docteurs, qu'un amour particulier pour la chasteté virginale qu'il avoit trouvée et qu'il conserva en saint Jean? Et pour venir aux autres qualités de ce bien-aimé disciple, l'amour qu'il avoit pour lui, qu'étoit-ce autre chose que l'amour de la bonté, de la douceur, de la simplicité, de la candeur, de la cordialité, de la tendresse, de la contemplation, par lesquelles il avoit une convenance particulière avec son Maître? Aimez donc en cette sorte. Et cet amour particulier dont il honora saint Jean, lui fit-il avoir de l'indulgence pour lui, quand il avoit tort? Et l'empêcha-t-il de lui dire aussi bien qu'à son frère saint Jacques : « Vous ne savez ce que vous demandez [1]; » et dans une autre occasion : « Vous ne savez de quel esprit vous êtes [2]? » Faites donc de même. Mais sa tendresse lui fit-elle préférer saint Jean aux autres? N'est-ce pas Pierre qu'il mit à la tête du collége apostolique et de toute l'Eglise? A la fin il confia à saint Jean sa sainte Mère : qui convenoit davantage avec elle, comme avec lui, par toutes les qualités que nous avons vues, et en particulier par la virginité? Il s'agissoit de sa famille, de son domestique; et il préfère saint Jean, qui outre les autres choses que nous avons vues, étoit encore son proche parent. Aimez donc de même : ayez les égards que le sang demande, mais réglez le fond de vos affections par la vertu. Et jusqu'où est-ce que Jésus a porté son amour? Jusqu'à donner sa vie pour ceux qu'il aimoit. Ne doutez pas qu'il n'y ait des occasions où vous en devez faire autant pour votre frère : « Aimez comme j'ai aimé : » voilà mon nouveau précepte : le modèle de votre amour, c'est le mien. Ecoutez, « mes petits enfans : » faites comme moi.

Mais voici le dernier mot qui presse plus que tous les autres : « En cela tous connoîtront que vous êtes mes disciples, si vous vous

___
[1] *Matth.*, xx, 22. — [2] *Luc.*, ix, 55.

aimez mutuellement [1]. » Voilà le caractère de chrétien et de disciple de Jésus-Christ. Qui renonce à la charité renonce à la foi, abjure le christianisme, sort de l'école de Jésus-Christ, c'est-à-dire de son Eglise. Tremblez donc, cœurs endurcis; tremblez, insensibles; tremblez, vous tous dont les aversions sont implacables, les inimitiés irréconciliables : vous n'êtes plus disciples de Jésus-Christ, vous n'êtes plus chrétiens; vous renoncez à votre baptême.

Voyez l'Eglise naissante : « Un cœur et une ame : tout commun : et ils étoient tous unanimement assemblés dans la galerie de Salomon [2] : » sans dissension : sans envie : sans intérêt : rendant le bien pour le mal : « Et tout le peuple les admiroit [3]. » Et on disoit : Voilà les disciples de Jésus : c'étoit là leur caractère particulier : l'envie, l'intérèt, la haine règnent dans tout le reste des hommes : l'innocent troupeau de Jésus ne connoissoit point ces maux. Mon Sauveur, où sont vos disciples maintenant? où est la charité? où est l'amour fraternel? Qu'il est rare! Aussi avez-vous dit que « le temps viendroit, que les scandales, que l'iniquité abonderoit, que la charité seroit refroidie dans la multitude [4]; » et que, « quand vous viendriez sur la terre, à peine y trouveriez-vous de la foi [5], » de cette foi animée de la charité.

Pleurons, mes frères, pleurons la charité refroidie : refroidie dans la multitude, dans la plupart de ceux qui se disent chrétiens, mais refroidie en nous-mêmes. Réchauffons-la : venons à Jésus : écoutons avec tendresse son dernier discours, avec tendresse ce qu'il dit si tendrement : la charité fraternelle nous devient recommandable par ces raisons, par la tendresse avec laquelle Jésus-Christ nous la recommande, par le temps qu'il choisit pour nous la recommander, par le modèle qu'il nous donne de la charité fraternelle en sa personne, par le caractère de chrétien qu'il attache à cette divine vertu. Soyons disciples de Jésus-Christ, soyons chrétiens, c'est-à-dire aimons nos frères : et comment? « Comme Jésus-Christ nous a aimés. » A ces mots il se tut; et nous laissa à goûter ce nouveau commandement de la loi de grace.

----

[1] *Joan.*, XIII, 35. — [2] *Act.*, IV, 32; V, 12.— [3] *Act.* II, 12; V, 13.— [4] *Matth.*, XXIV, 12. — [5] *Luc.*, XVIII, 8.

LXXVI° JOURNÉE.

Présomption et chute de saint Pierre. Joan., XIII, 33 et seq.

Comme Jésus-Christ se fut tu, saint Pierre frappé de cette parole : « Vous me chercherez ; et ainsi que j'ai dit aux Juifs, vous ne pouvez pas venir où je vas [1] : » car elle paroissoit rude et il sembloit les avoir rangés avec les Juifs, qui ne croyoient point à sa parole; frappé donc de ce discours, il dit au Sauveur : « Seigneur, où allez-vous? » Et Jésus lui dit : « Vous ne pouvez maintenant me suivre où je vas, mais vous me suivrez après [2]. » Jésus console ses apôtres en la personne de Pierre, et leur donne espérance de le suivre un jour où il alloit. Mais il leur déclare en même temps qu'ils ne le pouvoient pas encore. Et Pierre, dont le zèle n'étoit pas content de cette explication, lui répondit tout ému : « Pourquoi ne puis-je pas vous suivre maintenant? » Il entendit bien que son Maître alloit à la mort, et il ajouta : « Je donnerai ma vie pour vous. Vous donnerez votre vie pour moi? Le coq ne chantera point que vous ne m'ayez renié trois fois [3]. »

La faute, la grande faute, la cause de son reniement, de son crime, et déjà peut-être un terrible commencement de ce crime, c'est que Jésus-Christ lui disant : « Vous ne pouvez pas, » au lieu de reconnoître son impuissance et de lui dire : Il est vrai, Seigneur; je ne le puis : je devrois bien le sentir et me connoître mieux moi-même; mais je veux du moins vous en croire, m'humilier devant vous et confesser, non pas ma foiblesse, mais mon impuissance. Mais vous qui êtes tout-puissant, aidez-moi : donnez-moi la force. Au lieu donc de répondre ainsi et de dire comme il avoit dit autrefois avec les autres apôtres : «Seigneur, augmentez-moi la foi [4], » rendez-la forte, rendez-la ardente, rendez-la toute-puissante; ou avec cet autre : « Je crois, aidez mon incrédulité [5]; » en un mot au lieu de s'humilier et de prier, il s'élève contre Jésus-Christ; et avec une témérité pitoyable, mais punis-

______

[1] *Joan.*, XIII, 33. — [2] *Ibid.*, 36. — [3] *Ibid.*, 37, 38. — [4] *Luc.*, XVII, 5. — [5] *Marc.*, IX, 23.

sable, il dit qu'il peut à celui qui sait tout et qui lui dit qu'il ne peut pas.

Quand Jésus demande à Pierre par trois fois : « M'aimez-vous, m'aimez-vous, m'aimez-vous plus que ceux-ci? » il sut bien lui dire : « Seigneur, vous savez tout ; vous savez que je vous aime [1] ; » il devoit donc dire ici : Seigneur, vous savez tout : vous savez ce que je puis mieux que moi-même : aidez-moi donc, afin que je puisse ce que je vous promets de faire.

Faute d'avoir fait cette réponse, il tombe d'une manière déplorable ; mais plutôt il est déjà tombé bien bas, faute de la faire : car il est tombé dans la présomption ; faute qui mérite qu'on soit livré à tous les crimes, et qui en effet livra saint Pierre au reniement par trois fois.

O mon Dieu, qui ne trembleroit, qui ne se défieroit de soi-même, qui ne reconnoîtroit humblement son impuissance? Avouons-la : n'attendons pas que Notre-Seigneur nous dise : « Tu ne peux pas : » prévenons sa face par la confession [2] de notre impuissance, de peur qu'il ne nous la fasse connoître par notre chute.

Mais encore, qu'est-ce qui trompe saint Pierre? Qu'est-ce qui le trompe, sinon cette aveugle estime qu'on a de soi-même, qui nous fait croire que nous pouvons ce que nous ne pouvons pas?

Mais enfin qu'est-ce qui fait croire à saint Pierre qu'il pouvoit ce qu'il ne pouvoit pas, si ce n'est qu'il le vouloit, et qu'il croyoit avoir son pouvoir dans sa volonté?

En effet, en cette occasion qu'étoit-ce que pouvoir, sinon vouloir? Il ne s'agissoit pas de suivre Jésus-Christ par les pas du corps : il s'agissoit de le suivre par une ferme résolution de mourir pour lui : et cette ferme résolution, qu'est-ce autre chose qu'un vouloir? Ainsi saint Pierre qui le vouloit et le vouloit sincèrement, car il n'avoit pas dessein de tromper son Maître; et le vouloit ardemment à ce qu'il lui sembloit, et en vérité, car il étoit en effet tout plein de ferveur et il aimoit Jésus-Christ jusqu'à vouloir mourir avec lui s'il étoit besoin, croyoit (a) qu'il le pouvoit, parce qu'il le vouloit de cette sorte.

[1] *Joan.*, XXI, 15-17. — [2] *Psal.* XCIV, 2.
(a) *Var. :* Et il croyoit.

Il ne savoit pas ce que c'étoit que la volonté de l'homme. Car en effet, quand il s'agit de prendre la résolution de marcher après Jésus-Christ, de l'imiter, de le suivre, pouvoir c'est vouloir; mais c'est vouloir fortement, c'est vouloir invinciblement, c'est avoir une volonté à l'épreuve de tous les périls et capable d'affronter la mort.

La volonté de saint Pierre n'en étoit pas encore à ce degré : et c'est pourquoi Jésus-Christ lui dit qu'il ne pouvoit, parce qu'il ne vouloit pas encore assez : et lui, au lieu de sentir qu'une volonté foible ne peut rien et qu'elle cesse pour ainsi parler d'être volonté dans une tentation qui la passe, disoit hardiment qu'il pouvoit tout ce qu'il sentoit qu'il vouloit, et qu'il vouloit avec force jusqu'à un certain point, mais non pas jusqu'au point qu'il falloit pour accomplir sa promesse. C'est pourquoi Jésus lui disoit, non pas simplement : « Vous ne pouvez pas, » mais, « vous ne pouvez pas me suivre maintenant; » et il ajoutoit : « Vous me suivrez un jour [1] : » qui étoit lui dire, comme dit saint Augustin [2] : Vous ne le pouvez pas encore, parce que votre volonté est foible; mais vous le pourrez, quand vous aurez reçu une volonté assez forte.

Saint Pierre étoit juste; car Jésus-Christ lui avoit dit comme aux autres : « Et vous, vous êtes purs, mais non pas tous [3], » en n'exceptant que Judas. Mais sa justice tenoit encore beaucoup de cette justice de la loi, qui croit qu'il n'y a rien qu'à vouloir et qu'à faire, sans songer par qui on veut et par qui on fait. Saint Pierre vouloit; mais il ne vouloit pas assez fortement; et il devoit avoir entendu que ce commencement de bonne volonté ne lui venoit pas de lui-même, mais de Dieu. S'il l'eût entendu, s'il l'eût cru aussi vivement qu'il falloit, il auroit commencé par confesser que le peu qu'il pouvoit venoit de la grace : et que par conséquent pour pouvoir beaucoup, il falloit encore que la grace donnât ce pouvoir, c'est-à-dire qu'elle fortifiât sa volonté foible et qu'elle lui en inspirât une si forte, que toute crainte cédât à sa puissance. Alors donc il auroit dit, non pas : Je puis; non pas : Je voudrai; non pas : J'irai; mais : Seigneur, aidez ma foiblesse; faites-moi vouloir de cette manière, à qui rien n'est impossible. Je veux déjà en quelque façon, et c'est un effet de votre grace : à vous la gloire

1 *Joan.*, XIII, 36. — 2 *Tract. in Joan.* LXVI, n. 1. — 3 *Joan.*, XIII, 10.

de ce foible et tel quel commencement de bonne volonté; mais achevez votre ouvrage : mettez-y la dernière main : vous qui avez commencé, achevez. Car vous seul pouvez achever en nous ce que vous seul vous y pouvez commencer de bien. « Celui qui a commencé en vous la bonne œuvre, y mettra la perfection [1]. »

Saint Pierre ne connoissoit pas encore parfaitement cette justice qui est la justice chrétienne, qui veut faire (car on n'est pas juste parce qu'on écoute, mais parce qu'on fait), mais qui songe par qui on fait et qui a continuellement recours à la grace. Cet apôtre « étoit zélé » à la vérité « mais non pas encore selon la science, » parce que voulant établir sa propre justice et « ne connoissant pas encore que la véritable justice est celle qui vient de la grace, » il ne « s'étoit pas assujetti à la justice de Dieu [2]. » Voilà ce que dit un autre apôtre, et c'est ainsi qu'il explique la justice chrétienne. Saint Pierre ne l'avoit pas encore assez entendu. Ainsi étant juste, mais non encore parfaitement de la justice qui est en Jésus-Christ, c'est-à-dire de cette justice qui rapporte entièrement à Dieu tout ce qu'elle a de bien; zélé à la vérité, mais non pas encore comme il falloit : que lui sert ce foible commencement de vertu et de justice, sinon à présumer, à l'engager, à l'égarer, à le mener au lieu où il devoit renier, au lieu où sa justice et sa fidélité fit un si horrible naufrage?

Vraiment le Sage a raison de dire : « Bienheureux l'homme qui est toujours en crainte [3], » qui se craint toujours lui-même! Si saint Pierre eût eu cette crainte, il n'auroit pas présumé de ses forces : il n'auroit pas suivi Jésus-Christ dans la maison de Caïphe : car personne ne le lui avoit ordonné, et rien ne lui demandoit cette action téméraire, si ce n'étoit sa présomption. Il auroit craint, il auroit prié : sa foi se seroit fortifiée, et il se seroit rendu capable de résister à la crainte de la mort. Mais il va, croyant tout pouvoir; il s'expose volontairement à un péril trop grand pour sa foiblesse : son zèle le trompe : son amour le trompe. Quoi! un faux zèle, un faux amour? Non, il n'étoit pas tout à fait faux; car il étoit vraiment juste, ainsi que nous l'avons vu : il aimoit donc véritablement : il aimoit même beaucoup; mais

____

[1] *Philipp.*, i, 6. — [2] *Rom.*, x, 2, 3. — [3] *Prov.*, xxviii, 14.

non pas encore assez pour ce qu'il vouloit entreprendre : il n'avoit donc qu'à se tenir dans ses bornes, et demander humblement et persévéramment la perfection de cet amour. Mais au lieu de remercier, au lieu de prier, il présume : il n'entend pas encore la vérité de cette parole que son Maître lui dira bientôt : « Sans moi vous ne pouvez rien [1]. » Son propre zèle, sa propre vertu tourne en poison à sa présomption et lui sert de nourriture ; et il lui est si important de se bien connoître et d'entendre qu'il ne peut rien de lui-même, que Jésus-Christ permet qu'il l'apprenne par sa chute.

Hélas ! hélas ! pauvre cœur humain, qui ne te connois pas toi-même, à qui ta propre vertu, je dis même la véritable, devient un piège, l'appât et la pâture de l'orgueil ! Viens t'instruire par l'exemple d'un si grand apôtre : il présume : il s'engage : il renie : une servante fait trembler cet intrépide, qui se vantoit de ne rien craindre. Ce n'est pas assez pour rompre l'enchantement de son amour-propre, de renier une fois : il faut qu'il renie jusqu'à trois, et encore avec jurement, avec blasphème, avec exécration. Il le faut : qu'est-ce à dire, il le faut? Est-ce qu'il est poussé au crime? A Dieu ne plaise ! il a présumé de lui-même : il est livré à lui-même. Pour lui ouvrir les yeux et lui faire sentir son mal, qu'il ne veut pas voir, il faut qu'il tombe, et son erreur est si grande qu'il n'en peut revenir que par là.

Jésus le regarde : il se réveille : il se retire : il commence à sentir qu'il ne falloit point aller au lieu d'où il ne peut se retirer trop tôt. Hélas ! s'il y demeuroit, il renieroit peut-être encore. Mais quoi ! Ne pleure-t-il pas sincèrement son péché ? Sans doute ; mais la partie la plus essentielle de la pénitence, c'est de sortir du péril, c'est de le fuir : autrement on tombe encore ; et faute d'avoir profité de sa chute, on tombe sans ressource : on n'en relève jamais.

Et voyez la foiblesse du cœur humain ! Pierre pleure ; mais voici pour lui une autre épreuve : le scandale de la croix. On lui vient dire comme aux autres que Jésus-Christ étoit ressuscité ; et comme eux il est incrédule, quoique ceux qui lui venoient annoncer la résurrection de Jésus-Christ ne fissent que lui raconter

____
[1] *Joan.*, xv, 5.

l'accomplissement de ce qu'il avoit dit lui-même à ses disciples, et à Pierre même. Autre chute déplorable : autre preuve de l'infirmité humaine. Jésus-Christ nous instruit par ses exemples, et ne craint point d'étaler au monde toute la foiblesse de ses disciples et du chef de son Eglise, afin de nous apprendre à trembler, à être humbles. Et après sa résurrection, il parle encore à saint Pierre et lui demande : « Pierre, m'aimes-tu [1]? » Comme s'il eût dit : « Prends bien garde : » sonde bien ton cœur : tu as cru pouvoir ce que tu ne pouvois pas : pense donc bien si tu m'aimes : et à la troisième fois il le met encore à une plus grande épreuve : « M'aimes-tu plus que ceux-ci : » plus que tous les autres apôtres? Et Pierre lui répondit, comme on vient de voir : « Seigneur, vous savez tout : vous savez que je vous aime [2] : » et il disoit vrai. Car Jésus récompensa son amour, et lui confia ses brebis et ses agneaux, et les grands et les petits de son troupeau ; et le crut si élevé au-dessus de tous ses apôtres, qu'il le mit à leur tête et à la tête de tout le troupeau, de toute l'Eglise. Il semble donc que son amour étoit alors à la perfection. Peut-être donc qu'il pouvoit alors suivre Jésus-Christ jusqu'à la mort? Non : connois ici, chrétien, par combien de degrés d'amour il faut parvenir à ce grand et parfait amour : à cet amour dont Jésus-Christ nous dira bientôt « qu'il n'y en a point de plus grand, et qui nous fait donner notre vie pour nos amis [3]. » Saint Pierre avec cet amour, qui lui a mérité sur ses frères les apôtres une si éminente prérogative, n'en est pas encore à ce point. Et qui oseroit le dire, si Jésus-Christ ne l'avoit dit le premier? « Je vous enverrai, dit-il, le Saint-Esprit [4] : mais vous : » vous : à qui parle-t-il? A ses apôtres sans doute, parmi lesquels étoit saint Pierre : « vous donc demeurez dans la ville : » renfermez-vous dans le cénacle pour prier : et ne sortez pas, « jusqu'à ce que vous soyez revêtus de la vertu d'en haut [5]. » De quoi donc avoient-ils besoin? De vertu, de force, de puissance, pour être capables de prêcher sans crainte l'Evangile et de goûter la joie de souffrir pour Jésus-Christ. Voilà de quoi ils avoient besoin : tous, et saint Pierre comme les autres,

<hr>

[1] *Joan.*, XXI, 15. — [2] *Ibid.*, 17. — [3] *Joan.*, XV, 13. — [4] *Joan.*, XVI, 7. — [5] *Luc.*, XXIV, 49.

avoient besoin, par-dessus la foi et par-dessus l'amour qu'ils avoient déjà, de recevoir une vertu, une puissance d'en haut. Elle vint cette vertu, et le Saint-Esprit descendit : les voilà forts : Pierre ne craint plus : Pierre est pierre, c'est-à-dire un rocher contre qui se brisent tous les flots : et comment? Par la nouvelle vertu qui lui est venue d'en haut. Marche, Pierre : dis hardiment que tu suivras Jésus-Christ jusqu'à la mort. Tu le peux : et voici le temps que le Sauveur avoit marqué : « Tu ne peux me suivre à présent, mais après tu le pourras [1]. » Voilà ce temps arrivé : parlez, Pierre : allez à la tête du troupeau attaquer le monde, subjuguer le monde : vous avez expérimenté votre impuissance : vous avez connu la grace : vous l'avez reçue : vous n'avez plus rien à craindre : vous pouvez tout.

Recueillons-nous un moment sous les yeux de Dieu : rentrons en nous-mèmes par une profonde connoissance de notre impuissance : confessons que nous ne pouvons rien sans Jésus-Christ. Ne nous fions point à notre ardeur, à notre zèle, à ces agréables transports de piété qui nous paroissent sincères, qui le sont peut-être, mais non encore assez forts : ne nous exposons pas volontairement aux tentations, aux périls, à ce commerce, aux dangereuses compagnies du monde : ne disons plus : Je ferai, je puis, car c'est là ce qui a trompé saint Pierre; disons : Seigneur, aidez-moi : soutenez mon impuissance : donnez-moi la force : et s'il faut dire : Je puis, que ce soit comme saint Paul : « Je puis tout en celui qui me fortifie [2]. »

<hr>

LXVIIᵉ JOURNÉE.

Préparation à l'intelligence des plus hautes vérités par la soumission et par une sainte frayeur.

Lisez le chapitre XIV; vous y trouverez des profondeurs à faire trembler. Seigneur, j'en suis effrayé : ceux qui ne les sentent pas, n'entendent pas. Profitez de ce que vous entendez : adorez ce que

[1] *Joan.*, XIII, 36. — [2] *Philipp.*, IV, 13.

vous n'entendez pas, c'est une grande leçon. Voulez-vous être
aidé par quelque pieuse explication des paroles de Jésus-Christ,
aidez-vous vous-même : cherchez vous-même, demandez au
grand Père de famille qu'il vous donne votre pain ; prenez toujours ce qu'il vous donnera par lui-même, et soyez disposé à recevoir ce qu'il vous donnera par ses ministres. Accoutumez-vous
à cet exercice : c'est ainsi qu'on vient à entendre : les difficultés
s'aplanissent peu à peu : quand elles demeureroient, que vous
importe ? Ce n'est pas la curiosité que vous voulez satisfaire : vous
voulez bien ignorer ce que Jésus-Christ ne vous veut pas découvrir. Tout ce que vous trouverez clair, c'est ce qu'il vous dit,
c'est par là qu'il vous parle : et lorsque vous n'entendez pas, il
vous parle d'une autre manière ; il vous dit : Crois : adore : hu-
milie-toi : désire : cherche : heureux, soit que tu trouves, soit
que Dieu réserve cette grace à un autre temps, puisqu'en attendant tu te soumets ; qui est plus que d'avoir trouvé et d'entendre,
puisque c'est le principe pour entendre, et que c'est déjà entendre
ce qu'il y a de meilleur.

LXXVIII⁰ JOURNÉE.

Confiance en Jésus-Christ notre intercesseur. Ibid.

« Que votre cœur ne se trouble pas, » qu'il ne craigne rien :
« il y a plusieurs demeures dans la maison de mon Père : je m'en
vais vous préparer la place [1]. »

Les temps de trouble arrivoient : c'étoit l'heure de la puissance
des ténèbres : les apôtres étoient déjà comme au milieu de ces
troubles : Jésus-Christ leur avoit déclaré qu'il alloit être trahi, et
par l'un d'eux : il avoit désigné le traître à quelques-uns, et ils
l'avoient vu partir de la table et de la maison : il venoit de leur
dire le dernier adieu : « Mes petits enfans, je m'en vais et je ne
serai plus avec vous [2] : » il leur faisoit voir la violence de ses ennemis prête à éclater : sa sainte cène ne leur avoit remis devant

[1] *Joan.,* xiv, 1, 2. — [2] *Joan.,* xiii, 33.

les yeux que du sang répandu et un corps livré : et la tentation étoit tout ensemble et si terrible et si proche, que Pierre, le plus fervent, le plus hardi, le plus favorisé d'eux tous, y devoit succomber jusqu'à renoncer à son Maître, et cela dans la nuit même où ils alloient entrer. En cet état, il n'y avoit rien de plus nécessaire que de les précautionner contre tant de troubles : c'est aussi à quoi se termine tout ce discours, jusqu'à la fin de ce chapitre ; et après avoir dit dès le commencement : « Ne vous troublez pas, » ne craignez rien, il finit encore par les mêmes mots : « Je vous donne ma paix, je vous laisse ma paix : que votre cœur ne se trouble pas, ne craigne pas [1] : » après quoi il termine ce discours, et se lève pour aller à la mort.

Il faut donc entendre et peser toutes ses paroles. Par rapport à celle-ci : « Ne vous troublez pas, » nous verrons qu'au lieu de trouble, tout inspire la confiance aux apôtres. Ce qui leur causoit le plus de trouble, c'est qu'en leur disant : « Je m'en vais, » il sembloit ne leur laisser aucune espérance de le suivre : il les avoit mis au rang des Juifs, qui sembloient exclus de cette grace : « Je m'en vais ; et comme j'ai dit aux Juifs, vous ne sauriez venir où je vais [2]. »

Il est vrai qu'il avoit dit à saint Pierre : « Vous ne pouvez pas encore me suivre, mais vous me suivrez après [3] : » par où il leur donnoit quelque espérance, puisque saint Pierre devoit le suivre un jour où il alloit, les autres sembloient aussi y être appelés. Mais pour ne leur laisser aucun doute : « Il y a, dit-il, plusieurs demeures dans la maison de mon Père [4] : » il n'y en a pas seulement pour moi et pour Pierre ; il y en a pour plusieurs : il y en a pour vous : « Je m'en vais, mais c'est pour vous préparer la place : ne vous troublez donc pas : » ne craignez rien : « vous croyez en Dieu ; » c'est dans son royaume que votre demeure vous est préparée : « Croyez aussi en moi ; » car c'est moi qui vous y vais préparer la place. « Ne vous troublez donc pas, » ne craignez rien : « Croyez en moi » comme « vous croyez en Dieu, » et tout est en sûreté pour vous.

« Il y a plusieurs demeures dans la maison de mon Père ; s'il

[1] *Joan.* XIV, 27, 28. — [2] *Joan.*, XIII, 33. — [3] *Ibid.*, 36. — [4] *Joan.*, XIV, 1, 2.

n'en étoit pas ainsi, je vous le dirois : » avec tant de bonté, avec tant d'amour, vous cacherois-je votre sort ? Admirez et ressentez la tendresse de ces paroles : « S'il n'en étoit pas ainsi, je vous le dirois. » Ce n'est pas aux seuls apôtres qu'elles sont dites, c'est encore à nous. Répétons-les encore un coup, et laissons-nous-en pénétrer : « S'il n'en étoit pas ainsi, je vous le dirois : » je ne vous veux rien cacher, et avant que de partir je veux vous apprendre tous les secrets qui vous regardent. « Ayant aimé les siens, il les a aimés jusqu'à la fin [1], » et en s'en allant il leur veut ôter tout sujet de crainte.

« Si je m'en vais, » c'est que « je vais vous préparer la place [2]. » Jésus, notre avant-coureur, est entré pour nous ; et c'est pour cela qu'il est appelé notre pontife selon l'ordre de Melchisédech [3]. Nous avons un grand Pontife qui a pénétré les cieux [4] : » Il est entré dans ce sanctuaire éternel dont l'entrée étoit interdite aux hommes à cause de leurs péchés : il a percé « au dedans du voile [5] : » et notre foi, notre espérance y entre après lui ; car il nous est allé préparer la place, et c'est pour cela qu'il y entre.

Remettons-nous devant les yeux la structure de l'ancien temple, où étoit le lieu très-saint, le Saint des saints, la partie du sanctuaire la plus intime, celle où étoit l'arche où Dieu même avoit établi sa résidence ; lieu inaccessible à tout autre qu'au souverain Pontife, qui encore n'y pouvoit entrer qu'une fois l'an. Il étoit couvert d'un grand voile parsemé de chérubins, pour nous faire souvenir de ce chérubin qui, avec une épée flamboyante qu'il remuoit d'une manière menaçante, gardoit la porte du paradis [6] pour empêcher nos premiers pères d'y rentrer, après qu'ils en eurent été chassés. Ce voile sacré et ces chérubins répandus dessus sembloient encore nous dire à l'entrée du sanctuaire : N'entrez pas : rien d'impur ne doit entrer en ce lieu : c'est la figure du ciel, où personne ne doit entrer jusqu'à ce que le souverain Pontife en ait ouvert l'entrée.

C'est là ce voile qui nous cachoit la gloire de Dieu : c'est là ce voile qui nous rendoit le sanctuaire inaccessible : c'est le voile

---

[1] *Joan.*, XIII, 1. — [2] *Joan.*, XIV, 3. — [3] *Hebr.*, VI, 20. — [4] *Hebr.*, IV, 14. — [5] *Hebr.*, VI, 19. — [6] *Genes.*, III, 24.

qui nous marquoit que nous étions interdits, impurs, incapables
d'entrer jamais dans le Saint des saints : c'est ce voile qui fut
déchiré du haut en bas par le milieu et mis en deux parts, lorsque
Jésus-Christ expira [1]. La terre trembla en même temps ; les tombeaux s'ouvrirent, et les morts ressuscitèrent, en témoignage que
par la mort et par le sang de Jésus, le sanctuaire étoit ouvert, les
morts recevoient la vie, l'interdit étoit levé, tout étoit changé
pour les hommes.

Le pontife s'ouvroit l'entrée dans le sanctuaire par le sang des
animaux ; mais Jésus-Christ y devoit entrer par son propre sang,
par l'oblation de lui-même [2]. Le pontife, avant que d'entrer dans
le sanctuaire, offroit pour ses péchés et pour ceux du peuple ; mais
le vrai souverain Pontife n'avoit pas besoin d'offrir pour lui [3], et en
qualité de Fils unique il entroit dans le ciel par son propre droit
naturel. Et c'est pourquoi n'offrant que pour nos péchés, c'est à
nous qu'il ouvre l'entrée : « Je m'en vais vous préparer la place [4]. »

Son sacerdoce s'exerce principalement dans le ciel : car « s'il
n'eût été sacrificateur que pour la terre, il ne l'auroit point été
du tout [5], » puisqu'il y avoit pour la terre un autre sacerdoce et
d'autres victimes. Mais celui-ci, dont le sang est non-seulement
innocent et pur, mais encore infiniment précieux, commence à
la vérité l'exercice de son sacerdoce sur la terre, où il falloit qu'il
mourût pour les pécheurs ; « mais il le consomme dans le ciel, où
il paroît pour nous devant la face de Dieu [6], » où « assis à la droite
de la majesté de Dieu, il opère » continuellement « la rémission des
péchés [7], en intercédant pour nous [8] » et nous ouvrant la porte du
ciel par « le sang du Nouveau Testament répandu pour la rémission de nos péchés [9]. »

Ne soyons donc point troublés, ne craignons rien. Que peut
faire le monde contre nous, que de nous chasser de notre pays,
de notre maison, de toute la terre et de la vie? Mais quand nous
perdrons tout cela, il y a plusieurs demeures dans le ciel : nous y
avons notre place et une retraite assurée, où le monde et la puis-

---

[1] *Matth.*, XXVII, 51, 52; *Luc.*, XXIII, 45. — [2] *Hebr.*, IX, 7, 12, 25. — [3] *Levit.*,
XVI, 6, 11 ; *Hebr.*, VII, 27. — [4] *Joan.*, XIV, 2. — [5] *Hebr.*, VIII, 4. — [6] *Hebr.*, IX,
24. — [7] *Hebr.*, I, 3. — [8] *Hebr.*, VII, 25. — [9] *Matth.*, XXVI, 28.

sance des ténèbres ne peut plus rien. Croyons donc en Dieu , qui nous y reçoit; mais croyons aussi en Jésus-Christ, qui nous y va préparer la place : adorons le sang de l'alliance par lequel il y est entré : adorons ses plaies, par lesquelles il intercède pour nous et nous ouvre l'entrée du ciel. « Vous croyez en Dieu, croyez aussi en moi [1] : » car je suis Dieu, mais un Dieu-homme, un Dieu qui a été votre victime, un Dieu qui ai offert pour vous ce que j'ai pris de vous-mêmes : « Croyez en Dieu, croyez en moi : » après cela « ne vous troublez pas, ne craignez rien [2]. » Si vous aviez quelque chose à craindre et capable de vous troubler, ce seroient vos péchés qui crient contre vous et ne vous permettent pas le repos de la conscience; mais ils sont purgés : Jésus-Christ a levé l'interdit, et il vous tend les bras du haut du ciel pour vous y recevoir. Quittez donc comme lui la chair et le sang : sacrifiez vos passions et vos désirs sensuels : c'est le sang qu'il vous faut répandre pour vous conformer à Jésus-Christ : ne craignez rien, ne vous troublez pas : encore un coup « nous avons un souverain Pontife qui a pénétré les cieux : présentons-nous donc avec une entière confiance devant le trône de la grace , pour en être secourus dans nos besoins : devenons inébranlables dans la confession [3] » de son saint nom. Mais ne soyons pas de ceux « qui le confessent de bouche, et le renoncent par leurs œuvres [4] : si nous le renonçons, il nous renoncera : et si nous lui sommes infidèles, » la faute en sera en nous : car pour lui « il est ferme dans ses paroles, et il ne se peut renoncer lui-même [5]. » Ne craignez donc rien, ne vous laissez troubler de rien : croyez en Dieu, croyez en Jésus-Christ, « par qui vous avez accès auprès de Dieu [6] »

<hr>

LXXIX° JOURNÉE.

Jésus-Christ est notre assurance et notre repos. Joan., xiv, 3-6.

« Après que je m'en serai allé et que je vous aurai préparé la

---

[1] *Joan.*, xiv, 1. — [2] *Ibid.*, 28. — [3] *Hebr.*, iv, 14, 16. — [4] *Tit.*, i, 16. — II *Timoth.*, ii, 12, 13. — [6] *Ephes.*, ii, 18.

place, je reviendrai pour vous prendre et vous emmener avec moi, afin que vous soyez où je suis [1]. »

Voici le dernier degré d'assurance et du repos que Jésus-Christ pouvoit donner à ses fidèles. Quand il reviendra au dernier jour, que « tous les hommes sécheront de frayeur dans l'attente de ce qui devra arriver à tout l'univers : Alors, dit-il, levez la tête, parce que votre rédemption approche [2]. » Je ne viens point vous juger : je viens vous querir et vous emmener avec moi. Le jugement n'est que pour le monde et pour ceux qui aiment le monde : « Celui qui croit en moi » de cette foi vive et véritable « qui fructifie en bonnes œuvres, n'est pas jugé; il ne vient point en jugement, parce qu'il est déjà passé de la mort à la vie [3]. »

Sans attendre ce dernier jour, Jésus-Christ nous visite tous les jours, lorsqu'il nous appelle à son repos éternel : il nous visite par les maladies : il est ce grand Père de famille qui frappe à la porte : alors il vient nous querir, afin que là où il est, nous y soyons avec lui.

C'est là donc la grande parole : c'est la parole de consolation et de tendresse, où Jésus-Christ nous fait voir qu'il ne veut pas être sans nous, qu'il ne veut pas que nous soyons longtemps sans lui. C'est donc alors que bien loin d'être effrayés, nous devons nous mettre en état de lever la tête, parce que le moment arrive où nous allons être où est Jésus-Christ, dans son royaume, dans son trône. C'est là ce qui fait dire à saint Paul que ce corps mortel lui est à charge, qu'il désire d'en être dégagé pour « être avec Jésus-Christ [4], » qu'il désire d'être défait « de cette demeure terrestre, » et de quitter ce séjour où il est « éloigné du Seigneur [5], » pour aller habiter où il est.

Si nous aimons Jésus-Christ, rien ne nous doit être plus cher que cette parole : « Je m'en vais et je reviendrai vous querir, afin que vous soyez où je suis. » Etre loin de Jésus-Christ, c'est être dans la peine, dans la mort, dans la tentation, dans le péché : être avec Jésus-Christ, c'est être dans la gloire, dans la paix, dans la justice parfaite. Voilà ce qu'il nous promet : voilà où il

[1] *Joan.*, XIV, 3. — [2] *Luc.*, XXI, 26, 28. — [3] *Joan.*, III, 18; V, 24; *Coloss.*, I, 10. — [4] *Philipp.*, I, 22, 23. — [5] II *Cor.*, V, 1, 4, 6, 8.

appelle les apôtres, en leur disant le dernier adieu. Cet adieu n'est donc que pour un peu de temps : Jésus-Christ leur promet de revenir pour les emmener avec lui ; c'est la dernière marque de son amour, et le plus puissant motif pour les rassurer.

Et afin de leur ôter toute incertitude, il ajoute : « Vous savez où je vais et vous en savez la voie [1] : » c'est en quoi est la différence entre eux et les Juifs. Car les Juifs ne savoient ni où il alloit, ni par où il y falloit aller : leur infidélité, leur aveuglement les empêchoient de le suivre ; mais il dit au contraire à ses apôtres : « Vous savez où je vais, et vous savez le chemin par où il y faut aller. » Et ce chemin c'est moi-même : « Je suis la voie, la vérité et la vie [2]. » Pourquoi donc seriez-vous troublés de mon départ, puisque je vous montre la voie pour venir où je suis ?

Seigneur, lui avoit dit saint Thomas, « nous ne savons où vous allez et comment en pouvons-nous savoir la voie [3] ? — Je suis la voie, la vérité et la vie : » je suis celui où il faut aller : car c'est avec moi qu'il faut être : je suis la voie où il faut aller : parole haute et impénétrable au sens humain. Quelle est la fin de tous les désirs, si ce n'est la « vérité et la vie ? » C'est, dit-il, ce que je suis : et quand on en a trouvé le chemin, que reste-t-il à chercher ? « Je suis » encore « ce chemin : je suis la voie. » Comment peut-on être à la fois, et le terme où l'on va et le chemin pour y aller ? Mon Sauveur unit l'un et l'autre ; et dans ce peu de paroles : « Je suis la voie, la vérité et la vie, » il renferme toute sa doctrine et tout le mystère de la piété. O Seigneur, faites-moi la grace de goûter cette parole, de vous y trouver, de vous y goûter tout entier.

LXXXe JOURNÉE.

Jésus-Christ est la voie, la vérité et la vie. Joan., xiv, 6.

« Je suis la vérité et la vie : » Je suis « le Verbe qui étoit au commencement, » la parole du Père éternel, sa conception, sa sagesse, « la véritable lumière qui éclaire tous les hommes qui

---

[1] *Joan.*, xiv, 4. — [2] *Ibid.*, 6. — [3] *Ibid.*, 5.

viennent au monde [1] : » la vérité même; par conséquent le soutien, la nourriture et la vie de tout ce qui entend, celui en qui est la vie et la même vie qui est dans le Père. Il faut entrer par la foi dans toutes ces choses : car si elles n'étoient pas nécessaires pour notre salut, Jésus-Christ ne nous les auroit pas révélées.

« Je suis donc, dit-il, la vérité et la vie, » parce que je suis Dieu; mais en même temps je suis homme. Je suis venu enseigner le genre humain, et lui apporter des paroles de vie éternelle : avec la doctrine, je lui ai donné l'exemple de bien vivre. Mais comme tout cela n'étoit qu'au dehors, il falloit encore apporter la grace aux hommes, et je me suis fait leur victime pour leur mériter cette grace. « Je suis donc la voie : » on ne peut approcher de Dieu, ni de la vie éternelle que par moi. Il y faut venir par ma doctrine : il y faut venir par mes exemples : il y faut venir par mes mérites et par la grace que j'apporte au monde. « La loi a été donnée par Moïse : la grace et la vérité a été donnée par Jésus-Christ. Et nous avons vu sa gloire comme celle du Fils unique, plein de grace et de vérité [2]. » Entrons par cette voie, et nous trouverons la vérité et la vie.

C'est ce que l'Eglise nous enseigne tous les jours par la formule perpétuelle dont elle finit ses oraisons. Qu'on adore Dieu; qu'on le loue, qu'on lui sacrifie, qu'on se consacre soi-même à lui, qu'on le prie, qu'on lui demande; tout se fait par Jésus-Christ. Voilà la voie; mais en même temps on ajoute qu'étant Dieu, il vit et règne avec le Père et le Saint-Esprit : il vit de la même vie, il règne avec la même souveraineté. Voici donc tout le mystère de Jésus-Christ : « Nous savons que le Fils de Dieu est venu, et nous a donné l'intelligence pour nous faire connoître le vrai Dieu et être dans son vrai Fils : c'est lui-même qui est le vrai Dieu et la vie éternelle [3]. » C'est lui qui est venu pour nous faire connoître le vrai Dieu : c'est par lui que nous y allons : il est lui-même le vrai Dieu, la vérité même et la vie éternelle : « Il est la voie, la vérité et la vie. »

[1] *Joan.*, I, 9. — [2] *Ibid.*, 14, 17. — [3] I *Joan.*, V, 20.

LXXXIe JOURNÉE.

Jésus-Christ est notre lumière. Ibid.

Nous nous étonnions tout à l'heure comment on pouvoit être tout ensemble le moyen et la fin, « la vérité et la vie, » qui sont le terme et en même temps la voie pour y aller. Mais Jésus-Christ nous explique ce mystère. Qui nous peut mener à la vérité, si ce n'est la vérité elle-même? Cette vérité est souveraine : nul ne la force : nul ne l'attire, et il faut qu'elle se donne elle-même. Mais cela même c'est la vie : car on vit quand on possède la vérité, c'est-à-dire quand on la connoît, quand on l'aime, quand on l'embrasse. A Dieu ne plaise que nous nous imaginions des bras pour la tenir et pour la serrer : on en jouit comme on jouit de la lumière en la voyant; mais elle gagne tous ceux qui la voient telle qu'elle est : car elle nous découvre tout ce qui est beau, et elle est elle-même le plus beau de tous les objets qu'elle nous découvre.

Mais que peut-on entendre entre nos yeux et la lumière pour nous la découvrir? Rien du tout : il n'y a qu'à ouvrir les yeux, et la lumière s'introduit par elle-même. Il n'y a point d'autre voie pour aller à elle : la vérité est plus lumière que la lumière : rien ne peut nous amener à la vérité qu'elle-même. Il faut qu'elle vienne, qu'elle s'approche, qu'elle s'abaisse, qu'elle se tempère. Et qu'est-ce que Jésus-Christ, si ce n'est la vérité qui s'avance vers nous, qui se cache sous une forme accommodée à notre foiblesse, pour se montrer autant que nos yeux infirmes le peuvent porter? Ainsi pour être la voie, il faut qu'il soit encore la vérité. Que craignons-nous davantage que d'être trompés? Ceux qui veulent tromper les autres et sont de ce côté-là ennemis de la vérité, ne veulent pas qu'on les trompe, et la vérité ne laisse pas d'être leur plus cher objet. Venez donc, ô vérité : en vous-même vous êtes ma vie : et en vous approchant de moi, vous êtes ma voie. Qu'ai-je donc à craindre, et de quoi puis-je être troublé? Ai-je à craindre de ne pas trouver la voie pour aller à la vérité?

La voie même, dit saint Augustin, se présente à nous d'elle-même : la voie elle-même vient à nous. Viens donc vivre de la vérité, ame raisonnable et intelligente. Quelle lumière dans la doctrine de Jésus ! Cette lumière est d'autant plus belle, qu'elle luit au milieu des ténèbres. Mais prenons garde d'être de ceux dont il est écrit : « La lumière est venue au monde, et les hommes ont mieux aimé les ténèbres que la lumière, parce que leurs œuvres étoient mauvaises [1]. » Que me servira une lumière, qui ne fera que découvrir ma laideur et ma honte ? Lumière, retirez-vous ; je ne vous puis souffrir : sainte doctrine de l'Evangile, éternelle vérité, miroir trop fidèle, vous me faites trembler. Changeons-nous donc : nous ne pouvons pas changer la vérité ; et qui seroit le malheureux qui voudroit que la vérité ne fût pas ? Nous ne subsistons nous-mêmes que par un trait de la vérité qui est en nous.

Aimons donc la vérité : aimons Jésus qui est la vérité même : changeons-nous nous-mêmes, pour lui être semblables. Mettons-nous en état de n'être point obligés à haïr la vérité. Celui qu'elle condamne la hait et la fuit. Qu'il n'y ait rien de faux dans celui qui est le disciple de la vérité. Vivons de la vérité : nourrissons-nous-en. C'est pour cela que l'Eucharistie nous est donnée ; c'est dans le corps de Jésus et dans son humanité sainte, le pur froment des élus, la pure substance de la vérité, le pain de vie ; c'est donc en même temps la voie, la vérité et la vie. Si Jésus-Christ est notre voie, ne marchons point dans la voie du siècle : entrons dans la voie étroite où il a marché. Surtout soyons doux et humbles : le faux de l'homme, c'est la fierté et l'orgueil, parce qu'en vérité il n'est rien et que Dieu est seul. Bien connoître qu'il est seul : c'est la pure et seule vérité.

LXXXIIe JOURNÉE.

Nul ne vient à son Père que par Jésus-Christ. Ibid.

« Nul ne vient à mon Père que par moi [2]. » Il entre avec ses apôtres dans un secret plus profond ; et pour les rendre tout à fait

[1] *Joan.,* III, 19. — [2] *Joan.,* XIV, 6.

imperturbables, il leur apprend tout le bien qu'ils trouveront en lui. Ce bien sera qu'en le trouvant, par lui ils posséderont son Père même, qui devoit être tout l'objet de leurs désirs, comme c'étoit le terme de tous les siens.

« Nul ne vient à mon Père que par moi. » Si le Sauveur est « la voie, la vérité et la vie, » il ne faut point qu'il nous mène à autre qu'à lui-même, pour être heureux. Comment est-ce donc qu'il est la voie pour nous mener à son Père? Que voulons-nous davantage que la vérité et la vie, que nous trouverons en lui? Il nous explique lui-même ce profond secret, en disant : « Si vous me connoissiez, vous connoîtriez aussi mon Père : et vous le connoîtrez bientôt, et vous l'avez déjà vu[1]. » Ne croyez pas qu'en vous élevant à la connoissance de mon Père, je vous mène à quelque chose qui soit hors de moi : c'est en moi qu'on connoît le Père, et vous l'avez dejà vu. Quel est ce nouveau mystère? Comment est-ce qu'on connoît le Père en connoissant Jésus-Christ? Quand les apôtres ont-ils vu le Père? où l'ont-ils vu? C'est ce qu'il dira dans la suite; mais auparavant il nous faut entendre ce que lui dit saint Philippe : « Seigneur, montrez-nous votre Père, et il nous suffit[2]. »

A ces mots et pour ainsi dire au seul son de cette parole, l'ame chrétienne ressent quelque chose de grand, mais quelque chose de tendre, mais quelque chose d'intime. « Seigneur, montrez-nous votre Père, et il nous suffit. » Montrez-le-nous : c'est par vous que nous le voulons voir : « il nous suffit; » vous nous ordonnez de n'avoir ni crainte ni trouble : pour cela il ne nous faut qu'une seule chose : « votre Père nous suffit. » Comprenons bien cette pleine satisfaction de notre esprit en voyant Dieu : ce sera le remède à tous les troubles. Car nous avons trouvé un bien que rien ne nous peut ôter; et ce bien nous suffisant seul, rien ne pourra troubler notre repos.

[1] *Joan.*, XIV, 7. — [2] *Ibid.*, 8.

LXXXIII⁰ JOURNÉE.

Dieu seul nous suffit. Joan., xiv, 8.

« Montrez-nous votre Père, et il nous suffit[1]. » Dieu seul nous suffit : et il ne faut que le voir pour le posséder, parce qu'en le voyant, on voit « tout le bien[2], » comme il l'explique lui-même à Moïse : on voit donc tout ce qui peut attirer l'amour : on l'aime sans bornes : et tout cela c'est le posséder. Disons donc de tout notre cœur avec saint Philippe : « Seigneur, montrez-nous votre Père, et il nous suffit : » lui seul peut remplir tout notre vide, remplir tous nos besoins, contenter éternellement tous nos désirs, nous rendre heureux.

Vidons donc notre cœur de toute autre chose : car si le Père seul nous suffit, nous n'avons pas besoin des biens que nos sens goûtent par eux-mêmes, encore moins des richesses qui sont hors de nous, encore moins des honneurs qui ne consistent qu'en opinion. Nous n'avons pas même besoin de cette vie mortelle : encore moins avons-nous besoin de tout ce qui est nécessaire pour la conserver : nous n'avons besoin que de Dieu : il nous suffit : en le possédant nous sommes contens.

Que cette parole de saint Philippe est courageuse ! Pour la dire en vérité, il faut aussi pouvoir dire avec les apôtres : « Seigneur, nous avons tout quitté pour vous suivre[3]. » Il faut du moins tout quitter par affection, par désir, par résolution ; je dis par une invincible résolution de ne s'attacher à rien, de ne chercher de soutien en rien qu'en Dieu seul. Alors on peut dire avec saint Philippe : « Montrez-nous le Père, et il nous suffit : » tout est content. Heureux ceux qui poussent à bout ce désir, qui le poussent jusqu'au dernier, actuel et parfait renoncement ! Mais qu'ils ne se laissent donc rien ; qu'ils ne disent pas : Ce peu à quoi je m'attache encore, n'est rien. Ne connoissez-vous pas le génie et la nature du cœur humain ? Pour peu qu'on lui laisse, il s'y ramasse tout

______
[1] *Joan.*, xiv, 8. — [2] *Exod.*, xxxiii, 19. — [3] *Matth.*, xix, 27.

entier, et y réunit tout son désir. Arrachez tout, rompez tout, ne
tenez à rien. Heureux, encore un coup, ceux à qui il est donné
de pousser à bout ce désir, de le pousser jusqu'à l'effet ! Mais il y
a obligation pour tous les chrétiens de le pousser à bout du moins
dans le cœur, en vérité, sous les yeux de Dieu; d'avoir du bien
comme n'en ayant pas, d'être marié comme ne l'étant pas, d'user
de ce monde comme n'en usant pas, mais comme n'en étant pas,
mais comme n'y étant pas. C'est à ce vrai bien qu'il nous faut
tendre; et nous ne sommes pas chrétiens, si nous ne disons sincèrement avec saint Philippe : « Montrez-nous le Père, et il nous
suffit. »

C'est donc le fond de la foi qui dit cette parole; c'est en quelque
façon le fond même de la nature : car il y a un fond dans la nature qui sent qu'elle a besoin de posséder Dieu; et que lui seul
étant capable de la rassasier, elle ne peut que s'inquiéter et se
tourmenter elle-même loin de lui. Quand donc au milieu des autres
biens nous sentons ce vide inévitable, et que quelque chose nous
dit que nous sommes malheureux, c'est le fond de la nature qui
crie en quelque façon : « Montrez-nous le Père, et il nous suffit. »
Mais que sert au malade de désirer la santé, pendant que tous les
remèdes lui manquent, et que souvent même il a la mort dans le
sein, sans le sentir? Tel est l'état de toute la nature humaine.
L'homme abandonné à lui-même ne sait que faire ni que devenir.
Ses plaisirs l'emportent; et ces mêmes plaisirs le tuent; il se tue
par autant de coups que l'attrait des sens lui fait commettre de
péchés; et il ne tue pas seulement son ame par son intempérance,
il donne la mort au corps qu'il veut flatter : tant il est aveugle,
tant il sait peu ce qu'il lui faut. L'homme depuis le péché est né
pour être malheureux. Il est malheureux par toutes les infirmités
du corps, où il met son bonheur. Combien plus est-il malheureux
par un si grand amas d'erreurs, de déréglemens, d'inclinations
vicieuses, qui sont les maladies et la mort de l'ame ! Quelle malheureuse séduction règne en nous! Nous ne savons pas même
désirer, ni demander ce qu'il nous faut. Saint Philippe nous apprend tout, en disant : « Seigneur, montrez-nous votre Père, et
il nous suffit. » Car il se réduit à la chose que Jésus-Christ nous

a enseigné être la seule nécessaire. Seigneur, vous êtes la voie :
je viens à vous pour me retrouver moi-même, et dire enfin avec
votre Apôtre : « Montrez-nous le Père, et il nous suffit. »

LXXXIV° JOURNÉE.

C'est dans le Père qu'on voit le Fils. Joan., xiv, 9.

Comme il ne nous paroît point dans tout l'Evangile de demande
plus haute que celle de saint Philippe, il n'y a aussi rien de plus
haut que la réponse de Notre-Seigneur. Nous avons vu que saint
Philippe avoit bien connu deux choses : l'une, que pour être
heureux, c'étoit assez de voir le Père ; l'autre, que c'étoit au Fils
à nous le montrer. Le Fils lui va donc apprendre ce que c'est que
voir le Père, et que c'est dans le Fils même qu'on le voit.

Remarquez avant toutes choses cette espèce d'étonnement avec
lequel le Sauveur parle : « Il y a si longtemps que je suis avec
vous, et vous ne me connoissez pas ? Philippe, qui me voit voit
mon Père [1]. » Je ne parle pas de celui qui me voit seulement des
yeux du corps : celui-là en me voyant ne me voit point. Car si
celui qui regarde l'homme par ces yeux mortels n'en voit que le
dehors et pour ainsi parler que l'écorce, combien est-on éloigné
de voir le Fils de Dieu, quand on n'apporte que les yeux du corps
à cette vue ! Les apôtres avoient passé beaucoup au delà, puisqu'ils avoient cru et confessé par la bouche de saint Pierre qu'il
étoit « le Christ, le Fils du Dieu vivant [2]; » et le même apôtre lui
avoit encore dit au nom de tous : « Nous avons cru, et nous avons
connu que vous êtes le Christ, le Fils de Dieu [3]. »

Ils l'avoient donc connu, et ils avoient en même temps connu
son Père ; puisqu'ils avoient très-distinctement et très-véritable-
ment connu de qui il étoit fils.

Cependant ils n'étoient pas encore contens et ils avoient raison,
parce que comme ils n'avoient pas encore connu parfaitement
Jésus-Christ, ils n'avoient pas encore parfaitement connu son

<hr>

[1] *Joan.*, xiv, 9. — [2] *Matth.*, xvi, 16. — [3] *Joan.*, vi, 70.

Père. Et c'est pourquoi il leur avoit dit : « Si vous m'aviez connu [1], » leur faisant entendre qu'ils ne l'avoient pas encore parfaitement connu, et que c'étoit la raison pourquoi ils ne connoissoient pas encore parfaitement son Père : et c'est pour expliquer à fond cette vérité qu'il dit maintenant : « Qui me voit, voit mon Père. »

Il y a une certaine manière de me voir qui ne laisse plus rien à désirer, parce que celui qui me voit de cette sorte, c'est-à-dire celui qui me voit à découvert et tel que je suis, il voit mon Père : je suis moi-même par mon fonds et par ma naissance la manifestation de mon Père, parce que je suis son image vivante, l'éclat de sa gloire, l'empreinte, l'expression de sa substance. Prenez donc garde, Philippe; ne souhaitez pas de voir mon Père, comme si mon Père étoit quelque chose hors de moi : c'est en moi qu'il le faut voir : c'est en lui aussi qu'on me voit : « Ne croyez-vous pas que je suis dans mon Père, et mon Père dans moi [2]? » Quand donc on le voit, on me voit dans mon principe : et quand on me voit, on le voit dans son image, dans son expression, dans son éclat, dans le rejaillissement de sa gloire, et la vue du Père et du Fils est inséparable. Prenez donc garde, Philippe, que vous n'ayez pas encore entendu ce que c'est que de voir mon Père : vous l'entendrez parfaitement, lorsque vous entendrez que qui me voit le voit aussi, et que qui le voit me voit en même temps; et à mesure qu'on croit en la connoissance de l'un, on croit aussi en celle de l'autre.

Il venoit de dire : « Si vous me connoissiez, vous connoîtriez aussi mon Père; et vous le connoîtrez bientôt, et vous l'avez vu [3]. » Car il faut toujours revenir à cette parole comme au principe d'où naît tout ce qui suit. « Vous le connoîtrez : » vous ne le connoissez donc pas encore parfaitement : « Vous l'avez vu » néanmoins : mais vous l'avez vu imparfaitement. Viendra le temps que vous le verrez à découvert, et ce sera dans ce même temps que je me manifesterai moi-même à vous. « Celui qui m'aime, dit-il, il sera aimé de mon Père, et je l'aimerai, et je me manifesterai moi-même à lui [4] : » je me découvrirai tout entier; et en me montrant à lui à découvert, en même temps je lui montrerai mon Père.

[1] *Joan.*, XVI, 7, 9. — [2] *Ibid.*, 11. — [3] *Ibid.*, 7. — [4] *Ibid.*, 21.

Quand sera-ce, ô Seigneur, que vous m'admettrez à ce secret, à cette vue intime et parfaite de votre Père et de vous? Quand vous verrai-je, ô Père et Fils, ô Fils et Père? Quand verrai-je votre parfaite unité et la manière admirable dont vous demeurez l'un dans l'autre : lui en vous, et vous en lui? Quand vous verrai-je, ô Dieu qui sortez de Dieu, et qui demeurez en Dieu? O Dieu Fils de Dieu, ce n'est pas assez de vous prier de me montrer votre Père, si je n'entends en même temps que montrer le Fils, c'est montrer le Père; que montrer le Père, c'est montrer le Fils; qu'on les doit aimer du même amour, et les voir d'une même vue. O Père, je serai heureux, quand je verrai votre face ! Mais votre face, votre manifestation, c'est votre Fils : « C'est le miroir sans tache de votre » incompréhensible « majesté, » de votre beauté immortelle, « l'image de votre bonté parfaite, la douce vapeur, l'émanation de votre clarté et l'éclat de votre éternelle lumière [1] : » en un mot votre pensée, votre conception, la parole substantielle et intérieure par laquelle vous exprimez tout ce que vous êtes parfaitement et exactement un autre vous-même, qui sort sans diminution, sans interruption, sans retranchement du fond de votre substance. Je me perds : je crois : j'adore : j'espère voir : je le désire : c'est là ma vie.

LXXXVe JOURNÉE.

Le Père est dans le Fils, et le Fils dans le Père. Joan., xiv, 10.

Entrons encore une fois avec humilité et tremblement dans la profondeur des paroles de Jésus-Christ. Il nous déclare tout ce qu'il est par ces paroles, puisque le même qu'on voit des yeux du corps et qui par là paroît homme, est le même en qui on croit et qu'on voit des yeux de l'esprit, qui par là est le Fils de Dieu, et Dieu lui-même, le même Dieu que son Père, parce que « le Seigneur notre Dieu est un [2], » parfaitement un, l'unité même, mais non pas un autre Dieu que son Père, à Dieu ne plaise ! Son Père

[1] *Sapient.*, VII, 25, 26. — [2] *Deuter.*, VI, 4.

et lui sont inséparables : l'un est dans l'autre des deux côtés : le Père à sa manière dans le Fils, le Fils d'une autre manière dans le Père ; qui voit le Père, voit le Fils ; qui voit le Fils, voit le Père ; on ne les sépare point dans la vue, on ne les doit non plus séparer dans la foi, conformément à ce qu'il a dit : « Vous croyez en Dieu : croyez aussi en moi [1]. »

« Je m'en vais, et vous ne me verrez plus [2]. » C'est ce qu'il nous dira bientôt. Vous ne me verrez plus des yeux du corps : mais ne le verrons-nous plus des yeux de l'esprit? A Dieu ne plaise ! Où seroit notre foi et notre espérance? Mais s'en va-t-il tellement qu'il ne demeure plus du tout avec nous? A Dieu ne plaise, encore un coup! Car où seroit la vérité de cette parole que nous entendrons bientôt : « Nous viendrons en lui, et nous y ferons notre demeure [3]? » Il s'en va donc, et il demeure : comme quand il est descendu du sein de son Père, il y est demeuré ; ainsi quand il y retourne, il ne demeure pas moins avec nous. De cette sorte l'homme qui disparoît est le même que le Dieu qui demeure : celui qu'on voit est le même que celui qu'on ne voit pas ; et lui-même est le même avec son Père, afin que nous entendions que tout est à nous. Dans celui que nous voyons et qui s'est donné à nous en se faisant homme, nous pouvons posséder celui qui est éternellement avec le Père, qui est dans le Père, en qui le Père est, que nous verrons, que nous aimerons, que nous posséderons dans son Fils. C'est la parfaite explication de cette parole : « Je suis la voie » comme homme ; comme Fils de Dieu « je suis, » ainsi que mon Père, « la vérité et la vie : » la même vérité, la même vie. Voilà le mystère, voilà l'espérance, voilà la foi des chrétiens : tenir le Fils qui s'est fait visible, pour s'élever par lui, et trouver en lui l'invisible vérité de Dieu. Ah! que Dieu est proche de nous! Que Dieu est en nous par Jésus-Christ! Vraiment il est notre Emmanuel, « Dieu avec nous! » Allons à sa table : mangeons : rassasions-nous : là est notre nourriture : là est notre vie.

[1] *Joan.*, XIV, 1. — [2] *Joan.*, XVI, 16. — [3] *Joan.*, XIV, 23.

LXXXVI⁰ JOURNÉE.

Jésus le Verbe éternel nous fait voir le Père. Ibid.

Quoique nous soyons bien éloignés de cette bienheureuse vision où nous verrons clairement le Père dans le Fils, comme le Fils dans le Père, le Fils de Dieu va nous apprendre que le Père commence déjà à se manifester en lui par deux moyens admirables : par sa parole, par les œuvres de sa puissance qui sont ses miracles.

« Ne croyez-vous pas que je suis dans mon Père, et que mon Père est en moi? Les paroles que je vous dis, je ne les dis pas de moi-même[1]. » Si je ne suis pas de moi-même, je ne parle pas de moi-même; si je suis la parole, je suis la parole de quelqu'un; celui qui me prononce, me donne mon être : et toutes mes paroles sont de lui, puisque la parole substantielle d'où naissent toutes les paroles que je profère, est de lui-même.

Les paroles de Jésus-Christ ressentent quelque chose de divin par leur simplicité, par leur profondeur et par une certaine autorité douce avec laquelle elles sortent : « Jamais homme n'a parlé comme cet homme[2], » parce que jamais homme n'a été Dieu comme lui, ni n'a eu sur tous les esprits cette autorité naturelle qui appartient à la vérité, qui fait que sans s'efforcer, sans se guinder pour ainsi dire, elle y influe si doucement et si intimement qu'on lui cède sans violence.

Mais la merveille de cette parole, c'est que cet homme qui parle en Dieu parle en même temps comme prenant tout d'un autre : « Ce que je dis, je le dis comme mon Père me l'a dit[3], » et comme il me le dit toujours, parce qu'il me parle toujours, comme toujours je suis sa parole.

« Ma doctrine n'est pas ma doctrine, mais celle de mon Père qui m'a envoyé. » Et quelle preuve nous en donne-t-il? « Celui qui parle de lui-même cherche sa propre gloire; mais celui qui

____
[1] *Joan.,* XIV, 10. — [2] *Joan.,* VII, 46. — [3] *Joan.,* XII, 50.

cherche la gloire de celui qui l'a envoyé, est véritable et il n'y a point d'injustice en lui [1]. »

Mon Sauveur, ne parlez-vous point trop comme une créature? Qu'est-ce qu'une créature, sinon quelque chose qui n'a rien de soi (a), qui est toujours à l'emprunt? La différence est immense entre ce qui est produit de toute éternité et ce qui est produit dans le temps : ce qui est produit de toute éternité est toujours; ce qui est produit dans le temps n'est pas toujours et peut n'être point du tout. Il est donc tiré du néant : il est néant lui-même. Par conséquent quelle différence entre sortir de Dieu comme son ouvrage, et sortir de Dieu comme son Fils? L'un est créé, l'autre engendré; l'un tiré du néant et néant lui-même, l'autre tiré de la substance de Dieu et par conséquent l'être même. Parmi les hommes mêmes, quelle différence entre le fils et l'ouvrage? Tous deux néanmoins viennent d'un autre. Mais le Fils est de même nature que son Père et en cela n'est rien moins que lui; mais l'ouvrage n'a rien de son ouvrier, et lui est absolument étranger.

Mon Dieu, oserai-je suivre je ne sais quelle lumière sombre qui me paroît? Dieu est Père, Dieu est ouvrier : l'homme est père, l'homme est ouvrier : mais avec une immense différence. L'homme est ouvrier : mais il trouve sa matière toute faite par un autre dont il l'emprunte. Dieu n'a besoin d'aucune matière, et il tire tout du néant.

L'homme est père : est-il un vrai père, et que donne-t-il à son fils? Son fils, il est vrai, est de même nature que lui, mais est-ce lui qui lui donne cette nature? Non sans doute. Comment donc vient-il de lui? Combien imparfaitement! La véritable paternité est en Dieu, qui engendrant son Fils de tout son fonds, lui donne toute sa substance, tout son être, par conséquent toute son éternité; et le fait être non-seulement son égal, mais encore « un avec lui [2]. »

Ne dites pas qu'il emprunte : car son Père toujours fécond, en lui communiquant tout ce qu'il est, ne se dessaisit de rien. Autre chose est prêter ou donner par sa volonté ce qu'on peut ne donner

<hr>

[1] *Joan.*, VII, 16, 18. — [2] *Joan.*, X, 30.
(a) *Var. :* Qui n'est pas de soi.

pas : autre chose est être fécond. Il faut entendre dans le Père l'abondance, la plénitude, la fécondité, une pleine effusion de soi-même, mais en soi-même pour engendrer un autre soi-même, qui reçoit tout en naissant, et qui naît par conséquent à celui de qui il reçoit tout : aussi grand, aussi éternel, aussi parfait que lui. Un Dieu ne vient pas d'un autre qui le tire du néant; mais un Dieu vient d'un autre qui le tire pour ainsi parler de sa propre essence, qui le produisant en soi-même, se dégraderoit soi-même, s'il le produisoit imparfait. C'est donc un Dieu qui vient d'un Dieu : Fils parfait d'un Père parfait : parfaitement un avec lui, parce qu'il reçoit sa nature dont l'unité fait l'essence. « Ecoute, Israël : le Seigneur notre Dieu est un [1] : » le Père est un, le Fils est un : le Père est Dieu, le Fils est Dieu, et tous deux ne peuvent être qu'un seul Dieu : autrement, le Fils n'est pas Fils et il n'a point la nature de son Père, s'il n'en a point la parfaite et souveraine unité.

Pourquoi se jeter dans ces abîmes? Pourquoi Jésus-Christ nous les a-t-il découverts? Pourquoi y revient-il si souvent? Et pouvons-nous ne nous arrêter pas à ces vérités, sans oublier la sublimité de la doctrine chrétienne? Mais il faut s'y arrêter en tremblant : il faut s'y arrêter par la foi : il faut en écoutant Jésus-Christ et ses paroles toutes divines, croire que c'est d'un Dieu qu'elles viennent; et croire aussi en même temps que ce Dieu d'où elles viennent, vient lui-même de Dieu et qu'il est Fils; et à chaque parole que nous entendons, il faut remonter jusqu'à la source, contempler le Père dans le Fils et le Fils dans le Père.

Voici donc l'acte de foi que je m'en vais faire : le Fils n'est pas de lui-même, autrement il ne seroit pas Fils : il ne parle donc pas de lui-même : « Il dit ce que son Père lui dit [2] : » son Père lui dit tout en l'engendrant : et il le lui dit, non par une autre parole, mais par la propre parole qu'il engendre : il rapporte tout à son Père, parce qu'il s'y rapporte lui-même : il rapporte sa gloire à celui de qui il tient tout son être, mais cette gloire leur est commune : quelque chose manqueroit au Père, si son Fils étoit moins parfait que lui. C'est ce que je crois : car Jésus-Christ me le dit :

[1] *Deuter.*, VI, 4. — [2] *Joan.*, XII, 49, 50; XIV, 10.

c'est ce que je verrai un jour, parce que le même Jésus me l'a promis.

Parlez donc, parlez, ô Jésus : parlez, vous qui êtes la parole même. Je vous vois dans vos paroles, parce qu'elles me font voir et sentir en quelque façon que vous êtes un Dieu : mais j'y vois aussi votre Père, parce qu'elles me font connoître que vous êtes un Dieu sorti d'un Dieu, « le Verbe et le Fils de Dieu[1]. »

LXXXVIIe JOURNÉE.

Jésus-Christ opérant ses miracles, nous fait voir le Père dans ses œuvres.
Ibid.

« Le Père qui demeure en moi fait les œuvres[2] » miraculeuses. C'est la seconde chose par où Jésus-Christ veut qu'on voie son Père en lui. On le voit dans ses paroles : il le faut encore voir dans ses œuvres.

Mon Père agit, et moi j'agis aussi : « Mon Père ne cesse d'agir, et je ne cesse d'agir[3]. » Si le monde a été, c'est que mon Père l'a fait, et moi aussi : si le monde continue d'être, c'est que mon Père le conserve, et moi aussi : il a fait, et il fait tout par son Fils : « Le Fils ne fait rien de soi, et il ne fait que ce qu'il voit faire à son Père[4]. » Est-ce un apprenti toujours attaché aux mains et au travail de son maître, toujours apprenti, jamais maître? Les apprentis mêmes ne sont pas ainsi parmi les hommes. Qu'imaginez-vous ici, homme grossier? Quoi! le Père qui fait quelque chose et le Fils qui l'imite et fait aussi quelque chose, quelle folie! Le Père a-t-il fait un autre monde que le Fils? Y a-t-il un monde que le Père ait fait, et un autre monde que le Fils ait fait à l'imitation de son Père? A Dieu ne plaise! le Père fait tout ce qu'il fait par son Fils, et le Fils ne fait rien que ce qu'il voit faire, comme il ne dit rien que ce qu'il entend dire. Mais comment lui parle-t-on? En l'engendrant : car au Père éternel, parler c'est engendrer : prononcer son Verbe, sa parole, c'est lui

[1] *Joan.*, I, 1, 14. — [2] *Joan.*, XIV, 10. — [3] *Joan.*, V, 17. — [4] *Ibid.*, 19.

donner l'être. De même lui montrer tout ce qu'il fait, lui découvrir le fond de son être et de sa puissance, en un mot lui ouvrir son sein, c'est l'engendrer : c'est le faire sortir de ce sein fécond, et en même temps l'y retenir, dans ce sein où il voit tout, tout le secret de son Père et d'où il vient l'apprendre aux hommes, autant qu'ils peuvent le porter et qu'il leur convient.

Il ne dit donc rien que ce qu'il entend, il ne fait rien que ce qu'il voit faire : mais entendre son Père et voir ce qu'il fait et ce qu'il est, c'est naître de lui. Il a cela par sa naissance : il lui est aussi naturel d'agir qu'à son Père; et c'est pourquoi il ajoute : « Ce que le Père fait, le Fils le fait semblablement [1]. » Ecoutez : il ne le fait pas seulement, mais « il le fait semblablement, » aussi parfaitement et avec pareille dignité. Le Père le fait infatigablement, et le Fils de même : le Père tire du néant, et le Fils de même : le Père agit sans cesse, et le Fils aussi. « Le Père ressuscite qui il lui plaît, et le Fils ressuscite aussi qui il lui plaît [2], » avec une pareille autorité, parce que son autorité, comme sa nature, est celle de son Père. « Comme le Père a la vie en soi, ainsi il a donné au Fils d'avoir la vie en soi [3]. » On la lui donne; et néanmoins il l'a en soi, parce qu'on lui donne tout sans réserve. Ainsi la vie est en lui comme elle est dans son Père, et il est comme lui la vie par nature.

« Ainsi le Père qui demeure en moi, fait les œuvres miraculeuses que vous voyez. » Tout est parfait dans les œuvres de Jésus-Christ, tout y ressent une autorité et une origine céleste. C'est pourquoi saint Jean disoit : « Nous avons vu sa gloire comme la gloire du Fils unique, plein de grace et de vérité [4]. » Comment donc ne voyez-vous pas, dit-il à Philippe, « que mon Père est en moi et moi en lui [5]? » Voyez-le dans les vérités que je vous annonce, dans les paroles de vie éternelle que je vous apporte : voyez-le dans les œuvres que je fais pour montrer que c'est mon Père qui m'a envoyé. « Mon Père m'écoute toujours [6] : » il veut tout ce que je veux : je veux tout ce qui lui plaît : tout ce qui est à lui est à moi : tout ce qui est à moi est à lui : comment donc

[1] Joan., v, 19. — [2] Ibid., 21. — [3] Ibid., 26. — [4] Joan., I, 14. — [5] Joan., XIV, 10. — [6] Joan., XI, 41.

« ne croyez-vous pas que je suis en mon Père et mon Père en
moi? Croyez-le du moins à cause des œuvres que je fais[1]. Croyez-
le du moins, » comme s'il disoit : Il y a une autre manière de
voir que mon Père est en moi et moi en lui, qui est de voir la
substance de l'un et de l'autre : c'est ce qui fera votre parfaite
félicité. Mais en attendant, voyez-le du moins par les œuvres : je
fais ce que veut mon Père, ce qu'il me montre : c'est lui qui fait
tout en moi. Ne fait-il pas tout aussi dans les autres qu'il appelle
à travailler à son ouvrage? Oui sans doute; mais il ne le fait pas
comme étant en eux, c'est-à-dire comme y étant pleinement,
comme y étant réciproquement et dans une parfaite égalité, parce
que nul autre que le Fils ne peut dire : « Qui me voit, voit mon
Père, parce que mon Père est en moi et moi en lui. »

O rapport! ô égalité! ô unité! je vous crois : je vous adore : je
vous rends graces, mon Sauveur, de ce que vous nous élevez si
haut par la foi : ce m'est un gage que vous voulez m'élever encore plus haut par la claire vue. Qu'ai-je donc à craindre? Qu'ai-
je à me troubler? Pour n'être jamais troublé, je ne désirerois
avec saint Philippe que de voir votre Père. Vous me montrez où
je le puis voir : vous me le montrez dans quelque chose qui m'est
bien proche, puisque c'est un homme : et qui est bien proche de
vous, puisque c'est un autre vous-même. Je vois : je verrai : qui
peut m'ôter mon bonheur?

LXXXVIII⁰ JOURNÉE.

Les miracles des apôtres plus grands que ceux de Jésus-Christ.
De quelle manière. Joan., XIV, 12.

« En vérité, en vérité, je vous le dis, celui qui croit en moi,
non-seulement fera les œuvres que je fais, mais il en fera encore
de plus grandes; parce que je m'en vais à mon Père[2]. » Vous
croyez tout perdre par ma retraite : vous y gagnez; et la puissance qui vous sera donnée d'en haut, viendra à un tel point,

[1] *Joan.*, XIV, 11, 12. — [2] *Ibid* 12.

que non-seulement vous ferez les choses que je fais, mais encore vous en ferez de plus grandes. Ne vous troublez donc pas; ne craignez rien : au contraire remplissez-vous de foi et de confiance; de cette sorte ce qui se fera par vous après ma retraite, est au-dessus de tout ce qui a été fait.

C'est la merveille de Dieu dans les disciples de Jésus-Christ. Ils ont fait tout ce qu'il a fait : car ils ont guéri comme lui tous les malades qu'on leur présentoit, et comme lui ils ont été jusqu'à ressusciter des morts.

Ils ont fait des choses qu'il n'a pas faites : à la parole de Pierre « Ananias et Saphira sont tombés morts[1], » et à celle de Paul « le magicien Elymas a été frappé d'aveuglement[2]. » Ils ont livré à Satan et à des maux imprévus ceux qu'il falloit abattre manifestement pour inspirer de la crainte aux autres. Voilà des miracles que Jésus n'a pas faits; mais c'est aussi qu'il ne devoit pas les faire, à cause qu'ils répugnoient au caractère de douceur, au personnage de Sauveur qu'il venoit faire. Ce n'est que sur un figuier qu'il a déployé la puissance de perdre et de détruire; ce n'est que des pourceaux qu'il a livrés aux démons. Pour les hommes, il doit être un jour leur juge; mais dans son premier avénement, il ne devoit faire sentir que sa qualité de Sauveur.

Nous pouvons dire néanmoins encore que dans ces miracles qui viennent d'une puissance bienfaisante, les apôtres ont fait plus que Jésus. En touchant les habits qu'il portoit actuellement, il sortoit de lui une vertu salutaire[3]; mais on n'a point vu qu'on guérît par « l'application des linges qui l'avoient touché une fois, » comme il est arrivé à saint Paul[4]; et même « par son ombre, » comme il est arrivé à saint Pierre[5].

Mais le grand endroit où il paroît dans les apôtres un miracle plus grand que ceux de Jésus, c'est la conversion du monde. A la première prédication de saint Pierre, trois mille hommes se convertissent[6], à la seconde cinq mille[7]. Après la mort de Jésus ses disciples ne se trouvent qu'environ six vingts dans le cénacle[8] : il y avoit par-ci par-là quelques disciples cachés; mais saint

<hr>

[1] *Act.*, v, 1, 2 et seq. — [2] *Act.*, XIII, 8, 10, 11. — [3] *Luc.*, VIII, 44, 46. — [4] *Act.*, XIX, 11, 12. — [5] *Act.*, v, 15, 16. — [6] *Act.*, II, 41. — [7] *Act.*, IV, 4. — [8] *Act.*, I, 15.

Jacques dit à saint Paul : « Voyez, mon frère, combien de milliers ont cru [1] ! » Et que sera-ce donc si nous considérons la gentilité convertie, et l'Evangile reçu dans le monde, jusqu'aux peuples les plus barbares ? Voilà les miracles de la prédication apostolique, plus grands que ceux de la prédication de Jésus-Christ même.

Ajoutons à ces miracles les secrets révélés par les apôtres, que Jésus n'avoit pas révélés par lui-même ; en sorte que nous pouvons dire en quelque façon, non-seulement qu'ils ont fait de plus grandes choses que lui, mais encore qu'ils en ont dit de plus hautes.

Jésus avoit bien parlé de la réprobation des Juifs et de la conversion des Gentils ; mais que la réprobation des Juifs dût sitôt paroître et donner lieu (a) à la prochaine conversion des Gentils ; qu'Israël dût revenir, mais à la fin seulement et « quand les nations seroient pleinement entrées [2] » dans l'Eglise, et qu'il plût à Dieu de tout renfermer dans l'infidélité, afin de montrer que personne n'étoit sauvé que par miséricorde, c'est un secret dont Jésus-Christ avoit réservé la révélation à saint Paul, qui étant choisi pour être le docteur des Gentils, devoit aussi annoncer aux hommes plus profondément le mystère incompréhensible de leur vocation.

C'est ce « mystère » profond et ce secret inconnu au monde dans les siècles et dans les races passées, que Dieu lui a révélé pour les Gentils, par lequel aussi Dieu a fait connoître « la grande science qu'il lui avoit donnée du mystère de Jésus-Christ. » C'est ce « secret qui a été révélé aux apôtres et aux prophètes » de la nouvelle alliance « par le Saint-Esprit, » et particulièrement à lui Paul prisonnier de Jésus-Christ pour les Gentils, et qui a été révélé par eux et « par l'Eglise » non-seulement aux hommes, mais encore « aux anges et aux puissances célestes, afin de leur faire admirer les divers conseils de la féconde sagesse de Dieu [3]. » C'est de quoi il se glorifie dans le troisième chapitre *aux Ephésiens*, parce qu'en effet il lui a été donné, non-seulement d'expliquer clairement et amplement ce que Jésus-Christ avoit comme enveloppé dans des paraboles, mais encore de proposer ce nouveau secret du retour

---

[1] *Act.*, XXI, 20. — [2] *Rom.*, XI, 25, 26, 29 et seq. — [3] *Ephes.*, III, 1, 3-6, 8-11.
(a) *Var.* : Dût sitôt paroître et dût donner lieu.

des Juifs, après seulement que les Gentils auroient rempli l'Eglise.

O Dieu, soyez loué pour les graces que vous faites aux hommes, et pour les lumières admirables que vous avez données à votre Eglise. Qui n'admireroit l'honneur que Jésus-Christ veut faire à ses disciples, de surmonter en quelque façon ses propres ouvrages?

Il montre pourtant après que ce que feront ses disciples de plus grand que lui, c'est lui encore qui le fait : « Si vous demandez quelque chose en mon nom, je le ferai [1]. » Et ce que je ferai par vous sera plus grand en quelque façon, que ce que je ferai par moi-même : pourquoi? Ecoutons-en la raison : « Parce que je m'en vais à mon Père. » Si je fais de si grandes choses en descendant de mon Père, combien en ferai-je de plus grandes, quand je remonterai au lieu de sa gloire?

Mon Sauveur, je le reconnois : vous êtes la sagesse éternelle, et vous faites tout à propos et dans son temps. Les hommes ne pouvoient pas porter d'abord tout le poids de votre secret : vous dispensez tout par ordre : vous réservez vos plus grands ouvrages pour le temps où retourné à votre Père, les jours d'humiliation étant écoulés, vous agirez avec plus d'empire. Vous montrerez votre puissance, en faisant de si grands prodiges par vos disciples. C'est vous qui animez tout : vous paroissez au haut des cieux à votre premier martyr [2], et vous montrez en lui le secours que vous donnez à tous les autres : vous révélez votre vérité aux Gentils par un saint Paul; mais ce Paul, par qui vous opérez la conversion de tant de peuples, vous le convertissez lui-même, en lui parlant du haut des cieux [3] et lui apprenant que c'est en vain qu'il vous résiste.

Vous faites tout ce qu'il vous plaît par vous-même et par vos disciples : vous faites tout convenablement, selon que les hommes le peuvent porter et selon les divers états où vous devez être.

« Ce que vous demanderez à mon Père en mon nom, je le ferai [4] : » il ne dit pas, Mon Père le fera; mais « Je le ferai. » C'est toujours ce qu'il dit : « Mon Père agit et j'agis aussi [5] : » ce qu'il

___

[1] *Joan.*, XIV, 13. — [2] *Act.*, VII, 55. — [3] *Act.*, IX, 3-7. — [4] *Joan.*, XIV, 13. — [5] *Joan.*, V, 17.

fait, c'est moi qui le fais. « Car il fait tout par son Verbe, et rien de ce qui se fait ne se fait sans lui [1]. »

« Tout ce que vous demanderez en mon nom, je le ferai : » tout ce que vous me demanderez, je le ferai : c'est lui par qui on demande : c'est lui qui fait ce qu'on demande : c'est en son nom qu'on demande : on lui demande à lui-même, et on obtient tout, non-seulement par lui, mais de lui. Et, dit-il, « je le ferai, afin que le Père soit glorifié dans le Fils [2]. » Il affermit notre foi en nous faisant voir qu'il nous fait du bien par l'intérêt de sa gloire. Son intérêt, c'est le nôtre; sa gloire, c'est notre bonheur. Qu'y a-t-il donc à craindre pour nous? Considérez, chrétiens, quel Médiateur vous avez, combien bon, combien puissant. Tout est possible par son entremise : il ne s'agit que de savoir ce qu'il faut demander et désirer : c'est ce qu'il va vous apprendre.

<hr>

LXXXIXe JOURNÉE.

Ce qu'il faut demander et désirer : aimer et garder ses commandemens,
Joan., xiv, 15, 21.

« Si vous m'aimez, gardez mes commandemens. » Et il conclut: « Celui qui a reçu mes commandemens et qui les garde, est celui qui m'aime. Et celui qui m'aime sera aimé de mon Père, et je l'aimerai, et me manifesterai à lui [3]. » Tout cela conclut de plus en plus à ne se laisser troubler de rien, dans les moyens qu'il nous donne de nous assurer l'amour de son Père et le sien. Comme s'il disoit : Ne vous mettez en peine de rien, que de garder mes commandemens : si vous les gardez, tout est sûr, parce que mon Père et moi vous aimerons d'un amour si cordial, que nous nous manifesterons à vous sans rien vous cacher.

Les apôtres désiroient de voir son Père; et après leur avoir appris où il le faut voir, c'est-à-dire en lui, il vient à la pratique, et leur apprend le moyen de parvenir à cette vision bienheureuse où l'on voit le Fils dans le Père, et le Père dans le Fils, qui est de garder ses commandemens.

[1] *Joan.*, i, 3. — [2] *Joan.*, xiv, 13. — [3] *Ibid.*, 15, 21.

« Je me manifesterai moi-même à lui. » N'espérez pas pouvoir me voir, ni voir mon Père, de vous-même. Nul ne me peut voir, que je ne me découvre moi-même à lui, et je ne me découvre qu'à ceux qui gardent mes commandemens. Je me découvre à ceux-là de cette manière admirable, qui fait qu'on voit mon Père en moi, et qu'on me voit dans mon Père. Ne vous contentez pas de vous attacher aux sublimes vérités : ne vous repaissez pas de la plus haute contemplation, encore moins des spéculations inutiles : venez aux moyens et aux vérités de pratique : appliquez-vous à l'observance des commandemens : ne croyez pas qu'il suffise de parler hautement de moi, car toute votre hauteur n'est que bassesse à mes yeux; ni d'admirer ma grandeur, car je n'ai pas besoin de vos louanges; ni d'avoir quelque tendresse vague et infructueuse pour ma personne, car tout cela n'est qu'un feu volage qui se dissipe de lui-même et se perd bientôt en l'air. Si vous m'aimez véritablement, sachez que l'amour n'est pas dans la spéculation, ni dans le discours. « Tous ceux qui me disent, Seigneur, Seigneur, » qui le disent deux fois et semblent le dire avec force, « n'entreront par pour cela dans le royaume des cieux : mais celui qui fait la volonté de mon Père, entrera dans le royaume des cieux [1] : » car c'est comme j'ai fait moi-même, et j'ai été « obéissant jusqu'à la mort de la croix [2]. » Comment seroit-il utile aux hommes de faire sur moi de beaux discours, puisque ceux qui auront prophétisé et fait des miracles en mon nom, sans venir à la pratique des vertus et à observer mes préceptes, recevront à la fin cette terrible sentence : « Je ne vous connois pas : allez; retirez-vous de moi, ouvriers d'iniquité [3]. » Combien donc la vie chrétienne est-elle sérieuse! Combien est-elle ennemie des vains discours! Elle est toute dans l'obéissance, dans l'humilité, dans la mortification, dans la croix : toute à crucifier ses mauvais désirs, et à abattre la chair qui convoite contre l'esprit.

Prenez garde à l'amusement ; j'oserai le dire, à la séduction des entretiens de piété, qui n'aboutissent à rien : tournez tout à la pratique.

Ne vous attachez néanmoins pas à une pratique sèche et sans

[1] Matth., vii, 21, 22. — [2] Philipp., ii, 8. — [3] Matth., vii, 23.

amour. « Si vous m'aimez, gardez mes commandemens [1] : » commencez à aimer la personne : l'amour de la personne vous fera aimer la doctrine : et l'amour de la doctrine vous mènera doucement et fortement tout ensemble à la pratique. Ne négligez pas de connoître Jésus-Christ et de méditer ses mystères : c'est ce qui vous inspirera son amour; le désir de lui plaire suivra de là, et ce désir fructifiera en bonnes œuvres. La pratique des bonnes œuvres, sans l'amour de Dieu et de Jésus-Christ, n'est qu'une morale purement humaine et philosophique; toutes les vertus chrétiennes sont animées de l'amour de Jésus-Christ. Ainsi on fait tout en foi, on fait tout en espérance, on fait tout en charité : on aime Dieu, on en est aimé : Jésus-Christ nous aime, et il se manifeste lui-même à nous : et en lui il nous manifeste son Père : nous voyons: nous vivons : nous sommes heureux, non point en nous, mais en Dieu.

XC⁰ JOURNÉE.

Promesse de l'Esprit consolateur, ce que c'est que le monde.
Joan., xiv, 15-17.

« Si vous m'aimez, gardez mes commandemens; et je prierai mon Père, et il vous donnera un autre consolateur pour demeurer éternellement en vous : l'Esprit de vérité que le monde ne peut recevoir, parce qu'il ne le voit pas et ne le connoît pas [2]. » Il n'oublie rien pour les consoler et les raffermir : et après leur avoir parlé de son amour et de celui de son Père, afin que rien ne leur manque de ce qui est divin, ou plutôt afin que rien ne leur manque de ce qui est Dieu, il leur promet le Saint-Esprit.

L'aimable titre que celui de *Consolateur,* que Jésus-Christ donne au Saint-Esprit! Ce sera donc cet Esprit qui vous consolera de mon absence : ce sera cet Esprit qui vous inspirera le vrai amour, qui vous fera garder mes commandemens. Cet Esprit viendra à la prière de Jésus-Christ : le Père le donnera, et nous verrons aussi que Jésus-Christ le donnera lui-même. C'est cet Esprit

---

[1] *Joan.,* XIV, 15. — [2] *Ibid.,* 15-17.

qui est venu enflammer l'Eglise à l'amour de Jésus-Christ et à la pratique de ses préceptes.

« Un autre consolateur : » Jésus-Christ est un grand consolateur, puisqu'il dit : « Venez à moi, vous tous qui êtes peinés[1]. » Le Saint-Esprit insinue cette douce consolation dans le cœur : il y répand la douceur céleste qui fait ressentir, qui fait aimer les consolations de Jésus-Christ.

« Un autre consolateur : » il avoit parlé de son Père, il avoit parlé de lui-même : il falloit encore parler de cet autre consolateur, et nous manifester tout ce qui est Dieu, la Trinité tout entière.

« Pour demeurer en vous éternellement : » cet Esprit consolateur ne quitte jamais que ceux qui le chassent, et de lui-même il demeure éternellement.

« L'Esprit de vérité : » quelle est la consolation de l'homme parmi les travaux et les erreurs, si ce n'est la vérité? L'Esprit de vérité est donc notre véritable consolateur, en mettant la vérité à la place de la séduction du monde et de l'illusion de nos sens.

« Que le monde ne peut recevoir : » le monde est tout faux. Qu'est-ce que le monde, sinon « la concupiscence de la chair, la concupiscence des yeux et l'orgueil de la vie[2]? » La concupiscence de la chair nous livre à des plaisirs qui nous aveuglent : la concupiscence des yeux, l'esprit de curiosité nous mène à des connoissances, à des épreuves inutiles; on cherche toujours, et on ne trouve jamais, ou bien on trouve le mal : l'orgueil de la vie, qui dans les hommes du monde en fait tout le soutien, nous impose par de pompeuses vanités. Le faux est partout dans le monde, et l'Esprit de vérité n'y peut entrer. On est pris par la vanité : on ne peut ouvrir les yeux à la vérité.

« Que le monde ne peut recevoir, parce qu'il ne le voit pas et ne le connoît pas, » parce qu'il ne veut ni le voir, ni le connoître : il est livré, il est séduit. « Le monde est tout dans la malignité[3], » est tout plongé dans le mal : le monde pense mal de tout : il ne veut pas croire qu'il y ait de véritables vertus, parce qu'il n'en

____

[1] *Matth.*, XI, 28. — [2] I *Joan.*, II, 16. — [3] *Ibid.*, V, 19.

veut point avoir, ni qu'il y ait d'autre motif des choses humaines
que le plaisir et l'intérêt, ni qu'il y ait de bien solide que dans les
choses corporelles. « Jouissons, dit-il, des biens qui sont [1] ; » tout
le reste n'est qu'idée, imagination, pâture des esprits creux : ce
qui est, c'est ce qu'on sent, c'est ce qu'on touche : tout le reste
échappe. Et au contraire ce qu'on sent, ce qu'on touche, c'est ce
qui échappe continuellement des mains qui le serrent. Plus on
serre les choses glissantes, plus elles échappent : la nature du
monde est de glisser, de passer vite, d'aller en fumée, en néant.
Mais le monde veut s'imaginer que c'est cela qui est. Comment
donc pourra-t-il connoître l'Esprit de vérité, et comment pourra-
t-il le recevoir ?

« Le monde ne peut pas le recevoir. » Il y a l'esprit de vérité et
l'esprit d'erreur. Qui est possédé de l'un, ne peut pas recevoir
l'autre. « L'homme sensuel ne peut entendre ce qui est de l'esprit
de Dieu : ce lui est folie et il ne peut pas l'entendre, parce qu'il
le faut examiner par l'esprit [2] ; » et son esprit est tout plongé dans
les sens ; il fait quelque effort, et il ne peut pas, et il retombe toujours dans son sens charnel.

XCI° JOURNÉE.

La demeure de Jésus-Christ et sa manifestation dans les saintes ames.
Joan., XIV, 17.

« Mais vous, vous le connoîtrez, parce qu'il demeurera en vous
et qu'il sera en vous. » Y être véritablement, c'est y demeurer : il
ne veut pas être dans nous en passant : où il ne demeure pas, si
on peut parler de la sorte, il ne croit pas y avoir été : « c'est un
esprit ferme, esprit stable, constant, assuré [3], » parce qu'il est véritable ; et ce qui est véritablement, c'est ce qui demeure ; ce qui
passe tient plus du néant que de l'être.

Mais, Seigneur, vous avez dit : « L'Esprit souffle où il veut ; et
personne ne sait d'où il vient, ni où il va ; ainsi en est-il de celui

---

[1] *Sapient.*, II, 6. — [2] I *Cor.*, II, 14. — [3] *Sapient.*, VII, 23.

qui est né de l'esprit [1]. » Comment donc dites-vous aujourd'hui :
« Vous le connoîtrez, parce qu'il demeurera en vous et qu'il
y sera ? »

Dans les premières touches de l'esprit, on ne sait d'où il vient
ni où il va : il vous inspire de nouveaux désirs inconnus aux sens :
vous ne savez où il vous mène : il vous dégoûte de tout et ne se
fait pas toujours sentir d'abord : on sent seulement qu'on n'est
pas bien et on désire d'être mieux. Quand il demeure, il se fait
connoître ; mais après il vous rejette dans de nouvelles profondeurs, et vous commencez à ne plus connoître ce qu'il vous demande : et la vie intérieure et spirituelle se passe ainsi entre la
connoissance et l'ignorance, jusqu'à ce que vienne le jour où ce
bienheureux esprit se manifeste.

« Je ne vous laisserai pas orphelins : je viendrai à vous [2]. » Il
venoit de les appeler ses « petits enfans [3] ; » il continue à parler en
père : « Je viendrai à vous ; » je vous verrai après ma résurrection. Mais ce n'est pas là toute ma promesse : car je disparoîtrai
trop tôt, pour vous satisfaire par cette courte vision : je viendrai
en vous par mon Esprit consolateur. Les orphelins seront consolés, parce que l'esprit de leur père sera en eux, et qu'il leur
apprendra à prononcer comme il faut le nom de père : « Dieu enverra dans leurs cœurs l'esprit de son Fils qui les fera crier :
Mon Père, mon Père [4] ; » qui leur apprendra à parler, à agir en
enfans et non en esclaves, en esprit de confiance, de tendresse,
d'amour et de liberté.

« Encore un peu de temps, et le monde ne me verra plus ; mais
vous, vous me verrez, parce que je vivrai et vous vivrez [5] ; » vous
vivrez de cette vie dont il est écrit : « Le juste vit de la foi [6]. »
Vous vivrez de cette foi agissante et féconde en bonnes œuvres,
« qui opère par l'amour [7]. » Pour voir Jésus vivant, il faut vivre,
et vivre de la vraie vie. Le monde, qui est mort, ne verra point
Jésus qui est vivant. « En ce jour vous verrez que je suis en mon
Père, et vous en moi, et moi en vous [8]. » En ce jour, lorsque le
Saint-Esprit vous sera donné, et encore plus en ce jour où vous

<hr>

[1] *Joan.*, III, 8. — [2] *Joan.*, XIV, 18. — [3] *Joan.*, XIII, 33. — [4] *Galat.*, IV, 6. —
[5] *Joan.*, XIV, 19. — [6] *Rom.*, I, 17. — [7] *Galat.*, V, 6. — [8] *Joan.*, XIV, 20.

verrez à découvert la Vérité même, vous verrez mon union intime, substantielle et naturelle avec mon Père, et celle que j'ai contractée avec vous par miséricorde et par grace. Si vous m'aimez, je vous aimerai, et « je me manifesterai à vous » par amour. Douce manifestation que l'amour inspire, que l'amour attire! « Je me manifesterai, » non point pour satisfaire des yeux curieux, mais pour contenter un cœur ardent.

XCII^e JOURNÉE.

La prédestination, le secret en est impénétrable. Joan., XIV, 22.

« Jude lui dit : Seigneur, d'où vient que vous vous découvrez à nous, et non pas au monde [1]? » Cette question devoit naître naturellement du discours qui a précédé; puisqu'on y a vu que le Sauveur avoit déclaré qu'il se manifesteroit par son Saint-Esprit à ses amis, et non pas au monde. C'est donc ici le grand secret de la prédestination divine : saint Jude va d'abord au grand mystère : « D'où vient? » Qu'avons-nous fait, qu'avons-nous mérité plus que les autres? N'étions-nous pas pécheurs comme eux, charnels comme eux? Eussions-nous cru, si vous ne nous aviez donné la foi? Vous eussions-nous choisi, si vous ne nous aviez choisis le premier? « Vous ne m'avez point choisi, dira-t-il bientôt, mais c'est moi qui vous ai choisis [2]. En cela paroît son amour, que ce n'est pas nous qui l'avons aimé, mais c'est lui qui nous a aimés le premier [3]. »

Pourquoi, Seigneur, pourquoi, dit saint Jude? Lui seul pouvoit résoudre cette question; mais il s'en est réservé le secret. Et c'est pourquoi il n'y répond pas; et sans faire même semblant de l'entendre, il répète encore une fois : « Si quelqu'un m'aime, il gardera mon commandement; et mon Père l'aimera, et nous viendrons à lui, et nous ferons notre demeure en lui [4]. » Comme s'il eût dit : O Jude, ne demandez pas ce qu'il ne vous est pas donné de savoir : ne cherchez point la cause de la préférence :

[1] *Joan.,* XIV, 20. — [2] *Joan.,* XV, 16. — [3] 1 *Joan.,* IV, 10.— [4] *Joan.,* XIV, 23.

adorez mes conseils : tout ce qui vous regarde sur ce sujet, c'est qu'il faut garder les commandemens : tout le reste est le secret de mon Père : c'est le secret incompréhensible du gouvernement que le souverain se réserve.

Il y a des questions que Jésus résout; il y en a qu'il montre expressément qu'il ne veut pas résoudre, et où il reprend ceux qui les font; il y en a, comme celle-ci, où il réprime la curiosité par son silence; il arrête l'esprit tout court; et pour le désoccuper des recherches dangereuses, il le tourne à des réflexions nécessaires (a). Passons : évitons cet écueil où l'orgueil humain feroit naufrage. « O profondeur des trésors de la science et de la sagesse de Dieu ! Que ses jugemens sont impénétrables et ses voies incompréhensibles ! Qui lui a donné quelque chose le premier, pour en prétendre récompense? Parce que tout est de lui, tout est par lui, tout est en lui : à lui soit gloire dans tous les siècles! Amen [1]. » Il n'y a qu'à adorer ses conseils secrets et lui donner gloire de ses jugemens, sans en connoître la cause. C'est avec ces mots de l'Apôtre, expliquer le silence de Jésus-Christ. Taisez-vous, raison humaine ! O Seigneur, que j'ai de joie de la faire taire devant vous! C'est assez de savoir dire comme David avec joie et reconnoissance : « qu'il n'a pas ainsi traité toutes les autres nations; et il ne leur a pas manifesté ses jugemens [2]; » et encore avec saint Paul : Jésus-Christ « a laissé chaque nation aller dans ses voies [3]; » sans lui demander pourquoi il l'a fait. « Qui en veut savoir davantage, dit saint Augustin, qu'il cherche de plus grands docteurs; mais qu'il prenne garde de trouver des présomptueux [4]. »

[1] *Rom.*, XI, 33, 36. — [2] *Psal.* CXLVII, 10. — [3] *Act.*, XIV, 15. — [4] Lib. *De Spirit. et litt.*, cap. XXXIV, n. 60.

(a) Le passage suivant, que les précédentes éditions donnent comme authentique, ne se trouve ni dans le manuscrit ni dans les anciennes copies : Saint Jude entendit bien qu'il ne falloit pas pousser plus loin la question. Apprenons de ce saint apôtre à demeurer en repos, non sur l'évidence d'une réponse précise, mais sur l'impénétrable hauteur d'une vérité cachée.

XCIII^e JOURNÉE.

Demeure fixe du Père et du Fils dans les ames. Joan., xiv, 23.

Ce qui est certain, ce qu'il faut savoir, ce qu'on ne sauroit assez imprimer dans son esprit, c'est que la cause prochaine de la préférence est que Jésus-Christ et son Père se manifestent à celui qui garde les commandemens : « Nous viendrons à lui, et nous y établirons notre demeure [1]. »

Il va toujours les affermissant de plus en plus, en les assurant de l'amour de son Père, du sien, de la présence et de l'assistance de son Saint-Esprit; et afin de ne rien omettre, il leur dit encore : « Nous viendrons en vous, mon Père et moi; » nous ne nous contenterons pas de vous assister au dehors : « nous viendrons à vous : nous y établirons notre demeure : » nous vous serons intimement unis : et cela, non point en passant, mais par un établissement permanent.

« Nous viendrons : » quel autre qu'un Dieu peut parler ainsi? Un simple homme, une simple créature, quelque parfaite qu'on la fasse, oseroit-elle dire : « Nous viendrons, » et s'associer avec le Père éternel, pour demeurer dans le fond des ames comme dans son sanctuaire?

« Nous viendrons à eux, et nous y établirons notre demeure : » et cela qu'est-ce autre chose, sinon ce qui est écrit : « Vous êtes le temple du Dieu vivant : comme Dieu, je ferai ma demeure en eux, et je me promènerai au milieu d'eux, et je serai leur Dieu, et ils seront mon peuple. Sortez du milieu du monde, et séparez-vous, et ne touchez point aux choses impures; et je vous recevrai, dit le Seigneur; et vous serez mes fils et mes filles, dit le Seigneur tout-puissant [2]. »

Qui nous dira quelle est cette secrète partie de notre ame dont le Père et le Fils font leur temple et leur sanctuaire? Qui nous dira combien intimement ils y habitent, comme ils la dilatent

[1] *Joan.,* xiv, 23. — [2] II *Cor.,* vi, 16-18.

comme pour s'y promener et de ce fond intime de l'ame se répandre partout, occuper toutes les puissances, animer toutes les actions? Qui nous apprendra ce secret, pour nous y retirer sans cesse et y trouver le Père et le Fils?

Ce n'est pas là cette présence dont saint Paul dit : « Il n'est pas loin de nous : car nous vivons, nous nous mouvons et nous sommes en lui et par lui [1]. » Car cette présence nous est commune avec tous les hommes, et même en un certain sens avec tout ce qui vit et qui respire; mais l'union que Jésus-Christ nous promet ici, est une union qu'il ne promet qu'à ses amis. Qu'elle est profonde! qu'elle est intime! qu'elle est éloignée de la région des sens!

Quand Dieu nous a faits à son image, il a créé en nous pour ainsi parler ce secret endroit où il se plaît d'habiter. Car il entre intimement dans la créature faite à son image : il s'unit à elle par l'endroit qu'il a fait à son image, où il a mis sa ressemblance. L'homme ne lui est pas étranger, puisqu'il l'a fait, comme lui, intelligent, raisonnable, capable de le désirer, de jouir de lui; et lui aussi il jouit de l'homme : il entre dans son fond, d'où il possède le reste : il en fait son sanctuaire. O homme, ne comprendras-tu jamais ce que ton Dieu t'a fait? Nettoie à Dieu son temple : car il y veut habiter : crois seulement, mais d'une foi vive : tu n'auras besoin pour prier d'autre temple que de toi-même. Que Dieu t'écoute de près! Il est en toi : il y demeure : il y règne : son Fils y est avec lui : quand il t'a fait à son image, il a parlé avec son Fils de l'ouvrage qu'il alloit faire; et il a dit : « Faisons l'homme à notre image et ressemblance [2]! » Et maintenant il vient en toi avec lui : il l'envoie continuellement de son sein dans le tien : il y envoie aussi son Saint-Esprit, sanctificateur invisible de ce temple. Il faut être juste pour cela : car il ne peut pas habiter dans une ame souillée. O homme, comment peux-tu souffrir le péché! Temple de Dieu, comment peux-tu mettre une idole dans ce sanctuaire!

Non : je me veux retirer en Dieu. Et que faut-il faire pour cela, sinon se recueillir en soi-même? Mais l'y sentons-nous, l'y trouvons-nous? Dieu n'est-il pas en nous d'une manière vive et qui se

_____

[1] *Act.*, XVII, 27, 28. — [2] *Genes.*, I, 26.

fasse sentir? Jésus-Christ a dit du Saint-Esprit : « Vous le connoîtrez, parce qu'il sera en vous et qu'il y demeurera [1]. » Nous devons donc aussi connoître et sentir en nous le Père et le Fils, puisqu'ils y sont et qu'ils y demeurent. Oui sans doute, il est ainsi : Dieu se fait sentir en quelque sorte lorsqu'il arrive en nous : c'est ce que saint Paul vient de nous rapporter : « Et je serai leur Dieu, et ils seront mon peuple [2]. » Quand je ne sais quoi nous dit dans le cœur que nous ne voulons que Dieu et que tout le reste nous est en horreur, alors Dieu se fait sentir. Mais nous ne croyons pas qu'il se fasse toujours sentir bien clairement, ni que dans le cours de cette vie il se fasse sentir avec certitude. Il nous est plus intime que nous ne le sommes à nous-mêmes : ainsi il se cache en nous autant qu'il lui plaît : il s'y découvre à nous-mêmes autant qu'il lui plaît ; et il ne s'y découvrira pleinement que lorsqu'il assouvira tous nos désirs, que « sa gloire nous apparoîtra et que Dieu sera tout en tous [3], » comme dit saint Paul.

Ouvrons-lui cependant l'entrée : Jésus-Christ nous en donne le moyen : « Si quelqu'un m'aime, il gardera ma parole : celui qui ne m'aime pas, ne garde pas ma parole [4] : n'aimez point en discours, ni en paroles ; aimez par les œuvres et en vérité [5]. » Il sonde les cœurs, et il voit que celui qui parle et qui croit aimer sans agir, n'aime pas. Mais aussi celui qui garde extérieurement sa parole et qui n'agit point par amour, ne garde pas véritablement cette parole : il faut joindre l'exécution de sa parole avec son amour, parce que sa principale parole et l'abrégé de sa doctrine, c'est qu'il faut aimer.

XCIV⁰ JOURNÉE.

Etat ferme de la vie chrétienne. Joan., xiv, 16-23.

Arrêtons-nous sur ces paroles : « Mon Père vous donnera le Consolateur, afin qu'il soit en vous éternellement. Vous le con-

<hr>

1 *Joan.*, xiv, 17. — 2 II *Cor.*, vi, 16. — 3 I *Cor.*, xv, 28. — 4 *Joan.*, xiv, 23, 24. — 5 I *Joan.*, iii, 18.

noîtrez, parce qu'il demeurera en vous. Nous viendrons à lui, et nous y établirons notre demeure[1]. » Entendons que la vie chrétienne n'est pas un mouvement perpétuel du bien au mal et du mal au bien. C'est quelque chose de stable et de permanent : celui qui n'a rien de ferme et dont la vie est un continuel retour du péché à la pénitence et de la pénitence au péché, a juste sujet de craindre que le bien n'ait jamais été solidement en lui.

Je ne veux pas dire qu'on ne puisse jamais perdre la grace : car pourquoi la pénitence auroit-elle été établie après le baptême ? Je ne veux pas dire que la chute après la pénitence soit sans remède : car Jésus-Christ n'a point donné de bornes à la puissance des clefs : « Tout ce que vous remettrez sera remis, tout ce que vous délierez sera délié[2] : » vous pourrez remettre et délier jusqu'à l'abus de la pénitence. Je ne veux pas dire non plus que le passage de la grace au péché et du péché à la grace, ne puisse pas quelquefois être fréquent. Saint Pierre étoit juste, quand Jésus lui dit comme aux autres : « Vous êtes purs[3], » et il n'excepta que Judas. Il tomba bientôt après, quand il renia son maître ; il se convertit bientôt après, lorsque Jésus le regarda et qu'il pleura si amèrement. Qui osera dire qu'un regret si amer et si sincère, le fruit d'un regard spécial de Jésus, ne lui rendit pas la justice ? Mais qui osera dire aussi qu'il ne l'avoit pas perdue de nouveau, lorsque « Jésus lui reproche comme aux autres son incrédulité et la dureté de son cœur, pour n'avoir pas voulu croire ceux qui leur annonçoient qu'il étoit ressuscité[4] ? » Dieu permet ces chutes fréquentes, lorsqu'il fait sentir à une ame sa propre foiblesse. Mais où en veut-il venir par ces terribles leçons, sinon à affermir l'ame dans l'humilité, dans la défiance de soi-même, dans la confiance en Dieu, et par là dans la vertu ? Il en faut donc venir à un état de fermeté et de consistance. Chrétien, tu as assez appris tes foiblesses par tes chutes : il n'est pas question de l'expérimenter toujours : il est temps de profiter de tes expériences : Pierre n'a été vacillant un peu de temps, que pour être conduit par là à une longue et perpétuelle persévérance.

[1] *Joan.*, XIV, 16, 17, 23. — [2] *Matth.*, XVI, 19. — [3] *Joan.*, XIII, 10. — [4] *Marc.*, XVI, 14.

XCV⁰ JOURNÉE.

Le Maître intérieur. Joan., XIV, 25, 26.

« Je vous ai dit ces choses pendant que j'étois parmi vous; mais le Saint-Esprit consolateur, que mon Père vous enverra en mon nom, vous enseignera toutes choses et vous inspirera, vous suggérera, » mot à mot selon l'original, « vous fera ressouvenir de toutes les choses que je vous aurai dites [1]. » Quoi donc ! avions-nous besoin de deux maîtres, et Jésus-Christ ne nous suffisoit-il pas pour nous enseigner? Soyons ici attentifs à cette école intérieure, qui se tient dans le fond du cœur. Outre les enseignemens du dehors, il falloit un maître intérieur, qui fît deux choses : l'une, de nous faire entendre au dedans ce qu'on nous avoit enseigné au dehors; l'autre, de nous en faire souvenir et d'empêcher qu'il ne nous échappât jamais.

Remarquons bien néanmoins que Jésus-Christ et le Saint-Esprit ne nous enseignent pas des choses différentes. Ecoutez-bien, fanatique, qui attribuez à la doctrine du Saint-Esprit des choses que Jésus-Christ n'a pas dites : il enseigne les mêmes choses, mais l'un enseigne au dehors, et l'autre au dedans : et lorsqu'on dit que le Saint-Esprit enseigne au dedans, il faut entendre que Jésus-Christ même enseigne aussi au dedans, parce que c'est lui qui envoie le Saint-Esprit, qui est plein de lui, comme il l'expliquera bientôt.

Et pourquoi cette doctrine intérieure est-elle attribuée au Saint-Esprit, si ce n'est pour la même raison que l'infusion de la charité lui est attribuée? « La charité, dit-il, est répandue dans nos cœurs par le Saint-Esprit qui nous a été donné [2]. » Qu'est-ce donc qu'enseigner au Saint-Esprit, si ce n'est faire aimer la vérité que Jésus-Christ nous a annoncée, jusqu'à pouvoir dire : « Qui nous séparera de la charité de Jésus-Christ? Sera-ce l'affliction, ou la persécution, ou la faim? Nous sommes victorieux dans toutes ces

[1] *Joan.,* XIV, 25, 26. — [2] *Rom.,* V, 5.

tentations à cause de celui qui nous a aimés et qui nous a donné son amour[1]. » Et qu'est-ce que nous faire ressouvenir de ce que Jésus-Christ nous aura dit, sinon le tenir toujours présent à notre esprit par l'attachement que nous y aurons au fond du cœur? C'est-à-dire que le Saint-Esprit nous inspire non tant la science que l'amour, et que c'est par lui véritablement que nous sommes enseignés de Dieu, comme Jésus-Christ nous l'a dit[2].

Soyons donc recueillis et intérieurs, puisque c'est au dedans que nous parle notre Docteur. Homme, où courez-vous d'affaire en affaire, de distraction en distraction, de visite en visite, de trouble en trouble? Vous vous fuyez vous-même, puisque vous fuyez votre intérieur, et vous fuyez en même temps le Saint-Esprit qui vous y veut parler.

XCVI^e JOURNÉE.

Paix intérieure. Joan., XIV, 27.

« Je vous laisse ma paix, je vous donne ma paix; cette paix » intérieure, « que le monde ne vous peut donner[3], » puisqu'au contraire c'est lui qui la trouble. Et qu'est-ce que cette paix? « Nous viendrons à lui, et nous y ferons notre demeure[4]. » Dieu en nous et dans notre fond, c'est notre paix. Car il est écrit de la cité sainte, qui est la figure de l'ame fidèle : « Dieu ne sera point ébranlé au milieu d'elle[5] : que la tempête vienne, » c'est-à-dire les passions, les afflictions, la perte des biens temporels : « Dieu au milieu de l'ame ne sera point ébranlé, » ni par conséquent le fond où il est. Car le Psalmiste poursuit : « Dieu l'aidera dès le matin : » Dieu la préviendra de ses graces; et c'est là sa paix, pourvu qu'elle soit soigneuse de se recueillir en elle-même : car c'est là qu'elle trouve Dieu, qui est sa force. Si elle se dissipe, si elle court, Dieu sera ébranlé au milieu d'elle, non en lui-même, mais au milieu d'elle. Commencez-vous à écouter le monde et la

---

[1] *Rom.*, VIII, 35, 37. — [2] *Joan.*, VI, 45. — [3] *Joan.*, XIV, 27. — [4] *Ibid.*, 23. — [5] *Psal.* XLV, 6.

tentation, Dieu s'ébranle au milieu de vous : il est prêt à vous quitter. Consommez-vous le péché, il vous quitte. Demeurez donc uni à vous-même et à Dieu qui est en vous : il ne s'ébranlera pas au milieu de vous : par là vous serez en paix; car il est écrit : « Le lieu où il demeure sera en paix[1]. Il n'y a point de paix pour les méchans, dit le Seigneur[2]. » Encore un coup : « Il n'y a point de paix pour les méchans : ils sont comme une mer agitée, qui n'a jamais de repos : » qui regorge en mauvais désirs; « et ses flots, et son écume jetée au bord sera foulée aux pieds et ne fera que de la boue[3]. »

XCVII^e JOURNÉE.

Paix imperturbable. Joan., xiv, 27.

« Je vous laisse ma paix : je vous donne ma paix : je ne vous donne pas une paix comme celle que le monde donne : ne soyez point troublés, ne craignez rien : » c'est ce que le monde ne peut vous donner. Ce qu'il redouble le nom de la paix, marque l'affection et la tendresse avec laquelle il fait un si beau présent : vous diriez qu'à coups redoublés il veuille faire pénétrer la paix au fond du cœur : il la leur donne pour eux , il la leur donne pour nous. Il leur donne cette paix qui reposera sur les enfans de la paix, qui seront dans la maison où ils entreront; et qui reviendra à eux, si personne ne la veut recevoir[4]. Recevons donc la paix des apôtres, celle des ministres de Jésus-Christ; lorsqu'ils entrent dans nos maisons, soyons pour eux des enfans de paix; ne soyons ni contredisans, ni murmurateurs. Recevons cette paix, non celle du monde, mais celle que Jésus-Christ sait faire trouver au milieu des humiliations et des travaux.

« Ne craignez rien, ne vous troublez pas : » c'est, comme nous avons dit, la conclusion de tout ce discours et le terme où il aboutit. Considérons toutes les raisons par lesquelles le Fils de Dieu bannit le trouble que devoit causer sa mort. Premièrement,

[1] *Psal.* LXXV, 3. — [2] *Isa.,* XLVIII, 22. — [3] *Isa.,* LVII, 20-21. — [4] *Luc.* X, 6.

s'il s'en va, c'est pour nous préparer la place dans la maison de son Père. Ses disciples le peuvent suivre; et en leur disant où il va, il leur montre aussi le chemin pour y parvenir : il leur apprend où ils pourront voir le Père, dont la vision leur suffit, dans la possession duquel ils n'ont plus rien ni à désirer ni à craindre. Secondement, quoiqu'il les quitte, il n'en sera pas moins leur protecteur et ils peuvent tout obtenir en son nom. Loin que son absence leur nuise, il fera pour eux et par eux de plus grandes choses qu'il n'avoit jamais faites. Troisièmement, en les quittant il leur promet un consolateur invisible, qui adoucira leurs peines et leur gravera dans le cœur toute sa doctrine. Touchés de l'amour qu'ils auront pour sa personne, ils garderont sa parole. Enfin il ne les quittera pas en les quittant : il viendra à eux, et il y viendra avec son Père, et ils établiront leur demeure dans leurs ames; ce qui les fera jouir dans le fond du cœur, au milieu des persécutions et des tentations, d'un imperturbable repos et de cette « paix qui surpasse tout sentiment, toute pensée, toute intelligence [1]. » Après cela on peut conclure : « Ne vous troublez pas, ne craignez rien : » voici néanmoins encore une raison plus touchante pour ses vrais disciples.

XCVIIIᵉ JOURNÉE.

Jésus-Christ rentre en sa gloire, retournant à son Père. Joan., xiv, 28.

« Vous avez ouï que je vous ai dit : Je m'en vais, et je reviens [2] : » je meurs, et je ressuscite, et je reviens de nouveau à vous : je m'en vais encore, je monte au ciel, et j'en reviendrai à la fin pour demander compte de mes graces. « Si vous m'aimiez, vous seriez bien aise que je m'en allasse : » je vous ai dit les raisons de vous consoler de mon absence, par les biens qui vous en reviennent. En voici une, par rapport à moi, qui vous doit toucher davantage : « Si vous m'aimez, vous devez vous réjouir que je retourne à mon Père, parce que mon Père est plus grand que

---

[1] *Philipp.*, IV, 7. — [2] *Joan.*, XIV, 28.

moi, » et que c'est avec lui que je trouverai ma véritable grandeur.

C'est son Père qui en est la source, parce qu'il tient tout de lui : il est toujours dans son sein et ne le quitte jamais. Toutefois en se faisant homme, il est sorti en un certain sens du lieu de sa gloire ; et il s'est fait moindre que son Père, lui qui est naturellement son égal. Comme homme il va retourner à ce lieu de gloire ; et en retournant à celui qui est plus grand que lui, à cet égard il devient aussi plus grand lui-même « parce qu'il entre dans sa gloire [1] » ensuite de ses souffrances : et « qu'assis à la droite de la majesté » de Dieu, « toute-puissance lui est donnée dans le ciel et dans la terre [2]. » C'est ce qu'il nous dira bientôt : « Mon Père, glorifiez-moi de la gloire que j'ai eue auprès de vous, avant que le monde fût [3]. » Répandez cette gloire sur l'humanité que j'ai prise. Telle est la gloire que je vais recevoir en retournant à mon Père : « Si vous m'aimiez, vous en auriez de la joie. » Réjouissez-vous donc, vous qui m'aimez ; réjouissez-vous de la gloire où je vais entrer.

C'est ce que font tous les bienheureux esprits, en disant : « L'Agneau qui a été immolé est digne de recevoir puissance, divinité, richesses, sagesse, force, honneur, gloire, bénédiction, action de graces : » il est digne de les recevoir avec son Père : « A celui qui est assis sur le trône et à l'Agneau bénédiction, et honneur, et gloire, et puissance aux siècles des siècles [4]! » Vous le voyez, ils n'ont point de termes pour expliquer un si grand transport ; c'est qu'ils aiment Jésus, et se réjouissent de la gloire qu'il a reçue avec son Père.

C'est pour nous exciter à cette joie qu'il nous dit : « Si vous m'aimiez, vous vous réjouiriez de ce que je vais à mon Père [5]. » O Seigneur, je m'en réjouis : je ne me réjouis pas tant de mes avantages que je me réjouis de votre gloire. Allez à votre Père, selon ce qu'il est plus grand que vous, afin de jouir des avantages de votre naturelle grandeur. Gloire, louange, bénédiction, puissance, honneur soit donné à l'Agneau qui a été immolé pour nous! Soyez loué, soyez adoré, soyez servi de toute créature!

<hr>

[1] *Luc.*, XXIV, 26. — [2] *Matth.*, XXVIII, 18. — [3] *Joan.*, XVII, 5. — [4] *Apoc.*, V, 12, 13. — [5] *Joan.*, XIV, 28.

Je fais ma gloire de votre gloire, ma grandeur de votre grandeur, ma félicité de votre félicité. Voilà ce qu'il nous faut dire dans toute l'étendue de notre cœur, en honneur de cette parole du Sauveur : « Si vous m'aimiez, vous vous réjouiriez de ce que je vais à mon Père, parce que mon Père est plus grand que moi. »

Mon Sauveur, que vous êtes grand, puisque vous avez besoin d'avertir les hommes que votre Père est plus grand que vous! Si un autre que vous disoit : Dieu est plus grand que moi, on lui répondroit : Qui en doute? quelle comparaison y a-t-il à faire entre Dieu et vous? C'est trop présumer de vous, que de croire qu'on vous puisse mettre en comparaison avec Dieu. Mais comme il y a en Jésus-Christ une grandeur pareille à celle de Dieu, en sorte qu'il ne craint point de ce côté-là de traiter d'égal avec Dieu; et que dans tout le discours que nous avons ouï il montre cette égalité, il a été nécessaire de nous faire souvenir aussi de l'endroit par où le Père est plus grand que lui, de peur qu'on n'oubliât qu'étant Dieu, il s'étoit humilié et anéanti jusqu'à prendre, non-seulement la forme d'esclave, mais encore la figure du pécheur.

Que vous êtes grand, mon Sauveur! Que j'ai de joie de votre grandeur ! Que j'ai de joie de la gloire que vous avez naturellement dans le sein de votre Père ! Que j'en ai de celle où vous êtes exalté par votre humiliation jusqu'à la mort, et à la mort de la croix !

Seigneur, vous m'avez appris comment il vous faut aimer; oserai-je vous dire avec saint Pierre : « Seigneur, vous savez que je vous aime [1]. » Excitez-vous, chrétien, à cet amour; dites mille et mille fois à Jésus : Je vous aime; mais souvenez-vous qu'il vous a dit : « Si vous m'aimez, gardez mes commandemens [2]. »

[1] *Joan.*, XXI, 15. — [2] *Joan.* XIV, 15.

XCIX^e JOURNÉE.

*Jésus-Christ prédit tout ce qui lui doit arriver, il va volontairement
à la mort. Joan., xiv, 29.*

« Je vous ai dit ces choses avant qu'elles arrivassent, afin que
vous crussiez lorsqu'elles seroient arrivées [1]. » Que vous crussiez :
quoi? Deux choses, la première, que je vois tout, que je sais tout,
qu'on ne peut me cacher ce qu'on trame contre moi dans les ténèbres : je vois le traître disciple qui me vend, qui va me livrer,
qui se met à la tête de mes ennemis pour me prendre : je sais
tout ce qu'ils feront, et qu'ils me conduiront à la mort : je vous
le dis avant qu'il arrive, afin que vous croyiez en moi : au même
sens qu'il venoit de dire : « Un de vous qui mange avec moi me
trahira, et je vous le dis avant qu'il arrive, afin que lorsqu'il
arrivera vous croyiez que c'est moi qui suis [2] » le Christ; et qu'il
avoit dit peu de jours auparavant : « Notre ami Lazare est mort
et je m'en réjouis pour l'amour de vous, afin que vous croyiez,
parce que je n'y étois pas [3]. » La seconde chose, afin que vous
croyiez que le monde ne peut rien sur moi; et que personne
n'auroit puissance de me livrer, si je ne me livrois moi-même le
premier pour obéir à mon Père.

C'est ce qu'il confirme par les paroles suivantes : « Je n'ai plus
guère de temps pour vous parler : le prince de ce monde arrive,
et il n'a rien en moi [4] : » il anime les Juifs, et je les vois avancer par
son instinct : il n'a aucun droit sur moi, parce que je suis sans
péché; ainsi il n'a pas de droit de m'assujettir à sa puissance,
ni de me donner la mort : « Mais afin que le monde sache que
j'aime mon Père et que je fais ce qu'il me commande : Levez-
vous, sortons d'ici [5]. » C'est ainsi que finit son discours.

« Afin que le monde sache : » car je lui dois cet exemple, que
j'aime mon Père, et que je fais tout ainsi qu'il me l'ordonne :

[1] *Joan.*, XIV, 29. — [2] *Joan.*, XIII, 18, 19. — [3] *Joan.*, XI, 11, 14, 15. — [4] *Joan.*,
XIV, 30. — [5] *Ibid.*, 31.

c'est l'exemple que je veux donner, non-seulement d'obéir, mais d'obéir par amour. Je viens de vous dire : « Si vous m'aimez, gardez mes commandemens : celui qui m'aime garde ma parole : » il faut premièrement aimer, et ensuite obéir, mais par amour. C'est ce que je commande, c'est ce que je fais : j'aime mon Père et j'obéis. Je m'avance volontairement pour exécuter ses ordres : Judas sait le lieu où j'ai accoutumé d'aller prier, et il se sert de cette connoissance pour me surprendre; mais il ne me surprend pas. Je vois ses complots; et quelque loin qu'il soit, toutes ses paroles viennent à mes oreilles [1]. Combien ai-je rompu de complots semblables? Combien ai-je échappé de fois aux Juifs, qui vouloient me prendre? Je pourrois encore rompre ce coup, en n'allant point au jardin où l'on vient me prendre; mais il est temps : mon heure est venue, et mon Père me fait voir que c'est à cette fois qu'il faut que je meure : c'est l'heure de mes ennemis et de la puissance des ténèbres : « Levez-vous, sortons d'ici : » allons au-devant de ceux qui me cherchent.

Il répète les mêmes paroles en descendant de la montagne des Olives et en sortant de son agonie : « Levez-vous, allons : celui qui me trahit approche [2]. » Il ne recule pas : il marche à la mort avec une volonté déterminée. Il y mène ses disciples : « Levez-vous, partons : » car encore que leur heure ne soit pas venue, il veut pourtant qu'ils le suivent, et il les mène au combat pour les aguerrir. Ils fuiront à cette fois; mais peu à peu ils s'accoutumeront à combattre : « Allons donc, suivez-moi, dit-il, levez-vous. » C'est à nous qu'il parle aussi. Revêtons-nous à son exemple de résolution et de courage : ne nous troublons pas, ne craignons rien : à quelque hasard qu'il nous faille aller pour son service, faudroit-il aller à une mort assurée, levons-nous, partons; et quand il sera à la porte, lorsqu'il frappera le dernier coup et qu'on nous annoncera la mort prochaine, disons avec un air libre et d'une voix ferme : « Levons-nous, sortons d'ici. »

Cela dit, Jésus se leva : il partit du cénacle et de la maison « pour aller selon sa coutume au jardin et à la montagne des Oliviers, et ses disciples le suivirent [3]. »

<hr>

[1] *Joan.*, XVIII, 2-4. — [2] *Matth.*, XXVI, 46. — [3] *Luc.*, XXII, 39.

SECONDE PARTIE.

SUITE DU DISCOURS DE NOTRE-SEIGNEUR : CE QU'IL DIT DEPUIS SA SORTIE DE LA MAISON
JUSQU'A CE QU'IL MONTAT A LA MONTAGNE DES OLIVIERS.

PREMIÈRE JOURNÉE.

*Jésus est la vigne, et les fidéles les membres; nécessité, efficace, influence
continuelle de la grace.* Joan., xv, 1 jusqu'au 7.

« Je suis la vigne et mon Père est le vigneron, le laboureur [1]. » On croit que sur le chemin de la montagne des Olives il se trouvoit beaucoup de vignes, qui donnèrent lieu au Sauveur de dire ces paroles. Nous devons apprendre par cet exemple et par les autres de même nature à nous servir de tous les objets qui se présentent pour nous élever à Dieu, et par ce moyen sanctifier pour ainsi parler toute la nature.

Nous avons ici à considérer trois choses : la vigne ou la tige, qui est Jésus-Christ; les branches de la vigne, c'est-à-dire les fidèles; et le laboureur, qui est le Père éternel. Les deux premières choses nous font sentir combien nous sommes unis à Jésus-Christ, et le besoin extrême que nous avons de cette union.

Notre union avec Jésus-Christ présuppose, premièrement, une même nature entre lui et nous, comme les branches de la vigne sont de même nature que la tige. Il falloit donc que Jésus-Christ fût de même nature que nous; ce qui aussi fait dire à saint Augustin qu'il a prononcé ces paroles selon qu'il est homme.

Elles présupposent secondement une intime union entre lui et nous, jusqu'à faire un même corps avec lui, comme le sarment et les branches de la vigne font un même corps avec la tige.

Elles présupposent en troisième lieu une influence intérieure de Jésus-Christ sur nous, telle qu'est celle de la tige sur les branches qui en tirent tout le suc dont elles sont nourries.

[1] *Joan.*, xv, 1.

De là suit une extrême dépendance de tous les fidèles à l'égard de Jésus-Christ. Comme les branches sécheroient et périroient sans ressource et ne seroient plus propres que pour le feu sans le suc qu'elles tirent continuellement de la tige, il en seroit de même de nous si nous ne recevions continuellement de Jésus-Christ la grace qui nous fait vivre.

Remarquons donc bien qu'il ne suffit pas que Jésus-Christ nous enseigne par sa parole et par ses exemples, mais encore que nous avons besoin de la continuelle influence de sa grace, sans laquelle nous péririons.

Combien, d'un côté, devons-nous avoir de joie d'être unis si intimement à Jésus-Christ; et de l'autre quelle doit être notre humilité dans le besoin continuel que nous avons de la grace !

Elle ne pouvoit être mieux marquée que par le besoin que les membres ont de leur chef ou, ce qui est de même nature, par celui que les branches ont de leur tige. Car un seul moment d'interruption d'une influence si nécessaire les feroit mourir.

Entrons donc dans la pratique de ce commandement du Sauveur : « Demeurez en moi et moi en vous : comme la branche ne peut porter du fruit, il en est de même de vous : vous ne pouvez rien faire sans moi [1]. »

« Vous ne pouvez rien faire : » rien du tout; vous ne pouvez porter le moindre fruit, ni pousser par conséquent la moindre fleur, parce que la fleur n'est que le commencement du fruit. Il avoit dit que « le laboureur purgeroit le plant qui porte du fruit, afin qu'il en portât davantage [2]. » Mais de peur que nous ne crussions que nous ne devions à sa grace que l'abondance des fruits, à cause qu'il avoit dit « que la plante seroit purgée pour porter beaucoup, » il ajoute : « Vous ne pouvez porter de fruit, si vous ne demeurez en moi; » et encore plus précisément : « Vous ne pouvez rien sans moi; » vous ne pouvez même commencer le bien, loin que vous le puissiez achever. « Personne ne peut rien penser de soi-même comme de soi-même [3] : personne ne peut prononcer le nom du Seigneur Jésus, que par le Saint-Esprit [4], » ni avoir le Saint-Esprit que par Jésus-Christ qui doit

<hr>

[1] *Joan.*, XV, 4, 5. — [2] *Ibid.*, 2. — [3] II *Cor.*, III, 5. — [4] I *Cor.*, XII, 3.

l'envoyer, comme il le dira dans la suite. Et non-seulement l'envoyer au dehors, mais encore au dedans, selon ce que dit saint Paul, « que tous les membres unis ensemble reçoivent l'accroissement par tous les vaisseaux, et par toutes les liaisons qui portent et communiquent la nourriture et la vie [1], » chacun selon sa mesure : ce que le même apôtre attribue ailleurs à la distribution de la grace du Saint-Esprit, « qui partage ses dons à chacun selon qu'il lui plaît [2]. »

Tenons-nous dans une grande dépendance à chaque instant, à chaque action.

C'est par la foi qu'on tire le suc de cette divine racine : tenons-nous toujours dans la foi.

Jésus-Christ dans l'Eucharistie doit être notre cher objet, et le moyen le plus efficace de s'unir à lui comme à celui sans lequel on ne peut rien, de qui on tire tout le bon suc de la grace, la vraie nourriture de l'ame.

Mais voici le comble de la joie. C'est que la racine n'aime pas moins à communiquer sa vie que les branches à la recevoir. Le chef est fait pour se communiquer, et Jésus-Christ pour se donner à nous : c'est pour cela que tous les conduits sont préparés : « Les uns sont apôtres, les autres docteurs [3]; » mais tout cela est pour les membres, outre que le chef influe par lui-même.

« Approchez-vous de lui et recevez la lumière, et vos visages ne seront jamais chargés de confusion [4]. »

La confusion est pour ceux qui s'éloignent de Jésus, parce que laissés à eux-mêmes, ils sèchent, ils meurent, ils ne sont que foiblesse et péché.

Si la vigne, si les membres du corps pouvoient sentir ce qu'ils doivent à la racine et au chef, ils seroient en continuelles actions de graces. Rendons graces au Seigneur notre Dieu. Saint Paul ne nous prêche que l'action de graces. La foi, la prière, l'action de graces, c'est le principe, c'est le moyen, c'est le fruit de notre union avec Jésus-Christ.

[1] *Ephes.*, IV, 16. — [2] I *Cor.*, XII, 11, 13. — [3] *Ibid.*, 28. — [4] *Psal.* XXXIII, 6.

IIᵉ JOURNÉE.

Le Père est le vigneron. Ibid., 1.

« Mon Père est le laboureur, ou le vigneron. » Il faut exclure
ici une fausse idée, qui seroit de croire que le Père n'agisse qu'au
dehors. Ce divin laboureur est celui qui envoie la pluie dont la
vigne se nourrit : c'est lui qui opère dans les cœurs, « qui donne
l'accroissement, comme dit saint Paul, qui opère le vouloir et le
faire [1]. »

Mais ici l'influence intérieure semble être attribuée au Fils
comme chef, afin d'établir la confiance des membres, en leur
montrant que celui qui agit en eux leur est intimement uni.

Le Père agit dans le Fils, et le Fils agit en nous : le Fils n'a
rien que de son Père, et nous n'avons rien que du Fils : ainsi tout
retourne au Père : « Le Père ne cesse d'agir, dit le Fils de Dieu ;
et moi j'agis aussi [2]; » et notre propre action de l'un et de l'autre,
c'est d'agir dans les cœurs où nous envoyons notre Saint-Esprit,
agissant par lui sans discontinuation et faisant les hommes un
même esprit avec nous. Le Fils donc opère, et le Père opère ; et
il n'y a de différence qu'en ce que le Père est Dieu seulement, et
le Fils Dieu et homme tout ensemble : Emmanuel, Dieu avec nous,
Dieu uni à nous, Dieu agissant en nous, comme dans une partie
de lui-même. C'est donc là le fondement de la confiance.

Quand les ariens disoient : Si l'un est la vigne et l'autre le vigneron et laboureur, ils ne sont pas de même essence, ils ne songeoient pas que ce même Jésus, qui est notre Chef, notre tige en
qualité d'homme, et de même nature que nous, en tant que Dieu
est de même nature que son Père et laboureur comme lui, qui ne
cesse de travailler à sa vigne élue. C'est là tout le fondement de
notre espérance, de ce que tout est à nous par Jésus-Christ. Comme
homme il est à nous : l'homme est Dieu : Dieu donc est à nous en
Jésus-Christ. « Le Père est dans le Fils et le Fils est dans le Père [3]: »

[1] *I Cor.,* III, 6, 7 ; *Philipp.,* II, 13. — [2] *Joan.,* V, 17. — [3] *Joan..* XIV, 10.

toute la substance de la divinité étant à nous, tous les fruits et tous les dons sont à nous : le Saint-Esprit qui est le don substantiel est à nous : et ce don nous est donné avec tous les dons dont il est plein. Voilà les richesses du chrétien. Peut-il penser à d'autres biens ? Il en a besoin, je le sais, mais pour le corps : qu'il les prenne donc en passant pour le corps qui passe ; mais qu'il cultive, qu'il nourrisse, qu'il enrichisse son ame. « Travaillez, non point à une nourriture qui périt, mais à une nourriture qui mène à une vie éternelle, que le Fils de l'homme vous donnera [1], » qu'il vous a déjà donnée en s'incarnant, qu'il vous donne tous les jours par sa parole, et qu'il vous donnera encore en se donnant à vous par l'Eucharistie.

IIIe JOURNÉE.

Jésus-Christ retranche la branche infructueuse. Ibid., 2.

« La branche qui ne porte point de fruit en moi, » ce céleste vigneron « la retranchera ; et la branche qui en portera, il la taillera, afin qu'elle en porte davantage [2]. » Voilà deux opérations : de retrancher le bois inutile, et de tailler l'autre pour n'y rien laisser d'impur et de superflu.

La première opération, qui est de retrancher la branche qui ne porte point de fruit, a un effet terrible marqué au verset 6, où il est porté que cette branche retranchée « séchera et sera jetée au feu et brûlera. »

Il ne faut qu'écouter le saint Prophète : « Fils de l'homme, que ferez-vous de la branche de la vigne ? En ferez-vous quelque bel ouvrage [3], » comme on en fait du cèdre, des autres grands arbres, qu'on n'emploie jamais à de plus beaux usages qu'après qu'ils sont coupés ? En est-il de même de la vigne ? Point du tout. « Quand même elle étoit sur pied, » on voyoit bien « qu'elle n'étoit propre à aucun ouvrage : combien plus » étant arrachée, verra-t-on qu'elle n'est « bonne que pour le feu ? » Plus elle est excel-

[1] *Joan.*, VI, 27. — [2] *Joan.*, XV, 2. — [3] *Ezech.*, XV, 2-4 et seq.

lente, lorsqu'elle porte « son fruit délicieux qui réjouit Dieu et les hommes [1], » plus elle est inutile quand elle n'en porte plus, et n'a plus rien à attendre que le feu dont elle est digne. Ainsi en est-il du chrétien.

Et remarquez qu'elle en est digne, non à cause seulement qu'elle porte du mauvais fruit, ce qui lui arrive lorsque son fruit dégénère et que son raisin se change en mauvais verjus; mais lorsqu'elle ne porte pas de bon fruit : ainsi en est-il du chrétien : « Jetez le serviteur inutile dans les ténèbres, » dans les cachots éternels : « là sera pleurs et grincemens de dents [2]. »

IVe JOURNÉE.

Il taille la branche chargée de fruit. Ibid.

Mais le céleste laboureur ne tranchera-t-il que le mauvais bois incapable de produire du fruit? Non : il a une seconde opération sur le bon bois; il le taille, il le purifie, il coupe dans le vif; et non content de retrancher le bois sec, il n'épargne pas le vert. Ainsi en est-il du chrétien : que de choses à retrancher en toi, chrétien? Veux-tu porter un fruit abondant, il faut qu'il t'en coûte: il faut retrancher ce bois superflu, cette fécondité de mauvais désirs, cette force qui pousse trop et se perdroit elle-même en se dissipant : tu crois qu'il faut toujours agir, toujours pousser au dehors, et tu deviens tout extérieur. Non, il faut non-seulement ôter les mauvais désirs, mais ôter le trop qui se trouve souvent dans les bons : le trop agir, l'excessive activité qui se détruit et se consume elle-même, qui épuise les forces de l'ame, qui la remplit d'elle-même et la rend superbe. Ame chrétienne, abandonne-toi aux mains, au couteau, à l'opération de ce céleste vigneron : laisse-le trancher jusqu'au vif : « le temps de tailler est venu : » *tempus putationis advenit* [3]. Dans le printemps, lorsque la vigne commence à pousser, on lui doit ôter même jusqu'à la fleur, quand elle est excessive : coupez, céleste ouvrier : et toi, ame chrétienne,

____

[1] *Jud.,* IX, 13. — [2] *Matth.,* XXV, 30. — [3] *Cantic.,* II, 12.

coupe aussi toi-même : car Dieu t’en donnera la force, et c’est par toi-même qu’il te veut tailler. Coupe non-seulement les mauvaises volontés, mais le trop d’activité de la bonne qui se repaît d’elle-même. Ame toute pleine d’Adam et du vieux levain, que ne dois-tu pas craindre de tes vices, si tu as tant à craindre de tes vertus mêmes ?

Qui nous dira ce que c’est que cette ame qui ne cesse point d’agir et de pousser, qui en poussant néanmoins ne pousse pas trop et en agissant n’agit pas trop; qui sait retenir cette force qui se dissiperoit au dehors et ne garderoit rien pour le dedans; qui à force de se contenter elle-même, en agissant comme une autre Marthe avec trop d’activité et d’inquiétude même sur un bon objet, s’ôte le repos et le veut encore ôter à Marie assise aux pieds de Jésus comme sans action et mettant son action dans le repos, avec lequel elle prête son attention tout entière au Sauveur qui parle au dedans? C’est ainsi que doit être l’ame chrétienne : ni oisive ni empressée, mais tranquille aux pieds de Jésus, écoutant Jésus. O qu’elle s’est utilement taillée, qu’elle a fait une salutaire blessure à son trop d’activité! Quand il faudra agir, elle trouvera ses forces entières, et son action d’autant plus ferme qu’elle sera plus paisible; non plus comme ces torrens qui bouillent, qui écument, qui se précipitent et se perdent; mais comme ces fleuves benins, qui coulent tranquillement et toujours. Tel est «le fleuve qui réjouit la cité de Dieu : » il a une « impétuosité [1], » une force, un mouvement ferme et durable, mais en même temps doux et tranquille : l’ame se remplit d’une céleste vivacité qui ne sera plus d’elle-même, mais de Dieu.

Voyez ce cheval ardent et impétueux : pendant que son écuyer le conduit et le dompte, que de mouvemens irréguliers! C’est un effet de son ardeur; et son ardeur vient de sa force, mais d’une force mal réglée. Il se compose, il devient plus obéissant sous l’é-peron, sous le frein, sous la main qui le manie à droite et à gauche, le pousse, le retient comme elle veut. A la fin il est dompté : il ne fait que ce qu’on lui demande : il sait aller le pas, il sait courir, non plus avec cette activité qui l’épuisoit, par laquelle son obéis-

<hr>

[1] *Psal.* XLV, 5

sance étoit encore désobéissante. Son ardeur s'est changée en force ; ou plutôt, puisque cette force étoit en quelque façon dans cette ardeur, elle s'est réglée. Remarquez : elle n'est pas détruite, elle se règle ; il ne faut plus d'éperon, presque plus de bride : car la bride ne fait plus l'effet de dompter l'animal fougueux : par un petit mouvement, qui n'est que l'indication de la volonté de l'écuyer, elle l'avertit plutôt qu'elle ne le force, et le paisible animal ne fait plus pour ainsi dire qu'écouter : son action est tellement unie à celle de celui qui le mène, qu'il ne s'en fait plus qu'une seule et même action. Ame chrétienne, écoute l'Epoux qui te dit : « Je t'ai comparée à une belle cavale [1] » et entièrement domptée. Et s'il faut t'atteler à un chariot, te faire agir en concours avec d'autres ames également soumises, ce ne sera pas de ces chariots mal assortis, où l'un tire et l'autre demeure sans action ; ce qui épuise et accable ceux qui sont de bonne volonté et se donnent de bonne foi à l'ouvrage. Sous le fouet du conducteur, ou pour mieux dire non tant sous le fouet que sous sa voix, et avec la légère indication d'un coup benin qui avertit, qui réveille quelquefois, les deux chevaux sont unis, parce qu'ils sont tous deux également soumis à la sage main qui les mène. Ame chrétienne, agis ainsi : et change ton ardeur, ton activité en gravité, en douceur, en règle : noble animal fait pour être conduit de Dieu et le porter pour ainsi dire, c'est là ton courage, c'est là ta noblesse.

Revenons donc à la vigne : il faut non-seulement retrancher le sec, mais encore tailler dans le vert et dans le vif.

Ve JOURNÉE.

C'est une opération de la grace que de conserver la justice. Joan., xv, 3, 4.

« Vous êtes déjà purs à cause de la parole (selon la parole) que je vous ai dite, Vous êtes purs, mais non pas tous. Demeurez en moi et moi en vous [2]. » Vous n'avez pas seulement besoin de moi pour être purifiés ; mais quand vous êtes purs, vous avez encore,

[1] *Cantic.*, I, 8. — [2] *Joan.*, xv, 3, 4.

besoin de moi pour demeurer dans votre pureté : car l'opération de la grace n'est pas seulement à purifier, mais encore plus à conserver la pureté et la justice une fois donnée. Le soleil avance et dissipe les ténèbres : l'air illuminé conservera-t-il de lui-même la lumière? Non certainement. On ne doit pas dire, dit saint Augustin : Il a été une fois illuminé, mais il l'est continuellement, et de nouveau à chaque moment : autrement il retomberoit dans les ténèbres : la lumière diminue par tous les obstacles qu'on met entre le corps illuminant et le corps illuminé. C'est ce qui fait les ombres et les diverses teintes de lumière plus ou moins vives. Combien plus l'ame raisonnable, pour conserver la justice, dépend-elle de Dieu qui l'éclaire, et du vrai soleil de justice qui est Jésus-Christ? Tiens-toi donc toujours exposée à cette lumière : demeure dans cette lumière, et cette lumière en toi, sans t'en détourner un seul moment. Il ne suffit pas qu'elle t'ait fait juste une fois : il faut que continuellement elle te le fasse. Entendez-vous, ame chrétienne? Ne vous détournez donc jamais pour peu que ce soit : tenez-vous le plus que vous pouvez sous le coup direct de la lumière : car c'est par là que vous serez vivement éclairée. Ce n'est pas qu'il ne vienne de la lumière de côté et d'autre, et les corps illuminés se la renvoient mutuellement; mais se tenir sous ce coup direct et demeurer toujours en plein soleil, c'est la perfection de l'ame pour être éclairée.

On dira : Je suis ébloui; mais c'est le propre de la lumière extérieure, qui affoiblit l'organe par lequel elle est aperçue. La vérité, quand elle est parfaite et parfaitement vue, n'éblouit pas : elle fortifie son organe, c'est-à-dire l'intelligence, et lui donne à la fin une éternelle force : c'est ce qui fait notre bonheur dans la vie future. Il est vrai qu'en cette vie nos foibles yeux qui se purifient et ne sont pas entièrement purs, ne peuvent porter la vérité tout entière; mais elle s'est tempérée elle-même dans la foi : tourne-toi donc toujours à elle, ame chrétienne, sans craindre qu'elle te blesse : la foi te la présente, te l'applique de la manière qu'il faut; sa douce obscurité tient ton esprit en état : s'il sort de temps en temps quelque rayon de ce doux nuage, il ne sera jamais trop fort : Dieu qui l'envoie, sait ta mesure et ne porte qu'où il faut.

Pour toi, tiens les yeux ouverts et le cœur soumis : la lumière se changera en ardeur, et le cœur gagné vivra de Dieu.

VIe JOURNÉE.

Parabole de la vigne, tirée d'Isaïe. Joan., xv, 1 ; Isa., v, 1.

Nous devons avoir entendu la parabole de la vigne : c'est le mystère de notre union avec Jésus-Christ. Mais pourquoi elle est exprimée sous la figure de la vigne plutôt que sous celle d'un autre arbre; on l'entendra en remarquant :

1° C'est l'ancienne parabole : « Seigneur, vous vous êtes fait une vigne : vous l'avez transplantée d'Egypte » dans la terre que vous lui aviez promise : « vous avez exterminé les anciens habitans de cette terre pour lui faire place : elle s'y est étendue de coteau en coteau, et s'est élevée au-dessus des hautes montagnes qu'elle a couvertes : toute la terre jusqu'au fleuve, jusqu'à la mer, en a été remplie [1], » tant le provin en a été fécond et abondant! « Que n'ai-je pas fait à ma vigne? » dit le Seigneur. Ne l'ai-je pas travaillée dans toutes les saisons? J'ai fossoyé, j'ai taillé, j'ai provigné, je l'ai « environnée d'une haie » ou d'une muraille, et je l'ai munie de tous côtés : c'est « ma vigne élue » et bien-aimée [2].

2° Jésus-Christ ne fait qu'appliquer la parabole à son Eglise : mais afin que cette nouvelle vigne paroisse encore plus une vigne élue et chérie, il nous apprend que cette vigne est une même chose avec lui : « Je suis, dit-il, la vraie vigne, » dont l'ancienne vigne n'étoit que la figure : c'est celle-ci qui doit porter les véritables fruits pour la vie éternelle : « Je suis la vraie vigne et vous êtes les branches [3] : » c'est moi qui fais toute la beauté et toute la force du plant; et mon Père aime d'autant plus cette vigne, que c'est moi qu'il entend et qu'il aime en elle.

3° La vigne est de tous les plants celui qui porte le fruit le plus excellent. C'est de la vigne qu'il a été dit en figure : « Que son vin

[1] *Psal.* LXXIX, 9-12. — [2] *Isa.,* v, 2, 4. — [3] *Joan.,* xv, 1, 5.

réjouit le cœur de l'homme et qu'il réjouit Dieu et les hommes [1]. »
Dans le froment est le soutien nécessaire : dans le vin est le courage, la force, la joie, l'ivresse spirituelle, le transport de l'ame,
dont les effusions étoient la figure dans les sacrifices ; et encore
aujourd'hui le vin entre dans le sacrifice. Avec le vin nous sacri-
fions à Dieu la joie sensible ; et nous la changeons dans la sainte
joie que nous donne le sang enivrant et transportant de Jésus-
Christ, qui inspire l'amour qui l'a fait répandre.

4° La vigne ne paroît rien d'elle-même : elle rampe ; elle est
raboteuse, tortueuse, foible, qui ne se peut élever qu'étant soutenue : sans cela elle tombe. Mais aussi étant soutenue, où ne
s'élève-t-elle pas? Elle s'entortille autour des grands arbres : elle
a des bras, des mains pour les embrasser et n'en peut plus être
séparée. De ce bois tortu et raboteux, qui n'a rien de beau, sortent
les pampres dont les montagnes sont couronnées, dont les hommes
se font des festons. De là sort la fleur la plus odorante : de là la
grappe, de là le raisin, de là le vin et le plus délicieux de tous les
fruits : ainsi l'écorce du chrétien n'a rien que de méprisable en
apparence et tout y paroît sans force : toute la force, toute la
beauté est au dedans ; et on peut tout, quand on ne s'élève
qu'étant soutenu.

5° Le bois de la vigne est celui où la destinée du chrétien se
marque le mieux. Il n'y a pour lui que de porter du fruit, ou d'être
jeté dans le feu : outre que c'est, comme on a dit, le plus humble
et le plus exquis de tous les bois, le plus vil en apparence et le
plus précieux en effet. Quoi de plus foible? D'où vient plus abondamment ce qui donne et du courage et de la force? Trois fruits
sont recommandés dans l'Ecriture : Le froment, qui est la foi,
le soutien de l'ame ; l'huile, qui est l'espérance, qui adoucit les
peines d'attendre par la promesse de voir ; le vin, qui est la
charité, la plus parfaite des vertus.

[1] *Psal.* CIII, 15; *Jud.*, IX, 13.

VIIe JOURNÉE.

Prière par Notre-Seigneur Jésus-Christ obtient tout. Joan., xv, 7.

« Si vous demeurez en moi et que mes paroles demeurent en vous, vous demanderez tout ce que vous voudrez et il vous sera accordé [1]. » Après avoir jeté sur l'humilité et la dépendance les fondemens de la prière, il en explique la vertu. Quiconque veut donc prier, il doit commencer par se mettre véritablement et intimement dans le cœur cette parole : « Vous ne pouvez rien sans moi [2] : » rien : rien encore une fois ; rien du tout. Car c'est pour cela qu'on prie, qu'on demande, parce qu'on n'a rien, et par conséquent qu'on ne peut rien ; ou pour tout dire en un mot, qu'on n'est rien ; en matière de bien, un pur néant. Et c'est pourquoi il a dit qu'on doit prier et qu'on n'est ouï qu'au nom de Jésus-Christ : ce qui montre que de soi-même on n'est qu'un néant ; mais qu'au nom de Jésus-Christ, on peut tout obtenir.

Or cela enferme deux choses : l'une, que quelque prière qu'on fasse, on n'est point écouté pour soi, mais au nom de Jésus-Christ ; l'autre, qu'on ne peut ni on ne doit prier par son propre esprit, mais par l'esprit de Jésus-Christ, c'est-à-dire non-seulement selon que Jésus-Christ l'a enseigné en ne demandant que ce qu'il veut qu'on demande, mais encore en reconnoissant que c'est lui-même qui forme en nous notre prière par son esprit qui parle et qui crie en nous. Autrement il ne seroit pas véritable, et nous n'entendrions pas comme il faut cette parole qui est le fondement de la prière : « Sans moi vous ne pouvez rien. » D'où il s'ensuit que sans lui nous ne pouvons pas même prier, conformément à cette parole de saint Paul : « Vous ne savez ce que vous devez demander par la prière, ni comment vous devez prier ; mais l'Esprit prie en vous avec des gémissemens inexplicables [3]. »

Mais en même temps que pour prier on se met dans l'esprit bien avant cette première vérité : Je ne puis rien : « Sans moi

[1] *Joan.*, xv, 7. — [2] *Ibid.*, 5. — [3] *Rom.*, VIII, 26.

vous ne pouvez rien, » on doit encore s'y en mettre une autre : « Je puis tout avec celui qui me fortifie [1] : » je ne puis rien sans Jésus-Christ; je puis tout avec Jésus-Christ et en son nom. C'est pourquoi on entend toujours dans les prières de l'Eglise cette conclusion aussi humble que consolante : « Par Jésus-Christ Notre-Seigneur : » humble parce qu'elle confesse notre impuissance ; consolante parce qu'elle nous montre en qui est notre force. Et cela s'étend si loin, que lorsque nous interposons envers Dieu les intercessions et les mérites des saints, même ceux de la sainte Vierge, nous y ajoutons encore cette nécessaire conclusion : « Par Jésus-Christ Notre-Seigneur; » par où nous confessons qu'il n'y a de mérite, ni de prière, ni de dignité dans les saints, à quelque degré de gloire qu'ils soient élevés, que par Jésus-Christ et en son nom.

Et il faut bien prendre garde que nous ne nous imaginions pas que ce soit assez de dire de bouche ce *Per Dominum nostrum Jesum Christum*. Disons-le en effet et par le fond du cœur, en demeurant en Jésus-Christ et Jésus-Christ en nous; c'est-à-dire en nous attachant à lui de tout notre cœur, avec une vive et ferme foi, et lui aussi demeurant en nous par sa parole qu'il imprime dans notre cœur, et par son esprit qui nous pousse et nous anime à la prière.

Il y a donc ici ce que nous faisons, qui est de demeurer en Jésus-Christ; et ce qu'il fait, qui est de demeurer en nous, et cela fait l'ouvrage complet. Si nous croyons agir seuls, nous nous trompons, puisque la source de nos actions, c'est que Jésus-Christ demeure en nous : car il n'y demeure pas sans action, selon ce que dit saint Paul, « qu'il est puissant en nous [2]. »

C'est donc alors que nous prions véritablement au nom de Jésus-Christ, lorsque nous demeurons en lui et lui en nous, nous laissant conduire à Jésus-Christ qui nous meut, et écoutant ce qu'il dit en nous, afin de pratiquer véritablement et intimement ce qu'il dit : « Si vous demeurez en moi et que ma parole, » non pas seulement cette parole que je prononce au dehors, mais encore celle que je fais entendre au fond du cœur, « demeure en vous : » et alors nous obtiendrons ce que nous voudrons.

[1] *Philipp.*, IV, 13. — [2] II *Cor.*, XIII, 3.

Or cette parole qui doit demeurer en nous, doit être principalement la parole de la croix, qui est celle dont il s'agit principalement dans tout ce discours. Car Jésus-Christ alloit à la croix et il y menoit ses disciples avec lui, comme la suite le fera encore bien mieux paroître.

Croyons donc que demeurer en Jésus-Christ, c'est demeurer dans la parole de la croix, et que la parole de la croix demeure en nous ; et que demander au nom de Jésus-Christ, c'est demander par son sang et par ses souffrances, les aimer et y prendre part.

VIIIe JOURNÉE.

Force dans la parole de la croix ; porter le fruit de la croix.
Joan., xv, 8, 9, 13.

« La gloire de mon Père est que vous rapportiez beaucoup de fruit, et que vous deveniez mes vrais disciples [1]. » Jésus-Christ en revient au fruit qu'il avoit promis à ceux qui demeureroient en lui ; et il nous apprend que nous devons désirer ce fruit pour la gloire de son Père, et non pas pour la nôtre. Car à Dieu ne plaise que nous nous glorifiions en autre qu'en Dieu ! Jésus-Christ ne veut de gloire que pour son Père et n'a de gloire qu'en lui, ainsi qu'il l'expliquera dans toute la suite. Nous devons donc à son exemple mettre en Dieu toute notre gloire.

« Et que vous soyez mes vrais disciples. » Qu'est-ce à dire, mes vrais disciples ? Mes vrais imitateurs dans le chemin de la croix et de la mortification : car c'est à quoi il nous veut conduire, mais il nous y conduit par la voie d'amour.

« Je vous ai aimés comme mon Père m'a aimé [2] : » non par une fausse tendresse comme celle des parens charnels : mon Père m'a aimé d'un amour ferme, et il m'a envoyé souffrir : je vous ai aimés de même : souffrez et mourez avec moi, et je vivrai en vous.

Il ne parle pourtant point encore de mort ni de croix ; mais il

____
[1] *Joan.*, xv, 8. — [2] *Ibid.*,

nous y prépare par l'insinuation de l'amour de son Père et du sien : Voyez, dit-il, comme mon Père m'aime : je vous aime de ce même amour et vous verrez bientôt où il me porte. Car il dira dans un moment : « Personne ne peut avoir un plus grand amour que de donner sa vie pour ses amis [1]. » Mais avant que de nous faire entrer dans ces courageux desseins, il nous fait entrer dans la douceur et la pureté de son amour. Laissons-nous donc conduire par cette douce voie, en quelque endroit qu'elle nous mène.

IX⁰ JOURNÉE.

Commandement de la croix par l'amour. Joan., xv, 10.

« Si vous gardez mes commandemens, vous demeurerez dans mon amour : comme je garde les commandemens de mon Père, et je demeure dans son amour [2]. » Quel commandement gardez-vous, ô mon Sauveur? Il l'a dit souvent : « J'ai la puissance de donner mon ame, et j'ai la puissance de la reprendre, et c'est là le commandement que j'ai reçu de mon Père [3]. » Quoi! la puissance de la reprendre seulement, et non pas celle de la donner? L'une et l'autre, et celle-ci est celle par où il faut commencer. Voyez comme il insinue doucement le commandement de la croix.

Mais avant que de s'expliquer ouvertement là-dessus, il enseigne que le véritable amour n'est pas à dire, à promettre de grandes choses, à les désirer, à s'en remplir l'esprit; mais à entrer par là dans une pratique sérieuse et réelle des commandemens. Il faut commencer par aimer Jésus-Christ, et par là aimer sa vérité, sa parole , ses maximes, ses commandemens. Car c'est ainsi qu'il a fait; et il a commencé par aimer son Père, pour ensuite aimer ce qu'il commandoit, quelque rigoureux qu'il parût à la nature : car l'amour de celui qui commande, rend doux ce qui est amer et rude. Aimons donc Jésus-Christ, et tous ses commandemens nous seront faciles. Souviens-toi, chrétien, que ce n'est rien de garder l'extérieur du commandement, si on ne le garde par amour : tout

[1] *Joan.*, xv, 13. — [2] *Ibid.*, 10. — [3] *Joan.*, x, 18.

le commandement est compris dans l'amour même : Jésus-Christ a gardé le commandement de son Père, parce qu'il l'aimoit; et il nous donne cet exemple, en nous déclarant que cet exemple est notre loi.

Xe JOURNÉE.

Joie pleine et parfaite d'obéir par amour, et non par crainte. Joan., xv, 11; I Joan., iv, 18.

« Je vous ai dit toutes ces choses, afin que ma joie demeure en vous, et que votre joie soit accomplie [1] : » qu'elle soit pleine et parfaite. Vous verrez à quoi il vous prépare par cette abondance de joie; et il parle ici convenablement de la joie, après avoir parlé de l'amour. Car il n'y a que le vrai amour qui puisse donner de la joie. « La terreur a de la peine [2], » dit saint Jean : elle n'a donc point la joie. D'où vient la joie, si ce n'est d'aimer? Car qui aime veut plaire et met là sa joie. Et quand il a trouvé le secret de plaire, il jouit du fruit principal de son amour. Vous plaisez, quand vous obéissez par amour : car c'est là ce qu'aime Jésus-Christ. Lorsque son Père s'est déclaré que son Fils lui plaisoit et qu'il mettoit en lui ses complaisances, c'est qu'il voyoit que l'aimant, il aimoit à lui obéir et que c'étoit là sa joie. Aimez donc aussi : « Délectez-vous dans le Seigneur [3] : » aimez, cherchez à lui plaire et mettez là votre joie comme votre gloire : alors votre joie sera accomplie, elle sera parfaite comme votre amour.

« Afin que ma joie demeure en vous. » Quelle est ma joie? D'obéir, et d'obéir par amour. Ma joie sera donc en vous, quand vous aimerez et que vous obéirez : « Et votre joie sera accomplie. » Qui n'aimeroit un Sauveur, qui ne nous promet qu'une sainte et parfaite joie par un saint et parfait amour?

---

[1] *Joan.*, xv, 11. — [2] *I Joan.*, iv, 18. — [3] *Psal.* xxxvi, 4.

XIe JOURNÉE.

Mystère, précepte de la croix; amour du prochain, donner sa vie pour lui,
comme Jésus-Christ. Joan., xv, 12, 13.

« Le commandement que je vous ai donné est que vous vous aimiez les uns les autres, comme je vous ai aimés. Personne ne peut avoir un plus grand amour, que de donner sa vie pour ses amis [1]. » Voilà la croix qui se déclare; mais pour lui ôter toute sa rudesse, elle se déclare par le précepte de l'amour. Jésus-Christ a aimé : et il a donné sa vie. Aimons de même et Jésus-Christ et en lui nos frères, que l'amour qu'il a pour eux nous doit rendre chers.

Quelle misère étoit la nôtre, lorsqu'il a fallu pour nous en tirer la mort d'un tel ami ! Quel crime étoit le nôtre, lorsque pour l'expier il a fallu une telle victime, et pour le laver un sang si précieux ! De quel amour nous a aimés celui qui nous a achetés à ce prix ?

« Pour ses amis : » c'est ainsi qu'il nous appelle, pendant que nous étions ses ennemis; mais il étoit ami de son côté, puisqu'il donnoit son sang pour nous racheter. Ecoutons saint Paul, le digne interprète de cette parole du Sauveur : « Pourquoi est-ce que dans le temps que nous étions malades » et dans le péché, « Jésus-Christ est mort pour les impies? A peine trouve-t-on quelqu'un qui veuille mourir pour les justes; peut-être pourtant qu'il se trouveroit quelqu'un qui le feroit. » Mais lui, il est mort pour les impies, c'est-à-dire « pour nous » tous; et « c'est en cela qu'il fait éclater son amour, en ce qu'il est mort » pour des ennemis, « pour des pécheurs [2]. »

Voilà donc quel ami nous avons trouvé en la personne de Jésus-Christ. C'est un ami de ses ennemis, un ami qui nous a aimés lorsque nous lui faisions de toutes les forces de notre ame et de notre corps une guerre perpétuelle. Comprenons donc l'immen-

[1] *Joan.*, xv, 12, 13. — [2] *Rom.*, v, 6-8.

sité de son amour, en ce qu'il nous a aimés étant ennemis. Mais saint Paul sur ce fondement pousse plus loin : « Si lorsque nous étions ennemis de Dieu, nous avons été réconciliés par la mort de son Fils, à plus forte raison étant réconciliés, nous serons sauvés par sa vie [1]. » S'il a été notre ami jusqu'à donner sa vie pour nous, pendant que nous étions ses ennemis, combien plus le sera-t-il après que l'amitié étant réconciliée de part et d'autre, on est ami de deux côtés!

Mais que conclut de là le même saint Paul? Qu'ayant un tel ami, nous n'avons rien à craindre. « Si Dieu est pour nous, qui sera contre nous? s'il n'a pas épargné son Fils, que nous pourra-t-il refuser? et comment nous l'ayant donné, ne nous donnera-t-il pas en lui et par lui toutes choses? Qui accusera les élus de Dieu? C'est Dieu qui les absout et les justifie. Qui les condamnera? C'est Jésus-Christ qui est mort pour eux; qui non-seulement est mort, mais qui est ressuscité, qui est monté aux cieux et a pris sa place à la droite de son Père, et qui intercède pour eux [2]. » Il n'y a rien à ajouter à ce commentaire de saint Paul : nous y entendons parfaitement tout l'amour que nous devons à celui qui nous a aimés étant ses ennemis, jusqu'à donner sa vie pour être notre Rédempteur, notre Sauveur, notre intercesseur; et il ne reste qu'à conclure avec le même apôtre, « que ni l'affliction, ni la persécution, l'épée et la violence, ni la vie, ni la mort, ni les maux présens, » ni tous ceux que nous avons à craindre, « ni le ciel » quand il seroit conjuré contre nous, « ni l'enfer » quand il lâcheroit contre nous tous les démons et enverroit contre nous toutes ses peines, « ni quelque autre chose que ce soit, ne sera capable de nous séparer de Jésus-Christ [3]. »

Voilà le précepte et le mystère de la croix dans toute son étendue, en le commençant par Jésus-Christ et le finissant par nous.

C'est là aussi qu'est renfermé le précepte de la charité fraternelle, qu'on est obligé de pousser jusqu'à mourir pour ses frères, selon ce que dit saint Jean, autre interprète admirable du précepte de la charité : « En cela nous connoissons l'amour de Dieu,

<hr>

[1] *Rom.*, v, 10. — [2] *Rom.*, VIII, 31 et suiv. — [3] *Rom.*, VIII, 35, etc., jusqu'à la fin du chapitre.

parce qu'il a donné sa vie pour nous, et nous devons aussi donner notre vie pour nos frères[1]. » Autrement nous n'observons pas le commandement d'aimer comme il a aimé, c'est-à-dire jusqu'à donner sa vie.

Le précepte de la croix est donc encore dans la charité fraternelle ; et quoique l'occasion de donner sa vie pour son frère soit rare, néanmoins l'amour fraternel sera dans la croix, si nous pratiquons ce que dit saint Paul, « de ne nous regarder pas nous-mêmes, mais ce qui est de l'intérêt des autres[2]. » Ainsi l'amour fraternel sera un sacrifice continuel, non-seulement de son ressentiment lorsqu'on croit être offensé, mais même sans avoir aucun sujet de plainte, de son humeur, de son intérêt, de son amour-propre, et c'est à quoi nous oblige l'amour fraternel. Et si nous devons sacrifier ce qui nous touche le plus au dedans de nous, combien plus les biens extérieurs, et comme les appelle saint Jean, « la substance » et les richesses « de ce monde[3] ? » Celui qui s'épargne sur cela, quoi qu'il dise, n'est pas chrétien ; et « s'il dit qu'il aime son frère, c'est un menteur. Il ferme ses entrailles sur son frère, et l'amour de Dieu n'est pas en lui[4]. Aimons donc, non point en parole, mais en effet et en vérité[5], » selon le précepte du même Apôtre. Et afin que notre aumône soit un sacrifice, ne jetons pas seulement un superflu qui ne coûte rien à la nature, mais prenons quelque chose sur le vif, en sorte que nous souffrions pour notre frère : car ce n'est pas beaucoup faire de souffrir pour lui, puisque nous devons être disposés, selon le précepte du Sauveur, à donner pour lui jusqu'à notre vie.

Mais avant que de passer outre sur le précepte de la charité du prochain, entendons selon l'explication de Jésus-Christ dans la parabole du Samaritain[6], que le prochain est tout homme ; et que le précepte de nous aimer les uns les autres, bien qu'il regarde spécialement les fidèles participans de la même foi et cohéritiers du même royaume, embrasse tout le genre humain, à cause qu'il est appelé à la même grace. Cela posé, continuons.

---

[1] I *Joan.*, III, 16. — [2] *Philipp.*, II, 4. — [3] I *Joan.*, III, 17. — [4] *Ibid.*, IV, 20. — [5] *Ibid.*, III, 17, 18. — [6] *Luc.*, X, 36, 37.

XIIe JOURNÉE.

Motifs de l'amour fraternel, les fidèles, les élus sont amis de Jésus.

Lisez attentivement les versets 14, 15, 16, 17. C'est encore une puissante insinuation du commandement de l'amour que nous nous devons mutuellement. Jésus-Christ nous tourne de tous côtés pour nous obliger à aimer nos frères par toute la tendresse qu'il a eue pour nous.

Il nous explique premièrement, qu'en gardant ses commandemens, nous deviendrons non point seulement ses serviteurs et ses sujets, mais encore ses amis. Nous sommes naturellement sujets de Jésus-Christ, qui est le Roi des rois et le Seigneur des seigneurs, par qui tout a été créé, et rien n'a reçu l'être que par lui. Mais outre cette première dépendance qui n'a point de bornes, il nous a acquis par son sang ; et nous sommes ses esclaves, parce qu'il nous a achetés par un si grand prix. Mais quoique nous soyons tels, sujets, serviteurs, esclaves, il ne nous traite pas comme tels, mais comme amis : et la raison de cette différence, c'est que le serviteur et le sujet n'a que la simple exécution de la volonté de son maître, sans en savoir le secret. Mais Jésus-Christ nous révèle autant qu'il nous est convenable la raison de ses conseils, qui n'est autre que l'amour qu'il a pour nous jusqu'à donner sa vie pour notre salut et pour nous faire ses cohéritiers : et tout le fruit de cet amour, c'est que nous nous aimions les uns les autres et que nous gardions ce commandement principal de la loi nouvelle, non par crainte et d'une manière servile, mais en amis qui aiment à faire la volonté de celui qui se déclare leur ami étant leur maître. C'est la première raison de notre Sauveur.

La seconde n'est pas moins forte : « Ce n'est pas vous qui m'avez choisi, c'est moi qui vous ai choisis[1]. » Il semble parler ici principalement de ses apôtres ; mais en général, puisque ce n'est pas seulement les chefs du troupeau, mais le troupeau tout entier

[1] *Joan.*, xv, 16.

qu'il oblige au commandement de la charité fraternelle, l'élection d'où il l'infère doit être commune. Et lorsqu'il dit dans la suite : « Je vous ai choisis du milieu du monde, » et je vous en ai séparés, il parle visiblement à tous les fidèles. En effet il a choisi non-seulement les apôtres, mais tous les fidèles; et c'est là l'effet le plus sensible de son amour, qu'il nous ait choisis un à un, par pur amour, par pure bonté : non parce que nous avions porté du fruit, mais afin que nous en portassions; en sorte que le fruit que nous portons est l'effet, et non le motif de son choix. Mais la récompense qu'il nous demande d'un amour si pur et d'une bonté si gratuite, c'est que nous aimions nos frères aussi purement qu'il nous a aimés lui-même, sans aucun mérite de leur part et sans attendre qu'ils nous préviennent, mais en les prévenant en tout et toujours pour l'amour de Jésus-Christ, qui nous a prévenus en toutes manières par sa grace.

Et il est vrai qu'il a prévenu singulièrement les apôtres, afin qu'ils allassent par toute la terre y porter son Evangile; et que leur prédication ait non-seulement un grand fruit par la conversion de tous les peuples, mais encore que ce fruit demeure toujours et que l'Eglise qu'ils établiront soit immortelle. Mais ces paroles ne laissent pas aussi de regarder chaque fidèle, puisque tous doivent aussi en allant et conversant sur la terre, porter de grands fruits qui demeurent pour la vie éternelle. Or ce n'est pas nous qui l'avons choisi : « car qui est celui qui lui a donné le premier [1], » et qui s'est attiré sa grace en le prévenant ? C'est lui qui nous choisit et nous prévient : c'est lui qui nous a trouvés ennemis et nous a faits amis : c'est lui qui nous a aimés avant que nous l'aimassions ou que nous pussions l'aimer, puisque c'est lui qui nous a donné l'amour dont nous l'aimons : ce qu'il ne peut avoir fait que par amour. Il n'est donc pas prévenu : il nous prévient, et nous prévient à chaque moment, nous continuant la grace par laquelle il nous a prévenus la première fois. Et encore qu'un effet de cette grace prévenante soit de nous attirer les graces qui suivent, s'il nous traitoit rigoureusement selon nos mérites et qu'il voulût punir toutes nos infidélités, combien de

[1] *Rom.*, xi, 35.

fois seroit-il forcé à nous soustraire les graces auxquelles nous
ne répondons pas assez ! Et bien loin d'y répondre par une humble
reconnoissance, nous nous enorgueillissons de ses dons, que nous
nous approprions à nous-mêmes, comme s'ils nous étoient dus et
en faisant (a) la pâture de notre amour-propre. Et qui seroit celui
qui pourroit dire : J'ai le cœur pur ; je ne suis point ingrat envers Dieu ; je lui rends l'action de graces qui lui appartient, et ne
sors jamais de sa dépendance? Ce n'est pas là ce que nous dit
notre conscience : elle nous dit, que ni nous ne prions comme il
faut, ni ne sommes assez soigneux de marcher fidèlement dans
ses voies. Qui donc pourroit se plaindre, quand il nous retireroit
ses dons? Mais il continue à nous prévenir malgré nos ingratitudes et nos négligences : et s'il accorde la persévérance à nos
prières, il nous accorde premièrement la persévérance à prier,
par laquelle nous obtenons la persévérance à bien faire. Et la récompense qu'il veut tirer d'un amour si gratuit, c'est que nous
aimions nos frères aussi purement et aussi gratuitement qu'il
nous aime, sans que notre amour se ralentisse par leur froideur,
par leur négligence, ni par leurs injures, puisqu'au milieu de
tant d'injures qu'il reçoit de nous, il nous aime.

Et la raison qui l'oblige à réduire toute la pratique de la vie
chrétienne à cet amour mutuel, est premièrement que ne pouvant
lui faire aucun bien qu'en la personne de nos frères qui sont ses
membres, c'est là aussi qu'il veut recevoir le fruit de notre reconnoissance et celui de son amour, conformément à ce qu'il dit:
« Toutes les fois que vous faites du bien aux moindres de ces
petits, » à celui-ci et à celui-là, qui sont petits à vos yeux et
grands aux miens, puisqu'ils sont mes membres, « c'est à moi
que vous le faites[1]. »

Et la seconde raison c'est, comme dit l'apôtre saint Paul, « que
celui qui aime son frère accomplit la loi[2], » qui est renfermée
tout entière dans le précepte de la charité. Car tous ces préceptes : « Vous ne tuerez pas : Vous ne déroberez pas : Vous ne
convoiterez pas la femme d'autrui, ni sa maison, ni son serviteur,

____

[1] *Matth.*, XXV, 40, 45. — [2] *Rom.*, XIII, 8, 9.

(a) *Pour :* Et en en faisant...

ni sa servante, ni son bien, en quelque manière que ce soit [1] : »
vous ne corromprez point dans les autres la chair que Jésus-Christ
y a sanctifiée, ou qu'il a destinée à la sainteté ; et vous ne la sa-
crifierez point à votre plaisir : tous ces préceptes « sont renfermés »
dans celui de l'amour fraternel [2], qui ne pouvant être accompli
comme il faut, s'il ne vient de la source de l'amour de Dieu, il
s'ensuit que tout est compris dans l'amour fraternel, dans lequel
par conséquent est tout l'objet des désirs de Jésus-Christ, puisque
c'est là aussi qu'est tout l'abrégé de la justice chrétienne.

XIII° JOURNÉE.

Ils servent Jésus-Christ comme ses amis, à qui il découvre tous ses secrets.
Joan., xv, 15.

« Le serviteur ne sait pas ce que fait son maître. » On lui dit
ce qu'il a à faire sans s'expliquer davantage ; mais ce bon Maître,
qui est Jésus-Christ, non content d'exiger de nous une simple
exécution, nous découvre tout ce qu'il fait, d'où il vient et où il
retourne : pourquoi il est venu au monde : quels biens il y est
venu apporter aux hommes : l'étroite union qu'il est venu con-
tracter avec eux, la grace qu'il leur a voulu faire de se les unir
comme les membres le sont à la tête et les branches à la racine,
le divin secret de tout impétrer par l'interposition de son nom,
les secrets motifs de ses préceptes, et les autres choses qui lui font
dire : « Je vous ai appris ce que j'ai appris de mon Père [3]. » Car
je vous ai découvert, dit-il, les merveilles de sa bonté prévenante et la grace qu'il vous a faite en vous donnant son Fils
unique, de le donner pour vous à la mort. Et afin que vous fussiez
capables d'entendre les secrets du royaume des cieux, je vous les
ai exposés dans des paraboles et similitudes tirées des choses humaines, par condescendance pour vous les rendre sensibles. Et
de peur que ces paraboles ne fussent pour vous des énigmes plus
capables de vous étourdir que de vous instruire, ainsi qu'il est

[1] *Exod.,* xx, 17. — [2] *Rom.,* xiii, 9, 10. — [3] *Joan.,* xv, 15.

arrivé aux Juifs en punition de leur orgueil, je vous les ai expliquées en ami, avec une familiarité et une bonté qui ne vous a rien laissé à désirer. Voilà ce que Jésus-Christ a fait pour nous : il a voulu que nous gardassions ses commandemens, non en vils esclaves, à qui on dit seulement ce qu'ils ont à faire sans leur donner la consolation de savoir pourquoi, mais avec connoissance, afin de les accomplir d'une manière plus parfaite, plus agréable, plus proportionnée à la condition de la créature raisonnable. C'est pourquoi il nous a appris des conseils de Dieu et des siens tout ce que nous en pouvions porter. Entrons donc volontairement et librement dans les desseins de Jésus-Christ et obéissons, non par force, mais avec plaisir, comme des personnes instruites et qui savent les raisons de ce qu'on leur demande : entendons bien que tout ce qu'on nous demande, c'est la raison même, parce que c'est une sagesse aussi bien qu'une bonté infinie qui a digéré tous les préceptes et tous les conseils dont on nous propose l'observance. O le plus aimable de tous les maîtres ! O la plus sainte, la plus sage et la meilleure de toutes les lois ! Mon Dieu, j'aime votre vérité, votre équité, votre droiture ; et en tout cela j'aime Jésus-Christ qui est tout cela, sagesse, justice, droiture, équité, parce qu'il est la vérité et la bonté même : Fils très-bon d'un Père très-bon, et avec lui principe du très-bon Esprit qui nous guide à tout bien.

XIVe JOURNÉE.

Ils doivent et peuvent tout demander au nom de Jésus-Christ. Joan., xv, 16.

« Je vous ai choisis, afin que vous rapportiez du fruit, et que votre fruit demeure, et que mon Père vous accorde tout ce que vous lui demanderez en mon nom[1]. » C'est donc là la cause de ce grand fruit et de sa durée à jamais, que le Père accordera tout ce qu'on lui demandera au nom du Fils. Dieu disoit autrefois : « Je le ferai pour l'amour de moi, et pour glorifier mon nom[2]. » Ici il

____

[1] *Joan.*, xv, 16. — [2] *Exod.* ix, 16 ; *Isa.* xlviii, 11.

n'accorde plus rien qu'au nom du Fils. Ce n'est pas qu'il change de langage ; ce que Dieu fait pour l'amour de son Fils, il le fait pour l'amour de soi-même, parce que le Père et le Fils ne sont qu'un ; et lorsqu'on nous avertit tant de fois que nous n'avons rien à espérer, ni à demander qu'au nom de Jésus-Christ, on nous avertit du besoin que nous avions d'un médiateur pour nous réunir à Dieu, dont le péché nous avoit séparés.

Songeons donc à porter du fruit, et à porter un fruit qui demeure ; mais demandons-en la grace au nom du Médiateur, en croyant que c'est par sa grace que nous commençons à porter du fruit, et par la continuation de la même grace que nous en portons persévéramment, parce qu'ainsi qu'il nous a dit, nous ne pouvons porter du fruit qu'en lui seul, et qu'il faut qu'il demeure en nous, afin que nous puissions demeurer en lui ; et c'est en cela que consiste la médiation de Jésus-Christ, et la vraie invocation de Dieu au nom du Sauveur.

XVe JOURNÉE.

Jésus et ses disciples haïs du monde, injustice de la haine du monde.
Joan., xv, 16-26.

Voici la doctrine du verset 16 et des suivans jusqu'au 26. Après avoir montré à ses disciples combien ils doivent s'aimer les uns les autres et aimer tout le monde, parce que tout le monde est des nôtres par la grace que Dieu fait à tous de les appeler à notre unité, il leur apprend que s'ils doivent aimer tout le monde, ce n'est pas dans l'espérance d'être aimés eux-mêmes, puisqu'au contraire ils seront haïs de toute la terre ; et c'est la vérité qu'il leur découvre à fond dans tous ces versets.

Il commence à leur découvrir la source de cette haine par ces paroles : « Si le monde vous hait, sachez qu'il m'a haï le premier[1]. » On ne peut assez admirer la bonté de notre Sauveur ; il n'y a rien de si fâcheux à de bons cœurs, ni en soi rien de plus triste à la

[1] *Joan.*, xv, 18.

nature, que d'être haï. On a besoin d'être prémuni contre un mal qui en soi est si dur, et dont aussi les effets sont si étranges. Mais c'étoit pour les apôtres la plus grande de toutes les consolations, que cette aversion de tout le genre humain leur fût commune avec Jésus-Christ : « Si le monde vous hait, dit-il, il m'a haï le premier. » La cause de cette haine nous est expliquée par cette parole : « Celui qui fait mal hait la lumière[1]. » Le monde me hait, parce que je lui découvre ses mauvaises œuvres. Les apôtres associés à la prédication du Sauveur, devoient aussi encourir la haine du monde, dont ils reprenoient les crimes et les ignorances.

« Si vous étiez du monde, le monde aimeroit ce qui est à lui[2]. » Ce n'est pas que les hommes du monde s'aiment les uns les autres : c'est tout le contraire, et tout le monde est rempli de haines et de jalousies ; mais c'est que les plaisirs et les intérêts du monde font des liaisons et des commerces agréables ; mais les disciples de Jésus-Christ n'ont rien qui plaise au monde. Le monde veut des flatteurs : on n'y vit que de complaisances mutuelles, en s'applaudissant l'un à l'autre. A quoi est bon un chrétien ? Il est inutile : il n'entre ni dans nos plaisirs ni dans nos affaires qui ne sont que fraudes. « Défaisons-nous-en, » disent les impies dans le livre de la Sagesse : « car il nous est inutile[3] ; » sa vie simple et innocente est une censure de la nôtre : il faut le faire mourir, puisqu'il ne fait que troubler nos joies. Chrétiens, innocent troupeau, c'est ce qui vous fait la haine du monde ! Vous ne savez point vous faire craindre, ni rendre le mal pour le mal ; vous serez bientôt opprimés : quelque paisibles que vous soyez, on ne laissera pas de vous reprocher que vous faites des cabales contre l'Etat pour lequel vous levez sans cesse les mains au ciel, et vous serez les ennemis publics.

« Parce que je vous ai choisis du milieu du monde, le monde vous hait[4]. » Dans votre séparation, on ne vous croit pas de même espèce que les autres : on croit que vous voulez vous distinguer, et on vous accable.

« Le serviteur n'est pas plus grand que son maître[5]. » Quelle

[1] Joan., III, 19, 20. — [2] Joan., XV, 19. — [3] Sapient., II, 12, 15, 16, 20. — [4] Joan., XV, 19. — [5] Ibid., 20.

consolation pour un chrétien, pour un pasteur, pour un prédicateur, si on ne le croit pas, si on le méprise, si on le persécute, si on le déchire, si on le crucifie, et lui et ses discours! On en a fait autant à Jésus-Christ. C'est une suite du mystère de la croix, et c'est par de semblables contradictions que l'ouvrage de la rédemption a pris son cours. Car à travers ces contradictions, l'Evangile va où il doit aller; et les bons exemples des chrétiens gagnent ceux qu'ils doivent gagner, et la main de Dieu se fait sentir dans la résistance des hommes.

Il y a un monde dans l'Eglise même : il y a des étrangers parmi nous : on déplaît à ceux-là, quand on vit et quand on prêche chrétiennement. Ce monde est plus dangereux que seroit un monde manifestement infidèle. Ecoutez saint Paul : « Il y a des périls au dedans et au dehors, et du côté des faux frères [1]. Démas m'a laissé, dit le même Apôtre, aimant ce siècle : tout le monde m'a abandonné, Dieu leur pardonne [2]! » Le mépris qu'on fait d'un homme qui ne songe qu'aux affaires de Dieu, en disant que ce n'est pas un homme d'affaires, est une espèce de persécution. Faites, Seigneur, que je fasse bien vos affaires, c'est là que je mets toute ma capacité : si on me blâme, si on me méprise, si on me traverse, si on m'accuse de toutes sortes de faussetés, je le souffre pour le nom de mon Sauveur : c'est qu'on ne le connoît, ni lui ni son Père.

Après avoir montré la haine du monde, Jésus-Christ fait voir qu'elle est injuste dans le verset 24, et il la convainc par ses miracles.

Personne n'en avoit jamais tant fait ni de cette nature : il alloit guérissant tous les malades, et jamais il n'a fait de miracles pour punir un seul homme : tout étoit plein de miséricorde et d'indulgence. Ainsi les hommes sont convaincus; et la bonté de ce Jésus tant haï paroît non-seulement par la quantité, mais encore par la qualité et par la nature de ses miracles.

Ce n'est pas assez, pour être conforme au Sauveur, d'être haï : il faut être haï sans en avoir jamais donné de sujet : « Ils m'ont, dit-il, haï sans sujet [3]. »

[1] II *Cor.*, XI, 26. — [2] II *Timoth.*, IV, 10, 16. — [3] *Joan.*, XV, 25.

Prenez-y garde : donner sujet à la haine n'est pas seulement faire injure à quelqu'un, mais encore être superbe, hautain, dédaigneux, envieux, intéressé; cela offense tout le monde. Mais Jésus-Christ si doux, si humble de cœur, si pauvre, si patient : qui pouvoit-il avoir offensé? Il est haï cependant, et ses apôtres le sont avec lui. Qui ne se consoleroit par cet exemple? Qui n'aimeroit mieux être haï avec Jésus-Christ et pour Jésus-Christ, que d'être aimé comme ceux qu'on a appelés, soit par vérité, soit par flatterie, les délices du genre humain? Je ne veux point être aimé des hommes qui ont haï Jésus-Christ; j'aime mieux entendre ces cris : « Qu'on l'ôte, qu'on l'ôte, qu'on le crucifie [1]! » ou ceux-ci contre saint Paul, d'un peuple en fureur, qui jetoit de la poudre en l'air et sa robe à terre : « Otez du monde cet homme : il n'est pas permis de le laisser vivre [2], » que ces acclamations qu'on fit à Hérode : « C'est le discours d'un Dieu, et non pas d'un homme. » Car voyez la suite : « L'ange du Seigneur le frappa, parce qu'il n'avoit pas donné gloire à Dieu, et il mourut mangé des vers [3]. »

C'est ainsi que « Dieu brise les os de ceux qui veulent plaire aux hommes [4]; » et saint Paul disoit aux Galates : « Si je plaisois encore aux hommes, je ne serois pas serviteur de Jésus-Christ [5]. »

Tous les hommes jusqu'aux moindres veulent qu'on les flatte, et ne peuvent souffrir qu'on les reprenne. C'est un vice qui est entré jusque dans les moelles à toute la nature humaine à ces paroles flatteuses : « Vous serez comme des dieux [6]. » La jalousie naturellement empêcheroit les louanges, et on n'en donne guère de bon cœur; mais on en donne pour en recevoir, on flatte pour être flatté : c'est l'esprit du monde; mais l'esprit de Jésus-Christ, c'est d'aimer mieux être haï que de se faire aimer de cette sorte.

XVIᵉ JOURNÉE.

Le témoignage de l'Esprit de vérité rassure. Joan., xv, 26, 27.

Après avoir fait voir dans le monde une haine si envenimée

---

[1] *Joan.*, XIX, 15. — [2] *Act.*, XXII, 22, 23. — [3] *Act.*, XII, 21-23. — [4] *Psal.* LII, 6. — [5] *Galat.*, I, 10. — [6] *Genes.*, III, 5.

contre lui, il ajoute pourtant que Dieu ne le laissera pas sans témoignage, et « qu'il enverra son Saint-Esprit qui rendra témoignage de lui [1] : » c'est là, dit-il, le témoignage que je veux. Car
ce n'est point l'esprit de déguisement et de flatterie qui est celui
qui règne dans le monde : ce n'est point l'esprit d'injustice et de
partialité : c'est l'esprit de vérité : *Spiritum veritatis*, qui est en
même temps un esprit de concorde et de douceur ; qui unira tous
les cœurs et n'en fera qu'un de ceux de tous les fidèles. Voilà celui
que mon Père enverra pour me rendre témoignage : « Et vous
aussi qui avez toujours été avec moi, » animés de cet esprit, « vous
me rendrez témoignage [2]. » Ce sera un témoignage irréprochable,
rendu par des personnes qui ont tout vu : un témoignage sincère, confirmé par l'effusion de votre sang. Voilà, dit-il, le témoignage que je me suis réservé sur la terre. Il vous fera haïr ; mais
votre consolation, c'est que par là vous prendrez part à la haine
qu'on me porte injustement. Oui, mon Sauveur, nous y consentons. S'il faut pour vous glorifier que nous soyons haïs et méprisés du monde en lui disant ses vérités, quelque habit que ce monde
porte, fût-ce un habit de piété, puisque la haine se cache si souvent sous un tel habit, ainsi soit-il : « votre volonté soit faite. »
On n'est point votre disciple, qu'on n'ait mérité par quelque bon
endroit la haine du monde.

XVIIe JOURNÉE.

Les apôtres persécutés, haïs d'une haine de religion. Joan., XVI, 1-5.

Dans les versets 1, 2, 3, 4 et 5 du chapitre XVI, il découvre plus
ouvertement à ses disciples la nature de la haine qu'on aura
contre eux. Car après leur avoir appris qu'elle leur est commune
avec lui, et qu'ils se l'attireront en lui rendant témoignage par le
Saint-Esprit qui viendra en eux, il croit leur pouvoir tout dire ;
et il leur apprend enfin que le caractère de cette haine qu'ils auront à porter, c'est que ce sera une haine de religion ; qu'on les

[1] *Joan., XV, 26. — [2] *Ibid.*, 27.

excommuniera et qu'on les aura tellement en exécration, qu'on croira rendre service à Dieu de les exterminer. Par où il nous fait entendre que ces haines pieuses et religieuses qu'un faux zèle animera, sont la dernière et parfaite épreuve qu'il réserve à ses véritables disciples. Car c'est une telle haine qu'il a essuyée lui-même, puisque la sentence que la synagogue a prononcée contre lui, c'est qu'il avoit blaphémé, *blasphemavit*[1], contre Dieu, contre la loi, contre le saint lieu; et que c'étoit glorifier Dieu, que de livrer ce blasphémateur au dernier supplice. Et cette haine étoit la même que Jérémie avoit portée en figure de Jésus-Christ, lorsqu'on disoit : « Cet homme a blasphémé contre le saint lieu et contre la cité sainte [2]. »

Voilà ce qu'il promet à ses disciples; et il les console en même temps, leur apprenant que cette haine est aveugle et insensée, « puisqu'elle vient à leurs persécuteurs pour ne pas connoître son Père ni lui [3]. » Jésus-Christ est la vérité; et quiconque ignore ou combat quelque partie de la vérité quelle qu'elle soit, quelque savant qu'il soit d'ailleurs, il ne connoît pas Jésus-Christ ni son Père par cet endroit-là; et si vous entreprenez de le convaincre, il se revêtira d'un faux zèle, d'un zèle amer; mais il en faut essuyer l'aigreur avec foi et humilité, en se réjouissant de porter ce caractère du Sauveur et de ses apôtres. C'est alors qu'il faut écouter le Sauveur, qui dit : « Souvenez-vous que je vous ai avertis de ces contradictions. » Et il ajoute : « Je ne vous ai pas dit ces choses au commencement [4]. » Il leur avoit pourtant souvent parlé des persécutions et de la haine qui leur étoit préparée par toute la terre : « Vous serez, dit-il, en haine à tout le monde [5], » et le reste, où il semble qu'il n'a rien oublié pour leur mettre devant les yeux la vive peinture des persécutions qu'il leur avoit destinées. Qu'est-ce donc qu'il dit aujourd'hui, qu'il n'avoit pas voulu leur expliquer au commencement? Remarquez, pieux lecteur, qu'il leur a tout dit, excepté ce seul endroit, « qu'on les excommunieroit et qu'on croiroit rendre service à Dieu en les exterminant de la terre [6]. » Car c'étoit aussi l'endroit sensible et le

____

[1] *Matth.*, XXVI, 65. — [2] *Jerem*, XXVI, 6, 8, 9, 11, 12. — [3] *Joan.*, XVI, 3. — [4] *Ibid.*, 4, 5, — [5] *Matth.*, X, 21, 22. — [6] *Joan.*, XVI, 2.

véritable caractère de la persécution des disciples de Jésus-Christ. Ce ne sont pas seulement les Gentils qui les ont persécutés comme les ennemis de Dieu : cette injure seroit consolante du côté de ceux de qui Dieu n'est pas connu ; mais ce sera le peuple de Dieu qui aura en exécration Jésus-Christ et ses disciples : ce peuple à qui Jésus-Christ étoit envoyé, ceux-là mêmes dont il avoit dit : « Ils sont assis sur la chaire de Moïse, croyez donc ce qu'ils vous enseignent [1]. » Ce seront ceux-là qui condamneront Jésus-Christ et ensuite ses apôtres, avant même que le caractère de réprobation eût paru tout à fait sur eux, et lorsqu'un saint Paul respectoit encore en eux le caractère de leur onction, en disant : « Mes frères, je ne savois pas que ce fût le souverain pontife. Car il est écrit : Vous ne maudirez point le prince de votre peuple [2]. » On voit donc qu'il faut s'attendre à être persécuté, quand Dieu le veut, par une autorité sainte. Et l'exemple de saint Chrysostome si injustement déposé par un patriarche orthodoxe et même persécuté durant ce temps et jusqu'après sa mort par des saints, quand il n'y auroit que celui-là, suffit pour nous faire voir ce genre de persécution, qui est un des plus délicats et des plus sensibles aux disciples de Jésus-Christ. Et il faut ici considérer la modération, la douceur et l'humilité de ce grand homme, qui l'a peut-être égalé aux martyrs ; ce qu'un saint martyr qui lui apparut semble avoir voulu lui indiquer, en lui disant dans un songe : Vous serez demain avec moi.

Quoi qu'il en soit, il faut être préparé à ce genre de persécution si Dieu le permet, et ne s'en pas étonner, mais dire avec saint Cyprien « qu'il importe peu de quel côté vienne le coup de l'épée qui tranche notre vie, fût-ce du côté de nos frères, pourvu que ce soit en procurant la gloire de Jésus-Christ. » Cette persécution n'en est pas moins suivie de la couronne du martyre dans la lettre au pape saint Corneille [3]. Et on verra quelquefois dans des maisons saintes, dans de saintes communautés, des acharnemens contre des personnes saintes dont on ne voit point la cause ; on voit seulement dans ces innocens persécutés, une vraie humilité avec un

---

[1] *Matth.*, XXIII, 2, 3. — [2] *Act.*, XXIII, 5. — [3] *Epist. ad Corn. Pap.*, édit. Baluz., epist. LV.

vrai zèle pour la gloire de Dieu. Qu'ils souffrent ce petit martyre, sans se plaindre et en aimant d'un amour humble et sincère ceux qui les font souffrir, et qu'ils sachent que c'est un des caractères de Jésus-Christ qu'il leur est donné de porter. Je ne sais pour qui j'écris ceci, et je n'ai aucune vue; mais afin qu'on ne pense pas que je me figure des chimères de persécution, je suis obligé de dire que celle-ci est très-fréquente et doit être très-chère à ceux qui la portent, pour peu que ce soit et pour quelque cause que ce soit.

XVIIIᵉ JOURNÉE.

Tristesse de l'absence de Jésus. Joan., XVI, 5, 6.

Depuis le verset 5 jusqu'au verset 8, il explique la mission de l'Esprit consolateur qu'il avoit promis à ses disciples, afin de les consoler de son absence. Il venoit encore de leur en parler au verset 26 du chapitre xv, mais ici il en va expliquer à fond la mission; et il faut invoquer le Saint-Esprit, afin qu'il nous fasse entendre ce qui le regarde dans la suite de ce discours de Notre-Seigneur.

« Je ne vous ai pas dit ces choses (que je viens de vous exposer touchant la haine qu'on aura pour vous), parce que j'étois encore avec vous[1]. » Rien ne me pressoit de vous les dire; et, « comme j'étois avec vous, je vous gardois moi-même[2], » et je n'avois pas besoin de vous prémunir contre les persécutions qui vous devoient arriver après ma retraite; mais maintenant je m'en vais, et il faut vous parler à fond de toutes choses, autant que vous le pourrez porter.

« Je m'en vais donc, et vous ne me demandez pas où je vais. Mais parce que je vous déclare que je me retire, la tristesse remplit votre cœur[3]. » Comme s'il disoit : Vous ne songez point où je vais, en quel lieu, à quelle gloire, à quelle félicité; mais sans songer où je vais et ce que je vais y faire, vous vous affligez. En quoi il les reprend secrètement du peu d'attention qu'ils ont à ce

____
[1] *Joan.*, XVI, 5. — [2] *Joan.*, XVII, 12. — [3] *Joan.*, XVI, 5, 6.

qu'il fait et du peu d'amour qu'ils ont pour lui, puisqu'ils ne
songent qu'à eux-mêmes et ne s'occupent que de leur tristesse. Il
est néanmoins si bon que, sans les reprendre davantage, il tourne
tout son discours à les consoler et leur parle du Saint-Esprit qui
devoit venir, leur apprenant qu'il ne lui est pas inférieur, et le
prouvant premièrement par les effets de sa mission et à la fin par
son origine éternelle, comme la suite le fera paroître.

XIX⁰ JOURNÉE.

Mission du Saint-Esprit pour convaincre d'incrédulité les Juifs et le monde.
Joan., xvi, 8-10 et suiv.

« Et quand il viendra, il convaincra le monde touchant le péché et touchant la justice, et touchant le jugement[1], » et le reste.

« Il convaincra le monde sur le péché : » sur quel péché ? Jésus-
Christ l'explique : c'est « de n'avoir point cru en lui. » Entendons
le péché des Juifs, qui est de n'avoir point cru au Christ qui leur
avoit été envoyé, d'avoir par là démenti leurs prophéties et Dieu
qui confirmoit la mission de Jésus-Christ par tant de miracles, de
les avoir attribués au démon. C'étoit là le péché des Juifs : le
grand péché; « le péché contre le Saint-Esprit, » qui poussé à un
certain degré de malice que Dieu sait, « ne se remet ni en ce siècle
ni en l'autre[2]. » C'est sur ce péché et de ce péché que le Saint-
Esprit devoit convaincre le monde incrédule.

Jésus-Christ avoit convaincu les Juifs de ce péché en deux manières : l'une, en accomplissant les prophéties, qui est la manière
la plus efficace de les expliquer; l'autre, en faisant des miracles
que personne n'avoit jamais faits; ce qui leur ôtoit toute excuse,
en sorte qu'il ne manquoit rien à la conviction. Et toutefois le
Saint-Esprit la pousse encore plus loin, lorsqu'il descend sur les
disciples du Sauveur.

La conviction, dis-je, est portée plus loin. Et premièrement

____

[1] *Joan.*, xvi, 8 et seq.— [2] *Matth.*, xii, 24, 31, 32; *Marc.*, iii, 28-30; *Luc.*,
xii, 10.

celle des prophéties : car le Saint-Esprit inspire à saint Pierre la preuve de la résurrection de Jésus-Christ tirée de David, que cet Apôtre plein des lumières et du feu de ce divin Esprit, pousse à la dernière évidence; c'est-à-dire au dernier point de conviction, et avec une vigueur qui ne s'étoit jamais vue, comme il paroît aux *Actes*, chapitre II, verset 25 et suivans.

Secondement, quant à la conviction des miracles, le Saint-Esprit y met la perfection. Car si la source en étoit tarie en Jésus-Christ, on auroit pu croire qu'elle étoit passagère et trompeuse en Jésus-Christ même; mais comme elle se continue dans les apôtres, qui guérissent publiquement et à la vue de tout le peuple cet impotent en témoignage de la résurrection de Jésus-Christ[1], la conviction est poussée bien au delà de la suffisance, et le Saint-Esprit la porte par les apôtres jusqu'à la dernière évidence.

Cette continuation de miracles étoit l'ouvrage du Saint-Esprit. Jésus-Christ avoit dit qu'il chassoit les démons par l'Esprit de Dieu, et tous les autres miracles devoient être aussi singulièrement attribués au Saint-Esprit. Le même Esprit de miracles se continuant dans les apôtres, on voyoit la suite des desseins de Dieu et l'entière confirmation de la vérité.

Et afin de le bien entendre, il faut savoir que les Juifs, quoique convaincus par tant de miracles de Jésus-Christ, pouvoient dire qu'il avoit eu le sort des faux prophètes que le démon anime et à qui il donne des signes trompeurs, puisqu'il avoit été condamné et mis à mort par le jugement de la synagogue, conformément à la loi de Moïse[2]. Si donc Jésus-Christ étoit demeuré dans la mort, ou que sa résurrection n'eût pas été confirmée d'une manière à ne laisser aucune réplique, les Juifs n'auroient pas été convaincus et confondus dans ce vain prétexte de leur incrédulité. Mais puisque le Saint-Esprit, pour donner à Jésus-Christ des témoins de sa résurrection, descend visiblement sur ses apôtres qui étoient les témoins qu'il avoit choisis; puisqu'il les remplit de courage; que de foibles qu'ils étoient il les rend forts, d'idiots et d'ignorans qu'ils étoient les rend pleins d'une divine science, et leur donne des paroles qui fermoient la bouche à leurs adversaires qui

____
[1] *Act.*, III, 2, 6 et seq. — [2] *Deuter.*, XIII, 1-5; XVIII, 20-22.

n'étoient rien moins que les chefs du peuple; puisqu'au lieu qu'ils
étoient des lâches qui avoient oublié leur Maître tous ensemble
en prenant la fuite, et le premier de leur troupeau en le reniant,
il en avoit fait d'intrépides défenseurs de sa doctrine et de sa résurrection; puisqu'enfin le même Esprit descendu sur eux fait des
miracles par leurs mains, qui ne cèdent en rien à ceux de Jésus-
Christ et même qui les surpassent en certaines circonstances,
comme il l'avoit prédit lui-même; et non content de leur inspirer
l'intelligence des prophéties et la force de les défendre, il les remplit eux-mêmes de l'esprit de prophétie et les fait agir et parler
comme des hommes inspirés, comme il parut au jour de la Pentecôte, saint Pierre le soutenant avec une assurance étonnante et
une force à laquelle tout cédoit[1] : tous ces ouvrages admirables
du Saint-Esprit prouvent que Jésus-Christ a dit la vérité en assurant que ce même Esprit convaincroit de nouveau et d'une manière encore plus concluante l'incrédulité du monde.

Voilà donc le témoignage du Saint-Esprit dans les apôtres,
qui en confirmant la résurrection de Jésus-Christ, parlent ainsi :
« Nous sommes témoins de ces choses, et le Saint-Esprit que Dieu
a donné à ceux qui lui obéissent[2]. » C'étoit le dernier et le plus clair
témoignage que Jésus-Christ leur réservoit; et c'est pourquoi
prévoyant que le cœur de la plupart seroit assez dur pour résister
encore à ce témoignage et à cette conviction, il les avertit d'éviter
ce crime comme celui qui à la fin leur attireroit une inévitable
punition et deviendroit irrémissible pour eux, Dieu ayant déterminé de ne le remettre jamais à ceux qui l'auroient porté à de certains excès qui lui étoient connus. C'est peut-être ce qui donna
lieu à cette sentence du Sauveur[3] : « Que les blasphèmes contre le
Fils seroient remis; mais que celui qui blasphémeroit contre le
Saint-Esprit (en persistant d'attribuer au démon les miracles de
Jésus-Christ et de ses disciples, quoique confirmés après sa mort
en témoignage de sa résurrection), ne recevroit aucun pardon,
mais seroit coupable d'un éternel péché, à cause, poursuit saint
Marc, qu'ils avoient dit que » Jésus-Christ « avoit en lui-même un
esprit » impur qui faisoit par lui des miracles; et qu'ils étoient

______
[1] *Act.*, II, 17, 18. — [2] *Act.*, V, 32. — [3] *Matth.*, XII, 31, 32; *Marc.*, III, 28-30.

disposés à porter la révolte jusqu'au dernier excès, comme ils firent en résistant encore aux miracles de ses disciples, et osant attribuer à l'esprit d'erreur la continuation ferme et permanente du témoignage du Saint-Esprit.

Ajoutez à toutes ces choses la sainteté que le Saint-Esprit établissoit dans l'Eglise par des effets si éclatans, et cette parfaite unité des cœurs qui étoit son véritable ouvrage et le caractère sensible de sa présence : ajoutez la redoutable autorité que Dieu mettoit dans l'Eglise, en sorte que mentir à Pierre, c'étoit « mentir au Saint-Esprit[1]. » On voit assez par toutes ces choses l'efficace du témoignage de ce même Esprit, pour convaincre l'incrédulité.

Et il faut aussi remarquer que Dieu qui avoit supporté les Juifs après le crucifiement de son Fils, résolut enfin de faire éclater sa justice d'une manière étonnante et jusqu'alors inouïe, après que ce peuple ingrat eut continué de résister avec une opiniâtreté et une dureté sans exemple au témoignage des apôtres ; c'est-à-dire comme on a vu, à celui du Saint-Esprit : ce qui étoit la figure du châtiment plus terrible qu'il réservoit dans les enfers à ceux qui avoient péché contre le Saint-Esprit, de la manière et avec l'excès qu'il ne vouloit point pardonner.

Prenons donc garde de ne point tomber dans un semblable péché. Nous commençons à y tomber, lorsqu'abusant de la grace du Saint-Esprit dans la rémission des péchés, nous en faisons une occasion de pécher plus facilement ; en quoi nous faisons injure à « l'esprit de rémission et de grace[2]. » Et à cause que nous ne savons pas le degré que Dieu a marqué à cet attentat pour ne le pardonner jamais, nous ne cessons de l'augmenter de jour en jour, et nous multiplions nos péchés par la facilité que nous nous imaginons dans le pardon. Mais Dieu qui nous voit périr, nous avertit qu'il viendra un point où il cessera de pardonner, et auquel à la fin nous tomberons au dernier degré d'endurcissement et à l'impénitence finale.

Craignons donc de résister au Saint-Esprit, de peur qu'enfin notre résistance ne soit poussée jusqu'à la fin par la juste soustraction de ces graces qui convertissent les cœurs. Craignons, dis-je,

____
[1] *Act.*, V, 3, 4, 9. — [2] *Hebr.*, X, 29.

de pousser à bout la bonté et la patience de l'Esprit qui remet les
crimes, parce que nous ne savons jusqu'où il veut pousser son
indulgence, et que peut-être le premier péché que nous commet-
trons sera parvenu à ce degré de malice qui lui est connu, et
qu'il ne veut point pardonner à ceux qui auront reçu de certaines
graces. Les Juifs en sont un exemple, et ils n'ont plus trouvé de
miséricorde ni en ce monde ni en l'autre, à cause qu'ils ont méprisé jusqu'au point que Dieu ne vouloit plus souffrir la conviction
du Saint-Esprit.

XX° JOURNÉE.

*Mission du Saint-Esprit pour convaincre le monde d'injustice. Péché
contre le Saint-Esprit.* Ibid. 10.

« Et sur la justice : » c'est le second point sur lequel le Saint-
Esprit devoit convaincre le monde, « parce que je m'en vais à
mon Père, et que vous ne me verrez plus. » Il faut sous-entendre :
Sans que pour cela vous cessiez de croire en moi, ou que votre
foi se ralentisse. Et pour entendre cette seconde conviction du
Saint-Esprit, il faut savoir que la justice chrétienne vient de la
foi, selon cette parole du prophète répétée trois fois par saint
Paul : « Le juste vit de la foi[1]. » Mais la véritable épreuve de la
foi, c'est de croire ce qu'on ne voit pas. Tant que Jésus-Christ a
été sur la terre, sa présence a soutenu la foi de ses disciples : aussitôt qu'il fut arrêté, leur foi tomba ; et ceux qui auparavant
croyoient en lui comme au Rédempteur d'Israël, commencèrent à
dire froidement : « Nous espérions qu'il devoit racheter Israël[2]. »
Comme s'ils disoient : Mais maintenant après son supplice,
nous avons perdu cette espérance. Voilà donc la foi des apôtres
morte avec Jésus-Christ. Mais quand le Saint-Esprit l'eut ressus-
citée, en sorte qu'ils furent plus constamment et plus parfaitement attachés à la personne et à la doctrine de leur Maître qu'ils
ne l'étoient pendant sa vie, on vit en eux une véritable foi et dans

[1] *Hebr.*, 11, 4; *Rom.*, 1, 17; *Galat.*, 111, 11; *Hebr.*, x, 38. — [2] *Luc.*, xxiv, 21.

cette foi la véritable justice, qui étant l'ouvrage du Saint-Esprit, il s'ensuit qu'il donna au monde une parfaite conviction de la justice.

Soyons donc vraiment justes par l'esprit de la foi ; et sans nous attacher à ce que nous voyons, unissons-nous à Jésus-Christ que nous ne voyons pas. Croyons fermement avec les apôtres que sa mort n'a pas été une extinction de sa vie ; mais comme il l'a dit, un passage à son Père, puisque depuis qu'il nous a quittés, il a été plus fécond pour nous en toute sorte de graces. Travaillons sans cesse à la mort des sens : ne jugeons point de notre bonheur par leur jugement : vivons dans l'esprit de la foi : fondons tous nos sentimens sur sa vérité, et écoutons d'autant plus Jésus-Christ qu'il nous paroît moins. « Vous avez cru, parce que vous m'avez vu : bienheureux ceux qui croient et ne voient pas [1] ! » C'est par une telle foi que nous sommes justes.

XXIe JOURNEE.

Mission du Saint-Esprit pour convaincre le monde de l'iniquité de son jugement. Joan., xvi, 8-11.

« Et de jugement, parce que le prince de ce monde est déjà jugé. » Jésus-Christ a dit ci-dessus : « C'est maintenant que le monde va être jugé : c'est maintenant que le Prince de ce siècle va être chassé [2]. » Comment est-ce que Jésus-Christ juge le monde dans le temps de sa passion ? C'est en se laissant juger et en faisant voir par l'inique jugement du monde sur Jésus-Christ que tous ses jugemens sont nuls.

Le Saint-Esprit qui est descendu, confirme ce jugement contre le monde. Qu'a opéré le jugement du monde sur Jésus-Christ ? Rien autre chose qu'une démonstration de son iniquité. La doctrine de Jésus-Christ qu'on croyoit anéantie par sa croix, se relève plus que jamais : le ciel se déclare pour elle, et au défaut des Juifs les gentils la vont recevoir et composer le nouveau peuple. C'est l'ouvrage du Saint-Esprit qui descendu en forme de langue,

[1] *Joan.*, xx, 29. — [2] *Joan.*, xii, 31.

montre l'efficace de la prédication apostolique. Toutes les nations l'entendent : de toutes les langues il ne s'en fait qu'une, pour montrer que l'Evangile va tout réunir. Le prince de ce monde est jugé : tous les peuples vont consentir à sa condamnation. Jugeons le monde : condamnons le monde : l'autorité qu'il se donne de nous tyranniser par ses maximes et ses coutumes, a donné lieu à condamner en la personne de Jésus-Christ la vérité même. O monde ! je te déteste : le Saint-Esprit te convainc de fausseté : n'adhérons au monde par aucun endroit : sa cause est mauvaise en tout : « Mes petits enfans, n'aimez point le monde, ni tout ce qui est dans le monde : le monde n'est autre chose que concupiscence de la chair, » sensualité, plaisirs du corps, « ou concupiscence des yeux, » curiosité, avarice « et orgueil de la vie : et tout cela, » toute cette concupiscence, « ne vient point de Dieu, mais du monde, et le monde passe avec ses désirs [1], » et il n'y a que Dieu qui demeure.

C'est donc par là que le monde est jugé : la vie que le Saint-Esprit inspire aux fidèles, condamne toutes ses maximes : il n'y a plus d'avarice où chacun apporte ses biens aux pieds des apôtres : il n'y a plus de divisions ni de jalousie où il n'y a qu'un cœur et qu'une ame : il n'y a plus de plaisirs sensuels où l'on a de la joie d'être flagellés pour l'amour de Jésus-Christ : il n'y a plus d'orgueil où tout est soumis aux conducteurs de l'Eglise, qu'on rend maîtres de tous ses désirs et plus encore de soi-même que de ses richesses. Commençons donc cette vie chrétienne et apostolique, et laissons-nous convaincre par le Saint-Esprit.

XXIIe JOURNÉE.

L'Esprit de vérité enseigne toute vérité. Joan., xvi, 12, 13.

Nous apprenons dans les versets 12 et 13, que le Saint-Esprit nous apprendra ce que nous n'eussions pas pu porter sans lui. Mais qu'est-ce qu'il y avoit de si nouveau et de si étrange à nous

[1] I *Joan.*, ii, 15, 17.

dire, que nous ne puissions pas le porter encore ? Notre foiblesse est donc bien grande, si nous ne pouvons pas porter ce que Jésus-Christ même auroit à nous dire? Cela est pourtant, puisqu'il le dit.

Jésus-Christ attribue deux choses au Saint-Esprit : l'une, de nous suggérer, de rappeler en notre mémoire, de nous faire entendre « ce que Jésus-Christ nous auroit dit auparavant [1] : » c'est ce qu'il a dit ci-dessus : l'autre, de nous apprendre des choses nouvelles, « que nous n'eussions pas pu porter d'abord [2], » encore même que Jésus-Christ nous les enseignât. Apprenons ici à ménager les ames. Avec toute son autorité et avec toute la lumière dont il est rempli, Jésus-Christ même se croit obligé à ce ménagement des ames infirmes : à plus forte raison les autres hommes doivent-ils entrer dans cette condescendance.

Mais où trouverons-nous des vérités plus fortes que celles que Jésus-Christ vient d'expliquer à ses apôtres, en leur disant « qu'on les haïra jusqu'à croire servir Dieu en les massacrant [3] ? » Voici quelques vérités que Jésus-Christ n'a pas dites, ou sur lesquelles il n'a pas appuyé : que les apôtres seroient obligés non-seulement à subir l'exécration de la synagogue, mais encore à se séparer d'eux-mêmes du reste du peuple, comme il paroît dans les *Actes ;* à relâcher l'obligation de la loi ; à la regarder comme un fardeau insupportable aux Juifs mêmes, selon ce qu'ils disent dans les *Actes :* « que ni nos pères ni nous n'avons pu porter [4] ; » à faire voir, ce qui est bien plus, que non-seulement la loi n'obligeoit point les Gentils, mais encore les rendoit coupables, conformément à cette parole : « Si vous vous faites circoncire, Jésus-Christ ne vous servira de rien [5]. » Voilà quelque partie des vérités que les apôtres n'auroient pu porter, si Jésus-Christ les leur avoit apprises d'abord. Et c'est pourquoi il les réserve au Saint-Esprit, qui aussi, lorsqu'ils furent obligés de les expliquer dans le concile de Jérusalem, leur fait dire : « Il a semblé bon au Saint-Esprit et à nous [6]. »

[1] *Joan.,* XIV, 26. — [2] *Joan.,* XVI, 12. — [3] *Ibid.,* 2, 3. — [4] *Act.,* IV, 15, 18, 32, 33; V, 12-14; XV, 1, 2, 5, 7, 10, 20, 21, 28, 29. — [5] *Rom.,* III, 10; *Galat.,* II, 16, 18, 20, 21; III, 10, 11, 24, 28; IV, 9-11; V, 1, 2, etc. — [6] *Act.,* XV, 28.

Que dirai-je du redoutable secret de la réprobation des Juifs pour donner lieu (a) aux Gentils et du retour futur de ces mêmes Juifs après que les Gentils seront entrés? Secret admirable qui donne lieu à celui de la prédestination, et à ces terribles paroles : « Dieu a tout renfermé dans l'incrédulité, pour montrer que nul n'est sauvé que par sa miséricorde [1]. » C'est un secret dont Jésus-Christ a posé les fondemens, mais dont il laisse l'application et le fond à développer à saint Paul.

C'est encore un grand secret que ce même Apôtre apprend aux fidèles, qu'il faut joindre à toutes les persécutions la mortification volontaire, « en châtiant son corps et en le réduisant en servitude [2] : » chose que le Fils de Dieu n'avoit pas si clairement expliquée que le Saint-Esprit l'a fait à cet Apôtre. Ne poussons pas plus avant nos recherches sur ces vérités que Jésus-Christ semble réserver au Saint-Esprit. Contentons-nous d'admirer la dispensation de la doctrine salutaire : et ne nous ménageons plus nous-mêmes, puisque Jésus-Christ nous a ménagés autant qu'il a été nécessaire.

XXIIIe JOURNÉE.

Le Saint-Esprit égal au Fils par ses œuvres.

Toutes ces fonctions du Saint-Esprit l'égalent manifestement au Fils de Dieu, dont il accomplit l'ouvrage. S'il y met la perfection, si Jésus-Christ pour ainsi parler lui en donne toute la gloire, c'est que la gloire du Saint-Esprit est celle du Fils de Dieu, comme la gloire du Fils de Dieu est celle du Père et que la gloire de la Trinité est une et indivisible.

Si ce qui est réservé au Saint-Esprit est si grand, que les apôtres ne l'auroient pu porter, quoiqu'annoncé par Jésus-Christ même, il n'y a donc point d'inégalité dans les ouvrages de la Trinité, du côté des trois divines personnes; mais une dispensation diversifiée

___

[1] *Rom.,* XI, 32. — [2] I *Cor.,* IX, 27; II *Cor.,* IV, 10.
(a) C'est-à-dire place.

seulement par rapport à nous. Mais Jésus-Christ nous va encore élever plus haut ; et après avoir égalé le Saint-Esprit au Père et au Fils par ses œuvres, il va encore montrer sa parfaite égalité par son origine.

XXIVᵉ JOURNÉE.

Le Saint-Esprit égal au Fils par son origine, il annonce les choses futures et pénètre le secret des cœurs. Joan., xvi, 13.

« Quand cet Esprit de vérité viendra, il vous apprendra toute vérité : car il ne parlera pas de lui-même, mais il vous dira ce qu'il a ouï et vous annoncera les choses futures [1]. »

Il ne dira que ce qu'il a ouï : mais il a tout ouï ; aussi enseignera-t-il toute vérité : il est dans le conseil où l'on dit tout : le Père dit tout par son Fils : le Fils dit tout par sa naissance : si tout se dit par lui, il entend tout : autrement il ne s'entendroit pas lui-même. On lui dit tout en le produisant, puisque le produire, c'est dire. Le Saint-Esprit est le troisième dans ce secret. Nulle créature n'y entre. On ne dit rien à demi dans cette unité : on n'entend rien imparfaitement : c'est pourquoi « l'Esprit approfondit tout : » il entre en tout, « même dans les profondeurs de Dieu [2]. » Et c'est le caractère que lui donne le Sauveur du monde, en disant « qu'il nous enseigne toute vérité et annonce les choses futures. »

Ce Saint-Esprit est celui qui parle aux prophètes : quand il parle en eux, c'est Dieu qui parle, et on l'appelle l'Esprit prophétique ; ce qui l'égale parfaitement au Père et au Fils, puisque comme eux il entre dans le grand secret réservé à Dieu, qui est celui de l'avenir [3].

Il entre par la même raison dans cet autre intime secret qui est la connoissance du secret des cœurs. Qui voit le secret de Dieu, que ne voit-il pas ? Par qui est-ce que saint Pierre a vu le secret

---

[1] *Joan.*, XVI, 13. — [2] I *Cor.*, II, 10. — [3] *Isa.*, XLVIII, 16 ; LIX, 21 ; LXI, 1 ; *Zachar.*, VII, 12 ; I *Cor.*, XIV, 32 ; *Apoc.*, XXII, 6.

d'Ananias et de Saphira, dans la vente de leurs biens? Aussi en
mentant à Pierre, ils mentirent au Saint-Esprit [1]. Par qui est-ce
que « le secret des cœurs étoit manifesté » dans ces assemblées
dont parle saint Paul, ce qui fait dire à tout le monde que « Dieu
est au milieu de nous [2]? » Comment? sinon par l'esprit de prophétie, qui est dans le même lieu l'ouvrage du Saint-Esprit, à qui
toutes ces graces sont attribuées conformément à cette parole :
« Un seul Esprit opère ces choses, les partageant à chacun selon
qu'il lui plaît [3]. »

XXVe JOURNÉE.

Origine du Saint-Esprit. Ordre des personnes divines. Joan., xvi, 14, 15.

« Il me glorifiera, parce qu'il prendra du mien [4]. » Que Jésus-
Christ daigne nous parler de ces communications intérieures des
personnes divines, et nous faire entrer en quelque façon dans cet
ineffable secret, il y a de quoi s'en étonner. Vraiment il nous
traite en amis, comme il disoit lui-même, en nous apprenant
non-seulement ce qu'il fait au dehors, mais encore ce qu'il produit au dedans. « Il prendra du mien : » le Fils a tout pris du
Père et il glorifie le Père : le Saint-Esprit prend du Fils et il glorifie le Fils. Il semble que c'est là le but de cette parole; mais
écoutons de quelle sorte Jésus-Christ s'explique. Il ne dit pas :
« Il prendra de moi; » mais : « Il prendra du mien : » O Sauveur, que voulez-vous dire? M'est-il permis de le chercher?
Ou bien m'en tiendrai-je à ce que vous dites, sans rien dire, ni
rien chercher davantage dans cette parole? Mais votre Eglise y a
trouvé que le Saint-Esprit procédoit de votre Père et de vous, et
que c'étoit pour cela que le Saint-Esprit étoit votre Esprit, comme
il étoit l'Esprit du Père. Il est appelé l'Esprit de Jésus-Christ,
Spiritus Christi [5]. Il est à Jésus-Christ. Jésus-Christ l'envoie :
par quelle autorité, si ce n'est par l'autorité de principe et d'ori-

---

[1] *Act.,* v, 3, 4, 9. — [2] *I Cor.,* xiv, 24, 25. — [3] *Cor.,* xii, 11. — [4] *Joan.,* xvi, 14.
— [5] *I Petr.,* i, 11.

gine? Car il ne peut y en avoir d'autre entre les personnes divines.

Voilà la doctrine de l'Eglise catholique et la tradition des saints : je la reçois, j'adore cette vérité. O Jésus, encore un coup, quelle merveille que vous daigniez nous parler de ces hauts mystères, à nous qui ne sommes que terre et cendre ! Avec quelle foi, avec quelle reconnoissance, avec quel amour devons-nous écouter ces paroles ! Seigneur, ce n'est pas en vain que vous nous parlez de ces choses : vous nous en montrez une étincelle durant cette nuit, dans le dessein de nous en montrer à découvert la pleine lumière au jour de l'éternité. Nous verrons ce que veut dire : « Il prendra du mien, et il me glorifiera, et il vous l'annoncera. Tout ce qui est à mon Père est à moi ; et c'est pourquoi je vous ai dit qu'il prendra du mien, et il vous annoncera ce qu'il en aura pris [1]. »

Le Saint-Esprit prend du Père dont il procède primitivement ; et en prenant du Père, il prend ce qui est au Fils, puisque tout est commun entre le Père et le Fils, excepté sans doute d'être Père : car c'est cela qui est propre au Père, et non pas commun au Père et au Fils. Le Fils a donc tout ce qu'a le Père, excepté d'être Père : il a donc aussi d'être principe du Saint-Esprit : car cela n'est pas être Père : le Fils prend cela du Père ; et le Père qui en l'engendrant dans son sein, lui communique tout excepté d'être Père, lui communique par conséquent d'être le principe productif du Saint-Esprit. C'est pourquoi le Saint-Esprit est l'Esprit du Père comme du Fils, envoyé en unité de l'un et de l'autre, procédant de l'un et de l'autre comme d'un seul et même principe, parce que le Fils a reçu du Père d'être principe du Saint-Esprit. Et c'est pourquoi Jésus-Christ ne dit pas : « Il prendra de moi, » parce que ce seroit dire en quelque façon qu'il en seroit le seul principe, et que le Saint-Esprit procède du Fils comme le Fils procède du Père, c'est-à-dire de lui seul. Mais il n'en est pas ainsi : car ce Saint-Esprit procède du Père radicalement ; et s'il procède du Fils, c'est du Père que le Fils a pris de le produire : et c'est pourquoi il dit plutôt : « Il prendra du mien, » que de dire : « Il prendra de moi, » parce qu'encore qu'en effet il prenne de lui, il ne prend de lui que ce que lui-même a pris du Père. Il

<hr>

[1] *Joan.*, XVI, 14, 15.

procède donc du Père et du Fils ; mais il procède du Père par le Fils, parce que cela même que le Saint-Esprit procède du Fils, le Fils l'a reçu du Père, de qui il a tout reçu.

C'est ce qui explique la raison mystique et profonde de l'ordre de la Trinité. Si le Fils et le Saint-Esprit procèdent également du Père sans aucun rapport entre eux deux, on pourroit aussitôt dire, le Père, le Saint-Esprit et le Fils, que le Père, le Fils et le Saint-Esprit. Or ce n'est pas ainsi que Jésus-Christ parle : l'ordre des personnes est inviolable, parce que si le Fils est nommé après le Père parce qu'il en vient, le Saint-Esprit vient aussi du Fils, après lequel il est nommé, et il est l'Esprit du Fils comme le Fils est le Fils du Père. Cet ordre ne peut être renversé : c'est en cet ordre que nous sommes baptisés, et le Saint-Esprit ne peut non plus être nommé le second que le Fils peut être nommé le premier.

Adorons cet ordre des trois personnes divines, et les mutuelles relations qui se trouvent entre les trois et qui font leur égalité, comme leur distinction et leur origine. Le Père s'entend lui-même, se parle à lui-même, et il engendre son Fils qui est sa parole : il aime cette parole qu'il a produite de son sein et qu'il y conserve ; et cette parole qui est en même temps sa conception, sa pensée, son image intellectuelle éternellement subsistante, et dès là son Fils unique, l'aime aussi, comme un Fils parfait aime un Père parfait : mais qu'est-ce que leur amour, si ce n'est cette troisième personne et le Dieu amour, le don commun et réciproque du Père et du Fils, leur lien, leur nœud, leur mutuelle union, en qui se termine la fécondité, comme les opérations de la Trinité ? Parce que tout est accompli, tout est parfait, quand Dieu est infiniment exprimé dans le Fils et infiniment aimé dans le Saint-Esprit ; et qu'il se fait du Père, du Fils et du Saint-Esprit, une très-simple et très-parfaite unité : tout y retournant au principe d'où tout vient radicalement et primitivement, qui est le Père, avec un ordre invariable : l'unité féconde se multipliant en dualité, c'est-à-dire jusqu'au nombre de deux, pour se terminer en Trinité : en sorte que tout est un, et que tout revient à un seul et même principe.

C'est la doctrine des saints : c'est la tradition constante de l'Eglise catholique : c'est la matière de notre foi, nous le croyons : c'est le sujet de notre espérance, nous le verrons : c'est l'objet de notre amour; car aimer Dieu, c'est aimer en unité le Père, le Fils, et le Saint-Esprit : aimer leur égalité et leur ordre : aimer, et ne point confondre leurs opérations, leurs éternelles communications, leurs rapports mutuels et tout ce qui les fait un en les faisant trois, parce que le Père qui est un et principe immuable d'unité, se répand, se communique sans se diviser. Et cette union nous est donnée comme le modèle de la nôtre : « O mon Père, qu'ils soient un en nous; comme vous, mon Père, êtes en moi et moi en vous, ainsi qu'ils soient un en nous [1]. O Dieu, Père, Fils, et Saint-Esprit, je me reconnois en tout et partout fait à votre image, à l'image de la Trinité, conformément à cette parole : « Faisons l'homme à notre image et ressemblance [2], » puisque même l'union que vous voulez établir entre nous est l'image imparfaite de votre unité. O charité ! tu dois croître et te multiplier jusqu'à l'infini dans les fidèles, puisque le modèle d'union et de communication qu'on te propose est un modèle dont tu ne peux jamais atteindre la perfection : et tout ce que tu peux faire, c'est de croître toujours en l'imitant, en communiquant de plus en plus tout ce qu'on a à ses frères, lumière, instruction, conseil, correction quand il le faut; amour, tendresse, vertu, par l'édification et le bon exemple, support mutuel; et à plus forte raison, biens, richesses, subsistance, et tout jusqu'au pain que nous mangeons, que nous devons partager avec les pauvres.

La mission du Saint-Esprit est expliquée : nous en avons vu les effets égaux à ceux qu'a produits le Fils : nous en avons vu l'origine dans l'éternelle communication des trois divines personnes : écoutons la suite des paroles de notre Sauveur.

XXVIᵉ JOURNÉE.

Qu'est-ce à dire : Encore un peu de temps? *Joan.*, xvi, 16.

« Encore un peu de temps, et vous ne me verrez plus : encore

____
[1] *Joan.*, XVII, 21. — [2] *Genes.*, I, 26.

un peu de temps, et vous me verrez, parce que je m'en retourne
à mon Père [1]. »

Depuis le verset 9 du chapitre XIV, jusqu'à la fin, que Jésus-
Christ sort de la maison; et dans tout le chapitre XV et dans le
XVI° jusqu'à ce verset, Jésus-Christ a parlé seul sans discontinuation et sans être interrompu par ses disciples, si ce n'est par ce
petit mot de saint Jude : « D'où vient, Seigneur, que vous vous
découvrez à nous, et non pas au monde [2]? » A quoi Jésus-Christ
ne répond pas, ou n'y répond qu'indirectement, en continuant
son discours. Ils l'interrompent ici plus ouvertement, en se disant
les uns aux autres : « Que veut-il dire : Encore un peu, et vous
ne me verrez plus : et ils disoient : Que veut dire ce peu de temps?
Nous ne savons ce qu'il veut dire [3]. » Et Jésus qui avoit prévu
cette interruption, et qui avoit comme jeté cette parole pour y
donner lieu dans le dessein d'en tirer une grande consolation et
une grande instruction pour eux, reprend la parole en cette sorte :
« Vous vous demandez les uns aux autres ce que veut dire ce peu
de temps : En vérité, en vérité, je vous le dis : vous gémirez, et
vous pleurerez vous autres, et le monde se réjouira; mais votre
tristesse sera changée en joie [4], » etc.

Il y avoit quelque sorte d'ambiguïté dans ce discours du Sauveur : « Encore un peu, et vous ne me verrez plus, » etc. On pouvoit entendre : Dans peu vous cesserez de me voir, car je vais
mourir : et dans peu vous me reverrez, car je ressusciterai ; les
ombres de la mort ne me peuvent pas retenir, et il faut que je
retourne à mon Père. Durant le temps que je serai dans le tombeau, le monde triomphera, et il croira être venu à bout de ses desseins, et vous serez dans la désolation et dans l'oppression, comme
un troupeau dispersé. Mais à ma résurrection qui suivra de près,
la joie vous sera rendue, et la confusion à vos ennemis. C'est
ainsi qu'on pouvoit entendre ces prompts passages de la privation
à la vue et de la vue à la privation. Mais la suite nous fait voir
que Jésus-Christ regarde plus loin : nous cesserons de le voir, non
précisément à cause qu'il ira à la mort, mais à cause qu'il mon-
tera aux cieux, à la droite de son Père : et nous le reverrons pour

[1] *Joan.*, XVI, 16. — [2] *Joan.*, XIV, 22. — [3] *Joan.*, XVI, 17, 18. — [4] *Ibid.*, 19, 20.

ne le plus perdre, lorsqu'il viendra des cieux une seconde fois
pour nous y ramener avec lui. Ainsi ce qu'il appelle un peu de
temps, c'est tout le temps de la durée de ce siècle, tant à cause
que ce temps finit bientôt pour chacun de nous, qu'à cause
qu'en le comparant à l'éternité qui doit suivre, c'est moins qu'un
moment.

Apprenons donc que selon le langage du Sauveur, qui est
celui de la vérité, tout ce qui est temps n'est qu'un point, et
moins que rien, et que ce qui dure, ce qui est véritablement, c'est
l'éternité qui ne passe jamais. Comptons pour rien tout ce qui
passe. Il y a près de dix-sept cents ans depuis l'ascension de Notre-
Seigneur; et tout cela devant Jésus-Christ, « qui est le Père du
siècle futur [1], » n'est peut-être qu'une très-petite partie de tout le
temps qui se trouvera du jour de l'ascension à la fin du monde,
que Jésus-Christ a compté pour rien. Les siècles sont donc moins
que rien : mille ans valent moins qu'un jour selon cette mesure.
Que seroit-ce donc que les souffrances de cette vie, si nous avions
de la foi? Nos sens nous trompent : tout le temps n'est rien : tout
ce qui passe n'est rien : accoutumons-nous à juger du temps par
la foi. Selon cette règle, qu'est-ce que dix ans, qu'est-ce qu'une
année, et un mois, et un jour de peine? Et cependant cette heure
nous paroît si longue. Gens de peu de foi, quand serons-nous chrétiens? Quand jugerons-nous du temps par rapport à l'éternité?

XXVIIe JOURNÉE.

Tristesse changée en joie. Joan., xvi, 20.

« Vous pleurerez, et le monde se réjouira : mais votre tristesse
sera changée en joie [2]. » Disons ici avec cet ancien : Je ne veux
pas me réjouir avec le monde, de peur de m'affliger un jour avec
lui. Je ne veux pas, pour sa joie courte et trompeuse, m'attirer
l'accablement et le poids d'une éternelle douleur. Ne vous laissez
pas tromper aux joies du monde, ni à cette fleur qui tombe du

[1] *Isa.*, ix, 6. — [2] *Joan.*, xvi, 20.

matin au soir : ne nous abandonnons jamais à la joie : car c'est
nous abandonner à l'illusion. Disons « au ris : Tu es un menteur;
et à la joie : Tu nous trompes [1]. » Les saints Pères ne vouloient
pas qu'un chrétien s'abandonnât à la joie jusqu'à rire avec éclat.
Il faut nourrir dans notre cœur une sainte et salutaire tristesse par
le souvenir de nos péchés, par la crainte du jugement de Dieu et
par un saint dégoût des biens du monde. Cette tristesse ne sera
pas seulement changée en joie dans le jour de l'éternité; mais dès
le siècle présent la joie de Jésus-Christ triomphera dans notre
cœur; et c'est de ce fond de joie que goûtera au dedans un cœur
attaché à Jésus-Christ, que sortira ce dégoût des plaisirs du
monde, qui ne sont qu'illusion, tentation et corruption.

« Goûtez et voyez combien le Seigneur est doux [2]; » combien est
douce la vérité, la justice, la bonne espérance, le chaste désir de
le posséder, et vous gémirez de vous voir au milieu des tromperies et des erreurs; et vous jetterez un doux et tendre soupir
vers la cité sainte, que Dieu nous a préparée, où règne la vérité,
où se trouve la paix éternelle et tout le bien avec Dieu.

XXVIIIe JOURNÉE.

Souffrir, se faire violence. Joan., XVI, 21.

Apprenons du verset 21 à enfanter notre salut avec peine. Quel
effort ne faut-il pas faire pour faire mourir ses passions, ses mauvais désirs et tout ce que l'Ecriture appelle le vieil homme? On
croit mourir en effet, quand il faut s'arracher du cœur tout ce
qui plaît. Quelle vie, dit-on, sera la nôtre, quand nous aurons
retranché ces doux commerces, ces jeux, ces plaisirs? Tout sera
triste, ennuyeux, insupportable. Songeons que c'est là le temps
du travail, où il faut avec violence enfanter un nouvel esprit.
« Tous les cris d'une femme qui accouche sont oubliés au moment
qu'elle a mis un enfant au monde [3] : » quelle donc doit être notre
joie quand ce n'est pas un autre, mais nous-mêmes que nous

[1] *Eccle.*, II, 2. — [2] *Psal.* XXXIII, 9. — [3] *Joan.*, XVI, 21.

faisons naître pour changer la vie du péché en la vie de Dieu !

Qu'il me coûte de sacrifier ce ressentiment, de renoncer à ce plaisir, de pratiquer cette humilité, de supporter cette médisance ! Chrétien, quand veux-tu donc t'enfanter toi-même ? Tu ne feras point ton salut, tu ne rompras point tes fers, tu ne deviendras point un nouvel homme, sans te faire cette violence. De quelle paix, de quelle joie, la verras-tu bientôt suivie ? Ha ! je commence à vivre, depuis que je vis pour Dieu et que je me suis ouvert le ciel !

Aimer Dieu, c'est la vie : on ne sauroit l'acheter par trop de travaux, par trop de morts.

XXIXe JOURNÉE.

Joie qui ne peut être ravie. Joan., xvi, 22.

« Personne ne vous ravira votre joie [1]. » D'où vient notre joie ? De notre bonheur. Quand donc nous mettrons notre bonheur dans un bien qui ne pourra nous être ravi, notre joie ne pourra aussi nous être ôtée. Qu'est-ce qui doit faire notre bonheur ? C'est que Dieu que nous aimons soit heureux et le seul puissant : *Beatus et solus potens,* comme dit saint Paul [2]. Si nous aimons Dieu de tout notre cœur, de toute notre intelligence, de toutes nos forces, comme nous ne pouvons rien contribuer à son bonheur, notre partage est de nous en réjouir. Réjouissons-nous de la gloire de Dieu, de sa perfection, de son bonheur, de la naissance éternelle de son Verbe, de l'éternelle procession de son Saint-Esprit, de ce qu'il se connoît, de ce qu'il s'aime, de ce qu'il est tout action, tout intelligence, tout amour, tout vie : si grand qu'il ne peut rien acquérir, aussi bienfaisant que riche : plein de vie, plein d'être, l'être même, la vérité même : le parfait, le tout. Qui nous peut ôter ce sujet de joie ? Il faudroit pouvoir ôter Dieu : et en l'ôtant s'ôter soi-même, et tout être, et ne laisser que le néant. Tout ce qu'on nous peut ôter, c'est la joie que nous avons de l'être de Dieu.

[1] *Joan.,* xvi, 22. — [2] I *Timoth.,* vi, 15.

Mais qui nous la peut ôter, si ce n'est nous-mêmes par le péché ? Viendra le temps où le péché étant entièrement détruit en nous, nous ne cesserons non plus de mettre toute notre joie dans l'éternelle félicité et perfection de Dieu, que Dieu ne cessera d'être heureux et parfait. Alors donc nous serons parfaitement heureux, et notre joie ne pourra plus nous être ravie.

Réjouissons-nous en même temps de ce que Jésus-Christ est entré dans la gloire de son Père : « Si vous m'aimiez, dit-il, vous vous réjouiriez de ce que je retourne à mon Père, parce que mon Père étant plus grand que moi [1] » selon la nature que j'ai prise, retourner à mon Père c'est retourner au centre de la grandeur et de la félicité.

Dieu est une nature heureuse et parfaite, et en même temps une nature bienfaisante et béatifiante : l'aimer, c'est vivre, c'est être juste, c'est être véritable, c'est être heureux, c'est être parfait autant que le peut être ce qui n'est pas Dieu. Mais Dieu nous apprend qu'il nous fait dieux, un même esprit avec lui, participans, associés à la nature divine, à la sagesse, à la vie, à l'éternité, à la félicité de Dieu. Lui qui est son bonheur, devient le nôtre : notre bonheur est par conséquent le bonheur de Dieu : Dieu se donne à nous tout entier : nous le verrons : nous l'aimerons, assurés de ne cesser jamais de le voir et de l'aimer : « En ce jour-là, dit le Sauveur, vous ne m'interrogerez plus de rien ; car vous verrez à découvert la vérité même. » Vivez donc et réjouissez-vous dans cette espérance. Mais en attendant, que ferons-nous au milieu de tant de besoins, de tant d'indigence ? « Vous n'avez qu'à demander ; tout ce qui vous sera nécessaire vous sera donné en mon nom [2] : » vous n'êtes donc plus indigens, puisque vous avez le nom par lequel vous pouvez tout obtenir.

XXXe JOURNÉE.

Qu'est-ce qu'on doit demander au nom de Jésus-Christ. Joan., XVI, 24.

« Jusqu'ici vous n'avez rien demandé en mon nom [3]. » Eh quoi !

[1] *Joan.*, XIV, 28. — [2] *Ibid.*, 23. — [3] *Ibid.*, 24.

lorsqu'ils lui disoient : « Seigneur, apprenez-nous à prier ; » et encore : « Augmentez-nous la foi [1], » n'étoit-ce pas de lui et par lui qu'ils espéroient cette grace ?

Leurs demandes n'étoient pas encore assez épurées. A l'occasion du royaume de Jésus-Christ, ils s'étoient mis dans l'esprit des idées de grandeur et d'ambition, qui tenoient beaucoup de l'esprit judaïque. L'attache sensible qu'ils avoient à sa personne étoit un obstacle à l'amour spirituel qu'il leur demandoit. Lorsque leur foi fut épurée par sa croix, par son absence et par l'opération du Saint-Esprit, ils apprirent ce qu'il falloit demander au nom de Jésus-Christ, qui étoit de lui être conformes et de marcher après lui dans la route des croix et de la mort. Que pouvez-vous demander au nom de Jésus-Christ, sinon les choses que vous voyez en lui ? Prends bien garde, ame chrétienne, ce que c'est que Jésus-Christ, et par là tu apprendras ce que tu dois demander en son nom.

C'est ce que les apôtres n'entendoient pas encore ; et loin de vouloir porter leur croix avec Jésus-Christ, ils ne vouloient pas même entendre ce qu'il leur disoit de la sienne : « Ce discours étoit caché à leurs yeux ; et ils craignoient de l'interroger sur ce discours [2], » parce qu'ils craignoient d'apprendre trop leurs obligations, en découvrant les dispositions de leur Maître. Ainsi comme ils répugnoient beaucoup à la croix, ils ne savoient guère ce qu'il falloit demander au nom de Jésus-Christ crucifié ; et c'est pourquoi il leur dit : « Jusqu'ici vous n'avez rien demandé en mon nom : Demandez et vous recevrez, afin que votre joie s'accomplisse [3]. »

La joie qu'il leur promet ici n'est pas une joie sensible : c'est une joie dans la foi : c'est une joie dans la croix, comme celle de Jésus-Christ, « qui est monté sur la croix en se proposant une grande joie [4]. » Quelle joie, si ce n'étoit celle de glorifier son Père et de contenter son amour en sauvant les hommes ? Ainsi nous devons apprendre à mettre toute notre joie à le glorifier, ce qui nous fera réjouir dans nos souffrances, ce qui inspira aux apôtres

----

[1] *Luc.*, XI, 1 ; XVII, 5. — [2] *Luc.*, IX, 44, 45 ; XVIII, 34. — [3] *Joan.*, XVI, 24. — [4] *Hebr.*, XII, 2.

cette joie qu'ils ressentirent d'avoir été flagellés pour le nom de Jésus-Christ[1]. Alors donc ils avoient appris ce qu'on reçoit et ce qu'on doit demander en son nom, qui est d'apprendre à se glorifier, à se réjouir dans ce qu'on souffre pour lui.

La patience est le seul moyen de surmonter les vices et d'épurer les vertus : la patience chrétienne apprend non-seulement à porter sans murmure, mais encore à se réjouir dans les souffrances que Dieu envoie. Se fonder sur la patience et s'unir à la croix de Jésus-Christ, c'est le moyen de prier en son nom, et c'est par là qu'on obtient tout.

XXXIe JOURNÉE.

Tout nous vient par Jésus-Christ. Joan., xvi, 25-28.

« Je vous ai dit ceci en paraboles : » je ne me suis pas encore entièrement expliqué sur mon départ : je vous en vais maintenant parler à découvert : vous allez tout voir en trois mots : « Je suis sorti de Dieu et je suis venu au monde : maintenant je quitte le monde et je m'en retourne à mon Père[2]. » Il finit là son discours, comme n'ayant plus rien à leur expliquer, après leur avoir dit si nettement d'où il venoit et l'obligation qu'il avoit d'y retourner.

Les apôtres vont entendre plus que jamais cette vérité qui leur ôtera toutes leurs erreurs sur le règne de Jésus-Christ. Ils s'étoient grossièrement attendus à le voir établir sur la terre avec un éclat mondain ; mais cette pensée n'a plus de lieu depuis que Jésus-Christ montoit au ciel. Car on voit là que son royaume n'est pas de ce monde, que son trône est à la droite de Dieu et que c'est de là qu'il doit mettre tous ses ennemis à ses pieds. C'est ce que les apôtres entendirent, comme il paroît, par la première prédication de saint Pierre, où il allègue un passage du psaume cix. Alors donc, quand ils entendirent où Jésus-Christ devoit régner et d'où il devoit vaincre ses ennemis, ils surent que dorénavant il falloit tout demander en son nom, et en voici tout le secret : « Je

____
[1] *Act.*, v, 41. — [2] *Joan.*, xvi, 28.

suis sorti de Dieu pour venir à vous : » je vous aimois et je suis venu vous chercher : si je vous quitte pour retourner à mon Père, je porte mon amour, celui que j'ai pour vous, jusque dans son sein ; et je serai plus que jamais votre avocat, votre intercesseur et le parfait médiateur de Dieu et des hommes.

Ainsi demander par Jésus-Christ, c'est croire qu'il est dans le ciel notre avocat, et encore qu'il ajoute : « Je ne vous dis pas que je prierai pour vous, » il ne laisse pas de le faire d'une manière admirable en se présentant pour nous à Dieu, comme il est écrit *aux Hébreux* [1]. Mais il veut dire que, non content de cela, il fait plus, puisqu'il nous concilie tellement le Père, que de lui-même il se porte à nous aimer, quoique toujours au nom de son Fils, puisqu'il dit : « Mon Père vous aime, parce que vous m'avez aimé et que vous avez cru que je suis sorti de Dieu [2]. »

Ainsi demander par Jésus-Christ, c'est en croyant qu'il est sorti de Dieu, l'aimer de tout notre cœur et ne vouloir plus rien que ce qu'il veut, puisqu'il n'y a rien à obtenir que par lui. Telle est la médiation de Jésus-Christ. Nous l'aimons, et par là son Père nous aime : nous aimons Jésus-Christ par qui nous lui demandons toutes choses, et tout nous revient par Jésus-Christ au nom duquel nous demandons tout.

Entrons dans cette secrète correspondance du Père, qui nous aime à cause que nous aimons son Fils ; et croyons que c'est lui-même qui nous inspire cet amour, puisqu'il est vrai que ce n'est pas nous, mais lui qui a aimé le premier, et son amour est la source de celui que nous lui rendons.

Mon Sauveur, mon intercesseur, mon médiateur, mon avocat, je n'ai rien à espérer que par vous : j'entre dans vos voies : j'obéis à vos préceptes. Ainsi se justifie ce que vous dites : « Je suis la voie [3]. » C'est par vous qu'il faut aller : c'est par vous qu'il faut demander : c'est par vous qu'il faut recevoir : tant de grandes vérités qu'on vient d'entendre, sont renfermées dans la conclusion des prières de l'Eglise : *Per Dominum nostrum Jesum Christum.* Toutes les fois qu'elle retentit à nos oreilles, rappelons ces vérités dans notre esprit et conformons-y notre cœur.

---

[1] *Hebr.*, IX, 24. — [2] *Joan.*, XVI, 27. — [3] *Joan.*, XIV, 6.

Les vœux montent par Jésus-Christ ; les graces reviennent par lui : pour l'invoquer, il faut l'imiter : c'est l'abrégé du christianisme.

XXXIIe JOURNÉE.

Délaissement de Jésus-Christ. Joan., xvi, 29, 30, 31, 32.

Les disciples ravis d'avoir entendu ce grand secret de leur Maître, lui en témoignent leur joie en lui disant : « C'est à cette heure que vous parlez à découvert : » vous avez répondu à nos plus secrètes pensées : vous avez satisfait à nos désirs les plus profonds : « Vous savez tout, et vous n'avez pas besoin qu'on vous interroge : c'est pour cela que nous croyons que vous êtes sorti de Dieu [1]. » Nul autre qu'un Dieu sorti de Dieu, ne peut découvrir le secret du cœur humain : nous croyons en vous. Qui ne croiroit, à les entendre parler de cette sorte, que leur foi auroit autant de persévérance qu'il y paroissoit de sincérité ? Mais Jésus les connoissoit mieux qu'ils ne se connoissoient eux-mêmes ; et il leur dit : « Vous croyez maintenant ? Le temps va venir, et il est venu, que vous serez dispersés chacun de son côté, et que vous me laisserez seul : mais je ne suis pas seul, parce que mon Père est avec moi [2]. »

Qui nous donnera ici d'entendre l'état d'une ame qui n'a que Dieu : d'une ame destituée de tout appui, de toute consolation humaine ? Quelle détresse d'un côté, quelle joie de l'autre, lorsqu'on a d'autant plus Dieu qu'on n'a que lui ! C'est l'état où va entrer Jésus-Christ ; et il y faut ajouter ce dernier trait, qui met le comble à un état si désolant, qu'on a Dieu sans sentir qu'on l'a, puisqu'il semble s'être retiré jusqu'à réduire Jésus-Christ à dire : « Mon Dieu, mon Dieu, pourquoi m'avez-vous délaissé [3] ? »

O ames qui participez à cette désolation de Jésus-Christ, qui vous enfoncez d'abîme en abîme, si loin de Dieu, ce vous semble, et tellement séparées de lui par ce grand chaos que votre voix ne peut parvenir à ses oreilles, comme si vous étiez dans l'enfer, je vous remets entre les mains de Jésus-Christ, qui vous donne son

---

[1] *Joan.,* XVI, 29, 30. — [2] *Ibid.,* 31, 32. — [3] *Matth.,* XXVII, 46.

fiel à manger, son vinaigre à boire, sa désolation à porter. Il est avec vous; et s'il ne veut pas se faire sentir, c'est là votre épreuve. Dites avec lui dans ce creux, dans cet abîme profond : « En espérance contre l'espérance [1] : » je me meurs, je vais expirer : « Mon Père, je recommande, je remets mon esprit entre vos mains [2]. » Je vous remets ma vie, mon salut, mon libre arbitre avec tout son exercice. Après cela, taisez-vous, et attendez en silence votre délivrance. *Amen, amen.*

XXXIIIe JOURNÉE.

Acquiescement à la volonté divine. Joan., XVI, 33.

« Je vous ai dit ceci; » je vous ai expliqué la désolation où je serai jeté par votre fuite, qui ne laissera que Dieu avec moi : « afin que vous trouviez la paix en moi seul [3] : » non pas en vous-mêmes, ni dans votre foi que vous voyez si chancelante. Il n'y a donc point de paix pour vous, que celle que je vous donne en vous protégeant. Vous m'allez quitter, mes enfans : vous m'allez laisser seul selon le monde : si dans cet abandon je ne suis pas seul; si mon Père ne me quitte pas un seul moment, quoiqu'il semble me délaisser, apprenez de là qu'il n'y a de paix ni de force qu'en lui seul et dans l'acquiescement à sa volonté. « Vous aurez de l'affliction dans le monde; mais prenez courage, j'ai vaincu le monde [4]. » Destitué de toute apparence de secours et n'ayant pour toute ressource qu'un Dieu délaissant et irrité, j'ai vaincu le monde : je l'ai vaincu pour moi et pour vous : prenez courage, ayez confiance : quelque délaissés que vous croyiez être et encore que vous vous voyiez sur le bord du précipice et déjà comme engloutis par la mort, le monde que j'ai vaincu ne peut rien sur vous; et pourvu que vous sachiez vous commettre à ma foi, votre paix est inaltérable.

Repassez ici toutes les persécutions de l'Eglise, tous les dégâts qu'y ont faits les schismes et les hérésies, toutes les peines intérieures et extérieures, et tous les délaissemens de ses serviteurs.

[1] *Rom.*, IV, 18. — [2] *Luc.*, XXIII, 46. — [3] *Joan.*, XVI, 33. — [4] *Ibid.*

Voyez de quelle sorte ils en sont sortis, et le bien qui est arrivé
par toutes ces tempêtes, et reposez-vous comme un Jonas au milieu des vents et des flots. Dieu est avec vous ; et quand il vous
faudroit être jetés dans la mer et engloutis par une baleine, le sein
affreux de ce gouffre vivant sera un temple pour vous, et c'est
là que commencera votre délivrance.

XXXIVe JOURNÉE.

Quatre paroles, ou prières de Notre-Seigneur adressées à son Père.

Là finit le dernier discours et comme le dernier adieu de Notre-
Seigneur à ses apôtres : après leur avoir parlé, il va maintenant
parler pour eux et pour nous tous à son Père. Car ce n'est pas
assez d'instruire les hommes par la prédication de la vérité, si on
ne leur obtient par la prière la grace de la connoître et de la pratiquer. C'est ce que Jésus-Christ va faire dans la prière suivante.

Je trouve que jusqu'ici le Fils de Dieu s'est adressé quatre fois
à son Père et lui a parlé expressément. La première, lorsqu'il dit :
« Je vous loue, mon Père, Seigneur du ciel et de la terre, parce
que vous avez caché ces choses aux sages et aux prudens, et que
vous les avez révélées aux petits. Oui, mon Père : ainsi soit-il,
puisque vous l'avez voulu ainsi [1]. » C'est une parole de complaisance et d'action de graces qui fait entrer l'ame chrétienne, à
l'exemple de Jésus-Christ, dans les secrets desseins de Dieu pour
s'y soumettre et s'y complaire.

Les autres paroles de Notre-Seigneur adressées au Père céleste,
sont en second lieu celle-ci, à la résurrection du Lazare : « Mon
Père, je vous rends graces de ce que vous m'avez écouté : pour
moi, je savois que vous m'écoutez toujours ; mais je parle ainsi
à cause de ce peuple, afin qu'ils croient que vous m'avez envoyé [2]. » C'est encore ici une action de graces, mais qui présuppose une invocation, puisqu'il dit que son Père l'a écouté et qu'il
a exaucé ses prières.

[1] *Matth.*, XI, 25, 26; *Luc.*, X, 21. — [2] *Joan.*, XI, 41, 42.

La troisième parole adressée au Père par Jésus-Christ, est dans saint Jean, encore devant tout le peuple : « Et que dirai-je? dirai-je : Mon Père, je vous prie de me sauver de cette heure? » qui étoit celle de sa passion : « Mais je suis venu pour cette heure. Mon Père, glorifiez votre nom [1]. » C'est une parole de demande et l'abrégé de tous les vœux et de toutes les demandes, comme de toutes les paroles, de tous les mystères, de toutes les actions de notre Sauveur. Aussi le Père y répondit-il par une parole venue du ciel à la manière d'un coup de tonnerre [2].

La quatrième et la dernière parole de Jésus-Christ à son Père, est la prière que nous allons voir, beaucoup plus longue que toutes les autres, et qui est la prière même de son sacrifice.

L'ame du sacrifice, c'est la prière qui déclare pourquoi on l'offre, et qui est l'oblation même ou l'action d'offrir. C'est ainsi que dans la prière du canon où commence l'action du sacrifice, l'Eglise déclare à qui, pour qui et pour quelle cause elle l'offre. C'est ce que va faire Jésus-Christ prêt à faire son sacrifice, et à se consacrer soi-même; et cette prière, si je l'ose dire, est comme le canon, ou pour parler plus dignement de Jésus-Christ, est la prière expresse et solennelle qui devoit accompagner son sacrifice. La disposition de son cœur et les demandes qu'il fait à son Père, le suivent partout dans le cours de sa passion et jusqu'à la mort, et c'est l'ame de son sacrifice.

Soyons donc attentifs à cette prière qui comprend et renferme en soi toute la vertu du sacrifice de la croix, et qui renferme surtout la consécration que Jésus-Christ fait de lui-même par la croix.

Combien doit-on imposer silence à tout le créé, pour entendre au fond de son cœur les paroles que Jésus-Christ adresse pour nous à son Père dans cette intime et parfaite communication! Taisons-nous, Jésus-Christ va parler.

[1] *Joan.*, XII, 27, 28. — [2] *Ibid.*, 29.

XXXVe JOURNÉE.

Jésus lève les yeux au ciel, en commençant sa prière. Joan., XVII, 1.

« Jésus dit ces choses; et levant les yeux au ciel, il dit : Mon Père, l'heure est venue [1]. » C'étoit une action ordinaire à Jésus-Christ de lever les yeux au ciel avant la prière : lorsqu'il multiplia les pains, il regarda le ciel [2], et c'étoit une manière de s'y adresser pour l'ouvrage qu'il vouloit faire. Saint Luc remarque la même chose. En saint Jean, lorsqu'il ressuscite Lazare, « élevant les yeux en haut, il dit : Mon Père [3], » et le reste. Et l'Eglise a tellement entendu que cette action étoit naturelle à Jésus-Christ, qu'elle l'a suppléée dans la bénédiction de la cène, en disant dans le canon, que Jésus « leva les yeux à Dieu son Père tout-puissant, » quoique cela ne soit point marqué dans les écrivains sacrés qui ont récité cette sainte action.

Levons donc aussi les yeux au ciel avec Jésus-Christ en qui seul nous les y pouvons lever. Car le Publicain, qui étoit pécheur, n'osoit seulement lever les yeux au ciel; mais il se frappoit la poitrine, en disant : « O Dieu, ayez pitié de moi qui suis un pécheur [4]. » Et le prodigue disoit : « Mon père, j'ai péché contre le ciel et à vos yeux [5]. » Comment donc regarder le ciel, contre qui on a péché? On ne l'ose qu'en s'unissant à Jésus-Christ, qui lève pour nous les yeux au ciel et l'apaise en les y levant.

Mais pourquoi lever les yeux au ciel, si ce n'est pour adorer Dieu et sa magnifique présence dans sa gloire, et pour nous y transporter en esprit? Allez donc, mes yeux, allez au ciel et y enlevez mon cœur. Allez par désir et par espérance où vous êtes appelés, où vous serez un jour en effet : allez au séjour qui vous est montré, et aimez cette céleste patrie où Dieu sera tout en tous.

[1] *Joan.*, XVII, 1. — [2] *Matth.*, XIV, 19. — [3] *Joan.*, XI, 41. — [4] *Luc.*, XVIII, 13. — [5] *Luc.*, XV, 18, 21.

XXXVIᵉ JOURNÉE.

Gloire du Père et du Fils dans l'établissement de l'Eglise. Joan., xvii, 1, 2.

« Mon Père, l'heure est venue; glorifiez votre Fils, afin que votre Fils vous glorifie [1]. » Le sacrifice commence par le nom de Père : nom d'autorité, mais d'une autorité douce, qui marque l'auteur de la vie, de qui on tient tout, à qui on rapporte tout; nom de bonté et d'indulgence autant que d'empire et de souveraineté. C'est encore par cet endroit que nous commençons notre sacrifice : *Te igitur, clementissime Pater :* c'est vous, Père très-miséricordieux, que nous invoquons par Jésus-Christ votre Fils. « Mon Père, glorifiez votre Fils, afin que votre Fils vous glorifie: » il est le médiateur entre vous et nous, et il faut lui donner la gloire qui retournera à vous : c'est ce qui arrive quand nous invoquons par Jésus-Christ. La gloire lui est donnée d'abord, mais pour être portée à Dieu, à qui elle appartient toute. « Mon Père, glorifiez votre Fils, afin que votre Fils vous glorifie : » la gloire que vous lui donnerez ne fait que passer en lui pour aller à vous : recevez-en le sacrifice, puisque vous en aimez le médiateur.

« Mon Père, l'heure est venue. » Le sacrifice a son heure : c'est le matin : c'est le soir; il a son heure marquée : l'heure marquée pour le sacrifice de Jésus-Christ est venue : mon Père, la victime est prête, et il n'y a plus qu'à lâcher le coup.

Je me sens ici élevé à je ne sais quoi d'intime, que je ne puis pas bien expliquer à moi-même : ce je ne sais quoi me fait sentir dans le fond de l'ame qu'il se faut unir à l'intention secrète de Jésus-Christ dans cette prière, et que c'est là le véritable moyen de prier en Jésus-Christ et par Jésus-Christ. Et il me semble que cette intention secrète de Jésus-Christ est celle de former toute son Eglise, et de s'offrir lui-même intérieurement et extérieurement en sacrifice pour cela.

[1] *Joan.*, xvii, 1.

« Mon Père, l'heure est venue » que se doivent accomplir les prophéties de l'effusion de votre Esprit sur tous les peuples, et de cette grande glorification qui doit vous être donnée, en ramassant votre peuple de toutes les nations. « Glorifiez votre Fils, » en le ressuscitant de la mort et en répandant sa parole dans toute la terre, en y formant la société où doivent être renfermés tous vos amis, tous vos élus. Glorifiez donc votre Fils de cette sorte, en lui donnant une Eglise qui porte son nom, qui soit l'Eglise chrétienne, et le recueillement intérieur et extérieur de tous ceux qui se glorifient d'être ses disciples. C'est la gloire que vous donnerez à votre Fils, et qui en même temps retourne à vous, ô Père, premier principe des émanations tant extérieures que divines et intérieures, puisque votre Fils vous rapporte tout.

« Glorifiez donc votre Fils » de cette sorte : comme vous lui avez donné puissance sur tous les hommes, avec la même efficace et dans le même dessein que vous lui avez donné cette puissance, glorifiez-le. « Toute puissance m'est donnée dans le ciel et dans la terre [1] : » ce qui ne s'entend pas seulement de la toute-puissance qu'il lui a donnée, en lui communiquant sa divine essence ; mais d'une sorte de toute-puissance que le Père donne au Fils en le ressuscitant et en le plaçant à sa droite, où il lui donne, comme au Christ et comme au Dieu-homme et même selon son humanité, l'entière dispensation de toutes ses graces. Et l'effet de cette puissance ne peut pas être plus doux et plus agréable aux hommes, puisque « cette puissance lui est donnée sur tous les hommes, afin qu'il donne la vie éternelle à tous ceux que son Père lui a donnés [2]. » Qui ne se soumettroit à cette puissance dont l'effet est de nous rendre heureux, et de nous faire vivre éternellement d'une vie qui n'est autre chose que l'écoulement de la vie de Jésus-Christ en nous, comme la suite le fera paroître ?

Mais dirons-nous que la puissance de Jésus-Christ ne s'étend que sur les élus, à qui il donne la vie éternelle ? A Dieu ne plaise ! Car ceux qui ne veulent pas se soumettre à cette salutaire puissance du Fils de Dieu, il a reçu sur eux une autre puissance qui est celle de les juger, selon ce qu'il dit ailleurs : « Comme le Père

[1] *Matth.*, XXVIII, 18. — [2] *Joan.*, XVII, 2.

a la vie en soi, ainsi il a donné au Fils d'avoir la vie en soi[1]; et comme le Père donne la vie » à qui il lui plaît, « ainsi le Fils donne la vie à qui il lui plaît; et il a reçu la puissance de juger, parce qu'il est le Fils de l'homme[2] : » et de juger qui, si ce n'est ceux qui ne voudront pas recevoir la vie qu'il a pouvoir de leur donner? Mais il ne parle que du pouvoir de donner la vie, parce que c'est son pouvoir primitif et celui qu'il veut exercer naturellement. Le pouvoir de juger et de condamner, est un pouvoir dont il n'use qu'en second lieu et à regret, désirant que tout le monde reçoive la vie qu'il veut donner; et s'il condamne les autres, ce n'est que forcé.

« Afin qu'il donne la vie éternelle à tous ceux que vous lui avez donnés : » comment est-ce qu'ils sont donnés à Jésus-Christ, si ce n'est en devenant ses membres vivans? Et il faut que le Père les donne à son Fils, conformément à cette parole : « Nul ne vient à moi que mon Père ne l'attire[3], » et cela d'une manière spéciale. Ce qui paroît en ce que Jésus-Christ voyant ceux qui se retiroient de sa compagnie, il leur disoit : « C'est pour cela que je vous ai dit que personne ne peut venir à moi, s'il ne lui est donné de mon Père[4]. » Ceux donc à qui le Père le donne de cette manière particulière, sont ceux dont il dit ici que son Père les lui a donnés; et tous ceux qu'il lui a donnés pour lui être inséparablement unis et demeurer ses membres vivans et perpétuels, il leur donne la vie éternelle : et ceux qui se retirent de lui et ne persévèrent pas, il leur donne aussi cette vie de son côté, ne les quittant jamais s'ils ne le quittent.

Mon Sauveur, je me soumets donc à cette divine et salutaire puissance que vous avez sur tous les hommes pour les faire vivre. O Père, donnez-nous à votre Fils de cette manière intime et secrète qui fait qu'il demeure en nous et nous en lui, en sorte que nous ne nous en séparions jamais.

1 Joan., v, 26. — _2 Ibid._, 21, 27. — _3 Joan._, vi, 44. — _4 Ibid._, 66.

XXXVIIe JOURNÉE.

La vie éternelle est de connoître Dieu et Jésus-Christ. Joan., xvii, 3.

« Or la vie éternelle consiste à vous connoître, vous qui êtes le seul vrai Dieu, et Jésus-Christ que vous avez envoyé [1]. »

Voilà donc en quoi consiste la formation de l'Eglise : dans la glorification de Jésus-Christ par la manifestation de son Evangile à la gloire de Dieu son Père, dont la fin est de donner la vie éternelle à tous ceux que le Père donnera au Fils, et qu'il attirera à son corps mystique par cette secrète et particulière vocation dont nous venons de parler. Ainsi tout le ministère de Jésus-Christ tend à la vie éternelle : les promesses temporelles sont finies, et la vraie terre coulante de lait et de miel que Jésus-Christ promet à ses amis, est « la cité permanente [2] » qu'il leur a bâtie dans le ciel pour y vivre éternellement.

Il ne restoit plus qu'à expliquer ce que c'est que cette vie éternelle ; et c'est ce qu'il fait dans le verset 3, que nous venons de transcrire.

La vie éternelle commencée consiste à connoître par la foi, et la vie éternelle consommée consiste à voir face à face et à découvert ; et Jésus-Christ nous donne l'une et l'autre, parce qu'il nous la mérite et qu'il en est le principe dans tous les membres qu'il anime.

La vie éternelle n'est pas dans les sens, qui sont trop attachés au corps et à la partie de l'homme grossière et mortelle, que les bêtes ont comme nous et plus parfaite par certains endroits : elle est dans la partie immortelle et intelligente où est l'image de Dieu, dont la principale opération est la source de toutes les autres, c'est la connoissance.

« On n'aime point ce qu'on ignore, dit saint Augustin [3]. Mais quand on aime ce qu'on a commencé à connoître un peu, l'amour fait qu'on le connoît plus parfaitement, » et ensuite qu'on l'aime davantage.

[1] *Joan.*, xvii, 3. — [2] *Hebr.*, xi, 10; xiii, 14. — [3] Tract. xcvi, *in Joan.*, n. 4.

La connoissance dont parle ici Jésus-Christ, est une connoissance tendre et affectueuse qui porte à aimer, parce qu'elle fait entendre et sentir combien est aimable celui qu'on connoît si bien. « Celui qui dit qu'il le connoît et ne garde pas ses commandemens, c'est un menteur et la vérité n'est pas en lui : mais celui qui garde sa parole, l'amour de Dieu est vraiment parfait en lui[1]. » La connoissance véritable et parfaite est une source d'amour : il ne faut point regarder ces deux opérations de l'ame, connoître et aimer, comme séparées et indépendantes l'une de l'autre, mais comme s'excitant et perfectionnant l'une l'autre. Dieu même dit à Moïse : « Je te connois, et je t'appelle par ton nom[2], » c'est-à-dire je t'approuve, je t'aime. Nous connoissons Dieu véritablement, quand nous l'aimons ; une connoissance spéculative et purement curieuse, n'est pas celle dont Jésus-Christ dit qu'en elle consiste la vie : les démons connoissent Dieu de cette sorte, et leur connoissance fait leur orgueil et leur damnation. Connoissons donc et aimons : c'est ce que demande Jésus-Christ.

Jésus-Christ s'égale lui-même à son Père par cette parole : premièrement, parce qu'il dit que c'est lui qui donne la vie éternelle à ceux que son Père lui a donnés, ce qui ne peut être qu'un ouvrage divin. Secondement, en ce que le connoître, comme connoître le Père, est la vie éternelle ; ce qui ne se diroit pas d'une pure créature, en laquelle la vie éternelle ne peut jamais être. Et ainsi la vie éternelle étant dans le Fils, comme dans le Père, saint Jean a eu raison de dire de lui : « Celui-ci est le vrai Dieu et la vie éternelle[3], » parce qu'il avoit dit auparavant : « Et voici le témoignage de Dieu en nous, que Dieu nous a donné la vie éternelle, et cette vie est dans son Fils[4]. » .

Quand donc il dit que le Père est le seul vrai Dieu, il ne s'exclut pas d'être le vrai et seul Dieu avec lui, puisqu'avec lui il donne la vie éternelle et qu'avec lui il est la vie éternelle.

Quand il dit à son Père qu'il donne la vie éternelle à ceux qu'il lui a donnés, il se fait égal à lui. Lequel est le plus, ou que le Père les donne au Fils, ou que le Fils leur donne la vie éternelle ? Mais quand il dit qu'il donne la vie éternelle, exclut-il le Père ?

[1] I *Joan.*, II, 4, 5. — [2] *Exod.*, XXXIII, 12, 17. — [3] I *Joan.*, V, 20. — [4] *Ibid.*, 11.

A Dieu ne plaise! Ainsi quand il dit que le Père est le seul vrai
Dieu, il ne s'exclut pas lui-même; mais il fait entendre qu'il est
un seul et vrai Dieu avec son Fils, qui donne avec lui la vie
éternelle, et qui est avec lui la vie éternelle. Et s'il nomme le
Père le seul vrai Dieu, on voit bien que c'est sans s'exclure
lui-même, puisqu'il s'attribue à lui-même ce qu'il y a de plus
divin, qui est de donner la vie et d'être la vie; et sans exclure
le Saint-Esprit, qui est si souvent appelé ailleurs un Esprit sanctifiant et vivifiant. Et tout est compris dans le nom du Père,
selon ce langage mystique, où en nommant le Père, qui est le
principe, on nomme tout ce qui est enfermé en lui comme dans
la source commune. On nomme donc tout ensemble et le Fils et
le Saint-Esprit; en sorte que, lorsqu'il dit que son Père est le seul
vrai Dieu, et que la vie éternelle est de connoître le Père et le
Fils, il insinue que tous deux ensemble avec le Saint-Esprit, qui
procède d'eux, sont un seul et même et vrai Dieu, à l'exclusion
des faux dieux à qui on donne ce titre incommunicable. Voici
donc le sens entier de ce verset : La vie éternelle est à vous connoître, vous qui êtes la vérité même; et à connoître votre Fils,
qui comme Dieu étant avec vous la vérité et la vie, comme
homme est le milieu pour aller à vous.

Nous entendons maintenant ce qui fait l'Eglise : c'est que le
Père donne au Fils ceux qu'il veut faire ses membres, afin que le
Fils en les recevant dans l'unité de son corps, leur donne la vie
éternelle, qui consiste à connoître le Père et le Fils de cette manière affectueuse qui fait qu'on les aime.

Il ne faut donc pas exclure la connoissance : à Dieu ne plaise!
Et les mystiques, qui semblent la vouloir exclure, ne veulent exclure que la connoissance curieuse et spéculative, qui se repaît
d'elle-même : la connoissance doit pour ainsi dire se fondre tout
entière en amour. Il faut entendre de même ceux qui excluent
les lumières : car ou ils entendent des lumières sèches et sans
onction, ou en tout cas ils veulent dire que les lumières de cette
vie ont quelque chose de sombre et de ténébreux, parce que plus
on avance à connoître Dieu, plus on voit pour ainsi parler qu'on
n'y connoît rien qui soit digne de lui; et en s'élevant au-dessus

de tout ce qu'on en a jamais pensé, ou qu'on en pourroit penser dans toute l'éternité, on le loue dans sa vérité incompréhensible et on se perd dans cette louange ; et on tâche de réparer en aimant ce qui manque à la connoissance, quoique tout cela soit une espèce de connoissance et une lumière d'autant plus grande, que son propre effet est d'allumer un saint et éternel amour.

« C'étoit un flambeau ardent et luisant, » dit Jésus-Christ, en parlant de saint Jean-Baptiste : « et vous avez voulu durant quelque temps vous réjouir à sa lumière [1]. » Ceux qui, comme les Juifs, ne font que se réjouir à l'aspect de la lumière, ne songent pas que le flambeau étoit tout ensemble ardent et luisant ; et ils séparent la lumière d'avec l'ardeur, et leur joie ne dure qu'un moment. Afin qu'elle soit durable et véritable, il faut se laisser brûler d'un éternel amour, qui est le fruit de la connoissance où Jésus-Christ met aujourd'hui la vie éternelle.

XXXVIIIe JOURNÉE.

Gloire infinie du Père et du Fils. Joan., xvii, 4.

« Je vous ai glorifié sur la terre » par ma prédication et par mes miracles : « j'ai achevé l'ouvrage que vous m'aviez donné à faire [2]. » Ce qu'il entend tant de ce qu'il avoit à faire durant le cours de sa vie mortelle, que de ce qu'il lui restoit à faire dans sa passion, qu'il regarde comme fait, parce que dans un moment il l'alloit être, et l'étoit déjà dans sa pensée. Puis donc qu'il a accompli ce que son Père lui avoit donné à faire pour sa gloire, que restoit-il autre chose, sinon ce qu'il dit : « Et maintenant glorifiez-moi, vous mon Père, de la gloire que j'ai eue en vous devant que le monde fût [3] ? »

La gloire qu'il donne à son Père, c'est de déclarer son immense et naturelle grandeur : la gloire qu'il lui demande, c'est que son Père déclare aussi la grandeur dont il jouissoit éternellement dans son sein comme son Verbe, qui étant en lui ne pouvoit rien

---

[1] *Joan.,* v, 35. — [2] *Joan.,* xvii, 4. — [3] *Ibid.,* 5.

être de moins que lui, et qui étoit par conséquent un seul et même Dieu avec lui. Il le prie donc de déclarer cette grandeur, en la répandant sur l'humanité qu'il s'étoit unie comme faisant avec lui une seule et même personne, et sur les hommes qu'il s'étoit unis comme ses membres vivants. Et c'est tout le fonds de sa prière, comme la suite le fait paroître.

Voilà donc l'unité parfaite et la parfaite égalité du Père et du Fils : le Fils glorifie le Père comme le Père glorifie le Fils : ils se donnent mutuellement une gloire infinie dans l'éternité par leur amour mutuel : et ils se donnent dans le temps la gloire qui leur est due, parce que le Père manifeste le nom du Fils et le Fils le nom du Père, dont il est lui-même « la gloire, l'éclat, l'image invisible, l'empreinte de sa substance et le rejaillissement de sa lumière éternelle [1] : » et notre gloire est d'avoir part à celle que se donnent mutuellement le Père et le Fils, ainsi que les paroles suivantes le déclarent.

XXXIXe JOURNÉE.

Jésus sauve tous ceux que son Père lui a donnés. Joan., XVII, 6; VI, 37-40; x, 27-30; VI, 43, 65, 66.

« J'ai fait connoître votre nom aux hommes que vous m'avez donnés, » en les tirant du monde : « Ils étoient à vous, et vous me les avez donnés, et ils ont gardé votre parole [2]. » Lisez encore le verset 7 et le verset 8, et remarquez bien tout ce qu'il y dit de ceux que son Père lui a donnés. Lisez aussi ces paroles du même Sauveur en saint Jean: « Tout ce que mon Père me donne vient à moi : et je ne chasserai point celui qui vient, parce que je suis descendu du ciel, non pour faire ma volonté, mais pour faire la volonté de mon Père. Or la volonté de mon Père qui m'a envoyé, est que je ne perde rien de tout ce qu'il m'a donné, mais que je le ressuscite au dernier jour [3], » de la résurrection des justes et pour lui donner la vie éternelle.

[1] *Hebr.*, I, 1-3. — [2] *Joan.*, XVII, 6. — [3] *Joan.*, VI, 37-39.

Lisez encore ces paroles du chapitre x : « Mes brebis entendent ma voix : et je les connois et elles me suivent : et je leur donne la vie éternelle, et elles ne périront point éternellement, et personne ne les ôtera de ma main : ce que mon Père m'a donné est plus grand que tout; » ou, comme porte le grec : « Mon Père, qui me les a données, est plus grand que tout, et personne ne peut rien ôter de la main de mon Père : Moi et mon Père ne sommes qu'une même chose [1]. »

Lisez encore ces paroles de Jésus-Christ, en saint Jean : « Ne murmurez point les uns contre les autres : personne ne peut venir à moi, si mon Père qui m'a envoyé ne l'attire, et je le ressusciterai au dernier jour. Il est écrit dans les prophètes : Ils seront tous enseignés de Dieu : Quiconque a été enseigné de mon Père et a appris vient à moi [2]. » Et après : « Il y en a parmi vous qui ne croient pas : car il savoit dès le commencement qui étoient ceux qui ne croyoient point et qui étoit celui qui le trahiroit; et il disoit : C'est pour cela que je vous ai dit : Personne ne peut venir à moi, s'il ne lui est donné par mon Père [3]. »

Passez quelques heures, quelques jours à considérer attentivement et humblement toutes ces paroles, dont le rapport est manifeste. En gros, vous y verrez la secrète et mutuelle communication du Père et du Fils pour choisir les hommes, pour les attirer, pour les séparer du monde; et leurs secrets, mais justes jugemens, pour les laisser à eux-mêmes, lorsqu'ils ne croient point et qu'ils périssent, comme on entendra dans la suite du fils de perdition qui devoit périr, ainsi qu'il avoit été prédit. Voilà ce que vous verrez en général. Ne vous déterminez encore à rien ; car peut-être aussi qu'à la fin il ne faudra se déterminer à autre chose qu'à adorer ces profondes et mystérieuses paroles.

Et aussi, comme Jésus-Christ ne les a dites que pour nous instruire, peut-être y faudra-t-il entendre quelque chose, plus ou moins, selon qu'il plaira à Dieu de les découvrir. Lisez donc et relisez : considérez : ruminez : recevez toutes les pensées qui vous viendront naturellement et simplement dans l'esprit : écoutez tout : pesez tout : écoutez principalement ce qui prend le cœur,

_____
[1] *Joan.*, x, 27-30. — [2] *Joan.*, vi, 43-45. — [3] *Ibid.*, 65, 66.

ce qui l'incline vers Dieu, vers Jésus-Christ, ce qui l'abaisse, ce qui l'humilie, ce qui le relève, ce qui le fait trembler, ce qui le console; et dites en vous-mêmes : Tout cela est vrai; tout cela est juste; soit que Dieu veuille que je l'entende, ou que je ne l'entende pas, tout est véritable, tout est juste : j'adore cette vérité, cette justice, aussi content de l'entendre que de ne l'entendre pas, parce que quelque intelligence qu'il plaise à Dieu de m'en donner, l'intime de ce secret sera toujours pour moi impénétrable. Ou plutôt, sans y rien entendre, je me contenterai de croire; et je m'unirai de cœur en toute simplicité et candeur à toutes les vérités que Jésus-Christ a voulu ici ou cacher ou découvrir à l'humble troupeau qui entend sa voix. Taisons-nous ici, et écoutons en grand silence les impénétrables vérités de Dieu.

XL° JOURNÉE.

Les élus sont tirés du monde par le Père. Joan., xvii, 6.

La première vérité qui paroît dans les paroles de Jésus-Christ, c'est que ceux que le Père donne à son Fils, il les a tirés du monde : «J'ai, dit-il, manifesté votre nom : » vos perfections, vos grandeurs, vous-même, votre sagesse, vos conseils; et encore, «votre nom,» ce nom de Père, qui n'avoit point encore été révélé parfaitement; « je l'ai manifesté aux hommes que vous m'avez donnés, en les tirant du monde [1]. » Ils y étoient donc; ils en étoient de ce monde, dont il est écrit : « Le monde ne l'a pas connu [2]; » et encore : « N'aimez pas le monde, ni tout ce qui est dans le monde, parce que tout ce qui est dans le monde est concupiscence de la chair, ou concupiscence des yeux, ou orgueil de la vie [3]. » Ce qui est ramassé dans ce seul mot de la même Epître : « Tout le monde est gisant, plongé dans le mal : » tout y est mauvais : tout y consiste en malignité : *Totus mundus in maligno positus est* [4]. C'est donc de ce monde et du milieu de la corruption et du péché, que Dieu a tiré ceux qu'il a donnés à son Fils. Ce n'est point pour leurs mérites,

---

[1] *Joan.*, XVII, 6. — [2] *Joan.*, I, 10. — [3] 1 *Joan.*, II, 15, 16.— [4] I *Joan.*, V, 19.

pour leurs bonnes œuvres, qu'il les a tirés, séparés, démêlés du monde. Voilà une première vérité, que tout homme que Dieu a donné à Jésus-Christ étoit dans la corruption, dans le mal, dans la perdition. Et quand il dit : « Ils étoient à vous [1], » il ne veut pas dire : Ils étoient à vous par leur vertu, ils étoient à vous par leur bonne volonté; mais ils étoient à vous par la vôtre, non par leur choix, mais par le vôtre, non parce qu'ils étoient bons, mais parce que vous l'étiez, vous, mon Père, qui les choisissiez pour me les donner.

Il est vrai qu'il parle ici des apôtres que le Père a donnés au Fils par cette grace singulière de l'apostolat; mais cela est vrai de tous ceux que le Père a donnés au Fils en qualité de fidèles pour être ses membres, ainsi qu'il paroîtra au verset 24. Le Père les donne tous à son Fils par la même grace et par la même bonté gratuite, avec laquelle il lui a donné les apôtres. Qu'avoient-ils fait pour être donnés au Fils de Dieu, pour être non-seulement les membres, mais encore les principaux membres de son corps mystique ? « Mon Père, vous les avez tirés du monde : ils étoient vôtres par votre bonté [2]. » Ne nous glorifions pas, parce que nous étions au Père et qu'il nous a donnés à son Fils : au contraire humilions-nous, parce que nous n'étions à lui que par l'amour gratuit qui nous prévenoit, conformément à cette parole : « Non que nous l'ayons aimé, car c'est lui qui nous a aimés le premier [3]. »

XLIᵉ JOURNÉE.

Le Fils instruit ceux qui lui sont donnés par le Père. Ibid.

Voilà donc par où Dieu commence pour former l'Eglise : le Père choisit ceux qu'il donne à son Fils dans cette secrète communication qui est entre eux; et ceux qu'il choisit ainsi, il les rend siens par ce choix, et ils sont à lui. Mais ils sont aussi à son Fils, parce qu'il les lui donne et le Fils les reçoit de sa main, et il leur fait connoître le nom de Dieu. Voilà la prédication de Jésus-

[1] *Joan.*, XVII, 6. — [2] *Ibid.* — [3] I *Joan.*, IV, 10.

Christ, qui est le fondement extérieur de cette Eglise qu'il venoit former. Et encore que cette grace de la prédication soit pour le peuple, elle regarde principalement les apôtres qu'il établissoit pour en être les docteurs. Ainsi il les instruit en particulier et leur apprend le nom de son Père : ce nom de Père qui envoie son Fils, et l'envoie par un pur amour pour être le Sauveur du monde : voilà donc la prédication de Jésus-Christ.

Mais si sa prédication étoit purement extérieure, les apôtres ne lui diroient pas : « Seigneur, augmentez-nous la foi [1]. » Par cette prière ils ne vouloient pas lui dire : Prêchez-nous : car ils voyoient bien qu'il le faisoit et ne cessoit de les instruire : ils lui demandoient qu'il leur parlât au dedans pour leur augmenter la foi : et quand ils lui en demandoient l'accroissement, ce n'étoit pas qu'ils crussent en avoir eu le commencement par eux-mêmes, mais ils demandoient le progrès à celui de qui ils tenoient le commencement. Et quand cet autre lui disoit : « Je crois, Seigneur; aidez mon incrédulité [2], » il entendoit bien que celui qu'il prioit d'en éteindre jusqu'au moindre reste, étoit celui qui avoit commencé de la détruire dans son cœur. Jésus-Christ étoit donc connu comme celui qui agissoit, qui parloit au dedans et au dehors : car il étoit la parole intérieure du Père; et quand il s'étoit revêtu de notre nature, pour exercer au dehors le ministère de la parole, il n'avoit pas perdu pour cela cette qualité de parole intérieure qui demeuroit dans le sein du Père, mais qui aussi s'insinuoit dans tous les cœurs, « en illuminant tout homme qui vient au monde [3]; » et parlant à qui il lui plaît, sans que personne puisse entendre la vérité qu'autant que le Verbe lui parle de la manière qu'il sait; ni en particulier les vérités du salut qu'autant qu'il lui insinue dans le fond du cœur ce nom secret de son Père, qui veut devenir le leur en les donnant à son Fils; qui les fait fils et enfans à leur manière, lorsqu'il les unit à lui et les fait ses membres.

Combien donc dois-je être attentif et au dedans et au dehors, à la prédication, à la lecture de l'Evangile; et combien dois-je prêter l'oreille du cœur à cette douce insinuation de la vérité, qui se fait entendre sans bruit, sans articuler des paroles qui se suivent les

---

[1] *Luc.*, XVII, 5. — [2] *Marc.*, IX, 23. — [3] *Joan.*, I, 9.

unes les autres et n'ont de sens qu'à la fin ; mais tout ensemble et par un seul trait, autant qu'il lui plaît de parler ! O Jésus, j'écoute : parlez : luisez : éclairez, tonnez : échauffez : fendez les cœurs.

XLIIe JOURNÉE.

Comment le Père donne les élus au Fils. Ibid.

« Ils étoient à vous, et vous me les avez donnés [1]. » Mais le Fils ne se les a-t-il pas donnés lui-même? D'où vient donc qu'il disoit dans le chapitre précédent : « Ce n'est pas vous qui m'avez choisi : c'est moi qui vous ai choisis [2] ? » Et quand le Père les a choisis, si ce n'est pas par le Fils qu'il a fait ce choix, saint Paul auroit-il dit « que Dieu nous a choisis en lui et par lui [3] ? » Autrement il ne seroit pas véritable que nous lui devrions tout, puisque nous aurions été choisis sans lui. Entendons donc que le Père inspire à l'ame sainte de son Fils fait homme, de choisir ceux qu'il devoit choisir : et le Fils, qui ne fait rien que ce qu'il voit faire à son Père [4], les choisit après lui : et le Père ne veut pas que son choix ait son effet, jusqu'à ce que le Fils y soit entré. Mais le Fils, qui de son côté ne fait rien que selon qu'il voit la volonté de son Père, choisit ceux qu'il veut. Ainsi le Père qui dirigeoit, animoit et inspiroit la volonté de son Fils, étoit le premier qui choisissoit; c'est pourquoi le Fils dit : « Ils étoient à vous, et vous me les avez donnés. »

Et que dirons-nous du Fils comme Dieu? Ces bienheureux choisis de Dieu, n'étoient-ils pas à lui comme au Père? Oui sans doute, comme il dit après : « Tout ce qui est à vous est à moi, et tout ce qui est à moi est à vous [5]. » Mais c'est son langage ordi-. naire de tout rapporter à son Père, de qui il tire lui-même son origine : et encore selon ce sens, ils étoient au Fils dès là qu'ils étoient au Père. Tout leur est commun; et tout venant du Fils au Père, tout lui est aussi rapporté. C'est le langage du Fils, le langage mystérieux et sacré de sa mutuelle communication avec son

---

[1] *Joan.,* XVII. 6. — [2] *Joan.,* XV, 16. — [3] *Ephes.,* I, 4, 5. — [4] *Joan.,* V, 19. — [5] *Joan.,* XVII, 10.

Père : en un mot, le langage de la Trinité, que Jésus-Christ n'auroit point parlé devant les hommes, s'il ne les vouloit introduire dans ce secret par la foi, pour un jour les y introduire par la claire vue. Croyons donc, et nous verrons.

XLIII° JOURNÉE.

Jésus parle ici des onze apôtres. Joan., XVII, 6-8.

« Et ils ont gardé votre parole : ils ont maintenant connu que tout ce que vous m'avez donné vient de vous, parce que je leur ai donné les paroles que vous m'avez données; et ils ont connu véritablement que je suis sorti de vous; ils ont cru que vous m'avez envoyé [1]. »

Il parle de ceux qui étoient actuellement avec lui. Judas s'étoit retiré incontinent après la cène, et n'avoit aucune part au discours qui avoit suivi. Ce traître s'étant retiré pour consommer son crime « et ensuite aller en son lieu [2], » on pouvoit dire véritablement de tous ceux qui étoient présens, qu'ils avoient reçu la parole et qu'ils avoient connu que Jésus-Christ étoit sorti de Dieu. Car ils venoient de lui dire : « Nous croyons que vous êtes sorti de Dieu [3] : » qui est la parole que Jésus-Christ répète ici; et il semble avoir approuvé comme véritable ce qu'ils lui disoient alors, en leur répondant : « Vous croyez présentement? » *Modo creditis* [4]? Mais encore que cela soit véritable jusqu'ici et que les apôtres ne se soient pas encore démentis, il semble que Jésus-Christ les regarde non-seulement dans l'état où ils étoient, mais encore et beaucoup plus dans celui où ils alloient être incontinent après la descente du Saint-Esprit. Et de même que, lorsqu'il dit qu'il « a consommé l'ouvrage que son Père lui a ordonné [5], » il ne parloit point seulement de ce qu'il avoit fait jusqu'alors et regardoit principalement ce qu'il alloit faire, qui étoit la plus essentielle partie et la consommation de ce grand ouvrage, ainsi tout ce qu'il dit de ses apôtres, regarde principalement l'avenir.

[1] *Joan.*, XVII, 6-8. — [2] *Act.*, I, 25. — [3] *Joan.*, XVI, 30. — [4] *Ibid.*, 31. — [5] *Joan.*, XVII, 4.

En effet cette parole qu'il dit ici : « Ils ont connu véritablement, » semble regarder quelque chose de plus parfait dans la foi que l'état douteux et chancelant où étoient alors les apôtres, qui dans un moment alloient tomber non-seulement dans la foiblesse de l'abandonner, mais encore dans une entière incrédulité. C'est aussi ce que Jésus-Christ lui-même venoit de leur répondre, après qu'ils lui eurent dit : « Nous croyons que vous êtes sorti de Dieu. — Vous croyez maintenant? » leur avoit-il dit; « l'heure est venue que vous allez être dispersés, et que vous me laisserez seul [1]. » Comme s'il eût dit : Vous appelez cela croire? Est-ce croire que d'être assez foibles pour me quitter dans un moment? Est-ce là connoître vraiment que je suis venu de Dieu? Une foi si vacillante méritoit-elle cet éloge de la bouche du Fils de Dieu : « Ils ont vraiment connu? »

Quoi qu'il en soit, on ne peut douter que Jésus-Christ ne parle des onze qui l'écoutoient actuellement, et que ce ne soit par conséquent ceux qu'il regardoit comme étant à lui et comme lui étant donnés par son Père. Ecoutons donc ce qu'il va en dire : mais avant que de passer outre, remarquons que ceux qui sont véritablement à lui, sont ceux qui demeurent : les autres sont de ceux dont il est écrit : « Ils étoient parmi nous, mais ils n'étoient pas des nôtres : » ils n'étoient pas véritablement de notre troupeau : « car s'ils en avoient été, ils y seroient demeurés [2]; » mais leur sortie fait connoître que tous ceux qui sont parmi nous ne sont pas pour cela de notre société. Demeurons donc en Jésus-Christ et Jésus-Christ en nous, afin d'être véritablement, c'est-à-dire sincèrement et constamment de ceux qui sont en lui.

XLIVe JOURNÉE.

Jésus prie pour eux et pour les élus. Joan., XVII, 9, 10.

« Je prie pour eux : je ne prie pas pour le monde, mais pour ceux que vous m'avez donnés, parce qu'ils sont à vous : et tout

[1] *Joan.*, XVI, 30-32. — [2] I *Joan.*, II, 19.

ce qui est à moi est à vous, et tout ce qui est à vous est à moi : et j'ai été glorifié en eux [1]. » Il parle des onze, et de ceux-là seulement dont la foi et l'obéissance l'ont glorifié, selon ce qu'il avoit dit : « Ils ont gardé votre parole, et ils ont cru, et ils ont connu que vous m'avez envoyé [2]. » Voilà donc ceux qu'il a en vue, et pour qui il prie en cet endroit. Et lorsqu'il dit qu'il a été glorifié en eux, il les regarde principalement dans l'état où ils seroient mis après sa résurrection et la descente du Saint-Esprit. Car c'est alors seulement qu'il a été véritablement glorifié en eux, ne l'ayant été que très-foiblement jusqu'alors, et au contraire ayant été plutôt déshonoré par leur fuite et par leur incrédulité. Mais il prie Dieu de les affermir ; et voilà, encore un coup, ceux pour qui il prie dans ce verset. Car priant ici principalement pour la formation de son corps mystique, qui est son Eglise, il commence par prier pour ceux qui en devoient être après lui les fondateurs par la prédication, et il prie ensuite « pour ceux qui devoient croire par leur parole [3]. » Car c'est ainsi que tout le corps est complet par la sainte société de ceux qui enseignent et de ceux qui sont dociles à apprendre la vérité : et tout cela est une suite de la prière du Fils de Dieu.

Il semble qu'on voit par là que cette prière de Jésus-Christ n'enferme pas tout ce dont il a prié son Père, mais seulement tout ce dont il l'a prié pour une certaine fin. Car il avoit, outre les apôtres, beaucoup de disciples qui croyoient en lui sincèrement, comme Nicodème, comme Joseph d'Arimathie, comme Lazare et ses sœurs, comme les Maries, comme beaucoup d'autres, et au-dessus de tous les autres, comme sa sainte et digne Mère, qui ayant tous part à son sacrifice, ont eu aussi part à sa prière, quoique celle-ci semble faite pour une autre fin et ne les pas regarder : car ils ne sont point du nombre des apôtres, dont il parle dans ces versets 9 et 10. Ils ne sont non plus du nombre de ceux dont il parle au verset 20, parce que ceux-là sont ceux qui devoient croire par la parole des apôtres. Or ceux qu'on vient de nommer croyoient déjà, et ce n'étoit point par la parole des apôtres, mais par celle de Jésus-Christ, et sa sainte Mère avant tout cela par

____
[1] *Joan.*, XVII, 9, 10. — [2] *Ibid.*, 6-8. — [3] *Ibid.*, 20.

celle de l'ange. Et dans le temps de sa passion, ceux qui s'en retournoient frappant leur poitrine, et le Centenier qui disoit : « Vraiment celui-ci étoit le Fils de Dieu [1], » étoient bien de ceux qui devoient croire, mais non par la parole des apôtres. Et quand on voudroit dire que quelques-uns d'eux eurent besoin d'être confirmés dans la foi par leur ministère, le peut-on dire de sa sainte Mère et le peut-on dire des femmes pieuses qui persistèrent à suivre Jésus à la croix et dans le tombeau, pendant que les apôtres étoient dans le trouble et dans l'incrédulité, et qui furent aussi les premières à qui il apprit lui-même sa résurrection ? Le bon larron fut aussi de ceux qui crurent; mais on sait que ce ne fut point par le ministère des apôtres. L'exemple de Jésus-Christ le convertit, et sa promesse l'assura de son salut.

Disons donc que cette prière regardant principalement la fondation de son Eglise, Jésus-Christ n'y a considéré que les moyens ordinaires dont il se vouloit servir pour l'établir, et que pour cela il ne parle dans cette prière que des apôtres qui étoient présens et de ceux qui devoient croire par leur parole. Il ne faut donc point douter que Jésus-Christ n'ait recommandé à son Père, publiquement ou secrètement, d'autres personnes que celles dont il est fait mention en cet endroit : car qui doute qu'il n'ait secrètement recommandé le bon larron, et qui ne sait la prière qu'il fit hautement à la croix pour ceux qui l'y avoient mis? Mais la prière qu'il fait ici regardoit principalement les apôtres, pour l'instruction de qui il la fit tout haut, qu'il vouloit encourager à l'œuvre qu'il leur avoit confiée, en leur faisant voir ce qu'il faisoit et ce qu'il demandoit à son Père pour en assurer le succès. Dans cet esprit, il dit à son Père : « Je prie pour eux : je ne prie pas pour le monde; mais pour ceux que vous m'avez donnés et que vous avez tirés du monde pour me les donner [2]. » Comme donc ils sont déjà séparés du monde, il n'a pas à prier son Père de les en tirer. Quand Dieu les tira du monde pour les lui donner, ce fut sans doute selon le désir et à la prière de son cher Fils, par qui il les appeloit. Lorsqu'il voulut former le corps des douze apôtres, il est expressément marqué qu'auparavant « il se retira sur une montagne et

____
[1] *Matth.*, XXVII, 54; *Luc.*, XXIII, 47, 48. — [2] *Joan.*, XVII, 9.

y passa la nuit en prière [1] : » ce qui nous donne à entendre qu'une prière secrète précédoit ses actions ; ou plutôt qui peut douter qu'il ne fût dans une perpétuelle communication avec son Père , et qu'il ne lui demandât tout et n'accomplît en tout sa volonté ?

On doit donc croire très-certainement qu'il demandoit à son Père tous ceux qu'il convertissoit, et qu'il retiroit de la corruption du monde. Alors il prioit du moins pour quelque partie du monde, mais afin que cette partie cessât d'en être. Et quand il dit à la croix : « Mon Père, pardonnez-leur, parce qu'ils ne savent ce qu'ils font [2], » ceux pour qui il prioit étoient encore de ce monde pervers ; mais ici ceux pour qui il prie n'en étoient déjà plus, puisque son Père les en avoit tirés pour les lui donner ; ce qui lui fait dire dans la suite : « Ils ne sont pas du monde, comme je ne suis pas du monde [3]. » Autre est donc la prière par laquelle le Sauveur prie pour tirer quelqu'un du monde, autre celle par laquelle il prie pour obtenir ce qu'il faut à ceux qui en sont déjà tirés. Et c'est ce dernier genre de prière qu'il fait ici, lorsqu'il demande pour ceux dont il parle, « qu'ils soient un comme le Père et le Fils sont un [4] : » qui est une chose dont le monde, tant qu'il est monde, n'est pas capable.

Il est vrai que cette partie du monde qui devoit croire, comme nous verrons dans la suite, devoit par conséquent venir à cette unité ; mais afin qu'elle en fût capable, il eût fallu demander pour elle les dons nécessaires pour l'y préparer par la grace, qui les devoit tirer du monde. Mais nous ne voyons pas que Jésus-Christ le fasse ici, ni enfin qu'il fasse autre chose que de prier pour ceux qui étoient déjà tirés du monde, ainsi que nous le venons de voir.

Mon Dieu, n'est-ce point ici un vain travail et une recherche trop curieuse de vos paroles ? Je ne le crois pas : car je tâche à les entendre par elles-mêmes et par ce qu'elles contiennent, et il n'y a rien d'inutile dans ce que vous dites. Il n'est donc pas inutile de le rechercher. Car qui sait le fruit que vous voudrez qu'on y trouve ? Quoi qu'il en soit, je vous offre mes foibles recherches, mes foibles pensées. Criblez-les, Seigneur, criblez-les : que le vent emporte la poussière, le mauvais grain, les ordures, tout ce qui

<hr>

[1] *Luc.*, VI, 12, 13. — [2] *Luc.*, XXIII, 34. — [3] *Joan.*, XVII, 16. — [4] *Ibid.*, 11.

n'est pas le pur froment; et ne permettez pas qu'il demeure autre chose dans mon cœur que ce qui est propre à le nourrir pour la vie éternelle.

XLV⁰ JOURNÉE.

Jésus ne prie pas pour le monde. Joan., xvii, 9.

« Je ne prie pas pour le monde[1]. » Je ne prie pas pour les hommes vains et amoureux d'eux-mêmes, qui ne veulent que paroître bons, et se trompent les uns les autres : car tout cela c'est le monde : je ne prie pas pour ce monde plein de haine, de jalousie, de dissimulation, de tromperie; pour ce monde dont les maximes sont toutes contraires à la vérité, à la piété, à la sincérité, à l'humilité, à la paix. O monde, la vérité te condamne ici et Jésus-Christ t'exclut de sa charité; mais plutôt tu t'en exclus toi-même et tu te rends incapable du grand fruit de sa prière, qui est cette parfaite unité qu'il demande pour ses apôtres et pour tous ses autres fidèles.

Le monde porte corruption et division, parce qu'il porte concupiscence, intérêt, avarice, orgueil; et tout cela ne corrompt pas seulement, mais encore divise les cœurs. Témoin, dans les liaisons qui semblent les plus étroites et les plus vives, ou selon l'esprit ou même selon la chair, les dégoûts, les défiances, les jalousies, les légèretés, les infidélités, les ruptures. Où trouve-t-on des amis qui ne soient en garde l'un contre l'autre, et séparés par quelque endroit? Et quand on trouveroit dans tout l'univers un ou deux couples d'amis véritables, qui peut dire que cette union sera durable et qu'on n'en viendra jamais au point délicat où l'on ne se pourra plus supporter l'un l'autre ? Et quel est ce point délicat, si ce n'est l'amour de son excellence propre et de la prééminence du mérite, qui fait qu'il n'y a rien de sincère ni de cordial parmi les hommes? On se sera mis au-dessus d'un bas intérêt, je le veux, quoique cela soit rare; mais cet intérêt d'excellence, cette

<hr>

[1] *Joan.*, xvii, 9.

jalousie de gloire et de mérite, qui l'extirpera du fond des cœurs ? qui l'empêchera de régner dans le monde, et d'y porter la division partout ? Non, le monde n'est pas capable de cette union d'esprit et de cœur, que Jésus-Christ demande pour ses apôtres, « afin qu'ils soient un [1]. » Il n'y a que le Saint-Esprit qui puisse mettre cette unité dans les cœurs. Elle fut dans les fidèles, après que cet esprit d'unité fut descendu sur eux : « et ils n'avoient tous qu'un cœur et qu'une ame, et personne ne croyoit avoir rien de propre parmi eux [2]. » Mais cet Esprit qui porte la paix et l'union dans les cœurs, notre Sauveur vient de dire que « le monde ne le peut pas recevoir [3]; » et c'est pourquoi il ne faut pas s'étonner si Jésus-Christ dédaigne de prier pour le monde. Ce n'est pas en vain qu'il parle ainsi, lui qui est si bon, si charitable; ce n'est pas en vain qu'il nous dit qu'il ne prie pas pour le monde; il faut que nous entendions combien nous devons haïr le monde et l'esprit du monde : de ce monde dont Jésus-Christ ne veut pas se souvenir, lorsqu'il prie pour ses fidèles.

XLVIe JOURNÉE.

Il prie pour ceux en qui Dieu est glorifié. Ibid.

« Je ne prie pas pour le monde, mais pour ceux que vous m'avez donnés, parce qu'ils sont à vous; et j'ai été glorifié en eux [4]. » Jésus-Christ est glorifié en nous, quand son Père y est glorifié; et son Père y est glorifié, quand non-seulement nous portons « beaucoup de fruit [5], » comme Jésus-Christ le dit lui-même, mais encore que nous rapportons tout ce fruit « à la louange de la gloire de sa grace, par laquelle il nous a rendus agréables à ses yeux et nous a élargi ses dons en Jésus-Christ son Fils bien-aimé [6]; » en sorte « que nulle chair, » nul homme, « ne se glorifie en lui-même, mais que celui qui se glorifie, se glorifie uniquement en Notre-Seigneur [7]. » Soyons donc de ceux dont Jésus-

---

[1] *Joan.*, XVII, 11. — [2] *Act.*, IV, 32. — [3] *Joan.*, XIV, 17. — [4] *Joan.*, XVII, 9, 10. — [5] *Joan.*, XV, 8. — [6] *Ephes.*, I, 6. — [7] 1 *Cor.*, I, 31.

Christ se glorifie auprès de son Père, en lui disant, comme il vient de faire de ses apôtres : « Ils ont gardé votre parole ; et comme je leur ai donné la parole que vous m'avez donnée, ils ont été fidèles à la recevoir comme une parole qui venoit de vous, de qui moi-même je viens[1] : » soyons de ceux à qui Jésus-Christ rend ce témoignage ; mais soyons aussi de ceux qui reconnoissent que tout cela nous vient de Dieu, et que notre fidèle coopération à la grace de Jésus-Christ est le premier effet de cette grace. *Amen,* il est ainsi. Et si nous avons en nous-mêmes ce sentiment, le témoignage de Dieu sera en nous : nous serons les vrais disciples de la grace de Jésus-Christ, et il sera vraiment glorifié en nous, ne pouvant jamais l'être en ceux qui se glorifient, pour peu que ce soit en eux-mêmes, parce qu'il est le vrai et seul Dieu, « qui ne donnera pas sa gloire à un autre[2]. » Rentrons donc sérieusement en nous-mêmes ; et toutes les fois que nous y trouverons un secret appui dans nos œuvres, dans nos lumières, dans notre travail, dans notre mérite, dans nos propres forces ; sortons de nous-mêmes pour nous laisser aller à l'abandon entre les bras de celui qui nous soutient, et ne tenons qu'à lui seul.

XLVIIe JOURNÉE.

Il demande qu'ils soient un avec son Père et lui. Joan., XVII, 11.

« Je ne suis plus dans le monde : » toujours selon cette façon de parler qui lui fait énoncer comme déjà accompli, ce qui va l'être. Je ne suis donc plus dans le monde : « Je pars, et je viens à vous ; mais pour eux, ils sont dans le monde : Mon Père saint, conservez en votre nom ceux que vous m'avez donnés, afin qu'ils soient un comme nous[3]. » Voilà donc ce que Jésus-Christ demande pour ses apôtres, et en eux pour tous ses élus, ainsi qu'il l'expliquera plus clairement dans la suite. S'il demande cela pour eux, il n'est pas permis de douter qu'il ne l'obtienne ; car c'est lui-même qui a dit : « Je sais, mon Père, que vous m'écoutez tou-

---

[1] *Joan.,* XVII, 6, 8. — [2] *Isa.,* XLII, 8. — [3] *Joan.,* XVII, 11.

jours [1]. » Il est donc bien assuré d'être écouté, lorsqu'il demande à son Père de les garder tellement qu'ils soient un : et ils le seront, puisque Jésus-Christ a demandé qu'ils le fussent.

« Je vous prie, mon Père, qu'ils soient un : » que l'esprit de dissension, d'envie, de jalousie, de vengeance, d'animosité, de soupçon et de défiance ne soit point en eux : « Qu'ils soient un comme nous :» ce n'est pas assez qu'ils soient un, comme le Père et le Fils, dans la nature qui leur est commune, de même que le Père et le Fils sont un dans la nature qui leur est commune; mais qu'ils aient comme eux une même volonté, une même pensée, un même amour : « qu'ils soient donc un comme nous. »

Ce *comme* ne fait pas descendre l'unité du Père et du Fils jusqu'à l'imperfection de la créature, ainsi que les ariens se l'imaginoient; mais au contraire il relève l'imperfection de la créature jusqu'à prendre autant qu'elle peut, pour son modèle l'unité parfaite du Père et du Fils : « Qu'ils soient un comme nous : » c'est donc à dire que nous soyons le modèle de leur union, non qu'ils puissent jamais atteindre à la perfection de ce modèle, mais néanmoins qu'ils y tendent; de même que lorsqu'on nous dit : « Soyez saints comme je suis saint, moi le Seigneur votre Dieu [2]; » et encore : « Soyez parfaits, soyez miséricordieux comme votre Père céleste est parfait et miséricordieux [3], » nous entendons bien qu'il ne nous appartient pas d'être saints, d'être bons, d'être parfaits dans la transcendance qui convient à la nature divine; mais seulement qu'il nous appartient d'y tendre, et que nous devons nous proposer ce modèle pour en approcher de plus en plus. Ainsi « qu'ils soient un comme nous, » c'est-à-dire qu'ils le soient, s'avançant aujourd'hui et après et tous les jours de plus en plus à cette perfection, et y avançant d'autant plus infatigablement qu'on ne peut jamais atteindre au sommet. Car plus on avance, plus on connoît la distance; et elle paroît de plus en plus infinie, et on s'abaisse et on s'humilie jusqu'à l'infini, jusqu'au néant.

« Qu'ils soient donc un comme nous, » s'unissant ensemble, en toute cordialité et vérité, non de paroles seulement, mais par les œuvres et par les effets d'une charité sincère : qu'ils soient un vé-

---

[1] *Joan.*, XI, 42. — [2] *Levit.*, XI, 44. — [3] *Matth.*, V, 48; *Luc.*, VI, 36.

ritablement : qu'ils soient un inséparablement : qu'ils montrent et qu'ils voient en eux-mêmes, dans la perpétuelle persévérance de leur union mutuelle, une image de cette éternelle et incompréhensible unité par laquelle le Père et le Fils étant un dans une même et simple nature individuelle, ils n'ont aussi qu'une seule et simple intelligence, avec un seul et simple amour, et par tout cela font un seul Dieu : ainsi qu'ils fassent entre eux un seul corps, une seule ame, un seul Jésus-Christ. Car s'il est réservé à Dieu et aux personnes divines d'être un d'une parfaite unité, il nous convient d'être un comme faits à leur image, et c'est la grace que Jésus-Christ demande pour nous.

Il ne dit pas, qu'ils soient « un avec nous, » ou que « nous et eux nous ne soyons qu'une seule et même chose; » ce qui seroit égaler les hommes à Dieu; mais « qu'ils soient un comme nous, » selon la proportion qui convient à ceux que nous avons faits à notre image, en disant : « Faisons l'homme à notre image et ressemblance [1]. » O image, de qui es-tu l'image? Du Père et du Fils et du Saint-Esprit, qui ont prononcé d'une voix commune : « Faisons l'homme à notre image. » Achève donc le portrait, et imprime en toi tous les traits de cette divine ressemblance. Otons de plus en plus ce qui nous divise de nos frères : ôtons nos propriétés, nos propres désirs, nos propres pensées, notre amour-propre : il ne resteroit plus que le bien commun, qui est Dieu, en qui nous serons une même chose.

XLVIIIe JOURNÉE.

L'enfant de perdition. Joan., XVII, 12.

« Pendant que j'étois avec eux, je les conservois en votre nom; j'ai gardé ceux que vous m'avez donnés et aucun d'eux n'est péri, si ce n'est l'enfant de perdition, afin que l'Ecriture fût accomplie [2]. » On entend bien que cet enfant de perdition, c'est le traître disciple. Il n'est enfant de perdition, enfant de la géhenne, enfant de

[1] *Genes.*, I, 26. — [2] *Joan.*, XVII, 12.

l'enfer, que par lui-même et par sa faute : car Jésus-Christ l'avoit appelé non-seulement à la foi, mais encore à l'apostolat ; et s'il se fût purifié, il auroit été, comme dit saint Paul, « un vaisseau d'honneur, sanctifié au Seigneur, » au lieu qu'il s'est fait lui-même un vaisseau de rebut et de mépris [1]. Ce n'est donc pas Dieu qui l'a précipité dans le crime pour accomplir les prédictions de son Ecriture : car ces prédictions du péché le supposent comme devant être, et ne le font pas. Cela est clair, cela est certain ; et il ne faut rien écouter contre. Judas n'a pas été poussé au crime, si ce n'est par le diable et par sa propre malice. Mais Jésus-Christ le rappeloit : pendant le traître baiser, il l'appelle encore son ami ; il lui dit encore : « Mon ami, pourquoi es-tu venu ici ? Quoi ! tu trahis le Fils de l'homme avec un baiser [2] ! » Et il reçoit son baiser, et lui-même lui donne le sien. Mais parce qu'il s'endurcit au milieu de toutes ses graces, il le laisse à lui-même, et au mauvais esprit qui le possédoit, et à son propre désespoir. C'est ainsi « qu'il est allé en son lieu, » comme il est porté dans les *Actes* [3] *:* au lieu qui lui avoit été préparé par une juste punition de son crime ; mais qu'il avoit lui-même choisi, et qu'il s'étoit comme approprié par sa libre et volontaire dépravation.

« Il falloit donc que l'Ecriture s'accomplît en lui, » comme dit saint Pierre [4], parce que Dieu accomplit sa volonté juste dans ceux-là mêmes qui s'opposent, autant qu'il est en eux, à sa volonté. Car, comme dit saint Augustin, « il fait ce qu'il veut de ceux qui ne font pas ce qu'il veut [5] ; » et en voulant se soustraire à l'empire de sa vérité, ils y retombent en subissant les lois de sa justice. O justice ! ô justice ! ô justice ! il faut adorer tes saintes et inexorables rigueurs. A force de pardonner, Dieu en vient enfin en quelque façon à ne pouvoir plus pardonner, et il faut que sa justice s'accomplisse.

[1] II *Timoth.*, II, 20, 21. — [2] *Matth.*, XXVI, 50 ; *Luc.*, XXII, 48. — [3] *Act.*, I, 25. — [4] *Act.*, I, 16. — [5] *Enchirid.*, cap. CIV, n. 28.

XLIXᵉ JOURNÉE.

Qu'est-ce à dire : Aucun n'a péri que l'enfant de perdition? *Ibid.*

« Aucun n'a péri que l'enfant de perdition [1]. » Je ne sais que
dire de ce perfide. Est-il venu d'abord à Jésus-Christ avec un
esprit trompeur? Il le semble, selon ces paroles : « Jésus savoit
dès le commencement qui étoient ceux qui ne croyoient pas, et
qui étoit celui qui le devoit trahir [2]. » Est-ce donc que ce perfide
ne croyoit pas dès le commencement, ou bien est-ce que Jésus-
Christ voyoit dès le commencement qui étoient ceux qui dans la
suite ne croiroient plus? Mais il distingue les temps : il savoit
ceux qui ne croyoient pas alors et dans ce temps-là; et ensuite
dans le futur, il savoit qui le devoit trahir. On pourroit donc
soupçonner que ce malheureux, qui devoit trahir son Maître, dès
le commencement n'y croyoit pas, et qu'avec toute la confiance
qu'il lui avoit témoignée en le recevant au nombre de ses disciples, et même en lui confiant la garde de ce qu'il recevoit des
peuples pour sa subsistance, il ne faisoit que le tolérer pour nous
donner un exemple de patience.

Mais, dirons-nous que la vocation de Jésus-Christ n'aura eu
aucun effet dans ce traître? S'il n'avoit jamais cru, auroit-il dit
dans son désespoir : « J'ai péché en livrant le sang innocent [3], » et
auroit-il rendu aux Juifs le prix de son iniquité? Il semble donc
qu'il ait cru, du moins durant quelque temps, de bonne foi; et
qu'un reste de sa première croyance s'étant réveillé, au lieu d'en
profiter pour son salut, il l'ait fait servir à sa perte. Car s'il eût
bien entendu la parole qu'il disoit : « J'ai péché en vous livrant
ce sang innocent, » ce sang juste, il auroit vu que ce sang étant
véritablement un sang juste où le péché n'avoit jamais trouvé de
place, il y avoit dans la justice et la sainteté de ce sang de quoi
expier le crime de celui qui l'avoit vendu. Il ne l'a pas compris,
le malheureux; et sa pénitence désespérée, avec sa croyance infructueuse lui tournent à damnation.

[1] *Joan.,* XVII, 12. — [2] *Joan.,* VI, 65. — [3] *Matth.,* XXVII, 4, 5.

Quoi qu'il en soit, j'oserai dire avec assurance qu'il n'est pas de ceux dont Jésus-Christ a dit ici : « Ils étoient à vous, et vous me les avez donnés [1] : » car ceux dont il le dit étoient ceux qui étoient présens lorsqu'il prioit, qui avoient gardé sa parole, qui croyoient, en la foi desquels il étoit glorifié et le devoit être. Que le Père l'ait donné au Fils en un certain sens, lorsqu'il le lui a donné pour apôtre ; et que le Fils l'ait reçu de lui, lorsqu'il l'appela, conformément à cette parole : « Je vous ai élus douze, et un de vous est un diable [2], » on n'en peut douter. Au même sens qu'il l'a donné, au même sens, quel qu'il soit, il étoit à lui. Mais qu'il fût à lui de cette manière singulière dont Jésus-Christ parle ici, la vérité de ses paroles ne permet pas de le penser. S'il n'est pas de ceux dont Jésus-Christ a dit : « Ils ont cru à votre parole et j'ai été glorifié en eux, » il n'est donc pas aussi de ceux dont il a dit : « Je les conservois en votre nom; » encore moins de ceux dont il a dit : « J'ai gardé ceux que vous m'avez donnés; » encore moins de ceux dont il a dit : « Aucun d'eux n'a péri [3]. » Et quand il ajoute : « Si ce n'est l'enfant de perdition, » il semble que c'est au même sens dont il dit ailleurs : « Personne ne sait rien de ce dernier jour, ni les anges, ni le Fils, si ce n'est le Père [4]; » en sous-entendant : Ni personne, si ce n'est le Père; ou bien : Ni personne, « mais le Père seul [5]; » ou, comme il est porté dans saint Paul : « Personne n'est justifié par les œuvres de la loi, si ce n'est par la foi en Jésus-Christ [6], » c'est-à-dire ni autrement que par la foi en Jésus-Christ; ou bien : Mais seulement par cette foi; ou, comme on lit dans l'*Apocalypse :* « Rien de souillé n'entrera dans la cité sainte, ni aucun de ceux qui commettent des abominations et des mensonges, si ce n'est ceux qui sont écrits au livre de vie de l'Agneau [7]; » c'est-à-dire : Mais seulement ceux, etc. Ainsi « aucun d'eux n'est péri, si ce n'est l'enfant de perdition, » c'est-à-dire mais seulement cet enfant de perdition, qui s'est perdu lui-même en me quittant (a).

[1] *Joan.*, XVII, 6. — [2] *Joan.*, VI, 71. — [3] *Joan.*, XVII, 6, 8, 10, 12. — [4] *Matth.*, XXIV, 36. — [5] *Marc.*, XIII, 32. — [6] *Galat.*, II, 16. — [7] *Apoc.*, XXI, 27.

(a) Le passage suivant, que les précédentes éditions donnent dans le texte de l'ouvrage, ne se trouve ni dans le manuscrit original ni dans les anciennes copies : Jésus-Christ s'est servi lui-même de cette façon de parler en deux

Qu'on prenne garde que je ne dis pas que Judas n'ait été en aucune sorte donné à Jésus-Christ; mais qu'il y a une certaine manière particulière selon laquelle nul n'est au Père et nul n'est donné au Fils que ceux qui gardent sa parole, et en qui il est glorifié éternellement, et que c'est de cette manière secrète et particulière que Jésus-Christ parle ici. Prions-le donc que nous soyons à lui de cette manière : Unissons-nous à sa prière avec un cœur rempli de confiance. Seigneur, que je sois de ceux qui conservent votre parole jusqu'à la fin, afin que je sois de ceux en qui vous serez glorifié éternellement.

Lᵉ JOURNÉE.

Jésus-Christ garde les fidèles dans le corps comme dans l'ame. Ibid.

« J'ai gardé ceux que vous m'avez donnés [1]. » Je les ai gardés, même selon le corps, conformément à l'explication que saint Jean nous donne lui-même : « Laissez, dit le Sauveur, aller ceux-ci, afin que la parole qu'il avoit prononcée fût accomplie : Je n'ai perdu aucun de ceux que vous m'avez donnés [2], » pour nous montrer que Jésus-Christ a soin et de notre corps et de notre ame; et que nous ne perdons rien de ce qu'il veut garder. C'est encore ce qui détermine à dire que cette parole ne se doit entendre que de ceux qui étoient présens : « Laissez, dit-il, aller ceux-ci, » en montrant les onze apôtres qui restoient auprès de lui. Car pour Judas qui l'avoit quitté, il n'avoit rien à craindre des Juifs, à qui il s'étoit donné, et il devoit périr d'une autre sorte. Songeons donc à ne rien craindre même pour nos corps. Car Jésus-Christ les garde tant qu'il lui plaît : « et un seul cheveu ne tombe pas

---

[1] *Joan.*, XVII, 12. — [2] *Joan.*, XVIII, 8, 9.

versets consécutifs : « Il y avoit, dit-il, plusieurs veuves en Israël du temps d'Elie : et ce prophète n'a été envoyé chez aucune d'elles, mais chez une femme veuve de Sarepte dans le pays des Sidoniens. Il y avoit de même plusieurs lépreux en Israël du temps d'Elisée, et il n'a été envoyé à aucun d'eux, mais seulement à Naaman Syrien. » (*Luc.*, IV, 25-27.) Ainsi, dit-il, « nul n'a péri, si ce n'est l'enfant de perdition, » c'est-à-dire qu'il a péri seul, selon ce que dit l'Apôtre.

de notre tête sans notre Père céleste [1]. » Dans les persécutions, dans les travaux, dans les maladies, Jésus-Christ prend soin de nos corps autant qu'il faut; et on ne peut rien contre nous, comme on n'a rien pu contre lui, que lorsque l'heure a été venue.

Mais songeons qu'il garde nos corps au prix du sien. C'est en se livrant à ses ennemis qu'il leur dit : « Laissez aller ceux-ci. » Sa mort délivre nos corps comme nos ames, et c'est la marque qu'un jour il les tirera entièrement de la mort.

Apprenons de cette explication de saint Jean que les paroles de l'Ecriture, et celles du Fils de Dieu même peuvent avoir un double sens. Il est clair que celles-ci de Jésus-Christ : « Aucun de ceux que vous m'avez donnés ne périra [2], » s'entendent de l'ame; et toute la suite, qui regarde l'ame, le fera paroître; mais il est clair par saint Jean que cette parole s'entend aussi du corps. Méditons donc à fond l'Ecriture, et tournons-la de tous côtés pour en tirer tout le sens et tout le suc. Car tout y est esprit, tout y est vie, et Jésus-Christ a des paroles de vie éternelle.

LIe JOURNÉE.

Joie de Jésus. Goûter sa parole, source de toute joie. Joan., XVII, 13-15.

« Et maintenant je viens à vous : et je dis ces choses, étant encore dans le monde, afin qu'ils les entendent, et qu'ils aient ma joie accomplie en eux [3]. » Quelle est cette joie de Jésus, si ce n'est celle de leur assurer leur bonheur sur les bontés de son Père? Et comment est-elle accomplie dans ses apôtres, si ce n'est en espérance et par la certitude de ses promesses? De même que s'il disoit : Mon Père, dans la joie que j'ai en vous les recommandant avec tant d'amour, faites-leur sentir qu'ils n'ont rien à craindre, et qu'il ne leur reste qu'à se réjouir de vos bontés et des miennes. Ce qu'il explique plus clairement dans les deux versets suivans : « Je leur ai donné votre parole, et le monde les a haïs, parce qu'ils ne sont pas du monde, et je ne suis pas du monde. Je ne

---

[1] *Luc.*, XXI, 18. — [2] *Joan.*, XVII, 12. — [3] *Ibid.*, 13.

vous prie pas de les ôter du monde, mais de les garder du mal [1]. »

Voulant dire qu'ils ne sont pas du monde, il commence par dire : « Je leur ai donné votre parole. » C'est cette parole qui les a tirés du monde. Qu'elle fasse donc encore cet effet! Toutes les fois que nous entendons, ou que nous lisons la parole de Jésus-Christ, c'est cette parole qui venant de Dieu nous ramène au lieu d'où elle est venue. C'est cette parole qui ne nous permet pas de goûter le monde, parce qu'elle nous fait goûter la vérité, que le monde ne connoît pas ni ne veut connoître, parce que la vérité le juge. Le monde est faux en tout, trompeur en tout, et la parole de Jésus-Christ nous ouvre les yeux pour voir cette illusion, ce faux du monde. Cette parole fait les chastes délices des ames désabusées et dégoûtées du monde. Goûtons donc cette parole, afin que le monde ne nous trompe et ne nous surprenne pas. Récitons le Psaume cxviii, pour nous accoutumer à la goûter. David la tourne de tous côtés dans ce Psaume, pour en découvrir toutes les beautés, pour en goûter toutes les douceurs. Il l'admire sous tous ses noms : c'est la parole, la loi, le témoignage, le commandement, l'ordonnance, le conseil, la justice du Seigneur. Il ne se contente pas d'en regarder la surface : il la pénètre, il en sonde les profondeurs : il la cache dans son cœur : il ne cesse de la prononcer dans sa bouche : elle le fait trembler, en même temps elle le dilate; elle est sa consolation durant son exil, son conseil, sa lumière, son amour, son espérance. En même temps qu'il l'entend, il demande de l'entendre, et reconnoît que l'entendre c'est un don de Dieu : il s'y attache par le fond de l'ame : elle brûle, elle consume le cœur : elle l'attendrit, elle le fond et fait couler des torrens de larmes : les joues en sont cavées, et deviennent comme un canal par où coulent les ruisseaux de pleurs.

Si la parole de l'Ancien Testament faisoit tous ces beaux effets, celle de Jésus-Christ qu'il a reçue de son Père, qu'il a puisée dans son sein pour nous la donner, que fera-t-elle? C'est donc cette parole, qui dans un grand auditoire ira choisir quelquefois une ame mêlée dans la foule, mais que Dieu connoît et discerne, et lui laissera un aiguillon dans le cœur. Elle ne sait d'où lui viennent ces nou-

____
[1] *Joan.*, xvii, 14, 15.

veaux désirs, qui vont peu à peu la détachant du monde, en sorte qu'elle n'en est plus et qu'elle est à Dieu, pour accomplir cette parole de notre Sauveur : « Je leur ai donné votre parole, et ils ne sont pas du monde, comme je ne suis pas du monde. Et le monde les hait, parce qu'ils ne sont pas des siens [1] : » mais ils méprisent sa haine injuste et impuissante : injuste, puisqu'elle s'est premièrement attachée à Jésus-Christ : impuissante, puisqu'elle n'a pu empêcher sa gloire ni l'accomplissement de la volonté de Dieu.

Ainsi les enfans de Dieu, que le monde hait à cause que l'esprit de simplicité, de droiture et de justice est en eux, méprisent la haine du monde, et se trouvent trop honorés de goûter cette partie des opprobres de leur cher Sauveur. Qu'attendez-vous du monde après cela? Voulez-vous qu'il vous estime, lui dont vous devez plutôt désirer la haine? Quant à ce qui vous regarde, ayez la paix avec tout le monde : mais si le monde ne veut point avoir la paix avec vous, ni vous laisser en repos, que vous importe? Vous n'êtes pas du monde, et votre repos est ailleurs.

LIIe JOURNÉE.

Qu'est-ce à dire Garder du mal? *Joan.*, XVII, 15.

« Je ne vous prie pas de les tirer du monde, mais de les garder du mal [1]. » Après ce que Jésus-Christ vient de dire de ses apôtres, il pourroit sembler qu'il les voulût retirer du monde, et qu'ils ne devoient plus y être après que lui-même il l'auroit quitté. Mais il falloit qu'ils y fissent leur temps, comme lui-même l'y avoit fait. Ils devoient luire comme de grands luminaires dans le monde ; et Jésus-Christ qui avoit dit de lui-même : « Je suis la lumière du monde [3], » avoit daigné en dire autant de ses apôtres : « Vous êtes la lumière du monde, et des flambeaux qu'il ne faut pas mettre sous le boisseau, mais sur le chandelier pour éclairer toute la maison [4]. » Et c'est pourquoi il dit à son Père : « Je ne vous dis pas

[1] *Joan.*, XVII, 14, 16. — [2] *Ibid.*, 15. — [3] *Joan.*, VIII, 12. — [4] *Matth.*, V, 14-16.

que vous les tiriez du monde : mais que vous les délivriez du mal »
dont le monde abonde, « tout le monde étant dans le mal, » disoit
saint Jean [1]. Ainsi en les laissant dans le monde, je vous prie « de
les garder du mal : » que le monde ne les gagne pas par ses
attraits : qu'il ne les épouvante pas par ses menaces. Mon Père,
« gardez-les du mal, » et qu'ils soient dans le monde sans en être.

C'est la grande merveille de la grace de Dieu, et c'est cette grace
que Jésus-Christ demande pour eux. Il nous apprend aussi à la
demander, lorsqu'il nous enseigne à dire : « Délivrez-nous du
mal [2]. » Mais nous le demanderions en vain, s'il ne l'avoit auparavant demandé pour nous : « Mon Père, gardez-les du mal : si
le Seigneur ne garde une ville, ses sentinelles veillent en vain
sur ses murailles : si le Seigneur ne garde une ville, ceux qui l'ont
bâtie avec tant de soin ont travaillé inutilement [3]. »

« Mon Père, gardez-les du mal. » Je m'unis, mon Sauveur, à
votre prière; et c'est en vous et avec vous que je veux dire,
comme vous l'avez commandé : « Délivrez-nous du mal. »

LIIIe JOURNÉE.

Qu'est-ce que le monde? Joan., XVII, 16.

« Ils ne sont pas du monde, et moi je ne suis pas du monde [4]. »
Jésus-Christ ne se lasse point de répéter cette parole, parce qu'il
veut que nous la goûtions. Goûtons-la donc : repassons-la nuit et
jour dans notre cœur.

« Mes bien-aimés, disoit saint Jean, n'aimez pas le monde [5] : »
Ce n'est pas assez de ne l'aimer pas en général; il s'explique : « ni
tout ce qui est dans le monde : » car que trouverez-vous dans le
monde, si ce n'est « la concupiscence de la chair » et l'amour des
plaisirs des sens, où le cœur s'aveugle, s'épaissit, se corrompt, se
perd : « et la concupiscence des yeux, » les beaux meubles, l'or
et l'argent, les pierreries, tout ce qui contente les yeux, quoi-

---

[1] I *Joan.*, V, 19. — [2] *Matth.*, VI, 13. — [3] *Psal.* CXXVI, 1. — [4] *Joan.*, XVII, 16.
— [5] I *Joan.*, II, 15, 16.

qu'après tout que leur en revient-il ? Possèdent-ils véritablement tout ce qu'ils voient ? Ils ne font que l'effleurer par leurs regards : tout est hors d'eux, et aussi tout leur échappe. Fuyez donc aussi la concupiscence des yeux, la vanité, la curiosité, les vaines sciences. Car encore que tout cela semble être en vous et vous repaître pour un moment, dans le fond tout est hors de vous et se peut tellement effacer dans votre esprit, qu'il ne vous restera pas même le souvenir de les avoir eus. Voilà pourtant tout ce qu'il y a de plus beau dans le monde.

Mais il y a encore « l'orgueil de la vie : » l'ambition, les charges, les grands commandemens, qui semblent rendre la vie pour ainsi dire plus vivante, parce qu'on devient un homme public ; on vit dans l'esprit de tout le monde, qui vous recherche, qui s'empresse autour de vous ; et vous croyez plus vivre que les autres, et vous vous trompez. Car tout cela n'est qu'orgueil, c'est-à-dire une vaine enflure ; on croit être plein : on n'est qu'enflé : il n'y a que du vent au dedans et tout ce dont vous vous repaissez n'est que fumée.

Goûtons ces vérités, nourrissons-nous-en : « Mes petits enfans, n'aimez donc pas le monde, » parce que voilà ce que c'est que ce monde que vous aimez. Ces désirs, ces concupiscences ne sont pas de Dieu, et par conséquent n'ont rien de solide : « car le monde passe, et ses convoitises passent[1] : » ce sont comme des torrens qui passent avec grand bruit, mais qui passent ; qui se jettent les uns dans les autres, mais qui passent et autant celui qui reçoit que celui qui vient de s'y perdre. « Le monde passe donc et ses convoitises : et il n'y a rien qui demeure que celui qui fait la volonté du Seigneur[2], » parce que la parole de Dieu qui ne passe pas demeure en eux. Et c'est pourquoi il disoit : « Je leur ai donné votre parole, et ils ne sont pas du monde. »

LIV° JOURNÉE.

Jésus n'est pas du monde, ni ses vrais disciples. Joan., XVII, 14, 16.

Qui pourra dire de bonne foi avec Jésus-Christ : « Je ne suis pas

[1] I *Joan.*, II, 17. — [2] *Ibid.*

du monde ? » Nous nous retirons dans nos cabinets : le monde nous suit ; nous fuyons dans le désert : le monde nous suit ; nous fermons cent portes sur nous, nous mettons sur nous cent serrures, cent grilles si vous le voulez, cent murailles closes, la clôture est impénétrable : le monde nous suit ; nous nous recueillons en nous-mêmes : le monde nous suit, et nous nous donnons à nous-mêmes tout l'honneur que nous voulons, même celui que le monde nous refuse. Que ferai-je donc pour quitter le monde qui me suit, qui vit en moi au dedans, et qui tient à mes entrailles ? Et néanmoins il faut pouvoir dire avec Jésus-Christ : « Je ne suis pas du monde, » puisqu'il a dit : « Ils ne sont pas du monde, comme je ne suis pas du monde. » O Jésus, je le pourrai dire, quand vous aurez dit pour moi : « Je ne vous prie pas de les tirer du monde ; mais de les garder du mal, » c'est-à-dire de leur ôter l'esprit du monde.

LVᵉ JOURNÉE.

Etre sanctifié en vérité, qui est sa parole. Joan., xvii, 17, 18.

« Sanctifiez-les en vérité. Votre parole (que je leur ai donnée) est la vérité. Comme vous m'avez envoyé dans le monde, ainsi je les envoie dans le monde (pour y être, non pour en être) et je me sanctifie moi-même pour eux (je m'offre, je me consacre, je me sacrifie, et je me rends leur victime) afin qu'ils soient sanctifiés en vérité (d'une véritable et parfaite sanctification) ; ou, qu'ils soient sanctifiés dans la vérité [1], » (dans moi qui suis la vérité même) ce qui revient dans le fond à la même chose.

Ces paroles sont hautes : « Sanctifiez-les en vérité. » Non-seulement elles nous élèvent au-dessus des sanctifications et purifications de la loi, qui n'étoient que des figures et des ombres, au lieu que les chrétiens sont sanctifiés dans la vérité qui est Jésus-Christ ; mais encore elles nous apprennent d'une façon plus particulière quelle est la propre sanctification des chrétiens. Etre sanctifié, c'est être séparé. Pour être sanctifié dans la vérité et à

[1] *Joan.*, xvii, 17, 18.

fond, à quelle séparation ne faut-il pas être venu d'avec toute créature et d'avec soi-même ? O Dieu, je suis effrayé, quand je le considère : être sanctifié dans la vérité, en sorte qu'il ne reste en nous que cette vérité qui nous sanctifie et que tout le faux, tout l'impur soit ôté et déraciné, c'est quelque chose de si pur et de si parfait qu'on ne peut pas y atteindre en cette vie ; mais seulement qu'il y faille tendre en vérité sous les yeux de Dieu, c'est de quoi crucifier l'homme tout entier.

« Votre parole est la vérité. » Cette parole est la vérité qui nous jugera un jour, selon ce que disoit le Sauveur : « Celui qui me méprise et ne reçoit pas mes paroles, a un juge qui le jugera : la parole que j'ai prononcée le jugera au dernier jour, parce que je n'ai point parlé de moi-même, et que mon Père qui m'a envoyé m'a prescrit tout ce que j'avois à dire [1]. »

Ce jugement se commence dès cette vie, conformément à cette sentence de saint Paul : « La parole de Dieu est vive et efficace, et plus pénétrante qu'un couteau à deux tranchans ; elle perce jusqu'aux plus secrets replis de l'ame et de l'esprit : » divisant l'homme animal d'avec l'homme spirituel, et discernant ce qui vient de l'un ou de l'autre, « elle entre jusque dans les jointures et les moelles [2] : » elle découvre la liaison secrète de nos pensées et de nos désirs, jusqu'aux moindres fibres, et voit jusque dans nos os ; c'est-à-dire ce qu'il y a de plus caché, de plus intime, aussi bien que ce qu'il y a de plus délicat et de plus subtil dans nos pensées : « elle discerne les mouvemens et les intentions du cœur, et rien ne lui est caché : tout est à nu et à découvert devant elle [3] : » comme on ouvre les entrailles d'une victime à qui on a coupé la gorge, ainsi tout est ouvert à cette parole dont nous parlons.

Si l'Apôtre fait ici comme une personne de la parole de Dieu, c'est Jésus-Christ qui a commencé lorsqu'il a dit : « Je ne vous jugerai pas ; la parole que j'ai prononcée sera votre juge [4]. » Cette parole prononcée par Jésus-Christ est l'image de la parole éternelle et substantielle, qui est Jésus-Christ même, et elle en fait en quelque façon les fonctions dans les cœurs : elle nous juge donc, parce que c'est par elle, et selon elle, que nous serons jugés. Elle

____

[1] *Joan.*, XII, 48, 49. — [2] *Hebr.*, IV, 12. — [3] *Ibid.*, 13. — [4] *Joan.*, XII, 48.

fait la séparation de toutes nos pensées, de tous nos désirs, de toutes nos intentions : de celles qui viennent de l'amour de Dieu et de celles qui viennent de notre amour-propre : cette parole est un flambeau allumé dans notre cœur, et la lumière en pénètre partout, pour tout distinguer : elle discerne où le bien et le mal se séparent, et l'endroit secret où ils se mêlent : qui pourroit soutenir la rigueur de ce jugement ? Mais cette même parole nous apprend que « si nous nous jugeons nous-mêmes, nous ne serons pas jugés [1]. » Elle nous apprend « que la miséricorde est exaltée au-dessus du jugement, et que le jugement sans miséricorde ne sera que pour ceux qui n'auront point fait miséricorde [2]. » Ainsi cette parole nous munit contre sa propre sévérité ; et nous serons sanctifiés en vérité, selon cette parole, si nous confessons en vérité nos fautes et nos foiblesses.

Oh ! que la vue en est affligeante ! oh ! qu'on aime à discourir de ses vertus, de ses lumières, de ses graces ! mais qu'on fuit de voir ses foiblesses, ses fautes ! Elles se présentent malgré qu'on en ait, mais on détourne les yeux : on parlera tant qu'on voudra de ses foiblesses en général, de son néant ; mais quand on nous fait mettre le doigt dessus, l'on ne veut plus, l'on ne peut plus voir. Pour être sanctifié en vérité, il faut voir la vérité de ses fautes en particulier : car c'est là ce qui rend l'humilité véritable ; toute autre humilité, celle qui se dit un néant sans vouloir voir en quoi elle l'est, n'est qu'un orgueil déguisé. « Il vaut mieux voir ses fautes, dit saint Augustin, que de voir toutes les merveilles de l'univers. »

LVIe JOURNÉE.

Jésus se sanctifie lui-même. Joan., xvii, 18, 19.

« Comme vous m'avez envoyé dans le monde, ainsi je les ai envoyés dans le monde ; et je me sanctifie moi-même pour eux, afin qu'ils soient aussi sanctifiés en vérité [3]. »

On voit ici la raison profonde pourquoi il falloit que les apôtres

[1] I *Cor.*, xi, 31. — [2] *Jacob*, ii, 13. — [3] *Joan.*, xvii, 18, 19.

fussent sanctifiés en vérité. C'est que le Fils les envoyoit dans le monde, comme son Père l'avoit envoyé dans le monde; mais en l'envoyant dans le monde il l'avoit sanctifié pour y aller, conformément à cette parole du Sauveur : « Celui que le Père a sanctifié et qu'il a envoyé dans le monde, vous dites qu'il blasphème, parce qu'il s'appelle lui-même le Fils de Dieu [1]. »

Disons donc : Qu'est-ce qu'a fait le Père céleste pour sanctifier son Fils ? D'abord le sanctifier, c'est le déclarer saint; ce que le Père céleste a fait par tant de miracles que les démons mêmes furent contraints de s'écrier : « Je sais qui vous êtes : vous êtes le Saint de Dieu [2] : » le Saint qui êtes saint de la sainteté de Dieu : le Saint que Dieu a promis par tous les prophètes et « qu'il a oint pour être le Saint des saints [3]. » Mais il faut entendre non-seulement la manière dont Jésus-Christ est déclaré saint, mais encore celle dont il l'est et dont il l'a été fait. Il est saint par sa naissance éternelle; et encore qu'il reçoive cette sainteté de son Père, comme il en reçoit son essence, il n'a non plus été fait saint qu'il a été fait Dieu : ainsi il ne convient à Jésus-Christ d'avoir été sanctifié que selon sa nature humaine; et ce grand ouvrage fut accompli et manifesté au milieu des temps, lorsque le Saint-Esprit étant descendu sur la sainte Vierge et la vertu du Très-Haut l'ayant couverte, « la chose sainte qui naquit de cette bienheureuse Vierge, fut appelée le Fils de Dieu [4]. » C'est donc ainsi que Jésus-Christ a été sanctifié, pour être envoyé au monde, ou plutôt lorsqu'il y fut envoyé. Et ce qui rend cette sanctification plus glorieuse et plus abondante, c'est qu'outre la sainteté personnelle de Jésus-Christ, il fut oint, consacré, sanctifié par sa charge de médiateur et de pontife, ayant été revêtu de ce divin sacerdoce qui lui avoit été prédestiné selon l'ordre de Melchisédech : ce qui étoit encore une suite de sa filiation, selon ce que dit saint Paul, « qu'il ne s'est pas ingéré de lui-même dans le sacerdoce, mais qu'il y a été appelé et nommé par celui qui lui a dit : Vous êtes mon Fils : je vous ai engendré aujourd'hui [5]. »

Cette sanctification de Jésus-Christ en qualité de pontife, en

____

[1] *Joan.*, x, 36. — [2] *Luc.*, IV, 34. — [3] *Dan.*, IX, 24. — [4] *Luc.*, I, 35. — [5] *Hebr.*, v, 5, 6, 10.

induit une autre du même Jésus en qualité de victime. Car ce divin sacrificateur ne devoit pas, comme le grand prêtre de la loi, offrir une victime étrangère, ni un autre sang que le sien ; mais il devoit paroître « une fois pour abolir le péché en s'offrant lui-même [1]. » Il étoit donc saint et consacré à Dieu, non-seulement en qualité de pontife, mais encore en qualité de victime. « Et c'est pourquoi il dit à Dieu en entrant au monde : Vous avez rejeté les holocaustes et les sacrifices pour le péché, alors j'ai dit : Je viendrai moi-même [2], » pour tenir la place de toutes les hosties.

C'est pour cela qu'il se sanctifie, qu'il s'offre, qu'il se consacre comme une chose dédiée et sainte au Seigneur. Mais il ajoute : « Je me sanctifie pour eux, » en parlant de ses apôtres, afin que participant par leur ministère à la grace de son sacerdoce, ils entrent aussi en même temps dans son état de victime ; et que n'ayant point par eux-mêmes la sainteté qu'il falloit pour être les envoyés et les ministres de Jésus-Christ, ils la trouvassent en lui.

Ce ne sont pas seulement les apôtres, mais encore tous les chrétiens, qui ont part à ce sacrifice (a). Car les apôtres mêmes ne sont pas apôtres pour eux, mais pour les autres, comme disoit l'apôtre saint Paul : « Tout est à vous, soit Paul, soit Céphas, soit Apollo : tout est à vous, et vous êtes à Jésus-Christ, et Jésus-Christ est à Dieu [3]. » Et encore : « Dieu a mis en nous le ministère de réconciliation, parce que Dieu étoit en Christ, se réconciliant le monde, ne leur imputant point leurs péchés, et il a mis en nous la parole de réconciliation [4]. »

[1] *Hebr.*, IX, 25, 26. — [2] *Psal.* XXXIX, 7, 8 ; *Hebr.*, X, 5-7, etc. — [3] 1 *Cor.*, III, 22, 23. — [4] II *Cor.*, V, 18, 19.

(a) Les précédentes éditions renferment ici un passage qui ne se trouve ni dans le manuscrit original ni dans la copie de Jouarre, mais seulement dans la copie de la Visitation de Meaux, avec quelques variantes. Voici ce passage : ..... Et au sacerdoce de Jésus-Christ. Saint Paul nous apprend « à offrir nos corps comme une hostie vivante à Dieu (*Rom.*, XII, 1). Celui qui a une hostie à offrir participe au sacerdoce ; et c'est ce qui fait dire à saint Pierre que tant que nous sommes des chrétiens, « nous sommes un saint sacerdoce, offrant à Dieu des victimes spirituelles, qui sont acceptées par Jésus-Christ (I *Petr.*, II, 5.) ; » et à saint Jean, dans l'*Apocalypse*, que « Jésus-Christ nous a faits rois et sacrificateurs à notre Dieu (*Apoc.*, V, 10). » Ce ne sont pas seulement les apôtres qui sont sanctifiés par la part qu'ils ont au sacerdoce de Jésus-Christ : nous y avons tous notre part à cette manière. Tout ce qu'a fait Jésus-Christ nous appartient comme à eux.

Voilà donc la mission des apôtres fondée sur celle de Jésus-Christ, et l'accomplissement de cette parole du Sauveur : « Comme vous m'avez envoyé, ainsi je les envoie [1]. » Vous m'avez envoyé pour réconcilier le monde; et je les envoie avec la parole et le ministère de la réconciliation, pour accomplir mon ouvrage. Et je me sanctifie pour eux et pour tous ceux à qui je les envoie, afin qu'ils soient saints en vérité par l'effet de mon sacerdoce et par la perfection de mon sacrifice.

Voici donc les mots solennels du sacrifice de Jésus-Christ, par lesquels il s'offre lui-même pour nous : « Sanctifiez-les en vérité : Je me sanctifie, » je me consacre moi-même pour eux, « afin qu'ils soient sanctifiés en vérité [2]. Il falloit que nous eussions un tel pontife, saint, innocent, juste, parfaitement séparé des pécheurs et exempt de toute souillure, qui n'eût pas besoin d'offrir pour lui-même [3], » mais qui s'offrît lui-même pour le peuple. « Lui qui ne connut jamais le péché, a été fait péché pour nous, » c'est-à-dire victime pour le péché, « afin que nous fussions justice de Dieu en lui [4]. » Il s'est revêtu de notre péché pour nous revêtir de sa justice; c'est l'effet de cette parole : « Je me sanctifie pour eux. »

Entrons donc avec Jésus-Christ dans cet esprit de victime. S'il se sanctifie, s'il s'offre pour nous, il faut que nous nous offrions avec lui. Ainsi nous serons sanctifiés en vérité; et Jésus-Christ nous sera donné de Dieu pour être « notre sagesse, notre justice, notre sanctification et notre rédemption. » Et l'effet d'un si grand mystère, c'est « que celui qui se glorifie ne se glorifie pas en lui-même [5], » mais seulement en Jésus-Christ en qui il a tout. C'est donc ce que Jésus-Christ demandoit pour nous, en disant : « Je me sanctifie pour eux, afin qu'ils soient sanctifiés en vérité. » Et il ne faut rien ajouter à ce commentaire de saint Paul, qu'une profonde attention à un si grand mystère.

[1] *Joan.*, XVII, 18. — [2] *Joan.*, XVII, 19. — [3] *Hebr.*, VII, 26, 27. — [4] II *Cor.*, V, 21. — [5] I *Cor.*, I, 30, 31.

LVIIe JOURNÉE.

Jésus prie pour tous les élus : Qu'ils soient Un. Joan., xvii, 20.

« Je ne prie pas seulement pour eux ; mais pour ceux qui croiront en moi par leur parole [1]. » Heureux chrétiens ! Jésus-Christ vous a tous en vue dans cette prière. En priant pour les apôtres qu'il envoyoit au monde, il prioit aussi pour ceux à qui il les envoyoit. Mais pour confirmer notre foi et nous déclarer davantage ses intentions, il a daigné s'expliquer en notre faveur d'une manière plus expresse par les paroles qu'on vient de voir. Et afin de nous faire entendre qu'il nous associe à ses apôtres, il demande pour nous la même grace qu'il a demandée pour eux : « Je vous prie, disoit-il, qu'ils soient un comme nous. » Voilà ce qu'il demandoit pour ses apôtres. Et que demande-t-il maintenant pour nous, qui devions croire par leur parole ? « Je vous prie, dit-il encore, que tous ils soient un ; comme vous, mon Père, êtes en moi et moi en vous, ainsi qu'ils soient un en nous [2]. »

« Qu'ils soient un comme nous, qu'ils soient un en nous. » Il explique plus distinctement ce qu'il avoit dit de notre unité. « Qu'ils soient un comme nous : » c'étoit-à-dire avec la proportion qui doit être entre l'original toujours parfait et d'imparfaites images. Mais lorsqu'il dit : « Qu'ils soient un en nous, » il explique plus distinctement que l'unité est en Dieu comme dans la source, comme dans le centre, comme dans le premier principe, par qui et en qui nous sommes unis. « Qu'ils soient un en nous : » que nous soyons non-seulement le modèle, mais encore le lien de leur unité : qu'ils aient par nous et par grace ce que nous avons par nature et de nous-mêmes ; qu'ils soient des ruisseaux qui se réunissent en nous, comme dans la source d'où ils tirent tout. Ainsi ils vivront tous d'une même vie, et ils ne seront qu'un cœur et qu'une ame.

Si les chrétiens sont *un* de cette sorte, ils sont heureux : car

[1] *Joan.*, xvii, 20. — [2] *Joan.*, 11, 20, 21.

qu'y a-t-il de plus heureux que d'être un dans le Père et dans le
Fils, que d'être un véritablement, persévéramment, sans que rien
nous puisse séparer? C'est ce qui nous sera donné dans la perfection au siècle futur, mais c'est ce qu'il faut commencer ici par la
sincérité de notre concorde.

Repassons souvent ces paroles : « Ils n'étoient qu'un cœur et
qu'une ame [1]. » C'est par où a commencé le christianisme : mais si
nous tenions quelque chose d'une si belle origine, la charité seroit-
elle si resserrée, la concorde si rare, les aumônes si peu abondantes?

Le cœur de l'homme est si ennemi de la concorde et de la paix,
qu'au milieu de cette union primitive qui ne faisoit des premiers
fidèles qu'un cœur et qu'une ame, « il s'éleva un principe de dissension entre les Grecs et les Hébreux, comme si les veuves des
uns étoient plus négligées que celles des autres [2]. Les apôtres re-
médièrent bientôt à ce désordre, et ce fut ce qui donna lieu à la
première promotion des diacres. O Dieu, réveillez dans votre
Eglise cet esprit de charité apostolique, qui répare les dissensions
qu'on voit répandues dans tous les ordres de l'Eglise. Au lieu de
cette première unité, on ne voit que jalousie, que mépris, que
froideur entre tous les ordres, entre tous les particuliers. O Dieu,
donnez-nous des Etiennes qui ne respirent que la charité, et qui
entretiennent la concorde. O Dieu, mettez fin aux schismes, aux
hérésies, aux guerres, aux jalousies des chrétiens. Gardez du
moins, pacifiez et unissez votre Eglise par toute la terre, qu'il n'y
ait « qu'un même esprit, » et un même cœur, « comme il n'y a
qu'une même foi [3]. »

LVIII⁰ JOURNÉE.

Unité et égalité parfaite du Père et du Fils. Joan., XVII, 21.

« Comme vous, mon Père, êtes en moi et moi en vous [4]. » Ces
façons de parler réciproques, dont la propriété et la force est de
marquer une parfaite égalité, sont familières à Notre-Seigneur.
Ici il ne se contente pas de dire à son Père : « Vous êtes en moi, »

[1] *Act.*, IV, 32. — [2] *Act.*, VI, 1. — [3] *Ephes.*, IV, 5. — [4] *Joan.*, XVII, 21.

s'il ne dit en même temps : « Je suis en vous. » Un peu au-dessus :
« Tout ce qui est à moi est à vous; » et incontinent après : « Tout
ce qui est à vous est à moi [1]; » en un autre endroit : « Personne
ne connoît le Père, si ce n'est le Fils; » et réciproquement : « Personne ne connoît le Fils, si ce n'est le Père [2]. » Toutes manières de
parler naturelles au Fils de Dieu, pour marquer son unité parfaite avec son Père, et traiter en toutes manières d'égal avec lui :
en sorte que s'il semble recevoir de son Père quelque avantage,
en disant : « Vous êtes en moi, » il le lui rend en disant : « Et moi
en vous. » Ce sont paroles de société, d'égalité, d'unité parfaite :
c'est un langage qui n'a lieu qu'entre le Père et le Fils, entre le
Fils et le Père. Qui osera dire : « Vous êtes en moi, et je suis en
vous, » que celui qui ne reconnoît de différence entre son Père et
lui que dans le rapport mutuel de Père et de Fils? De même qui
osera dire : « Tout ce qui est à vous est à moi; » et réciproquement : « Tout ce qui est à moi est à vous, » sinon celui qui est un
avec son Père? C'est déjà quelque chose de divin de pouvoir dire :
« Tout ce qui est à vous est à moi; » mais d'ajouter : « Tout ce
qui est à moi est à vous, » c'est montrer que l'avantage est égal :
au Fils, d'avoir tout ce qu'a le Père; et au Père, d'avoir tout ce
qu'a le Fils. Par ces divines façons de parler tout est égal: dans
les personnes : « Vous êtes en moi et moi en vous; » dans les
biens : « Tout ce qui est à moi est à vous, tout ce qui est à vous
est à moi; » dans la connoissance : « Personne ne connoît le Fils,
si ce n'est le Père; et personne ne connoît le Père, si ce n'est le Fils. »
L'avantage est égal des deux côtés en tout et partout. La gloire
de recevoir n'est pas moindre que celle de donner : celui qui donne
reçoit, parce qu'il reçoit dans son sein ce Fils unique à qui il
donne, et s'il lui étoit inégal, il recevroit en lui-même quelque
chose qui, lui étant inférieur, ne seroit pas digne de lui. Tout fils
est égal à son père par la nature, et c'est là le propre d'un fils.
Que s'il y a quelque inégalité entre ces noms de père et de fils
parmi les hommes, c'est que le fils n'est d'abord qu'un homme
imparfait et commencé.

Il faut ôter tout cela en Dieu, où il n'y a rien d'imparfait. Et si

____
[1] *Joan.*, XVII, 10. — [2] *Matth.*, XI, 27.

même parmi les hommes, le désir du père est que son fils lui devienne égal en tout en croissant, combien plus le désir de Dieu doit-il être pour ainsi parler, non que son Fils lui devienne égal, mais qu'il le soit en naissant? Car par ce moyen il ne dégénère du Père en aucun instant, étant d'abord tout parfait. Il faut ôter semblablement, dans la nature divine, que le Père précède le Fils: car cela n'a point de lieu où le temps ne se trouve pas et où tout est mesuré par l'éternité. Qui ne voudroit être père d'abord, puisqu'être père, c'est l'effusion de la fécondité et la démonstration de la plénitude? On voudroit donc être père d'abord, et n'attendre pas cela du temps: c'est le désir de la nature. Or tout le bien qu'on désire parmi les hommes, est naturel en Dieu sans le désirer. Et d'ailleurs quel avantage est-ce, parmi nous, à un père d'être devant son fils, si ce n'est d'avoir vieilli? Or comme Dieu ni ne change ni ne vieillit, ni le Père n'a la prééminence de l'âge, ni le Fils n'a l'avantage de la jeunesse: car après tout, ce qu'on appelle la prééminence de l'âge n'est qu'un défaut de la nature, qui en vieillissant tend à sa fin.

Tout cela est donc exclu en Dieu : ni le Père n'est plus vieux, ni le Fils n'est plus jeune : car en cela il excelleroit au-dessus du Père. Dans le Père qui est Dieu, et le Fils qui est Dieu aussi, l'antiquité est toujours également vénérable, comme la jeunesse est toujours également dans la fleur, parce que l'éternité, qui est toujours ancienne et toujours nouvelle, égale tout. Et c'est pourquoi le Fils dit : « Tout ce qui est à moi est à vous, et tout ce qui est à vous est à moi : » par conséquent l'éternité même : et de toute éternité je suis en vous, comme de toute éternité vous êtes en moi. Ainsi la gloire est égale : car s'il y a de la gloire pour le Fils d'avoir un tel Père, il n'y en a pas moins au Père d'avoir un tel Fils. Et si même parmi les hommes, où le fils nécessairement est moins que son père et dégénère de lui, du moins en naissant si petit et si imparfait, on ne laisse pas de dire : « Un sage fils est la gloire de son père, » combien plus le dira-t-on du Fils de Dieu? Si c'est la gloire d'un père d'avoir un fils qui n'est sage qu'à cause qu'il l'est devenu, quelle gloire pour le Père éternel, d'avoir un Fils qui est, en naissant et d'abord, la sagesse même? Il est si beau d'avoir un tel Fils, que le Père en l'engendrant le conserve en soi. Parmi nous avoir un fils, c'est le mettre hors de soi-même : en Dieu avoir un Fils, c'est le produire et le conserver éternellement dans son sein, comme quelque chose d'égal et aussi parfait que soi-même. C'est pourquoi il est unique et il ne peut y en avoir deux : « Le Fils unique qui est dans le sein du Père [1] : » il est unique, parce qu'il est parfait : il est unique, parce qu'il tire tout et épuise si parfaitement la fécondité, qu'un autre n'ajouteroit rien à la gloire d'être Père. C'est pourquoi il demeure dans le sein du Père, parce qu'il est digne par sa perfection d'y être toujours ; et tout immense qu'est ce sein du Père, il n'y a point de place pour un autre fils, parce qu'on ne peut en avoir qu'un, quand on l'a parfait.

Croyons donc la vérité de cette parole : « Vous êtes en moi, et moi en vous. » Et adorons également le Fils dans le Père, et le Père dans le Fils, parce qu'ôtant du nom de Père et de Fils tout ce qui marque imperfection, commencement, inégalité, il ne reste qu'une nature parfaite et parfaitement commune. En sorte que si du côté de l'origine on met le Père devant le Fils, du côté de la perfection on les met naturellement tous deux ensemble ; et qu'on pourroit aussi bien dire le Fils et le Père, qu'on dit le Père et le Fils, selon aussi que l'ont dit quelques anciens, pour montrer qu'entre le Père et le Fils, être le premier ou le second n'emporte point d'inégalité, mais seulement une origine sans imperfection.

Pourquoi osons-nous parler de telles choses ? Ne faudroit-il pas trembler et adorer en silence un si grand mystère ? Mais puisque Jésus-Christ a daigné nous en parler, nous pouvons en parler aussi, pourvu que ce soit avec lui, après lui et selon lui : ajoutons que ce soit encore pour la fin qu'il s'est proposée. Et quelle est-elle ? Elle est admirable : « Comme vous, mon Père, êtes en moi et que je suis en vous, ainsi qu'ils soient un en nous : » qu'il y ait entre eux, comme entre nous, une parfaite égalité, depuis le premier d'entre eux jusqu'au dernier. Qu'il y ait une parfaite unité et communauté : que chacun puisse dire en quelque façon à son frère : « Tout ce qui est à moi est à vous, et tout ce qui est

[1] *Joan.*, I, 18.

à vous est à moi. » C'est ce qui a été en effet, il le faut souvent répéter, dans la naissance de l'Eglise : « Et ils n'avoient qu'un cœur et qu'une ame, et aucun d'eux ne disoit qu'il eût quelque chose à soi, mais tout étoit commun entre eux [1]. » Cela a été effectif au commencement de l'Eglise pour montrer que la disposition en devoit être dans le fond de tous les cœurs : et c'est pourquoi Ananias et Saphira, ces deux disciples qui violèrent la loi de cette communauté de l'Eglise, périrent dans leur malheureuse propriété. Pierre, qui étoit le chef de l'unité, les frappa; et le Saint-Esprit, à qui ces malheureux avoient menti, fit un foudre de la parole de ce saint apôtre pour les faire mourir à l'instant [2]. Ainsi fut vengé le violement de l'unité des fidèles.

Portons donc cette disposition dans le fond du cœur : communiquons : donnons : ne resserrons point nos entrailles : qu'aucun de nous ne regarde son frère avec mépris : dans le fond tout est égal entre nous : la distinction superficielle qui nous élève les uns au-dessus des autres, regarde l'ordre du monde, mais ne change rien dans le fond. Nous sommes tous formés d'une même boue : nous portons tous également l'image de Dieu dans notre ame : l'homme n'a que la nature : le chrétien n'a que la foi : que la charité égale tout, selon ce que dit saint Paul : « qu'il faut établir l'égalité [3]. » La consolation et l'affliction, le bien et le mal, tout doit être égal entre les frères. Et pour cela « celui qui est riche doit suppléer à ce qui manque au pauvre, afin, répète l'Apôtre, que tout soit réduit à l'égalité, selon ce qui est écrit « de la manne, » que celui qui en recueilloit plus n'en avoit pas plus, et celui qui en recueilloit moins n'en avoit pas moins [4]. » Dieu veut donc de l'égalité entre les frères; c'est-à-dire que personne ne soit dans l'indigence, mais que le besoin de tout le monde soit soulagé et l'inégalité compensée.

Le riche qui fait meilleure chère, qui est mieux vêtu, mieux logé, n'en est pas plus grand pour cela; au contraire dans le fond il est plus pauvre, parce qu'il s'est fait des besoins de ce que la nature ne demandoit pas : il seroit et plus riche et plus heureux, s'il ne lui falloit que ce qui contente le pauvre. Qu'il regarde donc

<hr>

[1] *Act.*, IV, 32. — [2] *Act.*, V, 2 et seq. — [3] II *Cor.*, VIII, 13, 14. — [4] *Ibid.*, 15.

son abondance comme une preuve de sa pauvreté et de son infirmité, qu'il s'en humilie, qu'il en ait honte : ainsi il se mettra en
égalité avec le pauvre; et faisant de ses biens un supplément des
besoins de l'indigent, il participe à la grace de la pauvreté.

Quand dirons-nous de tout notre cœur à notre frère qui souffre :
Tout ce qui est à moi est à vous? et à notre frère qui est dans l'a-
bondance : Tout ce qui est à vous est à moi? Hélas! on ne verra
jamais sur la terre un si grand bien dans sa perfection. C'est
pourtant ce que veut Jésus, lorsqu'il dit : « Comme vous, mon
Père, êtes en moi et que je suis en vous et que tout ce qui est à
moi est à vous, et tout ce qui est à vous est à moi : ainsi qu'ils
soient un en nous [1]. » Tendons à cette unité divine. Mon Dieu,
j'étends de grands bras à tous mes frères : je leur ouvre mon sein :
je dilate sur eux mes entrailles, afin de leur être tout, père, mère,
frère, sœur, ami, défenseur et tout ce dont ils ont besoin pour
être contens.

LIXe JOURNÉE.

La foi pleine et entière est l'effet de l'unité des fidèles. Joan., xvii, 21.

« Afin que le monde croie que vous m'avez envoyé [2]. » Quand
le monde le croira ainsi, le monde sera converti : cette partie du
monde qui le croira cessera d'être du monde; et Jésus-Christ attribue la conversion de l'univers, qui devoit venir, à cette unité de
ses fidèles. Il avoit dit, chapitre xiv, 31 : « Afin que le monde sache
que j'aime mon Père, et que je fais ce qu'il m'ordonne, levons-
nous, allons » (à la mort). Il avoit dit en parlant de la charité fraternelle : « On connoîtra que vous êtes mes disciples, si vous vous
aimez les uns les autres [3]. » Et il dit encore ici plus précisément :
« Afin que le monde croie que vous m'avez envoyé : » c'est la foi
pleine et entière, et c'est l'effet de l'unité des fidèles. Il persiste :
« Je suis en eux et vous en moi, afin que le monde connoisse que
vous m'avez envoyé [4]. » La meilleure manière de prêcher, c'est de

______
[1] *Joan.*, XVII, 10, 11, 21, 23. — [2] *Ibid.*, 21. — [3] *Joan.*, XIII, 35. — [4] *Joan.*,
XVII, 23.

prêcher par l'exemple : si vous voulez convertir le monde, vivez dans cette unité parfaite dont je vous ai montré le parfait modèle dans celle qui est entre mon Père et moi : imitez cette unité; et le monde, qui en verra l'image en vous, s'élèvera à l'original; et il verra que mon Père et moi sommes en vous, y imprimant le caractère de charité et de concorde; et il croira que je suis vraiment l'envoyé de Dieu, en ce qu'unissant les hommes d'une manière si cordiale, je fais un ouvrage qui marque la dignité de mon envoi et la puissance de ma grace.

LXe JOURNÉE.

Jésus fait part de sa gloire à ses élus. Joan., xvii, 22.

« Je leur ai donné la gloire que vous m'avez donnée, afin qu'ils soient un comme nous sommes un [1]. » Il la compte comme donnée, parce qu'il vouloit nous la donner, et qu'elle sera le fruit du sacrifice qu'il alloit offrir pour nous.

Il commence ici à nous découvrir une nouvelle vérité, qui est qu'après avoir été un dans la charité sur la terre, nous serons un dans la gloire, et que la gloire qui nous sera donnée sera celle de Jésus-Christ. Il parle ici de la gloire qui devoit être donnée à Jésus-Christ selon sa nature humaine, en le ressuscitant. Cette gloire nous sera donnée, puisque nous aurons part à la gloire de sa résurrection. Bien plus : il a daigné dire dans l'*Apocalypse* : « Je donnerai à celui qui aura remporté la victoire, d'être assis dans mon trône, comme j'ai remporté la victoire et que je me suis assis avec mon Père dans son trône [2]. »

Toute la sainte cité, toute la société des saints, n'est qu'un seul trône de Dieu, qui a dit : « Je serai en eux [3] : » Il y sera comme un roi, qui, après avoir abattu le règne du péché et de la mort, établira son empire dans tous ses sujets, en les rendant éternellement et parfaitement heureux : ce qui leur arrivera, parce que

<hr>

[1] *Joan.*, xvii, 22. — [2] *Apoc.*, iii, 21. — [3] *Levit.*, xxvi, 12; II *Cor.*, vi, 16; *Apoc.*, xxi, 3.

« Dieu sera tout en tous [1]. » Alors donc nous serons unis dans la gloire, comme sur la. terre nous aurons été unis dans la charité et dans la grace : notre gloire sera celle de Jésus-Christ notre chef, qui se répandra sur tous ses membres, et la gloire de Jésus-Christ sera celle de son Père; laquelle se trouvant en lui par sa naissance éternelle, rejaillira sur l'humanité que le Fils de Dieu s'est unie. Voilà donc tout réduit en un par la gloire et la félicité éternelle; et pour être reçus dans cette gloire, il faut être un par la charité : car Dieu veut faire de ses fidèles un corps parfaitement un en Jésus-Christ, un corps dont l'unité aille croissant jusqu'à ce qu'elle se consomme et reçoive sa dernière perfection dans le ciel.

Pour donc répondre au dessein de Dieu, nous ne pouvons nous unir assez avec nos frères, ni assez bannir tout ce qui peut faire entre nous la moindre division. Mon Dieu, plus que jamais je m'en vais rechercher en moi tout ce qui me divise de mes frères par quelque endroit que ce soit : les défiances, les jalousies, l'orgueil qui en est la source. L'orgueil tire tout à soi, veut tout pour soi, et c'est là le principe de la division. Nous vivrions sans partage, si nous vivions sans orgueil.

O vie sainte! ô vie heureuse que celle qui est sans orgueil! c'est le vrai commencement de la vie éternelle. Commençons donc cette vie; et puisque Jésus-Christ ne cesse de nous inculquer cette unité, tournons toutes nos pensées, tous nos désirs, tous nos soins à l'établir dans notre cœur. Ayons toujours dans la pensée, toujours à la bouche ce précepte de saint Paul : « Que chacun ne regarde pas ce qui lui convient, mais ce qui convient aux autres [2]. » C'est là cette parfaite abnégation de soi-même tant commandée par Jésus-Christ. Soyons un de notre côté même avec ceux qui ne veulent pas être un avec nous : n'ayons rien à nous : que tout notre déplaisir soit de ne pouvoir pas communiquer assez tout ce que nous avons et tout ce que nous sommes : cherchons les moyens de devenir, autant que nous pourrons, un bien commun à tous, en nous faisant « tout à tous » avec saint Paul [3].

O charité! ô amour! ô compassion! ô condescendance! ô sup-

____
[1] I *Cor.*, xv, 28. — [2] *Philipp.*, II, 4. — [3] I *Cor.*, ix, 22.

port! Aumônes, libéralité, consolation, entrailles de miséricorde, paix entre les frères en Dieu notre Père et en Jésus-Christ Notre-Seigneur; vous êtes l'objet de mes vœux, je ne veux plus penser autre chose. Amen, Amen.

LXIᵉ JOURNÉE.

Les élus consommés en un. Joan., XVII, 23.

« Je suis en eux et vous en moi, afin qu'ils soient consommés, » réduits « en un, et que le monde connoisse que vous m'avez envoyé, et que vous les avez aimés comme vous m'avez aimé[1]. » Il revient toujours à cette sainte unité : elle fait les délices de son cœur, et il ne peut quitter un sujet qui lui plaît si fort. Il va toujours approfondissant de plus en plus cette matière; et il nous apprend ici que la source de cette unité, c'est qu'il est en nous comme son Père est en lui.

Les saints Pères ont interprété ces paroles en cette sorte : « Je suis en eux, » par mon esprit; « je suis en eux » par ma chair que je leur donne dans l'Eucharistie : je leur rends par ce moyen tout ce que j'ai pris d'eux : je leur donne en même temps tout ce que j'ai reçu de vous : ma divinité est à eux aussi bien que mon humanité. Dans l'humanité : qui est à eux et en eux, ils trouvent la divinité qui lui est unie, et ils en peuvent jouir comme de leur bien. C'est donc ainsi que « je suis en eux : et vous, mon Père, vous êtes en moi. » Tout est donc en eux, tout est à eux : que leur faut-il davantage pour être parfaitement consommés en un? Et néanmoins voici encore quelque chose de plus touchant : c'est, mon Père, que « vous les aimez comme vous m'avez aimé. » Ils ne sont enfans que par adoption et par grace; et moi, qui suis Fils par la nature, j'ai trouvé cet admirable moyen de me les unir comme mes membres, afin que cet amour paternel que vous avez pour moi s'étendît sur eux : « afin, continue-t-il, que l'amour dont vous m'avez aimé soit en eux, comme je suis aussi en eux[2]. »

[1] *Joan.*, XVII, 23. — [2] *Ibid.*, 26.

O homme, regarde donc combien tu es chéri de Dieu. Quoi ! le monde te plaît encore ! Quoi ! tu peux penser autre chose que Dieu même ! il en faudroit mourir de regret et de honte. Il faut se taire ici dans une profonde admiration et action de graces, en considérant, en goûtant ce que nous sommes à Dieu par Jésus-Christ. C'est un mystère ineffable et inénarrable. Oh ! si le monde le pouvoit connoître, il connoîtroit en même temps que Jésus-Christ est vraiment envoyé de Dieu : et qu'un Dieu envoyé au monde ne pouvoit rien enseigner ni opérer de plus grand !

LXIIe JOURNÉE.

Gloire de Jésus, il veut que les élus y soient avec lui. Joan., XVII, 24.

« Mon Père, je veux que là où je suis, ceux que vous m'avez donnés y soient aussi avec moi, afin qu'ils voient la gloire que vous m'avez donnée, parce que vous m'avez aimé avant l'établissement du monde [1]. »

« Mon Père, je veux. » Jusqu'ici il avoit dit : « Je prie ; » il change de langage, et il dit plus absolument : « Je veux. » En parlant aux hommes, il pouvoit dire : « Je veux, » à même titre qu'il leur dit : Je vous commande. Car il est leur maître et leur seigneur : toute puissance lui est donnée sur eux. Il pouvoit aussi, même en parlant à son Père, parler ou en inférieur ou en égal ; et étant Dieu comme son Père, étant la parole même de son Père, il pouvoit dire comme lui et avec lui : « Je veux. » Mais pourquoi il ne l'a fait qu'ici, et pourquoi dans une prière, et pourquoi ayant accoutumé partout ailleurs, lorsqu'il parle de volonté absolue, de ne nommer que celle de son Père à laquelle la sienne étoit attachée avec une parfaite soumission, il parle ici seulement d'une manière si déterminée et si absolue ? Mon Sauveur, est-il permis de vous le demander ?

Commençons par adorer, quelle qu'elle soit, la vérité enseignée dans cette parole : « Je veux. » Oui, le Verbe, qui est la sagesse

[1] *Joan.,* XVII, 24.

même, a eu sa raison pour l'inspirer à l'ame de Jésus-Christ, qui lui est unie de cette manière ineffable ; et cette ame sainte a pu dire, en conformité de la volonté suprême du Père et de son Verbe : « Je veux. » Et c'est une chose admirable, que ce soit en faisant pour nous la demande la plus importante, que Jésus-Christ ait parlé de cette sorte : « Je veux, mon Père, que là où je suis, » dans votre gloire éternelle, « ceux que vous m'avez donnés » les apôtres dont il a dit : « Ils étoient à vous et vous me les avez donnés, et ceux qui devoient croire par leurs paroles [1], » qui n'auroient pas cru si son Père ne les lui avoit aussi donnés : « Je veux, dis-je, que tous ceux-là soient là où je suis. » Il semble qu'après avoir dit « qu'ils soient où je suis, » il ne servoit de rien d'ajouter : « Qu'ils y soient avec moi ; » mais on ne pouvoit trop exprimer ce qui fait toute la douceur de cette demande, puisqu'être avec Jésus-Christ c'est ce qui satisfait le cœur de l'homme : être avec Jésus-Christ, c'est être avec la vérité et la vie : y être dans le ciel et dans la gloire éternelle, ce n'est plus être avec lui comme avec celui qui est la voie, mais comme avec celui qui est le terme de notre course, et en qui nous trouvons la vie éternelle dans la consommation de notre amour. C'est pour nous obtenir un si grand bien que Jésus-Christ dit : « Je veux, » d'une manière si déterminée.

Mais écoutons la suite : « Je veux que là où je suis, ils y soient aussi avec moi, afin qu'ils voient ma gloire. » Il semble qu'il y manqueroit quelque chose, qu'elle ne seroit pas complète, si ses amis ne la voyoient. Mais est-ce assez de la voir ? Jésus-Christ ne veut-il pour nous que cet avantage, et ne veut-il pas que nous y ayons part, comme il l'a dit tant de fois ? La voir, c'est y avoir part : la voir, c'est en jouir : qui voit la gloire de Jésus-Christ dans le sein de son Père, il est heureux : heureux premièrement du bonheur de la gloire de Jésus-Christ qui fait la leur ; et heureux ensuite en eux-mêmes, parce que cette bienheureuse vision de la gloire de Jésus-Christ nous transforme en elle-même ; et que qui le voit lui est semblable, conformément à cette parole : « Nous lui serons semblables, parce que nous le verrons tel qu'il est [2]. »

____
[1] *Joan.*, XVII, 6, 20. — [2] 1 *Joan.*, III, 2.

Commençons donc dès cette vie à contempler par la foi la gloire de Jésus-Christ, et à lui devenir semblables en l'imitant : un jour nous lui serons semblables par l'effusion de sa gloire ; et n'aimant en nous que le bonheur de lui ressembler, nous serons enivrés de son amour. Ce sera là la dernière et parfaite consommation de l'œuvre pour lequel Jésus-Christ est venu ; et peut-être pourquoi il en demande l'accomplissement par ce « Je veux » si déterminé, si absolu, si aimable et si doux à entendre aux hommes.

« Parce que vous m'avez aimé avant l'établissement du monde. » Il semble qu'il parle ici de l'amour qu'il a de toute éternité pour son Fils, qui lui est coéternel. C'est proprement cet amour qu'il a pour lui « avant la constitution du monde. » Car encore que le Père éternel ait un amour éternel pour ses créatures par la volonté de les créer et par celle de les rendre heureuses, si c'étoit d'un amour semblable qu'il voulût parler, il ne se distingueroit pas assez ni des hommes, ni des anges bienheureux qu'il a aimés d'un semblable amour, quoique dans un degré fort inégal.

Entendons donc que le « Père a aimé son Fils avant l'établissement du monde, » parce qu'il étoit ce Fils unique avant cet établissement, et qu'il étoit par conséquent aimé de son Père. Que faisoit Dieu, s'il est permis de le demander, avant qu'il eût fait le monde : il aimoit son Fils : il le produisoit dans son sein : il l'embrassoit : il se l'unissoit : ou plutôt il étoit un avec lui. Et pourquoi nous rappeler toujours à un si sublime mystère ? Parce que c'est toute la source de notre bonheur. La source de notre bonheur, c'est que ce Fils que Dieu aime et qu'il porte dans son sein avant que le monde fût et de toute éternité, se soit fait homme ; en sorte que ne faisant qu'une seule et même personne avec l'homme qui lui est uni, il aime ce tout comme son Fils ; d'où il s'ensuit que répandant sur les hommes qui sont ses membres le même amour qu'il a pour lui, il s'ensuit, dis-je, que l'amour qu'il a pour nous est une extension et une effusion de celui qu'il porte dans l'éternité à son Fils unique. C'est la source de notre bonheur. C'est pourquoi Jésus-Christ nous y rappelle : et il veut que nous entendions par ces dernières paroles combien est grande, combien est immense la gloire que nous verrons et à laquelle nous aurons part en la voyant.

Que l'élévation de l'homme est un grand mystère ! Tout le mystère de Dieu et toute cette éternelle et intime communication du Père et du Fils y est déclarée : et c'est ainsi que « Dieu est tout à tous, » selon l'expression de saint Paul [1].

Chrétien, es-tu chrétien, si après cela tu languis encore dans l'amour des choses de la terre ? Quand entendrons-nous que nous ne pouvons assez épurer nos pensées, nos affections, notre esprit et notre cœur ? Seigneur Jésus, achevez ; et après nous avoir montré de si sublimes vérités, élevez-nous-y, et faites-les-nous aimer d'un pur et éternel amour.

<hr>

LXIIIe JOURNÉE.

Justice de Dieu inconnue au monde. Joan., XVII, 25.

« Mon Père juste, le monde ne vous a pas connu [2]. » Jésus-Christ ne donne dans cette oraison que deux qualités à son Père : « Mon Père saint; » et ici : « Mon Père juste. »

« Mon Père saint, sanctifiez-les en vérité : je me sanctifie pour eux, afin qu'ils soient saints en vérité [3], » par la communication de votre sainteté, qui est aussi la mienne. On pourroit entendre de même : « Mon Père juste, » parce que, comme dit saint Paul, « Dieu est juste et justifiant celui qui croit en Jésus-Christ [4]. »

Mais la suite semble demander quelque chose de plus : « Mon Père, vous êtes juste et le monde ne vous connoît pas : » non-seulement il est corrompu et ne connoît pas votre justice; mais c'est encore par votre justice que l'abandonnant à sa corruption, dont il ne veut pas sortir et ne le peut de soi-même, vous le laissez privé de votre connoissance : « Le monde donc ne vous connoît pas, et moi je vous connois : et ceux-ci ont connu que vous m'avez envoyé [5]. » C'est ainsi qu'ils vous connoissent. Ils méri-

---

[1] I *Cor.*, XV, 28. — [2] *Joan.*, XVII, 25. — [3] *Ibid.*, 11, 17, 19. — [4] *Rom.*, III, 26. — [5] *Joan.*, XVII, 25.

toient, comme les autres, de ne vous connoître jamais; mais moi, qui vous connois seul et qui seul suis digne de vous connoître, je vous ai fait connoître à eux, en me faisant connoître moi-même, parce qu'ils sont ces petits et ces humbles dont je vous ai dit ailleurs : « Je vous loue, mon Père, Seigneur du ciel et de la terre, parce que vous avez caché ces choses aux sages et aux prudens de la terre, et vous les avez révélées aux petits : ainsi soit-il, mon Père, parce que vous l'avez voulu : toutes choses me sont données par mon Père, et personne ne connoît le Fils, si ce n'est le Père; et personne ne connoît le Père, si ce n'est le Fils et ceux à qui le Fils le voudra faire connoître [1]. » C'est pourquoi il dit ici : « Le monde ne vous connoît pas; » par la même vérité qui lui fait dire : « Vous avez caché ce secret aux sages du monde, » qui enflés de leur vaine science, n'ont pas voulu se soumettre à la justice de Dieu : « Mon Père juste, ceux-là ne vous connoissent pas : et moi je vous connois, et je vous ai fait connoître à ceux-ci, » qui ont su chercher la vérité dans la petitesse et dans l'humble abaissement de leur esprit. Mon Père juste, faites-leur adorer en tremblant le juste et terrible jugement que vous exercez sur le monde, qui est privé de votre connoissance, et la merveilleuse miséricorde avec laquelle vous avez daigné vous faire connoître à ceux que vous avez séparés de la corruption.

Chrétien, rendez-vous petit, si vous voulez connoître Dieu et en Dieu Jésus-Christ, de la manière qu'il le faut connoître pour être saint.

LXIVᵉ JOURNÉE.

Justice de Dieu inconnue aux présomptueux. Ibid.

« Mon Père juste, le monde ne vous connoît pas. » Quoi! les Juifs ne vous connoissent-ils pas, eux qui ont votre loi? Et n'êtes-vous pas celui dont il est écrit, « que ses » beautés « invisibles, et son éternelle vertu et divinité sont manifestées » aux Gentils « par les ouvrages » de votre puissance, « en sorte qu'ils sont inexcu-

[1] *Matth.*, IX, 25-27.

sahles [1]? » Entendons donc de quelle manière Dieu n'est point connu du monde.

Il n'est point connu du monde : il n'est point connu de ceux qui présument d'eux-mêmes; et c'est pourquoi saint Paul ajoute, sur ces Gentils qui ont connu Dieu, « que se disant sages, ils sont devenus fols [2]. »

En ce sens les Juifs mêmes ne l'ont pas connu, puisqu'ils « ont le zèle de Dieu, mais non pas selon la science; et qu'ignorant la justice que Dieu donne et cherchant leur propre justice, » celle qu'on croit avoir de soi-même, « ils n'ont pas été soumis à la justice de Dieu [3]. » Ainsi pour connoître Dieu de cette manière secrète, dont il assure que le monde ne le connoît pas, il faut bannir toute présomption de notre propre justice, et reconnoître que « Dieu a tout renfermé dans l'incrédulité, afin d'avoir pitié de tous. O profondeur des richesses de la sagesse et de la science de Dieu! que ses jugemens sont incompréhensibles, et que ses voies sont impénétrables! Car qui a connu les desseins de Dieu, ou qui est entré dans ses conseils, ou qui est-ce qui lui a donné le premier quelque chose pour ensuite en recevoir la rétribution? Parce que de lui et par lui et en lui sont toutes choses : la gloire lui en soit rendue dans tous les siècles! Amen [4]. »

LXV⁰ JOURNÉE.

Les élus aimés de Dieu en Jésus-Christ, comme ses membres et ses images.
Joan., xvii, 25, 26.

« Ceux-ci (les apôtres qui étoient présens et en leur personne toute la société des enfans de Dieu qu'ils représentoient), ont connu que vous m'avez envoyé, et je leur ai fait connoître votre nom (comme il a été déjà expliqué, vos grandeurs, vos conseils, ce nom de Père); et je le leur ferai encore connoître davantage, afin que l'amour que vous avez pour moi soit en eux et moi aussi en eux [5]. »

[1] *Rom.*, i, 20. — [2] *Ibid.*, 22. — [3] *Rom.*, x, 2, 3. — [4] *Rom.*, xi, 32-36. — [5] *Joan.*, xvii, 25, 26.

Voilà, dans la conclusion de la prière de Notre-Seigneur, le dessein de tout le reste, et en particulier le dénouement de ce que nous avons vu au verset 24. C'est ce qu'il nous faut considérer avec attention et avec respect, comme la chose du monde qui nous doit le plus donner de consolation. Car c'est ici la dernière marque de la tendresse de Jésus-Christ.

« Je suis en eux [1] : » ils sont mes membres vivans : ce sont d'autres Jésus-Christ, d'autres moi-même : ils ont en eux son esprit, qui fait que la doctrine de Jésus-Christ reluit dans leur vie, qui les rend semblables à lui ; qui les rend doux, humbles, patiens, tranquilles dans le bien et dans le mal, soit que le monde les estime ou les méprise, soit qu'il leur fasse part de ses honneurs ou de ses rebuts ; soit qu'il les invite pour ainsi dire à ses festins, comme il y a invité Jésus-Christ, ou qu'il les attache à la croix comme à la fin il y a mis le même Jésus. En tout cela, l'esprit de Jésus qui est en eux, comme dans ses membres vivans, les rend semblables à lui et leur fait suivre ses exemples : en sorte qu'on voit en eux la vie et la mort de Jésus-Christ : la vie, parce qu'ils marchent sur ses pas ; la mort, parce qu'ils portent l'empreinte de sa croix, et comme parle saint Paul, « la mortification de Jésus [2]. » Ainsi le Père éternel ne voit en eux que Jésus-Christ : c'est pourquoi il les aime par l'effusion et l'extension du même amour qu'il a pour Jésus-Christ même ; et cet amour, en les embrassant comme les images, comme les membres de son Fils, répand sur eux la même gloire que Jésus-Christ a reçue en conséquence de ce qui étoit dû à sa grandeur naturelle en tant que Dieu, et à ses souffrances en tant qu'homme : qu'y a-t-il à désirer davantage ? Jésus-Christ même n'a rien de plus à nous donner. C'est pourquoi après avoir prononcé avec une tendresse infinie ce grand et bienheureux mot, il met fin à sa prière : et il ne lui reste plus qu'à partir pour la consommer par son sacrifice.

On peut donc voir maintenant tout le dessein et toute la suite de cette prière : il commence par demander que son Père le glorifie, et cette glorification se termine à nous en faire part ; en sorte que la perfection de la glorification de Jésus-Christ soit dans

____
[1] *Joan.*, XVII, 26. — [2] II *Cor.*, IV, 10.

la nôtre : ce qui nous unit tellement à lui, que le Père même ne nous en sépare point dans son amour. Après quoi il faut se taire avec le Sauveur, et demeurant dans l'étonnement de tant de grandeurs où nous sommes appelés en Jésus-Christ, n'avoir plus d'autre désir que de nous en rendre dignes avec sa grace.

LXVIe JOURNÉE.

Père saint. Joan., xvii, 11.

« Mon Père saint : » mon « Père juste : » ce sont les deux seuls noms que le Fils de Dieu donne à son Père, les deux seules qualités qu'il lui attribue; ce qu'elles renferment est inexplicable.

Il est parlé dans cette divine oraison de deux sortes de personnes, dont les unes sont sanctifiées par la connoissance de Jésus-Christ; les autres n'ont point cette connoissance, et sont privées de l'effet de sa sainte prière [1]. Nous avons vu que c'est par rapport aux premiers que Jésus appelle son « Père saint, » parce qu'il est saint et sanctifiant, et auteur dans les ames saintes de toute leur sainteté. Et nous avons dit aussi que c'est par rapport aux seconds que le Père est appelé « Juste, » parce que c'est par un juste et impénétrable jugement qu'ils sont privés de la sainteté que Jésus-Christ leur auroit donnée, s'ils l'avoient reçu.

On voit donc qu'il n'y avoit rien de plus convenable que d'honorer ces deux attributs dans une prière dont ils contiennent tout l'effet. Mais si je viens maintenant à la contemplation particulière de ces deux divines perfections, je m'y perds.

Je vois que ce qu'on loue, ce qu'on célèbre principalement en Dieu dans le ciel, c'est sa sainteté. Les séraphins, c'est-à-dire les premiers et les plus sublimes de tous les esprits célestes, adorant Dieu dans son trône, n'en peuvent dire autre chose, sinon qu'il est *saint*, encore une fois qu'il est *saint*, pour la troisième fois qu'il est *saint* [2], c'est-à-dire qu'il est infiniment *saint : saint* dans sa parfaite unité, *saint* dans la Trinité de ses personnes : la première

[1] *Joan.,* XVII, 11. — [2] *Isa.,* VI, 3.

comme le principe de la sainteté, les deux autres comme sorties par de saintes opérations du sein même et du fond de la sainteté. Crions donc aussi : « Saint, saint, saint! » et adorons la sainteté de Dieu.

La sainteté dans les hommes, c'est une qualité morale qui leur donne toutes les vertus et les éloigne de tous les péchés. Rien n'est plus excellent dans les hommes que la sainteté : rien ne les rend si admirables, si vénérables. La sainteté les fait regarder comme quelque chose de divin, comme des dieux sur la terre : « J'ai dit : Vous êtes des dieux, et vous êtes tous les enfans du Très-Haut [1]. » Quelle adoration ne doit donc pas attirer à Dieu sa sainteté infinie! La sainteté est en nous comme quelque chose d'accidentel, qu'on peut acquérir, qu'on peut perdre : Dieu est saint par son essence : son essence est la sainteté : le fond en est saint, il est sacré : tout y est sacré, tout y est saint. Profane, n'approchez pas, ne touchez pas : tout est saint, tout est la sainteté même : « Dieu est lumière et il n'y a point de ténèbres en lui [2] : Dieu est celui qui est [3], » et par son être il est infiniment éloigné du néant : il est saint, et par sa sainteté il est encore plus infiniment, si on peut parler ainsi, éloigné d'un autre néant plus vil et plus haïssable, qui est celui du péché. Sa volonté est sa règle et celle de toute chose : qu'y aura-t-il d'irrégulier dans la règle même? Il n'est pas le saint par grace; il est le saint par nature : il n'est pas le saint sanctifié; il est le saint sanctifiant : toutes ses œuvres sont saintes, parce qu'elles partent du fond de la sainteté et de sa volonté qui est toujours sainte, toujours droite, puisqu'elle est la droiture même, la règle même de toute droiture.

David se lève le matin, et il vient contempler la sainteté de Dieu : « Le matin je me présenterai devant vous, et je verrai que vous êtes Dieu, qui ne voulez point l'iniquité [4], » qui ne pouvez la vouloir, qui êtes toujours saint, dont toutes les œuvres sont inséparables de la sainteté.

Demeurons avec David en silence devant la très-auguste sainteté de Dieu. On se perd en la contemplant, parce qu'on ne la

[1] *Psal.* LXXXI, 6. — [2] I *Joan.*, I, 5. — [3] *Exod.*, III, 14. — [4] *Psal.* V, 5.

peut jamais comprendre, non plus que la pureté avec laquelle il faut s'en approcher.

Isaïe voit de loin le trône de Dieu : ce trône devant lequel sa sainteté est célébrée par les séraphins : J'ai vu, dit-il, « le Seigneur sur un trône haut et élevé : » et tout étoit à ses pieds, et tout trembloit devant lui : et je vis les bienheureux esprits qui approchent le plus près du trône : et je n'entendis autre chose de leur bouche que cette voix : « Saint, saint, saint. Et je fus saisi de frayeur. Et je dis : Malheur à moi, parce que j'ai les lèvres souillées, et que je demeure au milieu d'un peuple dont les lèvres sont souillées aussi : et j'ai vu de mes yeux le Roi dominateur des armées [1], » de toute l'armée du ciel, de toutes celles de la terre : la sainteté de Dieu le fait trembler : saisi à sa vue d'une sainte et religieuse frayeur, il s'en retire. Je ne m'en étonne pas : il voit les séraphins mêmes dans l'étonnement : s'ils ont des ailes pour voler, ce qui montre la sublimité de leurs connoissances, ils en ont pour se couvrir les yeux éblouis de la lumière et de la sainteté de Dieu : tout embrasés qu'ils sont du divin amour, ils sentent que leur amour est borné, comme tout ce qui est créé, et par conséquent qu'il y a en eux, pour ainsi parler, plus de non-amour que d'amour, comme il y a aussi toujours plus de non-être que d'être. Et c'est pourquoi ils se cachent, et ils voilent de leurs ailes leur face et leurs pieds, et se trouvent comme indignes de paroître avec une sainteté finie devant l'infinie sainteté de Dieu. Et le cri qu'ils font pour se dire l'un à l'autre : « Saint, saint, saint, » fait voir l'effort dont ils ont besoin pour entendre et pour célébrer la sainteté de Dieu, laquelle demeure au-dessus de tous leurs efforts; en sorte qu'il n'y a que lui qui se puisse louer lui-même, et que c'est en lui qu'il faut trouver et connoître sa digne louange.

Combien plus devons-nous trembler devant l'auguste et redoutable sainteté de Dieu avec nos péchés? Mais si un charbon de l'autel est appliqué à mes lèvres, si un de ces séraphins prend l'ordre de Dieu pour me toucher, comme Isaïe, de ce feu céleste, alors je louerai Dieu avec des lèvres pures, parce que je l'aimerai d'un pur amour.

[1] *Isa.*, VI, 1-7.

Ne croyons pas néanmoins que les séraphins, ni que les ministres de Dieu, quels qu'ils soient, fussent-ils élevés à leur degré par la perfection de leur amour, puissent nous purifier. Ils peuvent bien nous toucher les lèvres de ce feu divin par l'inspiration de quelques bonnes pensées; mais pour pénétrer dans le fond, pour nous embraser de l'amour qui nous sanctifie, c'est le coup réservé à Dieu, qui plus intime dans nos cœurs que le plus intime, allume et cache dans notre intérieur et dans la moelle de nos os cette flamme sanctifiante et purifiante. Et c'est ainsi que s'accomplit cette divine prière : « Mon Père saint, sanctifiez-les en vérité : je me sanctifie pour eux [1]. »

Séparons-nous donc des pécheurs et de toute iniquité, en contemplant la sainteté de Dieu notre Père céleste : car c'est ainsi que David, après avoir vu et contemplé dès le matin que Dieu est saint et « ne veut point l'iniquité, » c'est-à-dire ne la veut jamais ni par quelque endroit que ce puisse être, ajoute aussitôt après : « Et le méchant n'habitera point auprès de vous; et les injustes, les pécheurs ne subsisteront point devant vos yeux [2]. » Encore un coup, séparons-nous donc des pécheurs : séparons-nous-en, non-seulement par une vie opposée à la leur ; mais encore autant qu'il se peut en nous retirant de leur odieuse et dangereuse compagnie, de peur d'être corrompus par leurs discours et par leurs exemples, et de respirer un air infecté.

LXVIIe JOURNÉE.

Père juste. Ibid.

Après avoir dit par Jésus-Christ et en Jésus-Christ : « Mon Père saint, » nous pouvons dire aussi en lui et avec lui : « Mon Père juste. »

Après avoir conçu la grace par laquelle il nous sanctifie et avoir admiré le bonheur de ceux qui l'ont reçue, nous viendrons à considérer ceux qui en sont justement privés; et nous adore-

[1] *Joan.*, XVII, 11, 17, 19. — [2] *Psal.* V, 6.

rons les jugemens d'un Dieu juste, après avoir admiré les sanctifications d'un Dieu saint.

La vue de ces sanctifications n'a rien que de consolant; mais quand il faut venir à considérer cette parole : « Le monde ne vous connoît pas [1]; » et celle-ci : « Je ne prie pas pour le monde [2], » c'est là que l'on tremble : l'esprit est confondu, le cœur s'abat, et il ne reste qu'à dire : « Mon Père juste, vous êtes juste, ô Seigneur, et tous vos jugemens sont droits [3]. »

Gardez-vous bien de vous jeter dans ces profondeurs : tant de nations qui ne connoissent pas Dieu et qu'il laisse, comme dit l'Apôtre, « aller dans leurs voies [4], » à qui Jésus-Christ n'a pas seulement été nommé; tant d'hérétiques, tant de schismatiques, à qui on ôte dès leur enfance la connoissance de la vraie Eglise; parmi les vrais chrétiens, tant d'ingrats, tant d'esprits bouchés, tant de cœurs durs, tant d'oreilles sourdes. O Dieu, je m'y perds. Que dirai-je? « Mon Père juste, » c'est par votre juste et impénétrable jugement qu'ils sont endurcis. Qu'y a-t-il de plus juste que de laisser à eux-mêmes ceux qui se cherchent? Quelle punition plus convenable que celle qui punit l'homme par sa propre faute? Seigneur, m'élèverai-je contre vous? Et parce que je vois périr dans un hôpital où m'a réduit ma misère, une infinité de malades, me rebellerai-je contre le médecin qui daigne m'apporter un remède qui me guérit? Lui dirai-je : Je n'en veux point que je ne voie tout le monde guéri de même? Non, mon frère, prends le remède : pourquoi te troubler de ceux qui périssent, à qui tu vois quelquefois rejeter avec chagrin et aveuglement le secours qu'on leur présente? Ce n'est pas là ce que le céleste médecin demande de toi : reçois humblement le remède, et laisse à la divine Providence ceux que tu en vois privés. Crois seulement que nul ne périt que par sa faute : que dans ce grand hôpital de Dieu, dans le monde où tout est malade, il n'y a point de mal qui n'ait son remède; et que tous les secours qui se donnent dans l'univers, dans quelque lieu que ce soit, à qui que ce soit, dans quelque degré que ce soit, se dispensent avec équité et avec bonté, sans que personne se puisse plaindre.

---

[1] *Joan.*, XVII, 25. — [2] *Ibid.*, 9. — [3] *Psal.* CXVIII, 137. — [4] *Act.*, XIV, 15.

Quand donc nous entendons ces paroles : « Le monde ne vous connoît pas, » ne demandons point comme fit saint Jude : « Seigneur, d'où vient que vous vous ferez connoître à nous et non pas au monde [1] ? » Car Jésus-Christ ne répond pas à cette demande, et il répond seulement : « Celui qui m'aime gardera ma parole. » C'est-à-dire : Ne soyez point curieux de savoir pourquoi Jésus-Christ est caché au monde : ce n'est pas là votre affaire : votre affaire est de profiter de la lumière qui vous est donnée : pour vous et pour tous ceux qui sont sanctifiés, adorez Dieu qui est saint : pour les autres qui sont justement privés de la grace qui vous sanctifie, adorez Dieu qui est juste. C'est à ces deux points qu'aboutit toute la prière de Notre-Seigneur.

En passant, où sont ceux qui veulent que ce soit déroger à la perfection de la contemplation que de s'attacher aux attributs divins, auxquels il faut, disent-ils, préférer la contemplation de son essence? En savent-ils plus que Jésus-Christ, qui dans la plus haute oraison qu'il ait daigné nous manifester, dit : « Mon Père saint, mon Père juste? » Qui sait ce que c'est que l'essence de Dieu? Mais qui ne sait, ou ne doit savoir que c'est son essence qu'on adore sous le nom de sainteté et de justice? Célébrons donc sans fin ces deux divins attributs. Disons avec David : « O Seigneur, je vous chanterai miséricorde et jugement [2], » parce que c'est dire avec Jésus-Christ et en Jésus-Christ : « Mon Père saint, mon Père juste. »

LXVIIIᵉ JOURNÉE.

La prière de Jésus-Christ après la Cène est l'abrégé du sermon qui la précède.

En repassant sur la prière de Jésus-Christ, on verra qu'il y ramasse toute la substance du sermon de la cène. S'il dit dans sa prière que ses apôtres « ne sont pas du monde, » c'est ce qu'il avoit dit auparavant. S'il dit « qu'il quitte le monde, » il avoit dit : « Je

[1] *Joan.*, XIV, 22, 23. — [2] *Psal.* C, 1.

suis sorti de Dieu pour venir au monde : et maintenant je quitte le monde pour retourner à Dieu. » Comme il avoit donné l'amour et l'union de ses disciples comme la marque de son école, il inculque la même chose dans sa prière [1]. Ces paroles : « Vous connoîtrez en ce jour-là que je suis dans mon Père et vous en moi, et moi en vous [2], » reviennent à celles-ci : « Je suis en eux et vous en moi; » et à celles-ci : « Afin que l'amour que vous avez pour moi soit en eux comme je suis en eux [3]. » Ce qu'il promet par ces paroles : « Là où je suis, celui qui me sert y sera aussi [4], » il le demande à son Père par celles-ci : « Là où je suis, je veux, mon Père, que ceux que vous m'avez donnés y soient aussi avec moi [5]. » Cela nous montre deux vérités : l'une, que ce qu'on enseigne aux hommes doit être aussi la matière de ce qu'on traite avec Dieu dans la prière; la seconde, que la même chose qui fait la matière du commandement et celle de la promesse, fait en même temps la matière de la prière, parce qu'on doit demander à Dieu l'observation des commandemens et l'accomplissement de ses promesses : « Ce qu'il promet, dit saint Paul, il est puissant pour le faire [6]; » et saint Augustin disoit aussi en parlant des commandemens : « Accordez-moi ce que vous me commandez. » Il ne dit pas : Accordez-moi ce que vous me promettez, ce qui seroit naturel; mais : Accordez-moi ce que vous me commandez; qui est la même chose que s'il disoit : Accordez-moi ce que je dois faire, c'est-à-dire faites en moi mon action propre. Ce qui est conforme à la parole de Jésus-Christ, qui après avoir commandé la charité fraternelle et l'union de ses fidèles, demande à Dieu qu'il la fasse en eux, et qu'ils soient consommés en un.

Unissons-nous à la prière sainte de Jésus-Christ, rappelons en notre mémoire, et méditons devant Dieu les vérités qu'il nous enseigne, et surtout méditons-y ce qu'il nous promet et ce qu'il commande, pour obtenir en Jésus-Christ et par Jésus-Christ l'accomplissement de l'un et de l'autre, et autant de ce qui dépend de nous que de ce qui dépend de Dieu.

---

[1] *Joan.*, XVII, 16; XV, 18, 19; XVI, 33; XVII, 11; XVI, 28; XV, 12, 17; XIII, 34, 35. — [2] *Joan.*, XIV, 20. — [3] *Joan.*, XVII, 23, 26. — [4] *Joan.*, XII, 26. — [5] *Joan.*, XVII, 24. — [6] *Rom.*, IV, 21.

Apprenons la liaison sainte de la promesse, du commandement et de la prière : le commandement nous avertit de ce que nous avons à faire; la promesse nous avertit de ce que nous avons à espérer; et l'une et l'autre nous avertissent de ce que nous avons à demander à celui sans lequel nous ne pouvons rien espérer, ni rien faire.

LXIXe JOURNÉE.

Ferme foi en Jésus vrai Messie. Joan., XVII, 25, 8.

« Ils ont connu que vous m'avez envoyé[1] : » ils l'ont connu avec une ferme foi et une persuasion aussi forte que celle qu'on a des choses dont on est le plus assuré : « Ils l'ont connu véritablement[2], » comme il l'a dit : tout est là dedans, et cela posé tout s'ensuit : heureux ceux à qui Jésus-Christ rend ce témoignage ! Examinons-nous nous-mêmes sur cette importante disposition de notre cœur. Ecoutons saint Paul, qui nous dit : « Examinez-vous vous-mêmes, si vous êtes dans la foi : éprouvez-vous vous-mêmes[3] : » voyez combien il presse, combien il inculque : « Examinez-vous, éprouvez-vous : » croyez-vous avec une pleine certitude que Jésus-Christ soit véritablement envoyé de Dieu? Quelle raison pourriez-vous avoir de ne le pas croire? N'a-t-on pas vu en lui toutes les marques que les prophètes et les patriarches avoient données du Christ qui devoit venir? N'a-t-il pas fait tous les miracles qu'il falloit faire, et dans toutes les circonstances qu'il les falloit faire, en témoignage certain qu'il étoit celui qu'on devoit attendre et le véritable envoyé de Dieu? Quel autre que lui a donné aux hommes une morale si sainte, si pure, si parfaite? Et qui a pu dire comme lui : « Je suis la lumière du monde[4]? » Où trouverons-nous plus de charité envers les hommes, de plus saints exemples, un plus beau modèle de perfection, une autorité plus douce, plus insinuante, plus ferme; une plus grande condescendance pour les foibles, pour les pécheurs, jusqu'à s'en rendre l'avocat, l'intercesseur, la victime? C'est ce qu'il explique lui-

---

[1] *Joan.*, XVII, 25. — [2] *Ibid.*, 8. — [3] II *Cor.*, XIII, 5. — [4] *Joan.*, VIII, 12.

même par ces aimables paroles : « Venez à moi, vous tous qui êtes oppressés et affligés, et je vous soulagerai : approchez et apprenez de moi que je suis doux et humble de cœur : et vous trouverez le repos de vos ames : car mon joug est doux et mon fardeau est léger[1]. » Il faut à l'homme un joug, une loi, une autorité, un commandement : autrement emporté par ses passions, il s'échapperoit à lui-même. Tout ce qu'il y avoit à désirer, c'est de trouver un maître comme Jésus-Christ, qui sût adoucir la contrainte et rendre le fardeau léger. Où trouverons-nous la consolation, l'encouragement et les paroles de vie éternelle, si nous ne les trouvons pas dans sa bouche ? Croyez-vous bien tout cela ? C'est la première partie de cet examen.

Mais quand nous aurons dit : Oui, je le crois, je le reconnois avec cette « plénitude de la foi[2] » dont parle saint Paul : avec une « pleine et entière persuasion[3], » saint Jean viendra nous dire, avec sa divine et incomparable douceur : « C'est en cela que nous savons que nous le connoissons, si nous gardons sa parole : celui qui dit qu'il le connoît et ne garde pas sa parole, c'est un menteur et la vérité n'est pas en lui. » Et un peu après : « Celui qui dit qu'il demeure en lui, doit marcher comme il a marché[4] » et suivre ses exemples. Bien certainement, « il y en a qui le confessent de bouche, et qui le renoncent par leurs œuvres[5]. » Saint Paul l'a dit et saint Jean a dit : « Mes petits enfans, aimons non de bouche et de la langue, mais en œuvre et en vérité[6]. » Sommes-nous ou n'en sommes-nous pas de ceux-là ? Qu'avons-nous à nous répondre à nous-mêmes là-dessus ? C'est la seconde partie, encore plus essentielle que la première, de l'examen que nous faisons.

Et la troisième, la plus importante de toutes : « Si notre cœur ne nous reprend pas, et que nous marchions devant Dieu avec confiance[7] : » si nous tâchons de vivre, de sorte que nous soyons les enfans de la vérité, du moins que nous travaillions à le devenir, et que « nous en puissions persuader notre cœur en la présence de Dieu, » croyons-nous bien que c'est là un don de Dieu, conformément à cette parole : « La paix soit donnée aux frères et

1 *Matth.*, xi, 28-30. — 2 *Hebr.*, x, 22. — 3 I *Thess.*, i, 5. — 4 I *Joan.*, ii, 3, 4, 6. — 5 *Tit.*, i, 16. — 6 I *Joan.*, iii, 18. — 7 *Ibid.*, 21, 29.

la charité avec la foi par Dieu le Père et par Jésus-Christ Notre-Seigneur [1]. » En sorte que nous n'avons point à nous en glorifier, mais plutôt à nous humilier jusqu'aux enfers, parce que nous n'y avons apporté du nôtre, à ce tel quel commencement de bonnes œuvres, que misère, pauvreté et corruption ; et que si c'est se perdre que de s'écarter de la vertu, c'est se perdre encore beaucoup plus d'en présumer.

Après cela il ne reste plus qu'à confesser nos péchés, non avec découragement et désespoir, mais avec une douce espérance, parce que le même saint Jean a dit « que si nous confessons nos péchés, il est fidèle et juste pour nous pardonner nos péchés, et pour nous purifier de toute iniquité [2]. » Remarquez « fidèle et juste, » non qu'il nous doive rien, mais à cause qu'il a tout promis en Jésus-Christ. En sorte que, pour pouvoir espérer de lui notre rémission et notre grace, il suffit de croire qu'il a envoyé Jésus-Christ, parce que bien constamment il n'est envoyé que pour être par son sang « la propitiation de nos fautes [3]. »

LXXe JOURNÉE.

Dieu Père et Fils. Joan., xvii, 3, 5, 10, 21, 25.

On ne peut quitter cette divine prière de Notre-Seigneur, ni le discours qui la précède et qui en a, comme on a vu, fourni la matière. On lit et on relit ce discours, ce dernier adieu, cette prière de Jésus-Christ, et pour ainsi dire ses derniers vœux, toujours avec un nouveau goût et une nouvelle consolation. Tous les secrets du Ciel y sont révélés, et de la manière du monde la plus insinuante et la plus touchante.

Quel est le grand secret du Ciel, si ce n'est cette éternelle et impénétrable communication entre le Père, le Fils, et le Saint-Esprit ? C'est là, dis-je, le secret du Ciel, qui rend heureux ceux qui le voient, et qui n'avoit point encore été parfaitement révélé ; mais Jésus-Christ nous le révèle ici d'une manière admirable.

----

[1] *Ephes.*, vi, 23. — [2] *I Joan.*, i, 9. — [3] *I Joan.*, ii, 2.

Qui dit un Père dit un Fils, et qui dit un Fils dit un égal dans la nature , et qui dit un égal dans une nature aussi parfaite que celle de Dieu, dit un égal en toute perfection : en sorte qu'il n'y puisse avoir de premier et de second que par une sainte, parfaite et éternelle origine.

C'est ce que Jésus-Christ nous fait entendre, lorsqu'il demande à son Père la claire manifestation de la gloire qu'il avoit en lui [1] : *Apud te :* « Chez vous et dans votre sein, devant que le monde fût fait [2]. » Cette gloire qu'il avoit dans le sein de Dieu, ne pouvoit être que celle de Dieu même : laquelle, et cette gloire du Fils étant toujours et précédant tout ce qui a été fait, par conséquent n'a point été faite, par conséquent elle est incréée, et la même que celle du Père. Cela est ainsi, et ne peut pas être autrement.

Le Fils, égal à son Père, est pourtant en même temps son « envoyé, » à cause « qu'il sort de lui [3]. » Il en est sorti pour venir au monde : voilà comme il est envoyé; il quitte le monde pour y retourner : voilà le terme de la mission; voilà tout ce qu'est Jésus-Christ en sa personne, parfaitement égal à Dieu qui l'envoie. Puisqu'il est son propre Fils, Dieu ne voudroit point avoir un Fils qui seroit moindre que lui et qui ne le valût pas. Pardonnez, Seigneur, ces expressions : ce sont des hommes qui parlent. Quand on dit : Dieu ne voudroit pas, c'est-à-dire que ce seroit une chose indigne de lui, et qui par conséquent ne peut pas être. C'est pourquoi, en tout et partout, il traite d'égal avec son Père : « Tout ce qui est à vous est à moi : tout ce qui est à moi est à vous [4] : » cela ressent une égalité parfaite et des deux côtés ; c'est plus que si l'on disoit qu'on est son égal : car c'est plus de traiter d'égal avec lui que d'énoncer simplement cette égalité.

Mais voyons ce qu'est Jésus-Christ par rapport à nous. Il est, comme son Père, notre bonheur : « Connoître son Père et lui, c'est pour nous la vie éternelle. » C'est pourquoi il dit : « Celui qui m'aime sera aimé de mon Père, et je l'aimerai, et je me manifesterai à lui [5]. » C'est là le grand effet de mon amour : c'est par là que je rends les hommes éternellement heureux. Et il ajoute :

---

[1] *Joan* , I, 1. — [2] *Joan.*, XVII, 5. — [3] *Joan.*, XVI, 28; XVII, 8. — [4] *Joan.*, XVII, 10. — [5] *Joan.*, XVII, 3; XIV, 21.

« Celui qui m'aime gardera ma parole, et mon Père l'aimera, et nous viendrons à lui, et nous y ferons notre demeure [1]. »

« Nous viendrons » en société, mon Père et moi. Qui jamais a pu ainsi s'égaler à Dieu? « Nous viendrons : » car nous ne pouvons venir l'un sans l'autre : « Nous viendrons : » car ce n'est pas tout d'avoir le Père; il faut m'avoir aussi : « Nous viendrons : » qui peut venir au dedans de l'homme, pour le remplir et le sanctifier intérieurement, que Dieu même? « Nous viendrons en eux, et nous y demeurerons : » ils seront notre commun temple, notre commun sanctuaire : nous serons leur commune sanctification, leur commune félicité, leur commune vie. Que peut-il dire de plus clair, pour se mettre en égalité avec son Père? La meilleure manière de le dire, c'est de le montrer par les effets. O homme, que désirez-vous? D'avoir Dieu en vous : et afin que vous l'ayez pleinement, mon Père et moi nous viendrons dans cet intérieur : si vous désirez de m'avoir en vous, en désirant d'y avoir Dieu, je suis donc Dieu.

C'est ainsi que les fidèles seront un, parce que tous ils auront en eux le Père et le Fils, et qu'ils en seront le temple : « Ils seront un, » dit Jésus-Christ, mais ils seront « un en nous [2]. » Nous serons le lien commun de leur unité, parce qu'étant mon Père et moi parfaitement un, toute unité doit venir de nous; et nous en sommes le lien comme le principe.

C'est la première partie du secret divin : l'unité parfaite du Père et du Fils, aujourd'hui parfaitement révélée aux hommes, pour leur faire entendre combien leur union doit être sincère et parfaite à sa manière, puisqu'elle a pour modèle et pour lien l'unité absolument parfaite du Père et du Fils et leur éternelle et inaltérable paix.

LXXIe JOURNÉE.

Dieu Saint-Esprit. Joan., xiv, 16, 17, 26.

Venons maintenant au Saint-Esprit : « Je prierai mon Père, et

[1] *Joan.,* xiv, 23. — [2] *Joan.,* xvii, 21.

il vous donnera un autre consolateur pour demeurer éternellement avec vous [1] : Un autre consolateur ! » Un consolateur à la place de Jésus-Christ, s'il est de moindre vertu et de moindre dignité, afflige plutôt qu'il ne console. Ainsi un consolateur à la place de Jésus-Christ, ce n'est rien moins qu'un Dieu pour un Dieu. Et c'est pourquoi si le Fils vient en nous et y demeure comme le Père, « le Saint-Esprit y demeure aussi, et y est [2] » comme le Père et le Fils. Il habite avec eux dans notre intérieur : comme eux il le vivifie. Nous sommes son temple, comme nous le sommes du Père et du Fils : « Ne savez-vous pas, dit saint Paul, que vous êtes le temple de Dieu et que son Esprit habite en vous [3] ? Ne savez-vous pas que vos membres sont le temple du Saint-Esprit qui habite en vous, et que vous n'êtes pas à vous-mêmes [4] ? » Car un temple n'est pas à lui-même, mais au Dieu qui y habite. Celui-là donc qui demeure en nous et qui y est, selon l'expression de Jésus-Christ, comme le Père et le Fils, est Dieu comme eux ; et si j'ose parler ainsi, il fait en nous acte de Dieu, quand il y habite et qu'il nous possède.

« Il vous enseignera toute chose et il vous fera ressouvenir de ce que je vous aurai dit [5]. » Paroîtra-t-il aux yeux ? Parlera-t-il aux oreilles ? Non : c'est au dedans qu'il tient son école : il se fait entendre dans le fond : c'est aussi ce même fond où le Père parle, et où l'on apprend de lui à venir au Fils. Qui peut parler à ce fond, sinon celui qui le remplit et qui y agit pour le tourner où il veut, c'est-à-dire Dieu ? Le Saint-Esprit est donc Dieu, et c'est encore un acte de Dieu que de parler et se faire entendre au dedans le plus intime de l'homme.

« J'ai beaucoup de choses à vous dire ; mais vous ne les pouvez pas encore porter : mais l'esprit de vérité viendra, qui vous enseignera tout [6]. » C'est à lui que sont réservées les vérités les plus hautes et les plus cachées ; et il lui est réservé en même temps d'augmenter vos forces pour vous en rendre capables. Qui le peut, si ce n'est un Dieu ? Il est donc Dieu.

« Et il vous annoncera les choses futures [7]. » Il veut dire que

---

[1] *Joan.*, XIV, 16. — [2] *Ibid.*, 17. — [3] I *Cor.*, III, 16. — [4] I *Cor.*, VI, 19. — [5] *Joan.*, XIV, 26. — [6] *Joan.*, XVI, 12, 13. — [7] *Ibid.*, 13.

c'est cet Esprit qui fait les prophètes, qui les inspire au dedans, qui leur découvre l'avenir : car il sait tout, et ce qui est même le plus réservé à Dieu. Il est vrai, dit le Fils de Dieu, « qu'il ne dit rien que ce qu'il a ouï [1] : » mais il n'a pas ouï autrement que le Fils de Dieu : il a ouï ce qu'il a reçu par son éternelle procession, comme le Fils a ouï ce qu'il a reçu par son éternelle naissance.

Car il faut entendre que cet Esprit procède du Père, d'une manière aussi parfaite que le Fils. Le Fils procède par génération ; et le Saint-Esprit, comment ? Qui le pourra dire ? Nul homme vivant, et je ne sais si les anges mêmes le peuvent. Ce que je sais, ce qui est certain par l'expression de Jésus-Christ, c'est que s'il n'est pas engendré comme le Fils, il est par manière de parler encore moins créé comme nous. « Il prendra du mien [2], » dit le Fils. Les créatures viennent de Dieu, mais elles ne prennent pas de Dieu : elles sont tirées du néant : mais le Saint-Esprit prend de Dieu comme le Fils, et il est également tiré de sa substance. C'est pourquoi on ne dit pas qu'il soit créé, à Dieu ne plaise ! Il y a un terme consacré pour lui : c'est qu'il procède du Père. Il est vrai que le Fils en procède aussi ; et si sa procession a un caractère marqué, qui est celui de génération, c'est assez pour lui égaler le Saint-Esprit, d'exclure tout terme qui marque création, et d'en choisir un pour lui qui lui puisse être commun avec le Fils.

Si le Fils est engendré, pourquoi le Saint-Esprit ne l'est-il pas ? Ne recherchons point les raisons de cette incompréhensible différence. Disons seulement : S'il y avoit plusieurs fils, plusieurs générations, le Fils seroit imparfait, la génération le seroit aussi. Tout ce qui est infini, tout ce qui est parfait, est unique, et le Fils de Dieu est unique, à cause aussi qu'il est parfait. Sa génération épuise, si on peut ainsi parler de l'infini, toute la fécondité paternelle. Que reste-t-il donc au Saint-Esprit ? Quelque chose d'aussi parfait, quoique moins distinctement connu. Il n'en est pas moins parfait pour être moins distinctement connu, puisqu'au contraire ce caractère ne sert qu'à mettre sa procession parmi les choses inconnues de Dieu, qui ne sont pas les moins parfaites. C'est assez

---

[1] *Joan.*, XVI, 13. — [2] *Ibid.*, XVI, 14.

de savoir qu'il est unique, comme le Fils est unique : unique comme Saint-Esprit, de même que le Fils est unique comme Fils et procédant aussi noblement, et aussi divinement que lui, puis-qu'il procède pour être mis en égalité avec lui-même.

C'est pourquoi, quand il paroît, on lui attribue un ouvrage égal à celui du Fils. C'est ce qu'on a remarqué sur ces paroles du Sauveur : « Quand il sera venu, il convaincra le monde sur le péché, sur la justice et sur le jugement [1]; » ce qui n'est rien d'in-férieur aux œuvres du Fils.

Si nous sommes soigneux de recueillir toutes les expressions du Fils de Dieu, nous y trouverons un langage qui emporte éga-lement entre ces divines personnes distinction et unité, origine et indépendance. Le Fils est au Père, le Père est au Fils, chacun à différent titre, mais à titre égal : le Saint-Esprit est au Fils, il est au Père par un titre pareil, et sans déroger à la perfection : le Père l'envoie, le Fils l'envoie, il vient : c'est ce langage mystique de la Trinité, qui ne s'entend pleinement qu'en conciliant l'unité et la distinction dans une perfection égale. C'est par là que les ex-pressions de Jésus-Christ, que nous avons vues, conviennent toutes; et c'est aussi pour les rassembler qu'il a dit en abrégé : « Baptisez au nom du Père et du Fils, et du Saint-Esprit [2]. » Tout ce qu'il dit dans un long discours se rapporte là : ce qu'il dit là réunit tout ce qu'il a dit dans son long discours.

Et pourquoi nous parle-t-il de ces hauts mystères, si ce n'est parce qu'il veut un jour nous les découvrir à nu? Avant que d'enseigner pleinement la vérité, les maîtres commencent par dire en gros à leurs disciples ce qu'ils apprendront dans leur école. Jésus-Christ commence aussi par nous dire confusément ce qu'il nous montrera un jour très-clairement dans sa gloire. Croyons donc, et nous verrons. Ne nous étonnons pas des difficultés : nous sommes encore dans les préludes de notre science : ne souhaitons pas de demeurer dans ces premiers élémens : désirons de voir, et en attendant contentons-nous de croire.

[1] *Joan.*, XVI, 8. — [2] *Matth.*, XXVIII, 19.

LXXIIe JOURNÉE.

Effet secret de la prière de Notre-Seigneur, Jésus-Christ toujours exaucé,
prédestination des saints.

C'est encore un autre mystère profond, que l'effet secret de la prière de Notre-Seigneur.

Voici un premier principe que Jésus-Christ nous apprend en ressuscitant Lazare : « Mon Père, je vous rends graces de ce que vous m'avez exaucé : je sais pour moi que vous m'exaucez toujours [1]. » Quoi qu'il puisse demander à Dieu, fût-ce la résurrection d'un mort de quatre jours et déjà pourri, il est assuré de l'obtenir : et pour montrer l'efficace de sa prière, il commence en remerciant d'avoir été écouté.

Il est vrai que dans le jardin des Oliviers il fit cette prière : « Mon Père, si vous le voulez, si cela se peut, éloignez de moi ce calice; toutefois que votre volonté s'accomplisse, et non la mienne [2]. » Mais ces paroles font voir que sa demande n'étoit que conditionnelle; et pour montrer que s'il eût voulu la faire absolue, il eût été exaucé, il ne faut qu'entendre ce qu'il dit lui-même à saint Pierre, lorsqu'il entreprit de le défendre avec l'épée et qu'il frappa un de ceux qui le venoient prendre : « Ne puis-je pas, dit-il alors, prier mon Père, et il m'enverroit plus de douze légions d'anges [3] ? » Il savoit donc bien que s'il l'avoit demandé, il l'eût obtenu, et que son Père auroit fait ce qu'il eût voulu. Il est donc toujours exaucé, quoi qu'il demande, fût-ce douze légions d'anges pour l'arracher des mains de ses ennemis; fût-ce, comme on vient de dire, la résurrection d'un mort, dont le cadavre commenceroit à sentir mauvais.

Croyons-nous qu'il soit moins puissant et moins écouté, lorsqu'il demande à son Père ce qui dépend de notre libre arbitre? Il ne le demanderoit pas, s'il ne savoit que cela même est au pouvoir de son Père, et qu'il n'en sera non plus refusé que de tout le

____
[1] *Joan.*, XI, 41, 42. — [2] *Matth.*, XXVI, 39; *Luc.*, XXII, 42. — [3] *Matth.*, XXVI, 53.

reste. Et c'est pourquoi lorsqu'il dit : « Simon, Simon, j'ai prié pour vous, afin que votre foi ne défaille pas [1], » personne ne doute que sa prière n'ait eu son effet en son temps. Qui doutera donc qu'elle ne l'ait dans tous les autres apôtres, pour qui il a dit : « Je vous prie qu'ils soient un en nous [2]; » et encore : « Je ne vous prie pas de les tirer du monde, mais de les préserver de tout mal [3]; » et en général, dans tous ceux pour qui il a dit avec une volonté si déterminée : « Mon Père, je veux que ceux que vous m'avez donnés soient avec moi et qu'ils voient ma gloire [4]? » Dira-t-on qu'aucun de ceux pour qui il a fait cette prière dût périr, ou n'être pas avec lui et ne voir pas sa gloire? On pourroit dire de même que, malgré toute la prière qu'il avoit faite pour saint Pierre, on pouvoit douter si sa foi ne défaudroit pas. Mais à Dieu ne plaise qu'un tel doute entre dans un cœur chrétien ! Tous ceux pour qui il a demandé de certains effets les auront : ils auront, dis-je, la foi, la persévérance dans le bien et la parfaite délivrance du mal, si Jésus-Christ le demande. S'il avoit prié d'une certaine façon pour le monde, pour lequel il dit « qu'il ne prie pas [5], » le monde ne seroit plus monde, et il se sanctifieroit. Tous ceux donc pour qui il a dit : « Sanctifiez-les en vérité [6], » seront sanctifiés en vérité.

Je ne nie pas la bonté dont il est touché pour tous les hommes, ni les moyens qu'il leur prépare pour leur salut éternel dans sa providence générale. « Car il ne veut point que personne périsse, et il attend tous les pécheurs à repentance [7]. » Mais quelque grandes que soient les vues qu'il a sur tout le monde, il y a un certain regard particulier et de préférence sur un nombre qui lui est connu. Tous ceux qu'il regarde ainsi pleurent leurs péchés, et sont convertis dans leur temps. C'est pourquoi lorsqu'il eut jeté sur saint Pierre ce favorable regard, il fondit en larmes, et ce fut l'effet de la prière que Jésus-Christ avoit faite pour la stabilité de sa foi. Car il falloit premièrement la faire revivre, et dans son temps l'affermir pour durer jusqu'à la fin. Il en est de même de tous ceux que son Père lui a donnés d'une certaine façon; et c'est

[1] *Luc.*, XXII, 31, 32. — [2] *Joan.*, XVII, 11, 23. — [3] *Ibid.*, 15. — [4] *Ibid.*, 24. — [5] *Ibid.*, 9. — [6] *Ibid.*, 17. — [7] II *Petr.*, III, 9.

de ceux-là qu'il a dit : « Tout ce que mon Père me donne vient à moi ; et je ne rejette pas celui qui y vient, parce que je suis venu au monde, non pour faire ma volonté, mais pour faire la volonté de mon Père : et la volonté de mon Père est que je ne perde aucun de ceux qu'il m'a donnés, mais que je les ressuscite au dernier jour [1]. »

Et pourquoi nous fait-il entrer dans ces sublimes vérités ? Est-ce pour nous troubler, pour nous alarmer, pour nous jeter dans le désespoir et faire que l'on s'agite soi-même, en disant : Suis-je des élus, ou n'en suis-je pas ? Loin de nous une si funeste pensée, qui nous feroit pénétrer dans les secrets conseils de Dieu, fouiller pour ainsi parler jusque dans son sein, et sonder l'abîme profond de ses décrets éternels ! Le dessein de notre Sauveur est que contemplant ce regard secret qu'il jette sur ceux qu'il sait et que son Père lui a donnés par un certain choix, et reconnoissant qu'il les sait conduire à leur salut éternel par des moyens qui ne manquent pas, nous apprenions, premièrement à les demander, à nous unir à sa prière, à dire avec lui : « Préservez-nous de tout mal [2] ; » ou, comme parle l'Eglise : « Ne permettez pas que nous soyons séparés de vous : si notre volonté veut échapper, ne le permettez pas : » tenez-la sous votre main : changez-la, et la ramenez à vous.

C'est donc la première chose que Jésus-Christ nous veut apprendre : ce n'est point à nous à nous enquérir, ou à nous troubler du secret de la prédestination, mais à prier. Et afin de le faire comme il faut, une seconde chose qu'il nous veut apprendre, c'est de nous abandonner à sa bonté, non qu'il ne faille agir et travailler, ou qu'il soit permis de se livrer, contre les ordres de Dieu, à la nonchalance ou à des pensées téméraires ; mais c'est qu'en agissant de tout notre cœur, il faut au-dessus de tout nous abandonner à Dieu seul pour le temps et pour l'éternité.

Mon Sauveur, je m'y abandonne : je vous prie de me regarder de ce regard spécial, et que je ne sois pas du malheureux nombre de ceux que vous haïrez et qui vous haïront. Cela est horrible à prononcer. Mon Dieu, délivrez-moi d'un si grand mal ; je vous

____
[1] *Joan.*, VI, 37-39. — [2] *Matth.*, VI, 13.

remets entre les·mains ma liberté malade et chancelante, et ne veux mettre ma confiance qu'en vous.

L'homme superbe craint de rendre son salut trop incertain, s'il ne le tient en sa main, mais il se trompe. Puis-je m'assurer sur moi-même? Mon Dieu, je sens que ma volonté m'échappe à chaque moment; et si vous vouliez me rendre le seul maître de mon sort, je refuserois un pouvoir si dangereux à ma foiblesse. Qu'on ne me dise donc pas que cette doctrine de grace et de préférence met les bonnes ames au désespoir. Quoi! on pense me rassurer davantage, en me renvoyant à moi-même et en me livrant à mon inconstance? Non, mon Dieu, je n'y consens pas. Je ne puis trouver d'assurance qu'en m'abandonnant à vous; et j'y en trouve d'autant plus que ceux à qui vous donnez cette confiance, de s'abandonner tout à fait à vous, reçoivent dans ce doux instinct la meilleure marque qu'on puisse avoir sur la terre de votre bonté. Augmentez donc en moi ce désir; et faites entrer par ce moyen dans mon cœur, cette bienheureuse espérance de me trouver à la fin parmi ce nombre choisi.

« Ce ne sont, dit David, dit Salomon, ce ne sont ni de bonnes armes, ni un bon cheval; ce n'est ni notre arc, ni notre épée, ni notre cuirasse, ni notre valeur, ni notre adresse, ni la force de nos mains, qui nous sauvent à un jour de bataille, mais la protection du Très-Haut [1]. » Quand j'aurai préparé mon cœur, il faut qu'il « dirige mes pas [2]. » Je ne suis pas plus puissant que les rois, « dont le cœur est entre ses mains, et il les tourne où il veut [3]. » Qu'il se rende le maître du mien, qu'il m'aide de ce secours, qui me fait dire : « Aidez-moi, et je serai sauvé [4]; » et encore : « Guérissez-moi, et je serai guéri [5]; » et encore : « Convertissez-moi, et je serai converti; car depuis que vous m'avez converti, j'ai fait pénitence; et depuis que vous m'avez touché, je me suis frappé le genou [6], » en signe de componction et de regret.

[1] *Psal.* XXXII, 16-19; CXLVI, 10, 11; *Prov.*, XXI, 31. — [2] *Prov.*, XVI, 9. — [3] *Prov.*, XXI, 1. — [4] *Psal.* CXVIII, 117. — [5] *Jerem.*, XVII, 14. — [6] *Jerem.*, XXXI, 18, 19,

LXXIIIe JOURNÉE.

S'unir à Jésus-Christ.

A la fin de ces réflexions , je prie tous ceux que j'ai tâché d'aider par tout ce discours de s'élever au-dessus, je ne dirai pas seulement de mes pensées qui ne sont rien , mais de tout ce qui leur peut être présenté par le ministère de l'homme; et en écoutant uniquement ce que Dieu leur dira dans le cœur sur cette prière, de s'y unir avec foi. Car c'est là véritablement ce qui s'appelle prier par Jésus-Christ et en Jésus-Christ, que de s'unir en esprit avec Jésus-Christ priant, et s'unir autant qu'on peut à tout l'effet de cette prière. Or l'effet de cette prière, c'est qu'étant unis à Jésus-Christ Dieu et homme, et par lui à Dieu son Père, nous nous unissions en eux avec tous les fidèles et avec tous les hommes, pour n'être plus autant qu'il est en nous qu'une même ame et un même cœur. Pour accomplir cet ouvrage d'unité, nous ne devons plus nous regarder qu'en Jésus-Christ; et nous devons croire qu'il ne tombe pas sur nous la moindre lumière de la foi, la moindre étincelle de l'amour de Dieu, qu'elle ne soit tirée de l'amour immense que le Père éternel a pour son Fils, à cause que ce même Fils notre Sauveur étant en nous, l'amour dont le Père l'aime s'étend aussi sur nous par une effusion de sa bonté : car c'est à quoi aboutit toute la prière de Jésus-Christ.

C'est en cet esprit que nous pouvons et devons conclure toutes les nôtres avec l'Eglise : « Par Jésus-Christ Notre-Seigneur : » *Per Dominum nostrum Jesum Christum.* Car n'ayant à demander à Dieu que les effets de son amour, nous les demandons véritablement par Jésus-Christ, si nous croyons avec une ferme et vive foi que nous sommes aimés de lui par une effusion de l'amour qu'il a pour son Fils. Et c'est là tout le fondement de la piété et de la confiance chrétienne. C'en est, dis-je, tout le fondement, de croire que l'amour immense que le Père éternel a pour son Fils en tant que Dieu, lui fait aimer l'ame sainte qui lui est si étroitement et si substantiellement unie, aussi bien que le corps sacré et béni qu'elle anime, c'est-à-dire son humanité tout entière; et l'amour qu'il a pour toute cette personne, qui est Jésus-Christ Dieu et homme, fait qu'il aime aussi tous les membres qui vivent en lui et de son Esprit vivifiant.

Croyons donc que comme Jésus-Christ est aimé par un amour gratuit, par un amour prévenant, l'ame sainte qui est unie au Verbe de Dieu, n'ayant rien fait qui lui attirât cette union admirable, mais cette union l'ayant prévenue, nous sommes aimés de même par un amour prévenant et gratuit. En un mot, comme dit saint Augustin, « la même grace qui a fait Jésus-Christ notre chef a fait tous ses membres [1]; » nous sommes faits chrétiens par une suite de la même grace, qui a fait le Christ. Toutes les fois donc que nous disons : *Per Jesum Christum Dominum nostrum :* « Par Notre-Seigneur Jésus-Christ, » et nous le devons dire toutes les fois que nous prions ou en effet ou en intention, n'y ayant point d'autre nom par lequel nous devions être exaucés [2] : toutes les fois donc que nous le disons, nous devons croire et connoître que nous sommes sauvés par grace uniquement par Jésus-Christ et par ses mérites, non que nous soyons sans mérite, mais à cause que tous nos mérites sont ses dons et que celui de Jésus-Christ en fait tout le prix, parce que c'est le mérite d'un Dieu, et par conséquent infini.

C'est ainsi qu'il faut prier « par Jésus-Christ Notre-Seigneur; » et l'Eglise, qui le fait toujours, s'unit par là à tout l'effet de la divine prière que nous venons d'écouter. Si elle célèbre la grace et la gloire des saints apôtres, qui sont les chefs du troupeau, elle reconnoît l'effet de la prière que Jésus-Christ a faite distinctement pour eux. Mais les saints, qui sont consommés dans la gloire, n'ont pas moins été compris dans la vue et dans l'intention de Jésus-Christ, encore qu'il ne les ait pas exprimés. Qui doute qu'il ne vît tous ceux que son Père lui avoit donnés dans toute la suite des siècles, et pour lesquels il s'alloit immoler avec un amour particulier?

Entrons donc avec Jésus-Christ et en Jésus-Christ, dans la

<hr>

[1] *De Prædest. Sanct.*, n. 31. — [2] *Act.*, IV, 12.

construction de tout le corps de l'Eglise; et rendant graces avec elle « par Jésus-Christ » pour tous ceux qui sont consommés : demandons l'accomplissement de tous le corps de Jésus-Christ, de toute la société des saints. Demandons en même temps avec confiance que nous nous trouvions rangés dans ce nombre bienheureux, ne doutant point que cette grace ne nous soit donnée, si nous persévérons à la demander par miséricorde et par grace, c'est-à-dire par le mérite du sang qui a été versé pour nous et dont nous avons le sacré gage dans l'Eucharistie.

Après cette prière allons avec Jésus-Christ au sacrifice; et avançons-nous avec lui aux deux montagnes, à celle des Oliviers et à celle du Calvaire. Allons, dis-je, à ces deux montagnes, et passons de l'une à l'autre : de celle des Oliviers qui est celle de l'agonie, à celle du Calvaire qui est celle de la mort : de celle des Oliviers qui est celle où l'on combat, à celle du Calvaire où l'on triomphe avec Jésus-Christ en expirant : de celle des Oliviers qui est la montagne de la résignation, à celle du Calvaire qui est la montagne du sacrifice actuel : enfin de celle où l'on dit : « Non ma volonté, mais la vôtre, » à celle où l'on dit : « Je remets mon esprit entre vos mains [1] : » et, pour tout dire en un mot, de celle où l'on se prépare à tout, à celle où l'on meurt à tout avec Jésus-Christ; à qui soit rendu tout honneur et gloire, avec le Père et le Saint-Esprit, aux siècles des siècles. Amen.

[1] *Luc.*, XXII, 42; XXIII, 46.

FIN DU SIXIÈME VOLUME.

TABLE

DES MATIÈRES CONTENUES DANS LE SIXIÈME VOLUME.

MÉDITATIONS SUR L'ÉVANGILE.

PRÉPARATION

A LA DERNIÈRE SEMAINE DU SAUVEUR.

LA DERNIÈRE SEMAINE DU SAUVEUR.

SERMONS OU DISCOURS DE NOTRE-SEIGNEUR,

DEPUIS LE DIMANCHE DES RAMEAUX JUSQU'A LA CÈNE.

LA CÈNE.

PREMIÈRE PARTIE. — Ce qui s'est passé dans le Cénacle, et avant que Jésus-Christ sortit.

FIN DE LA TABLE DU SIXIÈME VOLUME.

BESANÇON. — IMPRIMERIE D'OUTHENIN-CHALANDRE FILS.

ŒUVRES COMPLÈTES

DE

LOUIS DE GRENADE

TRADUITES INTÉGRALEMENT POUR LA PREMIÈRE FOIS EN FRANÇAIS

PAR M. L'ABBÉ BAREILLE

Auteur d'*Emilia Paula*, de l'*Histoire de saint Thomas d'Aquin*, etc.

ENVIRON 20 VOLUMES IN-8° DE 550 A 600 PAGES

Papier vergé anglais à la colle animale. — Prix net : 140 fr.
Papier vélin satiné. . . . . **— Prix net : 100 fr.**

En publiant les Œuvres du P. de Grenade, nous sommes doublement heureux de pouvoir donner la collection entière de ses Sermons ; ils sont aussi remarquables, plus remarquables à certains égards, que les grands Traités du célèbre Dominicain. Ces sermons ont été traduits en plus de neuf langues, et cependant ils sont à peu près inconnus en France. Nous espérons que le Clergé surtout nous saura gré de l'avoir mis en possession de ce riche trésor.

C'est ici un recueil d'une importance et d'une étendue peu ordinaires, puisqu'il ne forme pas moins de dix volumes in-8°. Nous ne sachons pas qu'il existe un sermonnaire aussi complet, ni mieux coordonné, ni plus éminemment utile. On en jugera par le simple exposé de la marche suivie dans l'édition originale, la même absolument que nous suivons dans celle-ci.

Le P. de Grenade a d'abord trois Avents et trois Carêmes, c'est-à-dire trois sermons différents pour chacun des jours que l'Eglise catholique consacre à la prédication pendant ces temps de grâce et de salut. Il en a quatre pour les fêtes qui terminent ces deux stations : quatre sermons pour le jour de Noël, autant pour la Circoncision et l'Epiphanie ; quatre Passions, comme Bossuet, quatre discours pour la solennité de Pâques.

Puis viennent les Dominicales pour toute l'année, également en triple ; tous les Mystères, sans exception, tels que l'Incarnation, l'Ascension, la Pentecôte, la Trinité ; une station complète pour l'octave du Saint-Sacrement ; les fêtes de la sainte Vierge et les panégyriques des principaux saints. On remarquera parmi ces derniers ceux de saint Jean-Baptiste, de saint Pierre et de saint Paul, de saint Jérôme, de saint Thomas d'Aquin. Il y a là des panégyriques pour le commun des Martyrs, des Vierges et des Confesseurs. Comme on le voit, c'est le cercle entier de la prédication chrétienne.

Un mot maintenant sur la substance et la forme des Sermons de Grenade. Le nom de l'auteur nous dispense assurément de dire qu'ils sont pleins de doctrine et de piété. L'Ecriture sainte s'y trouve constamment fondue avec un art d'autant plus admirable qu'il ne s'y fait jamais sentir. Grenade ne se contente pas de citer les livres inspirés, il s'en est fait une langue, à l'exemple de saint Bernard, quoique d'une manière différente. Les plus beaux passages des Pères et des Docteurs, et parfois les plus heureuses réminiscences des auteurs profanes donnent à ses discours cette grâce et cette énergie que la vraie science peut seule communiquer aux inspirations mêmes du génie. Des traits historiques, habilement choisis, sagement ménagés, y délassent les âmes sans jamais les détourner de l'objet qui doit les captiver.

En ce qui concerne la structure des Sermons, on est étonné des rapports qu'elle présente avec les usages actuels de la chaire. Dès le seizième siècle, dans un temps où les prédicateurs italiens et français s'épuisaient encore en vaines subtilités et se perdaient dans des divisions non moins stériles qu'arbitraires, le P. de Grenade était admirablement simple dans ses raisonnements, clair et vigoureux dans son langage, fécond et naturel dans ses divisions. Il est vrai que ce fut le grand siècle de la littérature espagnole, et que Grenade est resté le plus grand des orateurs sacrés de sa nation.

Après un exorde ordinairement assez court, il commence par expliquer l'Evangile. Cette première partie de son sermon est la meilleure homélie que puissent consulter les prêtres de paroisse. Il reprend ensuite le texte qu'il a posé, et le discours devient alors, par son ampleur et sa solidité, un modèle qu'on serait heureux de voir imiter par nos prédicateurs de stations. Nulle part on ne sent couler avec plus d'abondance l'antique sève de l'esprit chrétien, la lumière et la chaleur de la vérité divine. Le surnaturel y coule à pleins bords, parmi les flots de la véritable éloquence. Aucune prédication dès lors ne saurait mieux convenir aux besoins d'une époque comme la nôtre, où les pâles clartés de la raison tendent à remplacer les sublimes illuminations de la foi, où le naturalisme s'efforce d'envahir la religion, aussi bien que les idées et les mœurs. C'est un motif de plus pour nous de penser que, dans toutes les bibliothèques ecclésiastiques, à côté de nos grands orateurs sacrés, il y aura une place pour celui qu'on a nommé le Bossuet espagnol.

Tous les ouvrages du P. de Grenade sont fort estimés des savants et font la consolation des âmes pieuses ; saint Charles Borromée y puisait les instructions qu'il faisait à son peuple, et saint François de Sales ne se lassait pas de les étudier et en conseillait la lecture comme infiniment utile. Le pape Grégoire XIII disait que, par ses écrits, le P. de Grenade avait opéré de plus grands miracles que s'il eût rendu la vie aux morts et la vue aux aveugles.

Nous ne parlerons pas de *La Guide des pécheurs*, du *Mémorial de la vie chrétienne*, du *Traité de l'Oraison*, du *Catéchisme*, du *Traité de la fréquente communion*, du *Traité du devoir des Evêques*, de la *Rhétorique ecclésiastique*. Les nombreuses éditions françaises que ces divers traités ont eues, prouvent assez qu'on a su apprécier le P. de Grenade en France comme en Espagne, en Italie et dans tous les pays catholiques. Quant au talent du traducteur, tout éloge ici serait superflu ; il suffit de nommer l'auteur d'*Emilia Paula*, de l'*Histoire de saint Thomas d'Aquin*, etc., pour que l'on ait la certitude et la garantie de trouver réunis dans cette traduction tous les genres de mérites.

BESANÇON. — IMPRIMERIE D'OUTHENIN CHALANDRE FILS.

www.ingramcontent.com/pod-product-compliance
Lightning Source LLC
Chambersburg PA
CBHW070706100726
47907CB00001B/70